日本比較法研究所翻訳叢書
79

国際法遵守の管理モデル
新しい主権のありかた

エイブラム・チェイズ
アントーニア・H・チェイズ
著

宮野洋一 監訳

The New Sovereignty
Compliance
with
International Regulatory Agreements

by
Abram CHAYES
Antonia Handler CHAYES

中央大学出版部

THE NEW SOVEREIGNTY:
Compliance with International Regulatory Agreements
by Abram Chayes and Antonia Handler Chayes
Copyright © 1995 by Abram Chayes and Antonia Handler Chayes

Japanese translation published by arrangement with Harvard University Press
through The English Agency (Japan) Ltd.

All Rights Reserved.
This translation published under license.
Translation copyright © 2016 by The Institute of Comparative Law in Japan

装幀　道吉　剛

原著者の日本語版へのことば

　20世紀末に著された本書の題名（原題）『The New Sovereignty（新しい主権）』の由来は、主権がもはや地球上の物理的空間を所有し統治することだけを意味するのではないという驚くべき事実にある。本書は、国家にとって複数の国際レジームに参加することが、世界経済のなかでうまく役割を果たすことにつながり、いかに必要であるかを説明する。本書は主として国際的な規制型レジームに焦点をあてているが、その議論は世界経済の分野だけではなく、国際政治の分野のレジームのように平和を維持し、紛争が生じた際にはそれを終結させる取組みにもあてはまる。「グローバル化」や「グローバル市民」といった概念はもはやあまりにも人口に膾炙している。しかし本書は、そうしたグローバルなレジームの費用対効果（コスト・ベネフィット）をいっそう深く掘り下げて、専門家以外の読者の皆様にも広く読んでもらえるよう心がけたつもりである。

2017年7月

アントーニア・H・チェイズ

原著者紹介

・エイブラム・チェイズ（Abram Chayes; 1922-2000年）
：ハーヴァード大学ロースクールを中心に40年以上教鞭をとる。1955年同准教授、1976年より Felix Frankfurter Professor of Law のち同 Professor Emeritus。この間ケネディ政権時代にはいったん大学を離れて国務省法律顧問として冷戦ただなかの重要な政策決定に携わる。特にキューバ危機に際しては、ソ連に対する措置として、国際法上敵対行為とされる「封鎖」ではなく「検疫」という措置をとるというケネディ政権の政策の法的基礎の作成に携わったとされる。著作として、本書 The New Sovereignty のほか、キューバ危機を扱った Cuban Missile Crisis: International Crisis and the Role of Law（Oxford University Press, 1974, 2nd ed., 1987）．や、実際の事例を使って深く考えさせるユニークな共著のコースブックである The International Legal Process: Materials for an Introductory Course, I & II（Little, Brown, 1968, 1969）(with T. Ehrich and A. Lowenfeld)．のほか、単著でも Preventing Conflict in the Post Communist World: Mobilizing International and Regional Organization, 1996; や Planning for Intervention: International Cooperation in Conflict Management, 1999. 等多数ある。邦訳に、エイブラム・シェイズ（柿嶋美子訳）「公共的訴訟における裁判官の役割」『アメリカ法』：1978年 No. 1, pp. 1-51（89 Harvard Law Review 1281-1316（1976）の訳）がある。

・アントーニア・ハンドラー・チェイズ（Antonia Handler Chayes）
：タフツ大学・フレッチャー国際法・外交院教授（Professor of Practice of International Politics and Law at the Tufts University Fletcher School of Law and Diplomacy）。元米国空軍次官（カーター政権時代、初の女性空軍次官）、各種の連邦政府委員会委員、航空宇宙部門のコングロマリット、ユナイテッド・テクノロジーズ社顧問等も歴任。著作としては、本書の原書 The New Sovereignty を

含む、夫君エイブラム・チェイズとの多数の共著のほか、*Defending Deterrence: Managing the ABM Treaty into the 21st Century*, co-edited with Paul Doty（Washington D.C.: Pergamon-Brassey, 1989）から、*Imagine coexistence : restoring humanity after violent ethnic conflict,* (co ed.with Martha Minow)（Josey Bas, 2003）、サイバーテロ等を扱った近著 *Borderless Wars: Civil Military Disorder and Legal Uncertainty* (Cambridge University Press, 2015) まで多数の著作がある。

監訳者まえがき

　本書は、米国の著名な国際法学者で、実務経験豊富なチェイズ夫妻（Abram Chayes & Antonia Handler Chayes）の手になる *The New Sovereignty: Compliance with International Regulatory Agreements*（Harvard University Press, 1995）の全訳である。（なお、著者名のChayesの日本語表記（発音）についてはこれまでわが国では種々の表記がみられたが、このたび翻訳の機会に本人筋に確認したところ、「チェイズ」であるこ＋とが確認できたので、本訳書ではそのように表記した。）

　世界の相互依存度が高まる中、地球環境、国際貿易、人権、核軍縮などさまざまな分野での規制型条約・国際法の重要性が高まっている。問題はそのような条約・国際法の遵守をいかにして確保し、その実効性を高めるかである。国際法の遵守確保に対する従来の基本的発想は、違反者に対し、軍事的・経済的制裁などにより遵守を「強制」するというもの（「執行モデル」ないし「強制モデル」）であった。しかし、その発想は国際関係の現実の中では実施に大きな限界があり、また仮に発動されても必ずしも有効ではないし、日常的な遵守確保措置には適さない。そこで、さまざまな多数国間条約の実践で採用され一定の成果をおさめつつある手法と発想を、条約・国際法遵守のための「管理モデル」（managerial model）と性格づけ、提示したのが本書である。本書はこのモデルの理論的基礎と、具体的展開例について詳細な考察を行った、国際法遵守の「管理モデル」の先駆的古典である。

本翻訳について

・本訳書中、解説等の箇所をのぞき、［　］＝角括弧で示したものは、すべて訳者による補充・補足であり、（　）＝丸括弧で囲んだものは、すべて原著による（（　）または、──で示されている挿入）。

・原著の目次は、12の章のタイトルのみが示されたいたって簡素なもので、*The New Sovereignty* という簡潔な原書メイン・タイトルとあいまって、内容の見当が容易につかないものとなっている。本訳書では、読者の便宜のために、原著中の下位項目名をすべて拾い上げて、詳細目次と概略目次の２段階の目次を用意した。

・翻訳作業は、まず第一次訳担当者が仮訳を作成し全員に配布、これを全員が各個に検討し担当者にコメントを提出。コメントへの担当者の整理を経て訳者全員での対面の検討会を１、２か月に１度程度開催し、その後最終的に監訳者が全体のバランスをも考えつつ手を入れた。第一次訳の分担は訳者紹介の項に記したとおりである。臼井と志田両名は、翻訳作業が半ばを超えた時点で新たに参加した。

・末尾になり恐縮であるが、本翻訳書作成の過程で、阿部達也青山学院大学教授には、軍縮国際法の専門の立場から特に第８章の軍縮部分につき、内記香子大阪大学准教授には、国際法・IR双方の遵守研究の状況につき、それぞれ助言いただいた。記して感謝の意を表したい。

2018年１月

宮野　洋一（みやのひろかず）

概略目次

原著者の日本語版へのことば
原著者紹介
監訳者まえがき／本翻訳について
序　　文 ･･･ 1

第1章　遵守の理論 ･･ 7
1-1　国家の国際義務を遵守する傾向
1-2　不遵守の根源
1-3　遵守の程度
1-4　主権の新しいありかたと遵守の管理

第Ⅰ部　制裁の類型 ･･･ 55

第2章　条約に基づく軍事制裁と経済制裁 ･･････････････････････････ 63
2-1　強制的な軍事行動
2-2　アフリカにおける経済制裁
2-3　湾岸戦争後にとられた第7章に基づく制裁
2-4　条約に基づく制裁の限界

第3章　メンバーシップ制裁 ･････････････････････････････････････ 125
3-1　南アフリカに対するメンバーシップ制裁：パーリア化
3-2　冷戦期の武器としての脱退およびメンバーシップ制裁
3-3　遵守に関連した制裁および脱退
3-4　結　　論

第4章　一方的制裁 ･･･ 159
4-1　一方的制裁の有効性
4-2　一方的制裁がレジームの維持に及ぼす影響
4-3　「しっぺ返し」は有効か
4-4　正 統 性

第Ⅱ部　遵守管理のための戦略 ･･･････････････････････････････････ 201

第5章　規　　範 ･･･ 205
5-1　規範とは何か？
5-2　法 規 範
5-3　法規範はどのように作用するか
5-4　規範の正統性
5-5　結　　論

第6章　透明性、規範ならびに戦略の相互作用 ･･････････････････････ 245
6-1　協　　調
6-2　安心供与の必要性

6-3　抑　止　力
第 7 章　報告制度と情報収集 …………………………………… 279
　　7-1　報告義務の不履行
　　7-2　情報の信頼性
　　7-3　様々な報告制度
　　7-4　情報を得るその他の方法
　　7-5　結　　論
第 8 章　検証と監視 ……………………………………………… 315
　　8-1　冷戦期の軍備管理協定における検証
　　8-2　他の規制型条約における安心供与の必要性
　　8-3　今日的課題
　　8-4　結　　論
第 9 章　積極的管理の諸手段 …………………………………… 355
　　9-1　能力構築と技術援助
　　9-2　紛争解決
　　9-3　条約の適応
　　9-4　結　　論
第10章　政策評価およびアセスメント ………………………… 407
　　10-1　国際労働機関
　　10-2　国際通貨基金
　　10-3　経済協力開発機構（OECD）
　　10-4　関税および貿易に関する一般協定
　　10-5　環境条約
　　10-6　結　　論
第11章　非政府組織（NGO） …………………………………… 443
　　11-1　序
　　11-2　人　　権
　　11-3　環　　境
　　11-4　NGO の影響
第12章　国際組織の活性化 ……………………………………… 483
　　12-1　序
　　12-2　政治的取引
　　12-3　官僚制度
　　12-4　将来的な見通し

付録：条約リスト　　508
索　　引　　529
「国際法」学へのいざない―監訳者解説　　550

詳 細 目 次

原著者の日本語版へのことば
原著者紹介
監訳者まえがき／本翻訳について

序　　　　文……………………………………………………… 1

第1章　遵守の理論 ……………………………………………… 7

1-1　国家の国際義務を遵守する傾向　　11
　1-1-1　効　率　性
　1-1-2　利　　　益
　1-1-3　規　　　範
1-2　不遵守の根源　　23
　1-2-1　不 明 確 性
　1-2-2　義務を履行する能力の限界
　1-2-3　時間的側面
1-3　遵守の程度　　36
　1-3-1　遵守における許容可能な範囲の基準
　1-3-2　許容可能な程度の決定
1-4　主権の新しいありかたと遵守の管理　　45
　1-4-1　透明性の確保
　1-4-2　紛　争　解　決
　1 4 3　能 力 構 築

1-4-4　説得技術の活用

第Ⅰ部　制裁の類型 ……………………………………… 55

第 2 章　条約に基づく軍事制裁と経済制裁 ………………… 63

2-1　強制的な軍事行動　　68
　2-1-1　朝 鮮 戦 争
　2-1-2　キューバ危機
　2-1-3　湾 岸 戦 争
　2-1-4　事例の比較
　　2-1-4-1　アメリカが果たした重要な役割
　　2-1-4-2　正統性の問題
　　2-1-4-3　コ ス ト
2-2　アフリカにおける経済制裁　　82
2-3　湾岸戦争後にとられた第 7 章に基づく制裁　　91
　2-3-1　第 7 章に基づく行動の法的根拠の変化
　2-3-2　イラクにおける停戦の履行
　2-3-3　旧ユーゴスラヴィア
　2-3-4　ソ マ リ ア
　2-3-5　ハ イ チ
2-4　条約に基づく制裁の限界　　117

第 3 章　メンバーシップ制裁 ………………………………… 125

3-1　南アフリカに対するメンバーシップ制裁：
　　　パーリア化（のけもの）　　129
　3-1-1　国際労働機関（ILO）
　3-1-2　国際電気通信連合（ITU）
　3-1-3　世界保健機関（WHO）
　3-1-4　国連食糧農業機関（FAO）
　3-1-5　国連教育科学文化機関（UNESCO）
　3-1-6　国連アフリカ経済委員会（ECA）
　3-1-7　万国郵便連合（UPU）、国際民間航空機関（ICAO）および
　　　　国際原子力機関（IAEA）
　3-1-8　国際原子力機関（IAEA）
　3-1-9　世界気象機関（WMO）
3-2　冷戦期の武器としての脱退およびメンバーシップ制裁　　138
　3-2-1　中国代表権問題
　3-2-2　国連総会におけるソビエトの投票権
　3-2-3　キューバと米州機構
3-3　遵守に関連した制裁および脱退　　149
3-4　結　　論　　155

第 4 章　一方的制裁 ……………………………………………… 159

4-1　一方的制裁の有効性　　167
　4-1-1　通商法301条

4-1-2　捕　　　鯨
　　4-1-3　人　　　権
　　4-1-4　核 不 拡 散
　　4-1-5　収　　　用
4-2　一方的制裁がレジームの維持に及ぼす影響　　181
　　4-2-1　米ソ間の軍備管理
　　4-2-2　通商法301条
　　4-2-3　米国議会が要請したその他の制裁
4-3　「しっぺ返し」は有効か　　190
4-4　正　統　性　　196

第Ⅱ部　遵守管理のための戦略 ………………………… 201

第5章　規　　　範 ……………………………………… 205

5-1　規範とは何か？　　206
5-2　法　規　範　　211
5-3　法規範はどのように作用するか　　216
　　5-3-1　正当化と議論実践
　　5-3-2　相互依存と複雑性
　　5-3-3　国際法的議論実践における組織の役割
5-4　規範の正統性　　231
　　5-4-1　公正かつ受け入れられている手続
　　5-4-2　不等な差別のない平等な適用
　　5-4-3　公正と平等に関する最低限の実質的基準
5-5　結　　　論　　243

第 6 章　透明性、規範ならびに戦略の相互作用 ……………… 245

6-1　協　　調　　247
　6-1-1　国際輸送と国際通信
　6-1-2　通 信 衛 星
　6-1-3　酸　性　雨
　6-1-4　地　中　海
　6-1-5　船 舶 検 査
　6-1-6　核 不 拡 散
　6-1-7　債 務 削 減
　6-1-8　通常兵器削減
6-2　安心供与の必要性　　258
　6-2-1　規範システム自体が創出する安心供与
　6-2-2　当事国の遵守行動を監視することで創出される安心供与
6-3　抑　止　力　　273

第 7 章　報告制度と情報収集 ……………………………………… 279

7-1　報告義務の不履行　　281
　7-1-1　MARPOL 条約
　7-1-2　ILO
　7-1-3　モントリオール議定書
　7-1-4　その他の条約レジームにおける報告義務の遵守状況
　　7-1-4-1　環 境 条 約
　　7-1-4-2　安全保障条約

7-1-4-3　人権条約

7-2　情報の信頼性　　293

7-3　様々な報告制度　　300

7-4　情報を得るその他の方法　　303

　　7-4-1　通　　告

　　7-4-2　積極的な情報収集

　　7-4-3　非政府組織のデータや情報の活用

7-5　結　　論　　312

第8章　検証と監視 ……………………………………… 315

8-1　冷戦期の軍備管理協定における検証　　317

　　8-1-1　米ソの二国間協定

　　8-1-2　安心感と抑止

　　8-1-3　自国の検証技術手段

　　8-1-4　冷戦期の検証をめぐる政治

　　8-1-5　ポスト冷戦期初期における検証への視座

　　8-1-6　パラレル・モデル

8-2　他の規制型条約における安心供与の必要性　　332

　　8-2-1　環境協定における検証

　　8-2-2　環境状態の監視

　　8-2-3　遵守の監視

8-3　今日的課題　　341

　　8-3-1　干　渉　性

　　8-3-2　コ　ス　ト

　　8-3-3　信頼できる検証にかかる高いコスト

8-3-4　検証と監視における協調

8-3-5　検証の新たな方法と技術

8-3-6　トレード・オフと代替案

8-4　結　　論　353

第9章　積極的管理の諸手段 …………………………………… 355

9-1　能力構築と技術援助　356

9-2　紛 争 解 決　361

　9-2-1　公式の裁判による紛争解決

　9-2-2　非公式の紛争解決

　　9-2-2-1　安全保障および軍備管理に関する協定

　　9-2-2-2　その他の多国間条約機構

　9-2-3　条約規定の有権的解釈

　　9-2-3-1　国際通貨基金（IMF）

　　9-2-3-2　国際コーヒー機関（ICO）

　　9-2-3-3　軍備管理と安全保障

　　9-2-3-4　ガ ッ ト

　　9-2-3-5　その他の専門機関

　9-2-4　裁判への回帰？

　　9-2-4-1　国連海洋法条約（UNCLOS）

　　9-2-4-2　ガットおよび（新しい）WTO

　9-2-5　中間的な途：強制的な非拘束的調停手続

　　9-2-5-1　全欧安全保障協力会議（CSCE）

　　9-2-5-2　今日の環境条約

9-3　条約の適応　402

9-4　結　　論　406

第10章　政策評価およびアセスメント 407

10-1　国際労働機関　411
10-2　国際通貨基金　415
　10-2-1　為替政策の監視
　10-2-2　IMF の資金の活用
10-3　経済協力開発機構（OECD）　431
　10-3-1　自　由　化
　10-3-2　環　境　保　全
10-4　関税および貿易に関する一般協定　435
10-5　環　境　条　約　438
　10-5-1　長距離越境大気汚染
　10-5-2　気　候　変　動
　10-5-3　化　学　兵　器
10-6　結　　論　442

第11章　非政府組織（NGO） 443

11-1　序　443
11-2　人　　権　448
　11-2-1　Civil Liberties Organization（CLO）
　　　　　—ナイジェリア『塀の向こう側』
　11-2-2　チリ—軍事政権下の人権侵害
　11-2-3　ヘルシンキ—ソ連の人権問題とヘルシンキ最終議定書

11-3 環　　境　　459
　11-3-1 国際海事機関（IMO）
　11-3-2 小島嶼国連合（AOSIS）
　11-3-3 野生動物保護
　　11-3-3-1 鯨　　類
　　11-3-3-2 象
11-4 NGOの影響　　479

第12章　国際組織の活性化……………………………………483

12-1 序　　483
12-2 政治的取引　　485
12-3 官僚制度　　488
　12-3-1 政策課題の管理
　12-3-2 アメとムチ
　12-3-3 官僚機構の連携
12-4 将来的な見通し　　502

付録：条約リスト　　508
索　　引　　529
「国際法」学へのいざない―監訳者解説　　550

序　文

　我々は、最初から意図してこのような本を書こうと思っていたわけではなかった。協働して講義をすることがことの始まりであった。二人がともに専門的な知見を有していたのは唯一、軍備管理の分野であった。エイブは、1963年から国務省法律顧問として部分的核実験停止条約に関わっていたし、トニーは、カーター政権下で空軍次官としてMXミサイル配備に関わっていた。我々二人が10年以上受け持ってきた講座「核兵器管理における法、ドクトリン、政治（Law, Doctrine, and Politics in Nuclear Weapons Management）」は、次第に次の問いへと焦点を合わせることになっていった。即ち、根深いイデオロギー対立、相互不信および敵対的な環境の中で、なぜ二つの超大国は軍備管理に関する協定の交渉を模索し続けたのか。そして、なぜ協定上の義務を実質的に遵守したのか？

　この問いは、冷戦の終焉およびソ連の解体によって、いささか課題として緊急性が低下したように思われる。故に我々は、今まで学んだことが条約の遵守一般に適用できないか問い始めた。わけても、我々は、SALT協定によって設置された米ソ常設協議委員会（Standing Consultative Commission 以下 SCC）という、あまり知られていない組織の活動に感銘を受けていた。同委員会は「条約の履行や不明瞭な事態を検討」することを目的として設置された。法律に携わる者としては、法的義務の遵守の問題と条文解釈や実施に関わる紛争処理制度に何らかの関係があると推定することはたいして驚きをもたらさなかった。SCCが興味深いのは、同委員会が裁定や執行権限を有さず、交渉の場にすぎないにもかかわらず、条約当事国間の重要な問題の幾つかを解決する装置であったことである。それは、両国の対立が最高潮にあった初期レーガン政権にあってさえも機能したのである。

　こうしたことから、我々二人の講座名は「国際協定に基づく紛争処理（Dispute Settlement under International Agreements）」となった。次第にわかってきたこ

とは、この「紛争処理」が、少なくとも伝統的な法学の捉え方によるものでも、また米国で裁判外紛争解決手続（ADR）として知られるようになった、より広い捉え方によるものであっても、遵守問題のごく一部にすぎないことであった。我々は、現状の条約レジームがとてつもなく複雑な相互作用プロセスであり、国家やその公式代表ばかりでなく、国際組織やその職員、NGO、科学者、企業経営者、研究者などの非国家行為主体もがこのプロセスに参加し、国内政治に深く関与することを理解し始めたのである。本書は、このプロセスを可視化（マッピング）する企図である。対象分野、具体性、関連するもしくは影響される国家にとっての重要性の差異を克服するような知見や要素を模索するために、我々は国際的な規制を幅広く視野に入れる。

　我々二人は、法律の専門家である。対して国際関係においては、我々は、学徒であり、観察者であり、場合によっては実務家でもある。我々は数理系の研究者ではないが、本書は定量・相関分析への強い志向を裏切るものではない。我々は、決して経済学、合理選択論、ゲーム理論、法理学の専門家ではないが、これら分野から学ぶところが多いので、その知見を活用しようと試みた。我々は、これまでの軍備管理の研究から他の学術分野（国際関係論、ゲーム理論、安全保障研究）から学ぶべき事柄が多いことは知っていた。故に、これまでより幅の広い試みとしても、同様に、我々の専門分野外からの知識群に助力を求めた。特に、当時登場しつつあったレジーム論と、より一般的には、国際関係その他分野における新制度論は我々の主張を支えてくれた。しかしながら、これら論者の示唆しているものが実際には国際法であるという我々の主張には、彼等自身が不快に感じられたようである。我々は、これら学術分野の研究を包括的に熟知していると装うつもりはない。しかしながら、我々の思考を進展させてくれた論者と彼らの研究には言及をしたい。

　我々の基本的な方法論は、オーラン・ヤング（Oran Young）が「因果分析（causal analysis）」と呼んだ立場に近い。即ち、行為主体の行動原理を探るために詳細な事例研究を活用することである。但し、ヤングが研究に臨むような厳格さ、即ち同じような研究態度を我々が持っていたわけではない（Oran R.

Young and Marc A. Levy, The Effectiveness of International Regimes, MIT Press, 本書刊行後の1999年に出版、参照）。我々の方法は、主として描写的であるが、規範的なニュアンスも含んでいる。基本的に、我々は、本書の主たる対象である条約やレジームに関する既存の二次文献を活用した。対象の中には、かなりの学術的な分析が存在するものもある。他方、公式資料や広報向けの資料に主として依拠せざるを得なかったものもある。時折のインタビューや政府高官との交流のほかに、我々の分析が独自に行った経験的調査に基づくものはない。

我々の根本にある考えは、国家、国際機構、政府高官やその他のアクターが実際に規制型の条約を実施する際に何をしているかを理解することが重要だという点にある。この過程に、米国や海外にいる多くの人々（多くが優秀かつ仕事に献身的な人々）の時間および労力の大部分が費やされている。このプロセスの批判および改善の第一歩は、これら人々が実際に何をしているか、そして何をしていると考えているか、を理解することであろう。このことは、学術研究、報道ないし個人の回想をみても必ずしも明らかではない。これら情報源をつなぎ合わせ、一定の範囲の経験・実務の共感的観察から推測されなければならないだろう。

我々は、これら活動の説得力のある説明——即ち Ronald Dworkin が見栄えの良い実務の解釈と呼ぶであろうもの——を提示しようとした（Ronald Dworkin, Law's Empire, Harvard University Press, 1986［ドゥウォーキン（小林公訳）『法の帝国』（未来社、1995年）］参照）。我々は自らの分析および結論が多いに議論の余地のあるもの［検討に値するもの］であると考え、各研究者自らが研究している特定の条約レジームの文脈を以て、その妥当性（およびその価値）を吟味してくれるものと期待している。

本書第 1 章の原型は、International Organizations 誌に掲載され、その議論は、より濃縮した形で "Regime Architecture: Elements and Principles" として Global Engagement: Cooperation and Security in the 21st Century, edited by Janne E. Nolan（Washington D.C.: Brookings Institution, 1994）ならびに "Managing

Compliance: A Cooperative Perspective," National Compliance with International Environmental Accords, edited by Harold Jacobson and Edith Brown Weiss（MIT Press，本書刊行後の1998年に出版）に所収されている。

　本書の一部は、様々な段階において、ハーバード大および他の機関が主催した、幾つもの学術セミナー、会議、ミーティングなどにおいて報告され、討議され、批判されてきた。よせられた批判は、全て最終稿に大いに貢献している。本書の執筆段階において、Robert Keohane および彼が集めた素晴らしい院生たちは、特別な役割を果たした。この学生たちでは Ronald Mitchell, Marc Levy, Edward Parson および Beth deSombre の名を挙げる。ハーバード・ロースクールが主催している交渉学プログラムは、我々が国際紛争処理という幅広い問題に焦点を移し始めたときに居場所を提供してくれ、それ以来、我々は国際的な遵守および紛争解決プロジェクト（Project on International Compliance and Dispute Resolution）の共同ディレクターとなっている。

　本書の出版にあたっては主に Pew Charitable Trusts から助成金を受けている。また基本的な研究計画は、Carnegie Corporation of New York の計画助成金の助成で作成された。"Regime Architecture: Elements and Principles" は、Carnegie Corporation の協調的安全保障プロジェクトから、"Managing Compliance" は Social Science Research Council から、それぞれ財政的支援を受けている。

　本書の大部分が講義から出発しているので、研究の資料収集の大部分は、我々の学生が行った。特に Jan Martinez がいなかったならば、本書は、本当に日の目を見なかったといえる。彼女は、クラスの受講生として加わり、次第に監督代行の役割を引き受け、そして親愛なる友人になっていった。他に実質的な貢献をしてくれた者として、Daly Bryk, Sean Coté, Melissa Crow, Amy Deen, David Huntington, Rima Hartzenbach, Michael Rinzler および Manley Williams が挙げられる。しかし、プロジェクトに参加してくれた全ての人々は――プロジェクトに関わった期間にかかわらず、彼等の調査結果が本書に反映されたか、あるいは、日の目を見なかったかにかかわらず、我々が彼らのアイデアを採用し

たか、うまく使いこなせなかったか、採用しなかったかにかかわらず——我々のここ数年にとって、とてつもなく刺激的な知的醸成の一部であり、ここに記して感謝する。Kathleen Campbell, Eric Dolin, Monica Eppinger, Ellen Goodman, Cathy Hampton, Karen Hunter, Karl Irving, Frederic Jacobs, David Laws, Matthew Lorin, Sharmini Mahendran, Linda Netsch, Carol Readon, Lisa Roberts, Christopher Rossomondo, Alan Schwarts, Greg Shapiro, Alex Tselos, Lily Vakili, Anthony Winden および Michael Woods。

　現代がコンピューターの時代であることは、いつも原稿をタイプしてくれる秘書の皆さんをこのリストから外すことを意味する。しかしながら、我々は、エイブの秘書である Marilyn Byrne に深く感謝する。彼女は、本書に関して数えきれないほどの雑務を引き受けてくれ、かつ、長い企画段階にもつきあってくれた。

第1章
遵守の理論

1-1　国家の国際義務を遵守する傾向
　1-1-1　効率性
　1-1-2　利益
　1-1-3　規範
1-2　不遵守の根源
　1-2-1　不明確性
　1-2-2　義務を履行する能力の限界
　1-2-3　時間的側面
1-3　遵守の程度
1-3-1　遵守における許容可能な範囲の基準
1-3-2　許容可能な程度の決定
1-4　主権の新しいあり方と遵守の管理
　1-4-1　透明性の確保
　1-4-2　紛争解決
　1-4-3　能力構築
　1-4-4　説得技術の活用

　ますます世界の複雑化と相互依存が進展する中で、国家間合意の交渉、採択および実施はあらゆる国の外交活動の主要な要素である。もっと前の時代であったならば、条約の主要な役割とは、二国間の（場合によっては地域的な）政治的決着と取り決めを記録することであった。しかしながら、近年、条約に関わる実行の焦点は、長期間にわたる協調を各国に求めるような複雑な経済的、政治的、および社会的問題に対処するための多国間による規制型の協定へと移ってきたといえる。これら関心分野の中でも、重要なものは貿易、金融政策、資源管理、安全保障、環境保護および人権である。

　国際レジームに関する研究は、これら協調的取り組みが規範、ルール、および実行の織りなす緊密かつ複雑な網の目の中で発生すると教えている。しかしながら、レジーム研究からあまり見えてこないことは、ほとんどの場合、このレジームの基礎構造を定める公式な条約（一つ以上の場合もある）が中核にあることだ。これらの条約こそが本書の関心である[1]。

これらの条約は、対象とする事項ばかりでなく、その射程、当事国数、および具体性において大きく異なる。中には、原則の宣言もしくは合意のための合意にすぎないものもある。他のものには、特定分野での行動に関する詳細な規定が含まれている。さらに、これらの中には、後のより具体的な規制へ向けた合意形成のための包括的協定もある。その多くは、活動を監督するために国際組織を設立している。

　条約に焦点をあてることは、条約が国際法もしくは国際規範上の義務の唯一の淵源であることを暗に意味するものではない。国際法に携わる者は、これまで永く不文の「慣習」もしくは「一般」国際法の存在を認めてきた。こうした法は、システムの最も基本的な原則を幾つか含んでいる。これまで国際司法裁判所は、明確な義務の受諾を意図する一方的宣言に国家は自ら拘束される、としてきた[2]。宣言、共同宣言、表明など「ソフトロー」として大まかに類型化される様々な法文書は、正式な法の取極に適用するものとあまり異ならないプロセスによって制限として認知、執行される。そして、レジーム論者が常々指摘しているように、公式な宣言は、国家行為を方向づけ、義務の範囲を具体化する非公式および黙示の慣習、実行の迷宮の中で埋もれてしまうのである。しかしながら、これら論者があまり認めたがらないのは、複雑な規制型レジーム

---

1)　本書では、125もの条約に言及する。これらには、かなりの長文を挙げるものもあれば、わずかしか言及されないものもある。これらは、巻末付録に、正式名称及び通称ないし略号と共に分野毎にアルファベット順に挙げられている。これら諸条約は、体系的に選びだされたものではない。*Treaties in Force: A List of Treaties and Other International Acts of the United States in Force on January 1, 1994*（Washington D.C.: USGPO, 1994）の多国間条約の項から選びだされたものであり、故に米国が加盟している多国間条約に重きを置いている。本書が取り上げる二国間条約の主たるものは冷戦期の米ソ軍縮協定である。若干の重要な地域的条約も加えた。本書における条約の選択方法は科学的とはいえないが、主たる規制型の条約のすべてが取り上げる条約のリストに含まれていると確信している。

2)　「核実験事件」参照。"Nuclear Test Case (*Australia v. France*), Judgement," *ICJ Reports* (1974): 253, and "Nuclear Test Case (*New Zealand v. France*), Judgement," *ICJ Reports* (1974): 457.

全体をなす骨組みは、一般的に公式な立法行為、即ち条約であることである[3]。

国家とその市民が主要かつ一般的な課題に取り組む協調的レジームの中心に、本当に条約があるとするならば、許容可能な程度に課された義務を当事国が果たす事を担保するための、何かしらの手段がなくてはならない。この担保のために、政治的指導者、研究者、ジャーナリストおよび一般市民は、多くの場合、強制手段を有する条約（treaties with "teeth"）、すなわち強制力を有する執行措置を求める。たしかに国内では、国家の強制力の適用が、法的ルールを執行するための本質的な役割を果たすと考えられている。これは、国内法制の安易かつ誤った類推を1つには反映するものにほかならない。本書の最初の主張は、この立場を採らない。実際の問題として、軍事措置はいうまでもなく、義務違反に対する制裁として強制力を有する経済的措置は、現代あるいは予見可能な国際システムにおける日常的（ルーティン）な条約実施のために活用することはできないというものである。このような類の制裁を考案し、条約に組み込むことは時間の無駄である。

条約を実施するための制裁の欠陥は、そのコストと正統性と関わっている。軍事制裁のコストは犠牲者の数によって判断される。このコストは、一般国民にとって最も危急な目的、即ち主要な国益と明らかに関わっている場合以外には、払いたがらないようなものである。経済制裁のコストもまた高い。それは、被制裁国（弱者や最も困難な状況にある者を制裁が影響するような場合）ばかりでなく、制裁国にとっても高いといえる。経済制裁が発動される場合、抜け穴ができてしまう傾向がある。結果が出るのは遅いし、これが特に［被制裁国

---

3) 現在では、定番となった国際レジームの定義は、「レジームとは、国際関係の特定の領域に関するアクターの複数の期待が収斂するところの黙示的または明示的な原則、規範、ルールおよび意思決定手続の集合」というものである。Stephen D. Krasner, "Structural Causes and Regime Consequences: Regime as Intervening Variables," in Stephen D. Krasner, ed., *International Regimes* (Ithaca, N. Y.: Cornell University Press, 1983), p. 2：レジーム論者は、「法」（L-word）ということばを好まず、「原則、規範、ルールおよび意思決定手続」こそが国際法そのものであるとみる。

の〕行動を変容させるとはいえない。しかしながら、最も高いコストは、ここまで明確ではない。上位機関がないシステムにおいて一定の期間に軍事的もしくは経済的な取組を組織、維持するには相当な政治的な資源の投下を必要とする。

　政治的なコストが高いことから、制裁を科す取組みは断続的かつアドホックなものとなり、条約義務を確実に執行するための必要性に応えるというよりは、制裁国の政治的な危急の要求に応えるものになる。これら特徴自体が問題であるわけではない。しかしながら、アドホックな取組みはどうしても体系的でなく、公正ではありえない。同様の事案が同様に扱われないのである。条約義務への遵守を確保するための、このような取組みは、正統性が決定的に欠けている。さらには、軍事的、そして特に経済的制裁が有効でありえるためには、最も強大な諸国の支持と参加を必要とする。実際には、いかなる重要な制裁措置の成功も米国の指示とはいわないまでもその積極的な支持が決め手となっている。このような一般的条約義務のために、普遍的な取締活動を米国が遂行することはできないし、しないであろうし、すべきでもないことは明らかである。いずれにしても、弱小国のみが義務の遵守を強いられるようなシステムは、条約義務の確実な実施に必要とされる正統性を有しえないだろう。正統性の問題については本書の第5章にて扱うものとする。

　こうした遵守の「強制モデル enforcement model」に対して、それに代わる選択肢として本書は「管理モデル managerial model」を提示する。管理モデルは、強制的なアプローチではなく、主として協調的で問題解決型のアプローチに依拠する[4]。制裁に代わるこのモデルを簡潔かつ納得いく形で説明することは、なかなか容易なことではない。本書は、この試みに多くをあてている。

---

[4]　現代国内法の執行においても強制型から協調型へと重点が移行していることが明らかになりつつある。Malcolm Sparrow, *Imposing Duties: Government's Changing Approach to Compliance,*（Westport, Conn.: Praeger, 1994）参照。

1-1　国家の国際義務を遵守する傾向

　本書は、遵守および遵守問題の幾ばくか目新しい理解から始めたい。国際関係の理論の主流派であるリアリズムは、マキャベリまでさかのぼる：「そこで慎重な支配者(シニョーレ)ならば、約束の履行が危害をもたらしそうな場合や、その約束を決意させた理由が失われた場合には、約束を守ることはできないし、また守るべきでもない」[5]。遵守を合理的なアクターの立場から理解することは、理論やモデルの構築には有用であろう。しかし、遵守することが国益に沿う場合にのみ国家は条約義務を守るという命題に対して、厳密で循環論法(トートロジー)でない形の証明を損得計算が示すことはできない。

　これに対して、外交実務に携わる者は、国家が国際義務を一般的に遵守する傾向をもつことを前提として業務についている。外務大臣、外交官および政府首脳は、条約義務の準備から起草、交渉、モニタリングに途方もない時間と労力を費やす。条約義務が自らの活動の自由を制限し、また、するはずであるとする前提とともに、他の条約当事国も同様に条約に拘束されると感じるだろうという期待がなければ、到底理解することはできないだろう。条約の各条文の作成に捧げられる細心の注意は、疑いもなく国家が自らの義務を制限するとともに、他国の履行を確保しようとする願望の現れである。しかし、いずれにせよ、この企図が成立するのは、一般に国家は締結した協定を遵守する義務を認識するものだということを（おそらく経験上）参加国が受け入れた場合のみである。これら高官にとって、時折登場する悪質な違反者に対処することはそれとして問題ではあるが、条約遵守の中心的な課題ではないのである。

---

5)　Niccolò Machiavelli, *The Prince,* ed. Q. Skinner and Russell Prince（New York: Cambridge University Press, 1988), pp. 61-62［マキアヴェッリ（河島英昭訳）『君主論』（岩波文庫）132頁］。より現代的な例としては、Hans J. Morgenthau, *Politics among Nations: The Struggle for Power and Peace, 5th ed.*（New York: Alfred A. Knopf, 1978), p. 560参照。「私の経験では、［国家］は自国の利益に沿う限りにおいて約束を守る」。

本書は、遵守傾向という前提に妥当性を与える3種類の検討要素を提示する。すなわち効率性、利益、そして規範である。無論、これらの要素は、単独でも、合わさっても、あらゆる事例、いや特定の事例においても必ず遵守をもたらすというわけではない。しかし、これらは国家が条約義務を遵守するという一般的傾向を支え、現実の不遵守問題のより良い理解につながる。また、不遵守にどう対処すべきかについても示唆を与えるであろう。

1-1-1 効率性

決定は、自由財ではない。政府が政策分析や政策決定のために活用できる資源は、コストがかかるし、限りがある。組織や個人は、万が一の事態のためにこうした資源を保全しようとする[6]。このような状況の中で、標準的な経済分析は、当初の決定時の状況に変化が起きたという有力な証拠がないかぎり、継続的に費用対効果を再計算し続けることに反対の立場をとる。継続的な再計算以外の選択肢としては、設定された条約上のルールに従うことがある。遵守は、取引費用を低減させるのである。別の言い方をすると、官僚組織が正式なルールや規則からなる日常業務手順（ルーティーン）や標準業務手続に基づいて運営されていることを官僚制の研究は示唆している[7]。条約の採択は、他の法の制定同様、正式な

---

6) たとえば、次のものを参照 George Stigler, "The Economics of Information," *Journal of Political Economy*, 69 (1961): 213; G. J. Stigler and G. S. Becker, "De Gustibus non Est Disputandum," in K. S. Cook and M. Levi, eds., *The Limits of Rationality* (Chicago: University of Chicago Press, 1990), pp. 191, 202; Charles E. Lindblom, *The Policy Making Process* Englewood Cliffs, N. J.: Prentice-Hall, 1968), p. 14; Oran Young, *Compliance and Public Authority: A Theory with International Applications* (Baltimore: John Hopkins University Press, 1979), pp. 16-17.

7) Herbert Simon, *Models of Man: Social and Rational: Mathematical Essays on Rational Human Behavior in a Social Setting* (New York: John Wiley and Sons, 1957), pp. 200, 204. James G. March and Herbert A. Simon, *Organizations* (New York: John Wily and Sons, 1958), p. 169「規則は官僚制の本質的な特徴であり、… 規則の日常的な遵守は官僚制に深く浸透している規範である。」Young, *Compliance and Public Authority*, *supra* note 6, p. 39も併せて参照。この組織行動モデルの事例を国際関係に適用した

ルール体系を設定するのである。[とするならば、]遵守は組織の前提としてごく当たり前のことなのである。したがって、ルールからの逸脱を主張する側にこそ説得する重い責務がある。

1-1-2 利　　益

　条約は、合意に基づく法文書である。国家が合意しないかぎり、拘束力を有さない。故に、そもそも条約に参加することが当事国の利益にかなっているとするのがフェアな推定であろう。この推定に従うならば、国際協定が作成、締結される過程は、最終的な帰結に条約の交渉国の利益がある程度反映されることを確保することを企図している[8]。現代的な条約形成は、民主的政体における立法作業と同じように、クリエイティブな企てであるといえる。なぜならば、当事国は、義務の引き受けのもたらす負担と便益を比較考慮するのみならず、自らの利益を探求、再定義、そして場合によっては発見するからである。条約交渉プロセスの最も理想的な形は、それが各国の立場のみならず国益観念自体も進展・変容させる、学習のプロセスとなることである[9]。

　このプロセスは、各国国内および国際平面において進展する。非常によく官僚制度が整った国家ならば、条約交渉準備における各国の立場を明確化するには、綿密な省庁間の審査が必要とされ、結果として持続的な対内交渉を促すこ

　　事例として Graham T. Allison, *The Essence of Decision* (Boston: Little, Brown, 1971) chaps. 3-4 [グレアム・T・アリソン著（宮里政玄訳）『決定の本質』（中央公論社，1977年）第3＆4章　第二モデル（組織過程）アリソン＋ゼリコウ（漆嶋訳）『決定の本質（第2版）』Ⅰ．第3章，Ⅱ．第4章　第二モデル（組織行動）]，参照。

8) Oran R. Young, *International Governance: Protecting the Environment in a Stateless Society* (Ithaca, N. Y.: Cornell University Press, 1994), pp. 24, 38-46, 81.

9) これは現代交渉理論の中心的な教えでもある。Roger Fisher and William Ury, *Getting to Yes: Negotiating Agreements without Giving In* (Boston: Houghton Mifflin, 1981) pp. 41-57 [フィッシャー＆ユーリー（金山宣夫・浅井知子訳）『ハーバード流交渉術』（三笠書房・知的生きかた文庫，1990年），77-101頁。第3章　立場にとらわれるな。常に「利害」に焦点を合わせよ]; David A. Lax and James K. Sebenius, *The Manager as Negotiator* (New York: Free Press, 1986), pp. 63-87参照。

とになる。たとえば、トリンブル (Phillip Trimble) がまとめた軍縮交渉に関わる名簿には、通常、国家安全保障局、国務省、国防省、軍備管理軍縮庁、統合参謀本部、CIA ならびに場合によってはエネルギー省や NASA のスタッフが記載されている[10]。これらの機関各々も、統一されたアクターではない。主要な省庁の多数の下部組織が、半ば独立した立場で、交渉の席に座っているからである。米ソ軍縮交渉に関する研究の多くがこうした複雑怪奇な対内調整の分析に多くを費やしているのである[11]。

米国が関わる主要な国際交渉全般に同様のプロセスが見出せる。たとえば、リチャード・ベネディック (Richard Benedick) 大使が「省庁間の舞踏曲(メヌエット)」と呼んだ、オゾン層を破壊する物質に関するモントリオール議定書の準備の最終段階において、米国の最終的な立場は「国務省によって起草され、商務省、エネルギー省、環境特性評議会、EPA、NASA、NOAA、OMB、USTR、および（関心を持つ上記以外の省庁全てを代表して）国内政策評議会 (Domestic Policy Council) によって正式に承認された」[12]。この恐るべきアルファベットの羅列

---

10) Phillip R. Trimble, "Arms Control and International Negotiation Theory," *Stanford Journal of International Law*, 25 (Spring 1989): 543, 549.

11) John Newhouse, *Cold Dawn: The Story of SALT* (New York: Holt, Rinehart and Winston, 1973); Gerard C. Smith, Doubletalk: T*he Story of SALT I* (Lanham, Md.: University Press of America, 1985); Strobe Talbott, *Endgame: The Inside Story of SALT II* (New York: Harper and Row, 1979); Strobe Talbott, *Deadly Gambits: The Reagan Administration and the Stalemate in Nuclear Arms Control* (New York: Alfred A. Knopf, 1984; distributed by Random House); Raymond L. Garthoff, *Détente and Confrontation: American-Soviet Relations from Nixon to Reagan* (Washington D.C.: Brookings Institution, 1985); John McNeill, "U.S.–U.S.S.R. Arms Negotiations: The Process and the Lawyer," *American Journal of International Law,* 79 (1985): 52. 旧ソ連の政策過程に関する知識には限りがあるものの、以上の文献は、両国は根本的な部分においては差異がなく、双方とも縦割行政の構造があることを示唆している。

12) Richard Elliot Benedick, *Ozone Diplomacy: New Directions in Safe Planet* (Cambridge, Mass.: Harvard University Press, 1991), pp. 51-53 ［ベネディック, R.E.（小田切力訳）『環境外交の攻防』（工業調査会, 1999年）77-81頁］. このプロセスを監視するための特別上級作業部会を設置した国内政策評議会は、閣僚9名、行政予算管理局（Of-

に加え、ホワイトハウス内の科学技術政策室、政策開発室、経済諮問委員会なども、話し合いの輪に加わっていた。

近年の米国についていえば、議会、NGOならびに国民のさらなる参加により、最終的に国家としての立場に反映すべき新たな利益が登場したといえる[13]。同様の進展は、他の民主主義国家にも見出せる。ロバート・パットナム（Robert Putnam）は、このプロセスを２レベル（ツー）ゲームと描写し、外国との交渉が最終的に国内の利害関係勢力に受け入れられる条約に帰着しなければならないとした[14]。

現代の規制型の条約において対内的な分析・交渉・便益・負担・影響の算出は、国際レベルにおいて繰り返されることになる。交渉を見越して、正式な交渉が開始されるよりはるか以前に、［条約交渉で問題となりそうな］論点が国際的なフォーラムで検討される。交渉プロセス自体は、特徴として、数年におよぶこともある政府間討議に関係する。そして、このプロセスは各国政府ばかりでなく、国際公務員やNGOをも巻き込む。この最も顕著な事例は、第三次国連海洋法会議（UNCLOS III）である。同会議は、10年以上も継続し、無数

---

fice of Management and Budget, OMB）長官と通商代表部（U.S. Trade Representative, USTR）から構成される。当時、エドウィン・ミース（Edwin Meese）法務長官が議長を務めていた。その他の国々、少なくとも先進工業国でも、ここまでごてごてしてないにしろ、交渉準備にあたって同様の国内実行がみられた。官僚的調整に多くの資源をさくことのできない途上国は、現場担当者の判断と直感に頼ったのである。

13) モントリオール議定書を支持する米国の戦略策定にあたって議会、産業および環境保全団体の影響について Benedick, *Ozone Diplomacy, supra* note 12, p. 57 ［ベネディック（小田切訳）『環境外交の攻防』83-85頁］参照。「複合的相互依存」の国際政治システムにおいて政府がどのように「国際組織が始める活動の一連の流れに対処するため、自己組織化を迫られる」について Robert O. Keohane and Joseph S. Nye, *Power and Interdependence*, 2nd ed. (Glenview, Ill.: Scott, Foresman and Company, 1989), p. 35 ［ロバート・コヘイン、ジョセフ・ナイ（滝田賢治監訳）『パワーと相互依存』（ミネルヴァ書房，2012年）47頁］も併せて参照。

14) Robert D. Putnam, "Diplomacy and Domestic Politics: The Logic of Two-Level Games," *International Organizations*, 42 (Summer 1988): 427.

の委員会、小委員会、作業部会が設置されたが、結局、会議の発案国でもあった米国が署名を拒否したことによって台無しになった[15]。

二大超大国のみが直接関与していたにもかかわらず、米ソ二国間の軍縮交渉も同様に長期化した。オゾン層や地球温暖化といった環境問題にかかわる交渉も第三次国連海洋法会議と同じようなパターンを踏襲した。成層圏オゾン層に関わる最初の会議は、1977年に国連環境計画（UNEP）によって招集された。これはオゾン層の保護のためのウィーン条約採択の8年も前のことである[16]。1991年2月に正式に開始された気候変動交渉も、2年もさかのぼって、世界気象機関とUNEPが招集した気候変動に関する政府間パネル（IPCC）が科学的、技術的、政策的対応の問題を検討した成果であるといえる[17]。

特に民主主義国家にみられ、一部では他の政体にも見られることだが、こうした交渉活動は、公的な審査に開かれることになる。即ち、国内における省内審査、政治的審査をくり返し誘発し、影響を受けると考えられる利害関係者との暫定的な調整が再検討されるのである。2レベルゲーム（ツー）は、最終的に署名され、批准を待つ条約が、入念に検討・概念化された国益によって基礎づけられていることを保証するものである。なぜならば、国益自体も一定程度、予備段階および交渉段階によって情報を得ながら、形成されるからである。

しかし、それでも条約形成は純粋に合意のみに基づくものではない。［こう

---

15) James K. Sebenius, *Negotiating the Law of the Sea* (Cambridge, Mass.: Harvard University Press, 1984) 参照。William Wertenbaker, "The Law of the Sea," *The New Yorker*, Aug. 1, 1983, p. 38 (part 1), and Aug. 8, 1983, p. 56 (part 2) も併せて参照。

16) 早くも1975年の段階でUNEPは、米国のオゾン層研究の意味合いに関する世界気象機関の専門会議に資金を提供した。しかしながら、ウィーン会議の直接的な先行事例は、1977年3月にワシントンD.C.において各国と国際機関を集めた政策会合に求められる。当該会議において「オゾン層に関する世界行動計画」が起草された。Benedick, *Ozone Diplomacy, supra* note 12, p. 40. ［ベネディック（小田切訳）『環境外交の攻防』65頁］。

17) 気候変動に関する政府間パネルは、「グローバル気候の保護に関する決議」と題された国連総会決議43/53号（A/Res/43/53, 1989年1月27日）の採択後、UNEPとWMOによって設立された。

した］交渉は、特定の国が他の国よりもはるかにパワーを有する国際システムの構造に強く影響される。戦後の経済体制に関する交渉において米国がほとんどの場合に自らの意を貫き通してきたことはよく知られている[18]。海洋法では、10年以上もねばった挙句、米国は当該条約が発効した後に主要条文［深海底制度に関する第11部］の修正を確実に手に入れたのである。この修正に基づき、1994年米国は条約加入の意思を表明した[19]。1992年、リオにおいて採択された気候変動枠組条約の枠外で、米国は、二酸化炭素の排出を削減するという義務をほぼ単独で確約してきたといえる。

同時に、多国間交渉のフォーラムは、弱小国が手を組み、大国を阻止しうる機会を提供する。第三次国連海洋法会議では、「内陸国および地理学的に不利な立場にある諸国」――ハンガリー、スイス、オーストリア、ウガンダ、ネパール、ボリビアのような意外な友好諸国――の集会が戦略上、極めて重要な地位を有することになった。バヌアツ共和国を議長国とする小島嶼国連合（Alliance of Small Island States）も気候変動に関するグローバルな交渉において同様の役割を果たした。

ゆえに国内立法同様、国際条約の形成プロセスは、様々な利害関心を受け入れる余地を充分に残しているといえる。このような状況下では、いかに圧倒的な大国といえども自らの目的全てを完遂することは叶わず、他の参加者に至っては甚だ不満ながら良しとしなければならない。条約は、ある程度まで必然的に妥協の産物であり、「既になされた取引」なのである[20]。特定の国益という

---

18) Richard N. Gardner, *Sterling-Dollar Diplomacy in Current Perspective: The Origins and Prospects of Our International Economic Order*（New York: Columbia University Press, 1980）［リチャード・N・ガードナー（村野孝・加瀬正一訳）『国際通貨体制成立史：英米の抗争と協力（上・下巻）』（東洋経済新報社，1973年）邦訳は1969年版の訳だが、80年版はそれに長い序が付加されただけで本文は同一である。］参照。

19) David Colson, "U.S. to Sign Seabed Mining Agreement of the Law of the Sea Convention," U.S. *Department of State Dispatch,* 5（July 18, 1994）: 485; Steven Greenhouse, "U. S., Having Won Changes, Is Set to Sign Law of the Sea," *New York Times,* July 1, 1994, p. A1, col. 5.

視点からみた場合、条約が期待に達していないこともありえる。しかし、協定が上手く設計されたならば、即ち合理的であり、理解可能であり、推測される行動・交流パターンに実務的な視点を有しているならば、遵守問題と執行問題はどちらも管理が可能であると見込める。不遵守と執行の問題が[その条約に]固有のものであるならば、それは意図的な不遵守というよりも、交渉プロセスが幅広く当事国の利益関心を取り込むことができなかったことが真の問題であるといえる[21]。

条約の交渉段階と履行の段階において直面する国家のインセンティブは異なるかもしれない[22]。特に、この妥協で譲歩した側にある当事国は、自らが引き受けた義務から逃れようとする理由があるかもしれない。しかし、国際協定に基づく義務を受容したことそれ自体が遵守段階における力学計算を変える。それが、少なくとも単に他国に遵守の期待をもたらすだけだとしても、そのことは、方程式に組み入れるべき要素の一つだからである。各国は、[自らが置かれた]状況や計算が著しく狂った場合に、条約義務に違反することもいとわないことを承知しているが、義務が「不都合」となった際には、いつでも違反するという考えを持って条約交渉に臨むわけではないだろう。

いずれにせよ、発効した条約が静的かつ不変であり続けることはない。条約が長く持続するためは、経済的、技術的、社会的および政治的状況の必然的な

---

20) Susan Strange, "Cave! Hic Dragones: A Critique of Regime Analysis," in Krasner, ed., *International Regimes*, p. 353.
21) 強制が広く活用されることでしか遵守が達成されないシステムは、正当にも権威主義的で不公正だとされる。Michael Barkun, *Law without Sanctions: Order in Primitive Societies and the World Community* (New Haven, Conn.: Yale University Press, 1968) p. 62参照。
22) 条約の締結の時に存在していた事情につき生じた事情の根本的な変化があった場合の条約の破棄に対して、国際法は限られた範囲でしか認めていない。ウィーン条約法条約第62条参照。しかしながら、一般的に事情変化の可能性は、修正、有権的解釈または脱退のための条項すら伴う。たとえばABM条約の脱退条項（第25条2項）および部分的核実験禁止条約第4条を参照。これらは条約が一部をなしているレジーム全体を弱めるものの、法的義務の違反とはされない。

変化に適応できなければならない。この適応には、正式な条文修正より面倒でない、「正式な修正手続によらない修正（non-amendment amendment）」装置もある。こうした装置は、現代の条約法に携わる人々が考案した。最もシンプルな方法は、条約が設立した機関に条約の解釈権限を委譲することである。米国憲法が時代に対応してきたのは、煎じ詰めると、条文の修正によってではなく、一般条項を最高裁判所が解釈することに主に、よるものであった。この適応のプロセスについては、第9章でより詳細に取り上げる。

1-1-3　規　　範

条約は、批准国に対して法的拘束力を有するとされている[23]。経験上、人は、社会化の帰結であるか否かは別にして、法に従う義務を受け入れている[24]。たいていの人々は、たいていの状況において、法的義務の存在は、遵守するものという推定を導き出す。この推定を覆すような状況がなければ、国家の場合も同様である。多くの場合、国際法の根本規範[25]は、*pacta sunt servanda*（合意

---

[23]　「条約」とは、国の間において文書の形式により締結され、国際法によって規律される国際的な合意（単一の文書によるものであるか関連する二以上の文書によるものであるかを問わず、また、名称のいかんを問わない。）をいう。ウィーン条約法条約第2条1項 (a)。

[24]　ヤングによれば、「「義務」とは、明確な費用対効果の計算に基礎を置かず、責務の一般的な感覚より派生する行動規定を遵守するインセンティブを包含する。…多くの場合、義務感は遵守問題の選択において重要な役割を果たしている。」Young, *Compliance and Public Authority,* p. 23. Richard Fallon, Jr., "Reflections on Dworkin and the Two Faces of Law," *Notre Dame Law Review,* 67 (1992): 553, 556も併せて参照。同論文では、H.L.A. ハートの社会的ルールとしての法概念を次のように要約している。「内在的な観点、すなわち共同体から疎外されていない構成員の社会生活の視点からするならば、社会的ルールとは、行動指針ならびに自己批判を含む批判の根拠として認められた基準である。」M. Rheinstein, ed., *Max Weber on Law in Economy and Society* (New York: Simon and Schuster, 1954), pp. 349-356; Friedrich V. Kratochwil, *Rules, Norms and Decisions: On the Conditions of Practical and Legal Reasoning in International Relations and Domestic Affairs* (Cambridge: Cambridge University Press, 1989), pp. 15, 95-129も併せて参照。

は拘束する／条約は拘束する)であるとされる[26]。米国および他の諸国において国際法は、国内法（law of the land）の一部となっている[27]。ゆえに、国家が正式に合意した協定の中に含まれる条項は、遵守する法的義務を伴い、行動の指針であると推定される。

　一般の理解の中にあまりにも深く根付き、各国指導者の演説などにも頻繁に反映されている上述の公理に対して、証拠や権威を示すことは蛇足であるかのように思われる。しかし依然として、現実主義は、各国の行動は利益計算に支配されていると主張し、国際情勢における規範義務の機能を本質的に否定する。この立場は、国際関係理論の分野（隣接、関連する他の実証主義的な社会科学領域においてそうであるように）において、相当長い期間において主流を占めてきた[28]。とはいえ、現実主義は、次第に実証的研究や学術的分析によって挑戦されつつある。

　エリノア・オストロム（Elinor Ostrom）[29]やロバート・エリクソン（Robert Ellickson）[30]等の研究者は、限定された状況において比較的小さな共同体が規範を創出し、それは、それに引き続く国家当局の介入がなくても成り立ってい

---

25) 本書は、「規範」を原則、基準、ルールその他、広範な一般的指示言明を包括する用語として使用する。当面の目的のために、法規範は、法システムが権威を認めた手続を経て形成された規範であると考えることにする。比較として H.L.A. Hart, *The Concept of Law* (New York: Oxford University Press, 1961)［H.L.A. ハート（矢崎光圀監訳）『法の概念』（みすず書房，1976年）；H.L.A. ハート（長谷部恭男訳）『法の概念（第3版）』（ちくま学芸文庫，2014年）］。また本書第5章も併せて参照。

26) ウィーン条約法条約第26条：「効力を有するすべての条約は、当事国を拘束し、当事国は、これらの条約を誠実に履行しなければならない」。Arnold Duncan McNair, *The Law of Treaties* (Oxford: Clarendon Press, 1961), chap. 30も併せて参照。

27) 米国憲法第6条。

28) William Eskridge, Jr., and G. Peller, "The New Public Law: Moderation as a Postmodern Cultural Form," *Michigan Law Review*, 89 (1991): 727, 787-789参照。

29) Elinor Ostrom, *Governing the Commons: The Evolution of Institutions for Collective Action* (Cambridge: Cambridge University Press, 1990).

30) Robert C. Ellikson, *Order without Law: How Neighbors Settle Dispute* (Cambridge, Mass.: Harvard University Press, 1990).

ることを示した。他にフレデリック・シャウアー（Frederick Schauer）[31]やフリードリッヒ・クラトクヴィル（Friedrich Kratochwil）[32]は、政策決定過程において規範がどのように機能するかを分析している。[その分析によれば、]規範は「それ自体が行動するための理由」であり、ゆえに同調行動を促すための独立した基盤となるとされた。規範は、国家が自らの行動を正当化することを目的として、国際平面において脈々と行なわれている言説の手法および用語を規定する助けとなる。

「合理的選択」学派（"rational actor" school）の主な代表者と目されるヤン・エルスター（Jon Elster）は、次のように述べている。「私は、社会規範が、合理性や他のいかなる形の最適化メカニズムにも還元できない行動に重要な動機付けを行っていると信じるようになった」[33]。条約義務に適応された場合、この命題は自明であるかのように思われる。例を挙げるとしよう。弾道弾迎撃ミサイル制限条約（ABM条約）が存在しなかったならば、ソ連は合法的にABMシステムを自由に構築したであろう。もし、ソ連がこの自由を行使したならば、米国の分析官、外交官、情報部員にとって深刻な軍事的および政治的問題を疑いなく提起することになったであろう。やがて米国は、これに反応し、自前のABMシステムを保有する、あるいは他の適当な軍事的もしくは政治的な行動を取ったと思われる。しかしながらこれと同じ行動、即ちソ連によるABMシステム構築がABM条約の特定の義務に違反するならば、性質はおのずと変わっ

---

31) Frederick F. Schauer, *Playing by the Rules: A Philosophical Examination of Rule-Based Decision-Making in Law and Life*（Oxford: Clarendon Press, 1991）.

32) Kratochwil, Rules *Norms and Decisions, supra* note 24, pp. 95-129. Sally Falk Moore, *Law as Process: An Anthropological Approach*（London: Routledge and Kegan Paul, 1978）も併せて参照。

33) Jon Elster, *The Cement of Society: A Study of Social Order*（Cambridge: Cambridge University Press, 1989）, p. 15. Margaret Levi, Karen S. Cook, Jodi A. O'Brien, and Howard Faye, "Introduction: The Limits of Rationality," in Karen Schweers Cook Margaret Levi, eds., *The Limits of Rationality*（Ithaca, N.Y.: Cornell University Press, 1990）, p. 1も併せて参照。

てくるであろう。あまりにも根本的な約束に背くことは、限定された反応ではなく、憂慮すべき、敵対的な反応を全面的に誘発することになり、長期にわたって当事国間の協働を危うくすることになる。厳粛な誓約が「紙くず」として扱われた際の憤懣は、米国史に根付いている[34]。このような反応は米国特有のものではなかろう。

　過酷なハイポリティクスが展開されていたキューバ危機のさなかでも、国務省の法律顧問たちは、米国が合法的に単独的措置をとることはできないと主張した。なぜならば、ソヴィエトによるキューバへのミサイル設置は国連憲章第51条に基づく自衛権を発動させるに足る「武力攻撃」に至らないとされたからである。要するに、ミサイル[設置]に対応して武力を行使するのは、米州機構（OAS）によって承認された場合にのみ合法である、ということになる。この法的見解がケネディ大統領の決断を決めたと主張するのは馬鹿げているだろう。しかし、OASによる武力行使容認を旨とする事前の授権が必要であるとする主張は、様々な主張の組み合わせに貢献し、空爆ではなく、まず海上臨検（quarantine）という手段を行うという決定につながったことは疑いないであろう。後にロバート・ケネディ（Robert Kennedy）は、次のように述べている。「検疫停船に法的根拠を与えたのは米州機構の投票による決定であった。これは我々の立場を、国際法違反を犯している無法者から、自らの立場を合法的に守っている[OAS]20ヵ国の同盟国とともに行動する国へと変えた」[35]。

---

34)　ベルギーの中立を保証する条約について、1914年にドイツが侵略した際にドイツ帝国宰相テオバルト・フォン・ベートマン・ホルヴェーク（Theobald von Bethman-Hollweg）の英国大使に対する発言を参照。as quoted in *Encyclopedia Britannica*, 14th ed. (Chicago: Encyclopedia Britannica, 1972), s.v. Bethman-Hollweg Theobald von. 米国の対応の例については、セオドア・ルーズベルト米大統領からエドワード・グレイ卿英外務大臣への1915年1月22日付の書簡を参照。as quoted in Hans J. Morgenthau, *Politics among Nations: the Struggle for Power and Peace*, 4th ed. (New York: Alfred A. Knopf, 1967).

35)　Robert Kennedy, *Thirteen Days: A Memoir of the Cuban Missile Crisis*. (New York: W. W. Norton, 1971), p. 99. [R. ケネディ（毎日新聞社外信部訳）『13日間：キューバ危機回顧録』（中央公論新社，2001年）] Abram Chayes, *The Cuban Missile Crisis: In-*

1-2 不遵守の根源

　現実主義者が主張するように、条約に従うか否かという国家の決定が費用対効果計算の帰結であるならば、不遵守が条約義務の計画的、意図的な違反であることを暗示することになる。最も懸念されるいくつかの不遵守の事例は、明らかにこの形態をとっている。たとえば、イラクのクウェート侵攻の事例、核不拡散条約（Non Proliferation Treaty: NPT）上の義務に基づく国際原子力機関（International Atomic Energy Agency: IAEA）査察団の受け入れを北朝鮮が拒否した事例などが挙げられる。状況によって、国家が国内外の賛同を得るために、条約義務を履行することを意図しないままに、条約に参加することが考えられる。このような事例は、ソ連や他の全体主義国家が人権規約に署名した場合が当てはまるかもしれない。最も、このような場合でも義務の履行は思っていたほど空疎ではなかった（第11章参照）。しかしながら、外交関係の従来の常識は、これら事例が原則というよりも例外であるとしている。［これによれば］条約違反が意図的な法的義務の無視の結果とみなされることは滅多にあるものではないとされてきた[36]。

---

　　ternational Crises and the Role of Law (New York: Oxford University Press, 1974) も併せて参照。ケネディが法律顧問から受けた助言とは、このようなものであり、それは妥当なものでもあった。しかしながら、この行為が国連憲章に抵触すると思われたことから国内外の多くの国際法律家が反対した。例えば Quincy Wright, "The Cuban Quarantine," *American Journal of International Law,* 57（1963）: 546; James S. Campbell, "The Cuban Crisis and the UN Charter: An Analysis of the United *States Position*," *Stanford Law Review,* 16（1963）: 160; W. L. Standard, "The United States Quarantine of Cuba and the Rule of Law," *American Bar Association Journal,* 49（1963）: 744 参照。

36）　"U.S. Compliance with Commitments: Reciprocity and Institutional Enmeshment," unpublished paper prepared for PIPES Seminar, University of Chicago, Oct. 24, 1991, p. 35. ロバート・コヘインは、200年にもわたる米国の対外関係史を調査し、履行すべきか否かが真剣に争われた「不都合」な約束に該当する、「理論面からみて興

しかしながら、主要な条約義務の不遵守および不十分な遵守に関する疑問が十分残っており、これらは、国際システムが条約規範からの逸脱行動を遵守へと導くことのできる方法の分析［の必要性］を正当化するに十分であるといえる。この分析は、まず観察された不遵守の理由を診断することから始めなければならない。違反が意図的なものでないならば、何がこの行動を説明できるだろうか？本書は、普段あまり遵守論のなかでは認識されていないが、条約義務に違反していると思われる多くの行動の根源にあると我々が考える次の3つの状況を特定する。これら状況は、(1)条約の文言の不明確性・不確定性、(2)当事国の条約義務の遵守能力の限界、(3)規制型の条約の存在により予期される社会的、経済的および政治的変容という時間的側面である。

ある意味で、これらの要素は、不遵守の「原因」とみなすこともできる。しかし、法律に携わる者の視点からするならば、これらは一見したところ明らかにおもわれる不履行を弁解、正当化もしくは情状酌量を得るために提示される弁護とみることもできる。もちろんこの弁護も、遵守に関わる他の問題と同じように、条約義務の遵守に関して信義誠実という最も重要な義務の下にあることはいうまでもない[37]。仮に弁解が受け入れられたならば、当該行為は、厳密には違反ではない。無論、国際平面においてこうした申し立てや弁護が、国際法廷でなされたり、判決が下されることは稀である。しかし、法廷以外の場での外交的なやり取りは同じ基本構造をもつものとして理解される。さらに第3の視点（本書の原動力）は、レジーム管理のそれである。条約義務の遵守を最も効果的に促すために、どの場に、そしてどのように資源と活力をそそぎこむべきか？

　　味深い」事例を40しか特定できなかった。
　37)　ウィーン条約法条約第26条。参照 L. Oppenheim, *International Law: A Treatise,* ed. Hersch Lauterpacht, 8th ed.（London: Longmans, 1955）, vol. 1, p. 956; McNair, *The Law of Treaties,* p. 465.

1-2-1 不明確性

　法的なルールの他の正式な法源と同じように、条約が具体的な論点について決定的な答えを用意していることは稀である[38]。所詮、条約の文言が意味内容を精確に捉えることはできないのである。条文の起草者たちが、条約が適用される文脈・状況はいうまでもなく、多くの場面における適用可能性までも見通すことはないのである。実際、その発生が予期されうる論点は、多くの場合、条約交渉時においては解決することができず、各国が都合よく解釈できる規定によって隠されてしまう。政治はいうまでもなく、経済的、技術的および科学的状況などは変容するものである。将来の行動を統制するために、ルールを定式化する試みのなかで、これらの不可避な事情は、何が許容され、何がされないかを精確にいうことができないような不明確な範囲を創り出す。

　無論、条約の文言は、他の法的文書の文言同様、具体性の程度において様々である[39]。条約の文言の対象が幅広く、一般的であればあるほど、創出される可能な解釈の範囲も広くなる。しかしながら、精確性がよいことばかりであるとは限らない。また、義務のより一般的な定式化を選ぶ理由も多く存在する。政治的合意が精確性を求めるとは限らない。または、米国憲法の特定の条項のように、文言が適用されるであろう特定の状況を詳細に予見するよりも、決定のプロセスを伝え、一般的な方針のみを示したほうが賢明なのかもしれない。ルールを適用する者が一定の信頼を得ているならば、広範な基準のほうが詳細

---

38) Robert Keohane and Joseph S. Nye, *Power and Interdependence: World Politics in transition* (Boston: Little, Brown, 1977), p. 9 (quoting Alex Inkeles, "The Emerging Social Structure of the World," *World Politics* 27 [July 1975]: 479).［ロバート・O・コヘイン，ジョセフ・S・ナイ（滝田賢治・監訳）『パワーと相互依存』（ミネルヴァ書房，2012）原著第3版（2001年）の邦訳，10頁］

39) Duncan Kennedy, "Form and Substance in Private Law Adjudication," *Harvard Law Review*, 89 (June 1976): 1685; Ronald M. Dworkin, "The Model of Rules," *University of Chicago Law Review*, 35 (1967): 14; Louis Kaplow, "Rules versus Standards: An Economic Analysis," *Duke Law Journal*, 42, no. 3 (1992): 557-629参照。

な規定を設けるよりも、法の背景にある一般的な方針を実現するうえで効果的であるかもしれない。北大西洋条約は、一般的な用語を使いながら、非常に長く存続している。「締約国は、この条約の目的を一層有効に達成するために、単独に及び共同して、継続的かつ効果的な自助及び相互援助により、武力攻撃に抵抗する個別的の及び集団的の能力を維持し発展させる」[40]。軍備管理の分野においては、解釈の余地をなくすという観点からだんだん詳細な協定を米国は選択してきている。米ソ間で初めて締結された二国間軍縮条約である1963年部分的核実験禁止条約は、5つの条項に2頁から3頁を費やした。1989年に署名された戦略兵器削減条約（START）の分厚さといえば、電話帳のようである[41]。より詳細な規定を置くに到った条約は、何も安全保障に限定されるわけではない。1947年当初の関税と貿易に関する一般協定（GATT）は、全35条に多くの頁を費やしている。1994年のウルグアイ・ラウンドは、世界貿易の新たな協定を設立することになった。その協定の長さは、GATTの3倍から4倍を誇り、無数の補助協定や附属書を有している。

　しかしながら、詳細な規定を置くことに難がないわけではない。「一つの事柄の表示は、他のものの排除である」（*expressio unius est exclusion alterius*）という法諺が関係してくる。米国内国歳入法（U.S. Internal Revenue Code）にあるように、詳細な規定は抜け穴を創出し、継続的な改正と当局による有権的解釈の手続きを必要とするようになる。そうなったら、法全集はあまりにも複雑で扱いにくくなり、一握りの専門家の仲間内だけにしか理解できない（そして彼らにしか操作可能できない）ものとなってしまうだろう。法体系の複雑さは実務において、近道を生み出すことになるかもしれない。この近道は物事がうまくいっている時は不効率を低減させるのだが一旦政治環境が変化した場合に、軋轢を生むような種のものである。

40）　北大西洋条約第3条。
41）　軍縮条約の複雑化にかかわる諸問題と困難については David P. Koplow, "When Is an Amendment Not an Amendment? Modification of Arms Control Agreements without the Senate," *University of Chicago Law Review*, 59 (1993): 981, 985-1004参照。

要するに、各当事国は、関連条約の文言の意味について異なる立場をとることができる一定の範囲がしばしばあるということである。国内法システムでは、特定の事件における当事者間の解釈に関する紛争に関しては、裁判所や他の有権的な機関が解決する権限を有している。国際法システムでは、当事国が合意したならばこの種の問題を解決するために裁判を行うことがある。しかし、強制的な紛争解決（司法的解決その他の手段を含む）は、国際平面ではあまり高く評価されていない[42]。さらにつけ加えるならば、解釈問題は、対立している二国間の紛争ではなく、条約締約諸国間のより一般的な討議の問題として提起されることがある。1965年に、国際コーヒー協定の締約国は、［国際コーヒー］機関が様々な種類のコーヒーの割当(クォータ)を選択的に設定する権限を有するか、それとも輸出国に配分されるグローバルな割当を既定の方式に基づき設定する限定された権限しか有さないのか、という点において鋭く対立していた。この問題は、法的な諮問委員会にかけられ、選択的な割当制度に否定的な判断を下した。しかし、最終的にコーヒー理事会はこの制度を認める条約解釈について投票によって決定した[43]。これら全ての事案において、「悪意」のないという前提のなかで当事国が自らの立場を堅持し、他の国を説得できるかという点にかかっている。実際に、当事国間に見られるこのような言説は、より広い聴衆の面前で行われる場合が多いが、コモンロー諸国における裁判における言説と同じように、ルールの意味内容を明確化する重要な手段なのである。

---

42) Abram Chayes and Antonia Handler Chayes, "Compliance without Enforcement: State Behavior under Regulatory Treaties," *Negotiation Journal*, 7 (1991): 311参照。Louis B. Sohn, "Peaceful Settlement of Disputes in Ocean Conflicts: Does UNCLOS III Point the Way?" *Law and Contemporary Problems*, 46 (1983); 195-200も併せて参照。国際裁判およびその他紛争解決の手法については第9章において検討する。

43) *Report of the Advisory Panel on the Legality of a system for the Selective Adjustment of Quotas,* International Coffee Organization Doc. no. ICC-7-60 (1965); Resolution 92, International Coffee Organization Doc. no. ICC-7-Res. 92(E)(1965); Resolution 115: *System for Selective Adjustment of Supply of Coffee,* International Coffee Organization Doc. no. ICC-8-Res. 115 (E) (1965).

これら多くの争いのなかには、有識者間で違法・合法について合意が既に存在するか、あるいは形成されることがある[44]。しかしながら、その他の多くの論争については決着がつかないままである。紛争当事国の一方が相手方の違法性を主張し、自己の主張を正当化するために国際法の専門家集団を動員することがある。しかし、利害関係から離れた観察者には、すくなくとも「悪意」のないという前提の下で、不遵守があると容易に結論づけることはできないだろう。毎年、［米国が］ソ連に対して主張する軍縮協定義務違反疑惑を記載した長いリストは、クラスノヤルスク・レーダーの例を除いて、この意味で［不遵守の有無について］論争の余地がある[45]。

無論、他の法主体と同様に、国家が自ら好む行動を正当化するために、不明確な条約上の文言を恣意的に活用しないわけではない。確かに、国家は自らに課せられた義務の限界を、条約の相手方の反応を試すことで、意図的に探求しようとする場合がある。ソ連がクラスノヤルスクでのフェイズドアレー方式レーダー設置に先んじて、ペチョラ型レーダーを配備したことがこのパターンに当てはまるのではないかとの憶測がある。即ち、ABM協定の配置制限の限界を探る試みではないかという憶測である。ペチョラ基地は、国境から400kmほどしか離れておらず、条約がもとめるように「自国の領域の周辺」にあるとも、ないともいえる[46]。識者によっては、米国が対応できなかったことが、クラスノヤルスク基地を最も近い国境からさらに奥（700kmほど）に配置するというソ連の決断に寄与したとみている。

---

44) Oscar Schachter, "The Invisible College of International Lawyers," *Northwestern University Law Review*, 72（1977）: 217参照。

45) Gloria Duffy, *Compliance and the Future of Arms Control: Report of a Project Sponsored by the Center for International Security and Arms Control*（Cambridge: Ballinger, 1988）, pp. 31-60参照。

46) Antonia Handler Chayes and Abram Chayes, "From Law Enforcement to Dispute Settlement: A New Approach to Arms Control Verification and Compliance," *International Security, 14, 1990*): 147; Duffy, *Compliance and the Future of Arms Control*, supra note 45, p. 107, n. 49参照。

オリバー・ウェンデル・ホームズ（Oliver Wendell Holmes）判事が述べたように、「法のなかで一線とは、越えてはならないとしても、意図的に可能なだけ近づくことができる」[47]。しかしながら、この種の基準を意図的に試す行為を通常の状況で行ったならば、条約の義務に則して遵守しているとはいえないだろう。その一方で、SALT Iの初期において、米国も類似した行動をとっていたといえる。即ち、改修作業のなかで、ミサイルの存在を不透明にしてしまう環境保護施設をミサイル発射台のうえに建設したのである。これは「自国の技術手段による検証を妨害する故意の秘匿手段を用いない」という条約義務が存在するにもかかわらず行われた[48]。冷戦という長い米ソ対立の文脈の中で、この種の探り合いは、それが危険を伴うのにもかかわらず、両国の関係につきものであり、想定されていたといえる[49]。

　条約義務が不明確な範囲のなかで機能するいま一つの方法は、望まれる行動を義務の文言に従うように設計し、理念の問題については後日に譲るというものである。締約国が輸入割当を課すことをGATTは禁じている。日本の米国向けの鉄鋼輸出が米国の国内業者の反発を高め、ニクソン政権がその圧力に屈

---

47)　*Superior Oil Co. v. Mississippi*, 280 U.S. 390, 395（1920）.
48)　SALT I 暫定協定第5条3項〔藤田久一編『軍縮条約・資料集（第1版）』1988年、135頁〕。
49)　一方的宣言は、自らが主張する国際法上の「権利」を正当化するための伝統的な手法である。1986年春に、米軍は、このような行為に二度およんだ。一度は、ソ連領有の黒海沿岸沖において「無害通航権を行使」（Richard Halloran, "2 U.S. Ships Enter Soviet Waters off Crimea to Gather Intelligence," *New York Times*, Mar. 19, 1986, p. A1, col. 5）するために、いま一度は、リビアが領有を主張し、米国はこれを認めていないシドラ湾上空においてであった。黒海での演習は、米ソ海軍の艦船が出くわすくらいですんだが、シドラ湾の場合は、対空ミサイルを発射したリビア海上警備船2隻を米航空機が沈めた。AP, "Soviet Officially Protest U.S. Ships 'Violation,'" *Chicago Tribune*, Mar. 19, 1986, sec. 1, at 9C; James Gerstenzang, "U.S. Destroys 2 Libya Vessels in New Strikes; 3 Lost in 2 Days," *Los Angeles Times*, Mar. 26, 1986, sec. I（CC）, p. 1, col. 6; James Gerstnezang, "U.S. Moves Unopposed in the Gulf of Sidra; Libyan Forces Stay at Home" *Los Angeles Times*, Mar. 27, 1986, sec. I（LF）, p. 1, col. 2.

したとき、米国において貿易に関して法に携わる人々は、「輸出自主規制協定（voluntary restraint agreement）: VRA」［なるもの］を考案した。同協定の中で日本の民間業者は、米国での販売を制限することに合意した[50]。米国は、正式な輸入割当を課すことはなかったが、もし「自主的 volunteered」に制限しなかったならば、日本の生産者は何かしら同じような措置［正式な輸入割当］があることを予測していたのかもしれない。この協定は果たして GATT 義務違反を構成しただろうか？

1-2-2　義務を履行する能力の限界

　伝統的な国際法学によれば、法的権利および義務は国家間に存在するものである。条約とは国家間の合意なのであり、諸国間の将来的な行動に関する義務なのである[51]。合意の目的は国家の行動に影響を与えることにある。合意と期待される行動との単純な関係は、継続的に多くの条約にみられるものである。部分的核実験禁止条約もこのような条約であり、大気圏内、宇宙空間および水中における核兵器実験を禁止する。核実験を遂行するのは国家だけであり、故に国家行動のみがこの義務のなかに含意されている。単純に国家が自らの行動を統制することで、義務を遵守するか否かを決定するのである。さらには、国家が義務を履行する能力に関して疑問をはさむ余地はない。あらゆる国は、それがどんなに原始的な体制であり、物的・人的資源が乏しい国であっても、大気圏内での核実験を差し控えることはできるのである。

　国家の行動のみが争点であるにしても、義務を履行する能力の問題は、条約の積極的な実施義務が関連する場合に顕在化することがある。1980年代の段階では、ソ連が中距離及び準中距離ミサイルの廃棄に関する条約（INF 条約）ならびに START 諸条約にあるように特定の核兵器を廃棄する義務を履行する能力を有していたことは疑いないであろう。1990年代に、この前提はロシアの政治的・軍事的構造の弱体化と旧ソ連の後継諸国の樹立によって脅かされた。な

---

50)　*Consumers Union v. Kissinger*, 506 F2d. 136 (D. C. Circuit 1974) 参照。
51)　ウィーン条約法条約第2条1項 (a)。

お後継諸国は、廃棄を遂行するための技術的能力や物質資源を必ずしも持ち合わせているとは限らない[52]。

　この問題は、近年の規制型条約のなかでは、さらに深刻である。このような条約は、形式的には国家間のものであり、同条約のなかの義務は、国家の義務としてみなされる。たとえば、二酸化硫黄（SO_2）の排出を一定の基準から30％低減させるというような義務を取り上げよう。この条約の真の目的は、けれども、国家行動に影響をおよぼすことではなく、エネルギーや精錬業関連、その他の事業を通じてSO_2を排出する個人や民間団体の活動を規制することにある。国家は、条約義務を実施するための立法を正式に制定したならば、「遵守している」といえるのかもしれない、立法および国内政治の予測できない変動いかんにかかわらず、そのようにしなかった場合にはその責を問うことも妥当であろう。しかし、最終的に民間業者に影響を与えるには、更に複雑な過程（ステップ）を必要とする。民間業者に影響を与えるには、通常、詳細な行政的規制と実施するための精力的な取り組みを必要とする。要するに、必要とされる程度の[SO_2の]排出削減を担保するためには、各国が十分に発達した国内体制を樹立、実施しなければならないのである。条約義務を引き受けるという政治的な意思はともかく、このような規制の仕組みを構築することは簡単でもないし、機械的に作成できるものでもない。この作業は、選択を伴い、科学的・技術的判断、行政管理能力および財政資源を必要とする。常に盛りだくさんである政府の議題一覧や優先順位リストの中に場所を見つけることもまた必要とされる。西欧先進諸国でさえも、未だに確信を以て期待される目的を達成するようなシステムを構築することはできないでいる[53]。

---

52) Kurt M. Campbell, Ashton B. Carter, Steven E. Miller, and Charles A. Zraket, "Soviet Nuclear Fission: Control of the Nuclear Arsenal in a Disintegrating Soviet Union," Center for Science and International Affairs Studies in International Security, no. 1, Harvard University (Nov. 1991), pp. 24, 25, 108.

53) Kenneth Hanf, "Domesticating International Commitments: Linking National and International Decision-Making," in Arild Underdal, ed., *The International Politics of Environmental Management* (Norwell, Mass.: Kluwer Academic Publishers, 1995).

国内における規制能力の限界は、環境分野の条約に限ったことではない。設立当初から国際労働機関（ILO）の活動の多くは、加盟国国内の労働条件の改善のための立法およびその実施を促すことに充てられてきた。NPT（核不拡散条約）は、付属的な協定［保障措置協定］によって支えられ、核保有国から非核兵器保有国へと核関連の機密技術が流出しないようにしている。この付属的な協定は、各国の輸出管理法によって実施される。しかし、国連とIAEAによるイラク査察が明らかにしたことは、イラクの核兵器開発プログラムが米国および西ドイツの業者から物資を調達できたということである。しかも、両国は、この種の輸出を管理する政府の意思および能力が最も高かったはずなのである。

途上国の状況において特徴的であるのは、実効的な国内実施体制を構築するための科学的、技術、行政管理、財政上の手段の深刻な欠乏である。モントリオール議定書の署名から4年経った後、条約の求めるクロロフルオロカーボン（CFC）［訳注：フロンガス］の年間消費量の報告を遵守していたのは締約国の半分ほどしかなかった[54]。締約国会議は、報告制度に関するアドホック専門家グループを設置した結果、報告を実施しなかった国の多くが途上国であり、条約実施機関の技術支援なしでは、そもそも遵守できないということがわかった[55]。

モントリオール議定書は、途上国の遵守にかかる、増加した分の費用を負担する本格的な財政措置を用意した初めての条約である[56]。同様の論点が、ただ

---

54) *Report of the Secretariat on the Reporting of Data by the Parties in Accordance with Article 7 of the Montreal Protocol,* UNEP/OzL.Pro. 3/5, pp. 6-12, 22-24, May 23, 1991, and Addendum, UNP/OzL.Pro. 3/5/Add. 1, June 19, 1991.

55) アドホック専門家グループの設置については、*Report of the Second Meeting of the Parties to the Montreal Protocol on Substance That Deplete the Ozone Layer,* UNEP/OzL.Pro. 2/3, June 29, 1990, Decision II/9, p. 15参照。同年12月に開催された第1回会合において同グループは、各国が関連データを「提供もしくは収集するための知識および技術的知見を欠いている」と結論づけ、問題に取り組むにあたって複数の詳細な勧告を行った。*Report of the First Meeting of the Ad Hoc Group of Experts on the Reporting of Data,* UNEP/OzL.Pro/WG. 2/1/4, December 7, 1990.

56) 例えばオゾン層を破壊する物質に関するモントリオール議定書ロンドン改正参

しより大きなスケールで、1992年の国連環境開発会議（UNCED）において締結された生物多様性条約および地球気候変動条約の交渉にもみられた。これら条約の最終的な文書のなかにモントリオール議定書の条項と同様のものが含まれている[57]。確かに、これらの文書のなかで途上国の義務は先進国による財政措置に関する条項によって明確に条件づけられている。この問題の最終的解決はこれら会議でまだ結着していない。また、この問題は環境条約に限定されるものでもない。

1-2-3 時間的側面

本書の主な関心である規制型の条約は、特徴的には、主要な国際問題のひとつの領域を長期的に管理するレジームの法文書である。規制型の条約が求める、社会もしくは経済システムの重大な変容が起きるには時間が必要である。故に、特定の局面での断面図は、遵守の現況について誤解をあたえる場合がある。

多くの場合、条約の締結から加盟国の一部もしくは全部が遵守している状況になるまでかなりのタイムラグが発生することは、条約の起草者たちが交渉段階において認めるところである。故に、たとえば1945年 IMF 協定[58]から1987年モントリオール議定書[59]までを含む現代の条約は、移行措置を備え、特殊な状況を許容していた。しかしながら、条約がこのような措置を用意しているか否かは別として、移行期間は常に必要であろう[60]。

同じように、レジームが長く存続するならば、国家や個人の行動が直ちに対応できないような状況や背景の変化に対するような複合的な規制措置を要請する。特定の問題領域にかかわる最初の条約は、後に続く一連の協定の一番目の

照。
57) FCCC 第4条3項。
58) IMF 協定第14条。
59) オゾン層を破壊する物質に関するモントリオール議定書第5条。
60) Abram Chayes, "Managing the Transition to a Global Warming Regime, or What to Do 'til the Treaty Comes," in *Greenhouse Warming: Negotiating a Global Regime*（Washington, D.C.: World Resources Institute, 1991）, pp. 61-67.

ものであるにすぎない場合が多い。たとえば、核兵器削減をめざす START 協定は、7 年の期間を想定しているが、当該期間を経たころには新たな削減の進展が求められるだろうと予期されるのである[61]。

　条約交渉は最小公倍数に落ち着くことが多いとあらゆる分野の活動家が嘆いている。しかしながら、普遍性への欲求（即ち特定の地域もしくは問題領域における、普遍的な加盟の実現）は、財政、技術、行政管理的資源の制限された国家の対処能力に適応を余儀なくすることになるかもしれない。一般的な解決法としては、簡単な義務から始め、そしてレジームでの経験が増すとともに規律の度合いを強めていくというものである。幾つかの現代環境レジームにおいてみられる、条約と議定書［枠組条約とこれに付属する議定書］という戦略は──扱いにくく、対応が遅いかもしれないが──、この考え方を体現している[62]。

　オゾン層の保護のためのウィーン条約（1985年採択）は、実質的な義務規定を含まない条約であった。同条約は、締約国に「この目的のため、利用することのできる手段により及び自国の能力に応じて」[63]、調査および情報交換面での協調ならびにオゾン層に悪影響を与えそうな活動に関する各国の政策を調和させることを求めるのみである。2 年後、CFC［フロンガス］がオゾン層にもたらす悪影響について科学界の総意が固まるなかでモントリオール議定書が交渉され、2000年までに1986年の CFC 消費実績から50％の削減を定めた[64]。1990年 6 月になると諸締約国は、2000年までに全廃に合意し、オゾン層を破壊する他

---

61) START 第 2 条によれば、合意された戦略核兵器の削減は、7 年を 3 期（3 年、2 年、2 年）に分けて実施される。

62) Abram Chayes and Antonia H. Chayes, "Adjustment and Compliance *Processes in International Regulatory Regimes*," in Jessica Mathews, ed., *Preserving the Global Environment,* (New York: W. W. Norton, 1991), pp. 280-308; Lawrence Susskind, *Environmental Diplomacy: Negotiating More Effective Global Agreements* (New York: Oxford University Press, 1994), pp. 30-37.

63) オゾン層の保護のためのウィーン条約第 2 条 2 項。

64) オゾン層を破壊する物質に関するモントリオール議定書第 2 条 4 項。

の化合物のいくつかを管理することに合意した[65]。さらに2年後のコペンハーゲンでは、管理対象である多くの化合物の全廃期限を1996年1月1日に前倒しした[66]。同様のパターンが長距離越境大気汚染（Long-Range Transboundary Air Pollution:LRTAP）条約にも示される。まず、1979年に国際協力の実施に関する一般協定が採択され、続いて1985年にSO_2の排出制限をする議定書、1988年には二酸化窒素（NO_2）に関する議定書が順に採択された[67]。気候変動枠組条約も、同じように、数量的義務を設けない、一般的な協力義務から出発した。

このパターンは、長い歴史を持ち、現代的な国際規制機関の先駆けであるILOまで遡ることができる。ILO加盟国は1921年に「立法ないしその他行動の実施能力が問われている政府もしくは諸政府に対して［機関が用意した］勧告もしくは起草する」ことに合意した[68]。ILOは、労働の権利や雇用条件に関する一連の条約・勧告を起草し、採択を目的として加盟国に広める会議となった。

国際協定を通じた人権保護を目指す取り組みは、義務の引き受けと実施とのタイムラグが極端な事例として見ることができる。人権規範は、ほぼ普遍的に受け入れられているにもかかわらず、現地の慣習、文化、および統治システムと衝突する場合には、定着が遅々として進まない。主要な人権条約が幅広く批准されているにもかかわらず、遵守面ではまだまだ成されるべき事柄が多い。こうしたことから、国によっては、条約に加盟しながら、真剣にこれを遵守する意図がないものもいることは明らかであろう。また、条約に参加している当

---

65) オゾン層を破壊する物質に関するモントリオール議定書ロンドン改正附属書2A(5),2B(3)。

66) オゾン層を破壊する物質に関するモントリオール議定書コペンハーゲン改正。

67) LRTAPの追加議定書には、欧州監視評価計画議定書および揮発性有機化合の排出規制とその越境移動に関する議定書がある。地中海投棄規制議定書と地中海緊急時協力議定書が伴ったバルセロナ条約も併せて参照。1980年に地中海陸上起因汚染防止議定書が続いたが、同議定書においては、当事国が将来的に合意する「基準と予定表」に基づき汚染を除去することを企図している。第5条2項。地中海特別保護区域に関する議定書が1982年にジュネーヴで採択された。

68) ILO憲章401条。

事国でさえも、他の規制型の条約に比べて遵守の期待値が異なることも事実である。ソ連および東欧に適用することのできる重要な人権規定を含むヘルシンキ宣言は、その規定上、法的な拘束力を有さない[69]。

それでもなお、これら条約を「願望をあらわす」もしくは「勧告的」と表現するのは誤りであろう。なるほど、これら条約は国際システムの理念を体現しているが、他の規制型の条約と同様に、時間とともに（それが長い期間になるかもしれないが）、行動が理念とより一致するようなプロセスが開始されるよう設計された。これらは、その全てが期待はずれだったわけではない。これら協定を実施するための政府および民間部門双方の膨大な量の取り組みは——必ずしも無駄というわけではなく——、協定の義務内容を明らかにするものである。さらに、これら文書が民主政治を正当化する根拠は、ラテンアメリカ諸国および東欧諸国の権威主義体制に対する1980年代の革命の重要な触媒であった。そしてそれは、現在も世界中において民主政治を求める声を活気づけている。この主題は、第11章で再び取り上げることにする。

1-3　遵守の程度

遵守は、オン・オフ現象［あるかないかと二元論的に論じられ得るもの］ではない。たとえば、高速道路の速度制限のように特定の行為を禁止するといった、わかりやすい規範ならば、問題は単に特定の運転手が規範を遵守したか否かを決定することだけである。しかしながら、適切に遵守していると認められる行為の範囲は、かなり広い。すくなくとも米国においては、多くのコミュニティや法執行機関が州間幹線道路の平均速度が制限速度を10マイルくらい上回る状況をまったく問題とは思わないようである。このシステムの課題は、どのように運転手に速度制限を遵守させるかということではなく、どのように逸脱を許容レベル内に抑えるかというものである[70]。そして、この点は国際条約義

---

69)　ヘルシンキ最終議定書第10条。
70)　Young, *Compliance and Public* Authority, *supra* note 6, p. 109参照。

務にも当てはまる。

1-3-1　遵守における許容可能な範囲の基準

「遵守における許容可能な範囲」とは、不変の基準ではない。それは、当事国の遵守能力と問題の緊急性の程度の変化にあわせて、時が経つにつれ変容するものである。それは条約の性質やこれが置かれた文脈、対象となる特定の行動によって決定されるといえる。さらにこの問題をややこしくするのは、既に指摘したように、多くの法規範の場合、遵守の問題は、議論の余地を残す場合が多いからであり、複雑で、微妙な、そして多くの場合主観的な、評価が必要となるからである。

遵守における許容可能な範囲の程度とは、たとえば、当事国が他国の条約実施によせる信頼の重要性やコストに応じて異なるように思われる[71]。和平協定に基づく停戦の無視、NPT 体制下の核施設の査察受け入れ拒否などは、環境条約の報告義務を怠った場合とは、かなり異なるレスポンスがあると思われる。この予測に基づくならば、国家安全保障が関わる条約は、より厳格な遵守が求められることになる。なぜならば、安全保障の場合にはあまりにも重大な影響があるからである。この予測は、経験則によってもある程度裏付けられている。しかしながら、この分野においてさえも、ある程度の逸脱は許容可能であるように思われる。

冷戦期において米国が軍縮条約において検証手段に重きを置いたことは、厳格な遵守基準に執着していることを示すように見える[72]。しかしながら、少な

---

71) Charles Lipson, "Why Are Some International Agreements Informal?" *International Organization,* 75（1991）: 4参照。

72) 1977年の米議会は、軍備管理条約に「適正な検証（adequate verification）」を要請する法を成立させた。カーター政権高官によれば、これは米国が深刻な義務回避の試みを特定し、早急かつ実効的に対応することができる「実用的な基準」と評された。Chayes and Chayes, "From Law Enforcement to Dispute Settlement," *supra* note 46, p. 148参照。1987年にソ連が施設の事実上の無制限の査察受け入れを最終的に合意した際に、米国は［化学兵器削減交渉と同様に］この条件の要求を撤

くともレーガン政権以降、米国軍備管理法（Arms Control and Disarmament Act）に定められている、行政府による議会への年次報告書には、ソ連側による違反と思われる行為が綿々とつづられていたが、これらが適用される条約からの脱退など深刻な動きに結び付くことはなかった[73]。

このような違反行為のなかに、既に述べたクラスノヤルスク・レーダー［施設］のシベリアでの設置がある。この行為は、ひろくABM条約の意図的かつ重大な違反であるとされた。既に本書が論じたように、ABM条約第6条によれば早期警戒レーダーは、「自国の領域の周辺に沿いかつ外側に向け」て設置することが求められる。クラスノヤルスク・レーダーはモンゴル国境から700km離れた地点にあり、シベリアから北東に向けられていた。この問題をめぐって両国政府は非難の応酬を長年繰り広げ、それは時として首脳陣をも巻き込んだ。［このなかで］米国は、将来的な軍備管理の進展とこの論争の円満な解決とを結び付けていた。当初、ソ連は、当該レーダー施設が宇宙追跡用のレーダーであり、禁止対象にあたらないと主張していたが、最終的には違反行為を認め、問題となっている施設の撤去に合意した。［こうした事態の存在］にもかかわらず、ABM条約体制は、この間全体にわたって完全に有効であり続けたのである。双方ともにABMシステムを使用しないという基本的な条約の取り決めは、保持され、米国政権が条約からの脱退や破棄という選択肢を真剣に検討したことはなかった[74]。虎の子の米戦略防衛構想（Strategic Defense

回したことに留意すべきであろう。
73) すべての米ソ軍縮協定において「対象である事項に関連する異常な事態が自国の至高の利益を危うくしている」ならば短期間の通知で脱退することが認められている。ABM条約第15条2項参照。条約法はまた、当事国による重大な違反があった場合に条約の全部若しくは一部の運用を停止することを認めている。ウィーン条約法条約第60条1項、2項参照。
74) このようなイニシアティブに最も近いアプローチは、レーガン政権末期に起こった官僚的な小競り合いだろう。クラスノヤルスク・レーダーがABM条約の重大違反とされるべきかが争われた。参照 Paul Lewis, "Soviets Warn U.S. against Abandoning ABM Pact," *New York Times,* Sept. 2, 1988, sec. A, at 9, col. 1; Michael Lewis, "Minor Violations of Arms Pact Seen," *New York Times,* Dec. 3, 1988, sec. 1, at 5, col. 1.

Initiative, SDI）に関連してさえ、レーガン政権は、条約破棄という、より深刻な政治的コストを甘受するより、条約の「再解釈」を試みる方を望んだ。

　最終的に、「違反」とされる行為のカタログは、条約がその保護を目的としていた米国の安全保障上の利益への脅威とはならなかった。条約がその為、ソ連の遵守レベルは「許容可能」なものであった。米国の政治的・軍事的指導者は、ソ連による実質的な戦略バランス変更の試みを抑制する代価として、限界まで同国の不遵守を許容する意思を持ち続けてきた。

　NPTの場合、当事国が義務からの逸脱を示した場合には、より厳格な対応がとられてきた。1970年代には、米国からの外圧によって韓国および台湾の再処理施設の建設が断念された[75]。1990年代には、さらに厳しい一連の圧力が北朝鮮に対して加えられた。最終的に北朝鮮は、IAEAの保障措置協定に署名し、初めての査察を受け入れた。しかしながら疑念を持たれた2つの施設への「特別査察」や後に実験炉の燃料補給へのIAEAの参観許可については妨害をした[76]。米国が公に経済制裁の可能性（軍事行動の可能性すら匂わせた）を示唆した後、ジミー・カーター元大統領の平壌訪問によって活発な交渉が再開されたのであった。両国は、包括的な協定に合意することができ、これによれば北朝鮮は核開発計画を凍結する代わりに、プルトニウムの抽出が困難な軽水炉2基とともに経済支援、政治的歓迎の意思を得た。当該協定の実施は予想された通りに

---

75) Joseph A. Yager, "The Republic of Korea," in Joseph A. Yager, ed., *Non-proliferation and U.S. Foreign Policy* (Washington, D.C.: Brookings Institution, 1980), p. 65, and Joseph A. Yager, "Taiwan," ibid., pp. 79-80参照。

76) David Sanger, "North Korea Assembly Backs Atom Pact," *New York Times,* Apr. 10, 1992, p. A3, col. 4; David Sanger, "North Korea Reveals More About Its Nuclear Sites," *New York Times,* May 7, 1992, p. A8, col. 3; 当初の米国の反応には、舞台裏の外交圧力やIAEA会合でこの問題に関心を有する諸国の声明を支援することが含まれた。参照 Leonard Spector, *Nuclear Ambitions: The Spread of Nuclear Weapons,* 1989-1990 (Boulder, Colo.: Westview Press, 1990), pp. 127-130; Associated Press, "A Tense Year in Korea over Nuclear Standoff," *New York Times,* Aug. 14, 1994, p. 18, col. 1; Andrew Pollack, "Seoul Offers Help on Nuclear Power to North Korea," *New York Times,* Aug. 15, 1994, p. 1, col. 6.

障害にぶつかったが、1995年中頃までは進展がみられた[77]。さらには、130ヵ国以上がNPTの締約国であるが、同条約は普遍的な性格を有するものではなく[78]、非締約国には核開発能力を獲得もしくは模索する国家もある。これら重大な条約義務からの逸脱や抵抗勢力にもかかわらず、NPT締約国による遵守の程度は高い。実際、近年では主な非締約国（核保有国であるフランスと中国、非保有国であるブラジル、アルゼンチン、南アフリカ）は、条約に加入したか、その規範を遵守すると宣言をしている[79]。なかなか御し難い非締約国（たとえばイスラエルやインド）でさえ、公に核兵器の実験を行ったり、保有を認めたりすることはない。遵守が許容可能な程度であるからこそ、NPTを中核とする核不拡措レジームは存続できたのである。

深刻な影響をもたらす恐れのある違反に際して、国家安全保障レジームですら崩壊しなかったのだから、経済および環境レジーム等で、ある程度の不遵守が甘受されることは想像に難くないであろう。このようなレジームは、国内外の出来事で違反国に情状酌量の余地の残る状況において、正当化されうる違反に対して、実際、比較的寛容である。但し、この場合には、レジームの存続を脅かさない限りでという留保がつくことになる。本書が見てきたように、厳密な条約規範からの相当数の逸脱が条約体制設立当初から見込まれるし、許容される。この類の逸脱は、経過期間、特別免除、もしくは義務の実質的な制限、あるいは加盟国の非公式な期待などが含まれる。遵守傾向とは、このような逸

---

77) Michael Gordon, "U.S.-North Korea Accord Has a 10-Year Timetable," *New York Times*, Oct. 21, 1994, p. A8 (L), col. 5; "The U.S. and North Korea Reach Agreement on Nuclear Program," *U.S. Department of State Dispatch*, Oct. 31, 1994, p. 721; "U.S. and North Korea Recess Talks," *New York Times*, May 21, 1995, p. 3.

78) NPTを批准していない国家には、アルゼンチン、ブラジル、中国、フランス、インド、イスラエル、パキスタン、南アフリカが含まれる。Spector, *Nuclear Ambitions, supra* note 76, p. 430参照。

79) Reuters, "South Africa Signs a Treaty Allowing Nuclear Inspection," *New York Times*, July 9, 1991, p. A11, col. 6. 南アフリカは、1991年9月16日にIAEAとの保障措置協定を取り交わした。"Argentina and Brazil Sign Nuclear Accord," *The New York Times*, Dec. 14, 1991, p. A7, col. 5.

脱行為に直面しても、大概の国家が条約義務を履行し続けることをいう。換言するならば、フリーライダーの問題は誇張されているのである。条約義務からの逸脱は、遵守の程度が許容可能な程度であるならば、必ずしも条約体制自体を解体させるわけではない。

1-3-2 許容可能な程度の決定

　特定の状況において、遵守の許容可能な程度は、どのように決定されるのか？経済学は、この問いに単純な答えを用意している。即ち遵守をした場合の増分利益がコストに見合うまで、執行（もしくは遵守を促すような他の措置）に追加の資源を投下すべきである、というものである[80]。残念ながら、このアプローチの有用性は限られている。なぜならば、示された方程式の要素を金銭に換算することはおろか、定量化、近似化ですらかなわないからである。国際法の執行および遵守に市場性はないのである。

　このような状況について、チャールズ・リンドブロム（Charles Lindblom）は、選好が集約していくプロセスは、必然的に政治的であると述べた[81]。であるとするならば当然、国際的な強制の取組みを更に強化するか（あるいは弱めるか）という判断は政治的なものであることになる。このプロセスには、とりまく事情の変化によって修正された、条約規範の形成に関与した、賛成派および反対派のあらゆる利益が関わる。この調整は、現状において加盟国がいだく遵守への期待［の程度］が考慮されるが、国際政治・国内政治を問わず実質的な規定の形で与えられた立法意思が実施の過程において霧散することは決して稀なこ

---

80) Gary Becker, "Crime and Punishment: An Economic Approach," *Journal of Political Economy,* 76（1968）: 169; George J. Stigler, "The Optimum Enforcement of Laws," *Journal of Political Economy,* 78（1970）: 526参照。 Young, *Compliance and Public Authority, supra* note 6, pp. 7-8, 111-127も併せて参照。

81) Charles E. Lindblom, *Politics and Markets*（New York: Basic Books, 1977), pp. 254-255参照。GATT義務の強制に関わる米国内の議論が示すように、国内レベルで条約の強制を高める決定も同様の政治過程を含意している。我々が現在準備中の著書は、こうした二次的な執行を検討している。

42

とではない。先に述べた問題、即ち条約の存続に関わる利益の変容は、条約からの離脱によってではなく、許容可能な遵守の範囲の変容によって対処できる。遵守に関して許容可能な程度とは、継続的な政治的プロセスへの参加国の視点および利益を反映するものであって、何らかの外部要因、たとえば科学的な基準もしくは市場の基準に基づくものではない。

　一般的には、許容可能な遵守の程度は、条約の存続年数とともに上昇する。条約が公式の機構を設立したならば、この機構は高い遵守程度を実現するために政治的弾みをつけるとっかかりとなりえる。有能な事務局自体が遵守への圧力を発揮することもある。たとえば IMF や ILO などの場合がこれにあたる（第12章参照）。国際組織のなかで、一般的に許容可能な遵守の程度より高い程度の達成に尽力する国は、より高い基準を模索することがある。オランダは、欧州の環境分野、たとえば北海やバルト海のレジームならびに LRTAP においてそのような主導的な役割を果たす場合が多い[82]。同様に、米国は、その地位が他の同盟国よりはるかに優位にあることから、NPT への遵守を強化するうえで主導的な役割を果たしている。

　国際システム［の構造］が階層的というよりは水平的であることから、遵守を執行するにあたって必要な資源を提供しようとする国家は、煩わしい機構の手続を回避し、独自にさらに高い遵守の程度を追及することができるかもしれない。米国関税法301条や米国海洋哺乳類保護法[83]に基づく貿易制裁は、米国単独の政治的判断を反映しているといえる。それは、GATT や捕鯨条約の遵守の程度が十分でなく、米国にさらなる執行を促すためのコストを払う用意があることを　示す[84]。しかしながら、このような場合、実質的な義務の遵守によっ

---

82) Peter Haas: "Protecting the Baltic and North Seas," in Peter M. Haas, Robert O. Keohane, and Mark A. Levy, eds., *Institutions for the Earth: Sources of Effective International Environment Protection* (Cambridge, Mass.: MIT Press, 1993) 参照。

83) Steinar Andresen, "Science and Politics in the International Management of Whales," *Marine Policy*, 13 (2) (1989): 99; Patricia Birnie, *International Regulation of Whaling* (New York: Oceana, 1985).

84) 19 USC. 2411. A. O. Sykes, "Constructive Unilateral Threats in International Com-

て得られる便益は、多国間紛争解決が義務づけている手続規範からの逸脱がもたらす損益と比較衡量されなければならない[85]。

最後に、非政府組織（nongovernmental organizations, NGO）の、とりわけ環境および人権の分野における特筆すべき活動として、遵守の程度を向上させるためのキャンペーンが挙げられる。このようなキャンペーンの対象は、自国の現状の遵守レベルが完璧に許容可能な程度にあり、現状を維持しようとする国家に対して張られる。これら組織は、条約機関ならびに帰属する国内社会における政治過程にますます直接的に関与している。NGOの技術力、組織力およびロビイング能力は、2レベルゲーム［国内政治と外交の相互作用を重視する国際関係論の理論枠組］の両方のレベルにおいて遵守を強化する独自の資源である（第11章参照）。

条約レジームには、一種の臨界点（クリティカル・マス現象）があるといえるのかもしれない。すなわち、条約からの逸脱が一定のレベルに達する、または主要な参加者による甚だしい違反があったならば、レジーム自体が崩壊する可能性がある[86]。違反の性質もしくは違反者がどの国であるかによっては、レジームが脅威にさらされる可能性がある。レジームに関与している国家は、臨界点が近いと感じ、さらなる遵守を促すための取り組みがレジームを保持するために必要であると感じる。

---

mercial Relations: The Limited Case for Section 301," *Law and Policy in International Business*, 23 (1992): 263参照。しかし、301条は、GATT違反であると批判されてきた。*Ibid.*, pp. 265-66, n.15, 16, 18参照。捕鯨の事案については、Steinar Andresen, "Science and Politics in the International Management of Whales," *supra* note 83, p. 99および第4章を参照。

85) Thomas O. Bayard and Kimberly A. Elliot, "'Aggressive Unilateralism' and Section 301: Market Opening or Market Closing," *The World Economy*, 15, (Nov. 1992): 685-706参照。

86) クリティカル・マス行動［臨界数を超えたら自律的に継続又は終了するような活動］に関するモデルの検討はThomas C. Schelling, *Micromotives and Macrobehavior* (New York: Norton, 1978), pp. 91-110［トーマス・シェリング（村井章子訳）『ミクロ動機とマクロ行動』（勁草書房，2016年）110-113頁。］参照。

たとえば、絶滅のおそれのある野生動植物の種の国際取引に関する条約（Convention on International Trade in Endangered Species: CITES）は、通常、不遵守に概ね寛容である。しかし、1980年代に東アフリカに生息するゾウの危機的な頭数の減少が広く報道されたことで条約レジームを活性化させた。条約加盟国は、まずゾウを条約附属書Ⅰに載せることを決定し、これにより象牙の商業取引がすべて禁止された。当該条約は、この種の取引禁止の決定に留保を付すことを加盟国に認めており、その場合、留保国は制限を受けない[87]。にもかかわらず、国内の環境保護主義者による強い要請を受けて米国および欧州諸国の一部は、取引禁止の普遍的な遵守を主張した。ワシントン［米政府］は、貿易制裁をも示唆した。日本を次の加盟国会議の主催国とする提案が1989年会議の最終日に受け入れられた。日本は方針を変え、象牙取引の禁止を遵守すると発表した。この裏では日本が象牙取引禁止に留保を付していたならば、この提案は受理されなかったのではないかとささやかれた[88]。日本の環境庁長官は、「国際共同体からの孤立を避けるために」方針を転換したと説明した[89]。リアリズムの観点からするならば、比較的とるに足らない国益しか関わらない事例だが、条約で認められた留保がレジーム崩壊の脅威をもたらしたのである。帰結として、諸国の一致したエネルギッシュな擁護論が功を奏した。

---

87) CITES 第23条。

88) 会議最終日に日本政府は「国際社会の感情を考慮する」ことから留保を付さない旨を表明した。UPI, "Tokyo Agrees to Join Ivory Import Ban," *Boston Globe*, Oct. 21, 1989, p. 6参照。香港については J. Perlez, "Ivory Ban Said to Force Factories Shut," *New York Times*, May 22, 1990, p. A14, col. 1参照。英国は香港のために留保を付し、当初6ヵ月期には更新されなかった。実効的な管理計画を有するアフリカの主要な象牙産出5ヵ国も留保を付したが、次回の締約国会議まで取引しないことに合意した。M. J. Glennon, "Has International Law Failed the Elephant?" *American Journal of International Law*, 84（1990）: 1, 17, and n. 150. 1992年締約国会議において、これら5ヵ国は留保を取り下げた。Bureau of National Affairs, "Five African Nations Abandon Effort to Resume Elephant Trade in CITES Talks," *BNA International Environmental Daily*, Mar. 12, 1992参照。

89) UPI, "Tokyo Agrees to Join Ivory Import Ban," *Boston Globe*, Oct. 21, 1989, p. 6.

1-4　主権の新しいありかたと遵守の管理

仮に本書が主張するように、不遵守の主たる根源が意図的な不服従ではなく、能力不足や文言の不明確性、優先順位の問題であるとするならば、強制的な執行はコストが高いのみならず見当違いであることになる。遵守の問題の大部分に対応するためには、こうした問題に直接取り組むより洗練された戦略が必要となる。このような戦略の要素は、規制型レジームの特徴的な活動に見出すことができる。ただし、それは必ずしもその意味するところを十分に意識して用いられているわけではないし、統一的・整合的に全体のなかに組み込まれていることは稀である。

最も単純にいうならば、レジームに参加し、すなわち会議に出席し、請求に応じ、定められた締め切りを遵守することは、国内政治における優先順位やアジェンダの再調整を促し、徐々に条約遵守を向上させる政策を発動させる場合もある。しかし、次に挙げる特定の活動群により、この一般的効用を強化することができる。

1-4-1　透明性の確保

透明性とは、レジームの要請するものとレジームの下での当事国の実行に関する情報を作成し普及させることであるが、これは管理戦略においてほぼ普遍的な要素である。透明性は条約当事国間の戦略的なかけひきに対して、遵守の方向へと仕向けるよう次のように作用する。

・個々独立に決定を下す各行為主体(アクター)間の条約規範に基づく協調を促進する
・他の参加者が同様の行動をとることが［自己の］規範遵守の条件であると考える場合、各行為主体に対し他国に利用されないという保証を与える
・不遵守を考えている行為主体への抑止効果がある

純粋な調整問題においては、各当事者は、共通の目的を達成するための共通利益を有し、相対的な利得を得る可能性は低いといえる。条約は、ルールを定めることで、アドホックな調整に伴う取引費用を回避するといえる。しかしながら、多くの国際的な規制を要する問題は、この純粋な調整問題ではない。なぜなら各当事国は、協調ばかりでなく、競争するインセンティブも有しているからである。協調へのインセンティブが勝るとするならば、他国も遵守しているという保証が必要であろう。エリノア・オストロム（Elinor Ostrom）の著書 Governing the Commons の示すところによれば、上手く管理された共同の資源プールにおいては、構成員は、「条件付きの戦略（contingent strategy）」を追求する。同様の状況にある多くの構成員が同じようにルールを遵守するならば、その構成員もルールを守る[90]。透明性こそが［そのような］保証のカギであり、ゆえに遵守のカギでもある[91]。

　冷戦期の主要な軍縮協定においては、条約自体が根拠となり、推進してきた自国の検証技術手段（national technical means of verification, NTM）による単独の検証が必要最低限の透明性を確保したといえる。現代の規制型協定では、条約の保護のもとにある報告、監視、そして検証制度の組み合わせにより、同様の機能が充足される。

　透明性確保に向けての第一歩は、条約の主要規範に関する加盟国の実行やレジームの一般関心事項の情報蓄積である。多くのレジームでは、自己報告制度が好んで採用される。事実、報告義務がレジームに存在する率は非常に高く、どれだけ真剣に受け止められるかを気に留めることなく、形式的に多くのレジームに含まれているといえる。報告義務を備えたレジームの遵守実績は、様々である。ILO においては極めてうまく機能し、多くの環境条約では、十分なものから不十分なものまでがあり、人権条約では極めて深刻な不全がみられた。他でもそうであるように、ここでも遵守の程度は加盟国がどこまで集団として許容する用意があるかにかかっているといえる。これまでの経験から述べ

---

90) Ostrom, *supra* note 28, *Governing the Commons,* p. 187.

91) Young, *International Governance, supra* note 8, p. 75.

るならば、能力構築のための技術的・財政的支援、義務の明確化・単純化さらには報告機能に焦点をあて、強調することで、遵守へ向けた実行を実質的に強化することができる（第7章参照）。提出された基本データの妥当性を確認するためでもあり、遵守を確保するためでもある検証が冷戦期の軍備管理協定において最も論争が白熱した点であった。米国が厳しい検証基準にこだわったことは軍備管理協定の射程および数にかなりの制限を付けることになった。ある部分では冷戦パラダイムが依然として、とりわけ核不拡散レジームにおいては、重要であることは否めないが、条約の詳密性・徹底性は、レジーム初期の極度の慎重さと乏しい財源という制約を反映している。

　公式かつ費用のかかる検証システムがないなか、国家報告の信憑性をはかるために外部による検査を利用することが可能である。例を挙げるならば、大気の状況、オゾン層の破壊状況、種の生息数の状況、または人権の分野における囚人、マイノリティその他過酷な処遇に直面することが予想される集団の人権状況に関して、他の諸国や民間の科学団体および利益団体がそれぞれ調査することがある。政府、企業、その他の民間団体がそれぞれの目的で幅広い経済データを創出・出版している。条約管理者への情報提供において、NGOが果たす役割は大きくなりつつある。一般的にこれらの情報源は、対象物や達成目標が計測可能であるならば、必要とされる安心を供与するに十分である。こうして検証・監査によって明らかになる遵守の問題は、プロセスの次の段階で取り扱われることになる。こうした事項は、本書第8章にて検討する。

1-4-2　紛争解決

　条約の文言の不明確性や曖昧性が遵守問題を創出する場合における伝統的な対処としては、紛争処理装置の活用がある。国際法に携わる人々が、拘束力を有する司法手続（国際司法裁判所が最も好まれるところだが、そうでなければ特別法廷ないし仲裁パネル）の効果に固執しているが、多くの条約レジームは、紛争当事者間では問題を解決できない場合に備え比較的非公式な調停プロセスを種々取り揃えている。論争の対象となる条項を、レジームの総会、事務局、

あるいは特定の解釈機関が有権的に解釈することは、意外なほど一般的である。これは、従来の紛争解決手続よりも穏当であり、多くの場合において予防的価値もしくは予測性を与えるという意味で価値がある。全体としてみると、紛争処理手続が法的に義務付けられているか、あるいはその判断が法的な拘束力を有するかは、手続の帰結が有権的である限りたいした問題ではないように思われる。

公式な国際司法手続は、国内の司法手続と同じように、費用がかかり、論争を呼びやすく、煩雑であり、そして迅速性に欠けるにもかかわらず、近年ではいくつかのレジームにおいて強制的かつより拘束力の高い紛争処理の形態に立ち戻る傾向がある。このなかで最も重要な事例は、GATT であろう。20年におよぶ諸国家間の試行の末に、GATT は、ウルグアイ・ラウンドにおいて新たな手続を採用したが、それはどの側面からみても拘束力を有する司法的手続であった[92]。いくつかの問題に対する強制管轄権を有する司法的手続は米加の FTA や北米自由貿易協定（North American Free Trade Agreement: NAFTA）の中にも見出せる[93]。同じように、国連海洋法条約の紛争解決の章は様々な選択肢を提示しているが、当事者が手続について合意できなかった場合には、拘束力を有する仲裁を受け入れなければならない[94]。

近年のいくつかの協定に見出せる、これらの中間的な妥協形態としては強制的な調停があり、これは紛争に関して調停者が非拘束的な勧告を提示するものである[95]。このやり方は、レジームがあらゆる紛争を取り扱えることを確約する。提示された調停者の見解は、加盟国一般および紛争当事国の双方に対して一定の重みをもつと考えられる。しかしながら、それでも主権の機微にふれる点は、尊重されており、判断の強制的な受け入れを加盟国が強いられることはない（本書第9章を参照）。

---

92) ウルグアイ・ラウンド第Ⅱ部附属書Ⅱ［紛争解決了解］。
93) 米加自由貿易協定第18章、第19章ならびに NAFTA 第19章、第20章。
94) 国連海洋法条約第15部［紛争の解決］。
95) オゾン層を破壊する物質に関するモントリオール議定書ロンドン改正附属書Ⅲ。

1-4-3　能力構築

遵守に関して技術および行政管理能力および財政資源の不足は、近年、国際環境法上の義務を遵守するためにとった措置の国内実施が困難になっているという文脈の中で注目を集めるようになっている。こんにちの業界用語では「能力構築（capacity building）」と呼ばれているが、技術支援はこれまでも多くの条約機関の主要な役割であった。実務において、この支援は、幾つかの黙示的条件を必然的に伴ってきた。しかし、モントリオール議定書は、おそらく初めてのことであろうが、技術支援を条約の報告義務および国際規制の遵守を可能にする積極的道具として規定した[96]。気候変動枠組条約（Framework Convention on Climate Change: FCCC）の下で提供された財政資源の使い道についてのプライオリティを設定するにあたって、締約国会議は、次のように決定した。「初期段階では、次のことに重点が置かれなければならない。すなわち開発途上締約国が取り組む、制度強化、トレーニング、研究、教育を含む計画、国内の能力構築といった、条約に従い、効果的な対応措置の実施を促す活動を可能とすることである」[97]。

1-4-4　説得技術の活用

これら異質な要素（透明性、紛争処理、能力構築）は、全て他のレジームにも見出せるものであり、管理戦略の一環としてみることができる。これらは、国際レジームが遵守を促す特徴的な手法である「徹底した説得（jaw boning）」というより広いプロセス（不心得者に自らのやり方を改めるよう説得する取り組み）に含まれる。説得（政策決定者の説得をも含む）が日常の生業であるはずの法学者と国際関係論の研究者が、国家行為に影響を与える討論、釈明、説得の役割についてあまり関心を寄せず、暗にこれらに重要性をほとんど見出し

---

96)　モントリオール議定書第10条。
97)　Intergovernmental Negotiating Committee for a Framework Convention on Climate Change, Doc. A/AC. 237/67, July 8, 1994, par. 12.

ていないことは驚くべきことであろう。著者である我々の経験と研究調査は、反対に、条約の遵守を許容可能な程度に維持する根本的な装置が、加盟国、条約機構、そして公衆一般の間における、議論のプロセスの反復であることを示している。

　本書は、このプロセスを執行というよりは管理としてみることが有効であると提案する。管理が必要とされる他の状況と同じように、その全体的な雰囲気は、アクターによる共同事業というものであり、何かしらの理由で不十分である活動を、制裁に値する違反というより、協議と分析によって解決されるべき問題とする。諸国は、実際、疑惑をもたれた行動の理由を述べる必要に迫られる。これらの理由は、公式の紛争処理手続において審査・批判されるのみならず、公的／私的あるいは公式／非公式などを問わず、様々な場において取り組まれ、評価される。このプロセスのなかで不遵守の程度が軽減し、進展した状況や不遵守の弁明が組織的に取り組まれる。実体の伴う口実は対処され、そうでないものは暴露される。多くの場合、帰結としては、要請される活動に関し、その事案の状況にあわせた、より狭義かつ明確な定義について合意に至る。どの段階においても、違反が推定される国には遵守するためにあらゆる機会が与えられる。このプロセスの原動力は説得と討論である。しかし、その背後には、特定の加盟国が一貫して対応しない場合、他のレジーム加盟国から非難や圧力が広範に表明される可能性が存在しているのである。

　レジームのもっとも先進的な形態において、この正当化の為の言説は遵守を促す主要な手法であると明確に認識されている。条約自体のほか、条約から派生する実行も、各構成員に対し、レジームの規範および目的に関連する政策および計画の達成について、組織的かつ定期的に報告することを求める。事務局（ときには関心を有するNGOも含めて）による分析の後、報告書は他の構成国が参加する総会において審議・評価されることになる。審議では、提出国は、自国の報告を披露し、弁護することになる。ここでの討議は、さらに狭義かつ具体的な義務および次の報告期間まで提出国が達成すべき目標についての合意へと結実する（第10章参照）。

このプロセスが機能するのは、近代国家が、対外関係を規定し国内経済・政治に深く浸透している、国際協定や国際組織、国際制度の織りなす網の目によって制約されるからである。このシステムの統合性や信頼性は、大概の国にとって大概の状況において、決定的な重要性を持つ。この網の目は、その中で国家が行動・決断しなければならない国際システムそのものの大規模な変容を反映するものである。

　伝統的に主権は国家が己の望むように、即ちいかなる上位の存在からの法的制限もなく、望むままに行動するような、完全な自律性を意味していた。国家は国益を追求するうえで自律した行動をとることで自らの主権を実現し、表明してきた。しかしながら、このような意味の主権がそもそも国際法や国際関係論の教科書の外でかつて存在していたとしても、それはもはや実際的な意味があるとはいえないだろう[98]。最も巨大かつ強大な国家は、時には単に自らの意思のみを行使することによって自らの思い通りになることがある。しかし、これら諸国であっても、（国家ですらない団体をも含む）システム内の他の参加者の支援と協調がなければ、自らの主要な目的、即ち安全保障、経済的な繁栄、幸福、適度の自国民の快適性を達成することはできない。弱小国に至っては、社会の維持に必要なほぼすべてを国際経済・政治システムに依存している状況である。

　現代国際システムにおいて相互依存が進展していることはもはや目新しい事柄ではない。本書の議論はその先にある。つまり、いくつかの孤立した国家を除いて、主権はもはや各国が自らの国益に基づき個々独立に行動する国家の自由にあるのではなく、国際社会の実体を構成するレジームにおける適度に優良な構成員の地位にあると本書は主張する。参加者（プレイヤー）であるために、国家は国際的な規制が強いる外圧に従わなければならない。ある特定の事案における国家行動は、当該レジーム内の将来の国家関係ばかりでなく、他の多くのレジームにおける関係にまで影響し、さらには国際システム全体の中における自らの立場

---

98) Stephen D. Krasner, "Contested Sovereignty: The Myth of Westphalia," unpublished manuscript, 1994.

にまで影響する可能性がある[99]。故に国家が国際協定を結ぶときは、当該協定の条件に則して、互いに求める期待・行動を徐々に修正する傾向がある。国際協定が織りなす複雑な網の目の中で受け容れられる構成員である必要性は、それ自体が規制型の条約における許容可能な遵守を確保する決定的な要素である。ロバート・パットナムは、著書『哲学する民主主義（*Making Democracy Work*）』において地方政府の効果的な協調が南イタリアにおいては低調であったのに対し、北イタリアでは高調であったことの違いの原因を、同じような緊密なネットワークが国内平面、即ちここでは北部に存在したことに求めた。国際平面においては、「（こうしたネットワークの創設した規範および期待の）違反に対する制裁は、刑罰ではなく、連帯と協力のネットワークからの排除である」[100]。

　主権とは、結局のところ、地位のことである。即ち国際社会の正当な構成員として国家が存在しているという主張である。こんにちの状況において、多くの国家が自らの主権を実現し、示すことができる唯一の方法は、国際システムを規制し、秩序化する様々なレジームに参加することである。広汎かつ豊かな国際システムの文脈から離れ、孤立することは国家が持っている経済成長および政治的影響力の可能性が実現しないことを意味する。つまり、規制型の国際協定への遵守を説明するうえで、具体的な利益よりも、外の世界とのつながり、世界レベルのアクターとなる政治的能力があるかどうかの方が重要なのである。

　国際システムにおいて優良な構成員である必要性は、本書のいうところの管理プロセスに大概の遵守の問題が委ねられることを確かなものにする。そうでないならば、違反しそうな国は、厳しい選択を迫られることになる。その選択肢は、特定の状況において定義され、適用された法を遵守するか、もしくは、

---

99) Harold Hongju Koh, "Transnational Legal Process," *Nebraska Law Review*（Spring 1995）参照。

100) Robert D. Putnam, *Making Democracy Work: Civic Traditions in Modern Italy*（Princeton, N. J.: Princeton University Press, 1993), p. 183.［ロバート・パトナム（河田潤一訳）『哲学する民主主義—伝統と改革の市民的構造』（NTT 出版, 2001年）228頁］

他のレジーム構成国が承認した明確かつ具体的な義務を公に軽視するかというものである。結果的に、この状況は大国にとってさえ居心地の悪いものであることがわかる。本章で紹介したクラスノヤルスク・レーダー施設の話題は、このプロセスが実際に機能した一例である。隠者の王国とよばれる北朝鮮でさえ、このように高まる外圧に抗いきれるものではない。その意味で、このプロセスの重要な帰結は、まさに種籾の選別作業のようなものであるといえる。即ち、納得のいく程度に正当化できるもしくは意図せざる遵守の失敗（誠実な遵守という基準に合致するであろうもの）と、一部少数の重大かつ意図的な違反を特定・区別する作業である。結果として、この作業は稀ではあるが必要な場合においては、さらに厳しい制裁を科すような合意形成を促すことになるのである。

　これら正当化、議論、説得といった相互作用的なプロセスによって遵守に導くことには、強制的な制裁のような派手さはない。しかし、大部分において、現実の世界で機能しているレジームとは、このようなものである。本書の構成は、まず今日の国際システムのなかで強制モデルがいかに射程の狭いものであるかを示し、次に管理モデルが実際にどのように機能しているか、そしていかにしてこれをさらに効果的にすることができるか、について論じる。

（本章の原型にあたる文章は、Abram Chayes and Antonia Handler Chayes, "On Compliance," *International Organizations,* 47 (Spring 1993): pp. 175-205として出版された。）

第Ⅰ部
制裁の類型

　条約を執行する手段としての制裁措置へのこだわりの強さと、その行使の［実際の］頻度や行使された場合の有効性は、依然として釣り合いが取れていない。公衆の注目は、越境紛争または内戦の緊急時における軍事力の行使および経済制裁に集まる。しかしながら、これまでの成果は決して芳しくはない。韓国およびイラクでは幾ばくかの成果がみられたが、ローデシア（現ジンバブエ）および南アフリカでは曖昧な成果しか残せず、より近年の旧ユーゴ、ソマリア、ハイチでは失望させられる事態となった。これらの成果は、よくても結論が出ないというものであるが、代替手段［ないし想像力］の欠如は、安全保障と人命に影響をおよぼす、国際規範の重要かつ甚だしい侵害に対し、迅速かつ決定的な解決を期待して、引き継ぎ制裁措置を検討することへとつながった。少なくとも、制裁による威嚇が外交圧力に対する応答を改善すると見込まれているのである。

　しかし制裁措置の要請は、何も国連憲章第7章にある「平和に対する脅威、平和の破壊又は侵略行為」にとどまらない。本書は、国家および国内団体の行動を規制する国際協定を幅広く射程としているが、これらの条約でも積極的な強制措置を望む声は依然として強い。軍事的制裁が規制型条約の多くにふさわしくないことは明白であるが、幅広い主題領域――絶滅危惧種の保護から核拡散に至るまで――の規制を求める人々は、何らかの形の強制措置（"teeth"）を有する条約を要請する。他の形態の圧力――しばしば「外交的」と形容されるものの、相当不愉快にさせられる――は、国家に条約義務を遵守させるべく用いることができ、また実際に用いられている。

　本書は、第Ⅱ部においてこのプロセスを詳細に検討する。しかし、このような［外交的］圧力を本書は、いわゆる本当の「制裁」とはみなさない。すなわ

ち本書は、公衆の考える強制措置を備えた条約が、このようなものだとは考えない。

　第Ⅰ部は、［本来的意味の］制裁の主要な諸類型を詳細に、かつ、これらが適用された文脈に従って検討する。

・条約に基づく制裁（Treaty-based sanctions）——条約機構が設定した規範違反に対する制裁として、同機構によって許可された軍事的もしくは経済的行為（第2章）
・構成員の地位に関する制裁（Membership sanctions）——条約からの除名もしくは加盟国としての権利・特権の停止（第3章）
・一方的な制裁（Unilateral sanctions）——強制的な行為で、明示的に条約によって許可されてはいないものの、加盟国を遵守させるために単独ないし複数の国家が協調し、適用されるもの（第4章）

　国連憲章と西半球におけるその類似体である米州機構（OAS）憲章のみが軍事的もしくは経済制裁の執行を認めている。それも国際の平和および安全への脅威が存在する事態においてのみである。幾つかの条約には、特定の場合において加盟国に貿易に影響をおよぼす制約や他の措置を科すことを認めることがあるものの、これらの大部分は、正確にいえば、制裁を科す条項ではない。例えば、GATT が貿易譲許の撤回を許容するほぼすべての場合において、通底するのは補償の理論であり、懲罰的なそれではない。つまり、申立て国には協定上の利益が与えられなければならないという考えである[1]。確かに、多くの事例において、申立てにある損害が GATT 上の義務の侵害によるものであるこ

---

1) Andreas F. Lowenfeld, "Remedies along the Rights: Institutional Reform in the New GATT," *The American Journal of International Law,* 88（July 1994）: 487; Robert E. Hudec, *The GATT Legal System and World Trade Diplomacy*（Salem, N. H.: Butterworth, 1990）, pp. 198-200. しかしながら、ヒュデックはこのような措置が GATT の慣行の中で準報復的な重要性を想定していることを指摘している。

とを証する必要性はない。GATT 締約国団は、「事態が重大であるためそのような措置が正当とされると認めるときは」真に報復的な性質を有する制裁［当該国に対する GATT 上の譲許等の停止］を認めることができる[2]。しかし、この権限は、ガット上、1951年にオランダの要請により米国に対して発動された一例があるのみである[3]。補償的か懲罰的かという区別については、真の意味で制裁である貿易の一方的措置の文脈で、第4章において詳しく検討する。

　条約によっては、特定の種別の貿易自体を排するもしくは規律することが目的そのものである場合もある。この場合の制約は、義務の侵害や不遵守への懲罰として科されるわけでなく、むしろ規制の本質なのである。故に奴隷条約［奴隷制度廃止補足条約］は、加盟国／未加盟国、遵守国／違反国にかかわらず奴隷取引を禁止している。麻薬の不正取引の防止に関する条約［麻薬及び向精神薬の不正取引の防止に関する国際連合条約］もまた、例外はあるものの、これと同様である。ワシントン野生動植物取引規制条約［CITES：絶滅のおそれのある野生動植物の種の国際取引に関する条約］は、「絶滅のおそれのある種」に関しては商業取引を廃し、「取引を厳重に規制しなければ絶滅のおそれのある」種に関しては取引を制限している[4]。バーゼル条約［有害廃棄物の国境を越える移動及びその処分の規制に関するバーゼル条約］は、外国への有害廃棄物の輸出を当該外国への通報と書面での合意なしに行うことを禁じている。同様に、化学兵器禁止条約も潜在的な危険性を有する化合物の取引を包括的に規制するものであるが、締約国が条約に違反した場合に設けられている手段は、国連安保理への付託のみである。これら貿易規制のどれも制裁というカテゴリーにはあてはまらない。

　最後に、規制物品に関する非締約国との貿易について条約上課される制限もまた、真の制裁措置の例とはならない。これら多くの主眼は、締約国に義務を

---

2) GATT 第23条2項。
3) "Netherlands Measures of Suspension of Obligations to the United States," *Basic Instruments and Selected Documents,* 1st Supp., (1953) : 32.
4) ワシントン野生動植物取引規制条約第2条。

実施させるというよりも制度のただ乗り(フリー・ライダー)を処罰することにある。たとえば、CITES では、条約が締約国に求める許可書または証明書に相当する文書が存在する場合には、締約国ではない国との間で輸出、輸入または再輸出が許容される[5]。同種の条項としてはモントリオール議定書第4条が挙げられる。同条項では、締約国でない国から規制物質を輸入することを、輸出国が条約の定める CFC 消費量の限度を完全に遵守していると締約国会合において認められないかぎり、禁止している[6]。実のところ、この条項の真の目的は、署名国による既存の輸出市場を保護することであった。商品協定において規制の目的は協定締約国のために市場を維持することである。これら規制は、締約国が輸出割当に違反した際の問題を取り上げていないのである。

おそらくこれら条約に基づいた貿易規制の性質の誤解の背景には、条約義務を執行させるための貿易制裁を明快に呼びかける声があるのかもしれない。よりもっともらしいのは、実効性を有する条約を求める持続的な圧力は、国内法システムの安易だが誤っている類推を反映していることである。国内法システムでは、国家が行使する強制力が科す公の制裁が法的ルールの遵守を促すにあたって重要な役割を果たすと考えられている[7]。既存のおよび現在提案されて

---

5) ワシントン野生動植物取引規制条約第10条。

6) モントリオール議定書第4条8項。正しい意味での貿易制裁、即ち遵守しない当事国の行動の規制を認めさせようとした米国と北欧諸国の努力は実らなかった。Richard E. Benedick, *Ozone Diplomacy: New Directions in Safeguarding the Planet* (Cambridge, Mass.: Harvard University Press, 1991), p. 183.［ベネディック（小田切力訳）『環境外交の攻防』（工業調査会, 1999年）］

7) 近年では、このプロセスにおける非公式ないし「非法的」な制裁措置が注目を浴びている。今では、公式の手続が支援する役割を果たしたうえ、このような非公式な圧力が民間経済および社会関係内の義務を執行するうえで大きな役割を果たしていることが幅広く受け入れられている。たとえば Robert C. Ellickson, *Order without Law: How Neighbors Settle Disputes* (Cambridge, Mass.: Harvard University Press, 1991); David Charny, "Nonlegal Sanctions in Commercial Relationships," *Harvard Law Review*, 102 (1990): 375, 392-394参照。画期的な成果として Stewart Macaulay, "Non-Contractual Relations in Business," *American Sociological Review*, 28 (1963): 55.

いる条約についての一般的議論は、多くの場合、我々が条約義務実現の刑法モデルないし法執行モデルと名付けた視点からなされている[8]。締約国が国家政策の手段としての戦争を放棄することに合意したものの、その執行手続を欠いていたケロッグ・ブリアン協定は、ユートピア的（そして役に立たない）国際立法の典型と目されている。国際情勢に通じた当事者および有識者すら強制モデルの影響から免れることはできない。何らかの実効的制裁能力が必要だとする考えは、新しい世界秩序を求める声の主要な特徴であるかのように思われる。

　国内法システムの誤った類推は、「国際法」が果たして法であるか否かという果てしない循環論法的な(トートロジカル)議論に基づいている。事前に制裁を取り決めることが困難で、許可された場合においても制裁を組織することが困難な事実は、国際法が法ではない証として言及される。ジョン・オースティン（John Austin）『法理学講義』に起源をもつこの議論は、執行力を欠いた状態で法は存在しないとする[9]。政府のみが執行力を有するのであり、既存の国際秩序がいかなるものであれ、そこに、政府はない。国際協定はこの定義からして執行がかなわないものであり、法ではない。この論点は、国際システムが「アナーキー」であるとしばしば特徴づけられることから更に混乱することになる。この用語は、ホッブス流の万人の万人に対する闘争を必然的に指すことを意図するものではない。国際秩序において、その構成員が一般的に受け入れ、遵守している行動準則が存在していることはよく知られている[10]。しかし、国家が、管轄権内の人・事項に対して主権を行使することが当然視される国内社会とは異なり、アナーキーなシステムにおいては、システムの規範やルールに則して行動するよ

---

8) Antonia Chayes and Abram Chayes, "From Law Enforcement to Dispute Resolution: A New Approach to Arms Control Verification and Compliance," *International Security*, 14 (Spring 1990): 140-164.

9) John Austin, "The Province of Jurisprudence Determined," in *Lectures on Jurisprudence* (London: John Murray 1861), p. 6.

10) たとえば Hedley Bull, *The Anarchical Society: A Study of Order in World Politics* (New York: Columbia University Press, 1977)［ブル，ヘドリー（臼杵英一訳）『国際社会論』（岩波書店，2000年）］参照。

う構成員を強制するような法的権威を有する国際的な上位主体は、定義からいって、存在しない。

　学界における強制力を有する制裁を重要視することへのこだわりの一例としては、近年、本書の草稿によって刺激されて書かれたある論考に見出せる[11]。その論考の著者たちは、条約義務の遵守にあたって一般的に満足できるレベルを実現させるためには、彼らが「無過失の遵守（no-fault compliance）」と呼ぶもので充分であるものの、ますます複雑になりゆく相互依存の問題に世界が取り組む際に求められる真に「深い」国際協力を要する場合には不充分であるとする。このような事案では、条約規範から逸脱することによって得られる利益のほうが遵守するよりも高くなり、物理的な制裁による威嚇ないし実際の適用のみがこれを制するに足るものとするのである。

　こうした理論をめぐる論争にもかかわらず、以降三つの章でみていくように、国際法における制裁の可能性と限界についての過去の経験はかなり一貫している。先述したように、国連憲章とOAS憲章を除いて、国際システムは条約に基づいた軍事的・経済的制裁に対して非常に慎重である。多くの規制型条約が、条約義務への不遵守に対して構成員の特権を制限・停止するメンバーシップ制裁を含むことは多いものの、これらは稀にしか発動されず、殆どの場合、国際法義務の単なる執行よりも、幅広い外交目的の達成の為に行なわれる。人類学者、社会学者そしていまや法学者も、あらゆる社会が、法その他社会ルールの遵守を担保するために非公式もしくは非法律的な制裁を活用していることを理解している。国際平面でもそれは同じであるが、しかし、国際領域での経験では、軍事的・経済的処罰というより強制的な形態をとる一方的な制裁もまた、条約義務の違反を是正するためには、稀にかつ散発的に適用されるのみであり、適用されたとしてもあまり有効ではない。

---

11) George W. Downs, David M. Rocke, and Peter M. Barsoom, "Is the 'No-Fault' Theory of Compliance Too Good to be True? The Role of Enforcement in Regulatory Regimes," paper presented at the Annual Meeting of the International Studies Association, Chicago, Feb. 22, 1995.

要約するならば、制裁を科す権限が条約によって認められることは稀であり、認められても行使されることは稀であり、行使されても有効ではない場合が多いということである。これは、国際協定の遵守をもたらす鍵が強制力を有する条約にあると考える者にとっては失望する結果かもしれない。制裁国と被制裁国のパワー格差が大きく開いており、潜在的な制裁国間の利害が大きく一致した場合でも、国家行動に影響することを目的とする制裁が有効に機能することは稀であった。

　本書は、これまでの制裁の実績が偶然の結果ではないとする。制裁の行使は、制裁国に高いコスト（軍事的、経済的、政治的コスト）を負担させることになり、深刻な正統性の問題を呈することにもなりかねない。これら国際関係の特徴は、強制措置が実行可能な政策手段となりうる状況の範囲に対して実務的および規範的に重大な制約を課すことになる。第Ⅰ部の残りは、実際に制裁が適用された比較的狭い範囲の事例群を検討する。その目的は、強制モデルに内在するコストと正統性の限界の特徴を明らかにし、第Ⅱ部の管理モデルの議論へと導くためである。管理モデルとは、規制型レジームにおいて国際協定の遵守を促す実際の仕組みである。

第2章
条約に基づく軍事制裁と経済制裁

2-1　強制的な軍事行動
　2-1-1　朝鮮戦争
　2-1-2　キューバ危機
　2-1-3　湾岸戦争
　2-1-4　事例の比較
　　2-1-4-1　アメリカが果たした重要な
　　　　　　 役割
　　2-1-4-2　正統性の問題
　　2-1-4-3　コスト
2-2　アフリカにおける経済制裁

2-3　湾岸戦争後にとられた第7章に
　　 基づく制裁
　2-3-1　第7章に基づく行動の法的根拠
　　　　 の変化
　2-3-2　イラクにおける停戦の履行
　2-3-3　旧ユーゴスラヴィア
　2-3-4　ソマリア
　2-3-5　ハイチ
2-4　条約に基づく制裁の限界

　経済制裁または軍事制裁を行う正規の手続を公式に承認し、これを定めている条約は、国連憲章と米州機構（OAS）憲章の2つだけである。両憲章は、自衛の場合を除き武力行使を禁止するという国際法規範を生みだした。しかし、このような制裁権限が定められた第一の目的は法を執行するためではなく、集団安全保障のためだった。［つまり、］これらの権限は、国際の平和と安全が脅かされている状況でのみ発動しうるものだった。しかしそれにもかかわらず、大国はさらに、国連安全保障理事会（安保理）における拒否権という自国保護手段を求めた。また、アメリカには、事実上、OASの制裁措置を阻む力があった。
　発動できる状況が限られているため、これらの制裁権限が［実際に］行使されることは稀であった。朝鮮戦争から湾岸戦争に至るまでに用いられたのは片

手で数えられる程度にすぎず、湾岸戦争以降もおそらく同程度しか使われていない。本章はこれらすべての事例を検討するが、それは、国際の平和と安全の確保という目的の達成に軍事・経済制裁が有効かどうかについて新たな分析を加えるためではない。本章の目的は、条約義務の履行という日常的な営為に対し、これらの制裁にどのような有用性があるかを探ることである。

上記両憲章は第二次世界大戦直後に作られたものであり、ともに当時の一般的な認識を反映している。その認識とは国際連盟の失敗であり、大戦を戦った軍の将軍達と同じように、国連憲章の起草者も明確にこれを意識していた[1]。一般的に、国際連盟の致命的な欠陥とは、連盟に自らの決定を執行する権限がなかったことだと分析されている。国際連盟は、エチオピアに侵攻したイタリアや、中国に戦争を仕掛けた日本に実効的な制裁を課すことができず、この時に事実上、連盟の機能は終わりを告げた。[つまり]これらの出来事は、平和の破壊者と非難された国家に対し、他の連盟加盟国に一定の行動をとるよう強制することができない国際連盟の無能の証左と捉えられたのである[2]。

この欠陥を繰り返さないために国連憲章第7章は設けられた[3]。即ち、憲章

---

1) たとえば次を参照のこと。"Address by President Harry S. Truman in San Francisco at the Closing Session of the United Nations Conference, June 26, 1945," in *Public Papers of the Presidents of the United States: Harry S. Truman: Containing the Public Messages, Speeches, and Statements of the President, April 12 to December 31, 1945*（Washington, D.C.: USGPO, 1961), pp. 138-144; "Remarks by Dr. T. V. Soong, Minister for Foreign Affairs of the Republic of China, before the Plenary of the United Nations Conference on International Organization, Verbatim Minutes of the First Plenary Session," in *Documents of the United Nations Conference on International Organization*, San Francisco, 1945, vol. 1,（New York: United Nations Information Organizations, 1945), pp. 129-131; "Remarks by Dr. V. M. Molotov, People's Commissar for Foreign Affairs of the Union of Soviet Socialist Republics, before the Plenary of the United Nations Conference on International Organization, Verbatim Minutes of the First Plenary Session," in *ibid.*, pp. 131-136.

2) Leland M. Goodrich, *The United Nations*（New York: Crowell Press, 1959), pp. 14-15.

3) たとえば次を参照のこと。"Statement of Joseph Paul-Boncour, Rapporteur, United

の条文によれば、ひとたび安保理が「平和に対する脅威、平和の破壊又は侵略行為の存在を決定」すると、安保理は、第41条に定める経済制裁や外交的制裁を課すことができる。さらにこれらの措置では不十分なことが判明した場合、安保理は「国際の平和及び安全の維持又は回復に必要な空軍、海軍又は陸軍の行動をとる」[4]ことができる。この第7章に基づく行動は「決定」という形式をとり、国連加盟国は第25条において、これを「受諾し且つ履行することに同意」しているのである。

OAS憲章は、地域レベルで国連憲章のアプローチを踏襲するものである。歴史上、西半球の国々に干渉してきたのは主にアメリカだった。そのためこの憲章は、アメリカに単独で介入するいかなる権利も認めないように定め、OASの決定による場合を除き「いかなる国家または国家グループも」米州国家の内政に干渉しないと定められている。[つまり、] 内政干渉に対する対応は、OASの集団的な責務としてなされなければならないのである。国連安保理のようにOASも、「侵略…アメリカ大陸外若しくはこの大陸内の紛争、または米州全体の平和を危うくするおそれのあるその他の事実若しくは事態」[5]において、経済制裁や外交的な制裁を命じ、さらに武力行使を許可することができる。

他に類のないこれらの強制権限が定められてから半世紀の間、これらの権限が [実際に] 行使された事例は一握りしかない。事例がごく少ないのは、本来、

Nations Conference on International Organization, Committee Three," Doc. 134, III/3/3, in *Documents of the United Nations Conference on International Organization, San Francisco, 1945*, p. 572：「ダンバートン・オークス提案における決定的に重要な改革とは…安保理がその決定を執行するために用いることができる強制力を義務化し、明文化したことである。」と述べられている。また次も参照のこと。Doc. 881, III/3/3, pp. 508, 513.

4) 国連憲章第42条。
5) 米州相互援助条約（リオ条約）第6条、第8条、第20条。これらの規定は、OAS憲章第18条及び第19条［訳注：現行規定では第22条と第23条］に参照されることによって、OAS憲章に組み込まれている。これらの規定に基づく行動は、安保理の許可を得た地域的機関の強制行動を認める国連憲章第53条によって承認されると考えられている。

経済・軍事制裁について［諸国間の］合意形成が難しいことを示している。制裁が国内および国際社会の政治資源に要求する程度が高くなればなるほど、その代償——必ずかかる金銭的コストや場合によっては生じうる人的犠牲——も大きくなる［からである］。制裁事例は数としては少ないが、以下の検討のため、いくつかの特徴から次のように分類することができる。

1．「国際の平和及び安全に対する脅威」の定義にぴったり当てはまるような大規模な軍事行動に対応するために武力行使が許可された事例（朝鮮戦争、キューバ危機、湾岸戦争）。これらの武力行使は、主にアメリカが組織し、作戦を実行し、ほとんどの要員を提供した。

2．アフリカにおける植民地主義や人種差別による抑圧を終わらせる過程において、［戦後］新たに独立したアフリカ諸国が働きかけた経済制裁の事例（南アフリカ、ローデシア）。

3．現在も続く湾岸戦争以降の国際的な危機を抑制し、食い止めるための一連の措置の中でとられた制裁または制裁による威嚇の事例（湾岸戦争後のイラク、旧ユーゴスラヴィア、ソマリア、ハイチ）。これらの事例は、憲章第7章に基づく様々な実行を生み出した。これらの実行は、複数の大国から支援され、人道的な取組みや交渉を含む広範な国際社会の努力の一環としてなされたものである。

以下、各グループを順次検討する[6]。

---

6) 限定的な報復［制裁］が行われた四つの事例（ドミニカ共和国、キューバ危機後のキューバ、リビア、リベリア）でアメリカは、国際組織を通じた控えめな措置で対応した。これらの事例でアメリカが単独行動ではなく諸国との協調行動をとることにした根拠として、何らかの明確な方針や基準があったわけではないようである。本文で論じないこれらの四つの事例についてはここで簡単に経緯を示す。

ドミニカ共和国：1960年6月24日、ベネズエラの大統領ロムロ・ベタンクール（Romulo Betancourt）が暗殺未遂により負傷した。OASはこの事件を調査し、この暗殺計画の扇動者はドミニカの独裁者ラファエル・トルヒーヨ（Rafeal Trujillo）であるとの結論に至り、ドミニカ共和国との国交断絶と部分的な経済制裁を決議した。後にこの制裁の対象は、石油製品、トラック、様々な部品にまで広げられた。数か月後、トルヒーヨ自身が暗殺され、ドミニカのベネズエラ抗議運動も終わった。この運動はトルヒーヨの私怨にすぎなかった。その後ただちにOASは制裁を解除した。次を参照のこと。"Eighth Meeting of Consultation of Ministers of Foreign Affairs," Jan. 31, 1962, Res. VIII, Pan American Union, *International Treaty of Reciprocal Assistance Applications,* vol. 2, pp. 17-27; OEA/Ser. F/11.6, in *ibid., Department of State Bulletin*, 43 (1960): 358; OEA/Ser. G/II/ C-a-397 in Pan American Union, *International Treaty of Reciprocal Assistance Applications*, vol. 2. この件におけるアメリカの役割について次を参照のこと。Jerome Slater, "The United States, the Organization of American States, and the Dominican Republic, 1961-1963," *International Organization*, 18 (Spring 1964): 273.

危機後のキューバ：カストロ（Castro）が支配するキューバをアメリカは長期にわたり根深く敵視していたが、OASから武器禁輸制裁以上のものを引き出すことができないでいた。しかし、1964年、キューバの武器がベネズエラに隠されていたことが発覚すると、アメリカとベネズエラの主導によりOASは、おそらく、キューバの行動が西半球の平和に対する脅威に相当するとの理由で、キューバとの国交の断絶と食糧・医薬品以外のすべてを対象とする義務的な経済制裁を命じた。いくつかの主要なラテンアメリカ諸国がこれに反対したため、最初から制裁遵守の足並みは揃っていなかった。1970年代、ラテンアメリカ諸国はキューバとの国交を回復し始めた。制裁は1975年7月に公式に解除されたが、アメリカは当然のことながら、単独で禁輸措置を継続した。

リビア：スコットランドのロッカビー上空でパンアメリカン航空103便が爆破された事件から3年後の1991年、イギリスとアメリカはこの事件の実行犯としてリビア人二人を告発し、リビア政府を事件の首謀者だと非難した。リビアの指導者、カダフィ（Qaddafi）大佐は二人の容疑を否認し、引渡しを拒否したため、英米両国はこの問題を安保理に付託した。安保理はまず警告を発し、次に、容疑者の引渡しによるテロの放棄をリビアが拒んだことが国際の平和と安全に対する脅威にあたると認定し、リビア発着の旅客機の飛行禁止と武器禁輸制裁を決議した。カーボベルデ、中国、インド、モロッコ、ジンバブエはこの決議の投票を棄権した。これらの制裁にほとんど効果はなかった。その後、制裁はいくらか強化されたが、リビア産石油を輸出禁止にする案については、中国と石油消費国である欧州諸国

2-1　強制的な軍事行動

　第二次世界大戦の終わりからソ連崩壊までの長い間、安保理が憲章第7章に基づく軍事的権限を行使したのは2回だけである。1回目は、第二次世界大戦直後の朝鮮戦争において、2回目はソ連崩壊の直前に起こった湾岸戦争においてである。他方、同じ期間に OAS が武力行使を許可したのは、キューバにおけるソ連の核ミサイル設置に対応した1回だけである。

2-1-1　朝　鮮　戦　争

　第二次世界大戦前の朝鮮半島は日本の植民地だった。終戦時、北緯38度線を境に北側における日本軍の降伏をソ連が受諾し、南側における同軍の降伏はアメリカが受諾した。こうして、半島は北朝鮮と韓国に分断された。もっとも、朝鮮半島は国連の庇護下で再統一されるだろうと考えられていた。[その後、]ソ連軍は半島北側に駐留し続けたが、在韓米軍は、軍事支援や軍事訓練の部隊約500名のみを残し、1949年6月までにほぼすべてが撤退していた[7]。1950年初

　　が反対し、立ち消えとなった。次を参照のこと。Andrew Rosenthal, "U.S. Accuses Libya as 2 Are Charged in Pan Am Bombing," *New York Times*, Nov. 15, 1991, p. A3; SC Res. 731, UN Doc. S/RES/731, Jan. 21, 1992; SC Res. 748. UN Doc. S/RES/748, Mar. 31, 1992. "Qaddafi Says He Won't Surrender Bomb Suspects," *New York Times*, Aug. 20, 1993, p. A8.

　　リベリア：リベリアに対する国際組織の行動は上記のいずれの事例よりもとるに足らないものである。国際社会は、リベリア国内の残虐な部族間闘争の対処について西アフリカ諸国経済共同体（ECOWAS）に委ねただけだった。それに ECOWAS もうまく対処したわけではなかった。しかし、1992年10月、モンロヴィアを攻撃した反政府勢力がアメリカ人修道女5人を殺害する事件が起きると、アメリカ主導により安保理は、内戦に関わるすべての派閥を対象とした武器禁輸制裁を課した。SC Res. 788, UN Doc. S/RES/788（1992）, Nov. 19, 1992. リベリアについてはこの決議を出しただけで、安保理［の関心］は他の懸念事項へと移ってしまった。

　7)　詳細な軍事的事実に関する以下の議論は、全て次の公式記録文献に依拠してい

頭、米国務長官ディーン・アチソン（Dean Acheson）は［歴史に残る］有名な演説を行い、そこで、極東全般にアメリカの安全保障上の関心があることを明確にしつつも、韓国がこの地域におけるアメリカの防衛ラインの外にあると示した[8]。1950年6月25日、北朝鮮軍が38度線を突破し、4日でソウルを制圧した。在日米軍によって増強された在韓米軍と韓国軍は、一時、半島南部の釜山港周辺の狭い範囲にまで後退し、追い詰められたが、最終的には南北の［元の］境界線を維持した。

　冷戦が尖鋭化する中でアメリカ政府は、［北朝鮮の］韓国侵攻を、西太平洋におけるアメリカの立場全般に対する挑戦とみなした。侵攻が起こったその日にアメリカは安保理の開催を求め、決議82号が採択された。その決議は、「北朝鮮軍による韓国への武力攻撃は…平和の破壊にあたる」と決定し、敵対行為の即時停止と38度線までの北朝鮮軍の撤退を要請した[9]。この決議［の採択］は［常任理事国による］拒否権の行使を免れたが、それは、安保理が中華人民共和国の出席を拒否したことにソ連が抗議し、［当時、］ソ連代表が安保理をボイコットしていたからである[10]。その2日後、北朝鮮軍が半島を南下し続ける中で、安保理は第二の決議を採択し、「国連加盟国は、［北朝鮮による］武力攻撃を撃退するため、そして朝鮮半島地域における国際の平和と安全を回復す

　　る。Walter G. Hermes, *Truce Tent and Fighting Front, United States Army in the Korean War* (Washington, D.C.: Office of the Chief of Military History, United States Army, 1966), p. 8.

8) Dean Acheson, "Crisis in America: An Examination of U.S. Policy," *Department of State Bulletin*, Jan. 23, 1950, pp. 111-118（address before the National Press Club, Jan. 12, 1950）.

9) SC Res. 82, UN SCOR, 5th year, 473rd mtg., p. 4, UN Doc. S/1501 (1950).

10) その年の夏にソ連代表は安保理に復帰したが、朝鮮戦争での軍事作戦に対する責務は［すでに］取り決めにより［安保理から］総会へと引き継がれていた。次を参照のこと。"Uniting for Peace Resolution," GA Res. 377A, 5 UN GAOR, Supp. 20 (A/1775), Nov. 3, 1950. また次も参照のこと。L. H. Woolsey, "The 'Uniting for Peace Resolution' of the United Nations," *American Journal of International Law*, 45 (Jan. 1951): 129.

ために必要と思われる援助を韓国に提供する」[11]よう勧告した。それから一週間も経たずして出された第三の決議では、韓国で展開する部隊の指揮権をアメリカの下に統一すると定め、アメリカに指揮官の指名を要請し、さらに国連旗の使用を許可した[12]。

　これらの決議は、国連、米国連邦議会、および報道における冷戦レトリックに合わせるかたちで採択された。新たに選出されたアイゼンハワー（Eisenhower）大統領が1953年7月27日に休戦協定を締結するまでの3年間、朝鮮戦争は常に、アメリカ国内政治と国際政治における中心的課題であった。停戦で、半島の南北両軍は実質的に戦争前と同じ位置に戻った。全軍を投じた韓国を除けば、軍事作戦のほとんどのコストを負担し、その損失のほとんどを被ったのはアメリカで、その他の18の国々は小規模の部隊を派遣したにすぎなかった。この戦争でアメリカが指導的な役割を担う意欲を示したのは、冷戦不安があったからである。当時のアメリカは、共産主義の拡大を防止するためならいかなるコストもいとわないと考えていた。［決議の採択という］国連による［武力行使の］正統化は、ソ連代表の［安保理］欠席という偶然の出来事でたまたま可能となったが、このような状況はその後、冷戦が続く中で二度とあらわれなかった。アメリカ国内では、戦争が長引き、犠牲者が増えるにつれて、アメリカの［戦争］介入に対する当初の熱狂的支持は失われていった。この「トルーマン（Truman）の戦争」は、1952年の大統領選挙における重要な争点だった。アイゼンハワーは戦争を終わらせるために「朝鮮半島に行く」ことを選挙公約とし

---

11) SC Res. 83, UN SCOR, 5th year, 474th mtg., p. 5, UN Doc. S/1511（1950）. この決議にユーゴスラヴィアは反対票を投じ、インドとエジプトは棄権した。ソ連はまだ欠席中だった。北朝鮮が侵攻した時、半島の統一促進のために1948年に設置された国連朝鮮臨時委員会が韓国に在駐していた。そのため、この委員会が確実に事実を安保理に報告することができた。次を参照のこと。A. M. Rosenthal, "Red North Guilty — Security Council Acts Swiftly at U.S. Call to End Hostilities," *New York Times*, June 26, 1950, p. 1, col. 8.

12) SC Res. 84, UN SCOR, 5th year, 476th mtg., p. 5, UN Doc. S/1588（1950）.

たが、これが選挙結果に影響を及ぼしたのは明らかだった[13]。

2-1-2　キューバ危機

　劇的な事件であった1962年のキューバミサイル危機は、これまで繰り返し詳述され、分析され、検証されてきた[14]。当時、アメリカ政府では、数ヶ月にわたりキューバで起こっていた疑わしい出来事について激しく議論されていたが、キューバで攻撃型核ミサイルが見つかったことでこれに決着がつけられることになるのである。1962年11月に議会選挙が予定されていたこともあり、［キューバ問題をめぐる］議論は必然的に党派的な色彩を帯びるようになっていた。ケネディ政権を批判する共和党は、ソ連がキューバに攻撃型ミサイルを設置していると主張し、多くの者がキューバの海上封鎖かそれ以上の強力な対応を求めた。しかし、政府のスポークスマンは、この施設は新型防空システムであり、アメリカが何らかの行動をとる必要はないと言い張った。9月初頭の記者会見でケネディ（Kennedy）大統領はこの件に言及し、「もしこれが新型

---

13)　Stephen E. Ambrose, *Eisenhower: Volume 1, 1890-1952* (New York: Simon and Schuster, 1983), p. 569.

14)　次を参照のこと。Abram Chayes, *The Cuban Missile Crisis: International Crises and the Role of Law* (Lantham, Md.: University Press of America, 1987). キューバのミサイル危機に関する文献は豊富にあり、［今後も］少なくなる気配はない。危機後すぐに書かれた重要文献として次が挙げられる。Elie Abel, *The Missile Crisis* (Philadelphia: J. B. Lippincott, 1966); Graham Allison, *Essence of Decision: Explaining the Cuban Missile Crisis* (Boston: Little, Brown, 1971)［グレアム・T・アリソン（宮里政玄訳）『決定の本質——キューバ・ミサイル危機の分析』（中央公論社，1977年）］. もちろん次も参照のこと。Robert F. Kennedy, *Thirteen Days: A Memoir of the Cuban Missile Crisis* (New York: W. W. Norton, 1971)［ロバート・ケネディ（毎日新聞社外信部訳）『13日間——キューバ危機回顧録』（中央公論新社・中公文庫，2001年；親本は毎日新聞社、1968年）］. マイケル・ベシュロス（Michael Beschloss）の近年の著作には、ソ連の関係者から入手した資料を含む、重要な新情報が提供されている。Michael R. Beschloss, *The Crisis Years: Kennedy and Khrushchev 1960-1963* (New York: Edward Burlingame Books, 1991)［マイケル・ベシュロス（筑紫哲也訳）『危機の年——ケネディとフルシチョフの闘い 1960-1963』上下巻（飛鳥新社，1992年）］.

防空システムでなければ最も深刻な問題が生じるだろう」[15]と警告した。

10月16日、U-2偵察機から撮影した写真が大統領に示された。この写真から、核装備した準中距離弾道ミサイル（MRBM）と中距離弾道ミサイル（IRBM）を備えた基地がキューバにあることが判明した[16]。大統領はすぐさま、後に国家安全保障会議執行委員会（EXCOM）として知られることになる、大統領顧問から特別に選抜された人々を招集し、とるべき措置について極秘に1週間ほど討議した。（国防長官ロバート・マクナマラ（Robert McNamara）が一時的に反対していたことを除けば）アメリカが何らかの強硬な対応をとるべきことについては初めから合意があったが、どのような対応をとるべきかについては鋭い対立があった。EXCOMはすぐに多くの選択肢から次の二つに絞り込んだ。つまり、ミサイル施設に対する空爆（おそらくその後侵攻がなされることになったであろう）と海上封鎖（いわゆる「臨検」）である。

この2択に関わる重要な法的問題は、［外国へのミサイル配備という］ソ連の行動を国連憲章第51条の意味における「武力攻撃」とみなしうるかどうかだった。もしそうみなすことができたなら、自衛権の行使としてアメリカには単独の武力行使が許されることになっただろう。しかし、もしそうでなければ、国務省法律顧問たちが主張したように、アメリカの行動には何らかの国際組織による集団的な許可が必要となる[17]。［また］空爆には不意打ちの要素が必要な

---

15) "Kennedy's Cuba Statement," *New York Times*, Sept. 5, 1962, p. 2, col. 5.
16) 準中距離弾道ミサイル（MRBM）の射程は約1000海里であり、中距離弾道ミサイル（IRBM）の射程はおそらくこの2倍である。ケネディ大統領は、「北はカナダのハドソン湾から南はペルーのリマに至る西半球の主要都市のほとんどが［これらのミサイルの］射程に入る」と述べた。John F. Kennedy, "Radio and Television Report to the American People," Oct. 22, 1962, *Public Papers of the Presidents of the United States: Kennedy*, vol. 2 (Washington, D.C.: USGPO, 1963), p. 806.［もっとも］これらのミサイルはまだ発射可能ではなかったようである。それに［アメリカ側には］核弾頭がキューバにあるかどうかさえはっきりしていなかった。Kennedy, *supra* note 14, p. 35［毎日新聞社外信部訳26頁］。［しかし］近年の会談でソ連の関係者は、10月初旬に20個の核弾頭がキューバに到着し、さらにもう20個が輸送中であったと明確に述べている。Beschloss, *supra* note 14, p. 495［筑紫訳（下巻）170頁］。

ため、国際機関による事前の許可にはなじまないと考えられたのだろう。最終的に、法的な議論からも政治的な議論からも臨検という選択肢が支持された。

この状況において利用可能で、かつ何らかの措置をとることができたフォーラムはOASだけだった。もっとも、憲章第53条に基づく安保理の許可がなくてもOASに強制行動を命じる権限があるのかどうかについて疑念がないわけではなかった。[しかし、]朝鮮戦争の時と異なりソ連代表が安保理に出席しており、おそらくはあらゆる強制行動に対し拒否権を発動するだろうと考えられた。そのため、[この事案を]安保理に訴えることはできなかったのである。実際、キューバ危機問題は常に安保理の議題に上ってはいたが、安保理はなんら行動をとることができなかった。しかしOASは、記録的な早さで武力行使を許可する決議を採択した。この決議は、アメリカが起草し、国務長官ディーン・ラスク（Dean Rusk）が提案したものだった[18]。

西半球諸国にとって近隣で明らかな核の脅威が差し迫ったことにより冷戦不安が高まった。それ故、アメリカは西半球の同盟諸国を[決議の採択へと]動かすことができたのである。当時の状況は、たとえ空爆が選択されていたとしてもあらゆる財政的制約を度外視してあまりあるほどの緊迫感に包まれていた。11のラテンアメリカ諸国が臨検を実施するために船舶や軍隊を提供し、または何らかの便宜をはかった[19]。他方、北大西洋条約機構（NATO）は口頭の支援表明を求められたにすぎず、NATO諸国の政治指導者もまたその国民もそ

---

17) Chayes, *supra* note 14, pp. 15-16.
18) OEA/Ser. G/II/C-a-463 (1962), pp. 31, 33; Pan American Union, *supra* note 6, vol. 2, pp. 111, 112; *Department of State Bulletin*, 47 (1962): 722, 723. 一般的なものとして次を参照のこと。Abram Chayes, Thomas Ehrlich, and Andreas F. Lowenfeld, *International Legal Process: Materials for an Introductory Course*, vol. 2 (Boston: Little, Brown, 1969), pp. 1069-1077.
19) Abram Chayes, "The Inter-American Security System and Cuban Crisis," in *Proceedings of the Third Hammarskjold Forum*, ed. Lyman M. Tondel, Jr. (Dobbs Ferry, N.Y.: Oceana Publications for the Association of the Bar of the City of New York, 1964). (Statement of Abram Chayes, legal advisor to the State Department).

れ以上の支援を提供することに慎重だった。

　臨検は6日間続いたが、最終的に交換公文が交わされ、終結した。その書簡において、フルシチョフ（Khrushchev）第一書記は国連の監視下でミサイルを撤去することに同意し、ケネディ大統領はキューバに侵攻しないことを約束した。今では広く知られているように、書簡には明記されなかったが、アメリカは、NATOがトルコに配備した、キューバのミサイルに相当するIRBMの撤去も確約した[20]。

　キューバ危機［への対処］はアメリカ外交の見事な戦略とみなされたが、そこには政治的コストが払われていた。［この件で］OASはアメリカ政府の意向に従おうとしたが、このことが、集団安全保障装置としてのOASの権能を弱めるきっかけとなったのである。そのためアメリカは1980年代、次々に起こる米州諸国——グレナダ、パナマ、ニカラグア、エルサルバドル——の問題に単独で対処しなければならなかった。

2-1-3　湾岸戦争

　1990年8月2日、イラクがクウェートに侵攻し、1日も経たずしてこの国を完全制圧した。朝鮮戦争の時もそうだったように安保理はその日のうちに反応し、採択した決議660号において「イラクのクウェート侵攻は国際の平和と安全の破壊にあたる」と決定し、侵略行為を非難するとともに、クウェートからの即時撤退をイラクに求めた[21]。その4日後、再びアメリカの要請により、安

---

20) たとえば次を参照のこと。Kennedy, *supra* note 14, pp. 108-109 [毎日新聞社外信部訳90-91頁]; Richard Reeves, *President Kennedy: Profile of Power* (New York: Simon and Schuster, 1993), pp. 419-420; Chayes, *supra* note 14.

21) SC Res. 660, *International Legal Materials*, 29 (1990): 1323, 1325. この決議には、安保理は第40条に基づき行動するとあった。憲章第40条は、第41条および第42条に基づく行動を決定する前に安保理は暫定措置をとることができると定めている。ブッシュ（Bush）大統領は直ちに米国内のイラク資産の凍結と貿易制裁に着手した。アメリカの要請により、多くの欧州諸国も同様の措置をとった。Clyde H. Farnsworth, "Bush, in Freezing Assets, Bar $30 Billion to Hussein," *New York Times*, Aug.

保理は、先の決議で求めた撤退の履行を確保するため、「憲章第7章に基づき」、貿易と金融取引を対象とする包括的な対イラク経済制裁を課した[22]。

この頃、イラク軍がサウジアラビアとの国境に結集しているとの知らせがもたらされた。国防長官リチャード・チェイニー（Richard Cheney）はリヤドを訪問し、アメリカに対する地上部隊の派遣要請をサウジアラビアから得て帰国した。8月9日、ブッシュ（Bush）大統領は、サウジアラビアの要請に基づき「[同国] 政府の自国防衛を支援し…防衛態勢をとるために」[23]米軍を派遣すると発表した。大規模なアメリカ海軍部隊が既にペルシャ湾に駐留していたが、さらに［追加の］部隊と戦闘機が速やかに空路で配備された。予定されていた派兵は5万人にすぎなかったが、ニューヨーク・タイムズは、この大統領の口調を、「国に戦争の準備をさせる指導者のよう」[24]だと評した。

その後の数ヶ月間で、サウジアラビアとペルシャ湾に展開する軍隊は、部隊の数でも派遣国の数としても大幅に増加した。米軍の部隊は25万人にまで膨れ上がり、最終的に37もの国々が派兵した[25]。しかし、朝鮮戦争の時とは異なり、安保理は国連による軍の指揮を認めなかった。実際にはアメリカが指揮を担当したが、他の主要構成部隊の指揮官と協調しつつ行われた。

多国籍軍は11月初旬の時点で2倍に、つまり50万人にまで増加し、「攻撃という選択」[26]が可能になった。アメリカとイギリスは、クウェートの要請に基づき集団的自衛権を行使するのだから、自らには憲章第51条に基づく法的権限

    3, 1990, p. 9A, co. 1; Alan Riding, "The Iraqi Invasion; West Europeans Join U.S. in Condemning Invasion," *New York Times*, Aug. 3, 1990, p. A10, col. 2.

22） SC Res. 661, *International Legal Materials*, 29（1990）: 1323, 1325.

23） R. W. Apple, Jr., "Bush Draws 'Line'; He Rules Out an Invasion of Kuwait — Troops Take Up Positions," *New York Times*, Aug. 9, 1990, p. A1, col. 6.

24） *Ibid*.

25） Michael R. Gordon, "After the War; Tensions Bedeviled Allies All the Way to Kuwait," *New York Times*, Mar. 24, 1991, sec. 1, p. 1, col. 1.

26） R. W. Apple, Jr., "Mideast Tensions; Message to Iraq: The Will and the Way", *New York Times*, Nov. 9, 1990, sec. 1, part 1, p. 18, col. 1.

があると主張し、イラクに対する軍事力行使を許可する更なる安保理決議は必要ないと論じた[27]。しかしながら、ブッシュ大統領は、多国籍軍を構成する他の国々が示す政治的懸念に対処し、全ての法的な疑義を払拭するため、安保理の支持を求めることにした。長時間に及ぶ安保理での協議の結果、以前に出された決議のマンデートを履行するために1991年1月15日までの猶予期間を設けるとする決議678号が採択された。この決議は、その期限が過ぎれば、「すべての国連加盟国に対し…安保理決議660号を支持し履行するため…かつ当該地域における国際の平和と安定を回復するために、必要なあらゆる措置をとることを認め」[28]るものだった。

猶予期間はすぐさま最終期限［を意味するもの］となった。ソ連は、冷戦後の新たな局面においてアメリカと協調することを望んでいたが、他方で、かつての同盟国イラクに起こりうる［期限後の］事態を懸念し、イラクにクウェートから撤退するよう懸命に働きかけたが成功しなかった。猶予期間後、24時間

---

27) *Ibid*.; Craig R. Whitney, "Mideast Tensions; British Warnings to Iraqis on War," *New York Times*, Nov. 7, 1990, p. A19, col. 1. 8月中旬、イラクのタンカー2隻が禁輸措置を無視してペルシャ湾を通過するのが目撃された。この時に初めて、武力行使の是非が問題となった。米国務長官ジェームズ・ベイカー（James Baker）は、クウェートの以前の支援要請に応え、第51条に基づく集団的自衛権の行使として船舶［の航行］を阻止する法的な権限がアメリカにあると主張した。アメリカ船はタンカーの船首前方へ向けて威嚇射撃を行ったが、航行を阻止したり、これに上船したりはしなかった。その代わりアメリカは［この問題を］安保理に付託し、安保理から禁輸措置の実施について公式に許可を得た。SC Res. 665, Aug. 25, 1990, *International Legal Materials*, 29 (1990): 1323, 1325.

28) SC Res. 678, Nov. 29, 1990, *International Legal Materials*, 29 (1990): 1560, 1565. 安保理決議665号（海上封鎖実施のための海軍活動の許可）も、決議678号（イラクに対する空爆と地上戦の許可）も、明確に武力行使に言及しているわけではない。ブッシュ大統領は、国連で用いられたこのやり方を米国議会に対し用いた。米軍が戦闘に従事するには議会の事前承認が必要かどうかについて数週間議論した後、大統領は、「安保理決議660号（及びその後の決議）を履行するため、1990年の安保理決議678号に従い、［大統領による］アメリカ軍の利用」を承認する両院合同決議を求めたのである。Joint Res. no. 77, Jan. 14, 1991, 105 Stat. 3.

以内にイラクへの攻撃が始まった。多国籍軍は5週間空爆を行い、その後、地上戦を開始した。イラク軍の敗退をうけ、地上戦の開始から4日経った1991年2月28日、ブッシュ大統領は「全ての米軍および多国籍軍は戦闘活動を停止する」[29]と宣言した。

2-1-4　事例の比較

2-1-4-1　アメリカが果たした重要な役割

　朝鮮戦争、キューバ危機、湾岸戦争における軍事行動とその政治的影響は、非常に複雑な冷戦期の出来事である。各事例は、長期的にも短期的にも広範囲にわたり様々な余波を及ぼした。いずれの事例でも、国連安保理やOASにおける主な議論対象は、国際法のレトリックと法執行［の問題］だった。しかし、全ての事例に共通する顕著な特徴は、明らかに、いずれの場合もアメリカが中心となり、重要な役割を果たしたということである。アメリカは、［平和な］現状を破壊する突然の出来事を自国の死活的な利益に対する許し難い脅威と認定し、これに対応した。各事例の事態を国際的な議論の場に諮る上で、また集団的な対応を組織する上で、アメリカは主導的な役割を果たした。そして、それらの事態を平和と安全に対する許容し難い脅威とみなすアメリカの認識が正しいことを他国に納得させるために、時には無理強いもしたが、証拠を収集し、論拠を整理した。

　また、これらすべての事例で軍事行動を取り仕切ったのもアメリカだった。［まず、］アメリカは人員・物資の両面において圧倒的な軍事力を提供した。［確かに、］連合を組む他の国々も部隊や装備を提供したが、湾岸戦争を除き、そ

---

29) George Bush, "Address to the Nation on the Suspension of Allied Offensive Combat Operations in the Persian Gulf" (Feb. 27, 1991), *Weekly Compilation of Presidential Documents*, Mar. 4, 1991 (Washington, D.C.: Office of the Federal Register, National Archives and Records Service), pp. 224-225. また次も参照のこと。"Transcript of President Bush's Address on the Gulf War," *New York Times*, Feb. 28, 1991, p. 12A, col. 1. 戦闘終了後のイラクについては本章で後に論じている。

れは専ら象徴的な行動でしかなかった。［また、］すべての事例の軍事作戦はアメリカの指揮下におかれた。もっとも、朝鮮戦争では［アメリカが指揮をとることに］安保理の明確な許可があったが、キューバ危機と湾岸戦争では事実上、アメリカが軍を指揮した。［それに、］アメリカは戦略や戦術の計画立案も行った。つまり、重要な政治・軍事的決定はワシントンで行われたのである。

［加えて、］軍事作戦の終結を決めたのもアメリカである。朝鮮戦争では停戦交渉が長期化し、そこで他国、とりわけいくつかの途上国が国連総会でアメリカに交渉妥結を求め、圧力をかけた[30]。しかし、最終的に停戦協定の締結を決めたのはアイゼンハワー大統領である。キューバ危機ではフルシチョフとケネディが交わした交換公文が危機を終息させたのであり、交換公文を交わすタイミングや文言について OAS に［事前に］諮られたわけではない[31]。湾岸戦争でも地上戦の開始から 4 日後に、イラク軍の全面撤退をうけ、米軍と多国籍軍の攻撃停止を宣言したのは、ブッシュ大統領だった。当時たまたま英外相ダグラス・ハード（Douglas Hurd）がワシントンに滞在しており、ホワイト・ハウスでの会議に参加した。しかしこれは、連合を組むパートナーとの協議の範囲にとどまるものだった[32]。

2-1-4-2　正統性の問題

たとえアメリカに単独で行動しうる軍事力や経済力があるとしても、アメリ

---

30) 例えば、国連総会は、インドが提案した戦争捕虜の本国送還に関する決議を採択した。アメリカはこれに反対したが、結局、決議の受諾を強いられた。GA Res. 610, UN GAOR, 7th sess., 399th plenary mtg., p. 3（1952), Dec. 3, 1952, reprinted in *Department of State Bulletin*, 27（Dec. 8, 1972): 916-917. 次を参照のこと。Hermes, *supra* note 7, pp. 402-403, 428.

31) ケネディ大統領とフルシチョフ第一書記が交わした交換公文（1962年10月27-28日）を参照のこと。*Department of State Bulletin, 47*（1962): 743-745; "Letter from President Kennedy to Premier Khrushchev, October 28, 1962," *Public Papers of the Presidents: Kennedy*, vol. 2, p. 814.

32) Michael Gordon and Gen. Bernard Trainor, *The Generals' War: The Inside Story of the Conflict in the Gulf*（Boston: Little, Brown, 1995), pp. 413-416.

カの行動に正統性を付与する一定の諸国の同意を求め、これを獲得しなければ、その行動の実効性は損なわれるおそれがある。しかし、このことをアメリカ国民が常に理解していたわけではなかった。すべての事例でアメリカが果たした主導的役割やアメリカの組織した軍隊がいかに重要で大規模であっても、国際組織こそが、米国の単独政策にもっともらしい外観を与え、さらに、その政策の遂行に不可欠な政治的支持をとりつける場となったのである。実際、国際組織の関与がなくてもアメリカがそれぞれの事態にうまく対応できたかどうかは疑わしい。中東諸国の協力や後方支援・財政支援が絶対的に必要であった湾岸戦争では、なおさらである。逆にいうと、発生した事態を重大だと考えるアメリカの認識に同盟国や中立国が少なくともある程度共感していなければ、軍事行動への諸国の参加は実現しなかっただろう。

　［したがって、］アメリカは、国際組織から支持を得る代わりに単独で行動する自由をある程度放棄した。朝鮮戦争では、国連総会の許可が得られるまで米軍が38度線を超えることはなかった[33]。キューバ危機でアメリカの高官達は、OASに諮(はか)らない場合のリスクを重視した。ロバート・ケネディ（Robert Kennedy）も、もしOASが決議を取り下げるなら「アメリカは立場を維持することができないだろう」[34]と述べたのである。湾岸戦争では、イラクに対する海上封鎖と武力行使に関して安保理が［多国籍軍に］どこまでの権限を付与したのかが問題となったが、この問題は、［アメリカが］単独で決めるのではなく、この点を明確にする新たな決議［を採択すること］で解決された[35]。このように、他の安保理メンバーから支持を得るためにアメリカは譲歩しなければならなかった。その最たる例は、アメリカは決議678号に即時に武力行使を行う許可

---

33) See GA Res. 376, UN GAOR, 5th sess., Supp. no. 20, 294th plenary mtg., p. 9, UN Doc. A/1775,（1950）.
34) Chayes, *supra* note 14, pp. 67-68.
35) ブッシュ大統領が戦闘行為の停止を決定した当時、これらの決議がフセイン（Hussein）の追放を目的とする侵攻まで対象としているのかどうかも問題となったが、［結局、］結論は出なかった。

を［盛り込むよう］望んでいたようだが、他の安保理メンバーから圧力をうけ1月15日までの猶予期間の設定に同意したことである[36]。アメリカの指導者とその国民は、国家の意思決定［の自由］に課せられたこのような制約に相当のいらだちを示した。もっとも、これらの事例において安保理とOASは、主に、アメリカの政策に正統性を付与する手助けをし、その政策を支持するよう諸国を動かすことに寄与したのであって[37]、設定された目標や軍事行動に口を挟むことはほとんどなかった。

2-1-4-3 コスト

国連が設立された当初、ある研究者が幾分がっかりして「朝鮮戦争は…国際的な強制行動が、あらゆる点において実のところ戦争［と同じ］であることを示した」[38]と指摘した。朝鮮戦争時、国連旗の下で活動する地上部隊は、1951年の50万人から1953年にはほぼ100万人に達し、そのほとんどがアメリカと韓国の要員だった。国連側の犠牲者数は9万4千人の死者を含む50万人以上にのぼり、このうちアメリカ人犠牲者は3万3千人以上だった。［他方、］中国・北朝鮮側の犠牲者は、捕虜も含め150万人以上と推計されている[39]。

朝鮮戦争以外の軍事行動における犠牲者数は、はるかに少ない。キューバの臨検は軍事的な戦闘が行われることなく終了し、アメリカ人犠牲者はU-2偵察機の操縦士1名だけだった。湾岸戦争の場合、軍隊の展開［規模］は朝鮮戦争のそれに匹敵するものだったが、多国籍軍の死者は600人以下で、その約半数がアメリカの要員だった[40]。しかし、キューバ危機と湾岸戦争では、非常に

---

36) Thomas L. Friedman, "How U.S. Won Support to Use Mideast Forces; The Iraq Resolution ─ A U.S.-Soviet Collaboration," *New York Times*, Dec. 2, 1990, sec. 1, p. 1, col. 5.
37) キューバ危機におけるアメリカの臨検提案に対しOASがとった対応と、個別に打診を受けた欧州のアメリカ同盟諸国の対応の違いを比べてみよ。次を参照のこと。Chayes, *supra* note 14, pp. 73-77.
38) J. L. Kunz, "Legality of the Security Council Resolutions of June 25 and 27, 1950," *American Journal of International Law*, 45 (Jan. 1951): 137-142.
39) Hermes, *supra* note 7, p. 501.

多くの犠牲を払うことになるかもしれないという懸念が計画立案や意思決定にあらかじめ織り込まれていたのである。少なくとも近年の民主国家では、自国の安全保障を直接には脅かさない国際任務による犠牲に対し、許容される限度が非常に小さいように思われる。

たとえ軍事面での損失が許容範囲内だったとしても、国際的な強制措置にかかる財政負担は大きい。朝鮮戦争の戦費は1991年時のドル換算で2650億ドルに上った[41]。他方、キューバにおける6日間の船舶臨検と地上待機・待機飛行にかかった費用を示す公式の数字はない。湾岸戦争の費用は610億ドルに上ったが、そのほとんどはアメリカ以外の諸国が払った[42]。国連が既存の平和維持活動（PKO）に対してさえ経費の徴収に苦慮していたように、世界的に［諸国の］財政が逼迫していた当時において、これらの金額は莫大なものである。

最も把握しにくいのが政治的なコストである。成功、それも多くの犠牲者を出さずに勝ち得た成功は、外交と内政の両方に純利益をもたらす可能性がある。しかし、すでに指摘したように、軍事行動の正統化に不可欠な諸国の連合を維持するには、他国の利益やニーズを考慮し、かつ連合軍の指導者として負担やコストを負わなければならない[43]。いずれの事例でも、大統領の［指導］力［に対する評価］が回復するというアメリカ特有の傾向が見られたが、このような場合に急上昇した人気は必ずしも長続きするものではない。キューバのミサイル危機［に対する対処］はいまだにケネディの伝説的偉業の一つとされているが、朝鮮戦争では戦争初期にみられた国民の支持が失われ、トルーマン大統領

---

40) Douglas Waller and John Barry, "The Day We Stopped the War," *Newsweek*, Jan. 20, 1992, p. 16. 当然ながらイラクの損失ははるかに大きく、戦闘員の犠牲は7〜10万人と推計された。戦争中の民間人の犠牲は2〜3千人だったが、市民の暴動や戦争関連疾患で戦争後に死亡した民間人は10〜12万人に上ると推計された。

41) Robert J. Samuelson, "Don't Worry about the Cost," *Newsweek*, Feb. 4, 1991, p. 63.

42) Department of Defense, Office of Assistant to Secretary of Defense for Public Affairs, July 1994.

43) Lisa Martin, *Coercive Cooperation: Explaining Multilateral Economic Sanctions* (Princeton, N. J.: Princeton University Press, 1992), pp. 33-42.

はこれに苦しんだ。湾岸戦争の時はブッシュ大統領の支持率が大きく伸び、この戦争は、ベトナム戦争の敗北という負の遺産の払拭に資するものだと多くの人が考えた。しかし、湾岸戦争の影響で［後に］混乱が生じ、事態収拾のめどがたたなくなってくると、支持率は低下し、米軍を「危険にさらす」ことに慎重になるべきだと主張されるようになった。

　冷戦という［特殊な］状況があったため、アメリカは率先して集団的軍事措置にかかる巨額のコストを負い、その措置に正統性を付与するために諸国を結集させる努力を惜しまなかった。［しかし、］冷戦という最も重要な動機がなくなると、国際社会の政治的・軍事的安定に深刻な影を落とす事態［が生じても、このような事態］は負担や努力を払う十分な理由とはならなくなった。後に述べる旧ユーゴスラヴィア、ソマリア、ハイチの事例にはこのことが示されている。

2-2　アフリカにおける経済制裁

　南アフリカとローデシア（今のジンバブエ）の事例は、比較的小国からなるグループがアメリカや西側諸国の反対を押しきって国連制裁を課すことに成功した唯一の例である。

　南アフリカに対する経済制裁の実効性については、長年、活発に議論されていた。しかし制裁が成功する基準を定めることは難しく、多くの場合、何らかの基準を提唱する者でもそれを十分明確にすることはなかった。しかし、特に1980年代中盤以降に課せられた制裁の効果が積もり積もって、アパルトヘイトを終わらせ、［南アフリカを］多民族的民主国家へと移行させる流れに、ある程度影響を与えたことについては、意見の一致があるように思われる[44]。もっともそれは30年にも及ぶ［長い］プロセスであった。［特に］ネルソン・マン

---

44)　例えば次を参照のこと。George W. Shepherd, Jr., ed., *Effective Sanctions on South Africa: The Cutting Edge of Economic Intervention*（New York: Greenwood Press, 1991）; ILO Group of Independent Experts, *Financial Sanctions against South Africa*,（Geneva: ILO, 1991）.

デラ（Nelson Mandela）が釈放されるまでの数年間は、南アフリカの白人市民が財政難と苦しい孤立を世界から強いられた時期であったと考えられる。しかし、国連憲章に基づく集団的な制裁は、制裁全体からすればほんの一部にすぎなかった。おそらく国連制裁が及ぼした最も大きな影響は一般大衆と私企業による正当なボイコットを助長したことであって、このボイコットが経済面に留まらず、スポーツ、娯楽、科学にまで広がった。1986年、アメリカでは、［議会が］レーガン（Reagan）大統領の拒否権を覆し、反アパルトヘイト包括法を成立させた[45]。アメリカの主要な多国籍企業は、南アフリカへの投資をやめるよう株主から圧力をかけられた。投資をやめない場合、多くの州法や条例で、このような企業との政府契約が禁止された。チェース・マンハッタン銀行が［南アフリカに対し］融資の返済延期を拒否したことを皮切りに、国際銀行業界は、南アフリカ経済の信用低下を明らかにした。［これにより］資本へのアクセスが制限され、南アフリカの経済成長は劇的に悪化した。さらに、南アフリカは最も重要な複数の国際組織から次第に排除されるようになった（これについては第3章で論じる）。国連総会での度重なる非難［決議］に刺激を受けたこれらの様々な行動が、明らかに、南アフリカの経済と志気に負の影響を与えたと考えられている。

　ローデシアでは国連制裁に加え、1972年に国内でゲリラ戦が始まり、ポルトガルにおける1974年のカーネーション革命の結果、モザンビークが独立し、1975年には南アフリカの警察部隊が撤退した。これら一連の出来事により圧力が高まり、1979年12月、イアン・スミス（Ian Smith）政権は、多数派の黒人による統治への移行を定める新憲法を受け入れるに至った[46]。最終的に白人コ

45）　P.L. 99-440, 100 Stat 1086; Ronald Reagan, "Message to the House of Representatives Returning without Approval of a Bill concerning Apartheid in South Africa," (Sept. 26, 1986), *Public Papers of the Presidents of the United States*, (Washington, D.C.: US GPO, 1989), pp. 1278-1280.

46）　制裁は次の決議により打ち切られた。SC Res. 460, UN SCOR, 34th year, 2181th mtg. (Dec. 21, 1979).

ミュニティを孤立させ、［新政体への移行という］結果を出すことになった広範かつ多様な圧力［の形成］に、よく言えば、憲章第7章に基づく制裁が多少の貢献をしたと論じることはできるだろう。南アフリカの場合と同様にローデシアでも、国連制裁が及ぼした主な効果は、現地の反政府勢力に世界が［彼らと］連帯していることを示したことであった。

　1960年代、とりわけアフリカから多数の旧植民地諸国が国連に加盟するに伴い、国連の性質が変化し始めた。それは、これらの新加盟諸国に独自の目標と課題があったからである。中でも［これら諸国の］最優先の課題が、植民地主義の最後の痕跡とアフリカにおけるアパルトヘイトを速やかに終わらせることだった。この問題について、また他の問題でもそうであったが、ソ連とその同盟諸国は一般的にアフリカ諸国を支持していた。

　西側諸国はアフリカ［諸国］の強い願望に理解を示しつつも、強硬な措置には反対した。これには多くの理由があった。西側同盟の構成国イギリス、ベルギー、フランス、ポルトガルがアフリカ諸国の旧宗主国であったこと、アメリカは冷戦という重大な状況があったためこれら諸国の支持と忠誠を必要としていたことがある。また、南アフリカは西側同盟の公式メンバーではなかったが、1960年代当時、コモンウェルスにおけるつながりから英国と密接に結びついていた。ヨーロッパからの入植者である政界や財界の支配者層は、旧宗主諸国との関係を継続していた。しかし、現状に何らかの大きな変革があれば彼らの支配的地位は失われる状況でもあった。ローデシアの白人少数者による支配や南アフリカのアパルトヘイトは、西側諸国、とりわけアメリカにおいて、政治的に非常にデリケートな人種問題の進展と関わっていた。それに西側諸国は、少なくとも国際の平和と安全に対する真の脅威がないかぎり、これらの問題は「本質上…国内管轄権」［国の事項］であり、国連が介入する対象になりえないとかなり本気で信じていた[47]。

---

47) 国連憲章第2条第7項は、「本質上いずれかの国の国内管轄権内にある事項」に国連が介入することを禁じているが、［他方で、］「この原則は、第7章に基く強制措置の適用を妨げるものではない」と定めている。

新規加盟国の数が示す存在感はまず、国連総会で実感された。早くも1962年に総会は、南アフリカに対する禁輸制裁を求める決議を採択し[48]、ローデシアの状況をアフリカの平和と安全に対する脅威であると宣言したのである[49]。しかし、実効的な行動をとれるのは安保理だけであった。安保理の記録には、総会でアフリカ諸国が結集して求めた行動や西側諸国の大衆が求める行動をとるようますます圧力が高まる中で、西側諸国が拒否権を行使し、これに抵抗したことが示されている。

1960年4月に起こったシャープビル事件の後、安保理はまず、南アフリカのアパルトヘイトを非難し、これを止めるよう求めた。この時にもイギリスとフランスは決議の投票を棄権した[50]。アメリカは決議には賛成票を投じたが、制裁にはすべて反対すると強調した[51]。1963年8月、任意の武器禁輸措置を安保

---

48) GA Res. 1761, UN GAOR, 17th sess., Supp. no. 17, 1165th plenary mtg., p. 9, UN Doc. A/5217, Nov. 6, 1962.

49) GA Res. 1755, UN GAOR, 17th sess., Supp. no. 17, 1152nd plenary mtg., p. 37, UN Doc. A/5217 (Oct. 12, 1962).

50) SC Res. 134, UN SCOR, 15th year, 856th mtg., p. 1, UN Doc. S/4300, Apr. 1, 1960. また、1960年にアフリカの2つの国が、南アフリカの南西アフリカ支配について国際司法裁判所 (ICJ) に提訴した。この提訴は、国連による対南ア制裁を求める動きと関係していた。1966年、ICJ は一端、暫定的に管轄権を認めたが、後にこれを覆し、裁判所長の決定投票で判決を下した。判決では訴えた両国に訴訟を提起する原告適格がないとされ、本件は却下された。"South West Africa case (*Ethiopia v. South Africa; Liberia v. South Africa*), Second Phase,"［南西アフリカ事件］*ICJ Reports* (1966): 6 (July 18). 国連総会は、南西アフリカ（現在のナミビア）に対する南アフリカの委任統治を直ちに終了させた (GA Res. 2145, UN GAOR, 21st sess., Supp. 16, 1454th plen. mtg., p. 2, UN Doc. A/6316, Oct. 21, 1966)。しかし、安保理がこれに同調するのは4年後のことである (SC Res. 276, UN SCOR, 25th year, 1529th mtg., p. 1, Jan. 30, 1970)。ICJ は勧告的意見の中でこれらの行動を適法だと支持した。"Legal Consequences for States of the Continued Presence of South Africa in Namibia (South West Africa) notwithstanding Security Council Resolution 276, (1970),"［ナミビア事件］*ICJ Reports* (1971): 9 (Order no. 3 of Jan. 26).

51) UN SCOR, 15th year, 855th mtg., p. 4 (Apr, 1, 1960).

理が求めた時もまた、フランスとイギリスは投票を棄権し[52]、アメリカは、［アフリカの］状況に憲章第7章に基づく措置を課すのは適切でないと明確に述べた[53]。安保理がようやく憲章第7章に基づく措置をとったのは、数百人もの黒人が殺されたソウェト蜂起の後の1976年であるが[54]、その措置は、ただ武器の禁輸を課すものでしかなかった。ところが、その時までに南アフリカは大規模な武器製造業をすでに発展させていたのである。安保理による制裁がそれ以上厳しくなることは決してなかった。南アフリカ政府が緊急事態宣言を発した1985年になって、英米は、新規の投資、原子力エネルギー支援、警察用の電子機器、クルーガーランド金貨の取引を内容とする任意の制裁を求める決議に対し棄権することで、その採択を可能にしたが、強制的な経済制裁には拒否権を行使した[55]。

1960年当時のローデシアは白人入植者政府に統治されていたが、名目上は未だにイギリスの植民地だった。イギリスの政策としては、他のアフリカ諸国と

---

52) SC Rec. 181, UN SCOR, 18th year, 1056th mtg., p. 7, UN Doc. S/5386（1963）.

53) 1963年の年末、安保理はとうとう任意の武器禁輸措置を承認した。SC Res. 181, UN SCOR, 18th year, 1056th mtg., p. 7, UN Doc. S/5386（1963）, followed by SC Res. 182, 18th year, 1078th meeting, Dec. 4, 1963 ;「1963年の禁輸措置を強化するため」の決議が1970年に採択された。この決議に強制力はなかったが、アメリカは決議の採択を棄権した。SC Res. 282, U.N. SCOR, 25th year, 1549th mtg., p. 12（July 23, 1970）.

54) SC Res. 418, UN SCOR, 32nd year, 2046th mtg., p. 5（1977）. この決議の前文には「南アフリカ政府の政策と行為は、国際の平和と安全に対する危険をはらんでいることを考慮して」と示されている［訳注：強調は著者によるもの］。

55) SC Res. 569, UN SCOR, 40th year, 2602nd mtg., p. 8（1985）. アメリカでは、議会がレーガン大統領の拒否権を覆し、実質的にフランスの決議を実施するための法律を成立させた。Public Law 99-440, 1000 Stat 1086. ECもまた1985年と1986年に厳格な制裁を採択した。EC General Decision, Sept. 19, 1985, and EC General Decision, Sept. 15, 1986. 次を参照のこと。Martin Holland, "The EC and South Africa: in search of policy for the 1990s," *International Affairs*, 64（Summer 1988）: 415. しかし、1987年2月下旬、英米は再び安保理決議に拒否権を行使した。この決議はこれらの制裁を義務化するものであった。フランスはこの決議の投票を棄権した。*Argentina, Congo, Ghana, United Arab Emirates and Zambia: draft resolution*, UN Doc. S/18705（1987）. See *United Nations Yearbook 1987*, pp. 134-135, UN Sales no. E. 91.1.1.

同じ過程を経てローデシアを完全に独立させ、新たな多民族国家にするつもりだった[56]。しかし、ローデシアの現地政府にはそのような考えは全くなかったのだろう。1965年11月11日、ローデシア政府は一方的に独立宣言を発した。これに対し、イギリスは、アフリカの旧英領植民地であり、将来のコモンウェルス構成国となる諸国の要請を受けて、この問題を安保理に付託した[57]。安保理は［決議で］独立宣言を非難し、国連加盟国に白人入植者政府を承認しないよう求めた[58]。2番目の決議は、第7章に基づく権限の発動を意図的に避け、「石油および石油製品を対象とする禁輸を含め、南ローデシアとの全経済関係を断絶すべく最大限の努力を払う」[59]よう国連加盟国に求めた。この時もフランスは、ローデシア問題はイギリスの国内管轄事項であるという理由で［投票を］棄権している。

　［旧英領植民地の］アフリカ諸国は［独立を経て］再びコモンウェルスに復帰した。1966年9月、英首相ハロルド・ウィルソン（Harold Wilson）はコモンウェルス首脳会議において、この年の暮れまでにローデシアがこの「反乱」を鎮静化できなかった場合、強制的な経済制裁を求める安保理決議を彼自身が提

---

56) 1963年、スミス政権へ主権を移譲しないようイギリスに「要請する」安保理決議に対し、イギリスは拒否権を行使した。18 UN SCOR, Supp. July-Sept. 1963, p. 164, UN Doc. S/5425/Rev. I (1963). アメリカとフランスは投票を棄権した。See *United Nations Yearbook 1963,* pp. 472-474, UN Sales no. 64.I.1.

57) 1960年には、コモンウェルス構成国の過半数を白人国家以外が占め、その中にアフリカの5つの黒人国家が含まれていた。1961年、これらのアフリカ諸国は一足早く脱植民地化していたインド、パキスタン、セイロン、ガーナと同調し、南アフリカが共和制に移行した後に提出したコモンウェルスへの再加入申請を認めなかった。Central Office of Information, *Britain: An Official Handbook, 1963 Edition*, (London: Her Majesty's Stationery Office, 1963), p. 27.

58) SC Res. 216, UN SCOR, 20th year, 1258th mtg., p. 8 (Nov. 12, 1965). ほぼすべての国連加盟国がこの決議に従った。

59) SC Res. 217, UN SCOR, 20th year, 1265th mtg., p. 8 (Nov. 20, 1965). この決議の前文［訳注：実際は本文第1項］の表現は「南ローデシアの…情勢は非常に深刻であり、…この事態の継続は国際の平和と安全に対する脅威となると決定する」とある［訳注：強調は著者によるもの］。

案すると請け合った[60]。期限が過ぎてもローデシアの状況は変わらず、ウィルソンはこの約束を守った。安保理は、第7章に基づき南ローデシアの事態を国際の平和と安全に対する脅威であると決定し、選択的な経済制裁を課した[61]。〔その後〕アフリカ諸国と他の複数の途上国は更なる措置を求めて圧力をかけ続け、その結果ついに1968年5月、安保理は実質的に包括的な経済制裁を採択した[62]。

制裁対象物品の輸出入を禁じる法を定めたか、あるいはそう命じたという意味では、ほぼすべての国連加盟国がこれらの制裁決議を履行した。しかしながら各国における制裁の実施レベルは低く、当時まだモザンビークを支配していたポルトガルも南アフリカも当該決議を受け入れず、制裁の抜け穴を作った[63]。1971年、アメリカ連邦議会は、事実上、ローデシアからのクロム鉱石の

---

[60] 次を参照のこと。Chayes, Ehrlich, and Lowenfeld, *supra* note 18, vol. 2, p. 1372. アメリカで公民権運動が起きていた時期のジョンソン（Johnson）政権は、英国政府と同様に、ローデシアの少数者政権に反対するよう国内で政治的圧力を受けていた。〔これにより、〕アメリカは国連で次第に積極的な役割を担うようになったが、国連で措置をとるペースやタイミング、武力行使への反対については、主導するイギリスに従い続けた。

[61] SC Res. 232, UN SCOR, 21st year, 1340th mtg., p. 7 (Dec. 16, 1966). ブルガリア、フランス、マリ、ソ連がこの決議を棄権した。この決議は、安保理が初めて明確に第7章を援用した実行となった。決議は、ローデシアからの多様な物品の輸入とローデシアへの武器、航空機、自動車の売却を禁じた。

[62] SC Res. 253, UN SCOR, 23rd year, 1428th mtg., p. 5 (May 29, 1968), UN Doc. S/RES/253.

[63] ペルシャ湾の場合と同様に、安保理は英国に、陸路で原油がローデシアに運ばれる起点となるモザンビークのベイラ港に向かうタンカーを阻止するための武力行使を許可した。SC Res. 221, UN SCOR, 21st year, 1277th mtg., p. 5 (Apr. 9, 1966). 英国とこれを支持するアメリカその他の西側諸国は、明確に第7章を援用した決議を求めるアフリカ諸国やソ連の圧力に抵抗した。問題とされたのは、そのような決議がもたらす象徴的価値と、その決議が一般的な武力行使の許可への序奏となる可能性があったことである。1970年、英米両国は、対象をポルトガルと南アフリカに広げることで制裁を強化する決議を阻止した。*United Nations Yearbook 1970*, pp. 157-161, UN Sales no. E. 72.I.1.

輸入許可を商務長官に求めるバード（Byrd）修正法案を成立させた。このように、アメリカ自身もまた制裁を無視した[64]。

　先に論じたその他の事例と同様に、南アフリカとローデシアの事例でも、強制措置を求めた諸国の動機は、強く認識された国益だった。確かにアフリカ大陸を数世紀来の抑圧のくびきから完全に解放することが最初の目的だったことは明らかである。しかし、それ以上に一般的な安全保障上の国益も影響を与えた。南アフリカは前々から「フロントライン」諸国［南アと国境を接し、これに対峙する国々］に秘密部隊を派遣していた。それに、同国の軍事力は白人が支配するローデシアとの同盟によって格段に強化されていたと思われる[65]。したがって、アフリカ諸国の立場からすると、大陸に残存する白人政府の排除は、自国の安全保障に関わる重大な国益の問題だった。しかし、軍事力が乏しいためにこれらの諸国がとりえた数少ない選択肢の一つが国連による経済制裁だったのである。もっとも、超大国がイニシアティブをとらない中で、脱植民化したばかりのこれらの国連加盟国は、西側諸国への圧力を時間をかけて積み重ね、［制裁への］コンセンサスを生み出さなければならなかった。実際、憲章第6章から第7章への安保理［行動］の移行、つまり勧告から強制力のある決定への移行は、苦痛を感じさせるほどに時間がかかった。ローデシアの事例では多かれ少なかれ包括的な［経済］制裁が命じられるまでに3年を要したが、南ア

---

64) P.L. 92-156, 85 Stat. 423/7 1971, codified at 50 U.S.C.; sm 98-98h (1972); see *Diggs v. Schultz*, 470 F.2d 461, 466 (D.C. Cir. 1972), cert. denied, 411 U.S. 931 (1973). 本件において裁判所は、確立された規則に従い、次のように判示した。条約は合衆国憲法第6条に基づく「国の最高法規」であるが、条約の序列は法律より低く、したがって、国内法として議会が制定した事後法により［条約は］覆される、と。当然ながら国際平面においてアメリカは国際義務に違反したことになる。

65) UNITA（アンゴラ全面独立民族同盟）やモザンビーク民族抵抗運動（MNR 訳注：あるいは Remano と呼ばれる）が最もよく知られているが、これらの武力勢力を組織し、操ることで、南アフリカの不安定化政策の一部は成功した。Joe Hanlon, "On the Front Line—Destabilisation, the SADCC states and sanctions," in Mark Orkin, ed., *Sanctions against Apartheid* (New York: St. Martin's Press, 1989), pp. 173-174; Helen Suzman, *In No Uncertain Terms* (New York: Alfred A. Knopf, 1993), pp. 210-211.

フリカに対してはこのような目標はついぞ達成されなかった。

憲章第7章に基づく措置の法的根拠は揺らいでいた。当時、国家による自国民の扱いは、国連憲章の人権関連規定[66]や1948年の世界人権宣言に基づき、重要な国際関心事項となり始めていたが、このような関心はまだ普遍的に認められる法規範へと成熟してはいなかった。自由権規約と社会権規約が署名のために開放されたのは1965年のことであり、これらの規約の主要な規定が国際慣習法化するという発展もまだ先のことである。実際、アフリカの制裁事例は人権規範の発展に大きく寄与した[67]。国連憲章が強制行動の根拠としている「国際の平和と安全に対する脅威」という表現に、植民地主義や人種差別まで含めるのは容易ではなく、この問題は特にローデシアをめぐり激しく議論された。[前国務長官の]ディーン・アチソン（Dean Acheson）はワシントン・ポストに宛てた投書の中で意地悪爺さんよろしく次のようにこの議論の要点を述べている。「ローデシアは、これまでやってきたことをまたやっただけであり、それ[国内管轄事項]には、国連は憲章上口をはさむことはできない。このローデシアの姿を見て、順法意識の低い国々が煽られ、これらの諸国は、国際関係において武力行使または武力による威嚇を行わないという厳粛な義務に違反するようになったのである。それゆえ、ローデシアは平和に対する脅威となったのであり、強制措置の対象にされなければならない…『頭がいかれているのは誰か？』」[68]。

---

66) 国連憲章前文、第1条第3項、第55条c項、第56条。

67) 欧州人権条約は国際人権規約よりも早く締結されたが、米州人権条約やヘルシンキ最終議定書（1975年）の締結はまだ後のことである。このような発展に加え、国連総会や他の国連機関（本書の事例における安保理を含む）が繰り返した行動によって、最終的に、基本的人権［の擁護］が一般国際法に組み込まれていった。この変化が正確にいつ生じたかをいえる者はいないが、安保理がアフリカの事例を扱い始めた1960年代半ば以降であったことは確実である。The American Law Institute, *Restatement of the Law Third: The Foreign Relations Law of the United States*, (St. Paul, Minn.: American Law Institute Publishers, 1987), vol. 2, chap. 1, sections 701-703, p. 152.

68) Chayes, Ehrlich, and Lowenfeld, *supra* note 18, vol. 2, pp. 1379-1380. の引用から［訳注：

アフリカ諸国は、南アフリカとローデシアの件で安保理を動かすことに確かに成功した。もはや安保理が第7章に基づき制裁権限を行使する誘因は、直接的な軍事侵攻だけではない。このことは、これらの事例の成功が残した重要な成果の一つであり、ポスト冷戦期において大きな意味をもっている。これらの事例において初めて、国際の平和と安全に対する脅威という従来の概念が拡大された。弱小国が努力を積み重ねることによって国際的なコンセンサスを築き、大国の当初の反対を覆したことは、重要な成果であった。しかし、［本章の目的に則していえば、］制裁を得るプロセスが困難で長期化する点や、［直接には関係しない］その他の多くの要素が結果に影響する点で、これらの経済制裁は日常的な条約の執行と大きく異なる。

2-3 湾岸戦争後にとられた第7章に基づく制裁

冷戦が終われば世界の紛争が少なくなると大いに期待されていたわけではない。もっとも、湾岸戦争時、米ロ間に新たな協力関係が生まれたことによって、安保理が、国連の創設者たちの考えていたような、強制権限の行使に専念する強力な装置へと変わるだろうという期待は確かに高まったが。米ロ両国は協力して、アンゴラ、カンボジア、中央アメリカで生じていた代理戦争を清算するとともに、他の地域では、様々な任務のPKOとして国連が紛争地に介入することに対し、当事国から合意を取り付ける上で協力した。

おそらく、これに続く以下の部分まで引用した方がわかりやすいだろう。「…もしそのように問うのなら、とがめられるべきはローデシアではなく、安保理…である。」同 p. 1380］。アメリカ人は、政治家のみならず誰もこれに反応してワシントン・ポストの編集部に投書しようとしなかった。OASの委員会は、「人権侵害と代表民主主義の実効的行使の欠如、これらと西半球の平和に影響を及ぼす政治的緊張には関係があること」を引用し、これに似た理由付けを行って、ドミニカの選挙プロセスの重視を正当化した。Council of the OAS, *Second Report of the Subcommittee of the Special Committee to Carry Out the Mandate Received by the Council Pursuant to Resolution I of the Sixth Meeting of Consultation*, OAS Doc. CEW/CR V, 1961.

しかし、超大国からの束縛というタガが一度外れると、くすぶっていた様々な問題が紛争へと再燃した。それらの紛争は、多くの犠牲者を出したり、問題が複雑であったり、潜在的なものであったり、手に負えなかったりと様々な様相を呈したが、いずれも国境を越える実力の行使ではなかった。特徴として多くの紛争で戦闘行為——国家権力が崩壊した結果生じた相当な規模の戦闘行動も含む——が見られたが、国際の平和と安全に対する差し迫った脅威と呼ぶほどの軍事行動ではなかった。これらの紛争のほとんどは世界に派生的な影響をおよぼしたが、あくまでもその本質は、国家領域内、あるいはかつて国家だった領域の中で起こっている「国内」紛争にすぎなかった。当初、これらは冷戦期にあった諸問題に酷似していた。この冷戦期の諸問題とは、国連や他の国際政治上のアクターが気まぐれに注意を払うが、超大国の対立に気を取られ、国際的な関心の隅に追いやられていた多くの常態化していた問題——たとえば、カシミール、チベット、西イリアン、サヘル——のことである。

　国内における武力闘争、政治的崩壊、自然災害、人権侵害、そしてこれらが近隣諸国へおよぼす影響、メディアの注目、これらを要因として1990年代初頭、いくつかの問題が安保理の議題に上った。本節では、その中で湾岸戦争後に生じた四つの事例、イラク、ユーゴスラヴィア、ソマリア、ハイチについて論じる。各事例に対し、安保理は前例のない方法で責務を果たした。もっとも、いずれの事例も、紛争解決のための戦略よりも人道的な要請の方が強かったといえるかもしれない。米ソ間の歩み寄りがあったにもかかわらず、軍事制裁や経済制裁に諸国の同意を得る必要があることや同意を得る難しさといった従来の問題はあいかわらず重要だった。［それどころか、］実際、これらの問題は深刻化していた。それは、何を重大な事態とみなすのか、事態へ介入すべきか否か、介入するならどのようにすべきか、このような点について統一された考えがなかったからである。国家間や同盟諸国間の交渉だけでなく、すべての主要国で行われた国内の交渉においても、議論は「n人ゲーム」［協力が本質的決め手になるゲーム］の想定で行われた。国連の介入が確実に成功するかどうかはほとんどわからないため、介入のコストやリスクに対する意識が高まった。これ

らの事例が国際システムにとって死活的な重要性を示すものでないと考えれば、これらは、重大な越境侵略やアパルトヘイトのような人種差別的蛮行［といった違反］よりも、むしろ規制型条約の違反に近いように思われる。確かに、国連の［制裁］プロセスがよりよく、かつより迅速に機能するにはどうあるべきかを学ぶことは重要である。しかし、ここでは本書の目的に即して、これらのプロセスが、確立された規範の単純な、あるいは日常的な実施への道筋さえ示していないことを明らかにすべきであろう。

2-3-1　第7章に基づく行動の法的根拠の変化

　安保理の権限行使を司る従来の法は比較的わかりやすいものであった。国連憲章の一般的な理解によると、関係当事国の［明示的な］同意か黙認があれば、安保理は憲章第6章に基づき、国際の平和と安全を脅かす個々の事態に対し行動をとる広範な権限を有する。国際司法裁判所も、国連が活動を展開しようとする領域国の同意があれば、第6章に基づき国連部隊を展開することも可能であると述べている[69]。しかし、憲章第7章に基づく場合だけは、安保理は関係当事国の同意がなくても国連加盟国を拘束する決定をとることができる。

　冷戦後の安保理の行動パターンは、少なくとも形式的にはこの法的枠組みに沿っている。ユーゴスラヴィアにおける第一次国連保護軍（UNPROFOR I）やソマリアでの第一次国連ソマリア活動（UNOSOM I）として知られる国連の部隊は、停戦協定やすべての紛争当事国が同意するその他の協定に沿って展開した。したがって、これらの場合、国家の同意に基づいて実施されたということができ、憲章第7章に基づく必要はなかった[70]。その後、ボスニアとソマリアでは、権力者が同意をしぶったり、確立された権力自体がなくなったため、同意を得ることが不可能となり、安保理は強制権限を行使した。よって、第二次

---

69)　"Certain Expenses of the United Nations（Article 17, Paragraph 2, of the Charter）Advisory Opinion of 20 July 1962,"［国連経費事件］*ICJ Reports*（1962）: 151.

70)　カンボジア、アンゴラ、エルサルバドルの事例にも同じことが当てはまる。これらのいずれにも第7章は援用されなかった。

国連保護軍（UNPROFOR II）や第二次国連ソマリア活動（UNOSOM II）と呼ばれる部隊は第7章に基づくものであった。後に論じるボスニア上空に設定された飛行禁止空域の監視や、モガディシオのモハメッド・ファッラ・アイディード（Mohammed Farah Aidid）将軍を捕える作戦は、対象国の同意なく行われるものだったので、第7章に基づき個別に許可された。ただ、イラクの場合だけは、クウェート侵攻に対する以前の安保理の対応や停戦の範囲と停戦状況が色濃く現状に反映されていたこともあり、アメリカとその同盟諸国は安保理の明確な許可がなくても武力を行使するつもりだった。そして、後に、非常に薄弱な根拠に基づき［実際に］武力が行使された。

すべての国連加盟国を拘束する形で機能する経済制裁もまた、第7章に基づいて採択されなければならなかった。この要件に従い、上記全ての事例でとられた武器禁輸措置も、ユーゴスラヴィア、イラク、ハイチに対する一般的な経済制裁も全て、第7章に基づく決議により課されたものであった。国連加盟国には第7章に基づく決定に従う義務があり、国連憲章に基づく義務はその他のすべての義務に優位する[71]。そのため、OASの決議では不可能だが、ハイチに対する国連の石油禁輸措置は、欧州諸国が主張したロメ協定に基づく義務に優位した。イラクや旧ユーゴに対する経済制裁を実施するための武力行使は合意に基づいていなかったため、それぞれ個別に第7章に基づく決議によって許可された。

この時期、安保理が強制権限を行使する基礎をなす第39条の「平和に対する脅威、平和の破壊又は侵略行為」という概念は大きく変容した。すでに述べたように、この概念を拡大する最初の動きは、アフリカの事例で見られた。これらの事例において、西側諸国は、国際的な軍事紛争がないにもかかわらず最終的に強制的な経済制裁を容認するに至った。ユーゴスラヴィアでは、第7章に基づく最初の決議により武器禁輸措置が課されたが、この時、同国を構成する各共和国の独立はまだ承認されていなかった。つまり、現地の状況は厳密にい

---

71) 国連憲章第103条。

えばまだ内戦の状態だったのである。[そのため、]その決議には、「とりわけ隣接国との国境付近において、同地域の諸国にもたらされる影響」[72]に対する懸念が表明されていた。その後に採択された諸決議は単にこの初めの決議を繰り返すだけで、国内の敵対行為が及ぼす国際的な影響にはほとんど注意は払われなかった[73]。ソマリアの場合、本来の意味における「国際の平和と安全」と[現地の状況と]の関連付けは一層希薄だった。最初の決議では、状況の悪化と人命の損失が「当該地域の安定と平和に」[74]及ぼす影響に留意されているが、その後の[決議における]「国際の平和と安全に対する脅威」の決定に、国際的な状況に照らした根拠は何も示されていない。[このように]対象となる事態の「他にはみられない性質」を強調することで先例としての効果を組みこもうとした安保理の努力は、対ハイチ制裁を許可するために同じ表現を用いた時は、うまくいかなかった[75]。

　国連の創設者達と彼らのすぐ後に国連に携わった人々は、「国際の平和と安全に対する脅威」という一般的な表現を、深刻な国家間の敵対行為が確実に起こる、あるいは少なくともそれが差し迫っている状態を示すものととらえていた。この表現は1993年中頃まで、安保理決議を拘束力のある義務へと公式に転化するために必要な決まり文句にすぎなかった。第7章に基づく行動は、1945年当時、国際システムにおける伝家の宝刀とみなされていたが、50年を経て、それは、多くの手段の中で唯一安保理が自由に使える手段になったように思われる。つまり、第7章に基づく行動は、国連の特定の措置に対する関係国の合意を交渉で得ることはできないが、国連にその措置を課す政治的意思がある場

---

72) SC Res. 713, Sept. 25, 1991, UN Doc. S/RES/713 (1991).
73) See, e.g., SC Res. 743, UN Doc. S/RES/743 (1992); SC Res. 757, UN Doc. S/RES/757 (1992); SC Res. 770, UN Doc. S/RES/770 (1992); SC Res. 787, UN Doc. S/RES/787 (1992). これらの決議では、停戦違反、人道支援の重要性、当該地域の平和と安全を回復するための安保理の取組みについてはよく言及されているが、暴力行為の継続が及ぼす越境的影響については言及がない。
74) SC Res. 733, Jan. 23, 1992, UN Doc. S/RES/733 (1992).
75) SC Res. 841, June 16, 1993, UN Doc. S/RES/841 (1993).

合に用いられる特別な手段となった。このような変化は、冷戦直後の時期、新たな危機が生じた場合でも安保理がこれに対処することができる証だと肯定的に受けとめられた。［しかし、］それ以降は、明らかに、「国際の平和と安全に対する脅威」という法的な決まり文句を単に唱えるだけでは、国内でも国際的な討議の場でも強制行動に対する十分な支持を諸国から集めることができなくなった。

2-3-2 イラクにおける停戦の履行

湾岸戦争直後の安保理は、自らの意思を遂行するのに、通常にないほど有利な立場にあった。イラクは国連の支援の下で行われた戦争に敗れ、国際的な経済制裁が既に課されていたからである。しかしながら、サダム・フセイン（Saddam Hussein）は断固として抵抗を決意した。他方、安保理内のコンセンサスは強固ではあったが、揺るぎないといえるほどではなかった。イラクの一般市民が強いられている苦しみに対する安保理構成国の懸念がだんだん大きくなり、フセインはこれに付けこむことができたのである。その後は、国連とサダム・フセインとの知力と気力を尽くした攻防となった[76]。

［安保理］決議687号、つまり1991年4月3日に採択された停戦決議には、イラクの核兵器、生物・化学兵器および弾道ミサイルの廃棄、およびそれらを製造する施設の破壊について定められていた[77]。アメリカ国連大使、トーマス・

---

76) 以下の説明は次の文献に依拠した。Sean Coté, "A Narrative of the Implementation of Section C of United Nations Security Council Resolution 687," unpublished paper, 1994.
77) SC Res. 687, UN Doc. S/RES/687 (1991), Apr. 8, 1991, *International Legal Materials*, 30 (May 1991): 847-854. この決議は、（戦争前のイラクの主張を全て排除し、）イラク-クウェート間の国境を引き、（イラクの原油売上から一定の割合で払われる）賠償金を課している。キューバだけがこの決議に反対票を投じ、エクアドルとイエメンが投票を棄権した。決議自体は第7章を援用していないが、法理論上、この決議は、当該地域における平和と安全の回復を求める以前の拘束力ある諸決議を実行するものとされている。

ピカリング（Thomas Pickering）は、イラクにある兵器とその製造施設の破壊について査察とモニタリングを定める［決議の］規定を「軍縮の歴史上、最も強力で広範な検証手続と最も実効的な執行について定める規定である」[78]と評価した。クウェート侵攻時に課された経済制裁は依然として維持されており、決議687号の他の項目に関するイラクの履行状況に照らして定期的に見直されることになっていた。これが、敗戦国に課された過酷な平和だった。

　この決議に基づき、イラクの大量破壊兵器の査察と廃棄を行う国連特別委員会（UNSCOM）が設立された。核兵器については国際原子力機関（IAEA）の協力を得た。フセインは最初からUNSCOMの妨害を画策し、任務遂行中の査察チームを二度も拘束するなど、様々な手段で委員会の権限に楯突いた。ある査察チームは［イラク人勢力に］包囲され、チームの運命と彼らが発見した証拠書類の処遇がニューヨークの国連本部で話し合われた48時間もの間、駐車場で過ごすはめになった。しかし、このような衝突を毎回、フセインは見て見ぬふりをした。［もっとも、］国連［の活動］に対する多くの妨害工作にもかかわらず、現在では、安保理決議が要請したように、核兵器、生物・化学兵器および弾道ミサイルに関するイラクの兵器能力は大幅に削減されるであろうと考えられているようである[79]。［この問題はその後支障なく解決したわけではなかった。2003年、安保理決議の違反、査察妨害、大量破壊兵器保持の可能性等を理由として、イラク戦争が起こった。その後、大量破壊兵器は既に廃棄され、存在していなかったことが明らかとなった。］

　第二の重要な問題は、反体制派であるイラク北部の少数民族クルド人と南部

---

78) "UN Role in the Persian Gulf and Iraqi Compliance with UN Resolutions," *Hearing before the Subcommittee on Europe and the Middle East and on Human Rights and International Organizations of the House Committee on Foreign Affairs*, 102nd Congress, 1st sess. (Oct. 21, 1991), p. 159 (testimony of Ambassador Thomas R. Pickering, former U.S. Permanent representative to the United Nations, p. 2).

79) 次を参照のこと。Statement by Maurizio Zifferero, head of the IAEA's UNSCOM team: "There is no longer any nuclear activity in Iraq." Associated Press, "UN Says Iraqi Atom Arms Industry Gone," *New York Times*, Sept. 4, 1992, p. A2.

のシーア派に対するイラクの処遇であった。戦闘終結後、サダム・フセインは残った軍隊を再編成し、これらの少数派集団内で発生した暴動を制圧するとして残虐な作戦行動に出た。クルド人の大集団が親戚を頼って北方へ逃げ、トルコやイランと接する国境を越えた。イランに逃げたのが75万人、トルコへは25万人と推計されている[80]。しかし、両国に、入国を希求するすべての人々を受けいれる余裕はなかった。クルド人——その多くが女性と子どもだった——は冬に国境付近の山岳地帯に閉じ込められ、一部は簡易宿泊所にたどりついたが、その他の多くの人々がむき出しの山肌にしがみついていた。テレビに流れるこのような映像を、国連本部や西欧諸国は見すごすことができなくなった。

　安保理にとってクルド問題は停戦以上に厄介な問題であった。安保理構成国、中でも中国とソ連は、国家による自国民の扱いに干渉することに慎重だった。この問題は、国連が憲章第2条第7項で干渉しないとしている従来の「国内管轄権」概念の核心に近いものと考えられたからである。そのため、安保理は、大量破壊兵器や賠償金といった問題以上に、この問題には慎重に対応した。停戦2日後に採択された決議688号は、クルド人に対する抑圧を非難し、これを即時に停止するよう要請し、そしてただちに国際人道支援組織のアクセスを許容するよう繰り返し求めるに留まっていた[81]。

　国際赤十字や他の私的団体が設置した難民キャンプを保護し、難民を説得して下山させるため、この決議を正当化の根拠に掲げ、アメリカ、イギリス、フランスの軍隊がイラク北部に進軍した[82]。軍隊が発動したため、イラクは、国連の人員を配した人道支援センター（UNHUCS）の設立に同意した。そして、

---

80) Elaine Sciolino, "Kurds Will Die in Vast Numbers without Swift Aid, Agencies Say," *New York Times*, Apr. 10, 1991, p. A1, col. 4.

81) SC Res. 688, par. 1, 2, and 3, Apr. 5, 1991, *International Legal Materials*, 30 (May 1991): 859.

82) Patrick E. Tyler, "U.S. Scouting Refugee Sites Well Inside Iraq's Borders, Aiming to Lure Kurds Home," *New York Times*, Apr. 18. 1991, p. A1, col. 6; Neil A. Lewis, "Legal Scholars Debate Refugee Plan, Generally Backing U.S. Stand," *New York Times*, Apr. 19, 1991, p. A8, col. 1.

最終的に、多国籍軍がクルド人地域から撤退する地点に500人からなる国連警護部隊の配置について定める了解覚書が交わされた[83]。

その後、おそらく停戦合意の条項に基づいて、多国籍軍はイラクの北部と南部に飛行禁止空域を設定し、トルコの基地と海上から飛び立つ米国とNATO諸国の軍用機がこれを監視した。このような保護を受け、またイラクとの断続的な交渉のおかげで、クルド人は北緯36度以北の半自治的な地域を維持することができた[84]。

安保理は、大量破壊兵器の廃棄と難民保護という相互に絡み合った二つの遵守問題に対して二つの切り札をもっていた。第一の切り札は経済制裁であった[85]。事実、イラク政府は種々の制裁に耐え、さらに戦争で破壊されたインフラの多くを再建することさえできていた。しかし、経済制裁は国民の中の貧困層に厳しい苦難を与えていた。フセインはこの状況の改善にほとんど何も行わず、むしろ世界中のテレビ視聴者の同情を買うためにこの状況を利用した。フセインにしてみれば、自国民の状況より制裁が自国の軍事力の再建を大きく制限していることの方が重大だった。このように、イラクには制裁の解除を望む強いインセンティブがあったのである。他方、国連は基本的な立場として、制裁を終わらせるには、拒否権が行使される恐れもあるが、安保理が制裁の終了を是認する行為が必要だと考えていた。安保理内部には、特にイラクの子どもたちが受けている苦しみを伝えるレポートを踏まえ、制裁の修正を望む意向もあったが、アメリカ、イギリス、フランスは、その苦難を軽減するには、ほか

---

83) "Annex"（agreed to on Apr. 18, 1991）, UN Doc. S/22663, May 31, 1991, *International Legal Materials*, 30 (May, 1991): 862.

84) Patrick E. Tyler, "Kurd Reports Agreement on Autonomy," *New York Times*, June 24, 1991, p. 6, col. 4; Alan Cowell, "Iraqi Kurds Reject Autonomy Accord as Allied Plan Stirs Some Confidence," *New York Times*, June 30, 1991, p. 6, col. 1; Chris Hedges, "Kurdish Talks Frozen, Iraqis Advance Anew," *New York Times*, Nov. 26, 1991, p. A1, col. 2.

85) 制裁の管理運用については次を参照のこと。David E. Reuther, "Economic War and Compliance," paper prepared for the Fourth Freedom Conference on Economic Sanctions, University of Notre Dame, Notre Dame, Ind., Apr. 2-4, 1993.

ならぬ停戦条項の完全な履行こそが必要であると主張した。［結局、］安保理議長は、短いレポートに「制裁の修正を要する状況が存在するかどうかについて安保理内では合意がない」[86]と示し、これをもって制裁委員会は制裁の定期的な見直しをやめた。

　第二の切り札は、イラクが UNSCOM への協力を執拗に拒む場合、または停戦決議に対する甚だしい違反がある場合に、軍事行動を仄めかすことであった。この点について［安保理内で］は多く議論はされなかったが、アメリカは、既存の決議はそれを実行するための軍事行動を許可しているという前提で行動していた。イラクが強硬姿勢を示した場合の対応として、アメリカ政府は、多くの場合特段の根拠なしに武力行使を仄めかした。ブッシュ政権の終わりが近づくまで、くり返し軍事行動をちらつかせ、イラクの姿勢緩和を引きだした。

　ブッシュ大統領の在任期間最後の数ヵ月間に、複雑に絡まり合った幾つかの問題が同時に発生した。まず、南部湿地帯のシーア派を抑圧するためにイラク軍が軍事行動を起こした。そしてイラクは、国連査察チームのバグダッドへの移動を国連の航空機ではなくアンマンからヨルダン航空で渡航するよう強制しようとした。また、国連の指示に沿った施設の移転だと称し、イラクは新たに画定した国境の南に軍を進軍させた。さらにイラクは、南部の飛行禁止空域を巡視する米軍機をレーダーで追跡し、対空射撃を行った。これらの問題に対して、これまでは効果が実証されていた国連本部やアメリカ政府による威嚇も今回は成果を挙げることができなかった。国連による新たな許可を得ずに、米軍機が件のレーダー施設や幾つかの工業施設を爆撃した。これに対しては、西欧諸国の報道が疑念を示し、イスラム諸国からも抗議があったものの、イラクの強硬姿勢は徐々に消えていった――もっとも、クリントン（Bill Clinton）政権の初期、巡視中の米軍機が対空砲火に反撃した時だけは、再び強硬姿勢がみられた。

　UNSCOM による検証手続が続けられていた最中、イラクは再び査察手続に

---

86) たとえば次を参照のこと。*Note by President of the Security Council*, UN Doc. S/2335, Dec. 20, 1991, p. 1.

従うことを拒否した。相当の駆け引きの末、クリントン政権は、湾岸戦争の終結以来最も大規模な対イラク軍事行動を命じ、バグダッドにあるイラクの諜報機関本部が巡航ミサイルで奇襲された（これには、イラクが共謀してブッシュ前大統領の暗殺を企てたことへの懲罰だとのうわさがある）。これにイラクは激しく抗議したが、当時の UNSCOM の長、ロルフ・エケウス（Rolfe Eckeus）がイラクを訪問し、相互に納得のいく合意をまとめた[87]。1995年中頃にUNSCOM は、イラクが停戦決議の査察義務を大方履行したこと、そしてモニタリングを継続する取極めの条件について交渉中であることを発表した。［この頃になると］経済制裁を修正しようとするロシアや中国にフランスが加わったが、制裁の効力はそのまま維持された[88]。

　イラクの有する核兵器計画と生物・化学兵器計画へのアクセスを確保し、イラクが中東の主要な軍事大国として再建されることを防止するという合意された目的を実現するには、経済制裁を継続し、かつ、これを定期的な軍事的威嚇や小規模の実力行使で下支えすることが必要だった。このことは、UNSCOM の関係者全員が認めている。しかし、経済制裁は、安保理が期待していたほど効果的ではなかった。制裁は重大な経済的損害を与えたものの、徐々にしか作用せず、主に弱者や貧困者に打撃を与えた。この現実に、イラクの意思とほぼ同じくらい安保理の意思も試された。経済制裁は、小規模ではあるが即効性があり決定的な打撃を与える軍事行動に下支えされなければならなかった。そのような支えがあっても、制裁は、UNSCOM に対するイラクの継続的な抵抗、南部シーア派への抑圧、そして北部クルド人への嫌がらせを防止できなかった。さらに、制裁で、サダム・フセイン政権が揺らぐこともなかった。それに、多

---

87) 次を参照のこと。Douglas Jehl, "U.S. Jet Patrolling Iraq Fires Missile at Artillery Site," *New York Times*, June 30, 1993, p. 3; Paul Lewis, "Iraq Agrees to Allow the UN to Monitor Weapons Industries," *New York Times*, July 20, 1993, p. 1, col. 2.

88) Alexander Shumilin, "Baghdad Looks for 'Weak Link' in Anti-Iraq Coalition," *Moscow News*, Apr. 1, 1994, p. 4; Konstantin Kapitonov, "How Iraq Is Circumventing UN Sanctions," *Moscow News*, June 10, 1994, p. 5; Alan Riding, "French Talk with Iraq Official, and Allies Are Angry," *New York Times*, Jan. 7, 1995, p. 6 (L), col. 1.

国籍軍を維持することも次第に困難となっていった。イギリスは断固として初期の姿勢を貫いたが、ロシアと中国は更なる干渉に次第に懐疑的な態度を示すようになり、フランスが1995年初頭から両国に同調するようになった。また、ほぼ象徴的なものとして行われたにすぎなかったアメリカの空爆が、安保理の結束に大きな影を落とした。

2-3-3 旧ユーゴスラヴィア

旧ユーゴにおける残虐行為、ジェノサイドを彷彿させる「民族浄化」、非戦闘員に対する組織的な人権侵害、そして、国家の崩壊という状況における緊急人道支援の必要性、これらのことが、現地で活動する地域的機関や国際組織にこれまでにないほどの負荷をかけた。とりわけボスニア戦争は、史上最も過酷な試練を国連に与えた。国連は多様な措置を用いてこれに対応したが、紛争が解決する見通しはたたないままである。本書と関連する限りで、旧ユーゴの事例から得られる主要な教訓は、干渉にかかるコストやリスクが高く、干渉の結果が予想できず、かつアメリカの推進力も他の大国のリーダーシップもない場合、諸国を結集させ、国家連合を維持し、強力な経済・軍事制裁を課すことは難しいということである。

冷戦が終結するとユーゴスラヴィアも終わりを迎えた。ユーゴスラヴィアは、1980年にチトー（Tito）元帥が死去するまで六つの共和国（セルビア、クロアチア、スロヴェニア、ボスニア＝ヘルツェゴヴィナ、マケドニア、モンテネグロ）からなる連邦として存在し、彼の死後は、主に冷戦ゆえに結び付けられた緩やかな連邦として存続した。しかし、東欧におけるソヴィエト帝国の崩壊、ついでソ連自体の崩壊により連邦を維持する外圧がなくなると、長年抑えつけられてきたナショナリズムがこれらの共和国内で噴出した。これらの紛争はすぐさま、略奪、放火、強姦、一般市民に対する残虐行為等を伴うすさまじく凄惨な戦争へと転化した。1993年中頃までに15万人から20万人が殺害され、その多くが一般市民だったと言われている。国連難民高等弁務官事務所（UNHCR）は、ユーゴスラヴィア連邦内に300万人もの難民がいると推定したが[89]、その

うちの50万人がドイツへとなだれ込んだ。一見する限りこれらの蛮行を独占的に行っている勢力はないようにみえたが、一般的に、ほとんどの残虐行為はセルビア派の仕業であると認識されていた。

ユーゴ紛争の大筋は、かつてのユーゴスラヴィアにおいて支配的なグループであったセルビア人が、クロアチアとボスニアのセルビア人居住地域を直接に、あるいは現地の武装勢力を介して支配しようとしたことにある。他方、これらの2共和国は、独立を正当化することに奮闘していた。

事の発端は、1991年6月25日のクロアチアによる独立宣言であった[90]。クロアチア人は、カトリック教徒で、中央ヨーロッパ系の文化的傾向を有する。しかし、クロアチアは東側国境をセルビアと接し、国民の12％以上がセルビア人であった。そこで、クロアチア内のセルビア人は武器をとり、クロアチアに駐留していたユーゴ連邦軍の支援を受け、その年の7月から8月にかけて、クロアチアのほぼ3分の1を占拠するに至った。地域的機関による努力——主として欧州共同体（EC）と欧州安全保障協力会議（CSCE）が担ったが、これに

---

89) Robert Keohane and Joseph S. Nye, *Power and Interdependence: World Politics in transition* (Boston: Little, Brown, 1977), p. 9 (quoting Alex Inkeles, "The Emerging Social Structure of the World," *World Politics* 27 [July 1975]: 479).［ロバート・O・コヘイン，ジョセフ・S・ナイ（滝田賢治・監訳）『パワーと相互依存』（ミネルヴァ書房，2012）原著第3版（2001年）の邦訳，10頁］

90) 次を参照のこと。Conference on Yugoslavia, Arbitration Commission, Opinion no. 5, "On the Recognition of the Republic of Croatia by the European Community and Its Member States," *International Legal Materials*, 31 (1992): 1503. スロヴェニアはクロアチアと歩調を合わせ、同じ日（1991年6月25日）に独立を宣言した。次を参照のこと。"On International Recognition of the Republic of Slovenia by the European Community and Its Member States," in *ibid*., p. 1512. しかし、スロヴェニアは、北はオーストリア、西はイタリアというように西洋諸国と国境を接している。またスロヴェニアは小国で、単一民族からなり、セルビアと国境を接してもいないし、国内にセルビア人住民もいない。このような状況のため、セルビア人にとってスロヴェニアのユーゴ離脱はどうでもよかった。スロヴェニア地域防衛軍と警察の間に短期的で、比較的流血の少ない衝突が起きたが、その後の7月18日、ユーゴスラヴィア軍は一方的にスロヴェニアから撤退し、別の方向へ向かった。

NATOと西欧同盟（WEU）は警戒感を示した——では、この戦闘を終結させることができなかった。国連は当初この事態を「地域的な低強度紛争」[91]とみなし、これに関わろうとはしなかった。しかし、9月下旬、フランスとオーストリアの要請により、安保理は第7章を援用し、「ユーゴスラヴィアへの武器および軍装備品のすべての輸送に対する一般的で完全な禁輸」[92]を命じた。もっとも、この武器禁輸措置で現地の緊張状態が解けることはなかった。この禁輸措置が及ぼした主な影響は、ボスニア政府が後に、反政府勢力であるセルビア人から国家を守るための軍事行動を不可能にしたことだと言われている。

　11月に、国連事務総長特使サイラス・ヴァンス（Cyrus Vance）は、クロアチア派とセルビア派の停戦と、国連平和維持部隊［の派遣］に対する合意について交渉した。安保理は、「PKOを求めるユーゴスラヴィア政府の要請」により第6章に基づき、1万〜1万2千人の国連保護軍（UNPROFOR I）の創設を許可した[93]。UNPROFOR Iの現地での活動は、かなり制約のある交戦規則に服していた。［そのため、］自衛のための武器使用が認められてはいたが、正面から衝突することには消極的だった。これが、将来のPKOに対し、制約の多いPKOの前例をつくることになった。結局、停戦は、その後、クロアチアからのユーゴ軍の完全撤退についての合意へとつながり、非武装地帯の設定、クロアチア－モンテネグロ国境に近接する地域からの重火器の撤去についても合意された。国連の部隊は、この合意された取極めを監視する任務を負った[94]。ク

---

91) Robert Keohane and Joseph S. Nye, *Power and Interdependence: World Politics in transition* (Boston: Little, Brown, 1977), p. 9 (quoting Alex Inkeles, "The Emerging Social Structure of the World," *World Politics* 27 [July 1975]: 479).［ロバート・O・コヘイン，ジョセフ・S・ナイ（滝田賢治・監訳）『パワーと相互依存』（ミネルヴァ書房，2012）原著第3版（2001年）の邦訳、10頁］

92) SC Res. 713, 3009th mtg., UN Doc. S/RES/713（1991）.

93) SC Res. 743, 3055th mtg., UN Doc. S/RES/743（1992）. Full deployment was authorized on April 7 by SC Res. 749, 3066th mtg., UN Doc. S/RES/749（1992）. See also *Further Report of the Secretary-General Pursuant to Security Council Resolution 721*（1991）, UN Doc. S/23592（Feb. 19, 1992）.

94) SC Res. 779, 3118th mtg., UN Doc. S/RES/779（1992）.

ロアチアにおける戦闘は鎮静化し始めたが、セルビア人はクライナのセルビア人地域に事実上独立した管轄権を保持し続けた。その後も再び重火器を用いたいくつかの暴動が発生したものの、全体として停戦状態は維持された。しかし、1995年中盤、クロアチアは、UNPROFOR の部隊の撤退を要請し、その後、戦争を再開してクライナ地方からセルビア人を追い払った。

1992年1月初旬、ドイツの強い圧力を受け EC がクロアチア(とスロヴェニア)の国家承認を可決した[95]。アメリカが4月にこれに倣い、国連も1992年5月22日、これら2国とともにボスニアの国連加盟を承認した[96]。今にして思えば当時、多くの人が、EC の行動を、紛争を封じ込める努力の最中になされた重大な失態とみなしていた。[なぜなら、]これにより、ボスニアが独立を宣言することが不可避となったからである。事実、人口の3分の1を占めるセルビア人が国民投票をボイコットした後の1992年2月、ボスニアは独立を宣言した。ボスニアのセルビア人勢力が独立宣言に対し示した反応は、クロアチアの独立宣言の時よりもさらに暴力的だった。

ボスニアの国民には、セルビア人、クロアチア人、イスラム教徒が混在し、

---

95) Stephen Kinzer, "Europe, Backing Germans, Accepts Yugoslav Breakup," *New York Times*, Jan. 16, 1992, p. A10, col. 3. 1991年12月、EC は、独立承認を申請し、以前から公表している国家承認の諸要件(第一に人権と少数者の保護を掲げている)を満たすならば、いかなる旧ユーゴ構成国でも1月15日に承認すると発表していた。European Community, "Declaration on Yugoslavia and on the Guidelines on Recognition of New States in Eastern Europe and in the Soviet Union (December 16, 1991)," *International Legal Materials*, 31 (1992): 1485. EC は、諸要件の充足の是非を判断するために EC 構成国の国内上級裁判官からなる裁定委員会を設置した。この委員会はクロアチアもボスニアも要件を満たさないと判断したが、EC は予定通りに承認した。[他方、]マケドニアについて、裁定委員会は、要件充足のお墨付きを与えていたが、承認は保留された。The documentation is collected in Conference on Yugoslavia, Arbitration Commission, "Opinions on Questions Arising from the Dissolution of Yugoslavia" (Jan. 11 and July 4, 1992), in *ibid.*, p. 1488.
96) David Binder, "U.S. Recognizes 3 Yugoslav Republics as Independent," *New York Times*, Apr. 8, 1992, p. A10; "3 Ex-Yugoslav Republics Are Accepted into UN," *New York Times*, May 23, 1992, p. 4.

その領土は北側でクロアチアと、東側でセルビアと直に接し、セルビアとの間には長い国境線を有していた。ボスニアが独立を宣言すると、国内のセルビア人武装勢力はセルビア正規軍の支援を受け、武器をとり政府に抵抗した。ボスニアのクロアチア人は時にはこの一方の側について戦い、またある時には他方の側につき、最終的にはイスラム教徒と同盟を組んだ。ユーゴスラヴィア戦争の残虐行為は、ボスニアで最も悲惨な局面を迎えたと考えられている。

状況が悪化の一途をたどる中、主要な大国はいずれも軍事的に深く関与しようとはしなかった。また、安保理も次々と決議を発し対応したが、それらの決議に決定的に重要なものはなく、むしろその場しのぎにすぎなかった。その中で最も重大な決議は、1992年5月30日に出された「ユーゴスラヴィア連邦共和国（セルビア・モンテネグロ）」に対する完全な経済制裁である。この経済制裁は、輸出入、金融取引、航空機の乗入れ、科学技術協力、スポーツ・イベントまでも対象としていた[97]。制裁発動から6ヶ月後、この制裁が広く守られていないことがわかり、安保理は国連加盟国に対し、禁輸対象品目かどうかを「検査するために、輸入・輸出を問わず全ての船舶輸送の停止」に必要なあらゆる措置をとるよう要請した[98]。NATO同盟諸国はアドリア海に軍艦を派遣し、この任務を遂行した[99]。

戦闘が長引くにつれ、公的・私的な人道支援物資が大量に送られた。その多くは、セルビア人武装勢力に包囲されたボスニアのイスラム教徒の町に宛てたものだった。8月、安保理は「人道支援物資の輸送を…容易にするために必要なすべての措置」[100]［をとること］を許可した。この決議を履行するため、最終的にフランス、イギリス、スペイン、カナダが新設されたUNPROFOR IIに

---

97) SC Res. 757, 3082nd mtg., UN Doc. S/RES/757（May 30, 1992）.

98) SC Res. 787, 3137th mtg., UN Doc. S/RES/787（Nov. 16, 1992）. この決議はまた、禁輸対象品目をユーゴ領域内で積み替えることも禁じている。

99) 次を参照のこと。Alan Cowell, "NATO and European Warships Blockade Yugoslavia," *New York Times*, Nov. 21, 1992, p. 3, col. 1. 船舶の航行が阻止されたことは何度かあるが戦闘に至ったことはなかった。

100) SC Res. 770, 3106th mtg., UN Doc. S/RES/770（Aug. 13, 1992）.

総計7,500人の要員を供与した。しかし、UNPROFOR II は第7章に基づき設置されたにもかかわらず、以前の交戦規則に変更は加えられなかった。その後、セルビアの非正規兵が何度も救援物資を載せた車両を襲い、フランスの保護下にあったボスニアの副大統領が暗殺される事件も発生した。1995年5月までに平和維持部隊は162人の死者を含む1,242人の犠牲を出した[101]。国連部隊の側では数々の勇気ある行動がみられた。［たとえば、］国連軍の指揮官モリヨン（Morillon）将軍は個人的に、セルビアによる包囲が解かれるまでイスラム教徒の町スレブレニツァに危険を冒して留まった。しかし、イラクにおけるUNSCOMとは異なり、UNPROFORは一度も現地の事態を掌握することができなかった。

　1992年10月、人道支援物資の輸送確保に関して、安保理は再び、「ボスニア・ヘルツェゴヴィナ領空における軍用機の飛行禁止」[102]を宣言し、さらに、次の年の3月には、飛行禁止に対する「甚だしい違反」があったため「飛行禁止措置の履行を確保するために…必要な全ての措置」[103]をとることを許可した。しかし、ロシアが、許可の範囲を空対空戦闘と緊急越境追跡に限定するよう強く主張したため、民間機や商用機が飛び立つセルビアの飛行場は空爆対象から外された[104]。1994年2月、事態はさらに深刻化し、国連が安全地帯と宣言してい

---

101) Richard Bernstein, "Unless Situation Improves, U.S. Should Quit Bosnia, Mediator Says," *New York Times*, July 14, 1993, p. A3, col. 1. 1993年の中盤、UNPROFOR は、32の参加国から派遣された22,639人の部隊を擁していた。Rosalyn Higgins, "The New United Nations and Former Yugoslavia," *International Affairs*, 69, no. 3 (July 1993): 472. Randall Ryan, "Constraints Test UN's Troops," *Boston Globe*, May 2, 1995, p. 1.
102) SC Res. 781, 3122nd mtg., UN Doc. S/RES/781 (Oct. 9, 1992).
103) SC Res. 816, 3191st mtg., UN Doc. S/RES/816 (Mar. 31, 1993).
104) 次を参照のこと。Robert S. Greenberger, "Security Council Votes to Enforce No-Fly Zone," *Wall Street Journal*, Apr. 1, 1993, p. A3. 4月から7月にかけて、NATO軍の戦闘機は約4千回出動し、116回、違反者の目撃が確認された。そのうち、迎撃が48回、即時の着陸32回、逃走19回、ボスニア領空へ侵入1回、行方不明5回であった。決議違反の航空機が撃墜されたことはなかった。Chuck Sudetic, "Tough Calls: En-

たサラエボに対する包囲の解除を強制するため、安保理はNATOによる空爆を許可した。ロシアの働きかけを受け、ボスニアのセルビア人は、空爆が本気の威嚇かどうか試すことなく重火器を引きあげた。その後しばらくして、NATOのF-16戦闘機が、飛行禁止空域を侵犯したセルビアの軍用機4機を、数分で撃墜した。しかしながら、プリィエドルやバニャ・ルカでの新たな民族浄化やゴラジュデにある国連安全地帯への攻撃など、セルビアの進撃は続いた。4月、セルビア軍は包囲網の解除に同意したが、実際に包囲網の一部を解除したのは、セルビアの地上拠点をNATO軍が初めて爆撃した後だった。1995年初頭、同様の決定的な打撃とならない軍事行動がビハチ周辺でも繰り返され、NATOがクロアチアのセルビア人支配地域の飛行場を空爆した。これらの軍事行動はいずれも、軍事措置が適切かどうかについて西欧同盟諸国間でなされていた議論を刺激した。ロシアはだんだん苛立つようになり、次第にセルビア人を支援するという従来の立場に傾いていった。［そのため］安保理常任理事国が全会一致で強制行動を支持する明確な見通しはなかった。また、1994年半ばに、主要国は、ボスニア領の49％を同国のセルビア人に、51％をクロアチア人とイスラム教徒の連合に与えるという新たな領土分割案を提示した。この時にも、この提案を拒否した勢力には何かが降りかかるのではないかという悲観的な予測がなされた。セルビア人はこの提案を拒否したが、結局、何も起こらなかった。アメリカ議会は、セルビア人が11月15日まで抵抗するのであれば、武器禁輸措置を一方的に終了すると定める法案を通過させた。アメリカはまた、アドリア海における経済制裁の実施への参加を停止したが、この措置については次の行動がとられることなく、終了期限を迎えた。他の主要国はアメリカのこのような行動に反対し続け、とりわけイギリスとフランスは、もしアメリカがまた何らかの単独行動をとった場合、派遣部隊を引き揚げると脅した[105]。

---

forcing a Flight Ban over Bosnia," *New York Times*, July 12, 1993, p. A8, col. 1.

105) Roger Cohen, "Sarajevo Standoff: Paralysis of Big-Power Diplomacy," *New York Times*, Sept. 7, 1994, p. A3, col. 1; Richard W. Stevenson, "Britain and France Criticize U.S. on Bosnia positions; U.S. Presses to Lift Arms Embargo on Bosnian Muslims,"

1995年、アメリカ議会は、大統領拒否権が行使されるおそれがある中で、ボスニアに対する禁輸制裁の停止を可決した。

　ユーゴ崩壊に対処するための国際的な取組みとして制裁が果たした役割を十分に評価するには、時期尚早である。それに、この取組みは、一世代では完全に幕が下りないかもしれない。経済制裁は、確かにセルビア経済に深刻な影響を与えたが、ボスニアのセルビア人に継続的な残虐行為を止めさせることも、多くの停戦事項を守らせることも、また、調停者が提案した解決策を受け入れさせることもできなかった。また、経済制裁によって、ボスニアやベオグラードの指導者を追放することもできなかった。もっとも、1994年の終わりに、スロボダン・ミロシェビッチ（Slobodan Milosevic）は、いくらかの制裁緩和と引き換えにセルビアとボスニアのセルビア支配地域の間にある国境の閉鎖に同意したことはあるが。実際、国連の武器禁輸措置は、旧ユーゴ軍の装備を保有していたセルビア軍に優位をもたらすことになった。他方、イスラム教徒側はこの禁輸措置を破らなければ、武力の不均衡を多少とも正すことができなかった[106]。

　小規模であっても、もっと積極的な強制行動をとっていればセルビア軍に打撃を与えられたかもしれないという議論がある。セルビア軍は、軍事介入が差し迫っていると感じる時は常に交渉の場にあらわれ、最終的な国連の要求をのむ用意があるふりをしたが、軍事介入の脅威が遠ざかると、その合意を破った。安保理は何度も繰り返し、自らが出した指令――経済制裁の実施、人道支援物資の輸送確保、飛行禁止空域の監視、国連が設定した安全地帯の保護――を維持するための武力行使を明確に許可した。しかし、国連の部隊と施設を直接攻

　　　New York Times, Nov. 29, 1994, p. A16 (L), col. 1; Elaine Sciolino, "House, Like Senate, Votes to Halt Bosnia Embargo," *New York Times*, Aug. 2, 1995, p. A6 (L), col. 5.

106)　Susan L. Woodward, "Economic Sanctions and the Disintegration of Yugoslavia, 1991-93: Questioning Political Assumptions," paper for the Forth Freedom Conference on Economic Sanctions, University of Notre Dame, Notre Dame, Ind., Apr. 2-4, 1993. この文献は、経済制裁がうまく組織されておらず、単に事態を悪化させただけだとする異端的な見解を説得的に説明している。

撃から守るためでさえ、銃が使われたことはほとんどなかった。事実上、UN PROFOR を構成するフランス軍とイギリス軍は、現地でほぼ人質のような状態となっていた。そのため、強硬な措置が可能なように思われた場合でも、彼らに危害が及ぶ可能性があるとして、その措置は断念された。

　トーマス・ワイス（Thomas Weiss）は、旧ユーゴにおける国連の作戦行動を振り返り、「国連は各国政府に、実際には、武力侵略、ジェノサイド、市民の強制移住を阻止するために実質的なことを何もしていなくとも、何かをしているようにみえる都合のよい手段を与えただけである」[107]と結論づけた。確かに彼のように、皮肉な考え方をとりたくなる気持ちも抑えがたい。しかし、明らかなことは、安保理が旧ユーゴの事態を「国際の平和と安全に対する脅威」とみなしたものの、いずれの大国にも、決定的な介入となるに十分な規模の軍事介入を引き受ける用意がなかったことである。アメリカとしてはユーゴ紛争に直接の利害はなかったし、事実としても政治的にも軍事介入が成功するかは疑わしいと予想されていた。それゆえ、アメリカは、朝鮮戦争や湾岸戦争の時のように、率先して大規模な軍事的取組みを組織しようとはしなかった。欧州諸国はアメリカよりも国益の上で、紛争と直接、関わりがあるように思われたが、これらの諸国も主導的な役割を果たさなかった。他方、中国とロシアは、西欧諸国とは異なる立場をとるようになっていった。強制的な軍事行動を行うために実効力のある多国籍軍を維持するには、道徳的な憤りやいわゆる「CNN 効果」だけでは足りなかったのである。

2-3-4　ソマリア

　ソマリア紛争は冷戦を脅かすものではなかった。冷戦時、ソマリアは、東西どちらの超大国についたとしても大量の軍事支援を受けられた。［しかし］超大国の利害関心がなくなると、ソマリアは武器と難民であふれかえった。独裁

---

107) Thomas G. Weiss, "Collective Spinelessness: UN Actions in the Former Yugoslavia," in Richard Ullman, ed., *The World and Yugoslavia's War: Implications for International Politics*（New York: Council on Foreign Relations, 1996）.

者シアド・バーレ（Siad Barre）将軍は諸外国の支持を失い、歴史的にソマリア社会の基本構造をなしてきた氏族の同盟に退陣させられた。その後は、これらの氏族が互いに対立した。干ばつと飢饉が深刻化し、ソマリアは崩壊し、無政府状態に陥った。［この状況に］苦しむ人々の数は増加し、赤十字の推計によれば95％のソマリア人が栄養失調であり、70％が深刻な状態にあった。1992年9月、150万人が差し迫った飢餓状態に陥り、11月までに30万人が死亡した[108]。30万人以上の難民が国外に逃れ、200万人——つまり人口の3分の1——以上が住居を失った。公的な国際支援では効果がなく、私的な支援も十分ではなかった[109]。

　1992年1月、安保理は第7章に基づき一般的な禁輸制裁決議を採択した[110]。しかしそれは、全く無駄なことを禁じるようなものだった。4月に安保理は、3,500人の治安部隊を伴う国連ソマリア活動（UNOSOM）[111]を創設し、国連の仲介で成立した複数の氏族と武装勢力間の危うい停戦合意を監視した。その後、ソマリア問題はまた棚上げされた。支援団体は、武装した若者集団の略奪にあい、彼らの餌食となり、配給目的地への食糧の輸送が妨害された。計画されていた治安部隊3,500人のうち、パキスタン部隊500人のみが派遣されたが、彼らはもっぱら空港にある武装集団の兵舎に閉じ込められていた。このように、事態は悪化する一方だった[112]。

---

108)　"The United Nations and Somalia; The Squeezing of Sahnoun," *The Economist*, Nov. 7, 1992, p. 50.

109)　Jane Perlez, "Deaths in Somalia Outpace Delivery of Food," *New York Times*, July 19, 1992, p. 1, col. 2.

110)　SC Res. 733, Jan. 23, 1992, 3039th mtg., UN Doc. S/RES/733. 安保理は、ソマリアの事態がこの地域の安定と平和に及ぼす影響について「認識」し、「この事態の継続が…国際の平和と安全に対する脅威になることを懸念」していた。しかし、明らかに、第7章に基づく措置を用いる根拠となる国境を越える影響については、これまでにないほど軽視された。

111)　SC Res. 751, Apr. 24, 1992, 3069th mtg., UN Doc. S/RES/751 (1992).

112)　ユーゴスラヴィアの「金持ちの戦争」に対する国際社会の関心の高さとソマリアに対する無為無策との際立つ違いに腹を立てた国連事務総長ブトロス＝ガリ

11月下旬、ついにブッシュ大統領は、人道支援物資の輸送を確保するため、国連へ3万人の部隊を提供すると申し出た。「エコノミスト」によれば、これは「断られるはずのない申し出」[113]だった。1992年12月3日、安保理はアメリカの申し出（もっとも国名は［決議上］明示されていなかったが。）を歓迎し、第7章に基づき「ソマリアにおける人道支援活動のための安全な環境を確立するために」[114]必要なあらゆる手段の活用を許可した。その5日後、米軍の第一陣がモガディシオに到着した。彼らはまず、地方の武装勢力の大部分を占める武装した獰猛な若者集団との衝突を避けて慎重に移動し、次第に各地方へと拡散していった。［時には、］武装集団と軍の双方に犠牲者が出たが、次第に、［決議の目指す］「安全な環境」が確立されていったように思われる。主要各派が集まり、アディス・アベバで行われた和平協議では一定の進展がみられた。

　重大な変化が起こったのは、1993年3月末、第7章に基づき編成されたUNOSOM Ⅱに、アメリカが1万8千人の兵力を提供した時である。UNOSOM Ⅱは、ソマリアに食料を供給するだけでなく、「平和強制」[115]にまで拡大された任務を負っていた。ゲリラ集団の武装解除を確保するため、UNOSOM Ⅱはより積極的な交戦規則に従い活動したが、ほどなくしてその規則は試練にさらされることになった。国連によれば、6月5日、ソマリア最大の武装勢力のリーダー、アイディード将軍が計画した奇襲によって、パトロール中のパキスタン部隊23人が殺害された。その後の銃撃戦で、さらにパキスタン兵54人とアメリカ兵3人が負傷し、少なくとも15人のソマリア兵が殺害された。これは、1961年のコ

　　　(Boutros-Ghali) に応えるため（Trevor Rowe, "Aid to Somalia Stymied, UN Votes Relief, but Clan Blocks Effort," *Washington Post*, July 29, 1992, p. 1）、安保理は人道的救済のための緊急空輸を許可した。しかしこれにほとんど効果はなかった。SC Res. 767, July 27, 1992, UN Doc. S/RES/767（1992）.
113)　"When the Coaxing Had to Stop," *The Economist*, Dec. 5, 1992, p. 16.
114)　SC Res. 794, Dec. 3, 1992, 3145th mtg., UN Doc. S/RES/794（1992）.
115)　SC Res. 814, Mar. 26, 1993, UN Doc. S/RES/814（1993）. 24ヵ国が軍隊を派遣した。Donatella Lorch, "UN Moves Troops to Somali City and Vows Punishment for Attack," *New York Times*, June 8, 1993, p. A1, col. 1.

ンゴ動乱以来、国連が一つの事件で最も多くの犠牲を払った事件となった。これに対し、国連は即座に強力な対応をとった。安保理は、アメリカと国連事務総長から全面的な支持を受け、事件首謀者らの逮捕と訴追を求める決議を採択した。さらに、地方に散っていた米軍の指揮の下で、アイディード派の本拠地に対し、3日間、空爆と地上攻撃が行われた[116]。国連側の作戦を指揮したジョナサン・ハウ（Jonathan Howe）提督は、2万5千ドルの懸賞金が付いたアイディードに対する逮捕状を出した。［しかし、］モガディシオの戦闘は激化し、初めて、国連軍の高官らの間で作戦指揮に関する明らかな意見の相違がみられた。

　アメリカは、アイディードの捜索とモガディシオの和平工作を強化するため、援軍として、AC-130型武装ヘリコプターと精鋭の特殊工作歩兵である米陸軍レンジャー部隊400人を派遣した。10月3日の掃討作戦でレンジャー部隊は奇襲を受け、アメリカ人の死者18人と負傷者78人を出した[117]。［この犠牲に対する］議会や大衆からの抗議の声に、アメリカ政府は取り乱した対応をとってしまった。政府は、国連事務総長ブトロス・ガリ（Boutros-Ghali）と険悪なやり取りをしている間にアイディードの捜索を打ち切り、さらに、アメリカ軍部隊を1994年3月までに必ずソマリアから撤退させると宣言したのである[118]。その後は、軽武装のUNOSOMが、益々困難になっていた停戦の履行を指揮した。そして、1995年3月、現実的な解決の見通しがつかないまま、とうとう国連軍は［ソマリアから］引きあげた。アメリカ海兵隊が派兵され、国連軍撤退の後衛を務めた。

　ソマリアの事例では、他の事例にもみられた制裁に対する障害が一段と大き

---

116) SC Res. 837, June 6, 1993, 3229th mtg., UN Doc. S/RES/837 (1993).
117) Douglas Jehl, "Somalia GI's: They're Bitter and Grousing," *New York Times*, Oct. 15, 1993, p. A13, col. 1.
118) Douglas Jehl, "The Somalia Mission: Overview; Clinton Doubling U.S. Force in Somalia, Vowing Troops Will Come Home in 6 months," *New York Times*, Oct. 8, 1993, p. A1, col. 6; Eric Schmitt, "The Somalia Mission: Clinton Reviews Policy in Somalia as Unease Grows," *New York Times*, Oct. 6, 1993, p. A1, col. 5.

かった。第7章に基づく措置の法的根拠——つまり「国際の平和と安全に対する脅威」——は、旧ユーゴの場合より一層緩やかに解釈された。ソマリアの国家機構はすでに崩壊していたため、国連は氏族の指導者やゲリラ勢力など多種多様なアクターに対処しなければならなかった。国連部隊の任務は明確に定義されず、任務の範囲についても最初からアメリカ政府と国連の間に著しい意見の相違があった。アメリカは（たとえ［国連の］現地の指揮官が退役したアメリカ人提督であっても）自国の軍隊を国連の指揮下に置くことに神経をとがらせた。それにソマリアでは、湾岸戦争の時のような「大連合軍」は一度も組織されなかった。指揮統制の調整は混乱し、かなり場当たり的に行われた。［例えば、］イタリアの部隊は、イタリア人指揮官と国連本部とが戦略や戦術について派手に言い争い、結局、地方へ配置代えされることになった。また、軍事介入の根拠も曖昧なものだった。モガディシオのゲリラ戦という緊急事態に直面すると、［介入の］どのような共通目的もすぐに霞んでしまったのである。

2-3-5 ハ イ チ

国民一人当たりの収入360ドル、非識字率推定60～90％、国土は荒廃し、歴史的に残虐な独裁政権が続くハイチは、西半球諸国の中で最も貧しく悲惨な国ということができる。［ハイチでは、］1915年～1934年まで続いたアメリカ海兵隊による占領ののち、「パパ・ドク」［と呼ばれた］デュヴァリエ（Duvalier）とその息子ジャン－クロード（Jean-Claude Duvalier）による独裁支配が30年続いた。1986年、アメリカの支援により、デュヴァリエは亡命した。［その後の］政治的な混乱を経て、1990年2月、OASと国連による共同監視の下で、ハイチで史上初となる自由選挙が行われた。選挙の勝者は、ポピュリストで司祭のジャン＝ベルトラン・アリスティド（Jean-Bertrand Aristide）で、誰もが驚いたことに彼は、67％以上の絶対多数を獲得した。しかし、彼が在職していたのはわずか7ヶ月にすぎなかった。同年9月、伝えられるところによると、少数者による軍事・経済的支配に反対する全国規模の反乱を未然に防ぐという名目で起きた軍事クーデタにより、アリスティドは退任に追い込まれ、アメリカに

亡命した。

　OAS は、ちょうどこのような事態のために当時設置したばかりの緊急手続を発動し、緊急集会を開いた。そこで、「加盟国に、ハイチの政府資産を即時に凍結し、人道支援を除き、ハイチに対する禁輸措置を課すことを要請する」[119]と決定した。しかし、この禁輸制裁がうまくいくとは全く考えられなかった。というのも、この禁輸制裁は単なる勧告であり、いずれにしても欧州諸国には影響しなかったからである。欧州諸国は、ロメ協定──ハイチを含む多数の途上国と EC との間の通商協定──があるため、ハイチとの通常の貿易を打ち切ることはできないと主張し[120]、石油やその他の物資を供給し続けた。それに、ラテンアメリカやアフリカの貿易業者もこの禁輸制裁を守らなかった。さらに重大なことは、OAS でベイカー（Baker）国務長官が強い発言をしたにもかかわらず[121]、ブッシュ政権自身がこの制裁を完全に履行したわけではなかったのである。たとえば、ハイチに工場をもつアメリカ人事業者は制裁の適用を免除されたし、クーデタ支持者に対するビザの発給拒否や個人資産の凍結も行われなかった。ある識者は、「アリスティドを圧倒的に支持した貧困層が最も苦しんでいる…これに対し、この禁輸は、クーデタに賛同したほとんどの富裕層に単に不便をかける程度にすぎない」[122]と述べた。他方、国連は、小規模の人権

---

119) Thomas Friedman, "The O.A.S. Agrees to Isolate chiefs of Haitian Junta," *New York Times*, Oct. 3, 1991, p. A1, col. 6; Thomas Friedman, "Regional Group Agrees to Increase Penalties on Haiti," *New York Times*, Oct. 9, 1991, p. A3, col. 1.

120) Barbara Crossette, "Haiti Dispute : Limits on U.S. ; Other Concerns Appear to Block Strong Action," *New York Times*, May 19, 1992, p. A7, col. 1. 次を参照のこと。"European Economic Community—African, Caribbean, and Pacific Countries: Documents from Lomé meeting," *International Legal Materials*, 14 （1975）: 595; "European Economic Community—African, Caribbean, and Pacific Countries: Documents from Lomé II meeting," *International Legal Materials*, 19 （Mar. 1980）: 327.

121) 次を参照のこと。Secretary Baker, "Attack on Democracy in Haiti," *U.S. Department of State Dispatch*, 2, no. 40 （Oct. 7, 1991）: 749 （address before the Organization of American States, Washington, D.C., Oct. 2, 1991）.

122) Pamela Constable, "Dateline Haiti: Caribbean Stalemate," *Foreign Policy*, 89,（Winter

監視ミッションを派遣し、ハイチで監視にあたっていた OAS に合流させた。

　新たに発足したクリントン政権は、選挙で公約したにもかかわらずハイチ難民の受け入れを拒否し続けた。これに対する率直な批判を懸念し、政府は［ハイチとの］交渉ペースを早めた。しかし、ハイチ軍がいくつかの暫定合意案を何度も拒否したため、アメリカは［この問題を］国連に訴えた。安保理は、1993年 6 月16日、ハイチに対する石油輸送の世界規模での禁止、武器禁輸制裁、ハイチ人の海外資産の凍結を命じた[123]。アメリカは石油遮断を海上から実施するよう提案したが、ラテンアメリカ諸国の支持を受けたブラジルがこれを退けた。交渉につながりそうな空気が流れても、ハイチ軍はすぐにこれを拒否した。武装した悪党団が、警察や軍から暗黙の支持を受け、ポルトープランス界隈をうろつき、民主政府の支持者と知られる人々を攻撃した。彼らはモガディシオの事件に煽られ、国連人権監視団を大っぴらに愚弄した。ポルトープランス市長は、国連職員の目の前で暗殺された。アメリカは、予定されていたアリスティドの帰還に備えて現地の警察と軍を訓練するためにアメリカとカナダの小規模の部隊を上陸させようとしたが、これらの部隊を悪党が桟橋に追い詰め、アメリカは屈辱的な後退を余儀なくされた。経済制裁は時おり、新たに見つかる抜け穴をふさぐために厳格化された。アリスティドを帰還させる期限は何度も延期された。散発的な交渉は続いていたが、その交渉で国連やアメリカの目的が達成される見通しは低かった。ハイチの軍事政権は、1994年 7 月、国連とOAS によるすべての人権監視団を退去させ、抵抗姿勢を示した。そこで安保理は同月、アメリカによる軍事介入を許可したが、アメリカは 9 月まで介入の開始を決意しなかった。介入のための軍用機が飛び交う中、前大統領ジミー・

1992-1993）: 182. 1992年 5 月、OAS は、主に「制裁に従わない船舶による港湾施設の利用禁止を加盟国に要請」することで制裁を強化しようとした。"Restoration of Democracy in Haiti," Res. MRE/RES. 3/92, May 17, 1992, *U.S. Department of State Dispatch*, 3 no. 26（June 29, 1992）: 525. 次を参照のこと。"Statement on Denying Use of United States Ports to Vessels Trading with Haiti, May 28, 1992," *Weekly Compilation of Presidential Documents*, 28, no. 22（June 1, 1992）: 941.

123）　SC Res. 841, June 16, 1993, 3238th mtg., UN Doc. S/RES/841（1993）.

カーター (Jimmy Carter)、上院議員サム・ナン (Sam Nunn)、陸軍大将コリン・パウエル (Colin Powell) による土壇場の調停が試みられた。この結果、軍事政権は、アリスティド大統領の上陸や復帰に反対せず、その後速やかに国から退去することに合意した。軍事介入のシナリオが途端に平和的な解決へと変化したのである。今回の合意は、小規模の兵力だけで履行された。1995年春、アメリカ軍が担っていた多くの部分を国連の平和維持部隊[国連ハイチ・ミッション：UNMIH]が引き継いだ[124]。同年6月、アメリカは、ハイチの国民投票に財政援助を行い、選挙監視団を派遣した。

2-4　条約に基づく制裁の限界

　本章の冒頭で、国連とOASには軍事制裁や経済制裁を課す権限があるが、それは法の執行が目的ではなく集団安全保障のためであることを確認した。したがって、法の執行を基準としてこれまでの50年の制裁の記録を評価するのは適切でない。朝鮮戦争やクウェート侵攻では侵略戦争の禁止という根本規範が破られたが、その他の多くの事例は、その当時受容されていた国際法の違反が関わるものではなかった。また、同様の事例を同じように扱う必要性も主張されなかった。安保理とOASはいずれも、基本的な人権が侵害される場合も、自らの権限に含まれる侵略的な武力行使の場合でも、あたかも制度に則った事案処理を義務とする機関のように行動するわけではない。[もっとも]そのような杓子定規な[制裁権限の]運用が試みられたとしても、これらの政治的・財政的資源[の状況]がそれを許さないであろう。

　しかしながら、この50年の経験は、条約に基づく軍事制裁や経済制裁が、一

---

124) SC Res. 940, July 31, 1994, UN Doc. S/RES/940 (1994); Michael Wines, "As 3 Emissaries Claim Victory, Doubts Remain," *New York Times*, Sept. 20, 1994, p. A1(L), col. 5; Douglas Jehl, "Clinton Exults in Swift Success of U.S. Military Force in Haiti," *New York Times*, Oct. 7, 1994, p. A14(L), col. 1. James F. Dobbins, "Elections in Haiti: An Important Milestone," *U.S. Department of State Dispatch*, July 17, 1995, p. 567.

般的な条約の実施のために用いることができるかどうかについて多くのことを示しており、以下五つの教訓を引き出すことができる。

1．条約に基づく制裁は、各当事国が自主的に決定した結果、課されるにすぎない。

　国の軍隊が国際的な強制行動に従事する場合、その行動に参加するかどうかは、内政からも影響を受ける国の政府が決定する。このことは、ほぼ必然的な事実だと思われる。最終的に国家が経済制裁のコストを負担しなければならないのだから、制裁の設定に賛成するかどうか、その制裁を遵守するかどうかの選択には、多様な国益や圧力が影響する。関連する国際法の履行問題は、これらの国益や圧力の中の一要素にすぎないし、また、決して最も重要な要素でもない。［このように、］国際的な強制行動は、基本的に［国家の］自由意思に基づくものである。

　国連安保理も OAS も、自前の「警察力」を組織したり、派遣したことはない。国連憲章［草案］にはもともと、安保理は決定により、安保理の指揮命令下で戦うことを軍隊に命じることができなければならないと定められていた。［しかし結局、］憲章第43条には、［対象として］指定された部隊や便益を［憲章の目的］のために利用させることを約束する［特別］協定を、加盟国は予め安保理と締結しなければならないと定められた。もっともこの規定が実行されたことはない。OAS 憲章も武力行使を強制する権限を OAS に与えてはいない[125]。したがって、武力行使に関するこれまでの事例における国際組織の行動は、違反者に対し武力を行使するよう加盟国へ命令しているというより、むしろ、加盟国にそれを許可しているのであって、これに応えるかどうかは、加盟国の個々の決定に委ねられてきた。現地で軍事力が維持できるか否かは、軍隊や資金を提供する加盟国の意思が持続するかどうかにかかっていたのである。

---

125)　OAS 憲章第18条および第19条［訳注：現行規定では第22条と第23条］、米州相互援助条約第20条を参照。ハイチの事例で OAS は、経済制裁を課すために強制力を行使せず、制裁を「要請」するだけで満足した。

このように強制措置は国家の自発性に多くを依存している。この欠点は、実際の制裁の運用にも影響している。国連の各部隊はそれぞれ独立した存在であって、［事例ごとに］一から新たにつくりあげられなくてはならない。各部隊は、まるで部隊間に関連がないことを強調するかのように、それぞれ個別の名称の下で作られる。これらの部隊には、それぞれ異なる軍の伝統や原則が反映され、他の部隊と協働したこともない。当然、国連本部には一定の経験が蓄積されているが、任務の範囲、指揮統制、交戦規則、兵站業務、通信手段、部隊の地位、その他多くの運用上の問題を含む準備作業は、部隊毎に行われなければならない。いくつかの大国の軍隊から編成される大規模な軍事活動では、このような準備作業上の選択や作業の実施が、常に、関係国間およびこれらの国家と国連事務局との間に摩擦や意見対立を生む原因となっている。

 このような事実から想起されるのは、制裁の組織化それ自体を集合行為の問題ととらえる集合行為論の知見である。フリー・ライダー、非協力者といった協調行動によくみられる障害は、制裁を組織する時や維持する時にも同じように生じる。この理論の分析に基づけば、条約の実質的規範を関係諸国に守らせるより、［守らせるための］制裁に参加させる方が難しいことになる[126]。

 2．制裁の正統性を得るためには多くの諸国の同意が必要であるが、そのような同意を得、かつ、維持することは非常に難しい。

 少なくとも条約に基づく制裁措置は、条約機関の票決で採択されなければならない。そのため、諸国が政治的に連携する必要がある。実効的な制裁措置をとるには、特に経済制裁の場合は必ず、多くの諸国の協調が必要となる。しかし、諸国の同意はもっと根本的な理由から必要とされる。つまり、諸国から広

---

126) たとえば次を参照のこと。Michael Taylor, "Cooperation and Rationality: Notes on the Collective Action Problem and Its Solution," in Karen Schweers Cook and Margaret Levi, eds., *The Limits of Rationality*（Chicago: University of Chicago Press, 1990）, p. 225; Jon Elster, *The Cement of Society*（Cambridge: Cambridge University Press, 1989）, pp. 40-41.

範な支持を得ることは、とろうとする強制措置が単なる強者の意思の押しつけではないことを担保する安全装置なのである。諸国の同意によって、とろうとする制裁の正統性が確保される。

　朝鮮戦争、キューバ危機、湾岸戦争では、侵略という［事態の］重大さに多くの国々が警戒し、憤慨し、［これらの事態を］安全保障上の死活的な国益に対する差し迫った脅威とみなした。それゆえ、強制行動に対し、広範な合意を得ることができた。しかしこれらの場合でさえ、諸国の同意が盤石で長期間維持できるかどうかという点では今一つ不十分なものだった。朝鮮戦争では、北緯38度線を再度突破するというマッカーサー（MacArthur）将軍の決定についてアメリカは、国連総会で過半数の国々から支持を集めることができたが、［その反面、］この措置は広く批判され、インドをはじめとする多くの途上国とアメリカの間に目標や政策の面で深い溝をつくることになった。［それに、］最後までアメリカを断固として支持した国はほとんどなかった。キューバ危機では、ブラジルとメキシコが、臨検を命じる決議の中の最も重要な段落について、これを更なる軍事行動への白紙委任だとし、投票を棄権した。また、NATO諸国の指導者たちも十分に支持を表明していたが、多くの人々が信じていたように、ソ連のミサイルを強制撤去する必要は認めても、侵攻にはほとんど乗り気でなかった。湾岸戦争の場合、ロシアはこれに真摯に対処したわけではなかった。また、戦争が長期化していたら、アメリカの世論はもちろんのこと、多国籍軍をどうやって維持しえたのか、定かではない。アラブ諸国や他の諸国はだんだんとイラクにのしかかる経済制裁の緩和を求めるようになっていった。

　南アフリカとローデシアの経済制裁について西側諸国は、制裁を主導せず、またアフリカの状況を安全保障上の脅威とも認識しなかったため、安保理が通常のやり方で制裁に合意するまでに数十年もかかった。また、ボスニア、ソマリア、ハイチの状況について、安保理は、これらを「国際の平和と安全に対する脅威」と認定する意思はあった。しかし、湾岸戦争以降の国連の作業において明白な事実となっているのは、暴力の蔓延、協定の拒絶、甚だしい人権侵害、恐ろしいほどの苦難に直面しても、安保理構成国は強制的な軍事行動に合意す

ることができなくなってしまったことである。

　要するに、［強制行動のために］諸国の同意を得ることが不可欠であるにもかかわらず、狂おしいほどそれが叶わないのである。

　3．経済制裁は、軍事制裁より採択が容易かもしれないが、実際に効果を得るのは軍事制裁より難しい。

　なによりもまず、経済制裁は、効力を発揮するまでに耐えがたいほどの時間がかかる。たとえば、南アフリカのアパルトヘイトが終わるまでに、制裁を求める様々な動きが始まってから30年もかかった。他方、イラクの場合、主要な消費必需品・産業必需品を輸入に頼り、陸の国境線が短く、都市部から離れており、それに、唯一の主要な輸出産品は容易に監視できた。そのため、経済制裁が実際に効果を及ぼす典型的なケースだと考えられた。それに、経済制裁がUNSCOMの成功に寄与したことも明らかだった。しかし、それでも、サダム・フセインは制裁発動後4年間も権力の座に留まり、クルド人やシーア派への抑圧が弱まることもなかった。同じようにセルビアも経済制裁に苦しめられたが、制裁から2年も戦争は続いた。また、島国であるハイチも制裁の効果が期待される格好の制裁対象と考えられていたが、軍事政権は経済的措置から大幅な立ち直りを示した。

　軍事的な強制措置の場合、いくつかの強国に制裁の負担を負う用意があり、かつ少なくともその制裁が小国に対する措置である限り、すべての国がその措置に参加しなくても実効的な武力行使がなされるだろう。しかし、経済制裁では、非協力者が深刻な問題となる。たとえ制裁対象国の主要な貿易相手国が経済関係を断つつもりでも、どこかに抜け穴があれば、制裁そのものが台無しになる。たとえば、対ローデシア制裁は、ポルトガルや南アフリカによる逸脱行為によって害された。また、比較的規制の緩いルーマニア国境が、セルビアとモンテネグロに対する経済制裁の効力を妨げた。ハイチに対するOASの制裁は、欧州諸国がOAS加盟国でなかったために、無駄になった。

　表向きには制裁を遵守する国でも、制裁を回避する可能性や回避しようとするインセンティブは大きい[127]。［たとえば、］ブッシュ政権は、自国企業にハ

イチに対する経済制裁からの寛大な免除を与えた。議会は、禁輸制裁の対象とされていたローデシア産のクロム鉱石を購入するよう要求した。また、リビア産石油の消費者である欧州諸国が抵抗したため、リビアからの石油輸出を遮断することはできなかった。それに、多くの場合、経済制裁の圧力は、制裁対象国だけでなく、それに耐える力の弱い他の諸国にも重くのしかかる。たとえば、ヨルダンは、対イラク制裁の影響を受け、何十億ドルもの通商上の損失を被った。フロントライン［南アと国境を接して対峙する］諸国も、対南ア制裁の影響をまともに受けた。［確かに、］国連憲章第50条には、「この（強制）措置の履行から生ずる特別の経済問題」を有する国は、「この問題の解決について安全保障理事会と協議する権利を有する」と定められている。しかし、この協議が有効であったことは殆どない。

　最後に、既に述べたように、包括的な経済制裁の対象国が負うコストを実際に払うのは、常に、攻撃行為の首謀者からは最も遠いと思われる最貧者や最も弱い人々である。それゆえ、この事実が今度は、制裁の緩和を求める圧力を醸成することになる。

　4．実際、今日の状況において、条約に基づく制裁に必須の条件とは、アメリカが積極的に関与し、さらにはリーダーシップをとることである。

　朝鮮戦争、キューバ危機、湾岸戦争において、アメリカのリーダーシップと断固とした関与が、軍事強制措置のための十分条件とまではいかなくとも、必要な条件だった。アメリカが、量的にも、そして、どんなに距離が離れていても決定的な軍事力を推進できた唯一の国家だった。アメリカの関与は圧倒的で、その政治的意思も明確だった。アメリカがそのような関与を望まない場合、強制的な制裁が許可される見込みはなかった。［確かに］第7章に基づく公的な措置ではなかったが、フランスはルワンダに軍事干渉した。しかし、この場合

---

127) David M. Rowe, "The Domestic Political Economy of International Economic Sanctions," Center for International Affairs, Harvard University, Working Paper no. 93-1 (1993), p. 31.

も、アメリカの成功事例にみられる特徴の多く（実際に能力のある軍事大国の積極的な関与、影響を及ぼす地域における基本的な国益の追求など）が共通してみられた[128]。

　経済制裁については、軍事制裁以上に、アメリカの積極的な関与が強く要求される。相対的にアメリカの経済力は減退しつつあるのかもしれないが、それでもアメリカの市場や金融機関はいまだに世界最大である。これらへの自由なアクセスが残されている限り、経済制裁が成功する見込みはない。ハイチに対する長期制裁の場合のように、アメリカの経済管理上の技術的な例外でさえ、［制裁履行のための］協調的な取り組みの効果を完全に損ないうるのである。

　たしかに、新たに独立したアフリカの旧植民地諸国は、アメリカやその同盟国の反対を覆し、最終的に安保理に経済制裁を認めさせた。しかし、対南ア制裁の対象範囲は限定的であった。また、対ローデシア制裁はアメリカを含む大国の逸脱行為により事実上、台無しになっており、制裁の効果も象徴的なものでしかなかった。

5．制裁は一方通行である。

　アメリカについて言えることは一定程度、他の大国にも当てはまる。制裁、とりわけ経済制裁が実際に効力を発揮するには、ある程度、大国の関与がなければならない。したがって、制裁のほとんどは、大国が小国に対して、豊かな国が貧しい国に対して課すものである。これは、大国が拒否権で自らを保護することができる安保理の投票ルールと現状における軍事力と経済力の分布状況から導出される当然の帰結である。国内の法制度では、法の下の平等が一定の条件の下で認められなければならない（しかし、裕福でコネが多い犯罪者でも、時には刑務所に送られる）。しかし、国際社会では、パナマ侵攻に対してアメリカが制裁を受ける、あるいは北アイルランドでの人権侵害に対してイギリスが制裁されるということは考えにくい。［大国は軍事的・人権的逸脱行為につ

---

128) Steven Greenhouse, "Washington Urges France to Delay Rwanda Withdrawal," *New York Times,* Aug. 17, 1994, p. A12（L）, col. 1.

いて制裁を受けないのだから、]より些細な条約違反についてはなおさらである。「国際の平和と安全に対する脅威」という緊急事態に対して、国連とOASは、強制権限を大国に付与するしかなかったのである。しかしながら、必然的にごく少数の大国だけが有し、一方的に課すこのような制裁の権限を、大多数の国家が、一般的な条約義務の履行のために制度化するつもりがあるとは思えない。

　本章では、安保理が広義の「平和に対する脅威」の対処を要請した様々な事例から、これらの教訓を導き出した。しかし、これらの教訓は、上に挙げた例にだけあてはまることではなく、国際システムに固有の特徴でもある。どちらかと言えば、「平和に対する脅威」に大国の大きな利害が絡まない場合や、その「脅威」が国々を奮い立たせ団結させるような性質でない場合、これらの教訓は一層大きく作用する。[上記の教訓から考えると、]危機への対応としてはともかく、強制的な制裁を、条約の日常的な履行のために用いるのは不可能であろう。強制力を持つ条約というのは、幻想にすぎないのである。

第3章
メンバーシップ制裁

3-1　南アフリカに対するメンバーシップ制裁：パーリア化(のけもの)
   3-1-1　国際労働機関（ILO）
   3-1-2　国際電気通信連合（ITU）
   3-1-3　世界保健機関（WHO）
   3-1-4　国連食糧農業機関（FAO）
   3-1-5　国連教育科学文化機関（UNESCO）
   3-1-6　国連アフリカ経済委員会（ECA）
   3-1-7　万国郵便連合（UPU）、国際民間航空機関（ICAO）および国際原子力機関（IAEA）
   3-1-8　国際原子力機関（IAEA）
   3-1-9　世界気象機関（WMO）

3-2　冷戦期の武器としての脱退およびメンバーシップ制裁
   3-2-1　中国代表権問題
   3-2-2　国連総会におけるソビエトの投票権
   3-2-3　キューバと米州機構

3-3　遵守に関連した制裁および脱退

3-4　結　　論

　国連憲章や米州機構憲章に基づく強制措置とは異なり、構成員の地位に関する制裁（Membership Sanctions, 以下メンバーシップ制裁）は、国際組織の構成国としての義務の遵守を監視するよう明確に設計されている。故に条約の執行を目的としてそれらを活用することに文言上の根拠がある。加えて、（多くの場合、特別多数決によるが）単に投票にて課すことができ、制裁国、被制裁国双方にとって軍事行動や経済制裁よりも運用においてハードルが低い。ルイス・ソーン教授（Louis Sohn）が指摘しているように「除名の概念は、実際の運用では柔軟であるとわかる。…構成国(メンバー)は、すべてではないものの、国際組織のいくつかの活動から除かれる。脱退を促される。…構成国にとって不快な措置がとられ、同国がもはや歓迎されていないことを公然のものとする。」[1)]

　以上の理由により、国際関係において国際組織が益々重要になっていること

を考えれば、厳しすぎず、なおかつ重みのあるメンバーシップ制裁は、魅力的で、よく活用しうる手段であると想定することができる。しかし、除名もしくは資格停止の条約規定に関する過去の事例を検討するならば、第2章で検討された軍事的および経済的制裁と同様の構図がみえてくる。メンバーシップ制裁という、より穏健かつ柔軟な処罰の形態でさえ、頻繁には用いられていない。一般的にメンバーシップ制裁が行使される場合とは、主として外部で起こった問題に対する政治的反応としてであり、設立条約における規範の遵守を強制する手段としてではない。これらは南アフリカでの事例のように、国家を孤立させ、国際共同体から排除するために行使されてきた。しかし、このような事例において国際組織を政治化するリスクは高く、レジーム本来の活動からかけ離れていることは明白である。

「主権の新しいあり方（New Sovereignty）」が国際組織から除名されることに伴う国家のコストを押し上げているはいえ、レジームが適切に機能するために、すべての関係諸国をレジーム内に含めなければならないことは、メンバーシップ制裁の有効性を制約する。加えて、レジームを機能させる能力に対する潜在的な負の影響（すべてのレジーム構成国の権利を減ずること）は、メンバーシップ制裁の行使に対して特別な抑制を設定することになる。同様に、レジームそのものに「制裁」を課す、ないしより幅広い政治ゲームの中で関の声をあげるために国家が脱退した事例はごく少数しか見出せない。この2点の認識は、同時にレジームそのものの維持とレジームの構成員でありつづけることを強く示している。

国連憲章には除名および資格停止の両方が提示されている[2]。これまで除名

---

1) Louis B. Sohn, "Expulsion or Forced Withdrawal from an International Organization," *Harvard Law Review*, 77（1964）: 1381, 1420.
2) 国連憲章第6条によれば「この憲章に掲げる原則に執拗に違反した国際連合加盟国は、総会が、安全保障理事会の勧告に基いて、この機構から除名することができる。」サンフランシスコ会議でもこの話題は問題となり、議事録は第6条が「憲章加盟国」への適用を想定していることを明記している。UN Conference on International Organization, *Documents*, vol. 7（1945）, pp. 330-331. 脱退規定は設けられな

された国家はない。第 5 条によれば「安全保障理事会の防止行動又は強制行動の対象となった国際連合加盟国に対しては、…加盟国としての権利及び特権の行使を停止することができる。」しかしながら、当該条項は、憲章第 7 章に基づく制裁の対象であった南アフリカ、イラク、ユーゴスラヴィアもしくはハイチに対しても行使されなかった[3]。他のいくつかの条約にも同様の除名もしくは資格停止の条項がある[4]。こうした条項は、国連機関の憲章に最も多くみることができるが、当該諸機関においても、後述される南アフリカの除名をめぐる対立の中で修正条項として挿入されたものが多い。条約加盟国が、これを適用した、ないし適用しようと試みた事例は限られている。

冷戦期、メンバーシップ制裁は、消極的な外交を遂行する上での手段の一つであった。加盟の問題もまた、超大国がパワーと影響力を求めて争う戦場の一つとなったのである。しかしながら外交上のメッセージは、明確であったものの、加盟をめぐる対立は、目に見えていずれのブロックの政治的態度を変更させるにはいたらなかった。そして適用条約への遵守を促す効果にいたっては、明らかに無益であった。加えて、加盟をめぐる紛争はレジーム遵守に関して必然的にコストを強制した。即ち、いかなる形の超大国間協調への展開を阻害する形で対立を激化させるのである。外交上の喧騒が絶えなかったものの、メンバーシップ制裁は冷戦においてさほど有効ではない武器であったことがわかったのである。

冷戦という文脈を離れたところでは、南アフリカのアパルトヘイト政策の帰結としての人々の窮状が募らせた国際社会の懸念が国連機関にメンバーシップ

かったが、特殊事情に鑑みて加盟国が脱退する主権的権利を確認する解釈宣言が採択された。Leland M. Goodrich and Edvard Hambro, *Charter of the United Nations: Commentary and Documents,* 2nd ed.（London: Stevens and Sons, Ltd., 1949）参照。唯一インドネシアが同権利を援用し、1965年に脱退している。

3) 南アフリカ、そして近年ではユーゴスラヴィアに対してとられた措置は事実上の資格停止（de facto suspensions）と表現される。

4) たとえば IAEA, Art. XIX（B）; IMF Agreement, Art. XXV sec. 2; International Coffee Agreement; WMO, Art. 31 も参照。

制裁を促す主要な原動力であった。経済制裁の場合と同様に、主導権を握ったのは新たに独立を獲得したアフリカ諸国であり、これら諸国の狙いは国際共同体から南アフリカを孤立させることにあった。再度、米国と同盟諸国は異議を申立て、機構が本来の機能を遂行するのであれば、普遍的な加盟が重要であると言及するとともに機構の政治的というよりも技術的性質に言及した[5]。西側の同盟諸国にとって、残存している植民地大国（とりわけポルトガル）の政治的重要性は、（考慮すべき事由としては述べられなかったものの）大きかった。再度、最終的に西側諸国は、黙認を強いられた。

これら事例の多くで南アフリカは、厳密には脱退した。しかしながら、これらは予期された脱退であり、実質上、除名とみなしうる圧力や非難をうけた。本章後半では、国家が脱退を条約レジームに対する不快感の表明、または、より幅広く国際政治の手段として活用した主要な事例を見ていく。これら事例は、メンバーシップ制裁を課す困難に光をあてることができる[6]。

強制措置と同じようにメンバーシップ制裁の事例は少数であるものの、比較に役立てるために類型化することは可能である。まず、他に類のない事例として、南アフリカを国連システムから除外するという10年にもわたった取り組みを検討する。次に、冷戦期の武器としてのメンバーシップ制裁の行使を検討する。最後にレジーム遵守を促す取り組みとしての脱退が活用された事例群を検討する。

---

5) David Mitrany, *The Functionalist Theory of Politics*, (New York: St. Martin's Press, 1976); Ernst B. Haas, *Beyond the Nation-State: Functionalism in International Organization* (Stanford, Calif.: Stanford Univ. Press, 1964) 参照。
6) 本書は、引出権の返金を延滞している加盟国に追加信用を与えないというIMFの実行を検討しない。借入国が必然的に基金の加盟国であることから、このような実行は義務を果たすことができなかった当事国に対する特権の停止として一種として扱われる。しかし、現実においてそれは、どのような債権者でも十分に滞納している借入国に対して行うことであろう。それは金融手法であり、メンバーシップ制裁ではない。この問題は、IMFの他の管理手段とともに本書第10章で検討されている。

3-1　南アフリカに対するメンバーシップ制裁：パーリア化(のけもの)

　南アフリカが国連とその機関で次第に孤立していったことは、第2章で取り上げた経済制裁と同調していた。これらは、アパルトヘイト政策に対する国際的非難の高まりを反映していた。また、これらは両方とも、1960年3月のシャープビル虐殺事件に端を発する。同事件では、抗議デモに参加していた非武装の67名もの黒人が南アフリカ警察により殺害された。1963年のアフリカ統一機構（OAU）の発足[7]は、国連においてアフリカ諸国に団結と方向性を与えた。1963年10月、南アフリカ政府がアフリカ民族会議（ANC）および東中南部汎アフリカ自由運動（PAC）を非合法化し、黒人活動家の指導者たちに国家反逆罪を適用する一連の裁判を開始し、最終的にネルソン・マンデラ（Nelson Mandela）が他のANC指導者とともに刑務所に投獄されると、南アフリカ孤立の動きに新たな弾みをつけることになった。これらの出来事は、アパルトヘイトの人権・政治的側面を、国連が取り組むべき事項の優先順位の高い位置に維持し続けたのである。

　既に組織化されたアジア-アフリカ・グループよる支援も得たアフリカ諸国の最優先目的は、南アフリカにおけるアパルトヘイトと白人支配を廃止することにあった。その手段は、義務的な経済制裁と国連機関からの排斥、そして最終的には国連自体からの追放を組み合わせたものであった。1960年代前半において、上記の分野全てにおける動きが同時に展開された。第2章において見たように、経済制裁は限定的な効果しかもたらさなかった。1976年のソウェト蜂起まで安保理は憲章第41条を行使しなかったし、その後も武器禁輸を課しただけであった[8]。その頃には、とうにメンバーシップ制裁の適用は進んでいた。

---

7)　Yassin El-Ayouty and William Zartman, eds., *The OAU after Twenty Years* (New York: Praeger, 1984); Richard E. Bissell, *Apartheid and International Organizations* (Boulder, Colo.: Westview Press, 1977), p. 15.

8)　先に各国に自発的な経済断絶が呼びかけられた。UN Doc. S/5386, UN SCOR, 18th

普遍的参加の確保の論調が最も強い国連自体から南アフリカを締め出そうという試みは、欧米諸国の反対によって当初くじかれている[9]。しかし、1963年を転機として、南アフリカに対するメンバーシップ制裁を課す専門機関の数が次第に多くなっていった。そのなかには、次の機関が含まれる：国際労働機関（ILO）、国際電気通信連合（ITU）、世界保健機関（WHO）、国連食糧農業機関（FAO）、国連経済社会理事会（ECOSOC）、国連教育科学文化機関（UNESCO）、国連アフリカ経済委員会（ECA）、万国郵便連合（UPU）、国際民間航空機関（ICAO）、国際原子力機関（IAEA）、世界気象機関（WMO）。

これらには国連専門機関の中で最古かつ最も「専門的な」もの、即ち政治的対立とは無縁であると考えられるものが含まれる。にもかかわらず、（主に欧米諸国が主張している）［機関の］普遍的参加の確保と機関の任務とは関係のない政治的事項の除外を求める声は、多くの場合、聞き届けられなかった。同様に、可能なかぎり多くの場においてその政策を変更するよう外圧をかけ続けるために南アフリカを加盟国の輪の中にとどめるべきであるという主張も認められなかった。アフリカ諸国は、会議からの集団的な退席や自らの脱退をほのめかすことで、これらの主張を逆転させた。これら［アフリカ諸国の］行為は、巧みな会議戦略と組み合わさり、協調的なキャンペーンを張ることで、機関内に覆しがたい空気を作り出した。多くの場合、その効果は、除名が予見される事態において南アフリカが先駆けて脱退するほどであった。いずれにせよ、これらの累積的な効果は劇的であった。

3-1-1　国際労働機関（ILO）

多くの国連機関の加盟をめぐる争いの論調は、（その歴史を1921年までさかのぼることができる）最も国際社会に定着した国際組織であるILOによって

---

　　　year, 1056 mtg. of Security Council, Aug. 7, 1963, Suppl. for July, Aug., and Sept. 1963, p. 73; Security Council Res. 591, UN SCOR, 41st year, 2723rd mtg., Nov. 28, 1986.

　9）　UN SCOR, 29th year, 1808th mtg., Oct. 30, 1974, pp. 17-18, and Suppl. for Oct.-Dec. 1974, pp. 34-35.

決められた。1961年 ILO 総会は「南アフリカ共和国政府の人種政策」を「機関の趣旨および目的と合致しない」と非難する決議を採択した[10]。ILO 憲章には加盟国の除名規定がないため、この決議は、南アフリカに国内改革が実現するまでの間、脱退するよう「勧告」した。南アフリカは、この行為を「憲章において何の根拠も有していない」として拒否した[11]。

1963年当時、ジョセフ・L・ジョンソン（Joseph L. Johnson）（ナイジェリア労働担当大臣）が ILO 総会の議長であった。南アフリカ代表を登壇させない作戦が失敗すると、ジョンソンは議長を辞任し、アフリカの32ヵ国の代表が会合を退席した[12]。結果として、除名条項を追加する憲章の修正が1964年会期の議題として取り上げられることとなった[13]。この時点において南アフリカは、同国の労働者代表の一部の排除、幾つかの委員会からの排除、「国内事項への干渉」、そして除名条項の準備そのものを含む、ILO による「敵対的行動」に言及し、ILO から脱退した[14]。

---

10) "International Labour Conference, Resolution I, June 29, 1961," *ILO Official Bulletin*, 44, 45th sess.（1961）: 16-17（賛成163票、反対0票、棄権89にて採択）
11) International Labour Conference, 47th sess., 10th sitting, Geneva, June 12, 1963, *Record of Proceedings*, p. 135.
12) *Ibid.*, pp. 135-141, 144, 145, 169, 170, 173 "ILO Parley Head Quits in Boycott," *New York Times*, June 16, 1963, p. 9, col. 3; "ILO Crisis Grows," *New York Times*, June 18, 1963, p. 27, col. 4も併せて参照。
13) International Labor Conference, "Report of the Director-General (Part II) to the International Labour Conference, 48th Session, 1964," *Record of Proceedings*, pp. 14-15; "Minutes of the 156th Session of the Governing Body, Geneva, June 28-29, 1963," *Record of Proceedings*, pp. 13-21.
14) *Minutes of the Governing Body, 159th Session, International Labour Office, June 11-13, 1964*,（Geneva: ILO, 1964）, pp. 146-147. これら行為が ILO 憲章の脱退条項にある、2年の脱退予告の要件により免除されるという南アフリカの主張にもかかわらず、同機関は脱退が有効となるまでの2年間、南アフリカに通常分担金を支払うよう促すことに成功した。*United Nations Yearbook 1965*,（New York: United Nations Office of Public Information）, p. 711; *United Nations Yearbook 1966*, p. 977.

3-1-2　国際電気通信連合（ITU）

ITU は、ほぼ ILO と同様に、諸国の紛糾の場であった。1964年、アフリカ諸国が南アフリカ代表団にビザを発行しなかったことから、同組織のアフリカ支部はジュネーヴで会合を持つことを余儀なくされた。同支部は、[この会議で]迅速に南アフリカ代表を除名することを票決した。南アフリカ代表は、退席を拒否したため、アフリカ諸国の代表が会議から退席することとなった。これに続いて欧米諸国の代表団、そして事務局もが退席したのである[15]。翌年、南アフリカは全権大使会議から除外されたが、この会議では、南アフリカをいかなるアフリカ地域会合にも招待しないことを票決した[16]。南アフリカは会合から退席し、ITU 条約を遵守し続けたものの、様々な会議やアフリカ地域の活動からは排除され続けた[17]。

3-1-3　世界保健機関（WHO）

ITU 同様、WHO も1963年のアフリカ地域会合をダカールからジュネーヴへと会場を移した。これはセネガル政府が南アフリカ代表団にビザを発行することを拒否したからである[18]。アフリカ諸国は、このジュネーヴ会合をボイコッ

---

15) *Report on the Activities of the International Telecommunication Union in 1964*, Section 6.1, (Geneva: ITU, 1965); "La conférence africaine se réunit mais ne peut poursuivre ses travaux," *Journal des Telecommunications*, vol. 31, no. 11 (Nov. 1964); 296.

16) *Report on the Activities of the International Telecommunication Union in 1965* (Geneva: ITU, 1966); George A Codding and Anthony M. Rutkowski, *The International Telecommunication Union in a Changing World* (Dedham, Mass.: Artech House, 1982), pp. 41-61.

17) Bissell, *Apartheid and International Organizations*, *supra* note 7, p. 208; *Report on the Activities of the International Telecommunication Union in 1973*, Res. 31 (Geneva: ITU, 1974), p. 153; Codding and Ruttkowski, *The International Telecommunication Union in a Changing World*, *supra* note 16, pp. 190-192.

18) *World Health Organization Official Records*, no. 127, 16th World Health Assembly, "Part I, Resolutions and Decisions," Annex 14, pp. 180-181.

トした[19]。1964年、世界保健総会においてアフリカ諸国は、南アフリカの投票権を停止する決議を通過させることに成功し、この直後に同国は会議を退席した[20]。事務局長の年次報告書は、一般的に、この［組織の運営に］「有害な非医療分野への介入」を嘆き、「訓練、能力、経験のいずれも持ち合わせていないというのに、事態が政治化する危険性」に警告を発している[21]。にもかかわらず、翌年に総会は、「意図的に人種差別政策を実施している」加盟国を除名する条項を付加するWHO憲章の改正を採択した[22]。1966年、南アフリカは、分担金の支払いを拒否し、WHOは同国へのあらゆる役務を終了させた[23]。

3-1-4 国連食糧農業機関（FAO）

1963年FAO会合は、加盟国除名を可能にする憲章の修正提案を否決した[24] そのため、アフリカ諸国は、南アフリカを「FAO会議、会合、訓練施設ならびにアフリカ地域での活動について、いかなる資格においても参加する」をFAOが要請しないという決議で妥協せざるをえなかった[25]。この動きは、南アフリカを他地域への配置換えをFAOが拒否したことにより明確となった。南

---

19) *United Nations Yearbook 1963*, p. 615.
20) *World Health Organization Official Records*, no. 135, 17th World Health Assembly, Part I, Res. WHA 17. 50 p. 23 (1964); *World Health Organization Official Records*, no. 136, 17th World Health Assembly, Part II, 12th Plenary Meeting, pp. 201-202. WHO憲章第7条は、保健総会が「例外的な場合に」加盟国の投票権を停止できる旨を定めている。WHO, *United Nations Treaty Series*, vol. 14, pp. 185-285.
21) "Seventeenth World Health Assembly Meets in Geneva," *UN Review*, Apr. 1964, pp. 23-24.
22) *World Health Organization Official Records*, no. 143, 18th World Health Assembly, Part I, "Resolutions and Decisions," Res. WHA 18.48, p. 32 (1965).
23) *World Health Organization Official Records*, no. 157, 39th Sess. of Executive Board, Part I, "Resolutions," Annex 7, pp. 45-46 (1967).
24) *Report of the 12th Session of the Conference*, Nov. 16-Dec. 5, 1963, (Rome: FAO, 1964), p. 81.
25) *Ibid.*, Res. no. 38/63, pp. 81-84.

アフリカは、事務局長に FAO から脱退する旨を伝えた[26]。

3-1-5　国連教育科学文化機関（UNESCO）

早くも1955年には、南アフリカは、出版物を通じた「南アフリカ国内の人種問題への干渉」に抗議し、ユネスコから脱退している。当時、この非難をユネスコは否定し、南アフリカに脱退するという決定を考え直すよう促した[27]。しかし、1963年にユネスコは教育に関する世界会議に南アフリカを参加させなかった。そして1968年には、南アフリカ、ポルトガル、ローデシアからのいかなる支援を受けないこと、機関の活動に参加させないことを決定した[28]。

3-1-6　国連アフリカ経済委員会（ECA）

1962年にアフリカ経済委員会初の除名決議は発せられたが、国連の各地域委員会の加盟問題を取り仕切る国連経済社会理事会において、欧米諸国の手によって除名手続は差し止められた[29]。翌年、ECA は「委員会の加盟国たるアフリカ諸国は、［南アフリカ代表団が］委員会または専門機関の会議・会合に出席することを目的とする…ビザおよび入国許可書を発行する際に、南アフリカの政策を考慮に入れる［べき］である[30]」と決議した。これを受けて、南アフリカは、「南アフリカに対するアフリカ諸国の非友好的態度が続くかぎりECA会合に出席することならびに将来、委員会の他の活動に参加しないことを決定

---

26) *United Nations Yearbook 1963*, pp. 604-605.
27) UNESCO, *Report of the Director General*, 1955, p. 19; Doc. 42 EX/43, Paris, November 9, 1955, 42nd Sess. of the Executive Board; Doc. 42 EX/Decisions, Paris, Dec. 15, 1955, 42nd Sess. of the Executive Board; *Report of the Director General*, 1956, p. 15.
28) Resolution 9.12, *Records of the General Conference, 15th Session, Resolutions*（Paris: UNESCO, 1968）, p. 87.
29) ESCOR, resumed 34th sess., 1239th mtg., Dec. 19, 1962, E/SR 1239, pp. 11, 17.
30) ECA Res. 84（V）, Mar. 1, 1963, *ECOSOC Official Records*, 36th sess., Res. Supp. no. 10, p. 46. 同決議により、いくたびか予定されていたアフリカ諸国会合の会場キャンセルや変更を余儀なくされ、ITU における南アの除名キャンペーンで重要な戦略的役割を果たすこととなった。

した。」[31] にもかかわらず、アフリカ諸国は、正式な除名処分を求め続けた。1963年、ついに ECOSOC はこれを受け入れ、「人種政策の変更によって建設的な協力のための諸条件が再び整う」まで南アフリカを ECA の活動から排除した[32]。

3-1-7　万国郵便連合（UPU）、国際民間航空機関（ICAO）および国際原子力機関（IAEA）

これら3つの機関は、いずれも加盟の普遍性を特に重視していることから、特別に問題となった。1964年、ケニア、タンザニア、ウガンダが UPU 地域委員会のボイコットをほのめかしたことに対し、UPU 総会は、設立文書に除名規定が存在しないにもかかわらず、南アフリカを機関から除名する決議を採択した。南アフリカ代表団は、議長より明示的に求められるまで会期から退席することを拒否した[33]。以後、南アフリカは万国郵便条約の締約国であり続けたものの、UPU 総会その他会議に参加することはなかった[34]。1979年、総会は正式に南アフリカを除名した[35]。

国際民間航空機関理事会においてアフリカ諸国は25席中6席しか有していなかった。南アフリカ航空の着陸権を否定するよう加盟国に呼びかける国連総会決議1761号を理事会は受け入れなかった[36]。1965年 ICAO 総会は、南アフリカ

---

31) *Communications from the Ambassador of South Africa*, UN Doc. E/3820, July 19, 1963 ECOSOC, 36th sess. agenda item 12.

32) *ECOSOC Official Records*, July 2-Aug. 2, 1963, 36th sess., "Resolutions," Supp. no.1, pp. 3-4

33) H. G. Schermers, "Some Constitutional Notes on the 15th Congress of the Universal Postal Union," *International and Comparative Law Quarterly*, 14, (Apr. 1965): 632; "Summary of Activities: Fifteenth Universal Postal Congress," *International Organization*, 20, (1966): 834.

34) たとえば UPU Res. C2, "Expulsion of the South African Delegation from the XVIth Congress of the UPU in Tokyo," *1969 UN Judicial Yearbook*, p. 119参照。

35) *Report on the Work of the Union 1979*, par. 1.1, (Berne: International Bureau of the Universal Postal Union, 1980).

36) Res. 1761 (XVII) of Nov. 6, 1962, *Official Records of the General Assembly, 17th Ses-*

を除名することを可能とする憲章の改正を認めなかった[37]。故に1971年まで、南アフリカは同機関の地域会議から除外されることはなかった[38]。1974年、分担金をその後の2年間滞納し、南アフリカは投票権を失った[39]。

3-1-8　国際原子力機関（IAEA）

核兵器開発の制限を加盟国に課すことから、あらゆるメンバーシップ制裁のなかで最も波乱含みだったのが IAEA である。これは、［ある種］、明白なジレンマがメンバーシップ制裁を運用するうえでどれほど大きな足かせとなりえるかという典型的な例であるといえよう。即ち仮に加盟国が規制型レジームから除名されたならば、国際的な恥辱を受けることになるが、同時に他の加盟国にとっての損失となることだが、除名された国は当該分野で法的制約なしに自由に行動できることになる。しかし、除名されなかったならば、当該機関とは良好な関係を維持することができるが、それでは［当該加盟国は］レジームを冒とくしたままである。この場合、アフリカ諸国は、［IAEA に］加盟していることで南アフリカの核開発計画に課されたいかなる制限も維持しようと努めた。にもかかわらず、南アフリカは IAEA 理事会においてアフリカ地域を代表することが許されなかったのである[40]。IAEA は、1977年になってようやく南アフリカを理事会の席から降ろすことができ、1979年には機関の総会への参加

---

  sion, Supp. no. 17（A/5217），"Resolutions," agenda item 87, Doc. A/5166, p. 9.

37） *Minutes of the Plenary Meetings*, 15th Session of the Assembly of the ICAO, Doc. 8516 A15-P/5, Montreal June 22-July 16, 1965, pp. 137-142; "Conflict of UN Resolutions with Chicago Convention on Civil Aviation: Letter of ICAO to UN Dated March 30, 1966," UN Doc., A/6294, Apr. 1, 1966, reproduced in *International Legal Materials*, 5（1966）: 486も併せて参照。

38） ICAO Res. A18-4, GAOR, 26th sess., *Report of the Special Committee on Apartheid*（A/8422/Rev. 1），Supp. no. 22, p. 52.

39） *United Nations Yearbook 1974*, p. 1011.

40） "Declaration concerning the Representation of South Africa," IAEA General Conference, Sept. 15, 1964, Doc. GC（VIII)/OR. 84, Jan. 14, 1965.

が禁じられた[41]。

3-1-9 世界気象機関（WMO）

1960年代の多忙な時期を反映し、WMOも1975年になってこの流れに歩調を合わせた。この年、［WMOは］「南アフリカが人種差別政策を放棄し、ナミビアに関する国連（安保理）決議に従うまで、［南アフリカの］世界気象機関の加盟国としての権利および特権を停止した。」[42]

1974年に国連総会の信任状委員会は南アフリカの信任状を拒否し、「国連の歴史の中ではじめて加盟国が総会への参加停止をうけた。」[43]南アフリカは、大部分においてもはや国連システムに参加していなかった。同国は、総会および主要な専門機関から追放されてしまったのである。国際外交の討議の場から除外されたのである。こうして多国間レベルでの社会的制裁（social sanctions）が有効に完遂された。

［実施された］30年間に、これらの制裁が与えた影響について信頼に足る評価はない。これらの制裁が積み重なって南アフリカを目的通りパーリア国家とするに大きな役割を果たしたといえる。観測筋によっては、この孤立した状態が政治変動の下地をつくりだし、1991年の複数政党制［を樹立させる］交渉から移行期を経て、さらに1994年の選挙へとつながったとみる[44]。他の見解では、

---

41) Gary Clyde Hufbauer, Jeffrey J. Schott, and Kimberly Ann Elliott, *Economic Sanctions Reconsidered: Supplemental Case Histories*, 2nd ed. (Washington D.C.: Institute for International Economics, 1990), pp. 405-406 (case 75-4, *U.S. v. South Africa*); IAEA General Conference, 23rd Regular Session, Dec. 5, 1979 (New Delhi), Doc. GC (XXIII)/OR. 210, p. 2, and Doc. GC (XXIII)/OR. 211, pp. 1-7; Michael T. Kaufman, "Nuclear Parley Bars South Africa," *New York Times*, Dec. 6, 1979, p. A14, col.1.

42) *Annual Report of the WMO*, 1975, p. 88.

43) Bissell, *Apartheid and International Organizations, supra* note 7, p. 162; Kathleen Teltsch, "South Africa Is Suspended by UN Assembly," *New York Times*, Nov. 13, 1974, p. 1 GAOR 29th Session, Plenary Meetings, vol. 2, 2281st plenary mtg., pp. 839ff. に同決議は収録されている。

44) O. A. Ozgur, *Apartheid: The United Nations and Peaceful Change in South Africa*

孤立した状態はアフリカーナーの政治的権力を固め、経済基盤を固め、アパルトヘイトをさらに固定させることで［社会］変容を遅らせたと理解している[45]。いずれの場合でも、国連におけるメンバーシップ制裁は、いわばモザイク画の１ピースにすぎない。ある程度、この取り組みは機関本来の任務から活力を奪い、事務局側と欧米諸国の一部に不満をいだかせることとなった。しかしながら、これら機関の主たる相手先が途上国であることから、反対はしていても各国は、途上国側の要請に応じるほかなかった。

　実際に国家を国際組織から除名したという点からいえば、南アフリカに対するアフリカ諸国の取組みは、記録が残る中で、最もメンバーシップ制裁が成功した事例をあらわしている。しかしながら、この経験は容易に一般化できる事例ではない。［なぜならば］、アパルトヘイトに対するほぼ全世界的な非難という、なかなか起きない事柄を反映しているからである。より端的にいえば、南アフリカでの政治的な目的の達成に関する成功がいかなるものであれ、これら制裁は条約義務の遵守を促すためのものではなかったのである。

3-2　冷戦期の武器としての脱退およびメンバーシップ制裁

3-2-1　中国代表権問題

　冷戦初期に、ソ連は国連および専門機関から国民党中国を追放し、中華人民共和国（PRC）の代表団をその座に着かせるためのキャンペーンの手段として脱退を活用した。この事例は、除名というよりも脱退に関するものであるが、

　　（Dobbs Ferry, N. Y.: Transnational Publishers, 1982）; *Financial Sanctions against South Africa: Report of a Study Concluded under Auspices of Group of Independent Experts*（Geneva: ILO, 1991）.

45)　Helen Suzman, *In No Uncertain Terms*（New York: Alfred A. Knopf, 1993）, pp. 259-265; Stephen P. Davis, "Economic Pressure on South Africa: Does It Work?" in George W. Shepherd, Jr., ed., *Effective Sanctions in South Africa: The Cutting Edge of Economic Intervention*（New York: Greenwood Press, 1991）, pp. 77-79.

本節において検討されている他の事例と同じように、このドラマが展開されたレジームに関する懸念というよりも、より広い冷戦という文脈のなかで国際組織のメンバーシップを活用する取組みを示している。このキャンペーンの中で最も重要な出来事、そしてソビエト側の観点からするならば最も悲惨だった出来事は、PRCへの議席付与が拒否されたことに抗議して、1950年1月に安保理をソ連がボイコットしたことであろう[46]。第2章において指摘したように、結果的に朝鮮戦争が勃発した際にソビエト代表は安保理を欠席したため、北朝鮮の侵攻に対する安保理の行動に拒否権を発動することができなかったのである。

慎重に練り上げられた、国連機関全般および専門機関からのソビエトの一連の退席は、安保理からの退席と並行して行われた[47]。国連本体においては、中国の信任状に関する決定の後、ソ連とチェコスロバキアもしくはポーランドまたはこの三者が一斉に、国連アジア極東経済委員会（UN Economic Commission for Asia and the Far East: ECAFE）、信託統治理事会、経済社会理事会［と幾つかの下部委員会］および国際法委員会から身を引いた[48]。ソビエト代表団は、全面的な核軍縮を企図していた国連原子力委員会からも脱退した[49]。ソ連の参加が自らの任務遂行に必要不可欠であることから、委員会はもはや活動を続けることができない旨を決定した。するとすぐに総会は1952年に同委員会を

---

46) UN SCOR, 461st mtg., Jan. 13, 1950, pp. 1-10. General Assembly Res. 609A (VI). 安保理は、（中華民国の信任状を受け入れるという）信任状委員会の報告を承認した。同様の措置は後々まで続いた。

47) この時期、ソ連に加えて国連内の親ソ連諸国は、ベラルーシとウクライナ（共産勢力の数における劣勢を軽減するためにソ連の主張によって、両国は原加盟国として受け入れられた）とポーランド、チェコスロバキアしかいなかった。戦時中、ドイツの同盟国であったアルバニア、ブルガリア、ハンガリーは1955年まで国連に加盟できなかった。しかしながら、これら諸国は、国連加盟を必要としない専門機関に参加していた。

48) *United Nations Bulletin*, June 1, 1950, p. 504; ibid., June 15, 1950, p. 29.

49) ソ連は、1950年の核軍縮交渉の協議からも離脱し、主要6ヵ国協議を停止させた。*United Nations Yearbook 1950*, pp. 415-416.

解散した。しかしながら、他の国連機関は、安保理がそうしたように、東側諸国が欠席するなか自らの計画を進めた[50]。1950年から1952年の期間において、ソ連が退席しなかった国連下部機関は欧州経済委員会（Economic Commission for Europe: ECE）だけであった。

　専門機関での東側諸国のキャンペーンは、より無残な状態であった。中国の代表権問題とは別に、ソ連は、当初、実務・政治的およびイデオロギー的な立場から、これら専門機関の活動に対し完全に曖昧であり、敵対的でさえあった[51]。期間としては1947年から1948年の間に、アルバニア、ブルガリア、ハンガリー、ルーマニア（同国は、国連加盟国ですらなかった[52]）を含むソビエト衛星諸国がWHO、UPU、ITUおよびWMOに加盟した[53]。これら機関は、専門機関の中でもおおむね技術的な性格が強く、政治色が薄いものであり、かつ直接的な利益を得られることが推定できた[54]。国連創設期においてソ連自体は、他の、より政治的な機関に加盟することはなかった。しかしながら、チェコスロバキア、ハンガリーおよびポーランドは、1947年頃にILO、UNESCOおよびFAOに加盟した[55]。経済機構について、ソ連はブレトンウッズ交渉に参加し、

---

50) *Ibid.*, pp. 415-416.

51) *Ibid.*, pp. 10-11. Rupert Emerson and Inis L. Claude, Jr., "The Soviet Union and the United Nations: An Essay in Interpretation," *International Organization*, 6, (1952): 19-21も併せて参照。

52) "Members of the UN, the Specialized Agencies, IAEA, and GATT" (as of Dec. 1982), UN Secretariat ST/LIB/39, May 24, 1983.

53) この中でWMOは例外である。ポーランド（1950）、ハンガリー（1951）、ブルガリア（1952）は、それぞれこの期間後に加盟した。

54) Harold K. Jacobson, *The USSR and the UN's Economic and Social Activities* (Notre Dame, Ind.: University of Notre Dame Press, 1963), pp. 10-11; Emerson and Claude, "The Soviet Union and the United Nations," *supra* note 51, p. 19.

55) チェコスロバキアからするならば、これら行為は1948年のソ連侵攻以前のことであり、同様に、他の国にもこの行為がソ連の厳格な支配に先行すると推測することできる。これら3ヵ国は、どれも第二次大戦以前からILOに加盟していたが、同機関が国連の専門機関となったので再加盟しなければならなかった。ブルガリアも1947年にILO加盟した。しかし、戦前よりの加盟国であったアルバニアとルー

国際通貨基金（IMF）および国際復興開発銀行でのクォータが決定していたにもかかわらず、いずれの設立文書も批准することはなかった。しかしながら、チェコスロバキアとポーランドは、1947年にはこれら機関の加盟国であったし、チェコスロバキアはGATTの原加盟国であった。即ち1949年9月21日に毛沢東が中華人民共和国の成立を宣言した時の状況とはこのようなものであった。その後、国連内で中国代表権問題が過熱していった。ソ連衛星諸国の世界保健機構（WHO）脱退は、実はPRCを議席につけるキャンペーン以前に生じており、それは期待されていた利益が実現されず、同機構が政治化されているというソ連の認識に端を発していたように思われる。1949年2月にソ連がWHOを抜けたのをはじめとし、西側9カ国全てがこれに倣った。WHO事務局長への書簡の中で、ソ連副保健相は次のように苦情を述べている。「疾病の予防管理のための国際措置ならびに医学の普及の達成に関する任務を機構は満足に達成していない。同時に、WHOの肥大化した行政機構を維持するために加盟国には負担しきれない費用がかかっている。」[56]

続く2年のうちに、他のソ連衛星諸国8ヵ国が実質的に同じ内容の書簡を送っている。これら脱退は正式には中国代表権問題とはつながっていないものの、ルーマニア、アルバニア、チェコスロバキア、ハンガリー、ポーランドは、PRCの企てを国連その他専門機関が却下するまで書簡を送付しなかった[57]。1950年5月、中国代表権問題が真剣に取りざたされ、中国国民党代表が議席を得ると、ポーランド、ハンガリー、チェコスロバキア代表団はユネスコ総会会議から退席した[58]。1ヶ月後、同じ諸国が同じ理由でILO総会から退席した[59]。ユネスコ会議からの退席は、「ユネスコが冷戦の道具になりつつある」と

マニアは、後になるまで加盟しなかった。
56) *World Health Organization Official Records, 2nd World Health Assembly*, pp. 17, 19, tele 1972), pp. 110, 117も併せて参照。
57) *United Nations Bulletin*, Apr. 1, 1949, p. 330; May 15, 1950, p. 446; Sept. 1, 1950, p. 224.
58) *Ibid.*, June 1, 1950, p. 498; June 15, 1950, p. 529.
59) International Labour Conference, 33rd sess., Geneva, June 7, 1950, *Record of Proceed-*

いう非難、ならびに偏向した加盟の実行と朝鮮半島における「米国の戦争政策」支持への非難を理由づけとした正式な脱退へと進展した[60]。同3ヵ国はFAOからも脱退した[61]。ついでにポーランドは世銀とIMFからも、両機関が米国の支配下にあるという理由で脱退した。

1952年末には、専門機関におけるソ連ブロック諸国の参加はほとんど見られなくなった。これら機関は、自らのプログラムや活動を断念することは拒んだものの、[レジームからの]離脱について決して無関心ではなかった[62]。世界保健機関は、これらの脱退を認めない立場をとり、東欧諸国を一時的に活動停止している加盟国として扱った。会議の通知や他の文書については引き続き送付した。ユネスコはこれら諸国を加盟国一覧に記載し続けた。スターリン死去から数年、きまぐれにこれらの国が古巣に復帰し始めたとき、機構によっては不在時に累積された分担金の負担を軽減する特別協定を作成するものもあった。

脱退に対して最も厳粛な態度をとったのがブレトンウッズ機関であった。これらはポーランドが提示した批判に対してやや無愛想な態度で否定したうえで、その脱退を認めたばかりか、共産主義国では唯一制度に残っていたメンバーとして中国代表権問題を争い続けていたチェコスロバキアを、その[ポーランド脱退の]直後に除名した。1953年11月、IMFは、チェコスロバキアがIMF平価の許容されない変更を行ったことにより、自らの権利を行使しえないことを宣言した[63]。そして1954年にチェコスロバキアは、自国の経済・財政情報の

---

  ings, pp. 6-9.
60) UNESCO General Conference, Extraordinary Session, Doc. 2 XC/6, Annex I, p. 3 (Paris, May 20, 1953).
61) FAO, Report of the Special Session of the Conference, Washington D.C., Nov. 3-11, 1950, p. 4; *FAO Bulletin*, July 1950, p. 9; *FAO Press Release* I/R/350, Apr. 27, 1950, and I/R/379, Feb. 7, 1951.
62) 確かに、数少ないソ連の政策で成功したものは、「UPUの完全に技術的性格と中国の現況を考慮し」、PRC代表者をUPU執行理事会に席を置くことができたことであった。*United Nations Bulletin*, June 1, 1950, p. 498. UPUは親ソ連ブロックが全期間を通じて加盟を維持し続けた3機関の一つである。
63) IMF, *Summary Proceedings: Annual Meeting 1954*, pp. 113-114, 137, 153-159.

開示義務を怠ったことを理由として除名された[64]。

　1950年代のソ連による脱退戦略の結果は裏目に出た。ワルシャワ条約機構加盟諸国の負った政治的コストは相当なものであった。この問題は、米国が国民党中国の立場を維持する執拗かつ成功裏におわった取り組みに全力を尽くす中、冷戦初期における主戦場となった[65]。結果は、(少なくとも短期的には) 米国の大々的な勝利であった。国連原子力委員会を除く全ての組織は普遍的加盟が理論的に望ましいと考えてはいたものの、組織の実務は、多少の混乱があったものの続いたのである。脱退戦略が中華人民共和国に議席をつけるという表向きの目的に対して功を奏さないことが明らかになったとき、ソ連およびその同盟諸国は、きまり悪そうに諸機関に復帰したのである。その地位と影響力は、長く減退したままであった。中華人民共和国が国連に登場するにはあと20年を要した。

　機関に抵抗する政治的コストは、米国にとっても些細な事柄ではなかった。機関の政治化自体がこれらの実効性を低めたといえる。「中共」の議席問題をめぐる大騒ぎは国連下部機関・専門機関の主要な活動から時間と活力を削いだ。このことを (米国の支持国を含めて) 他のすべての加盟国が一定の度合いにおいて快く思っていなかった。米国が南アフリカ、そして後にイスラエルに対するメンバーシップ制裁の適用に対して抵抗しようとした際、こうした措置が機関を「政治化」させてしまうと主張した。しかし、この制裁の推進者は、誰が真っ先に非難をしたかをすぐに忘れてはいなかったのである。

---

64) IMF *Annual Report 1955*, p. 115.
65) 米国側の圧力にもかかわらず、英国他主要国は中華人民共和国を承認した。しかしながら、国連における手続に関して、これら多くの諸国は米国を支持した。英国は、香港の状況を大きな理由として、1950年1月6日にPRCを承認した。英国は、1950年1月13日の安全保障理事会での投票を棄権した。その主張は、安保理メンバーの多数が未だ中国の新政府を承認していない中でこの問題を検討するのは時期尚早であるというものであった。しかしながら、最終的に英国は、PRCに議席を与えるインドによる決議案 [不採択] に反対し、米国と対峙した。*United Nations Yearbook 1950*, pp. 425-429参照。

3-2-2　国連総会におけるソビエトの投票権

10年後、米国は自らが仕掛けた罠にはまってしまった。冷戦期における最も華々しいメンバーシップ制裁の事例、それも最も華々しい失敗の事例は、国連総会における投票権をソ連から取り上げようとした1962年から1965年までの米国の取り組みであった。同事例は、このような取り組みを仕掛ける困難ばかりでなく、失望すべき結果と予期していなかった結果をも浮き彫りにした。

1960年代初頭、国連は1億ドルもの負債を抱えていた。この多くは中東（UNEF）とコンゴ（UNOC）での平和維持活動にかかった費用であった[66]。ソ連は、これら活動が国連憲章違反であるとし、総会において割り当てられた分担金を支払うことを拒否していた。国連憲章第19条は、国連分担金の支払いが2年以上滞っている場合、「国際連合加盟国は……総会で投票権を有しない」としている。ケネディ政権は、国連の財政赤字の対処プログラムに着手していた。その大部分を米国が引き受ける債権の発行であった。米国議会の承認を得るために、ケネディ政権はソ連に対して19条を遵守させることを固く誓っていたのである。

米国の強い勧めにより、総会は国際司法裁判所に勧告的意見を要請し、ソ連が平和維持活動の分担金を支払う義務を負うかを諮問した[67]。裁判所は、［当時展開されていた］二つの平和維持活動の妥当性ならびに加盟国に負担を要請す

---

66) *Hearings on Purchase of United Nations Bonds: Before the House Committee on Foreign Affairs*, 87th Congress, 2nd sess.（1962）, pp. 366-367参照。

67) GA Res. 1791, UN Doc. A/5100（1962）, UN GAOR, vol. 16, Supp. 17, p. 54. 国連憲章第96条によって総会には、勧告的意見を与えるように国際司法裁判所に要請する権限が与えられている。そしてICJ規程第65条は、このような要請を検討する管轄権を付与している。他の滞納国もまた、法的問題の解決を望んでいた。しかし、これら諸国は、ソ連とは異なり、裁判所が［PKOに関する］判断を支持したならば経費を支払う準備があることを明言していた。Abram Chayes, Thomas Ehrlich, and Andreas F. Lowenfeld, *International Legal Process: Materials for an Introductory Course*, vol. 1,（Boston: Little, Brown, 1968）, p. 167.

る総会の評価額を支持した[68]。1964年にソ連の未払金は定められた2年間分という基準を超過した。米国は、（ためらいがちな）同盟国の支持を得て、ソ連の投票権を停止させるための戦いに身構えた[69]。

このようなときであっても、米国は、加盟国の投票権停止のような措置をとるうえで総会において必要な2/3の票数を得られるか確信はなかった[70]。そこで米国は19条によれば滞納者が「投票権を有しない」とすることから、投票権の停止は自動的、かつ、総会が追加的手続をとる必要もなく行われるという立場をとった。米国は自らの主張を、他の国連専門機関の設立文書の条文で19条にあたるものの扱いを参照することで補強しようとした。しかしその実行の記録は、明確というにはほど遠い[71]。

ここから驚くべき光景が展開した。両陣営ともに、この対立を行き着くところまで持っていきたくなかったのである。投票になった場合、どちらが勝利するかは全くわからなかった。また勝利したとしても、ここまで大規模な問題に対して超大国のいずれかの申出を拒絶した場合の国連への影響は甚大であると考えていた。ゆえに総会は2年もの間、何も票決しなかったのである。全ての事柄を加盟国と交渉した後、議長の表明により、コンセンサス方式で決定した

---

68) 国連経費事件 "Certain Expenses of the United Nations," *ICJ Reports* (1962): 151.
69) *United Nations Yearbook 1964*, p. 29; "UN's Deadbeats," *New York Times*, June 16, 1963, p. 2E, col. 4. ハンガリーとキューバを含む加盟10ヵ国が1963年総会の直前まで2年間分を滞納していた。しかし、これら諸国は期日までに支払うことでこの問題を回避した。
70) J. H. Spencer, "Africa at the UN: Some Observations," *International Organization*, 16 (1962): 378参照。1960年代前半には、既に冷戦時の多くの争点に関して米ソ両国に反するよう投票する大きな傾向がアジア・アフリカ諸国にあったことを同論文は指摘している。
71) Office of the Legal Advisor, U.S. Department of State, "Article 19 of the Charter of the United Nations: Memorandum of Law" (February 1964), pp. 8, 14, 17-25, reprinted in Chayes, Ehrlich, and Lowenfeld, *International Legal Process*, vol. 1, *supra* note 87, p. 219参照。参照した事例において、未払金が支払われるまで滞納国自ら投票を控えたことから、この点について明確な決定はなされなかった。

のである[72]。この手法は明らかに不満をよぶものであった。なぜならば、重要な事項や論争を呼ぶような事柄は、この手続の俎上に載らないからである。事実、決定された事項の中で最も重要であったのは国連年次予算であった。

1965年前半、第19会期の終盤に、アルバニア代表がコンセンサス方式の妥当性を投票にかけることに成功した。総会はこの手続を許容することを決定したが、これはピュロスの勝利［訳注：犠牲が多くて割に合わない勝利］であった。米国は、この投票が「単に」手続き的なものにすぎないというところに安らぎを得ていたが、ソ連を含む総会加盟国が投票したことは否定しがたかった[73]。次の総会会期において、アーサー・ゴールドバーグ（Arthur Goldberg）米国国連大使は、米国代表としての自身の初登壇において米国の異議を撤回し、ソ連の投票を含む普段の手続が再開された。しかしながら、ゴールドバーグ大使は、19条のメンバーシップ制裁がソ連に適用されなかったならば、同条は米国の未払金にも同様に適用されないという立場を留保すると警告した（すなわち雌ガチョウにとってのソースは雄ガチョウにとってもソースなのである。）［訳注：一方に当てはまることは他方にも当てはまるという格言][74]。1980年代において、実際に未払金が発生したときにこれは現実となった。ここまで完全な大失敗はなかったであろう。米国は辱められた。ソ連の未払金は、未払いのままであったばかりでなく、特定の義務を執行するという明確な目的のもとで憲章に規定された制裁措置が無視されたのである。以降、19条は死文化した。さらに、1973年に UNEF II が中東に派遣されるまで、国連 PKO は、総会による評価［通常予算］に代わり、判断ではなく、暗黙の了解による自発的な負担［当事国による負担］により賄われてきたのである[75]。

---

72) 総会第19会期における事務総議長声明を参照。UN GAOR, vol. 19 (1964), p. 1286.
73) UN GAOR, vol. 19, 1329th Plenary Meeting, Feb. 16, 1965; ibid., 1330th Plenary Meeting, Feb. 18, 1965, pp. 1, 7. Chayes, Ehrlich, and Lowenfeld, *International Legal Process*, vol. 1, *supra* note 87, pp. 229–242に再録。スティーブンソン大使の声明は同書238頁。
74) Arthur J. Goldberg, "U.S. Finds UN Majority Unwilling to Enforce Article 19," *Department of State Bulletin*, 53 (1965): 454.
75) 1965年初頭、この問題を解決するために平和維持活動の経費にかかわる特別委

1980年代に国連における未払金はまたも大きな問題となり、組織が機能するうえでの能力に障害となるおそれがあった。米国はなかでも最も深刻な違反者であった。1965年の経験は、明らかな事柄をさらに強調したにすぎない。即ち、少なくとも大国に対して19条を確実に適用すると脅かすことはありえないということである。しかし、将来的に完全な支払を各国に促すための厳格な管理に取り組むための対話は国連での投票権騒動によって影が落とされている。

3-2-3 キューバと米州機構

予期されたように、米国はキューバとの長きにわたる対立の一環としてメンバーシップ制裁を展開した。米州機構から「キューバの参加を排する」ことはできたものの、この出来事は完全な成功からはほど遠いものであった。

OAS憲章は除名に関する規定、「参加からの排除」ほかあらゆるメンバーシップ制裁の規定をもたない。にもかかわらず、1961年4月、OASの機関である米州防衛評議会は「キューバとソ連ブロックとの間の軍事同盟が明らかに存在する」としてキューバを共同防衛計画から排除した[76]。1962年1月、即ちミサイル危機の10ヶ月前、米国はキューバを米州システム全体から追放することを画策した。OAS諸国の外相が集うプンタ・デル・エステ会議において「マルクス・レーニン主義を支持するOAS加盟国は米州システムと共存しえない」こと、およびこの「[このようなキューバの]相矛盾する態度のために、現キューバ政権を米州システムから排除」することを発議した[77]。

員会が招集された。正式には採用されなかったものの、同委員会が起草した原則案の内容を［ここでのものを含め］各国は長年遵守してきた。GA Res. 2006（XX）, Feb. 18, 1965.

76) "Resolution of the Council of Delegates, April 26, 1961," *OAS Secretary General's Annual Report*, p. 12.
77) "Resolution VI, Eighth Meeting of the Consultation of Ministers of Foreign Affairs," Jan. 31, 1962, OEA/Ser F/II. 8, Doc. 68, pp. 17-19, Pan American Union, *Inter-American ern Hemisphere Affairs of the House Committee on Foreign Affairs*, 101st Congress, 2nd sess., May 1, 1990, pp. 25-26参照。

なかでもメキシコは、憲章のもとで「除名は法的に可能ではない」と主張した。この異議に対応するために、マルクス・レーニン主義イデオロギーの原則に従うことにより「キューバの現政権は自発的に自身を米州システムの外に置いた」と同決議は繰り返した[78]。この主張によれば、キューバは除名されたわけではない。自らの行為によって、機構の外に自ら出たのである。同決議は、14の支持票という2/3の過半数をかろうじて獲得することで可決された。アルゼンチン、ボリビア、ブラジル、チリ、エクアドル、メキシコは、米国の主張によって動じることなく、投票を棄権した。キューバは、決議に反対票を投じ、後に国連安保理において異議を申し立てたが無駄に終わった[79]。1995年現在、キューバは、未だOASの活動に参加していない[80]。

キューバをOASから除外する取り組みを進めることは米国にとって単純でもなければたやすい事柄でもなかった。それが冷戦の最中であっても、「自らのお膝元」で起こった事態であってもであった。アメリカ半球の中の重要国の多くは、米国への支持を拒否し、半球における米国リーダーシップの発揮に対する反感をあらわにした。キューバの不在に端を発する半球における連帯の破壊に対してOAS内では不満の声が続いた。また、その結果も満足のいくものではなかった。OASからキューバを除外しても、続く四半世紀においてキュー

---

78) *Department of State Bulletin*, 46（1962）: 281.

79) キューバ代表から安保理議長への書簡を参照。UN Doc. S/5086（1962）, UN SCOR, vol. 17, Supp. Jan.-Mar. 1962, pp. 88-90, 96; D. Larson, ed., *The Cuban Crisis of 1962, Selected Documents and Chronology*（Boston: Houghton Mifflin, 1963）も併せて参照。

80) ほぼすべてのラテンアメリカ諸国がキューバの政治的・経済変革を望んでいたものの、米国による外交的・経済的孤立化の政策に対しては大きな疑問を持っており、キューバを同じ半球上におかれた共同体に組み入れることで徐々に変容を促すべきであると考えていた。Peter Hakim, "The United States and Latin America: Good Neighbors Again?" *Current*, June 1992; "The Role of the OAS in the 1990s," *Hearing before the Subcommittee on Human Rights and International Organizations and Western Hemisphere Affairs of the House Committee on Foreign Affairs*, 101st Congress, 2nd sess., May 1, 1990, pp. 25-26参照。

バの政治体制は弱体化しなかった。それはキューバのソ連依存と同盟国として の忠誠心を強化しただけだった。イデオロギーとヘゲモニーが最も強固だった 場合においても、除名するための合意を形成することが困難であったことは、 白黒がつけにくく、パワーが分散している世界において示唆的である。

3-3　遵守に関連した制裁および脱退

　これまでメンバーシップ制裁が条約義務の不遵守に対して全面的（あるいは 主たるものとして）に活用された事例は非常に限られたものしかみつけること ができなかった。安保理決議を軽視し、ジェノサイドの片棒をかついだと広く 目された旧ユーゴの場合においてすら、国連の対応は抑制的なものであった。 国連は、この事例を国家承継の問題としてとらえた。安保理は「ユーゴスラヴィ ア社会主義連邦共和国とかつて称された国家はもはや存在しない」と「みなし」、 新ユーゴが旧ユーゴの「加盟国としての資格を自動的に継承することはできな い」とした。故に安保理は総会に対して「新ユーゴが国連に加盟申請をすべき であり、総会の活動に参加すべきでないことを決定する」よう勧告した[81]。 1992年9月22日、総会は安保理の勧告を受諾した[82]。にもかかわらず、旧ユー ゴの国旗と名札は国連においてこれまで通りの場所に配置されていた。国連の 法律顧問は状況を次のように説明した。「同決議は、国連組織内のユーゴスラ ヴィアの資格をはく奪するものでも停止するものでもない。…同決議は総会以 外の機関においてユーゴスラヴィアが活動する権利をはく奪しない。」[83] 7月の

---

81)　SC Res. 777, Sept. 19, 1992, UN Doc. S/Res/777（1992）.
82)　GA Res. 47/1 Sept. 22, 1992.
83)　"Letter from Carl-August Fleischhauer, UN Under-Secretary General for Legal Affairs, to Mario Nobilio, Permanent Representative of the Republic of Croatia to the United Nations," UN Doc, A/47/485（Sept. 29, 1992）参照。Yehulda Z. Blum, "UN Membership of the 'New' Yugoslavia: Continuity or Break?" *American Journal of International Law*, 86（1992）: 830; Vladmir-Djuro Degan, "Correspondents' Agora: UN Membership of the Former Yugoslavia," *American Journal of International Law*, 87

ヘルシンキサミットにおいて、欧州安全保障協力機構はボスニアとクロアチアへのユーゴスラヴィアの武力侵攻を非難し、その資格を「停止」する制限的な措置をとった。同サミットは、ボスニア、クロアチアにおける「暴力および武力侵攻」に対して「ベオグラード当局」、つまり、ユーゴスラヴィア連邦当局およびセルビア当局を非難する声明を議事録に掲載することを以て閉幕した[84]。

　他の東欧諸国に関連する加盟資格問題は欧州評議会において生じた。同評議会は、第二次大戦後に欧州の民主主義および人権の守護者として西欧諸国が設立した。NATOが提供する安全保障や欧州連合がもたらす経済的利益のような具体的な利益を与えるものではないが、評議会での構成員資格は、重要であるとされる。その理由は、民主主義にもとづくことが欧州共同体において健全な国家である証とされるからである。評議会は民主主義および人権規範を侵害する加盟国の資格を停止もしく除名する権限を有している。しかし、冷戦期において同評議会は多くの加盟国の人権侵害を非難してきたが、閣僚委員会は評議会の資格停止手続を一度［ギリシア軍事政権に対して］しか行使したことがない。1980年代前半のトルコ軍事政権に対しては、議員会議の度重なる要請にもかかわらず、［ギリシアと］同じような措置はとられなかった。ポスト冷戦期において、加盟を声高に要求する東欧諸国に議員会議は比較的リベラルな加盟

　　(1993): 240-251.

84) "CSCE Debates Balkan Crisis," *Facts on File*, July 23, 1992, p. 543, B3. 1992年12月14日、ストックホルムでのCSCE閣僚会議において米国とロシア連邦は共同声明を発表した。「ロシアと米国は、ほかの選択肢を慎重に検討することをセルビア人民に求める。ここでの選択肢は、国際共同体に復帰するか、それとも現状のパーリアの地位、すなわち現政権のせいで政治的には孤立し、経済は荒廃している状態に甘んじるかというものである。もし正しい選択がなされたならば、米露両国は、セルビア政府とともに同国の世界復帰がなされるよう協力することを誓約する。この決定につづき、米露両国が切に望む、基本政策の変更がなされたならば、制裁の段階的な緩和そして撤廃が可能となる。その結果、セルビアはモンテネグロとともに国連、CSCE、その他組織にあたたかく迎えられることであろう。」*U.S. Department of State Dispatch*, 3, (Dec. 28, 1992): 914.

方針を採用した。しかし、このなかで「［民主主義と人権にかかわる］義務の遵守が新加盟国の議員代表が完全に参加するための条件である」と宣言した。その言外の意味は、これを怠った場合には何らかの形のメンバーシップ制裁があるということだが、これが過去の例よりも厳しいものとなるかはいまだわからない[85]。

1970年後半から1980年代にかけて米国は、ILO、IAEA、UNESCOの3団体からの大々的に報道された脱退劇における主人公であった。これらの三つの事例における脱退の理由は多様で複雑であるが、共通していることは、新規独立国の加盟国数が増え、欧米勢の優勢が弱まってくるに従い、米国が国連および国連システムへの幻想から覚めてきたことである。それぞれの事例において米国は、国際組織の活動に対して明確に定義された不満を有していたのだが、そこに共通する要素は、新たに多数派となった途上国がイスラエルを排除・孤立させる手段として機関を活用することへの政治対応の必要性であった。米国は、自らが好ましくないと考える多数派の行動に対する報復手段として脱退やその後の大規模な財政支援の打ち切りをつかった。ILOとIAEAにおける米国の行動には躊躇と後悔が紛れもなくあった。脱退の後には、米国と国際組織の関係修復のために、ちょっとしたいざこざがあったものの、実際に米国は短期間に完全復帰した。比較して、1995年後半現在、米国のユネスコでの不在は継続している[86]。［訳注：2003年10月に復帰後、2017年に再び脱退を宣言］

米国による脱退の事例は、それぞれ機構の政策や行動に影響した。その理由は主として、これら機関において最大の支援国である米国に対してのみいえる

---

85) Jean E. Manas, "The Democracy Ideal and the Challenge of Ethno-National Diversity: An Evaluation of the Council of Europe's Democracy Mission in Situations of Ethno-National Conflict," Carnegie Conflict Prevention Project, Working Paper no. 1, 1994.

86) Barbara Crossette, "UNESCO Woos Washington to No Avail," *New York Times*, Feb. 12, 1995, p. 8, col. 1. これら三つの事例に関する詳細な検討については Mark F. Imber, *The USA, ILO, UNESCO and IAEA: Politicization and Withdrawal in the Specialized Agencies* (New York: St. Martin's Press, 1989) 参照。この部分の事実関係は多くをインバーの研究に依っている。

ことであるが、予算面での支援の大幅な縮小にあったといえる。1974年にILOがイスラエルの人権侵害を批判する決議を採択し、パレスチナ解放機構（Palestine Liberation Organization: PLO）にオブザーバー資格を付与したことにつき、米国が脱退したとき、その予算は21.6％も縮小を余儀なくされ、230名を解雇するにいたった。カーター大統領は「ILOがその原則および手続に忠実に戻ったときに復帰する」意思を表明した。2年もの間、ILOはイスラエルに対してさらなる措置をとらなかったばかりか、同じ時期にチェコスロバキアにおける差別問題に批判的な報告書を採択した。この事案は、冷戦期においてILOの政策が米国の不興を買うきっかけとなった問題であった。米国がILOに復帰するに、これは十分な理由であったらしい。1980年2月、同国は2年あまりの不在期間を以てILOに復帰した。

　IAEAからの米国の脱退は、1981年イスラエルがイラクのオシラク原子力施設を攻撃したのちに起こった。この空爆に対し、米国は国連安保理で強く非難をするよう投票したが、IAEAによるイスラエルの資格停止に対しては反対の立場をとっていた。IAEA決議は否決されたが、投票手続に関するはげしい論争が起こり、明らかに誤った判断がなされたあと、イスラエル代表団の信任に異議を申し立てることに成功した[87]。IAEAの設立に米国は大きな原動力となり、IAEAは、同国の不拡散政策の柱石であったが、米国は会合から退席し、財政支援を凍結し、同機関の活動から手を引いた。米国は正式な脱退はしなかったものの、IAEAに対する自国の政策を全体的に「見直す」と発表した。米国の完全復帰のために、米国・IAEAの両者は直ちに動いたのである。その機会は、イスラエルが法的にIAEAの活動に完全に参加することを同機関が［歳出予算規則に基づき］認めた時に訪れたのである。

---

87) Imber, *The USA, ILO, UNESCO and IAEA, supra* note 86, pp. 80-83. 賛成反対票同数につき、イスラエルの信任を否定する提案が否決されたと議長が通知した後、［投票せずと記録されていた］マレーシア代表者が同提案の賛成に自らの票を変更することを願い出た。誤って法律顧問は、投票結果が公示された後でも、こうした変更が適正であるとした。

米国の1984年末のユネスコ脱退は、主として同機構とレーガン政権との間の政策、姿勢、リーダーシップ、アジェンダに関するイデオロギー的な対立に基づいていた。しかしながら、対立の根源は1974年にまで遡ることができる。同年、ユネスコ総会は、イスラエルのエルサレム旧市街での考古学活動を非難し、占領地域における教育政策を批判した。他の事例と同じように、同機構は米国脱退に対応して重要な修正を行った。しかしながら、ユネスコは最も根本的な部分で改革をしたものの、米国との関係を修復できなかった唯一の国連機関となった。

絶大な規模と影響力を有する米国が脱退することや脱退を示唆することでレジームに深刻なペナルティを与えられる能力を持つことは明らかである。しかし、場合によっては小国であってもレジームを脅かすことは可能である。続く章においてさらに検討されるように、国際捕鯨委員会（International Whaling Commission: IWC）の辿った数奇な展開は、この重要な事例である[88]。

1950年代、60年代に捕鯨頭数を多く割り当てたため、主要な鯨類資源の深刻な枯渇を招くこととなった。環境保護団体は、商業捕鯨の全面モラトリアム［一時停止］を要求した。1970年代、主要な環境保護団体[89]による加盟国への働きかけが功を奏し、IWC において必要な3/4過半数は達成され、1982年にモラトリアムは可決された。このモラトリアムは、3年かけて段階的に導入され、少なくとも1990年まで継続される予定だった[90]。このモラトリアム決議に対してノルウェーと日本は、不参加権を行使した。アイスランドは、この権利を行使しなかったものの、調査捕鯨枠のもとでミンククジラ［鯨類の中でも生息頭数が最も多い］[91]を数多く漁獲し続けた。調査捕鯨は、国際捕鯨取締条約（Inter-

---

88) 捕鯨の事例に関する他の側面については、本書第4章および第11章において検討している。
89) 本書第11章参照。
90) *International Whaling Commission Report*, IWC Schedule, par. 10 (e) (Feb. 1983).
91) 1992年に IWC 科学委員会は、南氷洋でのミンククジラの生息数を76万頭、北大西洋で11万4千頭と推定した。参照 "Whaling Panel Agrees to New Formula for Limited Catches," *New York Times*, July 4, 1992, p. 2, col. 1. しかしながら同委員会の推定

national Convention for the Regulation of Whaling: ICRW）の規制が適用されない。しかしながら、米国の圧力により当該 3 ヵ国は、1980年代の残りの期間、捕鯨活動を抑制した[92]。

1991年、捕鯨を支持する 3 ヵ国は、鯨類の資源を世界規模で管理したうえで商業捕鯨を再開する計画を提案した。同提案は、IWC 科学委員会によって支持されたものの IWC 年次会合では否決された。この時点においてアイスランドは、多数派である捕鯨反対国が道徳的・倫理的観念（アイスランドが共有しえない観念）に突き動かされており、商業捕鯨の恒久的な廃止を決意していると確信したのである[93]。1991年12月28日、アイスランド内閣は、全員一致で IWC から脱退することを決定し、翌年 6 月グラスゴーでの年次会合においてこれを実行した。続いてノルウェーは、IWC モラトリアムを無視して商業捕鯨を再開することを決定し、日本は捕獲禁止が解かれるまで「いつまでも待つつもりはない」と告知した。3 ヵ国は他の捕鯨国とともに会合を開き、IWC の代替機関として北大西洋海産哺乳動物委員の設立を検討した[94]。これらの展開は IWC および国際捕鯨レジームの行く末に少なからず疑問を投げかけることとなった[95]。

一見、和解不可能であるかにみえる論争を修復する外交担当者の能力は素晴らしいものの、アイスランドの脱退は、実効性を有する規制を課す機構として

　　　　生息数には少なからず疑問の声が挙げられている。
92) 　本書第 4 章参照。
93) 　Keith Schneider, "Iceland Plans to Withdraw from International Whaling Agreement," *New York Times*, Dec. 28, 1991, p. 3, col. 1; Craig Whitney, "Norway Is Planning to Resume Whaling Despite World Ban," *New York Times*, June 30, 1992, p. A1, col. 3.
94) 　Glenn Frankel, "Norway, Iceland Defy Ban, Will Resume Whale Hunts," *Washington Post*, June 30, 1992, p. A14参照。
95) 　IWC から脱退したのはアイスランドが最初ではない。IWC が捕鯨国の集まりであった1958年にノルウェーとオランダは、同団体が設定した捕鯨の全地域の割当においてこれら諸国に割り当てることを拒否したことから脱退している。IWC, Annual Report, 1959, p. 6. 最終的には、両国ともに復帰したうえで、南氷洋における捕鯨主要 5 ヵ国は、IWC の枠外で全地域の割当について合意に達することができた。

のIWCの存在意義に現実的な脅威をつきつけた。同機構は、アイスランドや他の諸国を引き留めるためにモラトリアム政策を放棄するか、それともこれら諸国を規制義務から解放するかという苦しい選択に直面している[96]。

3-4 結　　論

　メンバーシップ制裁の文脈において、コスト、政治的動機および正当性の問題は、国連の軍事的・経済的措置とは多少異なる形態をとっているように思われる。ロバート・コヘイン教授が巧みに主張しているように、国際組織は加盟国に重要、場合によっては不可欠な役割を果たしており、加盟国は機構の一体性および能力を維持することに強い関心を有している[97]。コヘインによれば、このこと自体が機構の永続性を説明する。故に、加盟資格の停止、除名および脱退が例外的な事態においてのみ活用されたとしてもさして驚きではない。主要国や主要諸国が条約レジームから脱退ないし除名されたならば、それは同レジームの有効性を深刻に損なうことになるだろう。捕鯨の事例や環境条約が次第にそうなりつつあるように、機構の任務にとって普遍性の維持が重要である場合には、少数の加盟国（それが1ヵ国であったとしても）の離脱は、レジーム機能に大きく影響し、最終的にはレジームに残留している加盟国全体に影響がおよぶことになる。世界保健機関やその他機関は、東欧諸国に残留を促すために多くを費やし、これが失敗すると、「放蕩息子の帰還」を促した。制裁を課すという取り組み自体が大きな問題となり、たとえ成功したとしても、機構の活動を阻害し、制裁に反対する国ばかりでなく賛成する国の間にも不満と反

---

96)　Oran Young, et al., "Commentary: Subsistence, Sustainability, and Sea Mammals: Reconstructing the International Whaling Regime," *Ocean and Coastal Management*, 23 (1994): 117-127.

97)　Robert O. Keohane, *After Hegemony: Cooperation and Discord in the World Political Economy* (Princeton, N. J.: Princeton University Press, 1984), pp. 89-93.［R. コヘイン（石黒・小林訳）『覇権後の国際政治学』（晃洋書房，1990年）102-106頁（取引費用、不確実性と情報）。］

感が生まれることになる。換言するならば、軍事的・経済制裁と同様に、メンバーシップ制裁の政治的コストは高いのである。

　メンバーシップ制裁は、その大部分において条約レジーム自体の諸問題を超えるハイポリティクスによって推進されてきたといえる。国連の投票権に関する事例は、冷戦の主要な産物であり、国連の活動、そのために定められた分担金の支払いを確保するために、制裁が行使された事例（唯一の事例）であった。制裁は目的を達せなかったばかりか、この試みは制裁自体を台無しにしてしまったのである。

　米国が脱退した事例では、レジームの機能は、重要な要素であった。しかし、これらに増して重要な問題は、同盟国であるイスラエルとの信義であった。アイスランドの IWC 脱退の事例のみが、条約遵守の問題としてもっともらしく説明することができる主要な事例である。現実に争われていたのは、当事国間の基本的な交渉の内容をめぐる政治紛争だったのである。アイスランドは、当初「捕鯨産業の秩序ある発展」を意図されていた捕鯨条約が捕鯨の禁止へとレジームの目的が不適当に転換されたと主張した[98]。

　国連経費事件が示唆するように、他の制裁同様、メンバーシップ制裁も一般的に大国に対して課すことはできない。機構の構成国として主要国は皆それぞれ常々強みを有しており、その一つはこれらの国に敵対することが賢明ではないということである。加えて、これら諸国がおかれた状況は、機構からの脱退が制裁レジームを深刻に損なう、ないし台無しにしてしまうかもしれない、というものである。機関の活動の範囲内における普遍性の確保は機構の任務の一つであり、レジームが機能するにあたってすべての主要なプレイヤーが包摂されていることは不可欠である。ゆえに潜在的な核保有国が核不拡散条約を遵守しない事態は深刻であった。これらの国が IAEA に入っていなかったならば、この事態は、より深刻であろう。このことが南アフリカを IAEA から除名するにあたって抑制となった。同じように、主要な捕鯨国が IWC において恒久的

---

[98] 国際捕鯨取締条約（International Convention for the Regulation of Whaling）　前文。

に不在であることは、実行力のある組織としての終焉を意味する。そのような戦略的な位置づけにある構成国を除名することは、［自分の顔に腹を立てて鼻を切り落とすように］自らに損になることをしているといえる。

　脱退はレジーム崩壊のおそれがある場合にのみ有効である。この換質命題（obverse）も同様にあてはまる。中国の代表権問題に関してソ連ブロックが組織化した行動でさえこのようなおそれを招くことはできず、国民党政府に対して行動をとることはできなかった。西側諸国によって本部と財政基盤を提供され、主な顧客は南半球に存在しているという状態の国連機関にとって東側諸国の離脱は痛手であったものの深刻なリスクとはならなかったのである。同じように米国は、総会での投票権の問題を国連自体の存続問題とすることができなかったので、巨額の資本投下にもかかわらず、屈辱的な敗北を余儀なくされた。財政支援の大幅な削減をも意味する米国による国連専門機関からの脱退によって、活動の規模は不可避的に縮小されたものの、これら機関の活動を直ちに止めることはできなかった。また関係修復するために図られた米国の見解との調整は大部分において表面的であった。

　対してアフリカ諸国は、専門機関の主要な顧客であり、これらの諸国が脱退することがあれば機関の存続にかかわることになる。故に南アフリカにメンバーシップ制裁を強いることに成功したのである。IWCからのアイスランドの脱退後にどのような展開となるかは今後も注視しなければならない。脱退が続くならば、長年の有識者が言うように「IWCは捕鯨に関心も伝統もない国々の『クラブ』になってしまう」と予測される[99]。そして付け加えるならば、IWCは、現に行われている捕鯨にあまり影響を与えないものとなるだろう［訳者注：アイスランドは2002年に再加盟した］。結論として、主要なプレーヤー（大国のみではない）のみがメンバーシップ制裁のゲームに参加することができる。そして、このことが、条約義務の執行手段としてのメンバーシップ制裁の正統性を損なうことでもある。

---

99) Steinar Andresen, "Science and Politics in the International Management of Whales," *Marine Policy*, 13 (1989): pp. 115-116.

全体としては、メンバーシップ制裁の実績は主権の新しいあり方（New Sovereignty）に内在する仮説を裏付けることになる。主要な国際組織への加盟や参加は重要であり、国家性を示す重要な指標でさえある。これは、即ち脱退数が少数にとどまるという予測を導き出すこととなり、現実もそのようになっている。説明がより困難なのは、除名や資格停止の事例がほぼ皆無であることである。半世紀の間に、主要なものとしては一つ（南アフリカの国連機関からの除名の事例）しかなく、いまひとつ失敗した取組み（ソ連の投票権の事例）があるのみである。加盟が必須であるならば、その否認や制限は効果のある制裁たりえると考えられる。言ってしまえば、おそらく、メンバーシップ制裁は活用するには効き目がありすぎるのだろう。他の社会において追放刑がそうであるように、除名は、共同体の規範の中でも最も根本的かつ深く共感を有するものを否定する行為、つまり共同体における構成員という観念を否定する行為そのもののためにとっておかれるべきなのである。

第4章
一方的制裁

4-1　一方的制裁の有効性
　4-1-1　通商法301条
　4-1-2　捕　　鯨
　4-1-3　人　　権
　4-1-4　核不拡散
　4-1-5　収　　用

4-2　一方的制裁がレジームの維持に及ぼす影響
　4-2-1　米ソ間の軍備管理
　4-2-2　通商法301条
　4-2-3　米国議会が要請したその他の制裁

4-3　「しっぺ返し」は有効か
4-4　正　統　性

　［これまでの2つの章で検討した］条約に基づく制裁だけが、条約の遵守を引き出す強制手段ではない。他にも、条約違反国に不快感を示し、何らかの痛手やペナルティを与える方法はたくさんある。これらには、武力行使（公然の武力行使、非公然になされる武力行使、あるいは代替的に行なわれるものまで含む）から、経済関係や外交関係の完全な断絶あるいは部分的な断絶、公式訪問のような儀礼的行為の差し控え、多かれ少なかれ公的な性質をもつ口頭での不支持の表明まで、ありとあらゆる方法がある。そして、日々の外交活動の経験から、国家やその指導者は、もし諸外国が強く支持する考えに反する行動をとれば、難局に陥ったり、政治的に孤立したり、より曖昧な形で名誉を傷つけられたり、爪弾きにされたり、または、今の地位や立場を失うかもしれないことを知っている。このような類いの圧力や不支持［を示す手段］は、国家間の政治的・外交的なやりとりで使われる常套手段なのである[1]。

---

　1)　一般に理解されているように、［国家間のやりとりに限らず、］アボリジニーの村であれ、現代のビジネス取引であれ、あらゆる社会状況で規範［の遵守］を強制するのは、法に基づく公的な手段ではなく、主に「法の外にある」制裁である。

本章では、これらの手段の中で強制性を有する手段に対象を絞るが[2]、一般的な外交手段としての制裁は扱わない。確かに、この外交手段としての制裁は、何らかの外交目的［を達成する］ために不可欠とはいわないまでも、有用なツールである。さらに、この種の制裁は、制裁の対象となった国に態度を改めさせるだけでなく、対内的にも対外的にもその他の多様な機能を果たしうる。たとえば、何らかの合図を送る、決意を示す、意思を表明する、国内支持者の要請に応えるなどである。外交の専門家に、外務省はこのような目的で一般的な制裁を用いない、あるいは用いるべきでないと主張する者はいないだろう。

本章で検討するのはこの問題［外交手段としての制裁の機能］ではなく、一方的な制裁が現実に、あるいは可能性として条約義務の履行強制にどれほど役に立つかという問題である。伝統的な国際法理論においても一方的制裁の有用性は認められていると考えられる。報復する権利が条約法に定められてお

次を参照のこと。Stewart Macaulay, "Non-Contractual Relations in Business," *American Sociological Review,* 28 (1963): 55.

2) 本章ではこのような手段を一方的制裁 (unilateral sanction) と呼ぶ。もっとも、このような制裁はしばしば複数国が協調して行うこともあるので、［1国だけが行うという意味で］unilateral sanction という表現は完全に申し分のないものとはいえない。本章における一方的制裁とは、合意された手続に則り［諸国家による］集合的決定で承認されたような制裁ではないことを意味する。［確かに、本文で列挙した］様々な手段を並べた中でどこからが「強制」的な手段なのか、［「強制」と「非強制」の］分岐点を正確に示すのは難しい（これについては次を参照のこと。Sidney Weintraub, *Economic Coercion and U.S. Foreign Policy: Implications of Case Studies of the Johnson Administration* (Boulder, Colo.: Westview Press, 1982), p. 4.)。しかし、［一方的な］「禁輸措置や集団的な経済制裁」は明らかに「強制」の範囲に含まれる。10章では、説得、恥辱、爪弾きといった手法について論じているが、これらは、デイヴィッド・チャーニー (David Charny) の分類における評判を傷つける制裁や心理的制裁に相当し、また、ロバート・コヘイン (Robert Keohane) が「拡散された相互主義 diffuse reciprocity」と呼ぶものに相当する。David Charny, "Nonlegal Sanctions in Commercial Relationships," *Harvard Law Review* 102 (1990): 375, 392-394; Robert Keohane, "Reciprocity in International Relations," in Robert O. Keohane, *International Institutions and State Power* (Boulder, Colo.: Westview Press, 1989), pp. 146-150.

り³⁾、［条約に対する］重大な違反があった場合、［違反により］侵害を受けた当事国は条約を終了する、またはその運用を停止することができる。しかし、諸国の実行を見る限り、この「自力救済的な」強制手段が安易に用いられているわけではない⁴⁾。もちろん、一方的な軍事的強制は、国連憲章第2条4項に基づき禁止されている。これに伴い、軍事復仇に関する1945年までの知見の大半は通用しなくなった。確かに、軍事力を有する国家が自国の政策目的を追求する上で、常にこの憲章上の禁止［規範］を守るわけではない。しかし、条約の実施を強制する措置として一方的に武力を行使することは、もはや不可能だと思われる。したがって本章は、条約上の権利を他国から侵害された場合に被害国が［制裁として］行なう貿易その他の経済交流の一方的な断絶を対象とする。

本章は4節に分かれている。第1節では、効果のあった一方的制裁の実例を列挙し、第2節では、制裁が［条約］レジームの維持に及ぼす影響について考える。ここで論じる事例の多くはアメリカの［制裁］行動である。第3節では、［条約］違反の場合に報復を示唆する理論を検討し、第4節では、規範的な観点から一方的制裁の正統性について考察する。記録を見るかぎり、アメリカが行なった一方的な経済制裁の全てが、他国に条約義務を守らせるには有効でなかったとはいえない。いくつかの分野における制裁措置は、かなりの割合で少なくともそれなりに機能した。［条約違反と制裁の間に］均衡がとれている方がうまくいく［ようである］。しかし、本章では次のことを主張したい。つまり、経済的に力のある諸国やアメリカはおそらく、条約違反への対応も含む様々な

---

3) ウィーン条約法条約第60条1項。

4) もっともこの権利の条文案が初めて国際法委員会で議論された時、報告者は、重大な違反により条約が停止した実例を挙げることができなかった。アメリカ代表、ハーバード・ブリッグス（Herbert Briggs）は「［この条文案は、］国家実行や国際裁判の判決ではなく、書物に書かれた理論や推論に基づいたものだ。」と述べている。*1963 Yearbook of the International Law Commission*, vol. 1, (New York: United Nations, 1963), p. 112. しかし次も参照のこと。"Opinion of the Legal Adviser," Aug. 12, 1963, in *Hearings on the Nuclear Test Ban Treaty before the Senate Committee on Foreign Relations*, 88th Congress, 1ˢᵗ sess.（1963）, pp. 37-40.

状況において一方的な経済制裁を使い続けるだろう、しかし、遵守［レベル］の向上を模索する［条約］レジームにとってこのような制裁は効果的な戦略とはなりえない、ということである。たしかに、ロバート・アクセルロッド（Robert Axelrod）や彼を支持する論者の研究は、この場合にも制裁が理論的に有効だと論じている。しかし、彼らがあげる［制裁の］成功条件は、国際政治の分野に当てはまりそうもないのである。したがって結論として、［一方的制裁が］レジーム全体に及ぼすリスクは深刻であり、また、本質的に［一方的制裁は］著しく正統性に欠けるため、条約を遵守させるための中心的な戦略として用いるべきでないと忠告する。

アメリカだけが［一方的な］経済制裁を行なってきたわけではないが、第二次大戦後、最も多くの制裁を実施してきたのは確かにアメリカである。それは、アメリカの経済的重要性と市場の大きさゆえに、アメリカが制裁を確実に行なうに特に適した立場にあるからである。このことは多くの研究や政策文書にも示されている。そこで、本章は経験的事実としてアメリカの経済制裁に依拠する。なかでも、重要な条約レジームに弊害を与えているとアメリカがみなした［他国の］行動に対する報復として米国連邦議会［以下、議会］が要請した制裁をとりあげる。

近年、外交政策に関する議会の議題に、制裁を求めるものが多く見られるようになってきた。経済的な相互依存関係の幾何級数的な深化と国際経済におけるアメリカの優越的な地位により、世界の国々はアメリカと結び付いている。その結びつきは、民間貿易、投資、金融サービス、軍事・経済面での公的支援などから構成され、多様で複雑な網の目をなしている。これらのほぼすべての経済関係について、議会は、米国の政策目的を促進するための巧妙な調整措置にお墨付きを与えてきた[5]。差別的な貿易制限を GATT が禁じているにもかかわらず[6]、アメリカは、テロリズム［対策］や収用の禁止から、アメリカの麻

---

5) 「外交政策を遂行するための経済的圧力の利用は…いたるところで行われている」（Weintraub, *supra* note 2, p. 3.）。

6) 無差別は GATT の基本原則といわれており、最恵国待遇（1条）と内国民待遇（3

薬取締政策への協力に及ぶ様々な条件を途上国が満たさないかぎり、途上国に一般特恵制度の適用を認めない[7]。また、対外支援［の付与］についても、法律上、被支援国がアメリカ外交政策の多くの目的に協力する意思を示すことが必要条件とされている。これは、アメリカが強く支持する様々な政策目的を害する国々まで支援する理由はないという現実的な理由からである。これら［の条件］を適用する権限と、外交政策上の必要があればこれらを免除する権限は、通常、外交政策の指揮責任者である大統領にある。政治的な裁量手段として経済的圧力をかけるという一般的な［制裁］パターンは、この大統領の権限に基づいている。

しかし、［大統領が制裁について広い裁量権を有するこの］パターンとは異なり、議会が、特定の国際義務に違反している諸外国に対し貿易、支援、その他の経済関係に制限をかけるよう大統領に要請することがある。つまり、議会が、条約やレジームの義務を［他国に］強制履行させるため、一方的な経済制裁の自動的な発動を求めるのである。本章は、［議会の関与が強い］このような制裁を対象とする。それは、本書の目的に照らせば、これらには［制裁を］管理する試みという性質があるからである。これらの制裁［の検討］から、一方的制裁の可能性と問題点の両面についてユニークな知見を得ることができる。以下の5つの例を検討する。

1．1974年通商法301条

本条項は、対米［貿易で］GATT違反を犯している国家に対する報復［制裁］を大統領に求めるとともに、アメリカ国際貿易委員会（International Trade Commission: ITC）に他国の貿易慣行について申し立てる権限を、貿易被害を

条）の要件とされている。

7) Generalized System of Preferences, United States Code, Title 19, Sec. 2461 (1988). 次も参照のこと。Alan O. Sykes, "Constructive Unilateral Threats in International Commercial Relations: The Limited Case for Section 301," *Law and Policy in International Business,* 23, no. 2 (Spring 1992): 263-330, n. 123.

受けた私人に与えるものである[8]。1988年に［改正］施行された「スーパー301条」は、アメリカ通商代表部（U.S. Trade Representative: USTR）に、本条項に基づく是正措置の優先的な対象となる違反国の一覧を公表するよう義務づけていた。USTRは［まず］交渉による貿易障壁の除去に努めなければならないが、12ヶ月たっても交渉に進展がない場合、本条により報復措置が要請された[9]。

2．漁業保存管理法に対するパックウッド＝マグナソン修正法

この法律は、「国際的な漁業計画の実効性を損なう…操業」を行なう国家に対し、アメリカの管轄水域で［同国が有する］漁業割当を少なくとも50％削減するという強制制裁を課すものである。これより前に成立した漁業従事者保護法に対するペリー修正法は、大統領に違反国からの水産資源の輸入を禁止する裁量権を付与していた。パックウッド＝マグナソン修正法は、このペリー修正法をさらに強化するものであった[10]。

---

8) 19 USC. §§2411 et seq. つまり、少なくとも貿易政策の方策として、通商法301条は、重要な権限を私人に委ねていた。1984年からは、USTRも通商法301条に基づく措置を自ら発動することができた。本条項は、［他国の貿易］慣行がアメリカに対するGATT上の義務に違反するとITCが判断する場合、大統領は報復しなければならず（must）、その慣行がアメリカに対し不公正である、あるいは過度の負担をかける場合は報復することができる（may）と定めていた。

9) 19 USC. §2420. 通商法301条は1990年に失効したが、1994年春、クリントン政権と日本の間で貿易摩擦が激化した際に復活した。

10) 19 USC. §1821(e)(2) (Packwood-Magnuson); 22 USC. §1978 (Pelly). 後に述べるが、ペリー修正法に基づく制裁は、制裁［の発動］を仄めかすだけで一定の効果があり、実際に制裁が課されたことはなかった。"Message to the Congress Reporting on International Whaling Operations and Conservation Programs," Jan. 16, 1975, *Presidential Papers of President Gerald Ford, Book I* (Washington, D.C.: USGPO, 1977), p. 47. 次に議会はパックウッド＝マグナソン修正法を成立させた。連邦最高裁判所の言葉によると、これは、「［制裁対象国を］認定する決定が遅く、制裁を発動させない行政府に議会が業を煮やした」からだといわれている。*Japan Whaling Association v. American Cetacean Society*, U.S. 221, 226, vol. 478 (1986). 次も参照のこと。Gene S. Martin, Jr., and James W. Brennan, "Enforcing the International Convention for the Regulation of Whaling: The Pelly and Packwood-Magnuson Amendments," *Denver*

3．対外支援法における人権規定

これらの規定は、「一貫して行われる基本的人権に対する重大な違反行為」に関与するすべての外国政府に対し、経済支援や軍事支援を禁止するものである[11]。カーター政権時、二国間支援に適用されていたこの同じ原則に沿って、議会は、[様々な]国際金融組織におけるアメリカの投票行動をコントロールしようとした。この議会の取組みは、世界銀行では功を奏したものの[12]、IMFでは理事会が[このための]修正案を回避した[13]。これらの人権規定は全て、「人間の基本的ニーズ（basic human needs）」（軍事支援に関する法律であれば「特殊事情（extraordinary circumstances）」という表現で示された）を満たすための事業を例外としていた。

Journal of International Law and Policy, 17, no. 2,（Winter 1989）: 293-315.

11) Foreign Assistance Act of 1961, §116, 22 USC. §2151N（International Development and Food Assistance Act）; International Security Assistance and Arms Export Control Act of 1976, §301, 90 Stat. 748（1976）, 22 USC. 2304; Foreign Assistance Act of 1961, P.L. 87-195, 75 Stat. 424, amended by P.L. 95-384, 92 Stat. 731, 22 USC. 2304. カーター政権における立法と行政の相互作用を総括した優れた文献として次を参照のこと。Stephen B. Cohen, "Conditioning U.S. Security Assistance on Human Rights Practices," *American Journal of International Law,* 76, no. 2（April 1982）: 256-275. このような人権擁護の動きは1970年代初頭における「議会の認識 sense of Congress」の規定から始まった。この動きには、原則に基づいた外交政策の形成というウォーターゲート事件後の［アメリカの］決意とラテン・アメリカ諸国で復活した独裁政権への対応という点が影響していた。Foreign Assistance Act of 1973, §32 P.L. 93-189, 87 Stat. 714（1973）. 国連その他の国際組織の下で採択された多くの人権条約のいずれにもアメリカは加入していなかったが、1975年、ヘルシンキ最終議定書に署名した。この議定書の下で、これに同意した国々が「人権と基本的自由の尊重」に取り組んだ。もっとも、この議定書に法的拘束力はないと考えられていた（ヘルシンキ最終議定書Ⅶ条を参照のこと）。

12) "International Bank for Reconstruction and Development, P.L. 95-118, Legislative History," *U.S. Congressional and Administrative News,*（1977）: 2742-2744.

13) Lisa Martin, *Coercive Cooperation: Explaining Multilateral Economic Sanctions*（Princeton, N. J.: Princeton University Press, 1992）, p.114.

4．1978年核不拡散法[14]および関連法

これらの法律は、核物質や核技術の無許可移転に関与する国家への支援の停止を要請するものである[15]。しかし、これらの法律では、支援の停止により「核不拡散というアメリカの［政策］目的が深刻に害される、あるいは共通防衛・安全保障政策が危険にさらされる」と大統領が考える場合、大統領は［支援停止という］制裁を行なわないことも可能だった。これに対し、従来、議会は、両院が各々過半数の賛成により共同決議（concurrent resolution）を採択すれば、大統領の決定を覆すことができた[16]。しかし、1983年、連邦最高裁判所はImmigration and Naturalization Service v. Chadha事件において、大統領の行為に対し議会の拒否権を認める全ての立法規定は違憲であると判断した（このような規定は200個以上あった）。そのため、この判決以降、大統領が［支援停止とい

---

14) P.L. 95-242, 92 Stat. 120-152（1978）, 22 USC. §§3201-3282, 42 USC. §§2011-2160 (a). 本法の立法のきっかけとなったのは、1974年にインドが行った予想外の「平和的核爆破装置」の爆発であった。これは、核兵器不拡散条約（NPT）レジームへの信頼を激しく揺るがした。まず、1976年にサイミントン（Symington）修正法（Public Law 94-329, 1976年6月30日）が制定され、次にグレン（Glenn）修正法（Public Law 95-92, 1977年8月4日）が成立した。しかし、大統領はいずれの修正法も執行しなかった。核貿易に関わる条約とアメリカの国内立法に関する広範な議論について次を参照。Jonathan B. Schwartz, "Controlling Nuclear Proliferation: Legal Strategies of the United States," *Law and Policy in International Business,* 20, no. 1 (1988): 1-61. 制裁についてはこの論文の51-61頁に論じられている。

15) Atomic Energy Act §129, 42 USC. §2158; Foreign Assistance Act, §§669-670, 22 USC. §§2429-2429a; Export-Import Bank Act of 1945, §2(b)(4), 12 USC. §635(b)(4). 捕鯨に関する制裁と同じように、これら［に基づく制裁］も制裁対象国がNPTの締約国でなくても適用可能だった。

16) インド・タラプール（Tarapur）原子力発電所に対する燃料補給契約を履行するための核物質の輸出に関して、この問題が生じた。この件で下院はカーター大統領による制裁放棄［決定］を覆したが、上院が48票対46票［の僅差］で大統領を支持した。この事件の一部始終について次を参照のこと。Brian L. Schorr, "Testing Statutory Criteria for Foreign Policy: The Nuclear Non-Proliferation Act of 1978 and the Export of Nuclear Fuel to India," *New York University Journal of International Law and Politics,* 14, no. 2（Winter 1982）: 446-464.

う〕制裁を行わなかった場合、それが最終的な決定となり、議会がこれを蒸し返すことはなくなった[17]。

5．ヒッケンルーパー修正法

本法は次のように定めている。「大統領は、(1) アメリカ市民が所有する資産を国有化し、収用し、規制し、またはその所有権を剥奪し…(2)…(かつ、)当該市民に対する国際法上の義務を果たすための適切な措置を…合理的な期間内にとっていない国家の政府に対する支援を停止しなければならない」[18]。

4-1　一方的制裁の有効性

シドニー・ワイントラウプ（Sidney Weintraub）は、経済制裁に関する膨大な文献を総括し、制裁により対象国の行動が変化したかという点からいうと、

---

17) *Immigration and Naturalization Service v. Chadha,* 462 U.S. 919（1983）. 次を参照のこと。Donald E. Clark, "Nuclear Nonproliferation Legislation after *Chadha*: Nonjusticiable Questions and the Loss of the Legislative Veto," *Syracuse Law Review,* 37, no. 3 (1986): 899-922.

18) Foreign Assistance Act of 1962, §301(d)(3)(e), 76 Stat. 255, 260, 22 USC. §2370, amending Foreign Assistance Act of 1961 §620(d)(3) and adding Sec. 620(e). 議会がこの法律を定めたのは、キューバのカストロ政権がアメリカの投資資産を全面的に収用したためであり、「マルクス主義」的傾向のある他の新興独立諸国もこれに倣うのではないかと懸念したからである。「迅速で十分で実効的な補償」を伴わない収用はアメリカが結んだいくつかの二国間友好通商条約において禁止されており、少なくともアメリカはこれが国際慣習法上も禁止されていると考えていた。次を参照のこと。"Treaty, with Exchanges of Notes, between the United States of America and Ethiopia"; American Law Institute, *Restatement of the Law 3d, The Foreign Relations Law of the United States,* §712（1987）. この修正法は、大統領が支援停止の執行を放棄することを明確に禁じていた。［この点は］ケネディ政権の強い反対を押し切って定められたものである。P.L. 87-565, Part III, §301(d) Aug. 1, 1962. しかし、1964年、大統領による一般的な執行放棄権を認める形に再修正された。P.L. 88-633, Part III, §301 (d) (4), Oct. 7, 1964, 78 Stat. 1013, 22 USC. §2370(e)(2).

「経済的な強制［措置］はほとんど成功しないと多くの理論家が断言している」と結論している[19]。他方、20世紀に行われた全ての経済制裁に関する最も包括的な近年の概説書に、G. C. ハフバウアー（Hufbauer）、J. J. ショット（Schott）、K. A. エリオット（Elliott）による *Economic Sanctions Reconsidered* がある。1983年に初版が出版され、1990年に改訂追補版が出された本書は、1914年から1990年までの116の事例を扱い、この中にはアメリカに限らず他国の制裁も含まれる[20]。同書の著者らは、経済制裁が復権しつつあるのではないかという淡い期待をもってこの研究を始めたようだが[21]、この研究でこういった憶測や推論に終止符を打った。彼らの計算によると、制裁が「成功」したのは全体の34％にすぎず、［取り上げた事例の］約半数にあたる1973年以降の最近の事例では［成功率が］約25％にまで落ちていたのである[22]。彼らによれば、制裁の今後の見通しはあまり明るくない。アメリカの［経済的］優位の減退、［国際］経済力の分散、貿易形態や金融形態の多様化、対外的な軍事・経済支援に割り当てられる予算の縮小、これらを原因として、アメリカの経済的影響力は低下し、制裁の成功する可能性も低くなり、その結果、政策目的のための一方的な経済制裁はますます使われなくなるだろうと彼らは論じている[23]。

ハフバウアーらが検討したのは、外交目的一般のための制裁［事例］であって、［本章が対象とする］条約を履行させるための制裁に限ってはいない。事実、同書における外交目的の定義には、「銀行取引、通商、租税に関する国家間交

19) Weintraub, *supra* note 2, p. 23. とりわけ［制裁の］「二次的」あるいは「三次的」な目的にも重要性があることを考えれば、［ある事例を］「成功」と評価するのは難しい。この点を認識し、ワイントラウプはこの結論を評価している。

20) Gary Clyde Hufbauer, Jeffrey J. Schott and Kimberly Ann Elliott, *Economic Sanctions Reconsidered* (Washington, D.C.: Institute for International Economics, 1990). この本は2巻で構成されている。著者らは、「大国以外の諸国間で行われた制裁例は、英語文献の不足から、その多くがおそらくカバーできていない」と注記している（同書4頁参照）。

21) *Ibid.*, p. 10.

22) *Ibid.*, pp. 93, 107.

23) *Ibid.*, p. 107.

渉で追求される一般的な経済目的」[24]は含まれていない。（つまり、制裁がGATT違反や捕鯨レジームと関わるかどうかは考慮されていないのである。）したがって、当然のことながら、制裁対象国による条約義務違反について明確に示されていたのは、ほんのわずかな事例にすぎなかった[25]。しかし、経済制裁があまり効果的でない理由についての彼らの説明は、条約履行を目的とする制裁にも同様に当てはまると思われる。もっとも条約履行のための制裁の場合、どちらかといえば、国益の問題ほど緊急性は高くなく、制裁で得られる利益もそれほど大きくはないといえるのだが。では、先に示した5つの制裁分野にも彼らの結論が当てはまるかどうか［検討しよう］。

4-1-1　通商法301条

通商法301条に関しては二つの主要な研究があるが、両研究が通商法301条の有効性について至った結論にはいくらかの差異がある。この条項が施行された1975年1月から1991年6月までに計88もの措置がとられた[26]。アランO.サイク

---

24) *Ibid.*, pp. 2-3. しかし制裁の一覧には、人権侵害、核不拡散、収用に関するいくつかの事例が含まれている。

25) しかし例えば、次のような事例も含まれている（ベルリンの壁（同書の制裁番号（以下同じ）61-3）、イラン人質事件（79-1）、二国間友好通商条約（38-1, 68-1, 76-3）、核拡散防止条約（78-1））。どういうわけか厳密な解釈によれば条約違反でない事例の多くで、根本的に重要と広く認められている条約規範に対する違反が制裁の誘因となっている。公平に考えて、これらの事例は、条約レジームを支持するための制裁の発動と考えるべきだろう。［このように考えると、］人権侵害関連が16件、NPTの核拡散防止義務に非締約国を従わせるための制裁が11件、西欧諸国の国民の財産に対する補償のない収用に対する対応として課された制裁が4件ある。これらの3つの類型はすべて、［本章でとりあげている］議会が要請する制裁の対象にあたる。

26) この数字は、サイクス（Sykes）の論文（前注7）から数えた事例数に、論文の発表後に生じた事例を我々が加えたものである。したがって、この88という総数は、サイクス論文の数字ともベイヤードとエリオット（Thomas O. Bayard and Kimberly A. Elliott, "'Aggressive Unilateralism' and Section 301: Market Opening or Market Closing?", *The World Economy*, 15, no. 6 (Nov. 1992): 695.）による89という数字とも

ス（Alan O. Sykes）教授は、「制裁対象国が申し立てられた自国の措置を見直すか、あるいは放棄することで、全面的あるいは部分的にアメリカの要請に応じた」かどうかを基準とした場合、通商法301条に基づく措置は70％以上が「成功」だったと述べている[27]。他方、トーマス O. ベイヤード（Thomas O. Bayard）とキンバリー A. エリオット（Kimberly A. Elliott）の研究によれば、成功率はそれほど高くない。彼らは、「アメリカの交渉目的が少なくとも部分的に達成されたのは、全期間を通じて54％の事例にすぎない」[28]と述べている。このように数字に差があるのは、ベイヤードとエリオットの研究における成功の基準が次のように厳格だったからである。

「他の研究者と違って、我々は、交渉が成功したとみなすには［貿易措置等の変更を内容とする］協定の締結だけでは不十分だと考えている。結ばれた協定が非常に曖昧に書かれていたため、あるいはアメリカが満足するように協定が実施されなかったため、あるいは何らかの方法で協定の実施が回避されたために、問題が再発した事例は失敗と分類している…。本研究ではまた、合意には達したが市場アクセスの改善に結びつかなかったと考えられる事例も失敗とみなした…。また、別のフォーラムで監視、討議、または交渉

若干異なる。以下の注で示されている事例の番号はアメリカ連邦官報の整理番号である。

27) Sykes, *supra* note 7, pp. 307-308. 彼は83事例のうち58を成功とみなした。［この総数には、］論文執筆当時、まだ判断できない状況だった5つの事例は含まれていない。サイクス自身は［制裁］全体の成功率を論文で示しておらず、［この数字は］我々が論文から計算したものである。［具体的には、論文において］通商条約上の義務違反が関わる31の成功例（*Ibid.*, p. 310）と、条約義務と関わりない27の成功例（*Ibid.*, p. 314）を足して算出した。サイクスによる数を我々が若干見直した総数に基づき計算し直したところ、71％（88事例中62件）において、制裁対象国は標的となった貿易制限［措置］を取り下げるか、アメリカの意向に沿った対応をした。

28) Bayard and Elliott, *supra* note 26, p. 697. 彼らのあげる成功事例は67事例中36である。彼らは［成功率を計算するうえで］、調査対象の89事例から、未決の事例、最近になって結果が出たため公正にその結果を評価できない事例、その他いくつかの事例を除外し、分母を修正している（*Ibid.*, p. 695, n. 14）。

を行なう旨の合意ができたとしても、それが、通商法301条の対象となった政策や貿易慣行に変化をもたらさなかったものも失敗とみなしている」[29]。

我々［本書の著者］が数えたところ、通商法301条に基づく制裁措置の過半数（54例）がGATT上の義務違反を対象としていた。しかし、かなりの数の事例（34例）は、GATTとは関係なく、貿易上のアメリカの不満に基づくものだった。GATT違反が絡む場合とそうでない場合の制裁成功率にはそれほど差がないようである。ベイヤードとエリオットは、「予想と違って、GATTはそれほど大きな影響を及ぼしていないようである。なぜなら、GATTパネルが設置された事例の成功率（55％）と、パネルが設置されなかった事例やGATTが適用可能でなかった事例の成功率（53％）に大きな差はなかった」[30]と述べている。しかし、GATTパネルで最後まで手続が進み、アメリカに有利なパネル裁定が下った若干の例ではいずれも、制裁対象国が政策を変更している[31]。

成功例のほとんどでアメリカは、他国の措置を通商法301条の手続にのせただけで［制裁発動に至らずとも］十分に自国に有利な反応を得ることができた。このことは両研究が共に認めている。成功例の中で、大統領が明確に制裁をちらつかせたのは16例にすぎない。この中で最も注目されたのは、1987年、通商法301条に基づく申立てから始まった油糧種子事件であろう。油糧種子に関するECの補助金についてGATT違反と示したパネル裁定が下ったが、ECはそ

---

29) Ibid., pp. 695-696. 我々が計算した事例数に基づくと、71％（88事例中62）で制裁対象国は米国の意向に何らかの形で対応したが、標的となった［貿易］制限措置を完全に撤回したのは55％（88事例中50）にすぎないとわかった。

30) Ibid., p. 700.［また］彼らは、EC関連の事例を除けば成功率はさらに改善し（73％）、関税や割当等、貿易紛争に適用されるGATT規範が明確で、パネルが設置された事例の成功率はさらに高い（77％）と述べている（Ibid.）。

31) Sykes, supra note 7, pp. 312-313.（［もっとも］1つの事例では逆に「報復の応酬」となった。）ベイヤードとエリオットも「しかし、ほぼ半数の事例で制裁対象国は違法な貿易障壁を別のタイプの貿易障壁に変更したり、合意内容についてのアメリカの解釈に異を唱えた」（Bayard and Elliott, supra note 26, p. 700）と述べ、［GATTの影響力の低さを］認めている。

の後1992年末までの4年間［訳注：この件に関するパネル裁定の採択は1990年1月であるため、実際は3年である。］、これにしたがっていなかった。そこでアメリカは、最初の報復措置として3.5億ドル分のEC産農産物の関税を200％に引き上げると発表した。結局この問題は、農業問題を懸案としたウルグアイ・ラウンドでの包括的解決に関連して、双方が関税を譲許し、解決された[32]。結局、通商法301条の16年に及ぶ施行期間で実際に制裁が下されたのは9回だけだった。

　以上の分析から、報復的な貿易制裁は、通商上の義務を履行させる手段として有効なことを強力に裏付けているように思われる。しかし、制裁はその脅威だけでも実際かなり効き目があるようだ。もっとも、［制裁をちらつかせ、脅威を与える］「威嚇戦略」は、［実際に］「報復する戦略」と大きく異なる。制裁を脅しとして用いる場合、「結論はまだ交渉中で、アメリカ側の交渉者はできるかぎりの貿易自由化を獲得しようとし、他方の交渉者はできるだけ譲歩する範囲を少なくしようとする」[33]。アメリカとして満足のいく結論の中身は、大統領に対し責任を負っているUSTRが、［制裁で］違反を罰するのではなく、交渉中に、制裁を脅しとして用いる手段は非常に効果的である[34]。［このように、］威嚇戦略は、［本書のテーマである］条約を遵守させる戦略からも、おそらくは［通商法301条を定めた］議会の意図からもかけ離れている。しかし、のちに示すように、［威嚇、報復どちらの戦略でも］レジーム全体に及ぼす影響は同じである。

---

32) Robert Hudec, *Enforcing International Trade Law: The Evolution of the Modern GATT Legal System*（Salem, N. H.: Butterworth, 1993）, pp. 245-249.
33) Bayard and Elliott, *supra* note 26, p. 691.
34) 脅しや約束に関する古典的な議論について次を参照のこと。Thomas Schelling, *The Strategy of Conflict*（Cambridge, Mass.: Harvard University Press, 1960）, pp. 21-65.［トーマス・シェリング（河野勝監訳）『紛争の戦略——ゲーム理論のエッセンス』（勁草書房，2008年）21-70頁。］

4-1-2 捕　　鯨

　捕鯨に関する制裁事例も通商法301条の場合とよく似たパターンで、制裁の威嚇が効果的に用いられ、実際に制裁を課した例はほとんどない。例えば、日本とソ連は、（国際捕鯨取締条約（ICRW）で捕鯨が認められていた）特定種の捕獲量を制限する国際捕鯨委員会（IWC）の決定からオプト・アウト［選択的適用離脱］していた。しかし、1974年、両国はペリー修正法に基づき［制裁対象国と］認定された。これを受け、両国は「［鯨類の］保護措置の強化」[35] に同意した。また、1978年には、IWC のメンバーではなかったチリ、ペルー、韓国が同様の認定を受け、その後すぐに ICRW に加入した。これらのいずれにおいても、大統領が裁量を行使して［実際に］制裁を課すことはなかった。

　［その後、］1978年から1982年にかけてアメリカは、韓国、チリ、スペイン、台湾の４ヵ国に、ペリー修正法かパックウッド＝マグナソン修正法に基づき制裁対象国として認定する可能性をちらつかせた。IWC の様々な規制からオプト・アウトしていた韓国とチリは、これを受け、オプト・アウトを撤回し、定められた捕鯨割当に従うと決定した。ICRW に加入したばかりだったスペインは、自国の捕鯨船に割当の遵守を要請すると約束した。ICRW に未加入の台湾は、捕鯨の操業を打ち切った[36]。

　1981年、IWC は、マッコウクジラの捕獲割当をゼロと定めるに至り、捕鯨を厳格に管理する新たな局面へ入った。そしてその１年後、1986年から少なくとも1990年まで商業捕鯨を禁止するモラトリアム［一時的停止］を採択した[37]。日本はこれらの決定からオプト・アウトし、日本の捕鯨船は IWC による禁止にとらわれることなくマッコウクジラを捕り続けた。そこでアメリカは再度、

---

35) ［もっとも、］これらの措置はそれほど本格的なものではなかった。次を参照のこと。"Message to the Congress Reporting on International Whaling Operations and Conservations Programs," Jan. 16, 1975, *supra* note 10, p. 47.

36) Martin and Brennan, *supra* note 10, pp. 299-300.

37) *Facts on File,* Aug. 13, 1982, p. 586 E1; July 25, 1986, p. 541 A2.

［日本を制裁対象に］認定すると警告した。両国はこの問題を解決するために話し合い、日本は1988年までに商業捕鯨を終了することに合意し、アメリカは日本を［制裁対象と］認定しないことに同意した。［これについて、］米国商務長官には、IWCの捕鯨割当を守らない全ての国家を認定する［修正法上の］義務がある［のにそれを怠った］という理由で、環境保護団体が訴訟を提起した。日本は割当以上に鯨を捕獲していたにもかかわらず、連邦最高裁判所は、商務長官による認定の拒否を支持した。これは、もし日本が将来、先の合意を守るならば、日本の活動がICRWの「実効性を損なう」ことにはならないと判断する裁量権が商務長官にあったからだといわれている[38]。

パックウッド＝マグナソン修正法に制裁を自動的に発動させる要件が定められてから実際に［制裁対象に］認定されたのは、2ヵ国のみである。1985年にソ連が、1986年にノルウェーが認定を受けた。両国ともモラトリアムからオプト・アウトしていた。しかし、［制裁として課される］漁業割当の強制取消しは両国にほとんど影響を与えなかった。それは、［もともと］ソ連には最小限度の漁業割当しかなく、ノルウェーには全く割当がなかったからである[39]。両国に対し、大統領が裁量でペリー修正法に基づく貿易制裁を課すことはなかった。しかしながら、ソ連は1987年に商業捕鯨を中止し、その翌年、ノルウェーも捕鯨中止に同意した。もっとも、ノルウェーはその後捕鯨を再開したが、［それでも］制裁は受けなかった。

同じ時期、韓国とアイスランドは、科学的研究のための捕鯨［調査捕鯨］を認めるICRWの規定[40]に基づき捕鯨業者に許可証を発行し続けていたため、両国はアメリカから［制裁対象として］認定すると警告された。これを受け、IWCの科学委員会から勧告的承認を得ることができなかった韓国は、調査捕

---

38) *Japan Whaling Association v. American Cetacean Society,* 478 U.S. 221 (1986).
39) Dean M. Wilkinson, "The Use of Domestic Measures to Enforce International Whaling Agreements: A Critical Perspective," *Denver Journal of International Law and Policy,* Vol. 17, No. 2, (Winter 1989), p. 281.
40) 国際捕鯨取締条約第12条。

鯨の中止を決定した。アイスランドは、捕鯨予定頭数をかなり減らした。米商務長官代理はこれに関し、「調査捕鯨の継続を理由にアイスランドを［制裁対象と］認定し、[その結果、]同国がIWCから脱退するリスクを招くより、むしろ、同国をIWCのメンバーとして留めておく方がIWCの実効性に資する」[41]と主張した。このような議論がアメリカで行われていた時期と、アイスランドが国内ケプラヴィーク（Keflavik）にあるNATO基地について自国の立場を再検討すべきかもしれないと示唆した時期が重なるのは、おそらく単なる偶然にすぎなかったのだろう[42]。

［これらの例も含め］1980年代終盤までの捕鯨に関する制裁政策は驚異的な記録を残している。1974年から1988年までに、アメリカが２つの修正法に基づき認定した、あるいは認定を脅しとしてちらつかせた件数は14回に及んだ。そして、いずれの場合も、制裁対象国は自国の捕鯨活動や政策を大幅に変更したのである。「つまり、IWC自身には徹底する手段のない商業捕鯨の停止についてアメリカがうまく対処し」、アメリカは「自称、IWCの『警察官』」[43]となったのである。

しかし、実際、アメリカ行政当局は、［対象国から］将来に向けた改善措置の約束を取り付けるだけで満足していた。もっともこのような約束が全て守られたわけではなかったが[44]。事実、商業捕鯨モラトリアムが設定されたにもか

---

41) Letter from Acting Secretary of Commerce Donna Tuttle to the law firm of Arnold and Porter, cited in Martin and Brennan, *supra* note 10, p. 314.
42) Wilkinson, *supra* note 39, p. 288.
43) Steiner Andresen, "Science and Politics in the International Management of Whales," *Marine Policy,* 13（Apr. 1989), pp. 111 and 112. 他方、ウィルキンソン（Wilkinson, *supra* note 39）はこのように好意的には評価していない。ところで、制裁を発動する決定やこれを脅しとして用いる決定は、義務違反の有無にかかわらずなされた。事実、これら14事例のうちの11は、対象となる義務から合法的にオプト・アウトしていた国かICRW非加盟国に対するものだった。
44) 米海洋哺乳類保護法に基づき課された最も重大な制裁は、メキシコの用いる漁獲方法では過剰にイルカが殺されることを理由に同国産マグロを輸入禁止にした措置だった。しかもこの制裁は、立法府ではなく司法府が課したものだった。第

かわらず、どの捕鯨国も実際には捕鯨事業をやめてはいない。1986年以降も、日本、ノルウェー、アイスランドは、「科学的研究」という ICRW の例外に基づきクジラを捕獲し続けている。［訳注：2014年、国際司法裁判所（ICJ）は日本の南極海における調査捕鯨の態様が ICRW 上の義務に反すると判断した（Whaling in the Antarctic（Australia v. Japan: New Zealand intervening）, Judgment, ICJ Reports 2014, p. 226）。］

通商法301条の場合と同様に［捕鯨に関する事例でも］、大統領は自らに残された裁量を使って威嚇戦略をとり、制裁対象国の行動に影響を与えようとした。この［威嚇戦略と報復戦略の］区別は、米国鯨類協会（American Cetacean Society）事件におけるサーグッド・マーシャル（Thurgood Marshall）判事の反対意見の根拠でもあった。彼は次のように述べている。「［制裁対象国を］認定する手続は、過去の違反を罰することによってのみ将来の違反に影響を与えるもので、将来の行動についての規制とは別である」[45]。［訳注：この「将来の行動についての規制」とは威嚇戦略を用いてアメリカが交渉で得た日本の合意内容（将来的に商業捕鯨をやめること）を指している。］

4-1-3 人　　権

ヘンリー・キッシンジャー（Henry Kissinger）から助言を受けていたニクソン政権とフォード政権は、現実政治（レアルポリティーク realpolitik）の実践を公言していた。当然ながらこれらの政権は、人権擁護のためにアメリカの経

---

9 巡回区連邦控訴裁判所が、Earth Island Institute v. Mosbacher（929 F.2d., 1449（9th Cir. 1991））において、制裁しなければならないと判示したのである。メキシコはこの件を GATT［の紛争解決手続］に持ち込み、自国に有利なパネル裁定を得た（GATT Doc DS21/R, Sept. 3, 1991）。しかし、結局、問題は両国間の交渉で解決され、パネル裁定は採択されなかった。Bob Davis, "U.S., Mexico, Venezuela Set Accord Tuna," *Wall Street Journal*, Mar. 20, 1992, p. B10. この件は、関係する条約やレジームがなかったため、本章では論じていない。［イルカの］捕殺数規制は完全にアメリカの一方的な措置であった。

45)　*Japan Whaling Association v. American Cetacean Society*, 478 U.S. 221, 245（1986）.

済力を駆使するよう求める議会の指図に反対し、これをはぐらかしていた。しかし、［次の］カーター大統領は、人権を外交政策の要とすると広く喧伝された公約を掲げ、大統領に就任した[46]。国務省に人権局（Bureau of Human Rights）が新設され、対外支援についての決定は国務省内で議論されることになった。しかし、［人権に関す］議会立法に対するカーター政権の対応は、前政権とほとんど変わらなかった。「特定国の政府が重大な人権侵害を行っていることを公式には決して認めない。［さらに］機密事項としても認めない」[47]。これがカーター政権の政策方針だった。結局、［人権擁護の見地から］アメリカが軍事支援を停止したのは8ヵ国に過ぎず、これらは全てラテン・アメリカの国々だった[48]。

ニクソン政権・フォード政権と同じくらいカーター政権も、「人間の基本的ニーズ」という多国間支援における例外をよく利用した。現代のある研究によれば、1978年6月末まででアメリカは、国際開発金融機関（multilateral development banks: MDB）における35の融資計画に反対するか、投票を棄権している。しかし、他の25の計画については、人間の基本的ニーズに基づき支持している[49]。いずれにせよ、MDBにおける［融資の決定に］アメリカが拒否権を有しているわけではない。そのため、相当の政治的資本を投入して国際金融機関の他の加盟国の協力を得なければ、これらの機関で米国議会の［求める］政策を実効化することはできなかった。しかし、［外交を担う］政府としてはそこまでする気はなかった[50]。要するに、「結局、アメリカは、拒否権を有していた

---

46)　Martin, *supra* note 13, p. 108.
47)　Cohen, *supra* note 11, p. 264.
48)　*Ibid.,* p. 270.
49)　Sidney Weintraub, "Human Rights and Basic Needs in United States Foreign Aid Policy," in Paula R. Newberg, ed., *The politics of Human Rights* (New York: New York University Press, 1980), p. 232.
50)　議会はこうなることを予期し、1977年法で、人権とのリンケージについて［他国の］支持を得るため、政府に他国との「広範な協議」を求めた。P.L. 95-118, §703 (b), 91 Stat. 1069, Oct. 3, 1977, 22 USC. §262d, 262e. これについてリサ・マーティン

米州開発銀行特別業務基金における若干の融資［決定］を除き、一般的に、MDBにおける融資を人権の見地から阻止することは一度としてできなかった」[51]のである。人権に基づく制裁を義務づけようとした議会の取組みは、レーガン政権が発足すると同時に立ち消えた。

第11章で述べるように、この人権を重視する議会の姿勢は、［人権に］目覚め、明確に［その擁護を］主張する有権者の圧力に応じたものだった。しかし、明らかに、この議会の強い主張が大きく影響し、アメリカの政策決定者は人権問題を重要視するようになった。また、この議会の行動は、70・80年代に広く展開した人権運動の正当化に一役買ったと考える余地もある。この運動は、その後、ラテン・アメリカの独裁政権、そして最終的には東欧の独裁政権の崩壊につながったというのである。［しかし、支援の停止という］経済制裁が［人権侵害に対する］憤りを表明する便利な手段である点はさておき、［人権擁護運動の］発展に大きく関係したかどうかは疑わしい。支援の打切りからアメリカが得た経済効果は予算のわずかな節約にとどまり、制裁対象国に及んだ経済的影響もまた大きくなかったからである。

4-1-4 核不拡散

人権分野と同じように核不拡散に関する議会の措置も市民の関心の高さを反映したものであり、行政当局もこれを認識していた。しかし、この問題で行政当局は、［核不拡散の理念に反するが払うべき］政治的考慮や複雑に絡む誘因に悩まされた。例えば、パキスタン、イスラエル、イラクは核兵器開発計画を有する国としてよく知られていたにもかかわらず、アメリカは支援を続けていた。この事実は、案の定、二重基準だとして非難を巻き起こし、また、本質的に差別的な核兵器不拡散条約（NPT）レジームに対する非核保有国の不満も高めることになった。［特に］パキスタンの核計画に対するアメリカの日和見的

（Lisa Martin）は、政府の行動は形ばかりで、多国間［金融］組織の理事会において本気で協調行動の組織化に努めたわけではなかったと述べている。

51) Martin, *supra* note 13, p. 118; see also pp. 115-119.

な対応はよい例である。カーター政権はパキスタンに対する軍事支援を1977年に、次いで1979年に停止した。しかし、1979年12月、ソ連がアフガニスタンに侵攻すると、核不拡散の理念は吹き飛び、議会は急きょ、5年間で総額35億ドルにも上る対パキスタン軍事支援法を成立させた[52]。しかし、パキスタンは[その後もアメリカを]苦しめた。パキスタン工作員が輸出規制法に反して核兵器の部品をアメリカから輸出しようとしたことが2回も発覚し、その他の諜報活動も次第にアメリカの脅威となっていった[53]。この対パキスタン特別法が失効すると、議会は、パキスタンのみを対象としたプレスラー（Pressler）修正法を成立させた。これは、支援の継続に、大統領が「パキスタンは核爆発装置を保有していない」と毎年保証することを要件としていた[54]。想定通り、レーガン大統領とブッシュ大統領は、アフガニスタン侵攻が終結した1990年［訳注：史実では1989年］まで毎年、律儀にこの保証を行なった。

4-1-5 収　　用

ヒッケンルーパー修正法は1963年に一度だけ適用された。それは、スリランカ（当時はセイロン）が、同国内でアメリカの石油会社が備蓄する石油とその配送ネットワークを収用したためだった[55]。［しかし、修正法が適用されても］この収用は覆らなかった。

以上、5つの分野の制裁を即効性や短期的な成果から評価すると、大きな差がみられる。捕鯨の制裁例はほぼ100％の成功率だったが、通商法301条の事例

---

52) Lawrence Scheinman, *The International Atomic Energy Agency and World Nuclear Order*（Washington, D.C.: Resources for the Future, 1987）, pp. 184-185.

53) See *Hearings before the Subcommittees on Asian and Pacific Affairs and on International Economic Policy and Trade of the House Committee on Foreign Affairs, Pakistan's Illegal Nuclear Procurement in the United States,* 100th Congress, 1st sess., July 22, 1987.

54) International Security and Development Cooperation Act of 1985, §902, P.L. 99-83, 99 Stat. 268, 22 USC. §2375(e).

55) Weintraub, *supra* note 2, p. 10.

の成功率は並だった。他方、人権、核不拡散、収用の分野では制裁にほとんど効果がなかった。（この違いの原因を論じることは、博士論文の立派なテーマになりそうだ。）［しかし、この成功率の］数字は、対象国のとった対応がそれほど重大でなかったなら、その分を差し引かなければならず、また、表向き、制裁という断固たる措置がとられたことで米国民（だけでなく、おそらくは他国の国民も）が利益を得たり、抑止的効果があった［のなら、その］分だけ上方修正しなければならない[56]。

　制裁で得られるこのような利益には、相殺されるべきコストがある。最も明白なコストは、制裁国が払う経済コストである。ハフバウアー・ショット＆エリオットの著作では、制裁に関する「第7の法則」として「値段を気にする人にヨットは買えない」[57]［訳注：投資家J. P. モルガンの言葉］をあげる。ところが意外にも、彼らは、アメリカが払った制裁の総コストはGNP比で通常1％にもならず、ほとんどの場合、取るに足らないものだったと述べている[58]。制裁として財政支援を拒否する場合など、予算にプラスの影響をもたらすことさえある[59]。アメリカが放棄した貿易［利益］という意味で通商法301条にかかったコストもまた小さかった。すでに述べたように、これに基づき制裁が実際に課されたのは9回だけ、制裁に対抗する報復も1度だけ——柑橘類の輸入に関する事件でECから受けた——にすぎない[60]。しかし、制裁は大抵、特定の経済部門に相当の貿易転換［効果］や多大な損失をもたらす。そして、このコストが時の政権に内政上、大きな圧力をかけるのである[61]。1987年時点で実施さ

56）「スーパー301条」の事例は、［制裁に］抑止力があることを裏付ける証拠である。諸国は、［制裁対象国］リストに載らないよう多大な労力を費やしているようだった。

57）Hufbauer, Schott, and Elliott, *supra* note 20, p. 102.

58）*Ibid*., p. 76.

59）*Ibid*., see also Martin, *supra* note 13, p. 12.

60）Case no. 301-11. ベイヤードとエリオットによれば、この件でかかったコストは貿易額にして5千万ドル未満だった。Bayard and Elliott, *supra* note 26, p. 687. この件は、1986年、相互に関税譲許を与える合意により解決した。

61）Hufbauer, Schott, and Elliott, *supra* note 20, p. 79.

れていた経済制裁でアメリカが被った貿易損失額は約70億ドルに上ったが、そのほとんどは、東欧諸国に対する長期的な貿易制限［措置］が原因だった。

　［制裁に伴う］経済的な費用対効果は、仮にこれが制裁で考慮される唯一の要素だとしても、様々な研究者により多様な文脈で、様々に評価されるであろう。少なくとも、一方的な経済制裁の有用性や特に制裁の威嚇を軽視する従来の傾向は見直されてよいといえるかもしれない。しかし、［本章における］制裁の最終的な評価は、制裁実施国にとって経済的なコストと効果が釣り合うかどうかだけで決まるわけではない。［次節で検討するように、］一方的制裁がレジーム自体に与える影響も考えなければならない。

4-2　一方的制裁がレジームの維持に及ぼす影響

　対象国に罰として制裁を課すことによって、あるいは交渉の切り札として制裁をちらつかせることによって、対象国に条約義務を守らせた場合、それは、制裁実施国、つまりアメリカだけの利益ではなく、レジーム［自体］にとっても有益だと考えられる。しかし、各国が「自力救済手段」を用いたり、勝手に制裁を課すなら、［レジーム等、他国との］協調を要する取組みが損なわれ、これを弱体化するおそれがある。多くの実例が示すように、一方的制裁がレジームの維持に及ぼすリスクを外交官はよく理解している。たとえば、米ソ間の軍備管理［協定］では、［レジームが損なわれた場合、］非常に重大な危機に陥るため、［条約違反があっても］報復［制裁］は全て避けられた。また、GATTに関しては、現実として明らかに制裁がGATTレジームを損なうおそれがあり、この点がウルグアイ・ラウンドで重要な交渉課題となった。［本節で］検討したその他の制裁については、［レジームに］与えるリスクが状況によりけりで、今後の動向や分析を要する。しかし、いずれにしても、特定の2国間の相互的関係と多国間条約レジームの維持とは重大な緊張関係にあるというロバート・

コヘイン（Robert Keohane）の洞察が当てはまることを示唆している[62]。

4-2-1　米ソ間の軍備管理

ロバート・アクセルロッドは著書『つきあい方の科学（The Evolution of Cooperation）』の中で、ソ連に軍備管理協定を守らせるための適切なアドバイスとして、ソ連が条約に違反した場合、迅速かつ明確に報復するよう勧めている。彼は、「ソ連がアメリカとの合意の枠に抵触して、ときに相手の出方を探ろうとすることがある。アメリカ側としてはただちに調査し、ソ連の探りに反応した方がよい。早ければ早いほどよい。機が熟すまで様子を見ようなどという考えはたいへん危険で、問題がいっそうややこしくなるだけである」と述べている[63]。

しかし、アメリカの軍備管理政策の立案者達はこのアドバイスに注意を払わなかった。レーガン政権期のある時に、国防次官補リチャード・パール（Richard Perle）がこのアドバイスを具申した。「ソ連による違反政策への応答」と題された覚書の中でパールは、ソ連による個々の違反に対し［その都度］相応の報復をするという「しっぺ返し」戦略をとるべきだと主張したのである[64]。この提案がホワイト・ハウスでどの程度真摯に考慮されたかは定かでないが、いずれにせよこの戦略が採用されることはなかった。核超大国である両国の間では軍備管理に関して長年、幾多の戦略的な駆け引きが行なわれてきた。そして、大概［アメリカは］ソ連に敵対的な態度をとっていた。それでも、アメリカは、ソ連の数多くの違反に一度として直接に報復したことはなかった。このように、報復という方策が頑なに拒まれたのはなぜなのか。

---

62)　Keohane, "Reciprocity in International Relations," *supra* note 2, pp. 132-157.

63)　Robert Axelrod, *The Evolution of Cooperation* (New York: Basic Books, 1984), p. 185. ［R. アクセルロッド（松田裕之訳）『つきあい方の科学——バクテリアから国際関係まで』（ミネルヴァ書房，1998年）192-193頁。］

64)　Richard Perle, "Responding to Soviet Violations Policy (RSVP) Study," Memorandum to the President and the Secretary of Defense, December 1985.

［ソ連が］行なった違反のほとんどに対し、アメリカは、事実についても、また法的側面にも、異議を申し立てることは可能だった[65]。しかし、SS-25ミサイルはSALT IIに含まれる「新型ミサイル」なのかどうか、とか、ソ連は不正にミサイル実験に関する遠隔測定データを暗号化していたのか否かといった問題には、疑わしい専門調査や分析で対処した。［ソ連の疑わしい違反に対する］非難のいくつかについてはアメリカ政府内で反論があった。さらに、学者や防衛アナリストからも広く異論が唱えられた[66]。さらに、クラスノヤルスク・レーダーの設置といった疑いようのない違反ですら、アメリカが適切な報復を企図することは困難だった。というのも、アメリカは［報復として］ソ連と同じことをする必要がなかった。それに、［報復として違反しうる］何らかの条約義務をみつけることもできなかったのである。つまり、アメリカは、［報復として］一時的に履行を停止しても、軍備管理協定全体を崩壊させるおそれがなく、かつ、自国に有用か、あるいはソ連が不快に思う、そのような条約義務を探したが、みつからなかった。

　しかし、アメリカが最も重要視したのは、［ソ連による］技術的な違反への対応をこれまでの軍備管理交渉の流れや米ソ関係［全体］という広い視点から切り離すことができないことだった。［いかに］焦点を絞った報復措置［であっても、それ］が、条約の終了や［両国関係を］不安定化させる対応の根拠として——あるいはその口実として——用いられるおそれがあった。アメリカは、レーガン政権の時でさえ、このような危険を冒そうとはしなかった。こうして、SALT体制の維持こそがアメリカの国益だとする認識が安全保障関係者の間で広

---

65) See Abram Chayes and Antonia Handler Chayes, "Living under a Treaty Regime: Compliance, Interpretation and Adaption," in Antonia Handler Chayes and Paul Doty, eds., *Defending Deterrence: Managing the AMB Treaty Regime into the 21st Century* (MacLean, Va.: Pergamon-Brassey, 1989), pp. 197-216; Gloria Duffy, *Compliance and the Future of Arms Control,* report of project sponsored by the Center for International Security and Arms Control, Stanford University, and Global Outlook, 1988.

66) *Ibid.*, pp. 31-60.

く共有され、必然的に、報復を求める議論より優勢になっていったのである[67]。

この認識は次の事実にも示されている。レーガン政権は、ほぼ間違いなく軍備管理協定で禁じられている宇宙に基盤をもつABMシステムの開発を決めた際、これを、それまでのソ連の条約違反に対する報復とは説明しなかった。その代わり、この戦略防衛構想(SDI)が許容されるような奇抜でかなり問題のある条約解釈を示したのである。しかし、このアプローチは、国内的にも国際的にも重大な政治責任問題を惹起した[68]。報復ではなく条約違反とみなされたであろうレーガン政権のSDIは、[計画が発表された]当時でさえ広い支持を得ることはできなかった。議会は、公表されたSDIに対してではなく、SDIの

---

67) アメリカは[確かに]しっぺ返し政策をとらなかったが、やられっぱなしでいるつもりもなかった。[アメリカは]これらの技術的違反の問題を多くのフォーラムやトップレベルの外交・政治の場でしつこく追及した。結局、レーダーの件と遠隔測定データの暗号化問題についてソ連が違反是正措置をとることが、START Iをアメリカが締結する条件となった。

68) Testimony of State Department Legal Advisor Abraham S. Sofaer[訳注：Abraham D. Sofaerが正しいと思われる。] before the Senate Foreign Relations Committee, *ABM Treaty Interpretation Dispute: Hearing before the Subcommittee on Arms Control, International Security and Science of the House Committee on Foreign Affairs,* 99th Congress, 1st sess., 4, 13 (1985). 学界にも政界にもすぐさま激しい批判を巻き起こした。たとえば次を参照のこと。Abram Chayes and Antonia Handler Chayes, "Testing and Development of 'Exotic' Systems under the ABM Treaty: The Great Reinterpretation Caper," *Harvard Law Review* 99, no. 8 (June 1986), p. 1956. 上院議員サム・ナン (Sam Nunn) は、広範なヒアリングを行ない、重要な報告書を作成した。そして、この中で、上院に対する行政府の説明の意義に関する「ソーファー・ドクトリン」とレーガン政権による条約解釈をともに批判した。Senator Sam Nunn, "Interpretation of the ABM Treaty――Part IV: An Examination of Judge Sofaer's Analysis of the Negotiating Record," *Congressional Record,* daily ed., May 20, 1987, pp. S6809-6831.［訳注：「ソーファー・ドクトリン」とは、前政権が上院に対して示した条約解釈を後の大統領は無視することができるとするアブラハム・ソーファー国務省法律顧問の主張のことである。この考えは、事実上、条約批准時における上院の憲法に基づく役割を無にするものであった。］

運用が従来認識されてきた条約の枠内に収まるよう制約を課した[69]。

4-2-2　通商法301条

GATTの根本は、通商協定の締結と運用に関する多国間活動の基礎となる手続規範である。GATT起草者が戦間期の歴史から得た重要な教訓は、通商問題や貿易紛争で一方的な行動を国家がとれば、それが結局、国際通商制度を崩壊させるということであり[70]、この教訓は、GATTの紛争解決手続にも反映されていた。それ故、アメリカが通商法301条を用いるようになると、欧州その他の貿易相手国は「アメリカが脅しとして一方的制裁をちらつかせるのは、GATTの基本原則に反する」と抗議した[71]。学界の評価の大半も［アメリカのやり方に］反対だった[72]。

　［アメリカは］このような批判を緩和しようと、不公正とみなす貿易慣行がGATT義務の違反にあたる場合、制裁を課す前にUSTRにGATTの紛争解決手続を利用するよう通商法301条で義務づけた。しかし、ウルグアイ・ラウン

---

69) John Rhinelander and Sherri Wasserman Goodman, "The Legal Environment," in Chayes and Doty, eds., *supra* note 65, p. 43; Section 225 of the National Defense Authorization Act for Fiscal Years 1988 and 1989, Report 100-446, 100th Congress, 1st Sess., 1987; Section 223 of the National Defense Authorization Act for Fiscal Year 1989, Report 100-989, 100th Congress, 2nd Sess., 1988.

70) See Robert E. Hudec, *The GATT Legal System and World Trade Diplomacy*, 2nd ed. (Salem, N. H.: Butterworth, 1990), pp. 5-9.

71) Burton Bollay, "U.S. Target of Criticisms at GATT," *New York Times,* June 6, 1989, p. D1, col. 6. See also "For the Round to Be a Success, the Community Says, Section 301 Will Have to Go; EC Sees Return to Multilateral Solutions," *International Trade Reporter,* 7 (May 20, 1990), p. 615. See also Sykes, *supra* note 7, p. 265, n. 15, 16.

72) 例えば次を参照のこと。Jagdish Bhagwati and H. Patrick, eds., *Aggressive Unilateralism: America's 301 Trade Policy and the World Trading System* (Ann Arbor: University of Michigan Press, 1990)［ジャグディシュ・バグワティ／ヒュー・パトリック編著（渡辺敏powered）『スーパー301条：強まる「一方主義」の検証』（サイマル出版会, 1991年）］; Sykes, *supra* note 7, p. 266, n. 18. サイクス（Sykes）自身は、慎重ながら好意的に評価している。

ド［交渉］が妥結するまで、GATTの紛争解決制度はコンセンサス方式で動いていた。つまり、被申立国はパネル裁定の承認を遅らせたり、承認を阻むことができたのである[73]。そこで、通商法301条では18ヶ月という期限を定め[74]、その期限までにGATTの手続が紛争を解決しない場合に大統領が［制裁］権限の行使に着手できることにした。実際、この期限が厳格に適用されたわけではなかったが、ほとんどのGATT加盟国は、GATTの［手続の］後に控えるこの超法規的な自助的手段が与える脅威から、通商法301条は法的に妥当とはいいがたいと考えていた[75]。

　GATT違反にあたらない場合の通商法301条による制裁には、明らかに、法的義務の執行の装いがない[76]。この場合、相手国の貿易慣行はいかなる条約に

---

73)　たとえば次を参照のこと。"Dunkel Calls for Political Courage, not Rhetoric in Uruguay Round," *BNA International Trade Daily*, Aug. 21, 1991. アメリカに有利なパネル裁定の履行が遅れた著名な例として、カナダによるアイスクリームとヨーグルトの輸入制限（Hudec, *supra* note 32, pp. 575-576）や韓国による牛肉の輸入制限（同書554-556頁参照）の事例がある。もっともアメリカがこの点について潔白というわけではない。アメリカが紛争解決手続を遅延させた例としてよく知られているのは、国内輸出法人（DISC）を承認するアメリカ税法をGATT違反とするパネル裁定をアメリカが認めなかった例である。最初にパネル裁定が下されたのは1976年で、この問題が終局的に解決されたのは1984年であった。Robert E. Hudec, "Reforming GATT Adjudication Procedures: The Lessons of the DISC Case," *Minnesota Law Review*, 72, no. 6（June 1988）, pp. 1443-1509. ウルグアイ・ラウンドで合意された紛争解決了解により、被申立国が手続を遅延させたり、戦略的な行動をとる可能性はなくなり、パネル裁定の採択は自動化されることになった。第9章を参照のこと。

74)　この期限はそれほど厳格なものではなかった。たとえば、最終的にECが報復措置をとった唯一の事例であるEC柑橘類特恵待遇事件（301-11）は10年以上も通商法301条の対象とならなかった。また、1980年代に発生したいくつかの貿易紛争は未だ制裁の対象とされていない。

75)　そのうえ、アメリカは通商法301条の対象国だけに制裁を課すが、これは最恵国待遇違反である。GATTの基本原則である最恵国待遇は、貿易上の制限と特権の両方をすべての貿易相手に等しく適用することを義務付けているからである。

76)　サイクスはこの点を詳細に検討し、条約に違反しない場合でも、一定の限られ

も違反していないが、アメリカがそれを一方的に不公正だとか、［アメリカに］不当な負担を課していると判断するのである。この相手国がGATT加盟国である場合、アメリカが［制裁として課す］貿易制限そのものがGATT違反となる。それに、［貿易制限措置を］決定するプロセスも一方的である。このように、［GATT違反にあたらない場合の通商法301条の適用は］二重の意味でGATTに違反する[77]。

1980年代に入ると［通商法301条に対する］GATT加盟国の不満や抵抗が強まった[78]。そしてついに、ウルグアイ・ラウンド交渉の最終段階で諸国は、採択時にちょっと気を留めただけだったが、実質的には通商法301条を違法化する規定を採択した。それが、「多角的体制の強化」と題する［WTO］紛争解決了解第23条である。本条は、不正な貿易慣行の是正を求める加盟国に、「この了解に定める規則及び手続によるものとし、かつ、これらを遵守する」ことを義務づけている。加えて本条は、パネル手続を経ることなく加盟国が違反の発生を判断することを禁止し、許容される報復の決定にWTOの手続の利用を義務づけ、WTOの承認を得ない報復を禁じている[79]。いうまでもなく、この23条

  た状況で「威嚇戦略」がとられる場合があると結論している。彼の分析には、本章で論じるような［制裁の］多様な影響は考慮されていない。Sykes, *supra* note 7, pp. 291-307.

77）　サイクスがあげるGATT違反にあたらない34事例のうちの27は、GATTと密接に関わりがあり、次の2つのカテゴリーに分けられる。27事例の多く［にあたる1つ目のカテゴリー］は、当時まだGATTの規制対象となっていなかった情報やサービス等の分野でGATTの諸原則を課すものであった。［第2のカテゴリーにあたる］その他の事例は、中国などのGATT非加盟国でGATT加入を模索する諸国にGATT規範を強制するものであった。これらの場合にも、制裁が成功すれば、貿易レジームの自由化を促進するということができる。しかしながら、これらの問題——GATTへの新規加盟とGATT適用分野の拡大——についてはGATT内で交渉が行なわれていた。［そのため、アメリカが］一方的制裁を用いることは、［これらの問題について］多国間交渉を回避し、自国の望む帰結を強制しようとしている［行動と］と見られる可能性があった。

78）　See Hudec, *supra* note 32, pp. 228, 230.

79）　Uruguay Round, Dispute Settlement Understanding, MTN/FA, II-A2（Dec. 15,

が禁止しているのは、まさに通商法301条が定める措置であった。これに対しアメリカは、通商法301条に定める18ヶ月の期間内にWTOの紛争解決手続が必ず決定を下すのであれば、紛争解決了解と通商法301条は矛盾しないと主張した。いずれにせよ、新たな紛争解決条項が、約20年に及んだアメリカの「攻撃的な一方主義」[80]に終止符を打った。

4-2-3　米国議会が要請したその他の制裁

［通商法301条がGATTに影響を与えたように、］捕鯨に関するアメリカの制裁政策もまた、1990年代初頭に生じた捕鯨レジームの深刻な危機の一因となった。［先に述べた］1980年代における制裁の明らかな成功は束の間のものにすぎなかった。1992年、IWCの会合で科学委員会は状況を大幅に見直し、改訂管理方式（RMP）を勧告した。この方式によれば、とりわけ、資源量が大きく、増加傾向にあると同委員会がみなすミンククジラについて商業捕鯨が認められることになる。しかし、アメリカを筆頭とする反捕鯨国グループは、この科学委員会報告を将来検討するとしてつき返すことに成功し、このために商業捕鯨モラトリアムが1年延長された。これに対し、かつてアメリカの制裁対象となった主要な捕鯨国は激しい憤りを示した。3章で述べたように、2つの修正法による制裁を受けなかったアイスランドは、即座にICRWからの脱退をほのめかし、ノルウェーは1982年のモラトリアムからのオプト・アウトを再び使って、抗議する環境保護団体の一団を押しのけ、6隻の捕鯨船を出航させた。ロシアと日本も近いうちに捕鯨を再開すると示唆した。アイスランドは、北大西洋における新たな捕鯨レジームの形成を検討するための会合の開催をこれらの国々に呼びかけ、ノルウェーは1992年、1993年と続けて捕鯨を許可した。しかし、これらの国々はいずれも、1995年半ばの現在まで［アメリカから］制裁を受けてはいない[81]。

1993).　新しいWTO紛争解決手続については第9章で詳細に論じている。
80)　この表現は *supra* note 72 ［のバグワッティの著書のタイトル］からの借用である。
81)　Andrew Pollack, "They Eat Whales, Don't They?" *New York Times*, May 3, 1993,

5章で述べることになるが、このIWCの危機は、IWCの基本的な政策や理念の危機であって、アメリカの制裁だけが原因とはいえない。この危機の根源は、IWCの基本目的に関する2つの相いれない考え方の対立にあった。一方は、鯨も他の海洋資源と同じように持続可能なレベルを維持すれば適正に利用できると主張し、他方は鯨を殺すことは誤りだと信じていた。少数派、つまり数少ない捕鯨国は、このような根本的な問題に多数決で意見を押し付ける多数派に対し、そのやり方が不当だと抗議した。結果、捕鯨レジームの存続が危うくなり、1960年以降初めて捕鯨が無秩序に行われる危険が高まった。アメリカの制裁がこの危機を生み出したわけではないが、少数派がこのような思い切った行動に出るほど不満を募らせた一端が制裁にあるのは明らかである。ノルウェーの外務大臣は、「大国は取るに足らないほどの値段で環境保護のための罪滅ぼしがしたいだけなのに、このような大国に小国が服従するよう迫られるのは我慢ならない。」[82]と述べたが、ここにはその不満の根深さが表れている。

人権、核不拡散、収用の分野においてレジームの維持と一方的制裁が緊張関係にあったかどうかは、あまり明らかではない。しかし、よくいわれているように、歴代の大統領が守ってきた裁量的な制裁権限が実際に行使されたことで、アメリカの人権政策や核不拡散政策に対する不信感やこれをご都合主義と評する空気が醸成された。そしてこの空気は、アメリカの政策にとどまらず、レジーム自体にも影響を及ぼした[83]。

一方的制裁によって条約が遵守されるという利益と［制裁が］レジーム規範

---

p. A4(L); "Norway to Hunt Whales," *New York Times*, Apr. 14, 1993, p. A7(L); George Bush, "Letter to Congressional Leaders Reporting on Whaling Activities of Norway," *Weekly Compilation of Presidential Documents*, Dec. 28, 1992, pp. 2381-2382. ノルウェーの調査捕鯨再開決定に対し、クリントン大統領は制裁を課す可能性を否定したが、他方で、交渉による問題の解決を強く要請した。*Weekly Compilation of Presidential Documents*, May 23, 1994, p. 1100.

82) J. J. Holst, foreign minister of Norway, Norwegian Information Service, *Norinform Weekly Edition*, no. 26 (Aug. 31, 1993), p. 1.

83) Hufbauer, Schott, and Elliott, *supra* note 20, p. 111.

を不安定化するというコスト、この両者のバランスは、大方、この利益とコストの重要性［をどう考えるか］にかかっているといえるだろう。そして、この重要性は主に、このバランスをはかる者の目で判断される。国家の視点に立てば、アメリカにとっての正味の費用対効果が重要となる。しかし、条約遵守の長期的な最大化に関心がある者がこのバランスを考える場合、レジームの健全性の方が国益よりはるかに重要となるだろう。

4-3 「しっぺ返し」は有効か

制裁の利用を支持していると考えられる現代の有力な理論がある[84]。［事例の考察だけでなく］これらを検討しなければ、一方的制裁の評価は十分とはいいがたい。例えば、ロバート・アクセルロッドによる先駆的な著作『つきあい方の科学』がある。同書とその解説書の多くは、反復型の「囚人のジレンマ」について論じている。「囚人のジレンマ」とは、［二人の囚人がいる場合、］相手を「裏切る」行動をとるより双方が協調する方が両者は得するにもかかわらず、「合理的な」囚人であれば「裏切り」を選ぶ、という1回のゲームにおけるインセンティブ構造を意味する。アクセルロッドは、このゲームが繰り返される場合、しっぺ返しが［二者を協調に導く上で］最も有効な戦略だと主張する[85]。しっぺ返し戦略では、あるプレイヤーがまず協調的な行動をとり、その後は相

---

84) たとえば次を参照のこと。Keohane, "Reciprocity in International Relations," *supra* note 2, pp. 132-157. この中でコヘインは「限定された相互主義」を「善行には善行で返し、悪行には悪行で応えるように、先になされた一方の行動によって他方の対応が決まる、このような、ほぼ同等の価値のやりとり」（136頁）と説明している。

85) この結論は2回行なわれたコンピュータ・プログラムのトーナメントに基づいている。このトーナメントでは、ゲーム理論の専門家から反復型の囚人のジレンマゲームの答えとなるコンピュータ・プログラムを募集した。第1回トーナメントに応募提出された15のプログラムの中でも、第2回の63のプログラムの中でも、「しっぺ返し」戦略が最も効果的であった。Axelrod, *supra* note 63, pp. 27-54.［松田訳26-55頁。］囚人のジレンマの他の側面については第6章で論じている。

手の個々の行動に対し相手と同じ対応をとる。自身の最初の協調行動に相手も協調的な対応を示したなら、この第一のプレイヤーは［協調的に対応し、］その後、相手が裏切るまで協調行動が続くことになる。しかし、相手が裏切った場合、即座にこれを罰する対応をとる。つまり、善［つまり協調］には善で返し、悪［つまり裏切り］には悪で対応するのである。裏切った方は［相手から罰を受け］自身のやり方が誤りだったと学習し、協調路線へ戻っていくと考えられている[86]。

　コヘインや他の多くの論者と共にアクセルロッド自身も指摘しているように、この分析結果は明らかに国際関係の分野にも応用できると考えられている。直感的には、条約を遵守させる場合にも使えるように思われる。この場合、軍備管理協定のところで述べたように、アクセルロッドは不遵守を処罰する、つまり制裁するよう示唆している。

　しかし、軍備管理協定の事例が示したように、彼の理論モデルを日常的な外交のやり取りに安易に当てはめることはできない。アクセルロッドの理論では、プレイヤーは第一に相手の行動を見ることができなければならない。さらに、それが協調なのか、裏切りなのか、あるいは以前の自身の裏切りに対する報復なのかを正確に把握できなければならない[87]。これらの要件を満たすには2つの要素が必要である。1つは、一貫性［プレイヤーのとる行動が必ず相手への対応であること］である。たとえば、単にその場の思いつきでとられたランダ

---

86) しかし、アクセルロッドとコヘインがともに認めているように、両者が悪に悪で応え、際限のない裏切りの連鎖に陥る可能性もある。次を参照のこと。Axelrod, *supra* note 63, p. 138［松田訳145-146頁］; Keohane, "Reciprocity in International Relations," *supra* note 2, pp. 138-139. また、南アフリカにおける黒人とボーア人の関係をこのようなネガティブな相互主義が繰り返される例として描いている次も参照のこと。Rian Malan, *My Traitor's Heart*（New York: Atlantic Monthly Press, 1990）.

87) アクセルロッドは、実験的に、プレイヤーが誤解する確率を1％に設定し、コンピュータ・プログラムを走らせてみた。「容易に予測できる通り、誤解があるときには裏切る回数が多くなる。しかし驚くべきことに、この場合でも『しっぺ返し』は最高の決定規則であった」と述べている（Axelrod, *supra* note 63, pp. 182-183［松田訳190頁］）。

ムな行動の場合、それが相手の行動に対する対応かどうかを判断できない。2つ目は、比例性［一方の行動と他方の対応が釣り合っていること］である。コヘインの言葉を借りれば、ある行動に対する対応は、その行動と「ほぼ同等の価値」でなければならない。そうでなければ、その対応を報復だと確信することができないからである。

　戦略的な米ソ関係には不要な情報が多く混在し、［相手の反応の見極めに］必要な［行動の］明確性も欠けていた。例えば、軍備管理交渉には不確定要素が付きまとっていた。ソ連のとる行動の真の意味は明らかではなかったし、もしアメリカが「報復的な」行動をとれば、これにソ連がどう対応をするのかもわからなかった。もっともこのことは、国際関係全般に当てはまる。外交の世界の顕著な特徴は、国家行動の本質が読めないことである。在外公館の日常業務は専ら、駐在国の行動の重要性を見極めるための解析に費やされている［ほどなのだから］。

　明確性と比例性の要件を最もよく満たしていたのが捕鯨と貿易の事例である。通商法301条は手続上、申立ての段階で［制裁として］貿易制限を課す対象を特定しなければならなかった。捕鯨の事例で内務長官が好ましくない実行だとみなしたのは調査捕鯨の許可だった。また、立法に定められた制裁措置が比例性の基準を満たしていた。例えば、通商上の報復は「［制裁対象］国がアメリカの貿易にかけた負担に相当する程度」でなければならなかった[88]。捕鯨に関する制裁も同じ水産業の利益が対象だった。捕鯨と貿易の事例で制裁成功率が高

---

88) もっとも、通商法301条［の対象］はGATT違反に限定されず、アメリカが［一方的に］不公正だとみなす貿易慣行も含まれる。この場合、貿易相手国は、USTRにとって何が協調で何が裏切りかを事前に予測することはできない。この点で通商法301条の制裁システムは、いくらか明確性に欠ける。ベイヤードとエリオットもこの予測可能性の欠如が重大であることを認めている。彼らは、「容易に［対象を］特定でき…明らかにGATT違反の可能性が高く、透明性の高い対象、つまり、モノに対する輸出入割当や関税といった従来の国境措置」を対象とする制裁の成功率（76％）の方が、全体の成功率（54％）と比べ高かったと述べている。Bayard and Elliott, *supra* note 26, p. 694.

かったのは、このような根拠から説明できるのかもしれない。

　しかしながら、一貫性と予測可能性［の要件］は、これらの事例でも議会が要請した他の制裁でも、明らかに満たされてはいなかった。自動的な制裁の発動という議会の目的が達成されたかという観点からみると、制裁はいずれも失敗だった。結局、［議会が立法で自動的な発動を義務付けても］制裁を実際に実施するのは大統領であり、大統領の裁量を完全に奪うことはできない。既に述べたように、通商法301条の場合、制裁対象国がどのような対応をとればアメリカとして満足かを決めていたのは行政府である。また、収用実施国が「国際法上の義務を果たすための…適切な措置」[89]をとっているかどうかを判断するのも大統領である。外国政府の行動が「国際的に承認されている人権に対し、一貫して行なわれる重大な違反行為」[90]に相当するか否かを決めるのも大統領である。それに、裁量を行使する場合、大統領は必ず条約遵守以外の利害も考慮に入れる。「政府は、法律で義務付けられている制裁の実施を求められても、紛らわしい態度をとることがある。この態度で、制裁対象国は制裁が長くは続かないだろうと考えたかもしれないが、その見方は大抵正しかった」[91]。制裁を求める政策のいくつかが成功した要因は、アクセルロッドの理論に基づく明確性と比例性が満たされていたからだとしても、結局、その成功の多くがささやかなものにすぎなかったのは、一貫性がなかったからかもしれない。

　アクセルロッドの分析において「将来の重み（shadow of the future）」は極めて重要である[92]。報復行動にはこの「将来の重み」に関わる問題がある。プレイヤーが、相手との関係が継続し、今後も、報復の機会が多くのあることを知っている場合、相手を裏切り、目先の利益を手にいれるという「囚人のジレンマ」のインセンティブは低くなる。アクセルロッドは次のように述べている。「国際関係は、大国どうしのつきあいが何年も何年も続くことを大国自身が明

---

89)　22 USC. §2370(e)(1).
90)　Foreign Assistance and Related Programs Appropriations Act of 1978, §502B.
91)　Hufbauer, Schott, and Elliott, *supra* note 20, p. 111.
92)　Axelrod, *supra* note 63, p. 174［松田訳181頁］。

確に認識している点で、都合よくできている。大国どうしの関係において常に双方が得をするとは限らないだろう。しかし、その関係が長続きしているのは事実である。つまり、両国の来年のつきあいが、今年のつきあい方に大きな影響を及ぼしているのであり、結局、協調関係に発展する機会は十分にある」[93]。

つまりアクセルロッドは、「裏切り」を考えているプレイヤーはその「裏切り」によって将来受けるはずの利益を失うと強調する。しかし、「報復」を考えるプレイヤーは、［将来の利益だけでなく］将来払うことになるコストについても考えるはずである。将来のある時点で支援が必要となるかもしれない条約違反国から、［今、］支援の可能性を奪ってしまうのは危険かもしれない。それに、軍備管理や貿易のような二国間関係では「長期にわたる報復の応酬」[94]が［将来］引き起こされるリスクがある。それゆえ、大抵の場合、［目の前にある］比較的些細な違反や「技術的な」違反とされるものに目をつぶっても、それは大したことではなくなるのである。

アメリカ以外のGATT加盟国からみれば、通商法301条に基づくアメリカの一方的な措置は［まさに］「裏切り」である。もし、これらの諸国がアクセルロッドの示唆するしっぺ返し戦略［——裏切りには報復すべし——］にしたがえば、［報復の］悪循環が生じ、エスカレートすることになるだろう——軍備管理の分野ではこれがうまく回避された——。そして、この悪循環が止まらなければ、多国間貿易システムの終焉につながるだろう。しかし、悲観的な予測をした者もいたが、実際、通商法301条の制裁対象国が［アメリカに］対抗的な報復措置をとったことはない[95]。実際に無秩序な報復の応酬がほぼ生じていないのは、このようなリスクを回避するためかもしれない。しかしもしそうであれば、条

---

93) *Ibid.*, p. 188 ［松田訳195-196頁］.「同じ相手と再会する可能性が高ければ、［今、］裏切って相手の怒りを引き出してしまうと損になる」とも述べている（*Ibid.*, p. 174 ［松田訳181頁］）。

94) *Ibid.*, p. 183 ［松田訳196頁］.

95) Bhagwati and Patrick, eds., *supra* note 72, pp. 22, 150 ［渡辺訳32-34頁、149-151頁］. ヒュデック（Hudec）は、ECがアメリカに2回報復したと述べている（Hudec, *supra* note 32, p. 112, n. 13）。

約違反に対する罰として報復を用いる可能性も同様に低いといえる。

　最後に、アクセルロッドの分析は二者間の相互作用［だけ］を対象にしていることを指摘したい（この指摘は、彼の理論だけでなく、何らかの相互関係全般にも当てはまる）。相互依存性の高い現代［社会］の状況では、規制型条約も個々の制裁も厳密にいえば二極的ではない。超大国でさえ［他国との］関係や［様々な］課題が網の目のようにつながる中で生きている。そして、結局、この網の中の全てのことは、何らかの形でその他のあらゆることとつながっているのである。このような世界における報復は、ゲーム理論で考えられるよりも手荒な手段となり、したがって、それほど有効な手段ではないのである。

　二国間のすべてのやりとりは、そのやりとりの外にも影響を生じさせる。これは、経済学において全体の損益計算に含めるべきとされる「外部性」と似ている。たとえば、先に述べたように、たとえ通商法301条に基づく制裁を対象国が受け入れたとしても、その他のGATT加盟国はそれを裏切りとみなすだろう。もしソ連の行動にアメリカが毎回「しっぺ返し」をしていたなら、その他の同盟諸国をも警戒させただろう。中国の人権侵害に対し貿易制裁を課していたなら、日本の不安を煽っただろうし、核不拡散レジームや環境保護レジームへの中国の参加もかなわなかっただろう。また、香港の地位にも悪影響を及ぼしたであろう。このように、ある特定の問題でとった措置は、その問題の中だけでなく外にも影響を及ぼす。例えば、通商分野の措置が環境分野に思わぬ影響を与える、またその逆もしかりであるように。この顕著な例として、メキシコ産マグロに対するアメリカの禁輸措置があげられる。これは、アメリカの環境基準以上にイルカを殺傷する漁法をメキシコがとっていたことが理由だった[96]。GATTパネルは、アメリカの輸入制限がGATT上の義務に抵触すると判断し、環境保護派と自由貿易推進派の両方を驚かせた。そして、この両国の紛争は、貿易と環境規制の関係をはるかに広い範囲で再検討させる契機となった。そして、この再検討の結果は未だ予断を許さないのである。

---

96) GATT, *United States—Restrictions on Imports of Tuna, Report of the Panel,* Doc. DS21/R, Sept. 3, 1991.

現代国際社会における相互依存の拡大と深化を考えれば、［制裁という］一方的な措置が国際システム全般に影響を及ぼすことは避けられない。制裁の自動化をめぐる議会と大統領の対立は、制裁の影響が広範に及ぶことをどの程度重視するかの違いと理解することができる。議会は、明らかにその制度上、アクセルロッドのゲーム理論におけるプレイヤーのように二国間関係の直接的なコストと利益だけに注目する。他方、政府は、制裁が二国間関係の外に及ぼす影響に敏感である。政府が制裁の自動化に抵抗するのは、これに過剰なコストが伴うと想定できるからである[97]。

『つきあい方の科学』は極めて示唆に富み、洞察の深い理論書である。簡潔でわかりやすいために、同書の主張には強い説得力がある。しかし、予想と違って、同書の理論的な考えは、国際関係における制裁や条約遵守にそのまま当てはめられるわけではない。［それは、］同書の理論分析の妥当性を支える重要な諸要件が、現実の世界ではあまり満たされないからである。現実の国家行動には明確性も予測可能性もない。それに、国家行動の費用対効果を二国間取引あるいは取引の当事国だけを対象として算定することもできない。したがって、同書の理論分析が示す示唆［――違反には即、制裁せよ――］が現実にも妥当すると考えるべきではない。

4-4　正　統　性

［前節で見たように、］報復は、思ったほど理論的な支持を得ていない。しか

---

97)　このような［議会と政府の考え方の］違いは、条約関連の問題に限ったことではない。たとえば、レーガン大統領の拒否権を覆し、議会が要請した対南ア制裁やブッシュ大統領が拒否権を行使した議会の対イラク制裁にも同じことがいえる。Ronald Reagan, "Message to the House of Representatives Returning without Approval a Bill Concerning Apartheid in South Africa," Sept. 26, 1986, *Public Papers of the Presidents of the United States* (Washington, D.C.: USGPO, 1986), pp. 1278-1280; Michael Wines, "Bush Weighs a Veto of Sanctions for the Spread of Chemical Arms," *New York Times*, Nov. 1, 1990, p. A12, col. 5.

しそれだけでなく、制裁の利用は規範的に考えた場合にも強く否定されるのである。条約義務の遵守を促すことは法執行の実践だと執行モデルは示唆している。したがって、法執行活動が満たすべき基準が一方的制裁に当てはまるかどうかを検討してみることも、あながち間違ったことではない。このような基準の最も基本的なものとして、「同様の問題に同じように対処する」、「重大な決定は基本的に公正な手続で決める」、「同じ制度の下で全てのアクターは平等でなければならない」ことがあげられる。しかし、［以下、一つずつ基準を検討して示すように、］一方的制裁にはこの３点全てが当てはまらない。

　制裁の決定は国家の指導者が行い、そこに国家のリソースがつぎ込まれるのだから、この決定は数多くの考慮に基づいている。法的な問題はこのような考慮事項の一つにすぎない。制裁を求める議会は、たとえ大統領が裁量権を［適切に］行使するとは信じていなくても、大統領に一定の裁量権があることを認めなければならない。一般に、議会と大統領はともに法律に掲げられた包括的な目的には同意している。しかし、その法律の執行は大統領の手に握られている。［議会と違い］、時には相反することもある多くの複雑な外交政策と国益を同時に追求するのが大統領であり、日々の外交問題に対処する上で、法律に基づく政策と他の利益とを比較し、釣り合いをとらなければならない。そのため、個々具体的な状況において大統領は、［ある時には、］核不拡散政策よりもアフガニスタンの反政府勢力への支持を優先しなければならなかった。［またある時には、］人権の擁護よりも国際金融機関の独立を、捕鯨禁止よりもケプラヴィークのNATO基地の問題を優先しなければならなかったのである。このように大統領は制裁権限を行使する上で、同様の問題に同じように対処したわけではなかった。というより、実際、「同様の問題に同じように対処する」ことはできないのである。

　一方的制裁は制裁実施国が決定する。つまり、条約違反の認定と［これに対する］適切な処罰の両方を「原告」が決めるのである。通商法301条では「被告」［制裁対象国］に意見陳述の機会が与えられているが、これは恩恵的な計らいにすぎず、「被告」の権利ではない。議会が要請した他の制裁の手続にはこの

ような計らいさえない。このように自らが提起した訴えで自らが裁判官になるということは、法の適正手続（due process of law）に対する典型的な違反である。制裁する者が誠実であれば法の適正手続が守られるわけでは決してない。たとえば、アメリカはニカラグアのある行動に対して一方的に制裁を課したが、後にこのニカラグアの行動は、二つの中立的な裁定の場、つまり、国際司法裁判所とGATTにおいて正当だと認められた[98]。

リサ・マーティン（Lisa Martin）は著書 Coercive Cooperation において、制裁が最も効果を発揮するのは、［制裁対象国以外の］第三国が制裁に同調する場合であると結論している[99]。他国が制裁に加われば制裁の経済的効果は高まるが、それだけでなく、他国の参加は制裁の正統性をも左右するといえる。国際組織が与える承認と同じように、他国の参加が、制裁決定が正しいことの証明となり、制裁国の一方主義に対する非難への反論となりうる。しかし、協力する国が制裁国との政治的な同盟関係によって大幅な拘束を受けている場合（実際このような場合はよくあるのだが）、他国の参加によって制裁が正統化される効果は小さい。

最後に指摘するのは、制裁実施国と対象国の間に必ず力の差があるということである。基本的に大国だけが一方的制裁や共同制裁を用いることができるといっても過言ではない。ハフバウアー・スコット＆エリオットの研究によれば、制裁全体の80％以上がアメリカ、イギリス、ソ連のいずれかによるものだった。それに、全体のほぼ3分の2の事例はアメリカによる一方的な制裁か共同制裁だった。さらに、［大国ではなく］経済的に脆弱で政治的に不安定な国に対する制裁の方が頻繁になされ、成功率が高いことも明らかなようである[100]。彼ら

---

98) GATT Doc. L/5607 (March 2, 1984), reported in *Basic Instruments and Selected Documents*, 31st Supp., pp. 67-74. また次も参照のこと。Hudec, *supra* note 32, pp. 512-513; "Military and Paramilitary Activities in and against Nicaragua Nicaragua v. United States of America, Merits," *ICJ Reports* (1991), p. 554.

99) Martin, *supra* note 13, p. 244.

100) 次を参照のこと。Johan Galtung, "On the Effect of International Economic Sanction, with Examples from the Case of Rhodesia," *World Politics*, 19 (Apr. 1967), p. 385.

は、［制裁の］第三の法則として「弱肉強食」をあげ、「大抵、制裁対象国よりも制裁実施国の経済［規模］の方がはるかに大きい」[101]と述べている。

　両国に力の差がない場合、制裁はあまり行われず、また制裁の効果も低いようである。例えば、米ソ間の軍備管理協定では両国の力が同等であったため、「しっぺ返し」はなされず、むしろ敬遠された。貿易に関しても、ベイヤードとエリオットは次のように報告している。通商法301条の制裁の半数はアメリカの三大貿易相手、すなわちEC、日本、カナダを対象としていたが、［特に］ECだけを対象とする制裁は4分の1以上を占めていた[102]。ECとカナダに対する制裁の成功率は平均よりも低かった――事例全体の成功率54％に対し、対EC制裁の成功率は40％だったと述べている[103]。ところが、日本の場合は例外のようで、成功率は75％と高かった。この理由はおそらく、日本は強力な経済力を有しているが、政治的にアメリカに大きく依存しているからだと考えられる[104]。

　専ら大国が小国にふるう制裁を使った脅しや制裁の行使は、共通規範の公平無私な強制というより、大国の私欲のための力の行使とみなされるように思われる。［制裁に対する］不満が高まるのは、北から南へ制裁による強制が加え

---

101) Hufbauer, Schott, and Elliott, *supra* note 20, p. 97.
102) Bayard and *Elliott, supra* note 26, p. 688 and table 2. ECだけが通商法301条に基づく制裁に報復したことは意義深い。またECは、アメリカと同じような制裁を行なった唯一の貿易相手であり、それは、米EC間の取引平価が確立するまで［維持された］。
103) *Ibid.*, p. 703; see also p. 698.
104) ベイヤードとエリオットは、通商法301条に基づく制裁に関してUSTRは、ECよりも日本に対して相当攻撃的であったと述べている（*Ibid.*, p. 703）。［彼らが次のように述べるように、］ECに対してはGATTを援用しても［制裁は］うまくいかないようである。「ECを対象としない制裁でGATTパネルが設置された場合、制裁成功率は73％だった（全体の平均は55％）。対EC制裁でパネルが設置された9件のうち6件は、最終的に制裁失敗と判断された。その中の1件においてだけ…ECは［アメリカを］不快にさせた貿易慣行を改めたが、GATTや米EC間通商協定の曖昧さを突いて、EC農産物の生産者と加工業者を保護し続けた」（*Ibid.*, p. 700）。

られる時である——そして、実際このような場合が多い。このように、一方的な制裁は主要な工業先進国しか使えないのだから、条約を履行させる手段として制裁が正統かどうかは非常に疑わしい。

　本章で検討した過去の事実が一般的に示唆しているのは、［一般的な］外交手段としての制裁のあり方と、法的義務を強制する手段としての制裁のあり方が根本的に相いれないことである。つまり、法の適用に［通常］伴う［べき］予測可能性や公平性は、［その場その場で判断される］政治的動機とうまく両立しないのである。制裁国——通常はアメリカ——の外交目的がたまたま条約規範と合致する場合、経済制裁は、［条約］遵守を強制したり、条約違反を罰するために用いられることになる。そして実際、このような目的のために制裁が使われたこともあった。しかし、規制型条約でも、安全保障分野ではなおさら、アメリカが［制裁で法を強制する］世界の「執行官」になることはできないし、またそうなるべきでもない。いかなる条約を実施する場合も、［アメリカが「執行官」となるような］システムではうまくいかない。さらに、今日の世界では、諸条約が織りなす複雑な規範の網の目が国家や個人の行動に様々な枠をはめているが、この規範網においてももちろん、このシステムはうまくいかない。つまり、必要とされているのは、［このようなシステムではなく］諸国の参加が一層可能で協調的なプロセスなのである。第Ⅱ部ではこれについて検討する。

第Ⅱ部
遵守管理のための戦略

　もし強制的な制裁が、条約遵守を達成するための実行可能な手段でないとしたら、代わりになるものは何だろうか？　第Ⅱ部では、この問題に取り組む国家や国際組織の実行と活動を検討することによって、遵守を改善するための管理戦略の要素が何であるかをつきとめよう。そのような戦略は、いまだ、一貫した全体像にまで練り上げられ、概念化されているわけではない。実際、遵守は包括的な戦略によって積極的に管理できるという考え方は、広く理解されているわけではない。自分がふだんしゃべっているのが散文というものだとわかっていない［モリエールの喜劇の］町人貴族のように、国家や国際組織は、個々の手段の間のつながりや理論的意味がなんであるかなどに思い煩わされることなく、目の前に立ち現れることをこなしている。我々が議論するひとつひとつの要素が、全ての条約レジームに見いだされるわけではない。国際通貨基金（IMF）のような重要な例外は多少あるものの、特に、［条約の］当事国は、国内の政府機関や民間企業に見られるような問題管理の発展した形態に必要とされるような、官僚的・財政的リソースを提供することに消極的である。しかしながら、条約遵守を許容可能な水準に保つ実際の過程の概要［みちすじ、指針］を抽出し、それをある程度意味あるものとするに足るだけの、十分な共通性が、個別のレジームを超えて存在する。

　大半の遵守［促進］戦略は、障害を除去し、問題を明確にし、当事者にその態度を改めるよう説得するというものである。支配的な手法は、敵対的というより協調的なものである。明らかな不遵守事例は、処罰されるべき悪事というよりは、解決されるべき問題として扱われる。一般的にいってその手法は、言葉による、双方向的で、同意に基づくものである。幾つかの場合、IMFがここでも顕著な例であるが、機構は一定の利益を与えないことができる。より一

般的には、背景にそこまで至らない様々な非難の表し方がある。暴露、恥辱、それに拡散が、遵守しようとしない国の評判と国際関係に対して、影響を与える。「新しい主権」の条件の下では、ある国家の意図的かつ執拗な不遵守は、その国家の国際システムにおける地位全般を脅かすような状況を生む可能性がある。

遵守戦略の基盤となるのは条約によって提供される規範的枠組みである。遵守戦略は、法的拘束力のある規範は、それに対抗するような［別の］強い考慮がはたらかない限り一般的に遵守する義務があるという、当事者の感覚の上に成立している。この感覚は、条約規範から逸脱するには正当化が必要であるという、国際システムにおける、実践的かつ法的な要請によって鼓舞［強化］されている。遵守過程の大半は、国家、国際組織、それにある程度まで、関心を持つ公衆の間の、条約規範の意味と具体的状況において要請される行動を特定するためになされる対話から成り立っている。規範そのものは、当事者がその行動を調和させるための調整の手がかりであり、対話は、全ての当事者が条約の遵守状況を維持するのに必要な、他の当事者の行為を確実なものにする。

条約規範は、それぞれ個別に、あるいは複雑に組み合わさって、遵守に向けての圧力となる一連の手続や活動に対して影響力を行使する。

分析的にいえば、第一段階は、規律対象となる状況と関連する当事者の活動についてのデータの集積である。この作業は、ほとんどすべての規制条約に様々な形で見られる、報告要請によって達成される。報告された情報は、特に遵守に直接関わるものである場合には、さまざまな非公式の照合［クロス・チェック］や、より公式な検証手続にかけられる。

より積極的・能動的な管理は、重大な［不］遵守問題を提起するような行為の特定によって開始される。対応は、まずは予備的なもので、行為の正確な性質と、関連する事実と環境を明らかにする。もし懸念が続くようであれば、次の段階は、除去可能な障害、あるいは、解決可能な問題をつきとめるという希望の下に、外見上・見かけ上の逸脱行動の原因を診断することである。当事者の義務履行能力の問題は、おそらく、もし利用可能なら、なんらかの技術的援

助やその他のリソースによって対処される。具体的な状況における規範の意味ないし要請される行動について、当事者間に、現実のあるいはそう主張される不一致がしばしば生じる。そのような紛争を解決する仕組みは、［遵守］管理戦略の不可欠な一部であるが、公式の裁判ないしその他の拘束力ある手続であることはまれである。今日のいくつかのレジームでみられるようになってきている、より強力で、積極的な管理手段は、当事者の実績と将来計画を、通常、事務局の技術的支援の下に、締約国会議が、定期的・体系的に評価・査定するという形をとる。

遵守を処理する相互作用的な過程は、最終的には、規範そのものを修正する必要があることを明らかにすることもある。それは、解釈、条約によって認められた適応のための手続、あるいは改正によってなされる。

条約の当事国は能動的な役割を果たすが、管理戦略は、理想的には強力で実効的な国際組織の支援を得て実現されるべきである。しかし、諸国家は、国際的な官僚組織に対して深い猜疑心を抱くようになってきている。それらは、他の官僚組織と同様の欠陥をもち、また、他の官僚組織同様、国家の行動の自由を侵害するほどの自律性を持つようになるからである。公的な組織の欠陥は、非政府組織（NGO）の重要性と影響力の増加によって部分的には埋め合わされている。NGOのプログラムは、多くの点で、すでに述べた戦略に匹敵する。NGOは、彼らの関心領域の情報を発達させ、当事国の報告を批判的に検証し、審査・評価のための公的な類似物で、条約当事国の実績を、しばしば［公式の］外交的な場では考えられないほど厳しい分析と批判にさらす。NGOは最後には、態度をなかなか改めようとしない違反者を、白日の下にさらしこれに辱めを与え、しばしば、国内政治の場で反対運動を組織する。

軍事力や経済的禁輸に比べれば、手ぬるく思われるかもしれないが、本書で概観したところによれば、遵守戦略は、遵守を強化し、レジームの加盟国がその義務を履行する能力を改善するための強力な諸手段を取り揃えている。これらの手段が、全てあるいは殆どの国際条約レジームにみられるといいたいわけではない。それどころか、我々が見てきたのは、様々な手法が登場しつつある

ということの断片的な証拠にすぎず、その実効性にしても、レジームの中心になっている人たちがそれらを活用する際の、技量と戦略的な想像力に大きく依存している。また、この過程が普遍的な遵守をもたらすと主張するものでもない。手続はどのような強制をなすのか？しかしながら、多くのレジームの慣行に見られる様々な要素をつなぎ合わせることによって、理論的に健全で、実践的には実効的な、条約実現過程を構想することに着手できる。

第5章
規　　範

5-1　規範とは何か？
5-2　法　規　範
5-3　法規範はどのように作用するか
　5-3-1　正当化と議論実践
　5-3-2　相互依存と複雑性
　5-3-3　国際法的議論実践における組織の役割

5-4　規範の正統性
　5-4-1　公正かつ受け入れられている手続
　5-4-2　不等な差別のない平等な適用
　5-4-3　公正と平等に関する最低限の実質的基準
5-5　結　　論

　条約の遵守における規範の役割は一見単純なことのように思われる。条約規定は関連規範の権威的定式であって、要請される（または禁止される）行為を規定する。国家の行動はこうして外から押しつけられた要請に合致しなければならない。しかし、単に条約が存在するというだけでは、条約に同意した国家の自動的な遵守をもたらすものでないことを我々は知っている。遵守行動の多くは、国家の条約への同意によって説明できるものの、条約規範が遵守を促す力を発揮するためには、具体的な状況への適用の場面で理解され、受け入れられなければならない。本章は、規範が、適用と執行の過程を通じて解釈され練り上げられていく、諸国家の間で繰り広げられる複雑な過程を描写しようとするものである。
　主権独立国家間で依然問題を解決する立場にあると自認する国際法システムにおいて、同意に与えられている重要性の重みからいって、この過程において鍵となる特徴は、自らの行動に疑義がかけられている当の国家の参加である。国際法過程の本質は、あらゆる段階で同意を強調することによって、遵守への圧力を生み出す弁証法である。

本章はなんら予測を行なおうとするものではない。いわんや、国家の行動は適用可能な法にほとんど常に合致しているという見解を実証的に証明しようとするものでもない。(この見解に賛成する立場も反対する立場も、いずれも計量的ないし分析的手法によっては確定できないことは、明らかであるように思われる。)本章のめざすところはむしろ、国際条約規範が、国家の決定過程をその遵守の方向へと仕向ける仕組みを概略的に描くことである。

5-1　規範とは何か？

ここでは「規範」を、原則、基準、ルールその他、広範な一般的指示言明を包括する意味で使用する[1]。それは、文書その他の権威的な形式になっているものから、非公式、黙示的、背景的規範までを含む。我々は、これらの言明の間の体系的な区別は試みない。また現実にもそれらは複雑に相互に影響する[2]。前出のリストは一般性の高いものから低いものへという順になっているが、より一般的な言明が特殊な言明に常に優位するあるいはその逆というような意味で階層的なものではない。特定的で十分に焦点の絞られた命令がより一般的な原則を破ることもある。米国では、条約は遵守すべしという一般原則は、

---

1) Friedrich V. Kratochwil, *Rules, Norms and Decisions: On the Conditions of Practical and Legal Reasoning in International Affairs* (Cambridge: Cambridge University Press, 1989), p. 10; Edna Ullman-Margalit, *The Emergence of Norms* (Oxford: Clarendon Press, 1977), p. 12; Margaret Jane Radin, "Risk-of-Error Rules and Non- Ideal Justification", *Nomos*, 28 (1986): 45, n. 3参照。

2) 驚くにはあたらないが、規則、原則、および基準の定義と相互関係に関する議論は、法学文献においては後をたたない。たとえば Ronald Dworkin, *Taking Rights Seriously* (Cambridge, Mass.: Harvard University Press, 1977), pp. 22-28 [ロナルド・ドゥウォーキン(木下毅・小林公・野坂泰司訳)『権利論(増補版)』(木鐸社, 2003年)14-23頁。第1章四「法準則・原理・政策」]; Duncan Kennedy, "Form and Substance in Private Law Adjudication", *Harvard Law Review*, 89 (1976): 1685; Frederick Schauer, *Playing by the Rules: A Philosophical Examination of Rule-Based Decision-Making in Law and in Life* (Oxford: Clarendon Press, 1991), pp. 12-15参照。

ある条約を破るという議会の意思が十分に明確であれば、そちらに途を譲る[3]。そこには、「原則」が徐々に精緻化されより正確な「基準」となり、最終的に多かれ少なかれ確定的な「規則」となるというような、目的論的な意味合いはない。コモン・ローの古典的な手法は逆である。たとえば、英米コモン・ローが、個別具体的な状況を規律する明らかに相互に関連のない一連の諸規則の分析から「過失なければ責任なし」という統一的な不法行為原則を抽出したという場合のように、原則というものは、長期にわたるより具体的な適用から抽出される[4]。国際法も同様の例を多く含んでいる。国際法委員会（International Law Commission）の多くの仕事も、慣習国際法の一般的な諸原則から、具体的・確定的な形で条約にまとめあげるというものである。「合意は拘束する, *Pacta sunt servanda*」（条約は遵守されるべし）という原則は、ウィーン条約法条約の第26条となった。拷問禁止のように、多くの条約で繰り返される具体的な「規則」も、慣習国際法上の規範ないし原則を、同様に容易に生じさせる[5]。我々の語法は、国際レジーム論のそれと大きな違いはない。彼らはレジームを「黙示的・明示的な様々の原則、規範、規則、および意思決定過程の組み合わせであって、国際関係の特定の分野において、行為主体(アクター)の期待を収束させるもの」[6]

3) *Head Money Cases*, 112 U.S. 580（1984）. United States v. Palestine Liberation Organization, 695 F. Suppl. 456（S.D.N.Y. 1988）この事件は、［議会の意思が］十分に明確であることがいつも容易であるとは限らないことを示しているのではあるが。

4) Morton J. Horwitz, *The Transformation of American Law, 1870-1960*（New York: Oxford University Press, 1992）, pp. 123-128 ［モートン・J・ホーウィッツ（樋口範雄・訳）『現代アメリカ法の歴史〈アメリカ法ベーシックス３〉』（弘文堂, 1996）153-162頁「厳格責任対過失責任」］

5) *Filartiga v. Pena-Irana*, 630 F 2d 876（2d Cir. 1980）［フィラルティガ事件］; *North Sea Continental Shelf case, ICJ Reports 1969*, pp. 3, 44. ［北海大陸棚事件］

6) Stephen D. Kasner, "Structural Causes and Regime Consequences: Regimes as Intervening Variables", in Stephen D. Krasner, ed., *International Regimes*（Ithaca, N.Y.: Cornell University Press, 1983）, p. 2. クラスナーは、「原則」「規範」および「規則」（principles, norms, rules）を区別する簡単な定義を与えているが、あまりこれらの区分には関心がないように思われる。この点に関し、さらに Jock A. Finlayson and Mark W. Sacher, "The GATT and the Regulation of Trade Barriers: Regime Dynamics

と定義し、それら諸規範の間の正確な区別には殆ど関心をもたない。

　こうした様々に異なる言説の全てを一つの包括的な範疇に束ねるのは、それらが、選択状況における、従うべきであるという義務の感覚を伴った、行為の指示であるという点である[7]。この意味における規範は予測ではない。この場合、規範は選択状況における行為の指示であり、行為者は従うか従わないかを選択する。科学の規則や予測の規則と異なり、規範は反証例によっては誤っていることにならない[8]。規範は、頻繁なあるいは一貫した逸脱があったとしても、必ずしも無効とはならない。1945年以来国連憲章2条4項違反の武力行使があった、あるいは多くの人がスピード違反をするからといって、規範の継続的な存続、有効性、あるいは一定の作用が否定されるわけではない。逸脱例があっても行為者は一般に自らが対象となっている指示を遵守する。当面の目的にとってこの現象の原因をつきとめる必要はない。効用、均衡、内面化、社会的圧力、道義的強制、処罰の恐れのいずれも明らかにこの現象に寄与する。

　規範遵守の傾向に関するこの主張を、思考実験によって試してみよう。あなたはある共同体への新参者であると仮定しよう。そして、日曜日には黒を着用すべしというルールがあると告げられたとしよう。日曜がきた。あなたが知っているのは状況のみ。次に近づいてくる人物が黒を着ているかどうか、お金を賭けることも要請されている。さて、どちらに賭けますか？

---

　　　and Function", in *ibid*., pp. 275-277参照。
7)　規範のうちあるものは、一定の結果を達成したいならば、認められた手続きを規定するその規範に従うことを条件づけるものである。これらの「第二次規則」ないし「権限を付与するenabling規則」は、行為者が法的関係を確立し、あるいは変更する手続を規定する。H.L.A. Hart, *The Concept of Law* (Oxford: Clarendon Pr., 1961), pp. 27-28.［H.L.A. ハート（矢崎光圀監訳）『法の概念』（みすず書房, 1976年）30-32頁；H.L.A. ハート（長谷部恭男訳）『法の概念（第3版）』（ちくま学芸文庫, 2014）62-64頁］
8)　規範は、ゲームのルール・規則とも異なる。この場合、ルールが行為を規定する。道徳規律やエチケット体系もまた、選択状況における、従うべしという義務感覚を伴う行為の指示ではあるものの、レジームの構成要素である規範とは、他の点で異なる。

次の人物が黒を着ている確率は、おそらく、たとえば道路の決められた側を皆が車を走らせる確率ほど高くはないであろう。次の人物は、よそ者でこのルールを知らないかもしれない、あるいは信念に基づいてそれに反対かもしれない、黒い服を持ってないかもしれない、あるいは、そんなことに関心がないかもしれない。観察者の知らないその他の無数の要素が、彼の行動に影響してくるだろう。しかし、他の要素を知らず、どうしても賭けなければならないとしたら、黒を着るというルール遵守の方に賭けることだろう。この結果[選択]は、あなたが、ルールを強制するシステムがもしあるとして、それについて何も知らないとしても変わらないだろう。あなた自身がこのルールに従うかどうか、あるいは実験状況において遵守するかどうかも関係がない。ルールおよびルール遵守の概念を理解しているなら、この状況において合理的な賭けは、次の人物が黒を着ているという方だろうし、もし規範がなければ、賭は異なるものとなるだろう。より緩やかだが重要な定式化は、他の条件が同じならば、ある行動を指示する規範がない場合に比べて、ある場合の方が、その行動がとられる確率は高いというものである。

パーソンズ（Talcott Parsons）は「秩序という有名な問題は、…共通の規範システムなしには解決できない」と述べている[9]。今日の国際関係分析において隆盛を極める合理的選択理論は、実は、この定式が誤っていることを示すことを目指していたのではないかとさえ思われることもある。しかし、この理論の最も熱心な推進者たちですら、自分たちが自らに不可能な課題を課したのだということを認め始めている。アクセルロッドの入念に組み立てられたゲームは多くの知見をもたらしたものの、現代社会における協力の複雑なパターンは、自然状態においてランダムに双方向に作用するコンピューターによっては生み出すことのできないものである[10]。根本的な問題は、合理的選択理論の前提に

---

9) Talcott Parsons, "Power and the Social System", in Steven Lukes, ed., *Power* (New York: New York University Press, 1986), p. 121.

10) Jon Elster, *The Cement of Society* (Cambridge: Cambridge University Press, 1989), p. 15およびKratochwil, *Rules, Norms and Decisions, supra* note 1, pp. 152-153参照

たつと、まず興味深いほとんどの状況は、ただ一つに定まった解決をもたらすわけではなく、数多くの均衡状況を生じさせる。そしてこの理論は、自らの枠組の中では、そのうちのどれが選択されるかを予測することができないことである[11]。選択は、自己に関する価値の単純な最大化の結果ではなく、社会的・制度的文脈の中でなされる種々の決定の帰結なのである。

分析的にいえば、全ての参加者の利益が一致する状況でほとんど自動的に作用する調整規範と、行為者が規範からの逸脱動機と協調動機の両方を持っているような、動機が混合した状況に関わる規範とを区別する必要がある。道交法の例のような第一の場合には、規範は、指令というよりは標識のようなものである。規範は、協調問題を解決する慣例が何であるかを明らかにする。厳密にいえばそこには遵守の問題は生じない。全ての参加者は他の選択肢に対するなんらの動機も持たないのですすんで従うのである[12]。第二の場合には、合理的な動機の構造は、定義上、必ずしも協調を命令しない。それ以上の何かが必要であり、その何かは、多くの場合、協調行動を指示する規範である。国際関係において、純粋な協調問題は非常にまれであるので、ほとんどの国際規範は、一致よりも遵守の問題を生じさせる（第6章参照）。

トーマス・シェリング（Thomas Schelling）は、その古典的な著作『紛争の戦略』（*The Strategy of Conflict*）において、これらの問題の文脈依存性を認めている。

根本的には精神的・知的過程は、伝統の創設への参画の過程である。そして、この伝統が生まれてくる源泉、あるいは、伝統の原型が認識され共同して認知される素材は、ゲームの数学的な内容とは全く一致しない。…［それらは］歴史的、文学的慣例、法的、道義的、数学や美学［美意識］、そして、その他の分野からのおなじみの類推などを含んでいる[13]。

---

11) Gary J. Miller, "Managerial Dilemmas: Political Leadership in Hierarchies," in Karen Schweers Cook and Margaret Levi, eds., *The Limits of Rationality* (Chicago: University of Chicago Press, 1990), pp. 337-341 さらに Kratochwil, *Rules, Norms and Decisions: supra* note 1, p. 104 も参照。

12) たとえば、Ullman Margalit, *The Emergence of Norms*, p. 89参照。

決定を導き、形造る文脈となるのは、法的および社会的な規範である。したがって、規範は、一般的に協力行動を達成するのに極めて重要である。そしてこの結論は、国際関係の分野において特にあてはまる。

5-2 法 規 範

我々の関心は、「国の間において文書の形式により締結され、国際法によって規律される合意」[14]という意味での条約の遵守である。条約は、関心領域における諸国家の行為を規律するために考案された規範システムを確立する。条約によって制定される規範は、少なくとも、原則として、批准した国家に対しては法的拘束力のあるルールを具体化しているという意味で「法的な」規範である。実際、条約は、最も問題のない国際法の法源である。「効力を有するすべての条約は、当事国を拘束し、誠実に履行されなければならない」という、ウィーン条約法条約第26条に法典化されたルールは、長きに渡って国際法の根本的な背景規範とみなされてきた。スタンリー・ホフマン（Stanley Hoffman）のいうように「合意は拘束する（*pacta sunt servanda*）という規則なしに、いかなる社会的秩序もありえない。」[15]

規範が法的に拘束するとはどういう意味であろうか？法は、人間社会にほぼ普遍的に見られる特性であるが、確固とした定義はおよそ困難である。一ない

---

13) Thomas C. Schelling, *The Strategy of Conflict* 2nd ed. (Cambridge, Mass.: Harvard University Press, 1980), pp. 106-107.［トーマス・シェリング（河野勝訳）『紛争の戦略――ゲーム理論のエッセンス』（勁草書房，2008年）110-111頁］

14) ウィーン条約法条約第2条1項 (a)。合衆国憲法2条2項の定義する「条約」は、国際義務を生じさせる広範にわたる合意のうち、助言と同意を求めて米国上院に提出される比較的小さな部分を指す。近年、この慣行が維持されるのは米国の国際協定の限られた部分にすぎない。この点に関し Barry E. Carter and Phillip R. Trimble, *International Law*（Boston: Little, Brown, 1991), pp. 79, 169-172参照。

15) Stanley Hoffman, *Duties Beyond Borders: On the Limits and Possibilities of Ethical International Politics*（Syracuse, N.Y.: Syracuse University Press, 1981), p. 62［スタンリー・ホフマン（寺澤一監訳・最上敏樹訳）『国境を超える義務』（三省堂，1985年）76頁］

し数個の要素で「法」、いわんや「国際法」を定義しようとするあらゆる試みは悲惨な失敗に終わってきた。しかしそれでも幾つかの特徴的な属性は指摘できる。他の種類の規範とは対照的に、法規範は相対的に高い形式性を備えている。法規範は、条約がそうであるように、公式の形式で権威的に宣言されることが多い。それでも、非公式あるいは文書化されていない法規範の可能性も排除されない。合意は拘束する（pacta sunt servanda）のように、最も重要な法規範の多くは、そうした形態をとる。規範システムを運用するのは専門家［通常、法律家や官僚］であり、彼らは、議論を明確にするために承認された技術と慣行を用い、また証明力、説得力あるいは関連性ありと見なされる証拠を使う[16]。法規範の作成は政府の組織と結びついており、その遵守は往々にして公的な強制行動と関連する。しかし、最終的には、国内法であれ国際法であれ、法は他の基本的な文化の発現と同様、執拗に特定化を拒む、おそろしく複雑な起源を有している[17]。

　ほとんど全ての法規範の特性は、それらが服従の義務を伴うという点である。もちろんこの義務は、誰でも、いつでも、どこでも、そしてあらゆる法規範について、均一の強さで感じられるわけではない。殺人禁止の法は、スピード違反の場合よりもおそらくはるかに重い義務感を生じさせるだろう。税法の場合はおそらくその中間のどこかであろう。法の中には、たとえば米国における私人の性行動に関する法のように、廃れてしまったものもあるだろう[18]。しかし、一般的にいえば、法規範はすくなくとも「行為に関する指針、自己批判も含む批判の基礎として、受け入れられている」と推定される[19]。法システムに従う

---

16) Ronald Dworkin, *Law's Empire* (Cambridge, Mass.: Belknap Press of Harvard University Press, 1986), pp. 62-67, 88, 91.［ロナルド・ドゥウォーキン（小林公訳）『法の帝国』（未来社，1995年），103-110, 151-152, 155-156頁］

17) *Ibid.*, p. 413.

18) Guido Calabresi, *A Common Law for the Age of Statutes* (Cambridge, Mass.: Harvard University Press, 1982) たとえば p. 21参照。

19) Richard H, Fallon, "Reflections on Dworkin and the Two Faces of Law," *Notre Dame Law Review*, 67 (1992): 553, 556.

行為者は、規範に従う義務をだいたいにおいて受け入れている。その義務は、違反に対して課される刑罰に対する恐れを超越した義務である[20]。ここでも、法的義務の淵源が、純粋に功利主義的計算なのか、社会的条件付けなのか、処罰の脅威なのか、あるいは神への信仰なのか、を探求することは不要である。今日の学術的研究は、伝統、社会的交流により生み出された期待、歴史的・文化的経験に根ざした、社会生活はおよそその社会に内在する一般的な種類の指示に従うというある種の義務なしには成り立たないという信念、の重要性を強調するようになってきた[21]。基盤がなんであれ、「法システムと法的ルールは…個別の人間に対しては、外的で、しばしば強制的なものである。実際、それらの外在性は社会的事実であり、従うようにという圧力に反映される。」[22]

　[個々の・生身の]人間が、法規範に対してある種の一般的な遵守義務に同意することは一般に認められているが、国家のような集団が同様に振る舞うことには、必ずしもならない。ホフマンが、個人レベルの道義の国家行動への関連性について述べていることは示唆的である。

　「人間にとって「個人を超越すること」は可能であり、時に期待されたり賞賛されたりする。これに対し、集団は一般に自己中心的にふるまうものと考えられている。集団はまさにその構成員の利益を促進するために存在するものだからである。集団がそうしないならそれは集団の利益を裏切ることになる。利己的な行為が認められるだけでなく、時には、個人なら不道徳とされ

---

20) Kratochwil, *Rules, Norms and Decisions: supra* note 1, p. 124：「行為規範に表明された道義的は、剥奪の威嚇によってではなく、その義務附加的性質によって有効 valid なのであり、その性質が今度は物理的制裁の正統性の前提条件となる。」: See also *ibid.*, pp. 128-129; Jon Elster, "When Rationality Fails," in Cook and Levi, eds., *The Limits of Rationality*, pp. 19-51, 45.

21) Alexander Wendt, "Anarchy Is What States Make of It: The Social Construction of Power Politics," *International Organization*, 46（1992）: 391, 399; Elster, *The Cement of Society, supra* note 10. pp. 97-107; Fallon, "*Reflections on Dworkin*" *supra* note 19, p. 557（「法は…共有された行為基準と、社会的に強制される遵守圧力に基礎づけられている。」）

22) Fallon, "*Reflections on Dworkin*", *supra* note 19, p. 565.

るような行為すら集団には期待される。」[23]

しかし国家は、人間により人間のために行為するので、ホフマンがいうように「善悪、善し悪しの考慮は従って、必然であり正統でもある。」[24]個人が公的な立場で行動するときは、個人的な利害関心ではなく、全体の利害関心を代表するものと予想される。ウェーバー（Max Weber）は、マキャベリ（Niccolò Machiavelli）の流儀を学術的な言葉で次のように述べた。政治家は、自らの個人的道義の命ずるところを犠牲にしても国家の利益を守るべき「責任倫理」に拘束される[25]。しかし、再びホフマンの言葉を借りるなら「政治家が責任の倫理をもたねばならないとしても、それは、政治家がどのように結果を計算すべきかについては何も差し示してくれない。全ては、その政治家の抱く目的の性質と、彼が自分の支持層をどのように考えるか次第である。」[26]

本人＝代理人関係（principal-agent）に関する最近の分析は、伝統的な信託義務の法については触れずに、代表の資格で行動する官僚のような人々は、本人のではなく、自らの選好や利益に集中する動機や機会があるという前提から出発している[27]。関心の焦点は、組織の利益と代理人の利己的な利益の衝突に

---

23) Hoffman, *Duties Beyond Borders, supra* note 15, p. 16 ［最上訳21頁］ホフマンはこの議論には「ほとんど共感を感じない」と記している。

24) *Ibid*., p. xii. ［最上訳iii頁］

25) Max Weber, "Politics as a Vocation," (1921) in Hans H. Gerth and C, Wright. Mills, *From Max Weber: Essays in Sociology* (New York: Oxford University Press, 1946), p. 127. ［マックス・ウェーバー著（脇圭平訳）『職業としての政治』（岩波書店，1980）；ウェーバー著（中山元訳）『職業としての政治；職業としての学問』（日経BP社，2009年）］: Hoffman, *Duties Beyond Borders, supra* note 15, p. 28 ［最上訳36頁］; Arthur L. Stinchcombe, "Reason and Rationality", in Cook and Levi, eds., *The Limits of Rationality*, pp. 302-306.

26) Hoffman, *Duties Beyond Borders, supra* note 15, p. 29 ［最上訳37頁］

27) Oliver Hart, "An Economist's Perspective on the Theory of the Firm," in Oliver E. Williamson, *Organization Theory: From Chester Barnard to the Present and Beyond* (New York: Oxford University Press, 1990), p. 56; Terry M. Moe, "The Politics of Structural Choice: Toward a Theory of Public Bureaucracy," *ibid*. p. 33; Robert C. Clark, "Why So Many Lawyers? Are They Good or Bad?" *Fordham Law Review*, 61 (No. 1992): 285-

ある。そのような利害の衝突は、政治的な腐敗の蔓延が示すように、民間の会社同様、公的な組織においても見られる。しかし、官僚が自らの個人的属性を全面的に払拭できるわけではないとすれば、集団の利益から乖離する場合でも、法の遵守のような、規範的要請に対する個人レベルの対応もまた同様に、影響を及ぼしうるはずである。君主が戴冠と同時にすぐに通常の道義を無視できるのであれば、マキャベリは君主にそのように行動するようアドバイスする必要はなかったであろう。とはいえ、国家の法遵守義務の主張の根拠を、この本人＝代理人問題の逆転に［のみ］もとめるのは、大きな慰めとなるとはいえない。

　国家の慣行、および、それについて専門的に考えている、外交官、国際法学者、政治理論家、ジャーナリストなどの慣行を受け入れる方が、もっと簡単であろう。国家は、もちろん個々の人間という代理人を通じてであるが、会社のような他の集団的主体と同様、適用される法規範に拘束されているかのように語る。国内法も国際法も、国家およびその他一定の集団を、一部は法的に強制可能な法的権利義務を有する「法人［人工的な人格］」とみなしている。学界であれ、報道の世界であれ、公務の世界であれ、国家の行動を観察する者はみな、国家は個人と全く同じように、利益、動機、それに刑罰に反応するとみなしている[28]。国家自体が法規範を遵守する一般的義務を感じていると説明する

287; 受託者の信認義務に関する包括的な説明については以下を参照。Austin Wakeman Scott and William Franklin Fratcher, *The Law of Trusts*, 4th ed.（Boston: Little, Brown, 1987）.

28) Kratochwil, *Rules, Norms and Decisions, supra* note 1, pp. 10-11：「公共選択論の議論と同様、本書の議論でも「アクター」とは、個人から集団まで種々に渡り、様々な分析レベルで生じうる諸問題が明示的に意識されることなく、集団的アクターの行動にしばしば個人からの推論［類推］がなされる。私ばかりでなく他の誰もが、個人の選択と、集団ないし組織というチャンネルを経由した選択の重大な相違を否定するものではないが、ここでなされる単純化された推定は、この出発時点での比喩は、発見を促進するという意味で実り多きものであり、重要な新しい発見に導いてくれる。」さらに参照、Wendt, "Anarchy Is What States Make of It", *supra* note 21, p. 397, n. 21; Thomas M, Franck, *The Power of Legitimacy among Nations*（New York: Oxford University Press, 1990）, pp. 4-5.

のは、国家がなぜ「自己利益」に反応するかを説明するのと同程度に困難である。

5-3　法規範はどのように作用するか

　法規範はどのようにして行為を規律するのか？多くの場合これは単純な原因結果現象と思われている。すなわち、ルールが原因であり、行為はその結果である[29]。第1章では、経済的効率性と組織的な要請が、まさにこの原因という意味で遵守を誘発することを論じた。しかしこれが唯一可能な説明だというわけでは決してない。本節では、規範の発展と生成が、国家行動に影響するよう作用する、三つの密接でもっと複雑な過程を検討する。第一に、国際関係における正当化の役割。第二に、現代の国際関係における大いなる複雑性と相互依存性。第三は、国際組織の重要性の増加である。中心的な主張は、国際法規範の解釈、生成、適用、そして最終的にはその執行は、利害関係者の間の、主として言葉による相互作用の過程により遂行されるということである。

5-3-1　正当化と議論実践

　国際規範が行為を規律する過程における決定的な要素は、国際的な慣行上、疑義のある行為は、時には事前に、しかしほぼ例外なく事後に、説明し正当化されなくてはならないということである。「アカウンタビリティー［説明責任］は、…ルールと規範の執行メカニズムの決定的な要素である。…人は、自らの決定について究極的にはアカウンタブルでなくてはならないという事実は、人の事実上あらゆる行動に関する明示的、黙示的な制約である。受け入れられるような説明を提示できないような行動は、むろん、反対の大きさと組織の規範に応じてであるが、様々な程度の問責に直面することになる。」[30]

---

29)　Kratochwil, *Rules, Norms and Decisions, supra* note 1. pp. 99-102. 以下の議論は主にKratochwil, *supra* note 1の第4章と5章による。

30)　Philip E. Tetlock, Linda Skitka, and Richard Boettger, "Social and Cognitive Strate-

国際関係が主として外交的対話、即ち、説明と正当化、説得と議論、承認と非難などを通じて行われることも極めて重要である。こうした努力が外務省の通常の業務なのであり、全く適切性に問題がない場合であっても、政策的立場への支持を集め、協調的行動を引き出そうと行われるのである[31]。こうした議論において法規範の役割は大きい。ある行動が法規範にかなっているという説明は、少なくとも表見的には、ほとんど常に適切である。ある行動が適用されるべき法規範に合致しているという議論はほとんど常にその正当化として良い議論であり、法規範から逸脱しているという議論はその行動の批判として良い議論である。確かにモーゲンソー（Hans J. Morgenthau）が述べたように、国家は自らの立場を正当化する法的議論をいつでも見いだすことができるかもしれない[32]。しかし正当化の可能性は無限というわけではなく、一定の限界の中では、一般的に、よい法的議論と悪い法的議論の違いは明瞭である[33]。たとえば、レーガン政権が戦略的防衛構想（SDI）を正当化するために持ち出した、戦略ミサイル制限条約（ABM Treaty）の「新解釈」を疑問視するのはさほど難し

---

　gies for Coping with Accountability: Conformity, Complexity and Bolstering," *Journal of Personality and Social Psychology* 57, no. 4（1989）: p. 632. See also Paul A. Anderson, "Justifications and Precedents as Constraints in Foreign Policy Decision-Making," *American Journal of Political Science* 25, no. 4,（Nov, 1981）: 740：「〈政治〉とは、ごく大まかにいって、政治家に過去および将来の決定の正当化をせまるものであり、さらに、他者の正当化行為を批判することである。」（Kjell Goldmann, *International Norms and the War between States*（Stockholm: Laromedelsforlagen, 1971）, p. 22 からの引用）.

31) たとえば Franck, *The Power of Legitimacy, supra* note 28, p. 61：「国際共同体における国家の行為は、他の国家、組織、過程によって常にその質を問われる。」

32) Hans Morgenthau, *Politics among Nations*, 5th Rev. ed.（New York: Alfred Knopf, 1978）, p. 282.［モーゲンソー（原彬久監訳）『国際政治：権力と平和（中）』（岩波文庫，2013年 241頁／親本：福村出版，1986年 296頁）但し、モーゲンソーは直接そのようには述べておらず、あくまで著者らの解釈である。］

33) See Oscar Schachter, "The Invisible College of International Lawyers", *Northwestern Univ. L. R.*, 72（1977）: 217; Franck, *The Power of Legitimacy, supra* note 28, pp. 55-56.

いことではなかろう[34]。

　理論上は、主権国家は他者の反応を気にせずに、黙って自己の途をすすむ権限を持っている。しかし、現実には、今日の国際社会ではそのようなやり方は受け入れられない。我々が「新しい主権　The New Sovereignty」とよぶ条件の下では、国内的にも国際的にも多くの［他者の］目があり、現在および将来的な関係性があり、他の諸問題への関連性があり、そのいずれもがあまりにも多数で無視することができない。国家のある行為が法規範に違反するとか疑義があるといった批判がなされたら、その国家はほとんど必然的に、事実はみかけとは違うとか、当該ルールは、適切に解釈されるなら問題とされている行為には適用されないといった対応をせまられる。こうした正当化行動は、クラトクヴィル（Friedrich V. Kratochwil）が法的理由付け一般についていっているように、論理的ないし経験的な証明ではなく、「個別事情的な理由ではなく、道理に基づいた・筋の通った根拠に基づく価値判断への同意を獲得する営為である。」[35] それは説得力を求める努力なのである。

　説得に際しては、正当化は他者に向けられる。それは、他者の承認と同意、ないしは少なくとも賛意・納得か黙認を確保することを目指して組み立てられる。したがって、仮にリアリストたちがいうように国家の決定がその「主観的な」利益に基づいてなされるとしても、その説明ないし正当化として挙げることのできる理由は、単に自らに関するもの［お家の事情］ではありえず、対話の相手に対しても「客観的に」訴求するものでなくてはならない。「私がそれ

---

34) 第4章における議論を参照。ABM条約の運営における legalism の効果に関する一般的分析については以下を参照。Harold Muller, "The Internalization of Principles, Norms and Rules by Governments: The Case of Security Regimes," paper prepared for the conference, The Study of Regimes in International Relations, Tübingen, Germany, July 14-18, 1991, pp. 14-15.

35) Kratochwil, *Rules, Norms and Decisions, supra* note 1, p. 214および一般的に同書 Chap. 10参照。Frank I. Michelman, "Law's Republic," *The Yale Law Journal* 97（July 1988）: 1537：「私であれ誰であれ、憲法の意味について提供できるのは、議論であって証明ではない。」

を好むから」とか「私の利益にかなうから」というだけでは十分ではない。「ビルがジェーンに彼女の留守中彼女のテリア犬のめんどうをみると約束したなら、彼は義務を負う。この義務は例外的な状況においてのみ免れることができる。ビルがひどい怪我を負ったとか、ビルの母親の具合が悪くなったといったようなことなら言い訳になるかもしれないが、…ただ、気が変わったというだけでは通らない。」[36]

　法規範は正当化の唯一の根拠ではないが、それ以外の正当化根拠は独特の問題を抱えている。他方の当事者の利益や功利主義への訴えは、［個々の］主観的な選好と、効用の総和をどのように計算するかというお馴染みの困難に直面する。経済的取引であればこうした問題は市場における金銭の支払いによって媒介されると考えられるが、国際関係においてはそのような「通貨」は存在しない。「純粋に功利主義的な倫理は、政治家が考えなくてはならない計算の複雑さや欠点に全くうまく対処できない。」[37]

　それに代わって疑義をかけられた行動の正当化によく使われるのは、実践経験と常識に根ざした、広く受け入れられている背景的諸原則、即ち、おおざっぱな公正さ、現状維持（status quo）、先例、慣習である[38]。交渉状況の際にも、選択した立場を正当化するために同じように客観的な基準や原則が探求される。その場合、個人的な利益に根拠づけると「立場をめぐる駆け引き」というコストと不効率が伴い、交渉者の間で意思の競争が生じるからである[39]。しかしほとんどの場合もっともらしい客観的な基準はひとつでだけではなく、そのどれもが中立的ではない[40]。

---

36)　Kratochwil, *Rules, Norms and Decisions, supra* note 1, p. 9.
37)　Hoffman, *Duties Beyond Borders, supra* note 15, p. 43 ［最上訳54頁］
38)　Kratochwil, *Rules, Norms and Decisions, supra* note 1, pp. 106-107.
39)　Roger Fisher and William Ury, *Getting to Yes*（Boston: Houghton Mifflin, 1981）, chap. 5.［フィッシャー＆ユーリー（金山宣夫・浅井和子訳）『ハーバード流交渉術：イエスを言わせる方法』〈知的生きかた文庫〉（三笠書房，1989年）第5章「こちらの要求を100％納得させるこの方法」］
40)　このような慨嘆の古典的な例は Herbert Wechsler, "Toward Neutral Principles of

問題とされる行為に適用される条約がある場合には、主要な原理は単純化される。当事者は事前に行為の判断基準について同意している。条約文は関連する規範を確定するだけでなくその権威的な定式化を提供する。たとえそうであっても、規範の特定の状況への適用を決定づける直線的で決定的な途は存在しない。「判決の過程においてケースは、解釈と分析を経なくてはならない。それによって、ケースの生の経験世界の表象は、標準化された型にあわせられ、外在的な規範の、当然［それ自体］範疇的な用語に対応した［一定の］範疇［類型］にあてはめられなくてはならない。」[41]

まず第一に、条約が競合する規範［対抗規範］を含んでいることは決して珍しいことではない。たとえば国連憲章は人民の自決権の神聖性を唱うと同時に国家の領域的一体性の不可侵を定めている[42]。この二つの原則の衝突は、冷戦後の旧ユーゴスラビアおよび旧ソビエト連邦の運命や、いわんやそれに30年先立つ脱植民地化をめぐる議論に顕著にみられた特徴である。同様に、ガットは、無差別原則および最恵国原則に基礎をおくといわれるが、共同市場を認める条項もあり、共同市場の加盟国は非加盟国を貿易上差別することを認められている[43]。このような場合問題になるのは、どの原則が適用されるべきかであって、原則の事実へどのように適用するかではない。それに対する答えは三段論法の問題ではない。

適用すべき規範については合意があったとしても「実際に起っている出来事の意味は見えにくいのが常である」[44]。スピード制限のような最も「客観的な」

Constitutional Law," *Harvard Law Review* 73 (1959): 1.

41) Frankl Michelman, "Justification (and Justifiability) of Law in a Contradictory World," in *Justification, Nomos*, 28 (1986): 73. （強調は原著論文 Michelman による）

42) 国連憲章1条2項及び2条4項。さらに、本質上いずれかの国内管轄権内にある事項に干渉することを禁じる同2条7項も参照。こうした緊張関係は第二次世界大戦後の法的文書に繰り返し現れる。たとえば、ヘルシンキ最終議定書（Helsinki Final Act）の「参加国の関係を律する諸原則に関する宣言：いわゆるヘルシンキ宣言」Ⅳ条［国家の領土保全］及びⅧ条［人民の同権と自決権］。

43) GATT 第24条。

規則の場合、ある行為者が規則を守っているかどうかは原則として決定できるように思われるが、それでも規範の解釈および行為の評価という問題は生じる[45]。第一に、宣言された限界の周縁には微妙に曖昧な部分がある。時速50マイル区域で時速50.1マイルで走る運転者は違反しているのか？時速51マイルでは？境界線は何が重要かに関する主観的感覚により、そしてまたおそらくは計測技術の精確さと入手可能性により決まる。このような明確な規制の場合ですら真の限界は曖昧さを含む。またそれは時と場合によって変わり得る。争われている行為の評価は利用可能な証拠に基づかざるを得ず、それは証人のあいまいな証言やスピード・レーダーの不十分な精確さかもしれない。その結果としての判断は「原則に基づいた」決定というような確実性をもたない[46]。

こうした問題を避けるために、麻薬取締や銃器取締の場合のように、「ゼロ容認」［一切の例外なし、容赦ない厳罰、誤差を全く認めない］というスローガンが採用される場合もある。しかしトマス・フランクのいうように、「無罪の余地のないルールは、その単純な明確性によって一見正統性を持つようにみえるが、極端に不当、尊大、不公正、あるいは馬鹿げてさえいるような結果を生じさせ、結果として、ルールが持っている強い遵守誘因力を損ないかねない。」[47] たとえば部分的核実験禁止条約（LTBT）は、その爆発が行われる「国の領域外において放射性残渣が存在する結果をもたらす」いかなる核爆発も禁

---

44) Hoffman, *Duties Beyond Borders*, supra note 15, p. 21.［最上訳26頁］
45) 極端例としてウィトゲンシュタインは以下のように述べる。「規則は行動の仕方を決定できない。なぜなら、どのような行動の仕方もその規則と一致させることができるから」Ludwig Wittgenstein, *Philosophical Investigations*, trans. G. E. Anscombe（New York: Macmillan, 1953), p. 81. par. 201.［ウィトゲンシュタイン（藤本隆志訳）『哲学探究』（大修館書店，1979) 162頁；(丘沢静也訳)『哲学探究』（岩波書店，2013年）155頁。同パラグラフの最後でウィトゲンシュタインは「ルールに従った行動はどれも解釈だ」といいたくなる、という—訳者補足］
46) Margaret Jane Radii, "Risk-of Error Rules and Non-Ideal Justification, in Kratochwil, *Rules, Norms and Decisions*, supra note 1, pp. 38-39.
47) Franck, *The Power of Legitimacy*, supra note 28, p. 73.

止している[48]。さて、爆発からの放射性残渣は、いつ、爆発実験国の領域外に「存在する」のか？米国の主張によれば、森の中で木が倒れるときのように、検知可能な時にのみ存在する。実際にはこの基準でさえ厳密にすぎることが判明している。米ソどちらの側の実験も、完全に残渣を封じ込められたものはなかった。「ベント［強制換気］」が行われると、しばしば検知可能な放射線が実験国の国境を越えて浮遊した。両当時国は、こうした事故に関して外交的覚書を交わし、これらを無視することを黙認した[49]。

例外ゼロ容認規則やスピード制限の例とは異なり、条約の要請は普通、具体的ケースに適用するには解釈が必要な一般的な表現で規定されている。例を挙げると：

・輸入産品の「内国民待遇」とは何か？[50] 供給原料に対する内国の消費税を相殺することを目的に、完成した化学製品に対して課される輸入関税はこれに違反するか？[51]

・国家のどのような行為が「秩序ある為替取極を確保し、及び安定した為替相場制度を促進する」[52] ことになるのか？財政的・金融的「冷や水」政策を要請するのか？どのような行為が「他の加盟国に対し不公正な競争上の

---

48) 部分的核実験禁止条約（LTBT）、1条1項b。ロシア側の条文では「放射性残渣 debris」は「放射性降下物 fallout」に変えられていたといわれ、それ自体大きな解釈上の問題を提起する。

49) Abram Chayes, Thomas Ehrlich and Andreas F. Lowenfeld, *International Legal Process: Materials for an Introductory Course*, vol. 2 (Boston: Little, Brown, 1969), pp. 1024-1043. 何年も後にレーガン大統領が、軍縮協定不遵守に関する議会への報告書に、ソ連の強制換気事件を含めた時には誰もそれをまじめにうけとらなかった。実務の実践が規範を変更したのである。

50) GATT 第3条。

51) See the GATT Panel Decision in *Mexico, Canada and EC vs. United States: Tazes on Petroleum and Certain Imported Substances [Superfund Taxes]*, Doc. L/6175 (June 5, 1987), *Basic Instruments and Selected Documents*, 34th Supp. 1988), pp. 136-166.［スーパーファンド事件］

52) 国際通貨基金協定（IMF）第4条1項、3項。

優位を得るために、為替相場…を操作する」ことになるのか？
・寒冷期の建設作業中にミサイル・サイロを自然のシェルターで覆うことは「国家の技術的な手段による検証を妨害する意図的な隠蔽」[53]に該当するのか？
・どのような捕鯨なら「科学的研究のため」[54]といえるのか？

こうした問題は国際条約だけに限られない。それはあらゆる法規範に特徴的にみられる。「法という観念は解釈慣行であって、法素材が意図をもった代理人によって意味を与えられなければならない」というのは現代の法思考においては自明の理となっている[55]。「ルール遵守は盲目的な習慣ではなく、…議論である。」[56]

米国の法制度では、この解釈過程における主要プレーヤーは裁判所である。しかしドゥオーキンも述べているように「裁判官は最後の言葉を述べるが、だからといってそれは最良の言葉であるわけではない。」[57]事件に判決は下せるだろうが、国内法システムにおいてさえ、この対話は決着がついているわけではない[58]。裁判所の助力をあまり期待できない国際システムでは、規範は、その大半が、疑義をかけられた行為についての正当化をめぐる議論の過程で、解釈され、推敲され、形成され、再定式される[59]。議論の対象は規範の意味に限定

---

53) 第一次戦略兵器制限交渉暫定合意（Interim Agreement, SALT I）5条3項；U.S. State Department Bureau of Public Affairs, July 1979, Special Report 55, *Compliance with SALT I Agreements*, p. 4.
54) 国際捕鯨取締条約8条1項。
55) Fallon, *"Reflections on Dworkin", supra* note 19, p. 554.
56) Kratochwil, *Rules, Norms and Decisions, supra* note 1, p. 97.
57) Dworkin, *Law's Empire, supra* note 16, p. 413.［小林訳629頁］
58) Michelman, "Law's Republic," pp. 1528-1529.「多元性の法的表現は不確定性である。受容された規範的素材が、訴訟中のケースの様々な解決に向けて、それぞれに応じて解釈によって精製され、そのことを通じて、異なる規範的未来へと帰結する。」
59) Kratochwil, *Rules, Norms and Decisions, supra* note 1, p. 102「審判による判定の類いの権威的な決定が例外でしかない国際関係においては、当事者達は、相互の差

されない。条約は「誠実に履行されるべし」という原則に照らして、不遵守の正当化として受け入れられる根拠や釈明にも及ぶ[60]。その多くが、議論を特定の状況に結びつける行為者の主観的意図ないし事実のきめ細かい文脈に依存している。事実の詳細な分析と評価こそが中心的な要素である。実際第1章で指摘したように、議論の公式の構造は、当事者の主張と抗弁が順番に述べられ、「答弁」と公判前手続が、問題を煮詰めて精緻化し、その結果形成された枠組みが、議論の射程と関連する証拠の範囲を限定する訴訟のそれに匹敵する。

条約規範の、議論を通じた生成と適用こそが遵守過程の核心である。正当化の原動力・ダイナミズムは具体的な状況における規範の重要性に関して共通の理解を探求することにある。参加者は、ほとんどソクラテス・メソッドばりに、相互に弁証法的な一連の手順の効力を説得しようとする。この議論の過程で当事者に何が要求されるかは、具体的な状況で徐々に形成され特定されてくる。当事者は議論の各段階に参加しているので、最終的な判断に従うべしとの圧力は大きい。「利己主義者が協力を学ぶ過程は、同時に、社会的規範への共同のコミットメントの観点から利益を再構築する過程でもある。」[61]

5-3-2　相互依存と複雑性

国際関係における現代の進展は、国家や他の国際主体の間の複雑で長期に渡る協力関係を新たに要請している。一国ないし少数の国家の集団では、いかに強力なものであっても、一方的行為や暫定的な同盟によってその目的を恒常的に達成することはできないということが、ますます明らかになりつつある。このような状況・条件こそ、我々が「新しい主権」とよぶものである。第一に、二十年も前にナイとコヘインが指摘しているように、国際的および脱国家的交流の、量、速度、形態、および複雑さが飛躍的に増加している[62]。第二に、国際共同体そのものも決定的に拡大している。1950年以来国家の数が三倍に増加

し手を常に解釈し続け、現実世界のなかで交渉を繰り返さざるをえない。」
60) Radin, *"Risk-of-Error Rules and Non- Ideal Justification"*, *supra* note 1, p. 36.
61) Wendt, *"Anarchy Is What States Make of It"*, *supra* note 21, p. 417.

しているだけでなく、19世紀の末に「文明国」を構成していた相対的に同質的な少数の西欧諸国と比較すれば、新興の国家は歴史も文化も多様である[63]。第三に、環境や人権といった、力と利益の計算に簡単には屈するところのない「第三の波」の問題群は、物理的・経済的安全にもっぱら関心を寄せる第一と第二の波とは対照的に、ようやく国際的な課題となりつつある。第四に、第二次世界大戦以降、国際組織の管轄と課題は、急速に増加する国際的な地平をカバーするようになってきた。

　二つの共通の要素がこれらの発展を結びつける。それらは、非常に高度の協調と協力を要求し、この要請に、非公式な、慣習的な、あるいは暫定的な対応で応える可能性は非常に限定される。ロバート・クラークが論じているように、国内でも並行して生じている発展は、「期待を安定させ、後々の誤解という取引費用を低減し、紛争・抗争を解決する」ために、法と法律家の「将来にわたる多大な」貢献を要請する[64]。同様に国際レベルにおけるこれらの進展は、規律規範の需要を生み、これを「遵守する」環境を創出するように作用する。柔軟性、実行力、秘匿性といった安全保障の分野の伝統的に実効的な外交の特徴は、「新しい主権」にとっての予測可能性、信頼性、期待の安定性といったものの重要性の増加を前に、これに取って代わられつつある。こうした要請は、外交が、国家の国内の政治的、法律的、経済的な生活と絡んでくることによって強化される[65]。国内と同じように、これらの新たな要請への対応の重要な特

---

62) Robert Keohane and Joseph S. Nye, *Power and Interdependence: World Politics in transition* (Boston: Little, Brown, 1977), p. 9 (quoting Alex Inkeles, "The Emerging Social Structure of the World," *World Politics* 27[July 1975]: 479). [ロバート・コヘイン, ジョセフ・ナイ（滝田賢治監訳）『パワーと相互依存』（ミネルヴァ書房，2012年）原著第3版（2001年）の邦訳、10頁]

63) The Paquete Habana, 175 U.S. 677, 699 (1900) [パケットハバナ号事件]:「（最近文明国の地位を認められた）大日本帝国は…」

64) Clark, "Why So Many Lawyers?," *supra* note 27.

65) Robert, Keohane, "U.S. Compliance with Commitments: Reciprocity and Institutional Enmeshment," paper prepared for Program on International Political Economy and Security seminar, University of Chicago, Oct. 24, 1991.

徴は、よく練られた法的、規律的な取り決めであることだ。こうした取り決めが短期的な自己利益をめざした搾取や戦略的行動の機会を作り出すことは確かである。しかし、相対的に拡散した権力しかない、多角的、双方向的、相互依存的な国際環境で活動する必要性は、国家の計画対象時間を引き延ばし、長期的な帰結を考慮にいれるよう促す。こうした環境を規律する規範の遵守は、国家の意思ないし選好に対する制約というよりかは、国家の目的の全面的な実現の前提となってきた。

5-3-3　国際法的議論実践における組織の役割

国際関係において正当化の要請が一般化し、国際法規範の意味と適用に関する議論は、外交の多様なあらゆるチャンネルにおいて行われるようになってきた。外交文書、首脳会議、報道発表、演説、あらゆる種類の政策表明しかり、国民的論議、メディア、学術的著作においても行われる。しかし、現代の国際関係は、デビッド・ケネディ（David Kennedy）のいう「組織化傾向」という特徴を持つ[66]。第二次世界大戦以降の国際関係の拡大し続ける対象に対して、国際組織は、ますます国際関係の管理と、とりわけ国際規範の実現への主要な手段となってきた[67]。

---

[66] David Kennedy, "The Move to Institutions," *Cardozo Law Review* 8 (1987): 841-988.
[67] 我々は制度〈institutions〉と組織〈organizations〉を区別するオラン・ヤング（Oran Young）の用語法を採用する。即ち〈institutions〉とは、規範、ルール、および慣行の組み合わせであり、これに対し〈organizations〉とは、その insitutions の部分集合であり、物理的な実体、人員、施設その他を有するものである。(Oran R. Young, *International Governance: Protecting the Environment in a Stateless Society* (Ithaca N.Y.: Cornell University Press, 1994), p. 32参照。) この区分によれば、家族は institution であり、市場もまたそうである。株式取引所は organization となる。最も、ある organization の規則、手続、権力の分立といった事柄が、すべてその organization の憲章やそれに従って公式に採択された法に規定されているということではない。それどころか、organization は、公式の指令の遵守や時には逸脱に大いに関係する、非公式の規範、ルール、慣行の複雑な連関の中に位置する。organization の機能はこうした非公式の要素を考慮せずには理解できない。

条約とレジームと国際組織の間には、もちろん一対一対応の関係はない[68]。しかし、「完全に〈非公式〉な取り決めだけではやってゆけないような程度の規模と複雑性を前にすれば、進んだ集合的取り決めにとっては、なんらかの組織的枠組みが必要である」[69]。19世紀ヨーロッパにおける初期の規制条約は、電信電話、知的財産権、郵便といった分野を扱うものであるが、締約国会議の開催されていない期間に条約の対象事項を管理するために「事務局」を設けるのが一般化していた[70]。現代の規制条約、特に多数国間の条約は、条約規定を履行するために［自前の］組織を設置するか、既存の機関に実施の責任を付託するのが通常である[71]。

---

[68] 米国とソ連の間の核軍縮レジームは、批准済みのもの未批准のものを含む複数の条約、30年以上に渡るほぼ継続的な交渉プロセス、および国内検証手続からなる。この取り決めは、常勤スタッフも本部ももたず、ただ常設協議委員会という初歩的な構造のみからなり、NATOや世界銀行のように、規制条約の運営管理に対する責任を負うわけではない。他の組織の中には、たとえば南極条約協議国団のように、複数の条約について行政責任を持つ組織もある。レジームによっては一つ以上の組織を包含するものもある。たとえば、国際原子力機関（IAEA）は核不拡散条約（NPT）体制［レジーム］の下で遵守に関する主要な責任を負っているが、ラテン・アメリカ非核地帯を設定するトラテロルコ条約は、独自の組織を持ち、メキシコ・シティに事務局を構えている。

[69] Talcott Parsons, "Power and the Social System," in Steven Lukes, ed. *Power* (New York: New York University Press, 1986), p. 119.

[70] たとえば "Arrangement Concerning the International Registration of Marks, Apr. 14, 1891," 18 *Martens 2d*. 842 (Madrid Union for the International Registration for Marksの創設とそのための国際事務局の設置）；さらに Universal Postal Union's International Bureau や International Telecommunication Union's Administrative Council など。

[71] 多くの多数国間条約の下での、先進国による資金供与を管理する責任は、世界銀行の地球環境ファシリティー（Global Environmental Facility)、国連環境計画（UN Environment Program)、国連開発計画（UN Development Program）を含む複雑な取り決めに付託されている。先例として、［オゾン層保護の為の］モントリオール議定書において同様の帰結をもたらした交渉については以下を参照。Richard Elliot Benedick, *Ozone Diplomacy: New directions in safeguarding the planet* (Cambridge, Mass.: Harvard University Press, 1991), pp. 183-188.［原著 Enlarged ed. (1998) の訳：リチャード・E・ベネディック（小田切力訳）『環境外交の攻防：オゾン層保護条

条約の運営に責任をもつ公式の組織の存在は、遵守の状況を決定的に変えた。この点に関しては第12章で後述する[72]。ここで考慮すべき重要な点は、国際組織は「公的な正当化の、焦点の絞られ強化された場である」ということである[73]。そのようなものとして、国際組織は、議論の法的内容を精緻化し、法規範を強化する。

国際組織は法の産物である。通常は、組織およびその下部機関の権限を確定・限定し、それぞれが担当すべき事項について定める設立文書によって設置される。加盟の資格条件についても規定する。また、各機関が法的に有効な行為をとるために各機関が従うべき手続と決定規則も規定する。構成する各機関間の、階層的その他の公式の関係も規定する[74]。その結果として組織による意思決定は必然的に法的要素が大きくなる。議論の焦点の多くは、提案された行為の実質的長所についてではなく、解釈、管轄権、手続的整合性となる。しかし、これらの問題は手続の技術的問題としてかたづけられるべきものではない。なぜなら、実体的規範の遵守は、それら規範の有効性と正当性がどの程度認識され

約の誕生と展開』(工業調査会，1999年) 265-269頁〕

72) ここで「公式の組織」とは、公式の、法的拘束力のある設立文書により設置されたものをいう。多くの重要な国際組織 organization がこの定義にはあてはまらない。たとえば、核物質供給国グループ (Nuclear Suppliers Group: NSG)、全欧安全保障・協力会議 (The Conference on Security and Co-operation in Europe: CSCE) (最も、同会議はたくさんの「非拘束的組織法」を公布している)、ココム (The Coordinating Committee on Multilateral Report Controls: COCOM)、先進 7 ヵ国 (Group of Seven) など。ハードな国際法、ソフトな国際法があるように、ハードな国際組織、ソフトな国際組織もあるのである。ソフトな国際組織も、組織が行動を取るための手続と、その機能と権限の概略を決めたある種の合意文書一式を備えた公式な組織の特徴の多くを備えている。本章における分析の中心的要素はソフトな組織にも同様に当てはまる。

73) Abram Chayes, *The Cuban Missile Crisis: International Crises and the Role of Law* (Lanham, Md.: University Press of America, 1987), p. 104.

74) institutions という現象は、「促進的 facilitative」ないしは「権能付与的 enabling」規範という別種の範疇に光を当てる。Hart, *The Concept of Law, supra* note 7, pp. 27-28. 〔矢崎監訳30-32頁；長谷部訳62-64頁〕参照。

ているかに大いに依拠しており、その意味で、これらの制度規範の働きは、遵守問題にとって決定的なのである。

　たとえば、第２章で検討したように、国連憲章の第39条によれば、安全保障理事会は、経済的制裁や国家に対する軍事力行使を許可するためには「平和に対する脅威、平和の破壊、または侵略行為を認定しなければならない」。決定は、単純に強制行動の為の手続的条件として考えることができる。このように読むならば、必要な（五つの常任理事国の一致を含む）11票が集まれば、安保理は、命令を下す権限を獲得する。しかし、安保理による決定の要請は通常、安保理の権限に対する実質的な制約と考えられている。安保理は、状況が「真に」「平和に対する脅威、平和の破壊、または侵略行為」でなければ行動することはできない。安保理において必要な票を集めるという政治（および加盟国の国内公衆を説得するという政治）においては、安保理の権限に対する実体的制約の問題はしばしば主要な要素となる。ローデシアに対する経済制裁の賦課を西欧諸国は一年以上食い止めることができたが、それは、少数派白人政権の政策がいかに許しがたいものであるとして、それ自体が周辺国に対する脅威を構成するものではなく、したがって、安保理の強制行動の根拠とはならないという理由によってであった。これもすでに論じたところだが、リビア、ソマリア、ボスニアをめぐる議論において理事国は、国際平和への脅威が仮にあるにしても大きくない状況で憲章７章に基づいて行動する権限について苦心した。この問題はより強力な行動に反対する側に力を与えた。

　法律主義の強調は、国連の基本的憲章の解釈にとどまらない。それは、決議、決定、政策宣言のますます複雑化する網の目を通じてすみずみに行き渡る。これらのいずれも、多くは規範的な言語で構成され、説明され、具体的な状況に適用されなくてはならない。必然的に同じ問題が再燃する。決議は提案された行為に権限を与えるか？国際機関は関連規範を適切に解釈し適用しているのか？…このようにして国際組織は、主として管轄権内の規範に関する議論の場となっている。国際法が議論実践であるということが信じられない人は、国連やその機関の議事録を時間をかけて読むべきである[75]。

国際組織の行動のこうした法律主義的性格は、ときに、仰々しい物言いと冷笑されるが、より厳密に分析すると、そのことが、重要な点で、レジームの規律規範の遵守を促進する傾向があることが判明する。

　第一に、組織の公式の会議における、規範の射程と意味をめぐる果てしないように思われる議論は規範の権威的性格を高める。組織内における議論において真剣かつ時間をかけて扱かった後では、加盟国は、その規範的な命令を拒否することが困難となる。

　第二に、組織の様々な部署における議論の過程で、実体規範の内容はいっそうの透明性を獲得する。実体規範は詳細化され、より具体的で特定的な形を与えられ、その結果、当事国は自国の行為を適応させることがより容易になる。国際法的な見解は、国内の法的な見解同様、しばしば広範で一般的な言い方で述べられ、精確さを期そうという努力がなされている場合でもなお、しばしば一層の精緻化が必要となる。英米法系（コモン・ロー）諸国では判例がこの役割を果たす。大陸法系の国では、学者や著述家の書くものがその役を果たす。それは、いずこであっても、弁護士や官僚の仕事の大きな部分を占める。国際組織は、国際関係におけるこの責務の多くの部分を担っている。

　第三に、不遵守と訴えられたケースに規範を適用するにあたって、国際組織は、違反国が良好な関係を維持するために特定のケースで要求される振る舞いを定義し特定する。遵守問題は組織の手続を通じて処理され、通常違反国に対して一定の特定の行為を命じたり禁じたりする勧告か決議という形をとる。その効果は、違反国の行為を観察し検証するのが容易になり、［反対に、］違反国は法的な煙幕の影に不遵守を隠蔽することが非常に困難になる。

---

75) Alexander Wendt, "The Agent Structure Problem in International Relations Theory," *International Organization*, 41. no. 3（Summer 1987）: 359：「社会的な構造は、機関・代理人がその行動に付す理由や自己理解と不可分のものであるという意味で、必然的に議論実践の側面を持っている。」

5-4　規範の正統性

　正統性の重要性は、既に第Ⅰ部の強制的制裁の議論において論じたところである。規範の文脈では正統性という要素は尚一層重要である。なぜなら、規範の遵守要求は大部分がその正統性に依拠しているからである。規範ないし規範システム、またはレジームの正統性の観念は、遵守の見込みを高めるような、広く言って「公正さ」に関わるような特質を想起させる。徹底したリアリストにとっては、正統性は空虚なものにすぎない。なぜなら、彼らにとっては、制裁の見込みも含めた利益の計算のみが遵守の決定に関わるからである。しかし、我々が論じてきたように、説明、正当化、そして説得といった議論の過程が国際関係における重要な特性であるとするなら、公正に対する配慮は、規範の起源、意味及び適用、あるいはその内容のいずれに関しても、議論の過程で重要な役割を果たさずにはいられない。正統性は、規範の以下の点に関する程度によって決まる。即ち、その規範が（1）公正で、承認された手続によって生まれたものか、（2）平等に適用され、不当な差別がないか、（3）公正と衡平の最低限の実質的基準を害していないか。これらは確かに曖昧な基準である。また、理想主義的でもある。現存の法システムでこれを完全に満たしているものはない。フランクのいうように、「正統性は、程度の問題なのである」[76]。

　このような意味での正統性概念を提案しているのが二人のアメリカ人法学者であるので驚くことではないのだが、それは米国憲法の中核的原則である適法手続と、法による公正な保護への対応以上のものを備えている。しかしそれは愛国的偏見の単なる投影というわけではない。実際、条約レジームの参加者はその規範と手続を、（損得勘定のほかに）実際、この種の基準に照らして評価している[77]。第Ⅰ部で論じたように、むきだしの覇権はこうした基準に照らす

---

76)　Franck, *The Power of Legitimacy*, supra note 28, p. 26.
77)　*Ibid.*, p. 152：「各行動は、全参加国が同様に行動しなければならないとしたら想定される効果を基準にして、全国家によって判断される。」

と評価が低い。覇権国は、力によって服従させようとするだろうが、恐怖と利益のみによる支配はとてつもなく高くつく。規範はこのコストを下げる手段を提供するので、覇権システムにおいてさえ有用である[78]。しかし規範の構造がそのような効果を持つのは、一定程度の規範性を実際に持つ場合に限られ、自分勝手な命令を隠蔽するような場合には持たない。したがって覇権国ですら、規範システムを作動させるためには正統性の一定の特質を受け入れる必要がある[79]。たとえば、GATTに体現される第二次大戦後の貿易レジームは、米国によって強制された覇権的レジームであるといわれてきた。しかしこのシステムを実効的に作動させるためには、米国は自国に不利な決定を通常は受け入れてこなくてはならなかった[80]。

5-4-1　公正かつ受け入れられている手続

古典的な国際法においては、義務の根源は国家の拘束されることへの同意であった。国家が自ら約束したことに従わせることは公正だと考えられた。さらに、同意を国際義務の正統性の根拠とすることは、同意を国内統治機構の正統性の根拠にすえる、ホッブスからロールズに至る西欧の［社会］契約論の伝統と共鳴するものであった。しかし契約法の場合と同様、正統性を確かなものにするのに、形式的な同意にのみ依拠することは適切ではない。交渉は力だけでなく、公正の要請をも反映する。リヴァイアサン自体が契約の産物なのであ

---

78) See Russell Hardin, "The Social Evolution of Cooperation," in Cook and Levi, eds., *The Limits of Rationality*, pp. 362-363.

79) See E. P. Thompson, *Whigs and Hunters: the origin of the Black act* (London: Allen Lane, 1975), at ex. p. 269.

80) 以下を参照。Meyer, *International Trade Policy* (N.Y.: St. Martin's Press, 1978), p. 142; Charles Lipson, "The Transformation of Trade: The Source and Effects of Regime Change," in Krasner, ed. *International Regimes*, pp. 254-257；さらに、米国の輸出専門会社（DISC, Domestic International Sales Cooperation）関連税制をめぐる12年にわたるGATTにおける訴訟［DISCケース］の評価についてRobert Hudec, *Enforcing International Trade Law: The Evolution of The Modern GATT Legal System* (Salem, N.H.: Butterworth, 1993), pp. 95-98を参照。

る[81]。ウィーン条約法条約に法典化された現代の国際法は、条約は、国連憲章違反の「武力による威嚇または行使の結果締結された」場合には無効であると規定するが、そこまでには至らない形態の強制は、条約の公式の効力には影響しない[82]。

正統性は、条約が存続し続けるのにつれて、伝統、先例、黙認といったものと合わさって生じてくる。事後的な承諾は事前の同意に融合され、時間が経つにつれて、条約規範は強さと正統性を獲得していく。

現代ではもはや主権者はその領土を自らの意思によって拘束できる単一のアクターではない。現代国家における権力は、公式非公式のネットワークに沿って配分されるものとみなされており、国際的義務引き受けへの同意が公式非公式の国内の手続を通じてなされるのでなければ、正統性は損なわれる[83]。独裁者ですら自信を持って「朕は国家なり l'etat, c'est moi.」といえる者はほとんどいないであろう。民主国家においては、かつては理想にとどまっていた「自由意思により獲得された自由な規約」は急速に政治的に必須要件となりつつある。ヤルタ協定、モロトフ＝リッベントロップ協定、マーストリヒト条約は全て、国際協定が同意の国内的側面を無視して結ばれた場合に、正統性ひいては実効性に何が生じるかについて、それぞれ異なる態様で、例示するものとなっている[84]。

---

81) Thomas Hobbes, *Leviathan*, ed., Michael Oakeshott (New York: Collier Books, 1962), p. 132. ［ホッブス（水田洋訳）『リヴァイアサン（二）』（岩波文庫，1992年）34頁、コモン-ウェルスの定義］

82) ウィーン条約法条約第52条。植民地宗主国と保護国その他の従属的立場の国との間の「不平等条約」の拘束力もさらに問題とされたが、容れられなかった。しかし、国家の代表に対する強迫は無効原因とされた。条約法条約51条。

83) この場合にも公式の条約法は現実を反映していない。条約に対する国家の同意の過程における国内法の違反は、国際平面ではその同意を無効にしない。ウィーン条約法条約46条。

84) 停戦協定がしばしば不安定である理由の一つは、それらが必然的に、より広範な政治的賛同を得る機会なしに、急遽、軍事指導者や官僚の間で締結される点にある。

国際的平面でも公式の同意から正統性を単純に推定することは疑問である。第一に、すでに述べたように、*pacta sunt servanda*（国家はその同意に拘束されるという）原則は、それ自体は同意に基礎づけられた規範ではない。国家が条約の文言に同意したといえる場合であっても、本章ですでに述べてきたように、条約規定の意味が、規範の精緻化と適用の相対的に開かれた過程に依拠する場合には、同意の度合いはそこまで高いとはいえない。さらに、現代の条約は、公式の改正や新条約の締結なしに、当時国間の合意によって実質的義務を修正する手続を備えている場合が多い[85]。このような解釈と補足的な規範創設の過程は、条約を支持する国家の同意によって正統化されるとまずはいえそうである。しかし国際捕鯨委員会の例が示すように、もし手続の実際の運営が不公正だと判明した場合には、そのような同意の推定は、帰結に正統性を与える根拠としては説得力を欠く。

真に自由な規範の解釈と適用の過程は、加盟国の自由意思による受諾で決議がなされるまでは、少なくとも現実の帰結を生じさせるものであれば、正統性を問われることになる[86]。国際的な協議や交渉はしばしばこうした性格のものである。SALT I の下で設置された常設協議委員会（Standing Consultative Commission, 以下 SCC）は相対的に等しい力と関心を持つ国家同士のものであった。初期の頃は、相互の満足という正当化根拠に基づいて、多くの深刻な問題を解決することができた。しかし、基本的な安全保障問題ついて、敵対者の間でこうした理想的な状況を長続きさせることは困難である。レーガン政権は、ソ連は SCC 委員会で、米国の反対を避けるために議事進行を妨害していると考え

---

85) See, David Koplow, "When Is an Amendment Not an Amendment? Modification of Arms Control Agreements without the Senate," *University of Chicago Law Review* 59 (1992): 981, 1009-1023 は、最近の軍縮条約における、公式の改正なしの修正条項について論じている。*ibid.*, pp. 1023-1031. そのような規則制定権限の初期の重要な例は、国際民間航空条約（Convention on International Aviation）第52条、54条1項。

86) Jurgen Habermass, "Discourse Ethics: Notes on a Program of Philosophical Justification," in Selya Benhabib and Fred Dallmayr, eds., *The Communicative Ethics Controversy* (Cambridge, Mass.: MIT Press, 1990), p. 85.

るようになり、委員会の正統性と有効性はたちまち雲散霧消してしまった（第9章参照）。

　正統性の問題に関しても国際組織の存在は大いに違いをもたらす。即ち、ルールの解釈や変更、遵守に関する決定でさえ、影響を被る国家の個別の賛成ではなく、投票によって行われる。第二次大戦直後に設立された国際組織の設立条約は、ほぼ全てが、一国一票制度を採用している。最も国連総会のように、「重要な」または実質的問題については特別多数が要求されることも多いのではあるが。多数決制の意味するところは、少数派に対しては、その同意なしに決定が強制されうるということである。しかし実際には、国際組織は公式の投票ルールにもかかわらずできるだけ同意原則を維持しようとする[87]。第一に、国際組織に義務を変更する権限を認める条約規定のほとんどが、反対を表明したにもかかわらず採択された決定から免除される権利を反対国に認めている[88]。第二に、国際組織は、公式の投票を避けてコンセンサスによって議事をすすめることが、実際にはますます多くなっている。たとえばガットは、協定上は各締約国が一票を有し、ほとんどの場合に単純多数決によって議決することが定められているが、[実際には]コンセンサスによって議決している[89]。現代の条約の多くでは、議決手続自体が、可能な場合にはコンセンサスによる決定を規定しており、コンセンサスが得られない場合には、公式の投票の前に冷却期間その他の手続を義務づけている[90]。

---

87) レジーム形成段階であらゆる主要な関心が考慮される際に、それがコンセンサスで行われることの重要性について、Young, *International Governance, supra* note 67, pp. 99-100参照。
88) CITES第15条3項、モントリオール議定書第11条3項aおよびb。
89) GATT第24条3項及び5項。新しいWTO協定では、ほとんどの決定についてこの投票方式が採用されているが、解釈とウェイバー（義務の免除）に関しては4分の3の多数決を要求している（WTO協定第9条2項、3項）。紛争解決パネルの報告の採択はネガティブ・コンセンサスによって行われる（紛争解決了解第16条）。
90) 原型となったのは国連海洋法条約（UNCLOS）の改正手続（同312条）だと思われる。その他の例として、有害廃棄物の国境を越える移動及び処分に関するバーゼル条約第17条3項、WTO協定第9条1項など。

同意をめぐる建前と本音の間の緊張は、コンセンサス制とオプト・アウト［選択的適用除外］の運用に際して再浮上する。第11章で論じているように、絶滅のおそれのある野生動植物の国際的取引に関する条約（CITES, ワシントン条約）が象牙取引を禁止した際に、加盟国のうち特に日本は、そのオプト・アウトという条約上の権利を行使しないよう大きな圧力をかけられた。京都を次回総会開催地にしないという暗黙の威嚇の結果、日本は禁止を受け入れた。ジンバブエ、ボツワナ、南アという南部アフリカの国々は、急激に象の生息数が減っているケニアやその他の東部アフリカの生息地とは異なって、実効的な象保全計画を有しており、正式にCITESの決定から離脱した。しかし、多数派からの圧力によって、次のCITESの会議で状況の審査が行なわれている間は象牙取引の権利を行使しないことに同意した。1992年の会議では南部アフリカ諸国の議論を聞いた後で、先の決定を維持することに決め、反対国も最終的には折れることとなった[91]。承認された条約義務を遵守させる手段としてこのような圧力がいかに受け入れ可能だとしても、それを、オプト・アウトする権利を行使した国家に対して使うのは、国際的義務の正統性の基礎たる同意とはうまく折り合わない。

　国際捕鯨委員会でいま顕在化しようとしている問題は本質的には正統性の問題とみることができる。捕鯨モラトリアムの支持者は絶滅の危惧される鯨類の

---

91) See Susan S. Lieberman, "1992 CITES Amendments Strengthen Protection for Wild Life and Plants," *Endangered Species Technical Bulletin*, 18, no. 1 (1993). See also Adams v. Vance, 570 F. 2d. 950 (1977), これは、アラスカのイヌイット・インディアンが、セミクジラの自己消費用捕獲に対してモラトリアム［捕鯨禁止］を課すIWCの決定からオプト・アウトすることを米国務省に対して命じるよう求めた事件である。判決は、ミンク国務副長官（Patsy Mink. 海洋、国際環境・科学担当）の宣誓供述調書を大幅に引用していう。もし米国が、それまで長年他の国々にIWCの捕獲数割り当て決定に反対しないように働きかけてきたという過去があるのに、［今回］オプト・アウトすることになれば、「国際的な鯨類保護における我が国の信頼性とリーダーシップはひどく傷つけられることになるだろう。他の諸国の政府は、米国のこの反対を…鯨類保護における米国の偽善の証拠とみなすことだろう。」*ibid.*, p. 956, 13.

保存のためには捕鯨禁止が絶対に必要であると主張する。しかし、この機関の目的の新しい概念、それ自体は、商業捕鯨は道義的に受け入れがたいとみる「過激な環境保全派」の産物である概念を反映するものであるとして、いささか疑念を抱く立場もある。捕鯨国は、新たな多数派が、国際捕鯨条約のもともとの目的に従って、商業捕鯨の持続的生産ベースによって鯨類の生息数を管理するのではなくて、その道徳的立場を捕鯨国に押しつけ、捕鯨を全面的に廃止しようとしていると思っている。多数決ルールに固執するのも、少数派が拒否し続けるのも、いずれもこの組織の正統性を失わせるだろう（第3章、4章、および11章の議論を参照）[92]。

　オプト・アウトの権利に関しては、コンセンサスに従うようにとの圧力は非常に大きい。こうして、コンセンサス制は全会一致に等しいように見えるが[93]、それ自体、少数派の口封じの道具となり得る。コンセンサス手続からの最も印象的な逸脱は、第3章で論じた、国連総会におけるソ連の投票権の問題について見られた。この難局にあって、1965年と66年の総会はコンセンサス制によって進められていた。しかし、1966年の会期も終わりに近づいた時、その加盟国資格をほぼ全員の賛成で否定されそうになったアルバニアが、コンセン

---

[92]　関心ある当事国が明確に二つに分かれている国際組織でも、支配的な多数派に備えることで少数派の権利を守ろうとする。一次産品協定は、その権限を行使するために消費国と生産国の一致を要求している。（国際コーヒー協定第14条）。国連経済社会理事会決議30（Ⅳ）（Res. 30（Ⅳ）, Mar. 8, 1947）は、全ての一次産品協定に「輸出国と輸入国が同等の重みを与えられるよう、いわば二院制類似の投票手続（"two house" voting）」を要請した。

　モントリオール議定書の下の基金を規律する協定は、資金供与国と資金受容国それぞれの単純多数決を含む、3分の2の多数決による決定手続を定めている（London Amendments to the Montreal Protocol, Art. 10（9）.）

[93]　コンセンサスと全会一致との間には微妙な違いがもちろんある。コンセンサス制は、ある行為を、起立し賛成として数えられるよりも、むしろ無言によって承認することができる（おそらく決定の後で自らの立場について説明を提供することにはなるだろうが）。おそらく、このことがコンセンサスを破ることの難しさの理由であろう。

サス制を継続するか否かについて正式な投票を行なうよう主張した。票決は圧倒的多数でコンセンサス制の継続に傾いていたが、その際、ソ連の投票も有効とされた。憲章19条の規定する国連分担金支払い遅滞による投票権停止という制裁が永遠に無効とされたのである。その結果、コンセンサス維持のコンセンサスは達成できなかった[94]。しかし、アルバニアのようにほとんど失うもののない国だけが、無謀にもコンセンサスに挑戦できるというものであろう。

コンセンサス制の中に潜在的に含まれている拒否権はそれ自体、濫用と不公正の温床となる。コンセンサス制によって議決するというガット理事会の慣行は、実際、敗訴国が自国に不利なパネル報告の採択を阻止することを可能にしている。とりわけ米国とECが自分に不利なパネル報告の採択を長期にわたって遅らせるためにこの権限を利用していることに対する反感は、ついにはウルグアイ・ラウンドにおける改正をもたらし、世界貿易機関（WTO）協定に結実した。パネル報告はいまや、反対のコンセンサスがない限り自動的に採択されることとなった（第9章参照）。

これらの例は、同意を確保しようとする公式で機械的な協定が実際上無効となっていることを示している。しかし、現実の同意という原則は、ほとんどの機能的な国際レジームにおいて依然として額面上は維持されており、そのため内在的な濫用に対処するための様々な方策が発達してきている。

5-4-2　不等な差別のない平等な適用

法の本質はしばしば、等しきものは等しく扱うという点にあるといわれる。難しいのはどのケースが等しいかの判断である[95]。上述してきた規範の解釈・

94）　UN GAOR（国連総会議事録）1286（1964）（国連事務総長によるコンセンサス投票制度の表明）；UN GAOR 1329-1330（1965）（アルバニア代表の演説）。

95）　アメリカ合衆国の近代憲法はもちろん平等保護条項の法理の活発さに彩られてきた。その中核にあるのは、不当な差別の禁止である。マイケルマンは、この要請を司法判決の文脈で、以下のようにより慎重に定式化している。「法に基づく決定は、事件の一般化を含む。理由付けの過程で、当該の事件は、少なくともより一般的な同種の事件のグループに包摂され、それに対して分野ごとに定式化され

適用の過程の多くはこの点に関わる。

　平等と差別の問題は、国際組織の決定のルール、投票手続、加盟国の資格要件の文脈でも問題になる。国連の安保理や、IMF、世銀に見られるような加重投票制度は第二次世界大戦直後の時期の米国によって支持された。それが可能となったのは、一方で、議論はあるものの加重配分に一定の合理性があったことと、他方で、米国の圧倒的な力の故である。これ以降、国際システムは「国家の主権的平等」を至高の原則に高め、その後の新しい条約ではもはや加重投票は受け入れられなくなった[96]。初期からの慣行上の砦でさえも圧力を受けている。安保理の現在の構造は、永遠にそのままの形であり続けることはできないと広く認識されている。と同時に、長年にわたって、英国もフランスも、米国抜きで安保理での拒否権を行使することはなかった。世銀も IMF もコンセンサスで行動することを特徴としており、1970年代と80年代には、途上国が支配的な各種政策委員会の議席を獲得しようと決意し実際大いに成功してきた[97]。

　　　た規範が規範的な力をもって適用される」。Frank Michelman, "Justification (and Justifiability) of Law", *supra* note 41, p. 73.

96)　この問題の具体例は、多国間のオゾン基金執行委員会の投票手続に関する議論に見られる。暫定内部手続の規定は、先進国と途上国代表それぞれ別個の多数決を要求し、賛成が全世界のフロンガス（CFC）消費者の3分の2を占めることから、少数の先進国に拒否権を与えるものとなっているとして、途上国はこれに反対した。ロンドン修正では、途上国、先進国それぞれのグループでの過半数を含む［全体で］3分の2の多数決を要求する形に修正された。Benedick, *Ozone Diplomacy, supra* note 71, p. 185.［ベネディック（小田切訳）『環境外交の攻防』265頁］参照。今日までのところ同委員会における決定は全てコンセンサスによってなされてきた。

　　しかし、気候変動枠組み条約の下の基金を管理する地球環境ファシリティー（GEF）の投票手続は、これを逆転させ、［コンセンサスが得られない場合には］32の審議会メンバーの60%を求めるとともに基金への全拠出の60%を求める［二重］加重多数決を規定した。結果として工業先進国に拒否権がもたらされた。(Instrument for the Establishment of the Restructured Global Environment Facility, GEF Council meeting, Washington, D.C., July 12-13, 1994. Doc. GEF/C. 1/1.)

幾つかの主要な条約は差別的条項を内包している。最も重要なのは、加盟国を二つに分類している核不拡散条約（NPT）である。方や、条約の効力発生時点ですでに核兵器を保有していた5ヵ国でありその保有を許可される。130あまりの残りの国は、核兵器の不保持を約している。NPT体制はこの明確な区分に対して見返りを用意している。非核保有国は平和的目的のために核技術入手の権利を保障され、核兵器保有国は、核軍縮の推進に同意している。しかし、この交換条件のいずれも十分でないと判明している。先進国は非公式の核供給国グループ（Nuclear Suppliers Group: NSG）に参加し、センシティブな物質や装置の輸出管理によって、核兵器の拡散禁止を強制しようとしている。セーフガード協定は、非核兵器国によって新たな差別の源だとみなされてきた。冷戦の終結に至るまで、NPT条約が発効して以来ほぼ25年もの間、超大国は核軍縮にほとんど進展をもたらさなかった。NPTは、多くの点で非常に成功している国際条約であるが、核保有国と非核保有国の基本的な差別は、その正統性に影を投げかけ、その歴史を通してこれを苦しめ、時にはその存続を脅かすようにすら思われた[98]。これとは対照的に、化学兵器禁止条約は、ブッシュ大統領が米ソは移行期においては一定の化学兵器を保持することを認められるべきだと提案した不安定な時期の後は、真反対の手法を採用して、化学兵器の生産、保有、使用を全面的に禁止した。

すべての条約がその射程や目的において普遍的なわけではない。大半の条約は二国間ないし地域的な問題ないし、限定的な数の国家の関心事項を扱う。ECのようなケースでは、加盟国の限定は、重い条約義務を果たす国家の能力

---

97) See, Tyrone Ferguson, *The Third World and Decision Making in the International Monetary Fund: The Quest for Full and Effective Participation* (London: Pinter, 1988).

98) Arpad Prangler, "The Fourth Review Conference of the Non-Proliferation Treaty," *A Periodic Review of the United Nations*, 14, no. 1 (1991): 125-154. See Janne Nolan, *Trappings of Power: Ballistic Missiles in the Third World* (Washington, D.C.: Brookings Institution, 1991), p. 60; "U.S. Stops Nuclear Testing: Test Ban Group Praises Initiative," *U.S. Newswire*, Oct. 1, 1992; "The Politics of Testing," *National Journal* 24 (Oct. 3, 1992): 2264.

を反映している。あるいは、北欧諸国の多くの条約の場合のように、緊密な、文化、歴史、物の見方を反映する。そのような場合には、一定の基準によって条約への参加を限定する「不公正な差別」は存在しないであろう。しかし、それでも、ECのたび重なる拡大の経験にみられるように、加盟申請国は、加入条件が、合理的で無差別を基板に運営されることを強く要請することができる。

加盟国を限定したクラブは、その排他政策を原則に基づいて正当化する備えがなければならない。1959年に、12の国が南極条約を締結した。その全てが南極において大規模な科学的計画を実施し、またそのうち7ヵ国は南極大陸に対する領土主張を行っていた。条約によって、(いずれの国の主張も効力を認められないまま)領域権の主張は凍結され、南極における科学調査上の協力が定められた。他の諸国はこの条約を支持することは自由であるが、決定の効力は、原加盟国と南極における科学的な調査を行っている資格要件を満たしたその他の国々からなる「協議国」に限定されていた[99]。近年、より広い範囲の国際社会が南極の将来について関心を寄せるようになり、原加盟国がその政策決定の独占を維持することはだんだん困難になってきている。海洋生物資源の保存のようなより広い参加が必要と思われる問題については、南極条約の当事国は、政策決定により一般的な参加を認める別個の条約を用意してきた[100]。南極条約自体についても、協議国家という内的聖域は、発展途上国の参加を含むより広範な参加を求める圧力にさらされている[101]。

「国家の主権的平等」原則は、公式の平等についてであるが、条約関係の日常の営為においては公式の平等はさほど意味がない。それは、国家間の、権力、

---

99) 南極条約 Antarctic Treaty.
100) 南極海洋生物資源保存条約 Convention on the Conservation of Antarctic Marine Living Resources.
101) Willy Ostreng, "The Conflict and Alignment Pattern of Antarctic Politics: Is a New Order Needed?" in Arnfinn Jorgensen-Dahl and Willy Ostreng, eds., *The Antarctic Treaty System in World Politics* (NewYork: St. Martin's Press, 1991), pp. 433-450; Mohamed Haron, "The Ability of the Antarctic Treaty System to Adapt to External Challenges," in *ibid.*, pp. 299-308参照。

経済力、あるいは文化的、政治的姿勢における多様な違いを消し去るものではない。力の差異は重要である。貧困国はしばしば条約活動に実効的に参加する諸々の資源を持ち合わせていない。同時に、正統性への要請は条約レジームが平等への要請にあらがうことをますます困難にしている。そして、より広範な参加が政策的な帰結にある程度むすびつかないと考える理由はほとんどない。

5-4-3 公正と平等に関する最低限の実質的基準

実体的な公正さが法システムの必須の要素であるかどうかという論点は、二百年にわたって法実証主義者と自然法論者を二分してきた[102]。ここでその点に決着をつけようというわけではない。[しかし]最も厳密な法実証主義者であっても、法システムが、倫理や衡平の観点からの批判にさらされることは認めるだろう。実際彼らは、「法」と実体的道徳を分かつのは、法を、道徳、公正さ、あるいは衡平の観点から批判できるというまさにその点にあると主張している[103]。

国際法システムにおける正統性の最近の体系的検討であるトマス・フランク (Thomas Franck) の『諸国間における正統性の力』(*The Power of Legitimacy among States*) は、厳密に手続的な意味に厳しく限定された正統性の概念を展開している[104]。しかし彼は、ルールの「正しさ」や「公正さ」が「遵守誘因力」

---

102) See Hart, *The Concept of Law, supra* note 7, pp. 181-189.［第Ⅸ章　法と道徳—第1節：自然法と法実証主義」矢崎監訳202-211頁；長谷部訳290-301頁。］, Hart, "Positivism and the Separation of Law and Morals," *Harvard Law Review* 471（1958）: 593; Lon L. Fuller, "Positivism and Fidelity to Law-A Reply to Professor Hart," *Harvard Law Review* 471（1958）: 630.

103) Hart, *The Concept of Law, supra* note 7, pp. 201-207.［矢崎監訳223-230頁；長谷部訳319-328頁］

104) Franck, *The Power of Legitimacy, supra* note 28, p. 24は正統性（legitimacy）を「ルールないしルール制定組織の特性であって、ルールの名宛て人が、ルールないし組織が正しい手順・過程に関する一般的に承認された諸原則にのっとって制定され運用されていると認識することにより、規範的名宛て人にルール遵守への誘因力（pull）を行使するものである」と定義している。

を持つことには同意する。本書の目的にとっては、正義と公正が正統な法システムの必須要件であるかどうか、その結果、こうした要件を全く欠くルールのシステムが、法システムとはいえないかどうか[105]は重要ではない。同様に、正義ないし公正の欠如が、あるシステムが法システムと認定されるかどうかの基本的な批判基準であるかどうかは重要ではない。どちらの場合にも、ルールないしシステムの正統性の問題は、その実質的な内容の公正さの問題と完全に切り離すことはできない。そしてこのことは国際法規範にもあてはまる。オラン・ヤングもいうように「たしかに、人間の行動に適用できる、[普遍的な]客観的衡平の基準というものが存在しないことを認めるのは重要であるが、同時に、特定の社会状況においては、衡平に関して共同体が共有する基準とよべるものが実際存在することもまた指摘しておく価値があろう。」[106]この主張にもし実証的証拠が必要なら、ヴェルサイユ講和条約がその痛ましい例[反面教師]となるだろう。

5-5 結　　論

本章では国際法規範、特に条約規範の性質と、それらの規範が持つ遵守行動を促進する力について議論してきた。あの合理的選択理論でさえも、いまや規範がそのような力を持つことは認めるようになってきているが、そのほとんどは依然として、規範の作用を直線的な因果関係でとらえている。即ち、行為のコスト・ベネフィット[得失]計算に影響を与えるもの、あるいは、戦略的行

---

105) Lon L. Fuller, "The Morality of Law", *Villanova Law Review* 10 (1965): 655 ; および Young, *International Governance, supra* note 87, pp. 62, 73-74, 109-110参照。

106) Oran R. Young, "The Politics of International Regime Formation: Managing Natural Resources and the Environment", *International Organization*. 43, no. 3 (Summer, 1989): 368-369.：条約交渉における衡平 (equity) の問題に関する優れた論考として、Edward A. Parson and Richard J. Zeckhauser, "Equal Measures or Fair Burdens: Negotiating Environmental Treaties in an Unequal World," in Henry Lee, ed., *Shaping National Responses to Climate Change* (Washington D.C.: Island Press, 1995) 参照。

動に選択の機会を与えるものとして［規範の作用を］分析している。条約規範は、それが承認され認められた条約作成手続によって公にされたという事実そのものだけで一定の権威を持つ。しかし、根本的にいえば、規範的な力［規範の持つ力］というものは、解釈と適用の、はるかに複雑で長期にわたる相互作用から生じる。国家やそのほかの国際的アクターは、問われればいつでもその行動を正当化できる準備がなければならないという国際的な法システムや政治システムに広まっている要請と、規範の力は密接に関連している。新たな主権のあり方は、条約規則の規範的な力を、遵守過程の中心に据えるものである。

第 6 章
透明性、規範ならびに
戦略の相互作用

6-1 協　　調
　6-1-1　国際輸送と国際通信
　6-1-2　通　信　衛　星
　6-1-3　酸　　性　　雨
　6-1-4　地　　中　　海
　6-1-5　船　舶　検　査
　6-1-6　核　不　拡　散
　6-1-7　債　務　削　減

　6-1-8　通常兵器削減
6-2　安心供与の必要性
　6-2-1　規範システム自体が創出する安心供与
　6-2-2　当事国の遵守行動を監視することで創出される安心供与
6-3　抑　　止　　力

　本章では透明性、すなわち有用な情報へのアクセスと情報の利用可能性、が条約規範の遵守を高めるために、どのように作用するかを検討する。本書で透明性とは、国際法による規制という文脈において、次の事柄に関する知識と情報アクセスの自由とその可用性を意味する。即ち（1）条約とレジームの実行が設定した規範、ルール、手続の意味内容、（2）条約遵守およびレジームの実効性に関わる条約当事国およびレジームの主要機関の政策と行為に関する、知識・情報のアクセス可能性、利用可能性である。
　経済学、ゲーム理論ならびにその隣接分野は、情報へのアクセスが意思決定プロセスと集団行為問題（collective action problem）を解決する見込みにどのように影響をおよぼすかについてますます関心を抱いている[1]。これらの研究

---

[1] この点について最も重要な研究は George J. Stigler, "The Economics of Information," *Journal of Political Economy*, 69, no. 3 (1961): 213-225. 他にたとえば次の文献も参照。Elinor Ostrom, *Governing the Commons: The Evolution of Institutions for Col-*

は、「協調」の問題に焦点を置く[2]。これは条約義務の遵守とは異なるが、遵守問題と構造的に似ているので、その知見を効果的に活かすことができる。協調問題の研究は、上で定義した透明性が条約遵守を促すよう作用する方法として以下の三つを示唆する。

- ［共通の］条約規範に注意を集めることで独立したアクターの協調（coordination）を促進する。
- レジームの他の［あるいは十分に多くの他の］参加国が同じ行動をとっているかどうかによって自国の遵守が左右される場合に、自国ばかりがカモにされていないという安心（reassurance）をアクターに供与する。
- 不遵守が予期されるアクターに対して抑止力（deterrence）を発揮する。

これらの理由により、一般的に透明性の向上が条約遵守を促す強力な原動力を提供することになると我々は主張する。分析をする都合上、これら三つの効果は個別に扱われるが、実務において透明性は、これら三つの平面すべて同時に作用することがある。

---

lective Action (Cambridge: Cambridge University Press, 1990), pp. 96-97, 193-199; Robert O. Keohane, "The Demand for International Regimes," in Stephen D. Krasner, ed., *International Regimes* (Ithaca, N.Y.: Cornell University Press, 1983), pp. 161-167; James D. A. Boyle, "A Theory of Law and Information: Copyright, Spleens, Blackmail and Insider Trading," *California Law Review*, 80 (Dec. 1992), especially pp. 1443-1457, "The Economics of Information."

2) マンサー・オルソン（Mancur Olson）による古典的な集団行為問題の定義とは、個々人のインセンティブが命ずるところによれば、［各人が］集合財を供給するという組織への寄与は集合財の充足には足りないだろうというものである。Mancur Olson, Jr., *The Logic of Collective Action: Public Goods and the Theory of Groups* (Cambridge, Mass.: Harvard University Press, 1965), chap. 1.［マンサー・オルソン（依田博・森脇俊雅訳）『集合行為論』（ミネルヴァ書房，1983年）］参照。ある意味、集合行為問題に対して持続的に維持されなければならない、合意による解決を条約自体が定義づけると考えることもできる。

本章は、条約規範と他国の行動に関して開示された情報のみを媒体とするレジーム参加国間の戦略的な相互作用について検討する。多くの場合、十分な遵守を促すためには当事国による個々の「合理的」な対応で十分である[3]。しかし受け入れがたい［義務の］逸脱を回避・是正するにあたり、戦略的な相互作用それ自体では不十分な場合、［義務違反が］疑われる行為に対処するためにレジーム内においてさらなる措置が必要となる。このような場合における透明性の本領は、規定された行為からの逸脱を監視し、当該逸脱国の責任を問う形で発揮される。このプロセスについては、本書の第10章、第11章、第12章においてさらに検討する。

6-1 協　　調

「純粋な」協調問題で当事者は、共通の目的を達成するという共通の利益が存在し、当事者間に相対利得［他者との関係で異なりうる利得］が生まれるという問題が発生する可能性は低い[4]。これまでは、このような状況は「おもしろくない」とされてきた。なぜならば、参加者の目的が完全に調和するならば、協調するのにさして問題はないからである[5]。国内法の試みの多くが、国内のアクター［それぞれの］活動を協調させることを容易にするような「促進的な」ルールと制度を構築してきたという事実に鑑みるならば、この見解は誤りであろう。たとえば契約法の大部分をこの見地からみることができる。

---

[3]　一般的には、Kenneth W. Abbott, "'Trust but Verify': The Production of Information in Arms Control Treaties and Other International Agreements," *Cornell International Law Journal*, 26, (1993): pp. 26-38参照。

[4]　Edna Ullman-Margalit, *The Emergence of Norms* (Oxford: Clarendon Press, 1977), p. 78.

[5]　John Gerald Ruggie, "Multilateralism: The Anatomy of an Institution," *International Organizations*, 46, no. 3 (Summer 1992): 582 ［協調問題の解決法は、「複合的でもなければ特別要求が厳しいわけでもない」］。Ullman-Margalit, *The Emergence of Norms*, *supra* note 4, p. 15も併せて参照。

事例によっては、関連する規範枠組がない場合でも、国際制度が単に情報を提供することによって協調を促進することも可能なのである[6]。たとえば、世界保健機関（World Health Organization）が設定した感染症の国家報告制度により、各加盟国は現状の疫学上の脅威にあわせて自らの方針を修正することができる[7]。おなじように、海洋法条約が発効し、国際深海底機構が設立されるまでの長い期間に、国家が新規に与える海底資源探査許可について互いに通知することに合意するグループも工業国の中にはあった[8]。通知することにより、各国は新規に許可を与える区域が他の国家の許可証にあるものと重複しないようにすることができ、ひいては異なる国家から許可を受けた事業者同士の主張が競合しないようにすることができた。多数の条約にみられる通知条項も同じように協調を促す機能を有する。

　しかしながら、非常に多くの場合、ルールは協調問題を解決するにあたって有用であるばかりか不可欠ですらある[9]。道路交通に適用されるルールがなければ、車のドライバーは迅速かつ安全な交通をめざして互いに協調するよう努めるであろう。たとえば、二台の車が対向しながら走行している場合、一方のドライバーは車を道の片側に寄せ、残る半分を対向車に譲ることを考えるだろう。しかしながら、協調への圧力が強く、反対する動機がなくても、交通事故がなくなることはないだろう。なぜならば、ドライバーが皆一様に、最初から右あるいは左に寄せて走行すると決めているわけではなく、また対抗車両の出すサインを理解できるとはかぎらないし、わき見運転など、他にも幾つも理由が考えられるからである。

---

6) Arthur A. Stein, "Coordination and Collaboration Regimes in an Anarchic World," in Krasner, ed., *International Regimes*, pp. 130-131.

7) WHO憲章第64条。Robert O. Keohane, "The Demand for International Regimes," in Krasner, ed., *International Regimes*, pp. 161-167参照。

8) "Agreement concerning Interim Arrangements Relating to Polymetallic Nodules of the Deep Sea Bed, 1982," Schedule, TIAS 10562; "Provisional Understanding Regarding Deep Seabed Matters," Art. 3, 1984, UKTS 24 (1985).

9) Ullman-Margalit, *The Emergence of Norms, supra* note 4, chap. 3.

交通ルールはアドホックな協調問題の「取引費用」を節減する。協調する誘因が強くても、遵守を促すためにはルール体系の透明性以上に何かが必要となる場合もある。仮に右側通行（英国ならば左側通行）がルールであることをドライバーが承知していたならば、［このルールは］遵守されるであろう。［しかし］場合によってはルールが求める具体的な行動が明確でないこともある。道路中央にひかれた白線は、［ルールが求める］明確な行動を指し示す。即ち白線が右側運転の意味をドライバーに教えるのである。ここでも同じように、ドライバーは半ば自動的に白線の右側を運転することだろう[10]。トーマス・シェリング（Thomas Schelling）著『紛争の戦略（The Strategy of Conflict）』において初めて提唱されたように、ルールおよびその精緻化は協調点（coordination points）として知られるようになる[11]。

国際平面において協調問題に取り組む条約は、困惑してしまうほど多様な形態をとる。以下は、その実例である。

6-1-1 国際輸送と国際通信

予期されるように、「交通ルール」への合意は、最小の努力で高い遵守を導き出すことができる。こうした努力には、関係者層へのルール公示、［ルールが求める］行為を特定するために必要な意思決定手続の設定が含まれる。［ルールが決まる前の段階の］可能性としてありうる複数のルールのうちどれが採用されるかには関心がないが、単一のルールが規律することには関心が高い。故に国際民間航空機関（International Civil Aviation Organization）が公布した業務・安全規定は加盟国に受け入れられやすい。実際、この規定を遵守することが、実務上、国際航空運送システムにアクセスする条件なのである[12]。最

---

10) ヘンリー・ハート教授は、よくロースクールの自分の学生たちに、道路中央の白線は法がもたらした発明の中で最も重要なもののひとつであると言っていた。

11) Thomas C. Schelling, *The Strategy of Conflict* (Cambridge, Mass.: Harvard University, 1960), pp. 57-58.［トーマス・シェリング（河野勝監訳）『紛争の戦略——ゲーム理論のエッセンス』（勁草書房，2008年）62頁］。

古の国際条約レジームの一つである万国郵便連合 (Universal Postal Union) は、1世紀もの間、戦争（武力に訴える戦争か、冷たい戦争かを問わず）の間も確実に機能してきた[13]。[ほかには] 国際電気通信連合 (International Telecommunication Union: ITU) が展開した手続に基づき、アメリカから北京への長距離通話は、米国が中華人民共和国を承認してこなかった四半世紀間も通じたままであった[14]。同様に、米国とキューバが対立した冷戦期を通じて、米国の通話者はハバナへ直通通話することが可能だったのである。1993年、キューバ宛通話の大部分を凍結しようと米国は試みたが、通話はカナダを経由して円滑になされた[15]。

6-1-2 通信衛星

通信衛星の軌道位置の各国配分に関するITUシステムは更に複雑な様相を呈する[16]。国際電気通信条約は、各国の無線通信の局の間の「有害な混信」を禁止している[17]。高度2万2千マイル（約3万5,786km）上の静止軌道は、通信衛星にとっては最適な軌道ポジションであるが、相互干渉を避けるために衛星は互いから距離を保たなければならない。ITUは、静止軌道を「軌道スロット」に区分している。[軌道スロットとは] 特定スロットの衛星と地上との通信に利用する周波数が近隣の衛星と競合しない程度の広さの軌道弧の宙域であ

---

12) ICAO, p. 295. Thomas Buergenthal, *Lawmaking in the International Civil Aviation Organization* (Syracuse, N.Y.: Syracuse University Press, 1969) 参照。海上輸送の安全・備品規則は、同様のほぼ絶対的な遵守を達成していない。なぜならばこちらのシステムのほうが航空輸送よりも技術上も操作上も、寛容であるからである。
13) "Treaty concerning the Establishment of a General Postal Union" (1874).
14) ITU, Dec. 9, 1932, 49 Stat. 2391.
15) Steven A. Holmes, "Cuba Cutting Direct Phone Service from U.S.," *New York Times*, July 4, 1993, p. 13, col. 1.
16) 同システムは、1963年宇宙無線通信会議において設立された。David M. Leive, *International Telecommunications and International Law: the Regulation of the Radio Spectrum* (Leyden: A. W. Sijthoff, 1970), pp. 209-214参照。
17) ITU art. 48 [国際電気通信連合憲章第48条（国防機関の設備）のことか？]

り、こうした区分化により［ルールが求める］行為をさらに明確にしている。衛星を軌道に乗せる前に、衛星の打ち上げ国はITUが管理する登録制度において使用する軌道スロットを登録することが求められる。登録をすることにより、利用可能な宙域を常時かつ包括的に把握することができるのである。新たに衛星を運用しようとする国は、使用されていない軌道スロットを選択し、他の衛星の電波から干渉を受けないようにし、登録義務を満たすことによって後続の衛星が既存の自国衛星に干渉しないようにするのである。［この］登録のシステムは、スロットを先着順に許可するというルールに当事国が納得しているかぎりにおいて、無線周波数スペクトル資源を協調的に活用することを可能にしている[18]。通信衛星を運用している国は道路でのドライバーの例と似ていなくもない。諸国は、ITU条約や規則がたとえなくとも、互いに有害な混信を避けるために協調することは可能であったかもしれない。しかしながら、各国の協調が失敗したり、採用した解決案の取引費用が高かったり、ITUレジームより異論の多いものであっただろう。

6-1-3 酸　性　雨

　1970年代から80年代前半における酸性雨にまつわるヨーロッパ域内のいざこざは、研究および科学調査という形で条約が促した協調が最終的に協調的な政策反応へと至った実例である。当初、ノルウェーとスウェーデンのみが、外国の産業施設による二酸化硫黄（SO_2）の排出が森林や湖水に広範な被害を生み出していると強く主張していた。他のすべてのヨーロッパ諸国、とりわけ英国

---

18) 誰もがこの早い者勝ちのルール（first come, first served rule）に満足していたわけではなかった。開発途上諸国は技術的に発展した国が先取りしないよう、軌道スロットの供託を主張した。1976年ボゴタ宣言参照。Reprinted in *Journal of Space Law*, 6 (1979): 193. 赤道直下の8ヵ国が地球静止軌道上の主権を主張した。この問題は国連宇宙空間平和利用委員会において絶えず議論され、1989年にITUは国内サーヴィスを提供するどの国家的システムにも少なくとも一つの軌道スロットを残しておくことを決定した。Milton Smith, "The Space WARC Concludes," *American Journal of International Law*, 83 (1989): 596参照。

とドイツは、この見立てを認めなかった。1979年に採択された長距離越境大気汚染条約（Convention on Long-Range Transboundary Air Pollution: LRTAP）は、当初当事国に SO_2 排出レベルに関する定期的な報告のみを課し、許容可能な量的制限をつけていなかった。その前年、経済協力開発機構は、ヨーロッパにおける大気汚染のデータ収集とその評価をするためにヨーロッパ監視評価計画（European Monitoring and Evaluation Program: EMEP）として知られる、産官学からなる大気科学者のネットワークを結成した[19]。LRTAPの下で提出される国家報告はEMEPに提供され、これにより詳細な評価プロセスの構築に着手し、統一的なデータ収集・報告手続を開発し、排出の時系列データを並べ、これらの帰結を排出の経路や影響に関する他の知見と統合することにしたのである。［こうした］調査研究は、最終的に統一的な報告システムとヨーロッパの森林への酸性雨の悪影響に関する科学的合意を生み出すに至った。ノルウェーとスウェーデンは当初から合意された排出基準から30％減をもとめる議定書を求めた。しかし、1993年までに30％減を明確に求める議定書をLRTAP加盟諸国が設定したのは協定が採択されて5年以上が経過した1985年になってからであった。多くのヨーロッパ諸国は、この基準を満たすことを目的とした取組みを既に国内で行っていた[20]。

---

19) LRTAP, Protocol on Long-Term Financing of the Cooperative Programme for Monitoring and Evaluation of Long-Range Transmission of Air Pollutants in Europe (1978); 参照 Marc A. Levy, "European Acid Rain: The Power of Tote-Board Diplomacy," in Marc A. Levy, Robert Keohane, and Peter Haas, *Institutions for the Earth*, p. 80; OECD, "Recommendation on Principles Governing Transfrontier Pollution, Title E, Principle of Information and Consultation, November 21, 1974," OECD Doc. C (74) 224, reprinted in *International Legal Materials*, 14 (1975): 242, 246.

20) Levy, "European Acid Rain," *supra* note 19, pp. 91-94, 174, table 3.6. 以後の5年間に多くの加盟国が目標を達成した。レヴィは、LRTAPの議定書は国家活動に規制を強制するという意味ではなく、合意形成プロセスの一部として規制を促す役割を果たしたと主張している。これは、即ち「何が正当な行動であるかを示し、どの国がこの基準を国家政策の指針として受け入れたかも示す。…誰が責任を有し、誰が有さないか［を示した］。」*ibid*.

［ここでの］協調は、2段階の手続からなっていた。国家報告制度を定めた最初の透明性促進規範（transperancy norm）は、各国の科学的取組を協調させるための基盤を提供した。マーク・レヴィ（Marc A. Levy）によれば「各国の研究計画を協調させることは、LRTAPのあらゆる活動の基盤とみなすことができる。協調が重要である理由の一つは、ヨーロッパ中の結果を比較することが確証されることである。データ収集、測定、分析手続の標準化がなかったならば、酸性化に強い関心をいだいている各国も自国の調査結果を蓄積することさえできない。」[21]協調的な研究取組は、徐々に国内レベルでの協調的な政策反応へと発展し、最終的には統一された国際的な実体規範へと発達した[22]。LRTAPがなかったとしても、ほとんどではないにしても多くのヨーロッパ諸国がSO_2排出の国内統計を公表し、個別に排出を削減したであろうが、急速に共通の科学的判断および各国政府による協調行動を促進した、信頼性の高い、統合的なデータベースが構築されることは、少なくともこんなに早くは、なかったであろう。

6-1-4 地 中 海

1976年2月に署名された汚染に対する地中海の保護に関する条約（バルセロナ条約）においても同様の2段階の手続を見出すことができる[23]。同条約は、加盟国の行動に対して実質的な制限を課すこともなく、［汚染の］監視と科学

---

21) *Ibid.*, pp. 87-88.
22) 協調行動を妨げる不確実性を取り除くための科学的知見の向上の重要性については、Ostrom, *Governing the Commons, supra* note 1, p. 34参照。
23) また、船舶および航空機からの投棄による地中海の汚染を防止するための議定書（地中海投棄規制議定書）と緊急時における油およびその他の有害物質による地中海の汚染に対処するための協力に関する議定書（地中海緊急時協力議定書）という二つの議定書（プロトコル）が署名された。しかし、これらは、既存の［地域を限定しない］普遍的条約である、廃棄物その他の物の投棄による海洋汚染の防止に関する条約（ロンドン条約）と油による汚染を伴う事故の場合における公海上の措置に関する国際条約を単に繰り返すものにすぎない。

技術的研究に関する国家間の協調を規定している[24]。同条約のこの段階は、国連環境計画が創設した、「地中海行動計画」として知られる協調的な研究・モニタリング計画として実行された。この分野での決定的な研究において、ピーター・ハース（Peter Haas）は、「実際の研究は各国の研究所において行われていた。実質的に協働研究が行われることはなかった。…取り纏めをする研究所は、これら各国内の研究所の調査結果を、国際機関の助力を得て報告書の形へと統合する」と述べている[25]。

LRTAPにおいてそうであるように、「汚染監視に関する共通の形式」や「［測定などの］相互補正」の開発に相当な努力がなされてきた。ここでも同じように「幅広く汚染源、経路、種類に対処する必要性を示す科学的合意」の創出に帰着した[26]。酸性雨に関するEMEP報告書と同じように、このプロセスは科学的合意を創出するのに有効であった。その後、1977年に提示された地中海における陸上起因汚染に関する報告書は「陸上起因汚染と河川を通じて広まる汚染に対処する必要性を説得的に示した。」[27]［また］酸性雨の事例と同じように、国際基準の設定に先行して各国の政策協調がなされた。ハースによれば、各国の海洋汚染対策がより包括的な対策の方向へと「収束し始め」たのである。海洋科学者やエコロジストから成る「知識共同体 epistemic community」のメンバーが各国の官僚組織の中で有利な地位を占めている場合ならばなおさらである。「各国は政府はより包括的な汚染防止法を採択し、その多くは地中海行動計画よりも幅広く、厳格な対策に焦点を置いた。」[28]これが地中海汚染防止条約に基づくはじめての規制措置である地中海陸上起因汚染防止議定書（1980年5月採択）へとつながった。

---

24) バルセロナ条約第10条および第11条。
25) Peter M. Haas, *Saving the Mediterranean: The Politics of International Environmental Cooperation* (New York: Columbia University Press, 1990), p. 100.
26) *Ibid.*
27) *Ibid.*, p. 101.
28) *Ibid.*, pp. 129-132.

LRTAP と地中海行動計画という二つの事案から導き出した一般論として、*Institutions for the Earth* の著者たちは、同書における主な提言の一つとして、環境保護機関が実効性を高めることを目的とした、制約のない知識の創出および普及のプロセスの涵養を挙げている[29]。

6-1-5 船舶検査

1982年にヨーロッパ14ヵ国によってポート・ステート・コントロールへの合意に関する覚書が締結された[30]。[これにより]国際海事機関（International Maritime Organization: IMO）の定める様々な安全確保・環境保全の基準の遵守のため、自国に入港してくる船舶の少なくとも25％を検査することに覚書の各署名国は合意した。IMO の規準に適合しているとされた船舶は、次の6ヵ月間に再度検査されることはない。また、覚書の当事国は、インターネットを通じて検査済の船舶とその結果を互いにリアルタイムに通知することにも合意した。この情報共有によって、[現在]航海中にある船舶が後に寄港する各国の港湾当局は、未だ検査を受けていないもの、または前回までの検査で問題のあったものに集中することができる。結果として、各国は有限である法執行の資源を最大限に活用することができる。総体として、加盟国に入港する船舶の大部分は毎年検査を受けることとなり、世界の商船の大部分が加盟14ヵ国の港を利用することから、IMO の安全確保・環境保全基準を実施する取組み全体が大きく強化されたといえる[31]。

---

29) Haas, Keohane, and Levy, "Conclusion," in *Institutions for the Earth, supra* note 19.
30) *The Memorandum of Understanding on Port State Control* (The Hague: Netherlands Government Printing Office, 1989) (information pamphlet).
31) Ronald Bruce Mitchell, *Intentional Oil Pollution at Sea: Environmental Policy and Treaty Compliance* (Cambridge, Mass.: MIT Press, 1994), p. 136.

6-1-6 核不拡散

国際原子力機関の保障措置システム運用では、より中央集権化された調整機能の様子が例証されている。同システムは、核不拡散条約の加盟国に同条約の中核的な二つの義務を遵守するために協調することを可能にしている。この義務とは、(1) 非核兵器保有国の核兵器取得を支援しないこと、(2) 非核保有国による平和利用目的の原子力エネルギー・技術の利用を否定しないこと、である[32]。第4章において述べられたように、このシステムは、1950年代に米国の平和のための原子力イニシアティブによりつくられた。平和利用を目的とした原子力利用のための支援を米国から受ける国家は同国と二国間協定を結び、軍事利用に転用されないよう機材と核物質に関して定期的に米国の査察を受けることに合意した。後に、米国と受注国、IAEA三者による合意により、IAEAが査察の任を引き継ぐこととなった。他の原子力技術輸出国も同様の方針を採用した。潜在的な原子力技術の供給国は、提供した機材や核物質が軍事転用されないよう定期的なIAEA査察が実施されるという保障措置協定が有効でないかぎり機器や核物質を提供することはない[33]。このように、核技術輸出国は輸出先である非核兵器保有国が核兵器を獲得することのないようにするという条約上の義務を遵守するよう協調しつつ、平和利用を目的とした原子力エネルギー技術開発を支援しているのである。

6-1-7 債務削減

さらに一歩進んで、国際通貨基金は、基金自身は新たに融資しない場合で

---

32) NPT第1条および第4条。
33) 現在125ヵ国近くにのぼる、非核保有国でかつ、NPTに加盟している国は、自国のあらゆる核関連活動を保障措置の下に置くことに合意している(NPT第3条)。この取決に基づけば、NPTに参加していない核輸入国では、輸入された核物質および施設に関してのみ査察の対象となる。インドはNPTに参加していないが、同国による1974年の核実験に使用した核物質は現地生産された重水炉に由来していた。

あっても、債務の繰り延べを求める諸国に事実上、「お墨付き」を与えること
をしている。経済状態を判断し適正な修正計画を決定するために、IMFスタッ
フは「強化された政策監視（enhanced surveillance）」を債務者に対して行う。
基金が繰り延べに付随する修正計画を承認するまで、公的および民間の金融機
関は手続をすすめない。いったんお墨付きを得たならば、債権者は通常これ以
上の手間をかけずに手続をすすめる。事実、貸し手側はIMFに対してこの機
能を担うように圧力をかける。政治・経済的に重要な貸付についての数百にわ
たる公的および民間の債権者の行動の協調は、IMFのデータ収集と分析によっ
て達成されたのであった[34]。

6-1-8　通常兵器削減

　情報の普及に基づく協調という点では、おそらく国連の通常兵器移転登録制
度が最も野心的な取組であろう。同登録制度は、国連総会決議によって創設さ
れ、各国に任意で特定カテゴリーの通常兵器の輸出入データを提供することを
求める[35]。ここでは、公にすることにより、各国の兵器売買事業に歯止めがか
かることに期待がかかっていた。少なくとも、より危険であることが推定され
る特定の買い手に対する歯止めとなることが期待された。1993年4月、最初の
登録では、「六大国（big six）」（中国、フランス、ドイツ、ロシア、英国、米国）
と他の武器輸出主要国を含む72ヵ国が報告した。［これに対し］、輸入国側の報
告実績は十分とはいえなかった[36]。通常兵器の取引件数に減少の様子はない。

---

34)　たとえば、"Monitoring Procedures in Venezuela Restructuring Agreements," New York, Feb. 26, 1986, reproduced in *International Legal Materials*, 25 (Mar. 1986): 477参照。

35)　UN GA Res. 46/36L, Dec. 9, 1991, UN Doc. A/RES/43/36, *International Legal Materials*, 31 (1992): 469.

36)　Edward J. Lawrance, Siemon T. Wezeman, and Herbert Wulf, *Arms Watch: SIPRI Report on the First Year of the UN Register of Conventional Arms* (London: Oxford University Press, 1993); Ian Anthony, "Assessing the UN Register of Conventional Arms," *Survival*, 35, no. 4 (Winter 1993-1994): 113-129. Antonia H. Chayes, and Abram Chayes, "The UN Register: Transparency and Cooperative Security," in Malcolm Chalmers,

しかし、登録制度の支持者は、同制度が長期にわたるプロジェクトであり、LRTAP や地中海行動計画において透明性を確保する措置がまず各国の政策を調整し、その後に実定法による規制へと向かったように、通常兵器の規制に関わる将来的な討議の基盤を提供しうると見ている。しかしながら、この事例では国家が［協調せずに］個別に行動をとるインセンティブを抑制するには、透明性のみでは不十分であるように思われる。

6-2　安心供与の必要性

　純粋な協調状況（pure coordination situation）では、［ゲームの］当事者にルールから逸脱するインセンティブがないといわれることがある[37]。当事者にとっては、ルールが全体に周知され、皆がそれに従うかぎり、そのルール内容が「左側通行」か「右側通行」であるかは大して気にならない。しかし、他の当事者全体がルールに従わない場合には、個々の当事者にもルールに従わないインセンティブが働くこともあるだろう。［前述の交通ルールの事例に鑑みて］車のドライバーが各自ランダムに動いているならば、当事者はルールのことを忘れて、迫りくる車をよけることに専念して運転した方がよい。事実、たとえ一台でもルールを守らない車（「離反者」）が近づいてくるのなら、ルールを放棄することが賢明であろう。不遵守［ルールを守らない］というインセンティブを持たないということは、むしろ他の当事者全体は遵守するであろうという期待の存在を示すことになる。協調的な行動一般、そしてルール遵守という個別の事例について一般にそれらの行動は、少なくとも一部は、他者もルールを遵守するであろうという期待の関数であるといわれるが、この命題は、純粋な協調

　　　Owen Greene, Edward J. Laurance, and Herbert Wulf, eds., *Developing the UN Register of Conventional Arms*（West Yorkshire, England: University of Bradford, 1994）, pp. 197-224参照。

37)　Michael Taylor, *Community, Anarchy and Liberty*（Cambridge: Cambridge University Press, 1982）, pp. 48-50.

状況に非常によくあてはまる。カーライル・ルンゲ（Carlisle Runge）が主張するように、便益と費用が集団の行動全体の関数であるような公共財の提供に関する問題では、費用負担するか否か（ならびにどの程度の負担か）という各当事者の意思決定は必然的に他者の意思決定に関する期待値の影響を受ける[38]。集団内で全員が費用負担した場合、当事者の便益が費用を越えるような状況下で、他の当事者も費用負担するということを当事者が期待できるならば、彼は費用負担するであろう。期待できなければ負担しないであろう。現実世界がこのような状況にぴったり合うことはないので、「他の当事者が費用負担することを期待できるならば、それにタダ乗りしようというインセンティブが生まれる。しかし、同時に、他の皆が公平な費用負担をするという確証［安心］は、当事者が遵守する可能性をも高めるのである。」[39]

6-2-1　規範システム自体が創出する安心供与

本書第5章において議論されたように、規範の存在はそれ自体が、他者が遵守するであろうという期待値を上げる。純粋な協調ゲームではない状況でも遵守を確約するには、これらの期待だけで十分な場合がある。即ち他の当事者と異なる行動をとるインセンティブや他の当事者の逸脱行為により当事者におよぶコストがさして高くない場合である。海底[40]や宇宙空間[41]、南極[42]において核兵器の設置を禁止する諸条約は冷戦初期に、比較的容易に締結された。なぜならば、これらの環境はいずれも一様に軍事活動に適さないとされたからであ

---

38) Carlisle Ford Runge, "Institution and the Free Rider: the Assurance Problem in Collective Action," *The Journal of Politics*, 46 (1984): 160. ルンゲは、もともと "Isolation, Assurance and the Social Rate of Discount," *Quarterly Journal of Economics*, 81 (1967): 112-124におけるセンの確証問題（assurance problem）による定式化に則っている。
39) Runge, "Institutions and the Free Rider," *supra* note 38, particularly pp. 161-162.
40) 核兵器および他の大量破壊兵器の海底における設置の禁止に関する条約。
41) 月その他の天体を含む宇宙空間の探査及び利用における国家活動を律する原則に関する条約第4条。
42) 南極条約第1条、第5条。

る。第8章において検討されるように、深海底および南極に関する条約には査察条項があるものの、厳格に行使されているとはいえない。しかしながら、[締結から] 40年を経ても、これら条約の定める要件から逸脱したという報告はない。

　もともとこれらの環境において兵器を設置するというインセンティブが低かったことは確かである。しかし、条約がなければ、超大国のいずれかが何かしらの理由により（たとえば、あまりにも用心深いことから）これらの環境のどれかにおいて設置実験を検討し始めただろうことは想像に難くない。米国内には、宇宙空間に兵器を設置することに関して相手の「上手を行く」ことを支持する者は確実に存在した[43]。このような動きは、相手側を刺激し、対抗するための技術開発を促したであろう。すなわち、宇宙空間に関する条約が不在であったならば、強いインセンティブが存在しない場合でも宇宙空間での兵器の設置へと向かうであろう軍拡競争が発生しただろうということは想像に難くない。[宇宙空間に]兵器を設置しないという規範を具現化した条約の存在だけでも、この帰結を妨げるに十分だったのかもしれない。なぜか？議論の余地はあるかもしれないが、[規範の存在が]いかにそれが脆弱であったとしても、当事者同士が遵守するという期待を互いに持つことにつながったからである。

　もう少し協調が難しい事例では、オゾン層保護に関するモントリオール議定書に関し先進工業諸国に遵守を促すのに同じ要素が働く可能性がある。改正された同議定書では、1996年1月1日を以てクロロフルオロカーボン（CFC）および他のオゾン層破壊物質の生産が禁止される[44]。1987年、議定書が起草された時点でCFCを生産していたのは、いくつかの先進工業国において操業していた化学薬品業界でも主要5社のみであった[45]。CFC生産国と生産者はいずれ

---

43) Daniel O. Graham, "Arms Control and National Security," *USA Today* (magazine), Jan. 1985, p. 14.

44) モントリオール議定書第3条（c）（ロンドン改正）附属書II第1条（O）ならびにコペンハーゲン改正附属書III第1条（H）。

45) Richard Benedick, *Ozone Diplomacy: New Directions in Safeguarding the Planet* (Cam-

も条約を侵害する強いインセンティブはない。なぜならば、同じ生産者が[CFCの]代替物質の生産を独占していることに加え、幾つかの国では実効性を伴った国際レジームの他に選択肢といえば[自国企業にとって望ましくない]国内法による一方的な禁止措置しかないからである。オゾン層が破壊されたならば総ての人々がその結果に苦しむことと、この破壊を食い止めることができるのは普遍的な禁止の実行のみであることは明らかであった。生産国が［条約を］遵守し続けるために、全ての競合他社が市場から撤退するであろうという十分な確証を、条約の存在自体が多くの企業に与えている。

しかし将来的には、状況はさらに不安定化するとみられていた。冷蔵と空調関係に関して、中国とインドがCFCの潜在的な主要市場として目され、[CFCの]製造技術も比較的単純で容易に手に入りやすい。中国とインドが何か他の方法で満足しなかった場合、これらの国が独自にCFCを製造開発することを議定書の存在のみで阻むのは難しい。[この懸念の] 行きついた先が1990年ロンドン改正後の第10条であった。同条では、先進国が開発途上国の遵守のために「合意された増加費用」を賄うこととしている[46]。

6-2-2 当事国の遵守行動を監視することで創出される安心供与

ここまで本書の主張は、次のように限定されたものであった。即ち、純粋な協調ゲームではない状況でも不遵守の誘惑を取り払うのに十分な安心を供与することがあるということである。しかしながら、多くの状況においてルールから離反するインセンティブの方が勝ったり、レジームから離反するコストの方が高くなったりすることから、当事者が安心を得るためには、ルールが単に存在していること以上のものが必要となる。現実に他の当事者が何をするかに関する情報が必要となる。故に透明性[の確保]が安心感の創出とひいては遵守のカギとなる。

---

　　bridge, Mass.: Harvard University Press, 1991), pp. 25-26. [ベネディック（小田切訳）『環境外交の攻防』（工業調査会，1999年）48-49頁。]
46)　*Ibid*., pp. 100-101, 150-52. [ベネディック（小田切訳）133-134，187-191頁。]

皆がルールから離反するよりも協調する方が皆にとって好ましい結果が得られるが、各当事者にとって［協調よりも］独自の路線を選択するインセンティブが勝る。このような状況は、囚人のジレンマとして知られている。ジレンマである理由は透明性が欠如しているからである。このゲームは、当事者同士が交流することができず、互いの行動について情報がないことを条件としている。［逆にいえば］透明性の確保は、囚人のジレンマを信頼のゲームへと変換することが可能となる。

古典的な囚人のジレンマでは、各囚人に自白するか黙秘をするか選択肢が与えられる。2人は、別室に隔離されており、相談することはできない。2人とも自白しなければ、短い刑期（たとえば1年くらいにしよう）になることを両人とも知っている。2人とも自白したならば、より長い刑期（5年くらい）が科されることになる。しかし、2人のうち、1人が自白し、1人が黙秘したならば、自白した方は釈放され、もう片方は10年の刑期が科されるとする。これがジレンマであるのは、2人とも黙秘したほうが良いのは明らかであるのに、双方とも自白し、5年の刑期に服す方にインセンティブが働くからである。

では、次に囚人たちが互いの行動について情報を持っていたらどうだっただろうか。そうであったならば、囚人Aが黙秘を貫こうとするならば囚人Bも黙秘することが彼自身の利益につながる。そうしたならば、双方にとって最もよい結末、即ち1年の刑期で済むことになる。完全な情報の共有があったならば、囚人Aが自白の末に処罰を免れるという可能性は皆無となる。また、囚人Bが10年の刑期に服する危険性もなくなる。なぜならば、囚人Aが自白したら囚人Bがそれを知り、自らも白状して身を守ることが確実だからである。他方が黙秘を貫いていることを知るかぎり、自らも黙秘を続けるだろう。参加者が二人の囚人のジレンマゲーム（two-person prisoners' dilemma game）の標準的な説明は、四象限からなるマトリクスで表現される。これは、［囚人の］意思決定が同時に行われることを示しているが、当初のゲームの説明では二人の囚人の意思決定が同時に行われる必要性を示すものは、どこにもない。［二人の］意思決定が同時に行われるという仮定は、単に不透明性（他者の行動に

対する情報の欠如）を強制する手段なのである。

　従って、他者の行動に関する情報がない場合に両者が共に裏切ることを生じさせる同じ「ペイオフの構造（payoff structure）」が、透明性の確保された下では協調を生じさせるのである[47]。同様に、囚人のジレンマでは、［前もって囚人同士で］協調する約束があっても必ずしも有効ではないといわれる。なぜならば、外部による強制が欠如しているので、各人にとって離反するインセンティブが高いからである[48]。しかし、透明性が確保されれば、自白を禁ずる約束（あるいはルール）は、おのずと守られる。単に約束をすることやこのルールを周知することでは、遵守を促すには不十分である。しかし、この約束に加えて、他の囚人も遵守しているという継続的な安心供与があれば、それが遵守の後押しとなるのである。いくつかの分析（最初のものは1967年のアマルティア・センまで遡ることができる）は、あらゆる集団行為問題を囚人のジレンマとしてみる傾向に対して警告を発していた[49]。同じ諫言が国際関係および条約遵守の問題にもあてはまる。これらすべての状況における当事者のインセンティブの構造（即ち「合理的な」反応）は、他の当事者の行動に関して入手しうる情報

---

47) エリノア・オストロムによれば、囚人のジレンマの分析は、協調を協定が強制できないことを強調した。しかし、当初のモデルでは、囚人はそれぞれ別の部屋で決定するよう強いられることになっている。「このような状況下で［囚人］が各人で個別に決定することは強制の帰結によるところであり、強制の欠如がもたらしたことではない。」Ostrom, *Governing the Commons*, p. 39. センも囚人のジレンマの状況が想定する「孤立のパラドックス」を強調する。Sen, "Isolation, Assurance and the Social Rate of Discount," pp. 112-115参照。併せて Carlisle Ford Runge, "Common Property Externalities: Isolation, Assurance, and Resource Depletion in a Traditional Grazing Context," *American Journal of Agricultural Economics*, 75（Nov. 1981）: 597-598も参照。

48) Ullman-Margalit, *The Emergence of Norms*, *supra* note 4, p. 21.

49) Sen, "Isolation, Assurance and the Social Rate of Discount"; Runge, "Institutions and the Free Rider"; Ostrom, *Governing the Commons*, pp. 1-28; Michael Taylor, "Cooperation and Rationality: Notes on the Collective Action Problem and Its Solutions," in Karen Schweers Cook and Margaret Levi, eds., *The Limits of Rationality*（Chicago: University of Chicago Press, 1990）, p. 222.

と期待値によって決まる。

　冷戦期の米国とソ連の戦略関係は、巨大な囚人のジレンマとして見ることができ、また実際にそのようにみられていた[50]。相互制限の効用は明らかであった。両国の継続的な軍備拡張は、悪しき状況と認識されたものの、片方が決定的な優勢を得ることの方がよくないと考えられていた。このような状況は、一方のみが制限され、相互主義が効かなかった場合に発生する可能性がある［と思われた］[51]。米国（そしてたぶんソ連も）にとって相手方が相互一致するという期待値は低かっただろう。ゲーム理論の予想どおり、米ソ両国は何兆ドルもの費用を使い、40年間の軍拡競争を繰り広げ、一方は財政が破綻し、残る一方も消耗しつつあった。

　しかしながら、この対決的状況の最中にあって、米ソ両国は、最も危険な分野において安定の島の設定に合意することができたのである。即ち最も危険な形の核実験の終結[52]、戦略核兵器保有の制限[53]、そして事実上のABMシステムの廃棄である[54]。これら軍備管理協定の検証に関して米国内の論調は相手側が「不正」をしていないが確実であることを求めた[55]。本書第8章において詳述さ

---

50) Lawrence Freedman, *The Evolution of Nuclear Strategy* (New York: St. Martin's Press, 1981), pp. 182-189; Arthur A. Stein, "Coordination and Collaboration Regimes in an Anarchic World," in Krasner, ed., *International Regimes*, pp. 128-129参照。

51) 両陣営が1970年代までに完成された基本的な軍備の戦略バランスを実際に変えることができたか否かについては議論の余地が残されている。Antonia Handler Chayes and Abram Chayes, "From Law Enforcement to Dispute Resolution: A New Approach to Arms Control Verification and Compliance," *International Security*, 14, no. 4 (Spring 1990): 151. しかしながら、政策決定者が議論をする方向に傾くことはなかった。

52) LTBT.

53) Interim Agreement (SALT I).

54) ABM条約（弾道弾迎撃ミサイル制限条約）。同条約は、両陣営に各2つのABM地上施設を認めた。後に、施設の数は一つへと縮小された。

55) Chayes and Chayes, "From Law Enforcement to Dispute Resolution," *supra* note 51, pp. 154-155. その効果は、推定される検証条件を達成不可能なレベルまで引き上げることであった。「包括的核実験禁止条約」とSALT IIともに非現実的な検証条件

れるように、［この分野において］出来上がったシステムは望まれたレベルの確実性に近づくことすらできなかった。冷戦期の米国の観点からするならば、主として自国の検証技術手段（national technical means of verification: NTM）に依存しているこれら［システムの］機能は、ソ連が自らの義務を十分に遵守しているという安心感を提供することにあった。これに基づき、信頼ゲームにおける囚人のように米国は、協調（即ち既存の条約を遵守するとともに、新規の条約締結にも向けて交渉すること）を継続することができた。安心供与という機能は、冷戦体制が徐々に終息していくなかでより明示的かつ公にされ、ソ連は条約義務の遵守を検証する手段として初めて現地査察を認めたのである（第8章参照）。

1970年代後半から80年代前半にかけて欧州における通常兵器管理の取組みの重要な焦点であった信頼・安全醸成措置（confidence- and security-building measures: CSBMs）の進展は、ここで描写された安心感のダイナミクスを打ち立てるための意図的な試みであった。その考え方としては、NATO ないしワルシャワ条約機構が他方に奇襲をかけることがないという信頼のシステムを欧州全体に導入することであった。西側、東側、中立国と全ての欧州諸国が署名したヘルシンキ最終文書において、加盟諸国は東西陣営の境界から250マイル範囲内で2万5,000名以上の部隊を動員する軍事演習について通告することを互いに合意した。また、参加国は、「自発的にかつ二国間ベースで、相互主義と善意の精神に則り、他の参加国から軍事演習出席のためオブザーバーを招待する[56]」ことにも合意した。1975年の最終文書の採択から1984年ストックホルムでの次回交渉までの間に NATO と中立諸国は、［ヘルシンキ文書］の条項に基づき39回もの大規模軍事演習を通告し、そのうち31回にはオブザーバーを招待

の犠牲となった。

[56] 欧州安全保障協力会議最終議定書「信頼醸成措置および安全保障と軍縮の若干の側面に関する文書」Helsinki Final Act, *Document on Confidence-Building Measures and Certain Aspects of Security and Disarmament*, I, Department of State Publication 8826, General Foreign Policy Series 298（Aug. 1975）.

した。ワルシャワ条約機構は、21回の大規模軍事演習を通告し、そのうち7回にオブザーバーを招待した。ジョナサン・ディーン (Jonathan Dean) によれば、

> CSBMは、透明性を確保する純然たる措置である。これらは軍備の削減・制限からなる古典的な軍備管理とは異なる。信頼醸成措置の目的は、まずもって参加国の軍備に関する情報の流れに資することにある。即ち可視性を向上させ、所定の軍事行動の機密性を低減することで、参加国に攻撃準備が進行中ではないという安心を与えることである[57]。

これら措置を強化する交渉が早急に行われ、1984年、ストックホルムにおいて最高潮に達し、その結果が欧州の信頼醸成・軍縮に関する会議 (Conference on Confidence- and Security- Building Measures and Disarmament in Europe: CDE) の常設化であった。1986年9月に署名されたストックホルム合意文書は、通告要件の幅を拡大し、［地理的］範囲を「大西洋からウラル山脈」まで広げ、主要演習へのオブザーバーの出席確保を義務づけ、当該視察が意義あるものになるようホスト国に詳細な手続を提示した[58]。さらに重要な点は、「合意された信頼と安全醸成措置の不遵守が疑われる」ときには、各加盟国に、他の加盟国の領域において査察を実施する権利を与えていることである[59]。ある識者の慎重な見解によれば「ストックホルムで採択されたCSBMの全体的な効果は、いかなる理由であっても即自的な査察と他のCDE参加34ヵ国に対し説明責任を負うことなしに、部隊を集結させられないようにすることにある。」[60]

---

57) Jonathan Dean, *Watershed in Europe: Dismantling the East-West Military Confrontation* (Lexington, Mass.: Lexington Books, 1987), p. 113.

58) "Documents of the Stockholm Conference" (SC 9), in John Borawski, *From the Atlantic to the Urals: Negotiating Arms Control at the Stockholm Conference* (Washington, D.C.: Pergamon-Brassey, 1988), Appendix B, pp. 221-245.

59) *Ibid.*, Appendix B, par. (66). 締約国は、一年に3回以上、査察を受けることはなく、同一国から2回、査察を受けることもない。*Ibid.*, par. (67), (68).

60) Borawski, *From the Atlantic to the Urals*, p. 111, Timothy E. Wirth, "Confidence- and

このCSBMの取り組みを評価する手段はない。1975年以降、欧州の東西国境線において不意打ちの陸上攻撃は行われなかった。しかし、仮にこれらの措置が1945年から1975年の期間に存在していたとしても、ソ連による1956年ハンガリー侵攻や1968年チェコスロバキア侵攻に対して有効であったかは疑問である。ストックホルム合意文書は、欧州通常戦力制限条約の基礎作りをしたといえるかもしれないが、ゴルバチョフ政権時代を起点とする劇的な東西関係の変化の波によってすぐに塗り替えられていった[61]。しかし、東西対立が頂点にあったときでも、欧州において紛争が発生する可能性を減ずるために米ソ両陣営の安全保障の専門家層が純然たる安心供与システムに積極的に取り組む用意があった点は重要である。

利害関係が最も大きい軍縮分野において安心供与［アプローチ］が有効ならば、同様のプロセスがもっとありふれた設定において作用したとしても驚くべきではない。エリノア・オストロム（Elinor Ostrom）の研究、『*Governing the Commons*』は、遵守に対する安心供与が共有資源の管理が成功するか否かにとって中核的な要素をなすことを示している。非常に大きな反響を呼んだギャレット・ハーディン（Garret Hardin）の論文「*The Tragedy of the Commons*」は、この問題を古典的な囚人のジレンマの観点から提示する。彼は、もはや神話的存在となりつつある牛飼いの一団を想起する。各当事者は自らの利得というインセンティブに従い共同放牧地で絶えず牛の頭数を増やす。この行為がどのような結末をもたらすかを知りつつも、当事者は、共有地が不毛の地となり、一団全体が生活の手段を奪われるまで止めることができない。「ここに悲劇がある。有限な世界の中で、各当事者は家畜の群れを際限なく増やすことを強いら

Security-Building Measures," in Robert E. Blackwill and F. Stephen Larrabee, eds., *Conventional Arms Control and East West Security* (Durham, N.C.: Duke University Press, 1989), p. 342; Adam-Daniel Rotfeld, "CSBMs in Europe: A Future-Oriented Concept," in *ibid*., p. 329なども併せて参照。

61) たとえば、ロシアが部隊をチェチェンに送ったことはCFEの要件と適合しない。Reuters, "Chechnya War Requires Treaty Lapse," *New York Times*, Apr. 17, 1995, p. A2, col. 3.

れるシステムから抜け出せないのである。共有財は自由に使用することができると信じる社会の中で自らの最大の利益を追求し、すべての者が破滅めがけて急ぐのである。」[62]

しかしながら、ハーディンの陰鬱な予想を歴史的記録は裏付けていない。放牧共有地を含む共有農業地システムは、中世ヨーロッパでは標準的なものだった。イングランドにおいては、共有地は放牧の過剰から破綻したのではなく、16世紀、17世紀に商業農業のために囲い込みをした地主の収奪により破綻したのである。そして、ルンゲ（Runge）によれば、開発途上国において遊牧民が実施していた共有地での放牧システムは、近年、人口増加や技術革新、急激な気候変動が伝統的な制度を弱体化させるまでは安定していた[63]。

オストロムは、ハーディンに敬意を払いつつ、安定した共有地管理システムが発生しうる状況を検討した。このような状況において、共有資源にアクセスすることができるグループ内の構成員の権利を規律するルールは、慣行ないし何らかの形の実定法の制定より生成される。これら構成員は、「条件付き戦略」を追求し、同じ状況にある他の大勢が従う限りにおいて自らもルールに従う。「条件付きルールの遵守を確約させるためには、各人が他者がルールを遵守する確率に関する情報を入手することを必要とする。」[64] この情報にアクセスすることで各人の黙示の誓約は「安全・有益・信頼性ある」ものとなる[65]。換言するならば、この戦略の成功にとって透明性は必要不可欠なのである。

オストロムの研究は、囚人のジレンマの反復ゲームにおける「協調関係の進化（evolution of cooperation）」というアクセルロッドの理論モデルに基づいて

---

62) Garret Hardin, "The Tragedy of the Commons," *Science*, 162 (1968): 1244.
63) Carlisle Ford Runge, "Common Property Externalities, Isolation, Assurance, and Resource Depletion in a Traditional Grazing Context," *American Journal of Agricultural Economics*, 75 (Nov. 1981): 595-596; Carl J. Dahlman, *The Open Field System and Beyond: A Property Rights Analysis of an Economic Institution* (Cambridge: Cambridge University Press, 1980).
64) Ostrom, *Governing the Commons, supra* note 1, p. 187.
65) *Ibid.*, p. 186.

いる[66]。第5章において検討されたように、アクセルロッドの実験のなかで有効とされたしっぺがえし（tit for tat）の戦略は条件付き戦略である。自らの次の一手は、他のプレイヤーの直前の一手に左右される。しかしながら、前もって各当事者の初手が協調的なものであることを前提とする理由はない。そして、その最初の一手が協調的でない場合には、後に報復的な裏切り行為が続くかもしれない。アクセルロッドの助言が「仲良く、報復的に、寛容に、そして明確に」[67]であり、これを具現化するルールが実施されている場合には、安定した（ルール遵守の）協調関係へと発展する協調的な最初の一手が［実現する］見込みはかなり高いと思われる。

　アクセルロッドのモデルは、各当事者が過去における選択肢とその帰結に関する完全な情報を有し、故に未来への期待の根拠を持っていることが前提とされている。しかし、アクセルロッドは、このような情報を創出する手段やコストについてほとんど考慮していない。オストロムは、これら監視機能が集合行為問題をあらわす典型的な共有財であることから、これらが提供されるか否かは明白ではないと指摘する[68]。オストロムによる実証研究は、比較的参加者が少なく、全参加者が近接しているシステムには、当事者が相互に監視するインセンティブが組み込まれていることを示唆している[69]。［米ソ］二国間の軍備管理の事例では、このようなインセンティブは両陣営に数十億ドル規模のNTMプログラムを支持する一助となった。オストロムの結論は、マンサー・オルソンやその他の論者の主張と一致する。その主張とは、集合行為問題はグループの規模が互いに監視できるくらいの小さなものならば解決できるというものである。しかしながら、より規模の大きい共同体では、体系的な強制手続

---

66) Robert Axelrod, *The Evolution of Cooperation* (New York: Basic Books, 1984). ［R・アクセルロッド（松田裕之訳）『つきあい方の科学』（ミネルヴァ書房，1998年）］
67) *Ibid.*, p. 54.
68) Ostrom, *Governing the Commons, supra* note 1, pp. 96-97. Keohane, "The Demand for International Regimes," pp. 148-149も併せて参照。
69) Ostrom, *Governing the Commons, supra* note 1, pp. 97, 187.

が欠如している場合には、［ルールから］離反するインセンティブがあまりにも高く、対して制裁があまりにも弱いので協調的解決は安定しないとオルソンは考える[70]。規模の大きいシステムにおけるオストロムの安心感メカニズムの実証分析はこのオルソンの推測と矛盾する傾向にある。

　国内の事例としては、ロサンゼルスの西部および中央部水域の地下水システムが挙げられる。このシステムのなかで監視［メカニズム］は「明白かつ公然」にされている。

　　毎年、地下水の総取水量を（水源管理当局（watermaster）に）各当事者が報告し、他のすべての当事者（もしくは取水をはじめる他の者すべて）の地下水の取水量が記載された報告を受け取る。これら記録の信頼性は高い。幾つもの機関が記録を照合確認するからである。…取水情報の正確性とアクセスの容易性に鑑みるならば、全ての取水者は互いの行動を知っており、自らの地下水取水量が他の全ての取水者に知られることを知っている。故に、当事者に提供されている情報は、ほぼ「共有化された知識」に等しく、それはしばしば繰り返し囚人のジレンマゲームの解決に必要な前提なのである[71]。

　報告システムは、自らへの制限が他の者によって悪用されていないという高い

---

70) Mancur Olson, *The Logic of Collective Action: Public Goods and the Theory of Groups*, 2nd ed. (Cambridge, Mass.: Harvard University Press, 1971), chap. 1 and 2. Michael Taylor, *Community, Anarchy and Liberty* (Cambridge: Cambridge University Press, 1982), pp. 51-52も併せて参照。問題は、これら目的達成のために国際共同体の規模が大きいか小さいかということである。大概の国際共同事業では、システム内の主要なアクターが200弱、そしてこれよりも少ない人数が重要な参加者となる。システムを処理する職業外交官のグループの規模はこれよりも大きいが、管理できないわけではない。そして、この集団で特定の問題に取り組んでいる者は、国境を越えた職業・人間関係で緊密に結ばれた、より小さなグループで作業する傾向がある。

71) Ostrom, *Governing the Commons, supra* note 1, p. 126. 西部流域を規律する協定は1953年まで、中央流域のそれは1965年までさかのぼることができる。「同期間において違反の程度は重要ではなかった。」*Ibid.*, p. 125.

信頼をすべての参加者に提供する。その結果は、共有資源を活用するための永続的かつ実効性のある取決めである。

加えて、水源管理当局は「積極的な取締機関」としてではなく、むしろ国際組織のような「中立的な監視機関」として活動を展開する。「われわれの方針とは、特定の当事者に対して積極的に優遇する［アファーマティブな］措置をとらないというものである。なぜならば、こうした行動は、我々を積極的関与者という立場に立たせることになってしまうからである。我々の方針とは、侵害があった場合には、全当事者に情報を与え、是正措置は彼ら自身に委ねるというものである。［当事者の］自主的な協力を可能な限り得るために、我々は可能な限り中立的でありたい。」[72]

ロサンゼルスの水源が、当事者間の交渉に基づく裁判所命令の下に運営され、ルール違反は裁判所で是正されることが推定される。にもかかわらず、システムの透明性が実効的なものであるので、水利権の配分をめぐるルールは実際には自主的に執行されており、争いの当事者たちに対して司法による監視が行使されたことはない[73]。

共有資源（common-pool resources）とロサンゼルスの水源が国際条約の遵守と何の関係があるのか？これらシステムと同様に、国際レジームもまた集合財を創出する。いつもながら、問題は、外部の制裁の可能性が制限されている、ないし存在すらしない場合において独立（でありながら相互に依存している）アクターにいかに協調を促すかである。ここで検討された研究は、幾つかの、ことによれば多くの国際的な集合行為問題を解決するにあたり、他の当事者が遵守行動をとるという安心感がカギとなることを示唆している。

本書が検討してきた条約レジーム―ITU、LRTAP、モントリオール議定書、ストックホルム合意文書などは、基本的に透明性を確保することで機能する安

---

72) *Ibid.*, p. 126.
73) 権利を獲得しないまま取水をはじめる新規業者に対しては訴訟が提起されている。*Ibid.*

心感のメカニズムである。これらは、協調的な行動を定義する合意されたルール群、場合により要請される行為をさらに特定する手続を備える[74]。期待される効果を得るために、広範囲に及ぶ遵守が必要であるため、特定の当事者がルールを遵守するか否かは他の当事者の遵守具合に影響される。ルール自体は、遵守への期待に焦点を合わせ、具体化する。多くの条約は、その先を行き、適用すべきルールを作り、公開するだけでなく、当事者の遵守実績について継続的な情報まで提供する。確証に関する問題の条件が有効ならば、即ち一国にとって自らだけでなく他の参加者もレジームを遵守するという前提のもとに、効果が条約に参加するコストを上回るならば、これら国際条約レジームは、ルールに従う安全、有利、信憑性のある約束を参加者に促すに必要な安心感を提供することになる。

これら条件は、見かけほど要求が厳しいわけではない。ある参加者が継続的に協調するために、他の参加者による普遍的な協定遵守の確証が必ず必要なわけではない。第1章で示唆されたように、多くのレジームは、ある程度まで重大な不遵守やタダ乗りを許容しうるし、現に許容している。この点において、たとえばNPTは、気候変動枠組条約（Framework Convention on Climate Change: FCCC）とは明らかに対照的である。数ヵ国がNPTから離反することはレジーム全体の効果を著しく損なう。そして離反が条約の企図そのものをつぶす恐れがあるほどに普遍性確保の要請は高い。気候変動の文脈では、少なくとも当面の数年間、成し遂げられることの多くは、温暖化ガス排出量の大部分を占める少数の先進工業国によって成し遂げられるだろう。この責任と義務の区別はFCCCにおいて明記されており、これに基づき開発途上国よりも先進諸国に詳密な報告書や約束が求められる[75]。第4章と第5章においてとりあげた国際捕鯨条約は、これらの中間的な事例である。アイスランド、ノルウェー、そして日本が条約に違反［離反］しても、その捕鯨頭数が比較的少ないものであった

---

74) 理論上、条約が求める国家行動は、望ましい公共財を形成するために締約国が必要であると決定したものとみなすことができる。

75) FCCC, 第4条1項および2項。

ならば（そして現にそうであるように見受けられる）、同レジームは、鯨類を絶滅の危機から守る効果的な守護者として存続しうるかもしれない。他の潜在的な捕鯨国にも、引き続き国内政治上の理由から条約に残る強いインセンティブがある。

マイケル・テイラー（Michael Taylor）は、これらの状況において、公共財を創出する負担やコストの問題を隅に追いやり、各国が最終的に不遵守へと暴走し始める可能性を無視している[76]。オゾン層保護のような場合、［レジームが］成果を得る為にその参加が不可欠な当事国を特定することは可能である。大きな成果をあげるためには、主な工業先進国すべてが遵守するグループに入っていなければならない。公共財の創出がこの小集団全体の参加に左右されるため、どの国もタダ乗りは許されない。ゆえに、ゲーム理論の合理的行為者の前提に基づけば、当事国はコストを上回る利益が得られるかぎり、離反の有無にかかわらず、遵守を継続する。［また、］離反した国を［レジームのもたらす］利益から排除することができなくとも国は遵守を続けるであろう[77]。これらの場合におけるタダ乗りは一般に考えられているほど深刻な問題ではないのである。

6-3 抑　止　力

ある意味、抑止は安心供与の別の言い方である。安心供与と抑止力はそれぞれ正反対から取引に作用する。条約を遵守しようとする国には安心感が必要である。［また、ルール］違反をもくろむ当事者は、抑止されなければならない。透明性は、これらの両方を可能とする。条約義務からの逸脱行動が露見すると

---

76) Taylor, "Cooperation and Rationality," *supra* note 49, pp. 229-230. テイラーは、この現象を「囚人のジレンマにおける臆病者（A Chciken nesting in a Prisoner's Dilema supergame）」問題と描写している。

77) Olson, *The Logic of Collective Action, supra* note 2, pp. 33-36; Jon Elster, *The Cement of Society: A Study of Social Order*（Cambridge: Cambridge University Press, 1989）, chap. 2.

いう蓋然性は、前者を安心させ、後者を抑止するよう機能する。そして、この蓋然性は条約レジームの透明性の向上とともに増す。締約国の遵守に関する情報を提供しようという条約機関の取り組みは、即ち安心感を与える効果とともに抑止効果も有するのである。

抑止理論は、冷戦期の戦略分析家にとって強迫観念といってもよいほどの、主たる焦点であった。このドクトリンによれば、欧米諸国に対するソ連の攻撃を抑止することができるのは、ソ連本国が米国の核兵器による報復攻撃にみまわれるとソ連が想定する場合だけだと考えられた。問題は、このような威嚇を信憑性のあるものにすることであった。なぜならば、［ソ連による］攻撃があったならば、［これまでの］威嚇を実行に移し、戦略核戦争のレベルまで事態をエスカレートさせるのは、米国にとってさらに都合が悪いことは明白であったからである。この論理的なジレンマを解決するために膨大な量の資料と数億ドルが無駄に費やされた。歴史の事実としては、ソ連［の脅威］は抑止された。なぜならば、事実としてソ連が仮にそのような攻撃を、企てたとしても、一度も仕掛けなかったからである。

標準的な分析では、抑止が機能するためには、予期される負の対価が不遵守の果実たる短期的な利益を上回らなければならない。米ソの場合での副作用とは、威嚇が実行に移される見込み次第であるとされる。その可能性は低いことから、抑止はいつも脆弱であると思われた[78]。同様に、通常の条約違反の場合には、正式な制裁もしくは非常に強力な追加的な制裁も可能性は非常に低いと本書は考える。即ち、この点で抑止論には限界がある。

しかし、コストは様々な姿かたちで現れるものである。最も明らかなコストは、期待されていた取引利益を失うことである。二国間条約の場合や貿易の事例のように義務違反の影響に鋭い関心が集まる場合は、深刻な違反によって権利を侵害された国の対応が両当事国間の他の側面にまで影響することがある。条約違反を犯した側は、国家だけでなく条約レジームの利害関係者である民間

---

78) Freedman, The Evolution of Nuclear Strategy, p. 395; Robert Jervis, *The Illogic of American Nuclear Strategy* (Ithaca, N.Y.: Cornell University Press, 1984) chap. 3, 4.

団体、個人からの広範な反響にも耐えなければならない。第4章で述べたように外圧や様々な形の非難は、外交交渉では、ありふれた代価にすぎない。相互依存が進展し、自らの努力のみでは目標を達成することのできる国が多くない世界で［違反国にとって］より微妙であり、おそらく脅威となる影響は、種々の評判効果であろう。場合によっては、これらに本国での政治問題も加わる。これら［条約からの］離反に対し予期される否定的な反応は［離反が］察知される蓋然性に左右される。この蓋然性は、レジームの透明性に左右される。オラン・ヤング（Oran Young）によれば、

　　潜在的な違反国にとって［違反が］露見する見通しは、程度の差こそあれ、厳格な条約に基づくもしくは物理的な制裁の対象となることと同じくらい、場合によっては、それよりも重要なのである。換言するならば、違反をもくろむ各国は、違反によって制裁が課される可能性が低いことがわかっていても、不遵守の露見が予期されるならばルール違反を差し控えるという事態が存在するのである[79]。

ヤングは、「社会的名声を貶める」力と「恥もしくは社会的汚名という感覚」が条約義務の遵守を促すと主張する。これらの効用については第10章において再び検討する。

　多くの軍備管理協定がそうであるように、当事国の［意思決定にかかわる］計算の利益側に働きかけるよう起草された条約において、透明性はより直接的に抑止力に作用する。ABM条約がその例である。同条約の主たる目的は、締約国が全国的なABMシステムを構築しないようにすることにある。［条約は、ABMシステム構築の］準備に相当する活動を禁止することでこの目的を達成する。この準備に相当する活動には、システムと機器部品の開発および実験が含まれる。即ち、「いずれの当事国も、他方が懸念するほどの［ABMシステム］

---

79) Oran R. Young, "The Effectiveness of International Institutions: Hard Cases and Critical Variables," in James N. Rosenau and Ernst-Otto Czempiel, eds. *Governance without Government: Order and Change in World Politics*（Cambridge: Cambridge University Press, 1992), pp. 176-177.

開発レベルに達しないように緩衝地帯」を設けることである[80]。仮に相手方がこれら活動を行なっていることが発覚したならば、もう片方の当事国には対抗手段を講じるに十分な時間が与えられることになる。禁止された活動は互いのNTMから明確に把握できるので、発覚する可能性は高く、したがってABMシステム配備によって一方的に優位にたつ可能性は相対的に低い。意図的に義務違反を目論む当事国にとって、違反が発覚する可能性が高いことはコストを高めるというよりも（あるいは高めると同時に）、予期される利益を低減する。そして、それ故に制裁が予期されるか否かにかかわらず義務違反を抑止するのである。

　他の軍備管理条約においても［システムの］実験および準備に相当する活動の禁止は同様の効果を発揮している。離反を目論む当事国の立場は、完全な透明性が確保された場合の囚人のジレンマにおける当事者のそれに等しい。離反には離反を以て対抗され、［そのような事態は］利得の可能性をなくすばかりでなく、条約がそもそもの目的として禁止している軍拡競争の引き金となってしまう。ならば、このような軍備管理協定が、実際には、非常に安定していたとしても不思議ではない。

　当然、このような類いの費用対便益［の計算に］関わる要素・因数を計測することは困難であり、それ故分析者や、場合によっては意思決定者も、これらの要素をさほど考慮しない。適正に較量できたとしても、費用対便益で短期的な利益を追求する国家を説得し、義務違反を断念させるには十分でない場合がある。そして国家が条約違反を決意したときに、［外部からの］否定的な反応がこの決定を覆す上で効果がないことは、何ら不思議なことではない。これら要素は、このとき既により正式な制裁の可能性を含めて予期されるコストの較量を終えており、［違反がもたらす］便益を相殺するには不十分であるとみなされる。しかしながら、あらかじめコストとこれらが実行に移される可能性を

---

80) Antonia H. Chayes and Paul Doty, *Defending Deterrence: Managing the ABM Treaty Regime into the 21st Century* (Washington, D.C.: Pergamon-Brassey, 1989), p. 3; Ashton B. Carter, "Underlying Military Objectives," *ibid*., p. 18も併せて参照。

較量することは確実性に欠ける。このような状況下で国家は、少なくともリスク回避を望むならば、実際に課された制裁事例に関する本書の懐疑的な評価よりも［制裁の］脅威に重きを置くかもしれない。

　以上の全ての理由から、特定の事例において、これらの類いの考慮が国家の条約義務違反を抑止するよう作用したと示すことは困難である。国家の行動の［背後には］複数のモチベーションがあり、抑止の場合には加えて、なぜそうしなかったかを証明するという困難がある。しかしながら、標準的な合理的行動論では、これら違反がもたらす帰結をアクターが考慮しなければならないことは、認めないわけにはいかない。故に合理的行動論の前提に基づいてさえも、少なくとも事例によっては、違反がもたらす帰結の考慮は、遵守に有利な形で作用するはずである。

第7章
報告制度と情報収集

7-1　報告義務の不履行
　7-1-1　MARPOL 条約
　7-1-2　ILO
　7-1-3　モントリオール議定書
　7-1-4　その他の条約レジームにおける報告義務の遵守状況
　　7-1-4-1　環境条約
　　7-1-4-2　安全保障条約
　　7-1-4-3　人権条約

7-2　情報の信頼性
7-3　様々な報告制度
7-4　情報を得るその他の方法
　7-4-1　通告
　7-4-2　積極的な情報収集
　7-4-3　非政府組織のデータや情報の活用
7-5　結論

　第6章でみたように、条約締約国が安心して条約義務を履行するには、他の締約諸国の履行状況やレジームが関わる分野の一般的な状況について情報が継続的に得られることが必要となる。しかしたとえば、10年ごとに行なわれる米国国勢調査の実態が示すように、国家機関が独自に行う情報収集にはコストがかかり、国民に情報提供を強制する面があり、また、ミスがないわけでもない。国際社会は、国家主権や国家への強制に関わる問題に特に敏感な世界である。そのため、［国家以外の機関による］集権的な情報収集への抵抗は国内の場合より一層強い。したがって、多くの条約レジームはまず、締約国に自主的に報告させる制度を用いて必要な情報を得ようとする。条約の起草者たちは、透明性［の確保］こそが遵守［向上］の鍵であることを理解したようで、［条約の中に国家］報告義務について定めることは非常に多い。それは、［この義務の］履行に必要な［国家の］能力やコストを考慮することなく、条約にほぼ標準装備されるといえるほどである。

国内の官僚が作成する報告書と同様に、国際社会の行政的な報告書も、書くにも読むにも飽き飽きするものである。しかしまた、国内の多くの規制型の措置と同じ様に[1]、規制型条約においても報告義務が遵守制度の中核をなしている。[報告義務の]目的は、条約の遵守やレジームの効率化に関わる締約国の政策や活動について情報を得るためだといわれる。したがって、[条約に定められる]報告義務の性質や範囲、それと報告義務に[国家が実際]どのように対応するかが、レジーム全体の透明性に大きく影響する。ありていにいえば、報告義務は、各国の行政官が条約レジームに携わる最初の接点となる。この接点から、条約[の履行]が日常的な行政事務へと転換され、[その国が]条約に注力するレベルが決められていくのである。

したがって、報告制度は、[いわば]重大な[条約]不遵守を早期に警告するシステムとなる。報告制度によって、条約履行能力が十分でない国やその他これに類する遵守阻害要因をかかえる国が特定される。また、[条約内容が]曖昧なために生ずる問題や解釈上の問題も明らかになる。北朝鮮による核兵器不拡散条約（NPT）[の報告義務違反の例]や人権条約の報告義務を果たさない多くの国の例のように、報告の[意図的な]拒絶は、多くの場合、重要な条約規範に対する強い政治的抵抗を暗に示す最初の[国家行動]である。そしてこれをうけて、この抵抗に対し遵守を促す圧力がかけられるようになる。また、報告義務とは大抵、面倒なものでもある。そのため、[各国の作成する]報告書のレベルは非常に多様であり、[報告された]情報が[その後の]分析や利用に役立つかどうかもまちまちである。しかし、様々な報告義務とそれらの問題点についてよく知ることは、条約遵守を理解する上で極めて重要である。

自主的な報告制度が広く用いられている。そのため、データベースを作るた

---

1) Louis Kaplow and Steven Shavell, "Optimal Law-Enforcement with Self-Reporting of Behavior," Harvard Law School Program in Law and Economics, Discussion Paper no. 95（Aug. 1991), p. 1 :「法の執行に共通して見られる特徴の一つは…行動を自己申告すること、つまり、害を与える自身の行動について当事者が自ら執行当局に報告することである」[とある]。

めであれ、遵守レベルを測るためであれ、報告された情報が［そもそも］信頼できるのかという一般的な問題がある。また、国家はなぜ、［自国の］条約義務の不遵守を自ら報告するのか［という疑問もある］[2]。以下、本章では、報告制度の主たる問題として、まず、報告義務の不履行、言い換えれば不十分な報告や報告の遅延に関する問題を扱い、次に、報告されたデータの正確さ［の問題］を論じる。

7-1　報告義務の不履行

　ここ数年、意図的な虚偽報告で驚嘆するような事件がいくつか発生している。イラクが核兵器・化学兵器計画について、安保理の湾岸戦争停戦決議に沿った十分な情報を開示しなかった件［もその一つであるが、これ］については後で詳細に論じる。これより最近で全く予想されていなかった事件が、国際捕鯨委員会（International Whaling Commission: IWC）に対しソ連［当時］が行なった大規模かつ計画的な虚偽報告である。ロシア政府は、この虚偽報告の全容をいまだ解明調査中であるが、［明らかなことは、］ソ連が報告した1961-62年期のザトウクジラ総捕獲量は270頭だったのに、実際は、南極［海域］で操業していた捕鯨船4隻のうちの1隻だけで1,568頭も捕殺していたことである。それに、ソ連は1963-64年期のシロナガスクジラ捕殺予定数を74頭と報告していたが、実際はソヴィエツカヤ・ロシア（Sovietsukaya Rossia）号（これも先の4隻のうちの1隻）だけで530頭も捕獲していた。［他方、］1993年時点で、南半球におけるシロナガスクジラの推定生息数は700頭と見積もられていた。この

---

2)　カプローとシャヴェル（Kaplow and Shavell）は、法の違反者が［自らの違反を］申告するのは、「そうしない場合に受けうる一層厳しい扱いを恐れるからである」と述べている（*Ibid.*, p. 1）。もしこれが［法違反を］自己申告する実際の動機であれば、国際社会にもこのことはあてはまるように思われる。国際社会にも誠実さは規範として広く浸透しており、正直な報告は、最もひどい義務違反を除くほぼ全ての不遵守の弁明に使われ、少なくとも一時的に不遵守を緩和する働きがあるといえるだろう。

ソ連による虚偽報告は大変衝撃的で広く知れ渡った。そのため、専門家の中には、捕獲制限の［算定］基準となるIWC科学委員会の推定生息数が長年不正確なのは、ロシアのこの報告が原因だと考える者もいるほどである[3]。ここまでひどくはないが、同じような虚偽報告は、漁業従事者が自ら作成する漁獲量報告書から情報を得る漁業関係条約でも起きている。これらの報告書で漁獲量が実際より大幅に少なく報告されそうなことはすぐに察しがつくであろう。このように、信頼に足る情報が報告されないため、これらの条約レジームは実効的な資源管理にたびたび失敗するのである。

しかし、これらの注目を集めた事件はともかく、国際的な情報収集制度の主要な問題は、［日常的に生じる］報告書の不提出や不十分な報告の方だと思われる。報告義務が履行される程度は、条約ごとに、また締約国ごとに様々である。以下、三つの重要な規制型条約レジーム（船舶による汚染の防止のための国際条約（MARPOL条約）、国際労働機関（ILO）、オゾン層を破壊する物質に関するモントリオール議定書）における報告義務の実状を検討するが、義務の履行状況や［諸国の］義務対応レベルにはレジームごとに際立った違いがあることがわかる。

7-1-1　MARPOL条約

1954年に採択された油による海水の汚濁の防止のための国際条約（OILPOL条約）および、これを引き継ぎ1983年に発効したMARPOL条約は、条約違反に基づく刑事訴追の件数とその帰結を毎年、国際海事機関（International Maritime Organization: IMO）に報告するよう締約国に義務付けている[4]。この報告義務の履行状況に関する幾つかの調査研究は、調査方法の違いから数字に多少ばらつきはあるものの、いずれも、義務の遵守率は低いと結論している。たとえば、米国会計検査院は七つの環境条約の国家報告制度について実態調査を

---

3) David Hearst and Paul Brown, "Soviet Union Illegally Killed Great Whales," *The Guardian*, Feb. 12, 1994, p. 3.
4) MARPOL条約第10条2項、第12条。

行っている。これによれば、1990年に何らかの報告書を提出したのは、［OILPOL /MARPOL 条約の］総締約国57ヵ国のうち13ヵ国（23%）にすぎなかった[5]。［また、］国際環境 NGO「地球の友」は1992年の調査で次のように述べている。

　MARPOL 条約の発効以降、毎年、報告書を提出しているのは6ヵ国だけである。しかし、これらの報告書も、IMO が海洋環境保護委員会回覧文書(サーキュラー)138号（MEPC/Cir.138）で定めた報告様式に必ずしもしたがっているわけではない。（新加盟国の3ヵ国については1ヵ国を除き毎年報告書を提出している。）…30以上の締約国はこれまで一度も報告書を提出したことがない。その他の国々は、一年だけあるいは数年だけ報告書（大抵、不十分なもの）を提出したことがある[6]。

以上のように報告義務の履行実績は芳しくないのだが、これらの調査研究にはその理由がいくつか示されている。［まず、報告を求められている］刑事訴追の件数とその帰結に関する情報が、レジームの実効性と直接に関係しない情

---

5) GAO Report, *International Environment: International Agreements Are not Well Monitored*, GAO RCED-92-43（Jan. 1992）, pp. 26-27. この調査報告書は実際には八つの環境条約について検討している。しかし、そのうちの一つであるバーゼル条約は［当時］未発効だった。そのため、この条約に関しては評価対象となる報告制度の実績がなかった。他方、ロナルド・ミッチェル（Ronald Mitchell）は、1990年における OILPOL/MARPOL 条約の報告書提出率が49%だったと示している。Ronald B. Mitchell, *International Oil Pollution at Sea: Environmental Policy and Treaty Compliance* (Cambridge, Mass.: MIT Press, 1994), p. 132, table 4-2. また次も参照のこと。Paul Stephen Dempsey, "Compliance and Enforcement in International Law: Oil Pollution of the Marine Environment by Ocean Vessels," *Northwestern Journal of International Law and Business*, 6 (1984): 485.

6) Gerard Peet, *Operational Discharges from Ships: An Evaluation of the Application of the Discharge Provisions of the MARPOL Convention by Its Contracting Parties* (Amsterdam: AIDEnvironment, 1992), pp. 5-6; Gerard Peet, "The MARPOL Convention: Implementation and Effectiveness," *International Journal of Estuarine and Coastal Law*, 7 (1992): 283.

報であり、条約運営上あまり重要でない［ことである］。また、IMO 事務局が報告書の提出を促す努力をほとんど行なっていない［こともあげられる］。OILPOL/MARPOL レジームでは長い間、報告書の標準様式が作られず、報告書に記載すべき事項も明確に定められてはいなかった。レジームができてから約20年経って漸く、「機関［IMO］の定める様式によ」って報告する義務が1973年に交渉された MARPOL 条約に定められた。しかし、IMO 事務局がこの様式を完成させたのは1985年であった[7]。

加えて、「IMO は、［各国が提出した］報告書を不定期にしか分析せず、その分析の質も高くない」[8]。IMO は、OILPOL/MARPOL 両条約を通じてこれまで2回だけ各国の報告書を分析したレポートを作成したことがある。しかし、これらは簡略的で情報量の少ないものだった。また、IMO 事務局が、提出された報告書を［単に］コピーし、これにコメントも分析も加えず IMO の年次会合で回覧した時もあった。それに、IMO の様々な会合において締約諸国は、報告書を検討することも、これについて議論することも、また、報告義務の不履行を批判することもない。このような状況では、国家が報告する気にならないのも当然である。

7-1-2 ILO

MARPOL 条約とは対照的に ILO は報告義務を非常に重視する。それに、ILO の報告義務［の履行］は複雑で手間がかかるにもかかわらず、義務遵守率は高い。ILO 設立以来、第二次世界大戦中を除き、毎年、遵守率は80％を上回る。基本的に ILO とは、締約国の国内法で定められるべき労働条件に関する条約について交渉するフォーラムである。また、ILO は、全加盟国を対象に公的な勧告を発するが、これに拘束力はない。

---

7) R. B. Mitchell, *supra* note 5, p. 134. 重要なことに、［締約国］全体の報告書提出率が1984年の23％から1985年には41％に上昇し、先進国に限った場合、43％から65％へ改善された。

8) *Ibid.*

締約国は、4年ごと（重要なILO諸条約については2年ごと）に以下の点について報告する義務がある。すなわち、（1）批准したILO条約を実施するためにとった措置、（2）新た［に批准した］ILO条約と勧告について適切な国内当局が措置をとるよう当該当局に提出したこと、（3）勧告および未批准のILO条約に対する対応状況、である[9]。ILOには精巧な遵守手続があり、「何年も続く特殊な問題が条約義務の履行を妨げていると思われる場合」[10]、この手続に則り最終的に、当該締約国をブラックリストに掲載することが決定される。ブラックリストへの掲載につながる7つの義務違反項目のうち4つが報告義務の不遵守である。

1979年、ブラックリスト掲載につながる違反項目の中から、報告義務の不遵守［に関する項目］を分離する提案がなされた。その理由は、報告義務の不遵守の原因は専ら［国家の］行政的・技術的な問題にあり、したがって、このような不遵守は意図的な条約違反ほど重大でないと考えられたからである。しかしILOは、国家報告制度は遵守プロセスに不可欠なものであり、いかなるものであれ報告義務の不遵守の重大性を矮小化するととられかねない措置をとるのは賢明でないとして、この提案をはねのけた[11]。ILO加盟国による報告義務の遵守状況は、このように報告義務を一貫して重視するILOの姿勢を反映し

---

9) ILO憲章第19条5項(c)、第19条6項(c)、第22条。1946年10月9日改正以前のILO憲章第19条5項(e)、第19条6項(d)、第19条7項(b)(iv)及び(v)。

10) Ernest B. Haas, *Beyond the Nation-State: Functionalism and International Organization* (Stanford, Calif.: Stanford University Press, 1964), pp. 265-267. また次も参照のこと。International Labor Conference, *Record of Proceedings* (1962), p. iii.

11) International Labor Conference, *Record of Proceedings* (1980), 37/4-10. 別の理由からこの提案を支持した国もあった。たとえば、クウェートは、不遵守国をブラックリストに掲載する手段は政治的プロパガンダとして用いられていると信じていた (37/6, par. 24)。また、フランスは、発展途上国をブラックリストに載せるのは公正でないと考えていた (37/5, par. 20)。しかし、報告義務の不遵守を重大なことだと考える点で諸国の意見は一致していた。報告義務の遵守が特別に困難な場合と［遵守状況に］改善が見られる場合については妥協が図られた (37/4, par. 15; 37/7, par. 30)。

ていると思われる。

7-1-3 モントリオール議定書

モントリオール議定書では、議定書が定めるクロロフルオロカーボンおよびその他の規制物質［以下、フロンガス等］の消費削減量を基準年である1986年比で算出しなければならない。また、これら規制物質の消費量が国民一人当たり0.3kg 未満の締約国（主に発展途上国）は、消費量削減義務の遵守を10年間、猶予される[12]。少なくともこの2点があるため、ILOと同様にモントリオール議定書でも、国家報告制度は条約実施において重要な役割を担っている。［この基準年比の消費削減量と一人当たりの消費量は］いずれも、締約国が自主的に報告した情報に基づいて算定されなければならないからである。

議定書の締約国は、基準年データ（1986年当時におけるフロンガス等の消費量、生産量、輸出量、輸入量）および1989年以降の現状データを報告しなければならない。1991年6月の時点で完全なデータを報告したのは締約国48ヵ国中、約半数にすぎず、報告義務を守っていない諸国のうちの約半数が発展途上国であった。議定書が発効する前に、締約諸国によって「報告に関するアドホック専門家グループ」が設置された[13]。このグループは、報告義務を怠る発展途上国のほとんどが条約機関からの技術支援がなければ全く報告義務を遵守できないことをすぐに理解し、支援提供のための様々な提案を行なった[14]。アドホック専門家グループによる特に重要な決定は、国家報告に対する技術支援を、発展途上国の遵守費用を支援するために設立された「オゾン層保護基金」とは別の融資制度の対象としたことである[15]。

---

12) モントリオール議定書第2条、第5条1項。
13) United Nations Environment Program (UNEP), *Report of the Second Meeting of the Parties to the Montreal Protocol on Substances That Deplete the Ozone Layer,* Decision II/9, Doc. no. UNEP/OzL.Pro2/3 (June 29, 1990), p. 15.
14) UNEP, *Report of the First Meeting of the Ad Hoc Group of Experts on the Reporting of Data,* UN Doc. no. UNEP/OzL.Pro/WG. 2/1/4 (Dec. 7, 1990).
15) モントリオール議定書に対するロンドン改正第10条1項。

国家報告プロセスに関する専門家の分析では、議定書の報告義務について［締約国の能力以外の］欠点も明らかにされている。たとえば、MARPOL条約同様、報告様式が複雑で紛らわしいものだった。さらに、報告すべき情報の多くは、条約の遵守とは明らかに関係がなかった［ことがある］。たとえば、［報告が求められた］関税分類基準は条約が規制する化学物質には対応していなかった。先進国による遵守さえ困難にしたこれらの要因の全てにアドホック専門家グループは対応した[16]。

　1992年8月、国連環境計画（UNEP）は［議定書の］国家報告の状況について詳細なレポートを作成した。それによると、1990年の数字より報告義務の遵守率が改善したことが示されていた。基準年データの報告が必要な78の締約国のうち47ヵ国が完全なデータを報告した。この数字は、締約国の約60％に相当し、世界のフロンガス消費量の90％以上に相当した。しかし、残りの12ヵ国の報告は情報が不十分だった[17]。UNEP事務局は、少し厳しい語調で「1989年、3ヵ国に報告するよう督促状を送り、1991年と1992年にはそれぞれ2ヵ国に同様に督促状を送った。データの報告に用いるべき様式もこれらの締約国に送った」と［レポートに］注記している。このような報告制度への重点的な取組みからみても、議定書レジームがこれに優先的に取り組んでいることは明らかだった。議定書の締約国数が増えるにつれて（1994年には114ヵ国に達した）、提出される報告書の数も増加した。しかし、報告義務に関する途上国の問題は引き続き存在し、その原因は相変わらず意思の欠如ではなく能力の欠如であった。議定書の履行委員会も、報告義務について地域的なワークショップを行なう等、報告義務をこれまで以上に重視した。その結果、1994年初頭、11の発展途上国から初めて報告書が提出され、同年10月の年次会合までにさらに多くの途上国から報告書が提出された。しかしながら、その時点でもまだ、40ヵ国以上が基準

---

16) UNEP, *supra* note 14, pp. 6-7.
17) 第4回モントリオール議定書締約国会議における事務局報告書、*The Reporting of Data by the Parties to the Montreal Protocol on Substances That Deplete the Ozone Layer,* UN Doc. UNEP/OzL.Pro. 4/6, Aug. 26, 1992.

年のデータを報告しておらず、1993年度の消費量データを報告したのも46ヵ国にとどまった[18]。

7-1-4 その他の条約レジームにおける報告義務の遵守状況

上に挙げた例から、報告義務への諸国の対応には差があり、報告義務には特有の問題があるということがよくわかる。しかし、全ての条約における国家報告の状況について総合的に調査したものはない。[以下に見るように、]限られた条約に関する入手可能な調査資料は、常識的に考えられる推測を裏付けているように思われる。つまり、意図的な報告拒否［の場合］を除き、報告義務の遵守レベルには様々な要因が影響するということである。これらの中で最も重要な要因は、条約内容の重大さ、事務局その他の中心的な条約機関の実効性、報告する国家の能力と資源であろう。

7-1-4-1 環境条約

大雑把に分類すると、特に、環境条約と高度な科学技術に関する条約については途上国による報告義務の遵守率が格段に悪い。これは第一に、報告義務を負う政府の財政的、技術的、行政的資源が限られているからである。先に言及した米会計検査院の報告書にも、いたるところに、途上国の人的、資源的、技術的能力の不足や情報そのものの欠如がいかに広範にわたる途上国の不遵守に影響しているかが記されている。先に指摘したように、ILOも、報告義務の不遵守は一般的に、行政的、技術的な能力不足と人事異動が原因であると認めていた[19]。

---

18) この事実は次の論稿で考察されている。Edward A. Parson and Owen Grenne, "Implementation Measures to Protect Stratospheric Ozone," *Environment* (Mar. 1995).

19) IMFもこの問題を当初から認識していた。IMF協定第8条5項（b）には「基金［IMF］は、情報を要請するに当って、加盟国が要請された資料を提供する能力に差があることを考慮する」とあり、締約国の情報提供義務はこの文言により緩和されている。

米会計検査院が調査した七つの環境条約の中で最も見事な報告書提出率を記したのは、長距離越境大気汚染条約（Convention on Long-Range Transboundary Air Pollution: LRTAP）の NOX（窒素酸化物）議定書だった。1990年、17の締約国中16ヵ国が報告書を提出している。東欧諸国が数ヵ国含まれるが、この議定書の締約国は全て工業化の進んだ欧州諸国である。他にも大多数の締約国が報告書を提出した条約が二つある［モントリオール議定書と国際捕鯨取締条約］が、報告義務の実績は NOX 議定書よりも劣る[20]。モントリオール議定書に関して会計検査院の計算によれば、1990年10月の時点でフロンガス等の基準年データを報告しているのは65ヵ国中52ヵ国（80％）だった。しかし、完全な報告書を提出したのはこのうち29ヵ国にすぎなかった。また、7ヵ国は、関連データがないと報告している。他方、1989年度の鯨類捕獲量に関する IWC への国家報告については100％の提出率が記録されている。しかし、これは、同年、先住民生存捕鯨と科学調査捕鯨を除き、捕鯨モラトリアムが発効したため、捕鯨を行なったのは 6 ヵ国にすぎず、これらが全て完全な報告をしたからである。

　残り四つの環境条約における報告義務の履行状況はさらに不十分なものである。MARPOL 条約の報告義務遵守率が23％だったことは既に述べたが、この他、絶滅のおそれのある野生動植物の種の国際取引に関する条約（CITES）については締約国104ヵ国中たったの25ヵ国（24％）しか報告しておらず、国際熱帯木材協定に関しては47ヵ国中22ヵ国だけが報告書を提出したが、その多くは不十分で不正確なものだった。［海洋投棄に関する］ロンドン条約についても64の締約国の中で報告したのは19ヵ国（30％）だけだった。MARPOL 条約とロンドン条約両方に報告書を提出した途上国は 2 ヵ国しかなく[21]、CITES に関して

---

20)　GAO, *supra* note 5, p. 25.
21)　既に述べたが、MARPOL 条約の報告制度に関する様々な調査研究［では数字が異なり、これら］の帳尻を合わせることは困難である。OILPOL/MARPOL 条約についてミッチェル（Mitchell）は、1990年、途上国締約国49ヵ国中19ヵ国が報告書を提出したと示している（提出率38％）。また、先進国の提出率は68％だったとしている。R. B. Mitchell, *supra* note 5, p. 132, table 4-2.

は78の途上国中15ヵ国に留まった[22]。

ロンドン条約事務局は、「事務局が継続的に取り組んでいる」にもかかわらず、「長年、(報告)義務を遵守してきた締約国は50%にすぎない」[23]と不満をもらしている。しかし、[この低い遵守率の原因が]100%締約国にあるわけではなかった。IMO事務局はMARPOL条約だけでなくロンドン条約も管理しており、MARPOL条約と同じように、ロンドン条約の報告様式の作成も遅かったのである。ロンドン条約は1972年に締結されたが、海洋投棄活動を報告するための様式と手続からなる標準セットが初めて締約国に送られたのは1993年であり、それも引用符付きのレポートと共に送られた。[このような状況から、]「条約の管理手続や実施手続に対する信頼の欠如」[24]があっただろうことは想像に難くない。

以上のような報告率の低さは嘆かわしいことではあるが、意外なことではない。途上国はもちろん、いくつかの先進国にさえみられる報告能力の不足を別としても、規模が小さく過重な負担がかかっている国内官僚組織にとって、遠く離れた国際組織に出す報告書の作成は、当然のことながら、喫緊の優先課題ではない。それに、環境条約の事務局も小規模な場合が多く、国内官僚と同様に過剰負担の状態にあり、報告書が届かなくても未提出を調査・追跡する余力がほとんどないのである[25]。

7-1-4-2　安全保障条約

想像がつくだろうが、軍備管理協定の場合、他のタイプの条約ほど現状につ

---

22)　GAO, *supra* note 5, pp. 26–27.
23)　International Maritime Organization, "Convention on the Prevention of Marine Pollution by Dumping Wastes and Other Matter," *Reporting on Activities Related to Waste Disposal and Incineration at Sea,* Doc. no. LC. 2/Circ. 318, June 2, 1993, p. 1.
24)　*Ibid.*, p. 3.
25)　米会計検査院による調査の対象となったいずれの環境条約でも、事務局[の人員]は行政事務職員を含め20名に届かず、ほとんどが一桁台だった。GAO, *supra* note 5, p. 31, table 2.2.

いて報告を求める制度を用いず、むしろ事後的な検証手続に重点が置かれる。しかし、基準となるデータの報告が義務付けられる場合、その義務の完全な履行が徹底的に求められる。NPTに加盟した北朝鮮が、保障措置協定に署名し、平和利用も含め全ての原子力関連施設に関する最初の申告を行うまで7年もかかった。このような遅延は前例がなく、［情報を提供しない北朝鮮に］段々と厳しい圧力が加えられていった。米国その他の西欧諸国が率先して圧力をかけたが、ロシアや中国もこれに加わった。申告内容が十分だったかどうかについて重大な疑義を残したものの、最終的に北朝鮮は［報告義務に］応え、想定よりも情報量の多い詳細な申告を行なった[26]。その後の出来事が示すように、［この当初の］申告拒否は、北朝鮮の核不拡散レジームへの加盟が引き起こした問題の端緒にすぎず、その後、さらに重大な実質的問題が発生し、国際社会は対応を余儀なくされた。次章で検討するが、多国間軍備管理協定では、条約が指定する対象物の検出が困難になるにつれ、報告データの信頼性と完全性に対する懸念が高まるように思われる。

7-1-4-3 人 権 条 約

安全保障条約の対極にあるのが人権条約である。七つの主要な人権条約の報告制度について国連事務総長が1992年9月1日時点における調査を行っているが、そこには、惨憺たる数字が並んでいる。一般的に、人権条約では、条約批

---

26) 次を参照。Jon Wolfsthal, "CIA Says North Korea Nearing Bomb; Inspections Pact Signed," *Arms Control Today*, 22, no. 2 (Mar. 1992): 26. この問題［の実相］はもっと複雑である。報告義務はNPTではなく保障措置協定に定められている。そのため、厳密にいえば、国家は保障措置協定に署名するまで報告義務に拘束されない。国際原子力機関（IAEA）は、全てのNPT締約国が保障措置協定に署名すべきだとする立場をとっているが、これに署名していないNPT締約国もいくつかある。［NPT締約国であって保障措置協定に未署名の］国に核開発計画がない場合、IAEAはこれを［報告］義務違反とはみなさない。北朝鮮は1985年にNPTに加入したが、保障措置協定に署名したのは1992年2月であり、［この協定に基づく］申告を提出したのはその数ヶ月後だった。Steven R. Weisman, "North Korea Signs Accord on Atom-Plant Inspections," *New York Times*, Jan. 31, 1992, p. A1.

准から1年以内に基点となる［人権状況について］報告書の提出が義務づけられ、その後は4年か5年毎に定期的な報告が求められる。［この調査によれば、］1以上の人権条約に加盟している164ヵ国のうち、ほぼ全ての国が少なくとも1件は未提出の報告書を抱えており、ほとんどの国に提出が遅れている報告書が数件あった。また、未提出が10件以上ある国が27ヵ国あった。しかし、自由権規約と社会権規約については、報告書の提出状況がいくらかましだった（しかし決して十分とはいえない）。自由権規約に対しては、かろうじて半数以上の国（113ヵ国中59ヵ国）が［報告書を提出し、］情報を更新した。他方、社会権規約に報告書を提出したのは締約国の半分弱（116ヵ国中46ヵ国）だった[27]。

ILOと同様にいくつかの人権条約機関［人権委員会］も報告書未提出国の一覧を公表する。また、社会権規約委員会には、重大な不遵守国を名指しし、特別な決定を採択する［手続がある］。しかし、これらの手段によって、報告義務の遵守状況が改善したとは考えられていない。各人権委員会の委員長らは会合において、「最後の手段として、毎回報告書を提出しない締約国や提出が大幅に遅れる締約国の状況を考慮して日程を組むという…方法を…とる」[28]よう監視委員会に強く要請した。また、「報告書を提出した国は厳重な履行監視を受けるのに、長期間、報告書を提出しない国が結果として［条約機関による］履行監視を免れることになってはならない」とも述べている。

国連事務総長によるこの調査に列挙された国の多くは、貧しい小国で官僚組織が整備されていないため、真摯に報告義務に取り組むことができない国々である。しかし、この調査はまた、提出遅延状況が最も深刻な諸国の中に重大な人権侵害を行っている国が多くあることも示している。先の各人権委員会委員

---

27) Report of the Secretary General, *Status of International Human Rights Instruments and the General Situation of Overdue Reports*, UN Doc. HRI/MC/1992/3 (Sept. 25, 1992).

28) "Human Rights Questions: Implementation of Human Rights Instruments," *Report of the Fourth Meeting of Persons Chairing the Human Rights Treaty Bodies*, UN Doc. A/47/628, Nov. 10, 1992, p. 19. 明らかに人権委員会のいくつかは既にこの方法をとっている。

長らの不満には、次のことが示唆されているのである。つまり、多くの例における未提出は意図的であって、それは、報告義務の［やむを得ない］不遵守としてではなく、条約義務の遵守に向けた最小限の誠意さえ拒否するものと捉えるべきである。

＊　＊　＊

　以上、様々な分野の条約における報告制度の実施状況から、透明性確保の最初の一歩［である情報収集］さえ容易ではないということがわかる。国内でも国際社会でも、決められた事項についての定期的な報告が官僚組織の最重要課題に上ることなどほとんどない。しかしながら、ILOやモントリオール議定書の例が示すように、情報の必要性について切迫感を［諸国に］植え付け、報告を促す極めてシンプルな措置をとることで、報告義務の遵守率を大きく改善することは可能である。国家報告制度は、最も国家に干渉することなく、［条約の］透明性を高め、また、［重大な］条約違反をある程度早期に警告させる手段ともなる。このことを考えると、多くの分野にみられる精彩を欠く遵守率を改善するために、人的・財政的資源を投資する価値は十分にあると思われる。

7-2　情報の信頼性

　［上で述べた］自主的な報告制度は情報収集プロセスの最終段階ではなく、始まりにすぎない。報告制度と条約の遵守には密接な関係があるので、軍備管理協定やその他の条約の遵守検証制度が主に注力するのは、国家が申告・報告［した内容］の点検と審査である。条約が公式に定めた検証手続については8章で詳細に論じるが、［その他に、］条約当事国により提出された情報を真正なものだと確証するための非公式な手段が網の目のように存在する。
　二国間軍備管理協定の場合、報告データの信頼性を確保［する仕組み］が［最初から］備えられる。その典型は第二次戦略攻撃兵器の削減および制限に関す

る条約（SALT II）に定められた制度で、両締約国が自国に配備した戦略兵器のうち、条約対象のカテゴリーにあてはまるものの数について「合意されたデータベース」を作成し、定期的にその情報を更新する、というものである[29]。［この制度は、］条約に付属する数頁の覚書に定められた。ソ連の交渉者は、ソ連の該当兵器数を示す書類を表に返し、米国の交渉者に「あなた方はたった今、［軍事的秘密主義という］400年続いたロシアの歴史を廃止したのだ」[30]と言ったと伝えられている。その後、10年も経たずして中距離核戦力全廃条約（INF全廃条約）が締結されたが、この条約の合意されたデータベースについての覚書は56頁もあり、データベースそのものも半年ごとに更新されることとなった[31]。

　対象兵器についての最初の数字は米ソ双方が提供するが、データベースについては「合意され」なければならない。SALT II 交渉でソ連は、データとは客観的な事実なのだから「合意された」という言葉は不要だと主張した。しかし米国は、「両国がデータベースに［掲載する数字に］合意しなければならないことを明確にしておきたかった。そうすれば、米国として承服できない情報について［ソ連に］異議を申し立てることができるからである」[32]。結局、一方が提出した数字の正確性に他方が異議を申し立てる場合、両者が合意に至るまでその数字はデータベースに登録されない［ことになった］。

　条約の規定には、どのような場合にも正確な報告を強く奨励すると記されているだけだった。各国が技術的検証手段や諜報機関を駆使して常に熱心に［他方を］監視しているので、米ソ両国は、自国の兵器配備について他方が詳細な情報を持っていることを［お互い］知っていた。しかし、情報提供側は、相手

---

29)　SALT II 第17条3項および合意声明。

30)　Strobe Talbott, *Endgame: The Inside Story of SALT II* (New York: Harper and Row, 1979), p. 98.［S. タルボット（秋山康男他訳）『狂気のゲーム―SALT II の内幕』（朝日新聞社, 1980年）133頁。］

31)　INF 全廃条約第9条。

32)　Strobe Talbott, *supra* note 30, p. 97.［訳注：邦訳『狂気のゲーム』は一部抄訳であり、この部分の訳はない。］

側の［有する］情報と自国が提出する情報に差があるとしても、差がどれほどかはわからない。報告した数字と相手国が独自に試算した数字に何らかの食い違いがあれば、少なくとも、異議を申し立てた国が満足する程度にその食い違いを解消しなければならないだろう。最悪の場合、不正確な報告が条約プロセス全体を損うことになる［からである］。たとえば、欧州通常戦力条約（CFE）では歩兵部隊が削減対象となっていたが、これに関しソ連は、幾つかの部隊を「海軍歩兵」と称し、削減対象の歩兵でないと主張して報告しなかった。このことは、［第1次］戦略攻撃兵器削減条約（START［I］）の批准手続の際に、米国連邦議会で重大な問題となった[33]。［もっとも、CFEのような多国間協定ではなく］START［I］のような二国間の協定の場合、虚偽報告から大きな利益は得られず、真実を報告するインセンティブが高い。

　湾岸戦争後、安保理の停戦決議に従って国連が行なった対イラク査察は、国家の申告した内容が徹底的に点検された例である[34]。二国間軍備管理協定［の場合］のようにこの決議も、査察プロセスの起点［となる基礎データ］を設定するため、核兵器、化学・生物兵器、ミサイル兵器、およびこれらの関連施設すべてについて申告するようイラクに要請していた。決議に従いイラクが最初に提出した申告書は、米国その他の西欧諸国の諜報機関から収集した情報と照合され、未申告分があることが発覚した。米国等の諸国がイラクに［正確な報告を求める］交渉は次第に激しくなり、ついにはイラクから前回よりもかなり多くの情報が公表された。包括的で詳細なイラクの情報公開へとつながった諸

---

33) 次を参照。"Report on Soviet Noncompliance with Arms Control Agreements," White House Office of the Press Secretary, Mar. 30, 1992, pp. 2-10. また次も参照のこと。R. Jeffrey Smith, "Bush Backs Arms Treaty Compromise," *Washington Post*, Apr. 12, 1991, p. A16.

34) UN SC Res. 687, Apr. 3, 1991, UN Doc. S/RES/687（1991）. 決議の文言によれば、イラクが「受諾」して初めて決議は発効するとあった（第33段）。また、武器の撤去や破壊に関する決議内容の遵守についても検証しなければならなかった。この検証プロセスについては第8章で論じている。

国の継続的なやりとりは、実際、査察期間中も続けられた[35]。このイラク査察にも、また、北朝鮮の平和利用の核物質に関する申告を検証する際にも、IAEAがアメリカの衛星観測データを利用したことは明らかなようである[36]。

安全保障分野［にみられる］最新技術を用いた熱心な履行監視が、全ての条約［レジーム］で行なわれるわけではない。しかし、大抵の場合、国家報告の検証に外部機関を用いることは可能である。たとえば、多くの国々や非政府系の科学団体は、大気の状態、オゾン層の破壊状況、動植物種の個体群などについて独自に観測を行なっているし、各国の政府、経済団体、民間組織も各々の目的で非常に多様な経済データを作成し、公表している。

エルネスト・ハース（Ernest Haas）の権威ある研究によれば、ILO専門家委員会は、様々な情報源から得た情報に基づき国家報告書を検討するという。このような情報源には、国家の公式文書、メディア報道、労働組合からの陳情、各国に派遣されているILO駐在員が提供した情報、政府高官がILOを訪問した時の会話、派遣先から戻った［ILO］技術支援専門家の報告書、ILO専門家委員会と緊密な連携をとっている［各国の］ILO事務局が保有する情報などが含まれる[37]。加えて、この専門家委員会の報告書を見ると、経済社会理事会や人権委員会といった他の国連機関［の情報］にも広く依拠していることがわかる。

---

35) 1993年9月当時、イラクはまだ、核兵器開発計画に関わる科学者や専門家ならびに欧州の開発資材供給業者の名前を公表していなかったが、これらの公表は［そもそも］停戦決議で明確に要請されてはいなかった。同年11月、イラク当局は、［資材］調達に関するIAEAの5つの質問に答えた。IAEAは［イラクの返答について］次のように述べている。「予備調査によれば、（資材の供給元や仲介業者等の）調達問題についてはある程度明らかにされているが、遠心分離機によるウラン濃縮計画に諸外国からどの程度助言があったかについてはほとんど述べられていない」。UN Doc. S/26685, p. 7.

36) 北朝鮮は、衛星観測データに基づき調査されることがわかっていたので、その分、情報量の多い完全な申告を行なったのだろう。Nayan Chanda, "Bomb and Bombast," *Far Eastern Economic Review*, Feb. 10, 1994, p. 16.

37) E. B. Haas, *supra* note 10, pp. 254-255.

1970年代になると、国家報告書の正確性と完全性を様々な角度から検証する重要な役割を、NGOが、多くの分野で果たすようになってきた。とりわけ人権保護団体は、人権条約の締約国が提出した報告書に異議を唱えるため、[反証となる]資料を熱心に作成してきた。実際、人権条約に基づき設置された様々な監視委員会に情報を提供することが、このような団体の重要な活動の一つとなっている。これらの委員会もNGOが提供した情報に照らし国家報告書を検討する。

　[P. H. コーイマン（Kooijmans）は次のように述べている。]「監視やモニタリングといった国連の活動は、事実上、NGOが収集し、開示する人権関連データに完全に依存している。なぜなら、一般的に、これらのデータだけが容易に入手でき、利用可能な唯一のものだからである（もっとも、この例外は、[諸国の]国家報告書が集約されている米国務省による人権慣行に関する年次報告書である。この報告書は、[国際NGO]アムネスティ・インターナショナルの年鑑に匹敵するほど網羅的である。）。条約に基づき[設置された]監視機関が、条約の報告義務に従い定期的に提出される国家報告書を評価しなくてはならない場合、特定の国家の人権状況に関する[当該国家以外からの]情報は重要なのである」[38]。

　人権と同じように環境保護の分野でも、国家の報告内容は常にNGOからの反証にさらされている。また、いずれの環境条約事務局も、NGOによる情報提供や監査活動が重要だと証言している。[たとえば、CITESにより規制されている]絶滅危惧種の貿易は、WWF（世界自然保護基金）系列のNGOであるトラフィック（Traffic）が常に監視している。その監視結果は、条約遵守に関する一次資料として、事実上、国家報告書と同じくらい高く評価されてい

---

[38] P. H. Kooijmans, *The Role of Non-Governmental Organizations in the Promotion and Protection of Human rights*（Leiden: Stichting Nscm-Boekerij, 1990）, pp. 16-17. 1988年の国連人権委員会には199ものNGOが登録していたが、「実際、これら全ての団体が人権侵害に関する情報を収集し、処理し、公表していた」（*Ibid.*）。

る[39]。[IMO が事務局を務める条約については、]締約国が IMO に提出しない情報の多くを少数の熱心な NGO が提供している。また、IMO 事務局自身も、[関連]セミナーの講演録やその他の間接的な情報源といった「灰色」文献から情報を収集する[40]。[オゾン層破壊物質について]化学産業は自ら、[条約機関の]公式レポートによるフロンガス消費量をチェックするが、このレポートで不十分な部分は、他機関の情報を調査する[41]。有害廃棄物の違法な[越境]移動については、産業界と NGO がバーゼル条約事務局に情報を提供している[42]。

情報セキュリティの厳しい軍備管理の世界でさえ、アメリカ科学者連盟等のアドボカシー型 NGO や、ストックホルム国際平和研究所、国際戦略研究所といった研究機関がある。これらは、国家の報告内容を査定しうるほど正確な情報を提供する独立した情報源として高い信頼を得ている。

他方で、報告制度には、報告内容の正確性や完全性を外部の機関や第三国が検証できないようにされているものがあるようである。IMF による国別調査や監督のために提供される国家の経済財政情報は IMF 理事国の代表であれば入手可能だが、その他の人々には機密とされている。経済協力開発機構（OECD）に提出される国家報告書の多くも同じ様に扱われている。モントリオール議定書に関しては、[フロンガス等の]生産量と輸出入量は公開されず、「消費量」データのみが公表される。これは、[全てのデータを含む]国家報告書から関連企業の生産量が推測できる[ので、これを回避する]ためだといわれている[43]。同じ理由で、ライン川化学汚染防止条約でも集約されたデータのみが公

---

39) Social Science Research Council Project on National Implementation and Compliance with Environmental Accords, *Conference Proceedings*, June 18, 1993, remarks of John Gavitt, CITES enforcement officer.
40) *Ibid.,* remarks of Rene Coenan, IMO technical officer.
41) *Ibid.,* remarks of Vivian Shendon, Dupont Corp., and Laura Cambell, deputy coordinator, Ozone Secretariat.
42) *Ibid.,* remarks of Iwona Rummel Bulska, Basel Convention coordinator.
43) 例えば次を参照。UNEP, *Report of the Secretariat on the Reporting of Data by the Par-*

表される[44]。地中海の保護に関するバルセロナ条約[45]では、国別の調査結果が10の地域に統合されていた。これは、特定の国家が主要な海洋汚染国と目されないよう、また、海産物貿易や観光に関する当該国の評判を損わないようにするためだった[46]。

　イラクの事例は、たとえ虚偽が発覚する可能性が高くても、権力上層部の政治的な判断により意図的に虚偽が報告されることがあることを示している。おそらく、政治的・経済的にデリケートな人権等の分野でも同じような例があるだろう。しかし、通常、条約に基づく国家報告書を作成するのは、国家元首でも外務省でもない。多くの規制型条約に関しては、外務省ではなく、むしろ［条約内容に］関連する権限を有する省庁——ILOは労働担当省、IMFは財務省、モントリオール議定書は環境省というように——が、主に報告書の作成を担当する。捕鯨頭数に関するソ連の虚偽報告の原因も、［当時の政府ではなく、］ソ連国家保安委員会（KGB）の協力の下、「40年もの間、軍隊のような行政活動」を行なってきた漁業担当省だった[47]。

　通常、日常業務として報告書を作成するのは、中級あるいは下級の公務員であろう。このような官僚機構の状況には、すでに指摘したように問題点もあるが、意図的な虚偽報告を防止する［という利点もある］。日常的な政策決定や行政管理にとって信頼できる統計データ［の存在］は重要である。それゆえ、多くの国では、統計業務が政治的な影響を受けないよう特別な措置を講じてい

---

　　　ties in Accordance with Article 7 of the Montreal Protocol, UN Doc. no. UNEP/OzL.Pro. 3/5（May 23, 1991）, pp. 33-34.

44)　次を参照。Alexandre Kiss, "The Protection of the Rhine against Pollution," *Natural Resources Journal,* 25（1985）: 613, 627.

45)　UN Doc. no. UNEP/WG, 2/5 annex（Feb. 1975）. [Peter M.] Haas, *Saving the Mediterranean: The Politics of International Environmental Cooperation*（Columbia University Press, 1990）, pp. 96-107.

46)　*Ibid.,* p. 285.

47)　D. Hearst and P. Brown, *supra* note 3, p. 3.［訳注：正確には同日のガーディアン紙の同記者らによる別の記事 "Soviet Whaling Lies Revealed" に依拠している。］

る。国家による情報収集業務はますます自動化・電算化され、改ざんや偽造は難しくなっている。[それに、何らかの不正が行なわれたとしても]内部告発される可能性が高い。通常、報告事項が政治上、差し迫った重要課題となることはないに等しいので、虚偽の報告[から得られる]利益もわずかなものだと思われる。また、報告書が見識ある同僚からチェックを受ける場合、[その同僚]個人の能力も考慮されよう。これらのあらゆる要素から、総じて、実際に提出される定期的な報告書は、報告作成担当者に許された時間や利用可能なデータの範囲内で正確なものであろうと考えられる。しかしながら、報告書の作成責任者が、報告内容に関わる実質的な政策プログラムも同時に担当する場合、[報告書上の]実績を良くしようとするインセンティブがはたらく。それ故、ある程度、報告作成担当者と政策実施担当者を分離しておくことが、[官僚組織内の]報告[作成]システムを設計する上で有益な経験則だといえよう。

7-3 様々な報告制度

　報告制度には多様な形態がある。多くの場合、報告制度は、条約が規制を及ぼす分野の統計データを収集し、整理し、公表する手段である。[たとえば、] IMFの主な役割は「金融・財政問題に関する情報収集と情報交換の中心として行動する」[48]ことと定められており、IMF加盟国は、貿易に関する詳細な報告書を提出しなければならない。これらの報告書が、IMFの月刊誌 International Financial Statistics の元データとなる。40年以上前から発行されているこの情報誌は、国際収支に関する大変貴重な歴史資料となっている。[一次産品に関する様々な]国際商品機関は、加盟諸国の報告書を整理し、関連産業について総合的な統計データを作成する[49]。ここ20年の間[に締結された]ほぼ全ての環境条約にも、この種の詳細な報告制度や情報収集に関する規定がおかれ

---

48) IMF協定第8条5項。
49) 例として、国際コーヒー協定（1982年9月16日採択）第53条、国際天然ゴム協定（1979年）第45条、国際小麦協定第3条を参照。

ている50)。特定の環境分野における国際協調の端緒となる枠組条約では、実際、データベースの構築［そのもの］が条約の第一の目的となることがある51)。LRTAP がその例である。

［統計資料収集のための報告よりも］条約の遵守により直接関わる［報告制度］は、条約実施のために採った措置の報告である。早くも1926年の奴隷条約に、締約諸国は、「この条約を適用するために施行しうる全ての法律及び［行政］法規を［締約国］相互に、かつ、国際連盟事務局へ通知する」52)ことを約束する［とある］。これと同じように、条約を実施するための法律や［行政］法規を報告させる規定は至るところに散見される53)。これらの規定に反映されているのは、現代の多くの規制型条約の遵守には、政府の行動だけが問題となるのではなく、個人や企業の行動が大きく影響する、という事実である。それゆえ、国家は、適切な法律や行政法規を定め、条約義務を国内法へと転換しなければ

---

50) 例として、バルセロナ条約第20条、オゾン層保護条約第4条および付属書Ⅱ、気候変動枠組条約第5条、第9条、第12条を参照。また次も参照のこと。J. H. Ausubel and D. G. Victor, "Verification of International Environmental Agreements," *Annual Review of Energy and the Environment*, 17 (1992): 17-18.

51) 次を参照のこと。Marc A. Levy, "European Acid Rain: The Power of Tote-Board Diplomacy," in Peter M. Haas, Robert O. Keohane, and Marc A. Levy, *Institutions for the Earth: Source of Effective International Environmental Protection* (Cambridge, Mass.: MIT Press, 1993), pp. 78-81; Abram Chayes, "Managing the Transition to a Global Warming Regime, or What to Do 'til the Treaty Comes," *Greenhouse Warming: Negotiating a Global Regime* (Washington, D.C.: World Resources Institute, 1991), pp. 65-66.

52) 奴隷条約第7条。

53) 例として次を参照。ILO 憲章第19条5項 (c) 及び同条6項 (c)、第19条5項 (e)、同条6項 (d)、第19条7項 (b) (iv) 及び (v)、第22条、自由権規約第40条（「この規約において認められる権利の実現のためにとった措置…に関する報告を提出する」）、社会権規約第16条、第17条、CITES 第8条7項（実施措置の定期報告を義務づけている）、国際捕鯨取締条約議定書第11条4項（関連する法律と違反事案についての報告を義務づけている）。MARPOL 条約は条約違反のみならず、違反に対し実際に科した刑罰についても情報を求めている（第11条(f)及び1987年議定書）。この条約の前身である OILPOL 条約第10条2項と第12条にも同様の義務が定められていた。

ならないのである。

　また、条約が設定した基準に対する達成状況の現状について締約国に報告を求める規定もよくみられる。たとえば、モントリオール議定書は、フロンガス等の現在の消費量について締約国に報告するよう義務づけている[54]。また、化学兵器禁止条約（Chemical Weapons Convention: CWC）において締約国は、化学兵器とその製造施設の「廃棄のための自国の計画の実施状況に関する」申告を求められている[55]。自由権規約では、採択した［条約実施］措置に加え、「これらの権利の享受についてもたらされた進歩」の公表が締約国に義務付けられている[56]。

　[汚染物質の]排出を規制する環境条約のように、過去の活動レベルを基準として［現状の］実績を評価する場合、基準値の設定に最初に用いられるのも国家報告制度である[57]。重大な利害の絡む軍備管理協定でさえ、既に指摘したように、部分的核実験禁止条約や第一次戦略兵器制限交渉（SALT I）以上に条約［内容］が複雑になってくると、［締約国が］自主申告した基準値が検証システムの起点とされるようになった。［この点に関して］これまでで最も精緻かつ詳細な情報開示義務を定めているのはCWCであろう。同条約第3条によれば、締約国は、［1］自国管轄下にある現存の化学兵器ならびに老朽化したまたは遺棄した化学兵器の数、型式、所在地、組成について、［2］1946年1月1日以降の化学兵器の移転と受領について、［3］同日以降に自国領域内または自国管轄下にある化学兵器製造施設について申告しなければならない[58]。

---

54)　モントリオール議定書第7条2項。
55)　化学兵器禁止条約第4条7項（b）及び第5条9項（b）。
56)　自由権規約第40条。
57)　例としてモントリオール議定書第7条1項を参照。
58)　化学兵器禁止条約第3条1項(a)（所有兵器）、第3条1項(b)（老朽化したまたは遺棄した化学兵器）、第3条1項(c)（化学兵器生産施設）。暴動鎮圧剤についても報告は必要である。条約上、戦争（第3条1項(e)[訳注：第1条5項が正しいと思われる。]）および実験施設と試験評価場（第3条1項(d)）での使用を除き、暴動鎮圧剤は禁止されていない。

申告義務の内容は、同条約の付属書に5頁にわたって詳細に規定されている[59]。

［報告制度に関して］本書の観点から最も興味深い点は、条約義務の枠内で締約国が将来的に［とろうとしている］政策案や計画案の報告を義務づける傾向が強くなっていることである。このような報告制度の発展は、おそらく、初期のIMFに端を発するものと思われる。このような制度は、OECDに特徴的な手段でもあり、また、近年ではGATTや世界貿易機関（World Trade Organization: WTO）でも用いられている。同じような報告義務は、環境条約にも、またとりわけ、CWCを含む軍備管理分野にもみられる。このような義務に応える締約国は、過去についての情報［提供より］多くのことを示さなければならない。つまり、［当該条約に］関わる［国内の］政策分野において戦略的な計画の作成に取り組まなければならないのである。そして、その計画案が、条約機関で検討、評価されることになる。このように、［国内の］政策や計画を報告させる制度は、条約遵守を管理するための強力な手段となるだろう。この点については10章で詳細に論じる。

7-4　情報を得るその他の方法

確かに、様々な条約では自主的な報告制度が、情報を収集し、透明性を高める主な手段であるが、この手段に限られるわけではない。その他に、［条約で］規制される活動について事前の通告を求める制度、対象を絞って行なわれる様々なアンケート調査、国家のみならず研究機関、産業組織、NGOが作成した情報の活用など［様々な方法］がある。

7-4-1　通　　告

伝統的な主権概念の本質からすると、国家は、自らの行動について事前に許

---

59)　化学兵器禁止条約。実施及び検証に関する附属書第5部（A）。

可を求める必要も、また、許可を得る必要もない（しかし、国家行動が何らかの損害を生じさせた場合は償わなければならないだろう）。そこから、[ある国の] 特定の事柄に他国が利害関心を有するとしても、当該国はこの他国に [自らの行動を] 通告すべき義務はない。この厳格な法的立場は国家実行においてかなり修正されているが、[実際に通告される場合の] ほとんどは、特別な配慮または互恵的な外交儀礼としてなされている [にすぎない]。通告の「義務」化に対する抵抗が強いのは、そこからさらに協議する義務や他国の利害を考慮する義務までもが [通告義務に] 含まれると考えられるかもしれないからである。

事前通告の問題は、越境汚染分野において発展してきた経緯があり、少なくとも1957年のラヌー湖事件仲裁判決に遡る。この判決では、国家が隣国の環境に害を及ぼすおそれのある活動を行う場合、慣習国際法上、事前に通報すべき義務があると判示された[60][訳注：原文では義務を否定する形で書かれているが間違いだと思われる]。このような事前通報義務を、1972年のストックホルム宣言に盛り込もうとする動きがあったがうまくいかず[61]、最終的に、1992年の地球サミットで採択された環境と開発に関するリオ宣言において次のような規定が採択された。「国は、国境を超える環境への重大な悪影響をもたらしうる活動について、潜在的に影響を被るおそれのある国に対し、事前の時宜にかなった通報と関連情報の提供を行い、当該の国と早期にかつ誠実に協議を行なう」[62]。近年の [越境] 汚染 [に関する] 多くの条約には、[諸国が] 共有する

---

60) "Lake Lanoux Arbitration (*France v. Spain*), Arbitral Tribunal, November 16, 1957," *International Law Reports*, 24 (Lauterpacht ed., 1957) : 101.

61) Declaration of the United Nations Conference on the Human Environment, June 16, 1972, Recommendation 3. 次を参照のこと。Louis B. Sohn, "The Stockholm Declaration on the Human Environment," *Harvard International Law Journal*, 14 (1973): 423. また次も参照のこと。OECD, "Recommendation on Principles Governing Transfrontier Pollution, Title E, Principle of Information and Consultation, November 21, 1974," OECD Doc. C(74)224, reprinted in *International Legal Materials*, 14, (1975): 242, 246.

62) リオ宣言第19原則、A/Conf. 151/5/Rev. 1, June 13, 1992.

資源に害を及ぼす活動や事故について通告を求める規定がおかれている[63]。

バーゼル条約では、有害廃棄物の越境移動に関する通告が条約規制の中核をなしている。有害廃棄物を輸入する国の書面による同意がなければ、輸出することはできない［ことになっている］。有害廃棄物を発送する前に輸出国は、その廃棄物の内容、包装、輸送手段に関する詳細な情報を輸入国に提供し、通告しなければならない。そして、輸入国の公的機関から、「廃棄物について環境上適正な処理」がなされるという保証を含む書面による同意が得られなければ、その廃棄物を発送することはできない[64]。「国際貿易の対象となる化学物質についての情報の交換に関するロンドン・ガイドライン」（London Guidelines for the Exchange of Information on Chemicals in International Trade）でもこれに似た制度が採用されている[65]。しかし、特にロンドン・ガイドラインについては懸念されている点がある。個々の発展途上国に化学物質の貿易について強い権限を持ち中枢となる行政組織がなければ、情報が効率的に処理されず、行政手続が混乱し、この制度は破綻するだろうと考えられている。

環境保護やその他の分野における貿易規制型の条約でも、条約遵守を監視するためにこのような通告が用いられてきた。しかし、これらの条約は似たような問題を抱えている。CITES の［貿易］管理メカニズムは、［附属書に］列挙された種の標本について輸出が認められる場合、全てに許可証を付す義務、さ

---

63) 例として、北欧環境保護条約（1974年）、ライン川化学汚染防止条約（1976年）、国連海洋法条約第12部（1982年）、原子力事故早期通報条約（1986年）を参照のこと。一般的に次を参照のこと。Elizabeth P. Barratt-Brown, "Building a Monitoring and Compliance Regime under the Montreal Protocol," *Yale Journal of International Law*, 16 (1991): 519; Scott A. Hajost et al., "An Overview of Enforcement and Compliance Mechanisms in International Environmental Agreements," *Proceedings of the International Enforcement Workshop,* May 8-10, 1990.

64) バーゼル条約第6条及び附属書Ⅴ（1989年3月12日）。

65) UNEP, Ad Hoc Working Group of Experts for the Exchange of Information on Trade and Management of Potentially Harmful Chemicals (in Particular Pesticides) in International Trade, *Report of the Working Group on the Work of Its Third Session,* UN Doc. UNEP/WG.155/6（Feb. 1987）(London Guidelines).

らに、絶滅危惧種［の輸出］については［輸出許可証に］対応する輸入許可証がなければならないという義務に基づく[66]。CITES の締約国は、許可証の発行［状況］について2年毎に条約事務局へ総括的な報告を行うが、［そもそも］条約は、これらの許可証を集権的な機関で［輸出入と］同時に処理することを義務づけてはいない。そのため、［CITES メカニズムの］運用実績から、許可証の義務づけはそれほど効果的でないことがわかっている[67]。それに米会計検査院の報告によれば、許可証を印刷する設備や備品さえなかった国もあった[68]。国際コーヒー協定では最初、コーヒーの輸出が［輸出］割当内で行なわれていることを検証するため、輸出毎に許可証を添付し、その許可証の写しを国際コーヒー機関へ送付するよう義務づけていた。しかし、コーヒーの国際取引があまりに目まぐるしいため、当該機関事務局は、時間内にコーヒー貿易を監視する役割を全く果たせなかった[69]。

　GATT でも多くの通告義務が定められている。たとえば、加盟国が免責条項に基づく措置をとる場合や関税同盟や自由貿易地域に参加する場合等である。環境条約［の場合］と同様に、GATT の事前通告義務の目的も、生じうる問題を事前に解消するため、［自国の予定する措置により］影響を受けうる他国との協議を可能にすることにある。問題の解消には、［自国の］措置により修正を受けたり、取り消されるおそれのある［他国の］譲許に対する補償も含まれ

---

66) CITES 第3条、第4条。
67) Mark C. Trexler, "The Convention on International Trade in Endangered Species of Wild Fauna and Flora: Political or Conservation Success?" (Ph.D. diss., University of California, Berkeley, 1990), pp. 54-56; SSRC Project on National Implementation and Compliance with Environmental Accords, *Conference Proceedings,* June 18, 1993, remarks of Piers Blaikies.
68) GAO, *supra* note 5, p. 28.
69) 次を参照のこと。Abram Chayes, Thomas Ehrlich, and Andres F. Lowenfeld, *International Legal Process: Materials for an Introductory Course,* vol. 1 (Boston: Little, Brown, 1968), pp. 617-621. 結局、輸出割当に応じて各締約国に印紙が配付され、割当外の輸出を規制するために各積荷にこの印紙を貼るという義務が許可証添付義務に加えられた (*Ibid.*)。

る[70]。

　経済分野における通告のもう一つの例としてOECDの「公的支持を受ける輸出信用ガイドライン」がある。このガイドラインは、金利、頭金、輸出業者に対する公的金融支援の償還期限などについて定めている。事前に通報するのであれば、国家はあらゆる［国際］取引において、ガイドラインに定める規則よりも有利な信用条件を提示することができる。この場合、取引相手国はこの提案に対し安値を付けても、あるいはマッチングを行なってもよい。このようなガイドラインからの逸脱に関して通告がなされると、ガイドラインを上回る条件の提案競争が生じ、場合によっては輸出売上げが赤字に陥ることもある。それゆえ、通告義務によって［ガイドラインの］遵守が確保される傾向にある[71]。

　［条約で］規制される行動に関する事前通告は、現代の軍備管理協定でも重要な役割を果たしている。SALT IIに定められたミサイル発射実験に関する事前通告の規定は、START［I］へも引き継がれた[72]。しかし、前者は結局、批准されず、後者の締結も遅れたため、［事前通告制度は］これらとは別の米ソ間協定として定められた。この協定には、「一方当事国は他方当事国に対し…少なくとも24時間以上前に、戦略弾道ミサイル発射の予定日、発射地域、発射により影響を受ける地域について通告しなければならない」と定められている[73]。

---

70) GATT第19条、第24条7項。

71) RAND Corp. study N-2536-USDP, Dec. 1986. この調査書によれば、締約国は、通告を遅らせたり、または取引が完全に成立した後に信用条件を報告する等して事前通告義務を回避していたことが示されている。しかし、この状況は通告制度が実効化している証拠だとみなされていた。その後、1992年にガイドラインが改正され、入札終了日より30営業日前までに通告することが義務づけられた。

72) SALT II, Art. XVI; START I, Notification Protocol, Parts VI-VII, Senate Treaty Doc. 102-20 (1991).

73) 大陸間弾道ミサイル及び潜水艦発射弾道ミサイルの発射の通告に関する協定第1条。

多国間軍備管理協定［における通告義務の例］としては、6章で論じた欧州安全保障協力会議（CSCE）の信頼・安全醸成措置（CSBM）がある。欧州域内でいずれかの当事国が行う一定の規模をこえる様々な軍事活動や軍事演習について事前通告義務が定められている。この通告により、予定される活動の実施日時や規模に関する詳細な情報が提供される。また、通告により、当該活動の視察に他の当事国を招待しなくてはならない。軍事演習の日程は一年前に通知しなくてはならない［とも定められている］[74]。

信頼・安全醸成措置という名称が示すとおり、この措置の目的は、当事国の狙いや軍事的姿勢全般について［情報を提供し、他国に］安心感を与えることにある。しかし、［それだけでなく、］他の全ての通告規定と同じように、この措置における通告規定も、実質的な［軍備］制限［義務］の遵守促進と密接に関わっている。［第一に、］通告しなかったという事実はそれだけで重大な［義務］違反となる。さらに、ミサイル実験についての通告規定に基づき、他の諸国は、実験されるミサイルの技術的特性を正確に把握できるよう、自国の監視システムに警告を発し、実験に照準を合わせることができる。このように、他国は詳細な情報を得ることができるため、「新型」ミサイルの開発に関する厳格な制限［義務］を逃れることは不可能とは言わないまでも困難となっている[75]。

---

74) "Document of the Stockholm Conference on Confidence- and Security-building Measures and Disarmament in Europe," par. (29)-(54), *Arms Control and Disarmament Agreements* (Washington, D.C.: U.S. Arms Control and Disarmament Agency, 1990), pp. 325-330.

75) SALT II 第4条9項（1以上の新型 ICBM の実験を禁止している）を参照。SALT I（暫定協定）第4条は、既存のミサイルについて15％以上の直径変更および32％以上の容積変更を禁止していた。START I 第5条は、ICBM（型式を明確に限定していない）、全ての新型重 ICBM、10以上の核弾頭を備えるミサイル、他のミサイルにも使用可能な新型 ICBM 発射装置に関する禁止事項を定めている。

7-4-2 積極的な情報収集

　条約機関が［締約国からの自発的な情報提供を待つのではなく、］積極的に条約遵守に関する情報を収集するには様々な方法がある。［その中の］昔からある方法にアンケートの配布がある。例えば、IMOとその前身［の政府間海事協議機関（IMCO）］は、［関連］条約に報告義務が定められていそうなものなのに、時々、締約国の港湾において油廃棄物の適切な受容施設が利用可能かどうかについてアンケートを行なう。これについてロナルド・ミッチェル（Ronald Mitchell）は、「毎年または数年ごとに調査票を郵送する…ことによって、ある担当者の書類箱に［確実に］書類が入れられる。この方が、督促状も届かないお決まりの報告義務よりも確実に多くの回答を［締約国から］得ることができる」[76]と述べ、多くの場合、この方法は効果的だと結論している。

　［様々な］人権委員会には、特定の問題について報告者を指名するという慣行がある。そして、この報告者には、多くの場合、人権問題を直接に調査するための国家訪問を含め、利用可能なあらゆる情報源から証拠や情報を収集する広範な権限が与えられる[77]。ILOの「直接的な接触」やIMFの国別審査でも、国際組織のスタッフが現地で多くの時間を費やし、［情報を収集する］。また、多くの国際組織には地域事務所や現地事務所があり、これらの事務所が特に情報収集機能を果している。国家レベルと国際レベルの実務担当者の間［で行なわれる］非公式なやりとりも［一つの情報収集手段である］。環境条約事務局

---

76) R. B. Mitchell, *supra* note 5, p. 191.
77) 例として次を参照のこと。*Sale of Children, Report Submitted by Mr. Vitit Munjarborn, Special Rapporteur of the Commission on Human Rights, in Accordance with Commission Resolution 1992/76*, E/CN.4/1993/67; *Report on the Situation of Human Rights in Haiti, Submitted by Dr. Marco Julio Bruni Celii, Special Rapporteur of the Commission on Human Rights, in Accordance with Commission Resolution 1992/77*, E/CN.4/1993/47; *Report on the Situation of Human Rights in Myanmar, prepared by Mr. Yozo Yokota, Special Rapporteur of the Commission on Human Rights, in Accordance with Commission Resolution 1992/58*, E/CN.4/1993/37.

のスタッフは、全締約国が報告義務を履行しているとは全くいえない［状況］にもかかわらず、［他の手段で情報を得ることで］条約の遵守状況を把握していると確信している[78]。

7-4-3　非政府組織のデータや情報の活用

　国家からの報告や通告が、通常、情報を得る手段である。しかし、当然ながら、条約機関や条約事務局、利害関係者は、この情報があふれる世界にあるその他の多種多様な情報源にも自由にアクセスする。条約事務局はよく民間団体や公的機関の成果物を利用したり、情報収集の役割を一部、これらの機関に請け負わせたりする。

・国際海洋開発理事会（International Council for the Exploration of the Seas: ICES）は、北海沿岸諸国の科学者で構成されている公的な研究調整機関である。ICES は、北海およびバルト海における漁業の科学研究を1902年から行なっており、これらの海域に関わる環境条約機関（オスロ条約、パリ条約、ヘルシンキ条約の各委員会および北海漁業委員会）に漁業資源や海洋汚染に関する基礎データを提供している[79]。

・1920年代に捕鯨産業界とノルウェー政府が設立した国際捕鯨統計局（Bureau of International Whaling Statistics）は、商業捕鯨に欠かせない統計データを提供している[80]。

・国際自然保護連合（International Union for Conservation of Nature: IUCN）は長年、絶滅危惧種や絶滅のリスクにさらされている種の状態に関する「レッ

78）　次を参照のこと。Social Science Research Council Project on National Implementation and Compliance with Environmental Accords, *supra* note 39, remarks of Jacques Bernay, CITES deputy secretary general; Rene Coenan, IMO technical officer（London Convention）; Vivian Shendon, Dupont Corp.; and Professor James Finerman（ozone）.

79）　次を参照のこと。M. J. Perterson, "International Fisheries Management," in Haas, Keohane, and Levy, *supra* note 51, p. 267; Peter M. Haas, "Protecting the Baltic and North Seas," in *ibid.*, pp. 147, 150.

80）　J. H. Ausubel and D. G. Victor, *supra* note 50, pp. 17, 20.

ドリスト」（red book）を公表してきた。このリストは、CITES が信頼する情報源となっている。

・国際学術連合会議（International Council of Scientific Unions: ICSU ［訳注：1998年に改称し、現在は国際科学会議 International Council for Science。ただし略称は変わらず。］）は、環境に関する様々な重要問題について国際的に行なわれる科学研究を調整している。ICSU の様々な委員会は、環境分野の国際的な活動のためにデータベースを提供してきた[81]。

・MARPOL 条約では、タンカーが放出する油分を含むバラスト水を受容できる施設の利用可能性について、［国家による］自主的な報告制度からもアンケートの回答からも十分な情報を得ることができなかった。そのため、結局 IMO は、国際海運会議所（International Chamber of Shipping）や民間団体である国際独立タンカー船主協会（INTERTANKO）の情報を利用している。そして、時にはこれらが行う情報収集に財政支援を行なっている[82]。

　自前で調査研究能力を有するレジームはほとんどない。広範な問題を調査するため、必然的に、［レジーム外の］政府系・非政府系の科学機関や専門機関が利用される。オゾン・ホールの発見に至った研究は、UNEP、世界気象機関（WMO）、アメリカ航空宇宙局（NASA）等からなるコンソーシアムが出資したが、［実際、］各国の科学研究機関によって行なわれた。南極条約は、ICSU の南極研究特別委員会（Special Committee on Antarctic Research: SCAR）に支えられている。ICSU はまた、その他の環境問題に関する情報の作成や処理という触媒的な役割も果たしている。気候変動枠組条約の科学技術面に関する準備作業は、国連総会の要請に基づき UNEP と WMO によってつくられた気候変動に関する政府間パネル（Intergovernmental Panel on Climate Change: IPCC）

---

81) *Ibid.*, pp. 13, 21; J. Eric Smith, "The Role of Special Purpose and Nongovernmental Organizations in the Environmental Crisis," in David A. Kay and Eugene B. Skolnikoff, eds., *World Eco-Crisis: International Organizations in Response* (Madison, Wis.: University of Wisconsin Press, 1972), pp. 135-159.

82) R. B. Mitchell, *supra* note 5, p. 175.

が担っていた[83]。IPCC は、意図的に、政府が任命した各国代表からなる「政府間」組織として設立された。それは、その当時すでに、温室効果ガス［の排出］を制限する遠大な取組みを求め、強い政治的圧力をかけ始めていた国際的な民間科学団体を排除するためだった。気候変動枠組条約が国連環境開発会議で採択された後も IPCC は存続した[84]。

7-5　結　　論

奴隷条約から INF 全廃条約まで、主要な多国間条約にはほぼ常に情報の収集と公表についての規定がおかれてきた。また、情報の洪水を引き起こす点でもこれらの規定は共通している。これらが求める報告書、調査書、通告、情報提供の要請等が［積もり積もって］、国内および国際社会における官僚の書類作成能力や情報処理能力をはるかに超えるものとなっているのである。他方、本章で述べたこれらの規定の履行状況も、決して［我々を］安心させるものではない。報告手続を非常に重視する僅かな分野を除いてほとんどの場合、条約締約国の［報告義務に対する］対応は惨憺たるもの［だから］である。

しかし、［このような評価を］いくらか緩和する要素もある。報告書の不提出は、必ずしも条約の実質的な義務に対する不遵守を意味するわけではない[85]［ことである］。とりわけ途上国による報告義務違反のほとんどは、利用可能な資源の不足が原因である（この場合の資源には意欲や関心といったものも含む）。また、データベース上の情報の欠落がすべて等しい［価値を持つ］わけではない［ことも指摘できる］。たとえば、核ミサイルについての報告義務違反は捕鯨頭数に関するそれよりも重大である。さらに、確かに報告書の不提出は条約義務の不履行にあたるものの、一般的に、実質的な義務の不履行というより［報告義務に取り組む］本気度の違いだと考えられている。この点は、国

---

83)　UN GA Res. 43/53, Dec. 6, 1988, A/RES/43/53（1988）.
84)　気候変動枠組条約第21条2項。
85)　R. B. Mitchell, *supra* note 5, p. 143.

内の法制度にも共通する。しかしながら、条約レジームの透明性は、この様々な報告手続による情報収集機能が効率的に働くかどうかに大きく依存している。国家の報告書は、［条約］管理に不可欠なツールであり、したがって、条約義務の遵守を促進する上で極めて重要である（この点は10章で論じる）。レジームを維持する上で報告制度が有する重要性は、ますます広く認知されるようになっている。［本章で引用した］米会計検査院、国連事務総長、モントリオール議定書事務局、IMO、これらが行なった報告義務の履行状況に関する調査はすべて、［報告書の作成・提出という］最も退屈な仕事に改めて重大な注目が寄せられていることを示している。

　報告義務規定はもはや、条約起草段階で決まり文句のように挿入されるものではなく、以前よりも［諸国が］大きな関心を寄せる対象となっているように思われる。［この点で、］国連環境開発会議で採択された二つの条約は好対照をなしている。生物多様性条約には、「締約国会議が決定する一定の間隔で、この条約を実施するためにとった措置…に関する」報告書を求めるという簡素な規定があるだけである。他方、気候変動枠組条約［の報告義務］は、これよりもはるかに入念かつ厳密で、途上国ではなく先進国［だけ］に次の情報を「送付」するよう義務付けている。

　(a)　…約束を履行するために採用した政策及び措置の詳細
　(b)　…政策及び措置が…［1990年代の終わりまでに］人為的な排出及び吸収源による除去に…もたらす効果の具体的な見積もり[86]

　［両条約の報告義務規定を定める過程で］多くの様々な考慮が働いたことは明らかであろう。しかし、これらの規定にこのような違いが生じているのは、明らかに、条約を遵守させる圧力を醸成する上で［情報の］透明性が果す役割に一層高い評価がなされるようになったことの表れだと思われる。もっとも、報告義務の重要性に関するこのような新たな理解には、これに見合う［締約国の］真摯な［履行］意思と義務の履行に足る十分な資源が不可欠である。

---

86)　気候変動枠組条約第12条、第4条。

第8章
検証と監視

8-1 冷戦期の軍備管理協定における検証
　8-1-1 米ソの二国間協定
　8-1-2 安心感と抑止
　8-1-3 自国の検証技術手段
　8-1-4 冷戦期の検証をめぐる政治
　8-1-5 ポスト冷戦期初期における検証への視座
　8-1-6 パラレル・モデル
8-2 他の規制型条約における安心供与の必要性
　8-2-1 環境協定における検証
　8-2-2 環境状態の監視
　8-2-3 遵守の監視
8-3 今日的課題
　8-3-1 干渉性
　8-3-2 コスト
　8-3-3 信頼できる検証にかかる高いコスト
　8-3-4 検証と監視における協調
　8-3-5 検証の新たな方法と技術
　8-3-6 トレード・オフと代替案
8-4 結論

　［遵守の］検証は、透明性を確保するにあたり、最もよく要求される活動である。自己申告から開始されるものの、コストと干渉の程度は非常に高くなりうる。検証の諸概念と諸要件は、主として、冷戦期の軍備管理協定のために開発されてきた。冷戦期の米ソ関係は、敵対心と疑念によって特徴づけられ、核を背景とした対立の恐怖は、根深く抱かれていた。高い次元の透明性が不可欠と考えられていたのは、兵器配備に関する条約上の規制によって、当事者の［安全保障上の］脆弱性が受け入れがたいほどに増大することはない、ということをお互いに納得させるためであった[1]。そのため、米国は、コストのかか

---

1) Sidney Graybeal and Patricia McFate, "Introduction: The Role of verification," in Sidney Graybeal, George Lindsey, James MacIntosh, and Patricia McFate, eds., *Verification*

る監視システムを構築し、検証とインテリジェンスの両方の目的のために開発してきた複雑かつ高度な技術に依拠した。コストがさほど重要な問題とされなかった時期に、検証方法は、技術的に精密かつ洗練されたものとなった。検証に関する西側の研究の多くは、技術的なものから政治的なものまで、こうした文脈に規定されている[2]。

こうした文脈が変化しつつある［今日でも］、冷戦期の経験は、今日の検証に対するアプローチに影響をおよぼし続けている。そのため、本章では、こうした初期のダイナミクスを理解することから始めたい。ただし、検証についての言説は、出現しつつある多国間の軍備制限協定、特に、大量破壊兵器の管理のための協定と、環境・経済・福祉・人権などのその他の実体的な分野における規制的な取り組みへと、その焦点を移し始めている[3]。また、地域的・越境的紛争・内戦の管理を目的とした国際平和執行活動の役割が高まっていることに伴い、停戦合意が維持され、かつ、ようやく実現した停戦が軍事的奇襲によって崩壊しないことを確実にするために、新しい形態の検証が必要とされている[4]。

これらの新たな領域は［検証に関する］費用対効果と干渉の問題を提起する。冷戦パラダイムは、特に、安心供与と抑止の要素が検証問題に関連する大量破

---

to the Year 2000 (Ottawa: The Arms Control and Disarmament Division, External Affairs and International Trade, 1991), p. 3を参照。

2) こうした研究の一例として、前掲書；Michael Krepon and Mary Umberger, eds., *Verification and Compliance: A Problem Solving Approach* (Cambridge, Mass.: Ballinger Publishing, 1988) を参照。

3) 例えば、J. H. Ausubel and D. G.Victor, "Verification of International Environmental Agreements," *Annual Review of Energy and the Environment*, 17 (1992): 1; Wolfgang Fischer, *The Verification of International Conventions to Protect the Environment and Common Resources* (Jülich: Forschungszenrum Julich GmbH, 1990) を参照。

4) アンゴラ和平協定 (the Angola peace accords) の破棄は、このタイプの協定を検証することの複雑さや困難さを示している。*Report of the Secretary General on the UN Angola Verification Mission* (UNAVEM II), S/22627 (1991), S/23671 (1992), and S/24556 (1992) を参照。

壊兵器不拡散においては、引き続き意義を持つ一方で、精巧さ・徹底さという過度の警戒心と低い財政的制約を前提とした［冷戦期］の遺産は、検証を現在必要とする様々な国際的取極全てにおいては、検証の管理のために不可欠なものではない。

8-1 冷戦期の軍備管理協定における検証

8-1-1 米ソの二国間協定

軍備管理交渉が本格的に開始された1950年代後半から、米ソ関係が劇的に変化した1980年代後半まで、二つの超大国は、兵器を制限し、または削減する協調的な法的取極を締結することができた。政治的関係が、全体的に過度の不信・疑念・敵対心によって特徴づけられたように、主として敵対的であったとはいえ、これらの諸協定は、信頼のおけない相手国に頼るという軍事的なリスクを制限しつつ、軍拡競争のコストと不確実性を減少させるために運用されてきた。

8-1-2 安心感と抑止

当事国同士が互いを深く疑っていたため、当事国は、「ブレイクアウト」、つまり、他方の当事国が禁止されている兵器システムを密かに配備することにより、破壊的な奇襲を準備する可能性に対する確証を常に必要とした。これを達成するには二つの方法があった。第一に、削減に合意した後も、「ブレイクアウト」が決定的な軍事的優越を達成できないよう、［当事国］それぞれの軍事態勢を強固なものにすること。第二に、十分余裕をもって適切な軍事的対応がとれるような警戒［措置］を提供する軍備管理協定を設計することである[5]。

---

5) 「ソ連指導部の『ブレイクアウト』の決定から軍事的に脅威を与えるソ連のABMシステムの完成までの間には、人目をひき、かつ時間のかかる実験、製造、敷地造成、建設、衛星発射、その他の配備活動［といった諸段階］に対しては、十分な余裕があることで米国は満足すべきであろう」。Ashton Carter, "Underlying Mili-

したがって、[たとえば] ABM 制限条約は配備の制限だけでなく、地上に基地を置かない ABM システムの開発・実験を禁止している[6]。[この条約の] 検証手続は、企図された「ブレイクアウト」を事前に検知し、適切な対抗措置をとれるようにするために、実際の配備だけでなく、予兆的な活動までも監視するように設計されている。

「ブレイクアウト」に対する安心を供与する同様のシステムは、抑止という強力な要素も含んでいる。[こうしたシステムによれば] 発覚される見込みが高く、また軍事的優越達成の可能性が低いので、条約に違反することで得られるものはほとんどない。発覚すれば、協定が防ごうとした悪循環に火がつき、当事者双方は、交渉から得る利益を失うだけでなく、二国間関係を危険なまでに悪化させてしまう。

こうした検証に関わる理念は米国では広く民主党・共和党いずれの政権によっても共有されてきた。1977年に、連邦議会が軍備管理協定に「適切な検証」を求めると決議したとき、ハロルド・ブラウン（Harold Brown）国防長官は次のように証言した。「関連する基準は、抽象的な理念ではなく、我が国の安全保障を確保するために我々が、法令遵守が適切になされているかを判断できるかどうかの実践的基準なのだ。……つまり、意図的な検証回避の試みが、重大なリスクを生じさせるほど大規模になされた場合、我々が、それに余裕をもって適切な対応を整えるように、それを識別できるかどうか、をはかる基準なのだ。私の意味する『適切な検証（adequate verification）』とは、このような基準を満たすものである」[7]。

「適切な（adequate）」から「効果的な（effective）」に用語を変更したレーガン

---

tary Objectives," in Antonia Chayes and Paul Doty, eds., *Defending Deterrence* (Washington, D.C.: Pergamon-Brassey, 1989), p. 18.

6) ABM 制限条約第3条および第5条。

7) George Bunn and Wolfgang K. H. Panofsky, "Arms Control Compliance and the Law," Working Paper of the Center for International Security and Arms Control, Stanford, Calif., 1998, p. 7; U.S. Senate Foreign Relations Committee, *Hearing on the SALT II Treaty*, 96th Cong., 1st sess. (1979), part 2, p. 241.

政権のレトリックは、より明確な基準を示しているように思われる。だが実際には、本質的に前政権と同じものだった。INF全廃条約の効果的な検証を説明する際、ニッツェ（Paul Nitze）交渉担当官は次のように述べている。「もし相手側が条約の制限を超えて軍事的に重大な意味をもつ方法で行動をとる場合、我々は、効果的に対応するのに間に合うように、そのような違反を探知することができ、それ故、相手側に違反から得る利益はないと示すことができる」[8]。

　冷戦期においては、抑止レトリックは、安心供与の持続的な重要性に影を落としてきた。だが、将来的には、抑止と安心供与の両方を含めることが、懸案となる協定の文脈にとって、適するものとなるに違いない。大量破壊兵器の拡散や高度な軍事技術の普及が監視されないかぎり、潜在的な軍事的脅威は継続することとなる。一方の当事者が、深刻な危害を与える能力を備える兵器を段階的に廃絶する、あるいは、それらを開発・獲得しないと合意した近隣諸国に対し、深刻な危害を与える能力を備える兵器を開発したら、軍事的脆弱性はいたるところで生ずる。時宜にかなった対応を可能とする十分早期の警戒を要請する抑止の要素は、それ故、旧ソ連の立場が変化しているにもかかわらず、現代の安全保障レジームの中でも継続する。核による大量殺戮の可能性は低下しているが、地域レベルでは、二超大国がナショナリズムやエスニック間の暴力の暴発を抑制していた時に比べて、不確実性や危険がより大きなものになるかもしれない。

8-1-3　自国の検証技術手段

　当事者どちら側も相手側を信頼しようとしなかったため、初期の二国間の軍

---

8) U.S. Senate Foreign Relations Committee, *Hearing on the INF Treaty*, 100th, Cong., 2nd sess. (1988), p. 41. Bunn and Panofsky, "Arms Control Compliance and the Law", pp. 7-8. を参照。ただし、Patricia B. McFate, "The Sharpe of Things to Come: New Concepts in Arms Control Verification," in Steven Mataija and J. Marshall Beier, eds., *Multilateral Verification and the Post-Gulf Environment: Learning From the UNSCOM Experience* (Toronto: Center for International and Strategic Studies, York University, 1992), pp. 68-69. も参照。

備管理協定は主として、条約［で規定した］行動を監視・評価するために、衛星からの監視に重きを置きながら、自国一国でできる検証技術手段（NTM: National Technical Means）に依拠してきた。1946年のバルーク案（Baruch Plan）の時から1987年まで[9]、ソ連は一貫して、受動的な技術的監視の確立や現地査察の受け入れを拒否してきた。ソ連は、これらを見え透いた諜報活動の機会であると退けたのである。1960年代初期の実験禁止交渉によりこのパターンが崩されかけた。ソ連は2ないし3件の現地査察［の受け入れ］を申し出たのである。だが、米国の立場は、「地下実験も含む包括的核実験の禁止を検証するのに必要なのは7件である」というものであった[10]。この難局の打開策として、双方は部分的核実験禁止条約（Limited Test Ban Treaty）に合意した。同条約は、NTMで検証できる大気圏内、宇宙空間および水中での実験のみを禁じ、議論の余地はあるものの、NTMで検証できないとされた地下核実験を除外したものであった。以後、冷戦終結期のINF全廃条約に至るまで、超大国間の軍備管理協定は、一方的な技術検証能力に応じたものであった[11]。この時期、制御できない軍拡競争のコストとリスクの代替案としてのNTMの性能が向上

---

9) "Statement by the United States Representative (Baruch) to the United Nations Atomic Energy Commission, June 14, 1946", in *Documents on Disarmament 1945-1959*, vol. 1 (Washington, D.C.: U.S. Department of State, 1960), p. 7.

10) Michael Krepon, "The Politics of Treaty Verification and Compliance," in Kosta Tsipis, David Hafemeister, and Penny Janeway, eds., *Arms Control Verification: The Technologies That Make It Possible* (Washington, D.C.: Pergamon-Brassey, 1986), pp. 20-32; Roger Clark and John Baruch, "Verification of a Comprehensive Test Ban," in Frank Barnaby, ed., *A Handbook of Verification Procedures* (Basingstoke: Macmillan, 1990), p. 159; Gordon Thompson, "Verification of a Cut-Off in the Production of Fissile Material," in *ibid.*, pp. 278-279. Glenn T. Seaborg, *Kennedy, Khrushchev and the Bomb* (Berkeley: University of California Press, 1981), pp. 178-191も参照。実際に、ケネディ大統領は6件の査察まで譲歩することを承認していたが、ディーン（Arthur Dean）米交渉担当官はこの提案をすることはなく、フルシチョフの誠実さが試されることはなかった。

11) たとえば、SALT Iでは、保有量数の計算単位は発射基［ミサイルそれ自体ではなく］であった。発射基を数え上げるのは容易だったからである。Strobe Talbott, *Deadly Gambits* (New York: Alfred A. Knopf, 1984), pp. 212, 238.

することで、両当事者の間で、核兵器のレベルを制限し、安定化させる幾つかの協定を受け入れようとする信頼が生まれた。軍備制限協定により、どちら側もあからさまな条約違反をする恐れがないという確かな予測可能性が生まれたため、用意周到な軍事計画や諜報活動はそれほど求められなくなった[12]。

しかし、NTMによる検証のみで、十分満足のいく遵守検証は生み出されることはなかった。管理された兵器がかなりの程度識別可能な場合でも、時に曖昧な証拠が提示され、その明確な説明が求められることもあった。また、二国間での不信や疑念があるにもかかわらず、検証における協調は、かなりの程度進展してきたといえる。1972年、第一次戦略兵器制限条約（SALT I）では、「義務の遵守に関連する問題点と曖昧と思われる状況を検討する」フォーラムとしての常設協議委員会（Standing Consultative Commission）が設立された[13]。他にも、SALT Iには基本的な協調的要素がある。当事者双方は、相手側のNTMに干渉せず、隠蔽工作を行なわない義務を請け負った[14]。第二次戦略兵器制限条約（SALT II）は、署名されたものの批准されることはなかったが、協調の深化を示すものであった。同条約では、「合意されたデータベース」が設置されたのである。先に述べたように、これは「［軍事秘密主義に徹してきた］400年におよぶロシア史を書き換えること」を意味した[15]。様々な保有量数の計算単位に関する規定は、NTMの実施を円滑にした。即ち、NTMによる一方的監視への依拠が遵守確保の主要な源であり続けたにもかかわらず、協調的措置

---

12) 例えば、*Testimony of Secretary of Defense Harold Brown before the Senate Committee on Armed Services, Hearings on S. 2571 (Defense Authorization)*, 95th Cong., 2nd sess. (1978), part 1, p. 616を参照。

13) ABM制限条約第13条；Antonia Handler Chayes and Abram Chayes, "From Law Enforcement to Dispute Settlement: A New Approach to Arms Control Verification and Compliance," *International Security*, 14, no. 4 (Spring 1990): 159.

14) ABM制限条約第12条2項および3項；SALT I 第5条2項および3項。

15) Strobe Talbott, *Endgame: The Inside Story of SALT II* (New York: Harper and Row, 1979), p. 98. ［タルボット（秋山康男ほか訳）『狂気のゲーム：SALT IIの内幕』（朝日新聞社、1980年）。］

の有効性がますます認識されるようになったのである[16]。

8-1-4　冷戦期の検証をめぐる政治

冷戦期、米国の政策の基本は、全ての検証手続規定と検証手続のスケジュールの詳しい説明責任・アカウンタビリティを求めることにあった。この過程に携わった米国人の大半は、どの政権であっても、「ソ連はどんな盲点や曖昧さでも利用し、米国が許容してくれるであろうことを見極める『サラミ・スライス戦略』[一本のサラミをただちに奪うのではなく、薄くスライスし、少しずつ盗むことで、最終的に一本のサラミを奪う喩]をとる」という憶測に立って物事を進めていた[17]。[だが、]綿密な検証の枠組内で、正確かつ完全な技術遵守を求めた理由は、軍事的警戒心からだけではない。冷戦は国民意識にも深く根差していた。1960年代から1980年代まで、ほとんどの米国の有権者は、軍備管理の価値に完全な疑いの目を向けていた。彼らは全くリスクのないことにしか満足しなかった。「ソ連は協定を尊重せず、[むしろ]それを利用しようとする」というのが、彼らの憶測だった。こうしたイデオロギー枠組は、ソ連の条約違反[を示す]部分的かつ不確かな証拠に論拠を与え、政府高官に対する政治的圧力となり、彼らに曖昧な見解から最悪の結末を想定させた。そしてどの政権も、自らの政権がだまされているとは認識しなかった。このことは、ソ連

---

16) たとえば、SALT I [訳注：原文の誤り、正しくは SALT II] は、重爆撃機と上空発射型巡航ミサイルの発射基を区別するために、発射の事前通告と、「機能上、区別しうる差異」を要求している。SALT I [訳注：原文の誤り、正しくは SALT II]、第15条2項および3項、第16条1項ならびに第2条3項、「第四合意声明」。保有量数の計算規則は、実験に基づく弾頭の数、平均した爆弾または ALCM [空中発射巡航ミサイル] の数について想定した。Michael Krepon, "Counting Rules," in Kreon and Umberger, eds., *Verification and Compliance*, pp. 124-140を参照。

17) Sidney Graybeal and Patricia McFate, "Recent and Current Trends in Bilateral Verification," in Graybeal, et al., eds., *Verification to the Year 2000*. たとえば、以下も参照。General Advisory Committee on Arms Control and Disarmament, *A Quarter Century of Soviet Compliance: Practices under Arms Control Commitments, 1958-1983* (Washington, D.C.: USGPO, 1984).

のネガティブな公的イメージを強化した。つまり、軍事的・政治的関係の必要性からではなく、以上のような根深いイデオロギー枠組から米国の過剰警戒が結果として生じた。

核戦力の規模・構造の比較的わずかな変化でも、軍事バランスに直接影響し、米国の安全保障を危険にさらすというのが、根強い前提だった。適切な軍事バランスの維持に失敗すれば、ソ連に拡張主義的目標を達成させてしまうと考えられた。というのも、米国はそれを抑止するにはあまりにも弱いと考えられていたからである。SALT Iの批准論争の後、このアプローチはパリティ［均衡性］概念に収斂した[18]。上院は、今後全ての米ソ間の軍備管理協定に「実質的均衡性」の要件を設定したジャクソン決議を採択した[19]。やがてパリティは、一般的議論において、超大国間の軍事バランスに代わるものとなった。

パリティの要件に基づき、ある戦略兵器の物量面でのわずかな相違点さえも重大だと考えられた。軍事的現実と関係なく、単なる数量比較は、［軍備管理］協定案に対する政治的攻撃の根拠となった。結果として、検証措置もまた、軍事的に重要であろうとなかろうと、パリティからわずかに離反してはいないかを検証するよう設計される必要があった[20]。

レーガン政権はそれまでの政権よりもソ連の行動に懐疑的であった。1984年より、レーガン大統領は、議会に不遵守年次報告書を提出した。その中では、

---

18) Chayes and Chayes, *supra* note 13, p. 149; Stephen J. Flanagan, "Safeguarding Arms Control," in Krepon and Umberger, eds., *Verification and Compliance*, pp. 224-225を参照。

19) 56票対35票で1516修正が可決された。同条によれば、「連邦議会は、ABM制限条約に反映されている米ソ間の平等の原則を承認し、［将来の交渉が］大陸間戦略兵器の水準をソ連に課される制限以下に制限しないことを要請する」。*Congressional Record*, vol. 118, pp. 30623 et seq., 92nd Cong. 2nd sess.（1972）。

20) レーガン政権が求めた高い程度の検証に関して、たとえば、General Advisory Committee on Arms Control and Disarmament, *A Quarter Century of Soviet Compliance* を参照。William E. Burrows, *Deep Black: Space Espionage and National Security*（New York: Random House, 1987); p. 339; Lloyd Jensen, *Negotiating Nuclear Arms Control*,（Columbia: University of South Carolina Press, 1988), p. 41.

極めて些細で違法かどうか疑わしいような、発効している条約の違反（といくつか未批准の条約の違反）が列挙されており、たとえ実際に違反であったとしても軽微な条約違反をめぐる公的対立を引き起こすものであった。

こうした恐怖心の断片はいまなお存在する[21]。ソ連解体、承継国家群の民主化の開始、西側民主主義国との抜本的な関係変化にもかかわらず、（最小限の）パリティへの固執は、米国からもソ連軍を引き継いだ承継国家の意識からも消えてはいない。1990年に比して、ロシアの兵器工場がSS-20をSS-25と偽らなかったことは、今日、さほど重要な問題ではない。今日では、「中核（コア）抑止」［訳注：核態勢を報復能力の確保に限定する抑止戦略］により［保たれている均衡が］容易に崩されることはないと受け止められている[22]。だが、依然として厳格な検証［措置］へのこだわりは残っている。

8-1-5　ポスト冷戦期初期における検証への視座

従来の方法の繰り返しにもかかわらず、冷戦期の米ソ二国間の検証をめぐる対立は、INF交渉に差し掛かると、より協調的で開放的なものへと変化した。顕著な変化として、ソ連が初めて現地査察を容認し、両当事国がこれらの査察を実行に移す共同手続を規定した複雑な議定書に合意したことが挙げられる[23]。米露関係は、対立から協調へと変化したことにより、INF全廃条約にお

---

21) たとえば、ソ連が新しい戦車約1,000両を有する機械化歩兵三師団を、「沿岸防衛部隊」と再定義し、条約対象外の「海軍戦力」であると主張した1991年春の段階で、米上院は、欧州通常戦力条約の批准を遅らせた。旧ソ連圏の諸国を含む他の条約締約国からの強力な外交圧力を受けて、ソ連は、こうした主張を放棄した。R. Jeffrey Smith, "Bush Backs Arms Treaty Compromise," *Washington Post*, Apr. 12, 1991, p. A16を参照。

22) Ashton P. Carter, William J. Perry, and John D. Steinbruner, "A New Concept of Cooperative Security," Brookings Occasional Paper (Washington, D.C.: Brookings Institution, 1992), p. 1.

23) INF全廃条約第11条。中距離および短距離ミサイルの廃棄に関するアメリカ合衆国とソビエト社会主義共和国連邦との間の条約に関する査察に関する議定書も参照。

ける飛躍的な進展は、欧州通常戦力条約（CFE）や戦略兵器削減条約（START）等のより複雑な条約にまで拡大した[24]。START IIや化学兵器禁止条約（CWC）といった後の軍備管理協定は、条約の各条項を遵守しているかを検証する大規模な現地査察を許可したINF全廃条約のパターンを踏襲している[25]。同様のモデルは、再交渉された生物兵器禁止条約（BWC）にも見て取れる[26]。

　これら全ての条約には、数十頁にわたる要件・手続や前例のない協調的措置を盛り込んだ長々しい検証についての附属書がある。個別の査察の類型は、特定の条約義務に沿って規定される。定められた第一の査察は、合意されたデータベースの検証である。兵器システム・製造施設の廃棄が求められる場合、施設閉鎖査察（close-out inspections）が必要となる[27]。生産が禁止される場合、対象施設は継続的な出入口の監視（portal monitoring）に置かれる[28]。以上の定期的な［検証措置］に加え、多くのランダムな査察または申立てによる査察が特定されることがある[29]。条約はまた、査察が妨害されないことを確保する精巧な措置も規定している。被査察国は、査察員のための受入団と一定の査察のためにヘリコプターを含む特別な輸送手段を提供しなければならない。冷戦期の警戒心は、このように協調状況が高まる環境においても、決して緩んではいないのである。

---

24) CFE条約第8条および第14条、査察議定書；START I, July 31, 1991, 査察および継続的な監視活動に関する議定書。
25) CWC実施と検証に関する附属書；START II第11条14項および査察議定書第16条。
26) "Proposal for the Third Review Conference of the Biological Weapons Convention," *Report of the Federation of American Scientists Working Group on Biological and Toxin Weapons Verification*, Oct. 1990.
27) INF全廃条約第4部（A）、88-104頁および第5部（閉鎖に関する規定）。
28) INF全廃条約第11条6項（出入口監視に関する規定）；START II第11条14項および査察議定書第16条（出入口監視に関する規定）；CFE条約第8条；第14条（出入口監視に関する規定）。
29) INF全廃条約第11条5項（事前通告査察に関する規定）；CWC第10部（直前の通知による査察に関する規定）；START I第11条（直前通告査察に関する規定）；CFE条約第8条および第14条、査察議定書（直前通告査察に関する規定）。

NTM は、とりわけ兵力の移動や条約が制限する品目や施設が大規模かつ上空からの監視で目視可能なものについては重要な役割を果たしてきている[30]。1992年3月に29ヵ国によって署名されたオープン・スカイ条約は、「大西洋からウラルまで」の領域での上空飛行の受入割当を許可することで、NTM を協調的なものにする可能性を高めている。こうした［措置］は、兵力の移動のみならず、多数の条約で規制されている他の品目を監視することに有益である。これまで、こうした要件をしっかり遵守することに当事者はこだわり続けている[31]。

8-1-6　パラレル・モデル

遵守を確保するための代替的モデル（この起源も冷戦初期にある）は、条約締結国自らでなく、国際組織による検証と査察に依拠するものである。このモデルは、米ソの利益が近接していた核不拡散の分野で最初に運用された。これを受け持ったのが、核物質・核技術の兵器開発への転用を防ぎつつ、原子力エネルギーの平和利用を促進させるために1958年に設立された IAEA であった。核の将来についての待ち望まれた期待や便益への確実な道として、IAEA は当初から、81ヵ国の原加盟国（1995年には122ヵ国に拡大）と35ヵ国から成る理事会(Board of Governors)を有する、広く支持された国際組織だった[32]。1956年、米国は、平和目的のために核物質・核施設を輸出する「平和のための原子力」計画を始動した。同計画の受け手は、軍事転用［の防止］を確保するための査察に合意することが求められた。IAEA が設立された時、こうした二国間協定は再度交渉され、IAEA が査察機能を担うことになった。米国以外の国々が原

---

30)　Amy Woolf, "Cooperative Measures in START Verification," Congressional Research Service Report 91-492F, 1991, p. 4; McFate, *supra* note 8, p. 70.

31)　オープン・スカイ条約、Misc 13 (1992), Cm 2067. David A. Koplow, "When Is an Amendment Not an Amendment?" Modification of Arms Control Agreements without the Senate," *University of Chicago Law Review*, 59 (1992): 985-1009.

32)　Giuseppe Schiavone, *International Organizations: A Dictionary and Directory* (London: Macmillan, 1992), pp. 130-133.

子力エネルギーの輸出市場に参入すると、これらの国々も IAEA が定めた査察手続に合意した。INFCIRC 68（Information Circular）と呼ばれ、公表された文書の中に理事会が成文化した査察は、輸出入に関する特定の物質に限定されており、国産の生産までは対象としていなかった。それ故、たとえば、イスラエルのディモラ原子力発電所は一度も IAEA の査察を受けなかった。

1968年の核不拡散条約で、非核保有国は、核兵器を獲得しないこと、義務の遵守を検証すること、自国内全ての平和的な核施設への保障措置制度を受け入れることに合意した[33]。同条約が IAEA に査察の権利を直接付与したものではないが、IAEA は保障措置の機能を有するとみなされた。非核保有国は、国産のもの、あるいは輸入されたものであるとを問わず、全ての施設について申告し、査察に開放すると定める協定について交渉する。こうした要件は、INFCIRC 153（［訳注：153型保障措置協定］1971年）の中で明文化され、「フルスコープ保障措置」として知られている[34]。その規則は、平和利用に供する全ての核物質・核施設について申告し、現状の詳細な説明を提供することを当事国に義務付けた。

IAEA は、申告された施設の査察に基づく、民生利用から［軍事］への転用の有無の検証に限定された責任を負うと考えていた。その手続は、各核施設の核物質の収支を監査し、勘定に入れられていない「相当量の」核物質がないことを確認することだった。何が相当量であるかを測る基準は、一個の核兵器を製造するのに必要なおおよその量（25kg のウラン235あるいは 8 kg のプルトニウム）である[35]。つまり、保障措置手続の下で異議を受けることなく、各施

---

33) NPT 第 3 条 7 項。

34) IAEA Doc. INFCIRC 153, May 1971, reprinted in *International Legal Materials*, 10 (1971): 855. Ben Sanders, "IAEA Safeguards: A Short Historical Background," in David Fischer, Ben Sanders, Lawrence Scheinman, and George Bunn, eds., *A New Nuclear Triad: The Non-Proliferation of Nuclear Weapons, International Verification and the International Atomic Energy Agency*（Southhampton: Mountbatten Centre for International Studies, 1992), pp. 2-4. を参照。

35) Frank von Hippel and Barbara G. Levi, "Controlling Nuclear Weapons at the Source:

設から一個の核兵器を生産するのに十分な物質を移転することは、理論上可能だった。

より重要なことに、IAEA は未申告の施設または物質を検査せず、イラクによって新たな大規模施設の近くに建設された場合のように疑わしい状況を調査することさえしなかった[36]。湾岸戦争まで、IAEA はこうしたことを行なう権限を有しないとしてきた。安全保障理事会決議687号に基づき、ほとんど無制限の査察権限を行使した国連特別委員会（UNSCOM）によってイラクにおける状況が明らかになったことで、その時まで IAEA が想定してきた通常の査察手続の不適切さが浮き彫りになった[37]。1991年４月、決議687号に従いイラクが提出した冒頭の在庫目録には、イラクが、IAEA の査察下にあった27.6ポンドの高濃縮ウランとトワイサ研究センターにソ連から提供された22ポンドの低濃縮ウランを保有していることが示されていた。またそこには、核活動に従事する24の施設が列挙され、イラクが未公表の入手先から劣化ウラン６トンを受領したことが明らかにされていた[38]。６月、亡命イラク人科学者からの情報は、イラクが核開発計画と兵器級（weapon-grade）核物質の保有［量］を極めて過小に申告していたことが示された[39]。国連特別委員会の新たな査察により、結

Verification of a Cutoff in the Production of Plutonium and Highly Enriched Uranium for Nuclear Weapons," in Tsipis, Hafemeister, and Janeway, eds., *Arms Control Verification*, p. 357.

36) David Kay, "The IAEA: How Can It Be Strengthened ?" unpublished paper, p. 7. ケイは、IAEA の査察員がイラクのトワイサ核研究センターの施設を６ヵ月おきに訪問したが、同じ施設にあった他の70棟の利用について質問することはなかったと指摘する。

37) Lawrence Scheinman, "Nuclear Safeguards and Non-Proliferation in a Changing World Order," *Security Dialogue*, 23（Dec. 1992）: 41; Lawrence Scheinman, "Lessons from Post-War Iraq for the International Full-Scope Safeguards Regime," *Arms Control Today*, 23（Apr. 1993）: 4.

38) Elaine Sciolino, "U.S. Says Iraqis' Uranium Is Still Enough for One Bomb," *New York Times*, May 1, 1991, p. A14. さらに、在庫目録には、存在が知られ疑いのある他の核兵器開発施設や遠心分離機は記載されなかった。

39) Paul Lewis, "UN Aides Say Iraq May Be Concealing Nuclear Material," *New York*

果的に、爆縮型（implosion type）核兵器製造を目的とし、地対地ミサイル計画に関連する大規模な核開発計画の決定的証拠が発見された[40]。

　この経験を基に、IAEAは、将来的に未申告の施設または物質が存在していると信じる理由がある場合に、「特別査察」を行なうべきであると決定した。理事会の承認を経て、事務局長は、INFCIRC 153を、こうした査察を許可するものとみなした。［この手続は、］INF全廃条約、CFE条約、START Iに続き、干渉的な検証を認める新たな例となった[41]。北朝鮮問題において、この新たな権限が最初に用いられた。幾つかの疑義が生じた1993年2月初頭の査察後に事務局長は「特別査察」を要請した。INFCIRC 153の基本的規定は、「当事国の同意に基づき」、「特別査察」を許可しており、北朝鮮が同意を拒絶したとき、IAEAは障害に突き当たった[42]。査察手続が、作成された当時は、こうした同意の拒絶それ自体が受け入れ可能な行為からの重大な離脱とみなされた。

　事務局長は、事項を理事会に正式に提起した。理事会は、交渉によって解決されない場合、さらなる行動を求めて安全保障理事会に事項を付託する権限を有している。1994年の夏、長引く交渉の末、北朝鮮は現存する原子炉への燃料補給の停止に合意し（このことは潜在的な核兵器開発の停止効果を有した）、原子炉はIAEAの監視下に置かれることになった。その見返りとして、米国と韓国は北朝鮮に対し、兵器転用の可能性が低い軽水炉を提供することに合意した。こうした停止［措置］は計画通り実施されたが、軽水炉提供をめぐる交渉は延々と続き、困難を極めた。［結局、］交渉は1995年半ばの時点で完了しなかっ

　　　Times, June 15, 1991, pp. A1, 4.
40)　UN Doc. S/23165（Security Council, 1991）, p. 5
41)　John R. Walker, "The UNSCOM Experience: Orientation," in Mataija and Beier, eds., *Multilateral Verification and the Post-Gulf Environment*, p. 89; John Simpson, "The Iraqi Nuclear Programme and the Future of the IAEA Safeguards System," in J. B. Poole and R. Guthrie, eds., *Verification Report 1992: Yearbook on Arms Control and Environmental Agreements*（London: Vertic, 1992）, p. 252.
42)　David Sanger, "North Korea Spurns Nuclear Agency Demand," New York Times, Feb. 14, 1993, p. A1; Kay, "The IAEA: How Can It Be Strengthened？"

た。特別査察についても同様であった[43]。

　同時に、IAEA は、保障措置制度を強化する精巧な計画を進め、フルスコープ保障措置を受け入れた国における未申告活動の探知を扱うこととした。新たな計画には、全ての核関連施設への広い査察アクセスと共に、既存のものだけでなく、［今後建設を］予定している核開発までをカバーする拡大申告（Expanded Declaration）が含まれた。［この計画により、］未申告活動が存在しないことの確証が増大した。査察は、ルーティーンとはいえないまでも定期的に行われ、時期、活動、または場所に関する事前通告なしに実施されうる。1995年6月、IAEA 理事会は、この新しい保障措置制度を二段階で実施することを決定した。第一段階は［その実施が］黙示的に承認されたのに対して、第二段階の個別国家との交渉は、12月の理事会々合では別個の法的権限が未解決のままであった[44]。

　化学兵器禁止条約は、締約国が、条約の「違反の可能性についての問題を解決することのみを目的として」、申立てによる査察を要求できると定めることによってこの問題を回避した[45]。交渉の大半を通じて、米国は通告なしの「時と場所を限定しない」査察を主張したが、会議が今にも合意をみようとしたその時、米国が考えを変えた。皮肉にも、米国は機密情報と企業情報を保護する意義を認め始めたのである。米国は、「管理されたアクセス」というそれほど要求の多くない概念へと移り、自らの交渉の立場を修正した[46]。申立てによる査察は、新しい化学兵器禁止機関（Organization for the Prevention of Chemical Warfare: OPCW）の技術事務局により、実施されること、被査察国は、短期間

---

43)　"U.S. and North Korea Recess Talks," *New York Times*, May 21, 1995, p. 3.

44)　*Strengthening the Effectiveness and Improving the Efficiency of the Safeguards Program: A Report by the General Director*, IAEA Doc. no. GOV/2784, Feb. 21, 1995; Gamini Seneviratne, "New IAEA Safeguards System to Be Applied in Two Phases," *Nuclear Fuel*, 20 (July 31, 1995): 10を参照。

45)　CWC 第9条。

46)　"An Act Interview with Amb. Stephen J. Ledogar: The End of the Negotiations," *Arms Control Today*, 22, no. 8 (Oct. 1992): 8-9.

で査察対象となる施設に十分なアクセスを提供しなくてはならないことが決定された。被査察国は、査察団が指定された入国地点に到着する少なくとも12時間前に通告を受け、疑わしい施設の外縁に査察団を輸送するまでに、さらに36時間が与えられている。被査察国は、[訳注：原文の誤り、正しくは要請締約国]査察にオブザーバーを同行させる権利を持つ。査察対象となる区域の外縁についての交渉は、最初の24時間以内に完了しなくてはならない。受入国は所有権あるいは捜査押収に関する憲法上の要件を守るため、査察を拒否することができる。こういった場合、受入国は他の手段で「遵守を証明する」義務がある[47]。

　化学兵器禁止条約の下での検証の国際化により、米国の専門家はいくらか神経質になった。米国は長い間、ハイレベルの検証に懸念を有しており、IAEAに対して伝統的に懐疑的であったからである[48]。国際化に伴う［米国の］コントロールの喪失は、基準を下げることにもなる。だが、広く包摂的な多国間協定は将来のパターンとなりうるし、化学兵器禁止条約がしてきたように、多国間の検証やコスト共有の方向へ進むことは必然だろう。米国といくつかの国々は、自国の検証技術手段を実施し続けるだろうが、多国間の安全保障取極の当

---

47) CWC 実施と検証に関する附属書、第10部 C38項、41項および第9条20項。Michael Krepon, "Verifying the Chemical Weapons Convention," *Arms Control Today*, 22, no. 8 (Oct. 1992): 22; Charles C.Flowerree, "The Chemical Weapons Convention: A Milestone in International Security," in ibid., p. 3, and James F. Leonard, "Rolling Back Chemical Proliferation," in ibid., p. 13も参照。

48) これとは反対に、CFE の検証手続は、「調整的二国間」検証と呼ばれてきたものに収斂した。Alan Crawford, "Interrelationship of Verification Methods: Working Group Summary," in Mataija and Beier, eds., *Multinational Verification and the Post-Gulf Environment*, p. 132. 実際の査察は、個別国家により開始され、かつ実施されてきた一方で、NATO の小国は査察員の多国籍団を結成している。NATO は技術、訓練、査察、およびデータを共有することで、重複を避け、受入国が同意しなければならない査察の施設と類型を最大化している。Mark Lowenthal, "The CFE Treaty: Verification and Compliance Issue," Congressional Research Service Issue Brief 91009 (1991), p. 9.

事国は、他国による一方的な現地査察を受け入れることはないだろう。

新たな形態の安全保障協定は、協調的かつ干渉的なものとなりうる。また、高度な検証技術を構想し、慎重に開発することも必要となるだろう。以前は政治的な［分野にとどまった］協調を阻むものは、いまや活用しうる資源の問題、そして化学兵器禁止条約交渉の中で現れた安全保障・産業上の利益の類にまで［およぶだろう］。1990年代初頭の協定は、過去の警戒心・正確さと将来の不確実性を反映した過渡的なものと思われる。

8-2　他の規制型条約における安心供与の必要性

安全保障協定の検証経験、とりわけ、超大国の軍備管理協定の経験は、他の分野にそのまま適用することはできない。環境レジームや他の分野の遵守検証は、［安全保障分野と］同種の緊急性を有していない。［安全保障分野におけるような］利害が重大であるわけでもないし、利害への影響が直ちにあらわれるものでもなく、誤りに対する許容度が低いものでもない。用語法さえも異なっている。たとえば、複数の事例で頻繁に用いられる「監視」という用語は、軍備管理検証に関する研究で示されるいくつかの事項のみをカバーするものである。とりわけ、「監視」という用語は、個別的な条約違反の調査に、あまり関心を払っていない。だが、安全保障検証の古典的モデルのいくつかの側面は、他の文脈にも適用可能であろう。［たとえば、］環境規制の分野において、衛星監視の形態を含む技術監視の役割は増大しつつある。INF全廃条約から発展してきた現地査察もまた、環境分野の監視に適用できるだろうし、人権・平和の執行の各分野にも効果的に用いられてきた。

さらに、規制型レジームの経験は安全保障分野にフィードバック可能である。多国間の核不拡散協定の要件や制約は、たとえ、より高いリスクを内包していようと、他の規制型レジームとほぼ同様である。二国間の軍備管理は伝統的に、主として国家行動を第一に考えるが、他の規制分野の実効性は、私的アクターの行動に大きく依存している。しかし、こうした区別は曖昧になってきた。核

兵器不拡散を管理するためには、私的活動をも監視することが必要である。安全保障分野でも他の規制型条約でも、新たな検証方法は、国家に直接管理されない把握の難しい活動への対応を求められている。

8-2-1 環境協定における検証

環境規制は主として、遵守についてのデータを収集するために自己申告に依拠している。[その際には]情報の正確さ・完璧さの、自立的で公的な確認といった方法はあまり[見られない]。大半の条約では、報告書を検討する一般的な義務が盛り込まれているものの[49]、締約国会議や事務局のいずれも、体系的に報告の評価を行う資源や技術的能力を有してはいない[50]。多くの場合、NGOの報告や独立した技術評価により「三角測量（triangulation）」的に補われる形で、報告書の限定的な内在的分析やクロスチェックが行なわれるのみであり、[これらが] 報告されたデータの正確さを推断する基礎となる[51]。

8-2-2 環境状態の監視

すでに述べたように、[環境状態の] 監視がより体系的になされる場合、規制対象である環境システムの総体的状況を確かめることが主要な関心事項である。問題は、当事国の遵守ではなく、現存する規制の有効性とより厳格な基準の必要性である。第6章で論じたように、監視の取り組みは国家の政策協調を促進し、国家・国際レベルでの政策形成に寄与し、多くの状況下で新協定の締結や弱い協定の強化に必要な政治的駆動力を生み出す一助となってきた。ある既存の協定が問題を改善するものでない場合、典型的な対応策（ともすると最も効果的なもの）は、条約違反国を問い詰めることではなく、基準を上げてい

---

49) Fischer, *supra* note 3, p. 20を参照。

50) *GAO Report: International Agreements Are not Well Mentioned*, GAO RCED-92-43 (Jan. 1992), pp. 23-28.

51) たとえば、*Report of the Secretariat of the Montreal Protocol on the Reporting of Data*, Nov. 14, 1990, UNEP/OzL.Pro. 本書第7章も参照。

くことに努めることであろう。

たとえば、1954年から1978年にかけて、国際海事機関（International Maritime Organization: IMO）は、タンカーの操業者が排出基準遵守を検証できるほど石油成分計が正確ではなかったにもかかわらず、油による海水の汚濁防止に関する国際条約（International Convention for the Prevention of Pollution of the Sea by Oil）の下[52]、タンカーからの油汚染の制限を厳しくし続けてきた[53]。

同様に、モントリオール議定書締結後、成層圏のオゾン層の破壊という問題への対処として、既存の規制は不適切であると判断された。当事国は規制される物質を拡大し、これら多くの物質の50％削減義務から2000年までの全廃へと規定を改正した。2年後、コペンハーゲンにて、多くの物質の全廃期限が1996年1月1日に前倒しされた[54]。個々の当事国による段階的な削減目標の遵守は、ほとんど意味のないものとなった。

第6章では、欧州監視評価計画（European Monitoring and Evaluation Program: EMEP）の下での協調的監視の実績が、いかにして、北欧の森林や湖水に対する酸性雨被害の存在を確実に証明し、［汚染物質の］排出を削減するための協調行動の駆動力を提供したかを議論してきた[55]。環境問題の性質や程度についてのコンセンサスがあったため、当事者はより容易に規制に合意することができた[56]。メッド計画／地中海行動計画（Med Plan）[57]やライン川化学汚染

52) OILPOL, 第3条(c)(i).
53) こうした動きを導いた改正や交渉の歴史については、Ronald Mitchell, *Intentional Oil Pollution at Sea: Environmental Policy and Treaty Compliance*（Cambridge, Mass.: MIT Press, 1994）の第4章を参照。
54) モントリオール議定書のコペンハーゲン改正。
55) Marc A. Levy, "European Acid Rain: The Power of Tote-Board Diplomacy," in Peter M. Haas, Robert O. Keohane, and Marc A. Levy, eds., *Institutions for the Earth*（Cambridge, Mass.: MIT Press, 1993）.
56) Lawrence E. Susskind and Jeffrey Cruikshank, *Breaking the Impasse: Consensual Approaches to Resolving Public Disputes*（New York: Basic Books, 1987）, pp. 13-117.
57) UNEP/WG, 2/5 annex, (Feb. 1975). 国連環境計画により設定された地中海行動計画、通称メッド計画は、汚染に対する地中海の保護に関するバルセロナ条約（1976

防止条約(Convention for Protection of the Rhine against Chemical Pollution)の下、協調的監視ネットワークは、環境危機についての早期警戒システムの一部としても機能している。

8-2-3 遵守の監視

当事国の取り組みを無視してはならない。環境上の問題をみつけるために作られた協調的監視メカニズムはまた、規制のインパクトを監視することにも使用されうる。EMEPは、科学調査、そして長距離越境大気汚染条約（Convention on Long-Range Transboundary Air Pollution）を当事国が遵守しているかを監視するという「二重の役割」を果たし続けている。EMEPが非常に包括的な情報母体を作り出すので、国家は、不正確な自国のデータを提出しようと思わない。これにより、安心感と抑止力が提供されることとなる。[これについて]ピーター・サンドは次のように指摘する。「これほどの検証措置を備えているといいうる国際環境協定は他に類を見ない」[58]。

IMOは最終的にタンカーからの油汚染問題を、排出されるバラスト水と油の混合を物理的に防ぐような分離バラスト・タンクの設置を義務付けることで解決した。タンカーの操業者にとってみれば、これはコストのかかるものではあったが、各国の海運当局にとっては、入港するタンカーを定期的に査察する方法で監視することが容易になった。さらに、民間の海上保険会社は、不遵守船舶を認証することを拒否している。装備基準の遵守は、100％に近接しており、新たな船舶からの油の排出はほとんどゼロに近い。さんざんだった遵守率が完璧に近くなりつつある[59]。

年2月）との関係で採択された。バルセロナ条約は、地中海の保護、そして将来の特定の汚染物質の規制を目指す枠組合意である。Peter Haas, *Saving the Mediterranean* (New York: Columbia University Press, 1990), pp. 97-100も参照。

58) Peter Sand, "Reginal Approaches to Transboundary Air Pollution," in John Helm, ed., *Energy Production, Consumption and Consequences* (Washington D.C.: National Academy Press, 1990), p. 259.

59) Ronald Mitchell, "International Oil Pollution of the Oceans," in Haas, Keohane, and

20年以上にわたる検討の末、1977年に国際捕鯨取締条約（International Convention for the Regulation of Whaling）は、国際監視団制度（IOS, International Observers Scheme）を設置するよう修正された[60]。IOSとは現地査察システムと似たものである。IOSは二国間で、捕鯨船団と陸上基地を監視する監視団の自発的なやり取りを促進する。監視団は国際捕鯨委員会（International Whaling Commission: IWC）に対し、全ての違反行為を記録した報告書を提出する（通常、こうした違反行為は十分な弁明を伴うものであるが）。こういったスキームは自発的なものである（IWCの要求により実施されるものでない）。そして二国間のやり取りは、ほとんどが捕鯨国間で行なわれる。それでも、IOSはいくつかの遵守についての追加的な安心感を提供する[61]。

南極条約はより特徴的な現地査察システムを採用している。同条約は、南極大陸に対する領有権の主張を（認めるのではなく）凍結し、あらゆる軍事的活動を禁じている[62]。同条約はさらに、どの当事国でも通告の上、南極地域における他の当事国の施設を査察することができると定めている。一方で、ソ連は、査察はいずれかの国家の領域内で行なわれるものではなく、南極条約は安全保障問題に部分的にしか関係していないという理由からであろう、この取極を受け入れた。他方で、米国は、南極地域の査察システムは、より厳格な軍備管理協定の緩やかな先例となることに望みをかけていた。こうした期待は失望にかわったものの、査察システムは環境上あるいは軍事上脅威となるかもしれない諸活動を防止することに寄与した。1983年までに10件の査察が行なわれた（その半数の案件は米国、残りはニュージーランド、オーストラリア、英国、アルゼンチンによる）。以降、環境問題への関心の高まりもあいまって、1983年か

　　　　Levy, eds., *Institutions for the Earth*, pp. 206-221.
60)　ICRW, Protocol, Dec. 2, 1956. 議定書は1959年まで未発効であった。IOSそれ自体は、1967年に地域レベルで採択され、完全に履行されるようになったのは1977年になってからであった。Patricia Birnie, *The International Regulation of Whaling*（New York: Oceana Publications, 1985）, pp. 703-704.
61)　*Ibid.*, p. 471.
62)　南極条約第1条、5条。

ら1992年にかけて査察数は、113件にまで劇的に増加した（その半数の案件は米国、残りはオーストラリア、チリ、フランス、ドイツ、ニュージーランド、英国、ソ連による）。グリーンピースは南極条約システムの開放性を利用して、フランスの基地へのアクセスを確保し、南極大陸での新たな滑走路の建設の際に、多くのアデリーペンギンが殺されていたことを発見した。グリーンピースが撮影した写真は、南極条約協議国会議による同問題の検討を促し、フランスは、南極の動物群および植物群の保全のための合意措置（Agreed Measures for the Conservation of Fauna and Flora）が要求する環境影響評価を行なうことになった[63]。厳格な通告、査察、そして環境影響評価の義務は、新たな環境保護に関する南極条約議定書（Antarctic Treaty Protocol on Environmental Protection）に規定されている[64]。

比較的最近になって見られる現地査察分野の取り組みとして、湿地に関する条約（ラムサール条約）がある。1989年に規定された監視手続の下、20件以上の現地査察が実行されてきた。条約当事国は、自発的に、保護を提案する自国領域内の湿地をリスト化することになっている。

査察は、保護されている湿地が危険にさらされていることを示す国家報告書にある情報、あるいは独立した［情報］ソースを基に実施される。たいてい、事務局代表（secretariat representative）と技術専門家が湿地を危険にさらしている諸活動を議論すべく、現地を訪れる。こうした訪問の性格は、敵対的なものでなく、非常に協調的なものであり、解決を探り出すことに［訪問の］力点が置かれる[65]。

---

63) Philip Quigg, *A Pole Apart: The Emerging Issue of Antarctica*,（New York: New Press, 1983), p. 147; Nicola Donlon, "Prospects for the Verification of the Environmental Protection Protocol to the Antarctic Treaty," in Poole and Guthrie, eds., *Verification Report 1992*, p. 261, 262. Jeffrey Myhre, *The Antarctic Treaty System: Politics, Law and Diplomacy*（Boulder, Colo.: Westview Press, 1986), pp. 36-37も参照。
64) 環境保護に関する南極条約議定書第6条、8条、13条。
65) *Summary Report: The Operation of the Ramsar Bureau's Monitoring Procedure 1988-1989,*（Gland, Switzerland: Ramsar, 1990); interview with Ronald Mitchell.

モントリオール議定書の下で設立された履行委員会（Implementation Committee）には、最終的に、次のことが認められている。［それは即ち］「関係当事国による招待により、委員会の機能を充足するために、関係当事国の領域内の情報収集すること」である[66]。

しかし、こうした例にもかかわらず、環境レジームにおいては、安全保障分野で顕著である、注意深い遵守を求める過剰なほどの関心がない。この相違点については、以下のような考察が可能である。第一に、生態系はとても複雑で、いまだ十分に理解されていない。それ故、生態系に関わる現象は、しばしば、正確に測定することができない。仮に、監視技術が不遵守の証拠を提供するに足るほど正確でなければ、レジームは間接的な措置に頼らなくてはならない。たとえば、二酸化炭素排出は化石燃料の消費から推測できるかもしれないが、推察から結果として得られる評価は、厳格な遵守措置を求めるには論拠の弱いものとなるであろう。メタンなどの他の主要な温室効果ガスの排出は、こうした程度の信頼性によってでさえも測定することはできず、森林や水域といった温室効果ガスの吸収源の作用は、さらに解明されていない。監視それ自体の実施にとっての適切な方法と技術の発展は、費用対効果のトレード・オフに関係している。

第二に、監視が検証目的に資するものであれば、条約は量的な基準あるいは、煙突の汚染物質除去装置や油汚染を減らす分離バラスト・タンクといった特定の技術のいずれかを要求しなくてはならない。だが、既に論じてきたような不確実性は、そのようによく定義された制約への政治的抵抗につながる。地中海行動計画（Mediterranean Action Plan）における先進国と発展途上国の間の深刻な問題は、陸上起源汚染物質の規制基準は、環境濃度と排出［量］のどちらを基にするかというものである。既に深刻な沿岸汚染に悩まされている先進国は、排出源で容易に監視可能な排出量基準を要求している。発展途上国は、自国の沿岸が汚染を吸収することができることから、厳格な排出量基準は自分た

---

66) *Report of the Forth Meeting of the Parties to the Montreal Protocol on Substances That Deplete the Ozone Layer*, Annex IV, par.（d）, UNEP/OzL.Pro. 4/15, November 25, 1992.

ちにとって不適切であると主張し、環境濃度基準を望んだ。無論、環境濃度基準に違反していることを示す唯一の証拠を指摘することはほぼ不可能である。［結果として、］最も重大な汚染物質の短い「ブラックリスト」には排出量基準を適用し、他の規制対象となる汚染物質には環境濃度基準を適用することで、妥協をみた[67]。

バルセロナ条約の地中海投棄規制議定書（antidumping protocol to the Barcelona Convention）に関する、二酸化チタンの含有をめぐるフランスとイタリアの間の大きな紛争は、「海水の質を深刻な程度に害するような量および組成の酸性化合物およびアルカリ化合物」の海洋投棄を禁止することによって解決した[68]。こうした基準の実際の検証は不可能である。科学的不確実性の最も悪名高い例は、気候変動枠組条約で、二酸化炭素排出の量的規制を、［それを理由に］ブッシュ政権が受け入れなかったことであろう。結果として、気候変動枠組条約は、「二酸化炭素や他の温室効果ガスの人為的排出量を、1990年の水準に戻すことを目的とする」政策を[69]、先進国が採用するというより曖昧な取組みで妥協する必要があった。こうした基準は、何といわれようと、本質的に義務遂行の厳格な監視には適していない。1995年［1955年とあるのは原文の誤記］3月の最初の締約国会議で問題は再検討されたが、測定可能な具体性を持つに至るまで、かなりの時間を有することとなった[70]。

第三に、ただ乗り問題は、理論研究が指摘するほど、実際には喫緊の課題とは思えない。先述のように、環境条約の目的は、現在の［環境資源の］減少・枯渇を回復させるような流れを始動させることによって、特定の最終状態に達することではなく、長きにわたり環境資源を管理することである。所定の基準から相当程度の個々［のアクター］が離反することは、安全保障分野で起こる

---

67) UNEP/WG, 2/5 annex（Feb. 1975）. Haas, *supra* note 57, pp. 112-113, p. 115を参照。
68) バルセロナ条約附属書Ⅰ（A）（8）. *Ibid.*, p. 109を参照。
69) 気候変動枠組条約第4条3項。［訳注：原文の間違い。実際は4条2項から引用］
70) FCCC, Conference of the Parties, 1st sess., Berlin, June 6, 1995, the Berlin Mandate, Doc. no. FCCC/CP/1995/7/Add. 1, p. 4

ような切迫した結果を伴うわけではない。それ故、遵守させる管理の取り組みを行う時間的余裕が存在する。ただ乗りに対する一般的な処方箋である同等手段による報復は、他の分野に比べて、環境分野では、あまり魅力的な選択肢ではない。報復それ自身、さらなる資源の枯渇をもたらし、しばしば報復者は最初の裏切り者と同様の国際・国内的圧力に直面することになろう。

　第四に、とりわけ発展途上国は寛大に扱われる。今までのところ、発展途上国は、多くの地球環境問題に対し、ほんのわずかな責任しか有しておらず、こうした国々は遵守に必要な十分な技術的・政治的能力を欠いているという一般的な認識も存在している。その結果、発展途上国の報告義務や実質的義務の不遵守あるいは部分的遵守に対し、かなりの程度、目をつぶることとなっている。そして、時に、遵守を達成させるため、より緩やかなスケジュールが設定される。たとえば、モントリオール議定書は、発展途上国に対し、規制義務が適用されるまでに10年の猶予期間を与え、発展途上国のただ乗りをはっきりと許している[71]。リオサミットで締結された気候変動枠組条約や生物多様性条約は、発展途上国にあまり厳しくない義務基準を確立しているが、これらの条約のどちらも、量的な実施基準を含んでいない[72]。

　こうした自己満足気味の見解は特定の状況下では変わるかもしれない。もしも、識別可能な環境上の脅威が喫緊かつ破壊的なものであれば、重要な汚染者の個々の実行を監視する取り組みは強められることに疑念の余地はない。モントリオール議定書に基づく、1995年末までの規制物質の段階的削減を、しっかりと監視するということは、さらなるオゾン層の破壊という高い可能性と深刻な結果双方に対する一般的なコンセンサスに鑑みれば、公平な予測である。

　［国家］実行のより詳細な監視の必要性を生成する他の展開は、規制手段としての排出量取引の活用である。現在のいくつかのモデルによれば、気候変動枠組条約の締約国は、温室効果ガス排出量のグローバル・キャップに合意し、

---

71)　モントリオール議定書第5条1項。
72)　気候変動枠組条約第4条1項、2項。生物多様性条約における主要課題は、「可能かつ適切な限りにおいて」という一節により示されている。

いくつかの公式により、条約参加国［あるいは、民間の汚染業者］に排出［量］が割り当てられることになっている。こうした割り当ては取引可能なものである。低コストで排出量を削減できる国家は、割り当てられた限度以上に削減でき、高コストで排出量を削減する他国にその割り当て分の一部を売却することができる。それぞれの国家が、自分たちで要求される削減量を達成するのに比べて、合意されたグローバル・キャップは、上記の方法により効果的に達成できるだろう[73]。これまで示してきたように、グローバルな気候システムは、時々、確立された排出量限度から緩やかに逸脱しても耐えうるかもしれない。だが、排出量取引において買い手が支払った分を得たことを確認するには、約束通りに売却者が実際に排出量を削減していたことについての正確な検証は、依然として必要である。たとえば、資金提供するある国家が、投資国先で得た排出量削減用のクレジットを得る場合、これと似たような検証問題は多くの「共同実施」の枠組の下で浮上している。

　しかし、一般的には、個々の違反者やただ乗りの大きな問題は、必ずしも、遵守を高める他の戦略を追求するのではなく、当事国をコストのかかる義務遂行の監視プログラムにいざなうわけではない。重大な違反者は体系的な査察手続なしでも発見される場合がある。これまで、こうしたケースに際しては、許容可能な遵守を達成するために、外交的・経済的圧力、差恥心、国内の支持基盤へのアピール、そして経済的インセンティブが用いられてきた（第10章を参照）。

8-3　今日的課題

　冷戦期の過剰警戒が退潮したことにより、核兵器不拡散や環境保護のような分野での遵守を管理する検証の潜在的役割は、より問題視されるようになった。

---

[73]　たとえば、Task Force on the Comprehensive Approach to Climate Change, *A Comprehensive Approach to Addressing Potential Climate Change* (Washington, D.C., 1991), 第8章「市場ベースのインセンティブ」を参照。

重要な問題は、いかにして全体の実施のために利用可能な限られた資源を、特に、高いコストと干渉性の観点からいって、監視と検証にどの程度割り当てるべきか、である。

もっともらしい経験則の一つとしていえるのは、認識されるリスクに対して、少なくともおよそつり合う形で、検証に資源を配分することである[74]。たとえば、リスクにおける相違点に敏感であることは、捕鯨条約の単純な IOS システムと INF 全廃条約、CFE 条約、START I の精巧な現地査察制度の間の明白なコントラストを説明できるだろう。それにもかかわらず、こうした単純な相関関係は、過去の経験から証明されるのではない。二国間の核軍備管理でさえも、細心にすぎる遵守についての米国の固執は、我々の目からしてみれば、ソ連の違反に対する米国の潜在的脆弱性の現実的な評価とつり合っていない。対照的に、1975年の生物毒素兵器禁止条約（Biological and Toxin Weapons Convention: BWC）における検証規定の不在は、潜在的脆弱性と当事国の不遵守への対応能力の両方を、極めて過小評価しているかもしれない。道徳的な烙印と軍事的価値への疑問が合わさって生物兵器を使用できないものとしたという主張がなされたことがある。しかし、レーガン政権期において、ベトナムやアフガニスタンでの「黄色い雨」や特にロシアのスベルトロフスクでの炭疽菌の流行について提起された懸念から示されるのは、一定の政府職員の間では、生物兵器がソ連によって生産されかつ使用されたと信じられていたということである[75]。ある米政府職員によれば、少なくとも10ヵ国が、これまでに知られてい

---

74) Fisher, *supra* note 3, p. 30.
75) Julian Robinson, Jeanne Guillemin, and Matthew Meselson, "Yellow Rain: The Story Collapses," *Foreign Policy* (Fall 1987): 117. この問題は、1980年代半ばの不遵守報告書の中で取り上げられた。たとえば、United States Arms Control and Disarmament Agency, *Soviet Noncompliance*, unclassified report, Feb. 1, 1986, p. 14を参照。" Analysis of the President's Report on Soviet Noncompliance with Arms Control Agreements: An Arms Control Association Staff Analysis," in *Arms Control Today*, Apr. 17, 1987, p. 11A （申し立てられた毒物をソ連が使用したとする証拠はないと主張している）; Philip J Hilts, "U.S. and Russian Researchers Tie Anthrax Deaths to Soviets," *New York Times*,

る生物兵器と未知の生物兵器の生産にかかわっている[76]。数年間の放置の後、国連は生物毒素兵器禁止条約の検証規定を強化する方向に徐々に傾きつつある。化学兵器禁止条約［訳注：1997年発効］は、最終的に、その前身であるジュネーヴ議定書の中の検証規定の不存在を是正した。だが、イラン・イラク戦争［訳注：1980〜88年］で実際に化学兵器が使用された証拠に鑑みれば、その歩みは遅いものであった[77]。

　過剰警戒は、新たな安全保障上の挑戦が新たなアプローチを要求するにつれて、検証政策で支配的ではなくなっている。環境規制は、依然として、多くの脅威の喫緊性・不可逆性についてのコンセンサスの欠如に直面している。両方の分野において、検証制度の主要な決定要因は、［今や］干渉性とコストであろう。

8-3-1　干　渉　性

　化学兵器禁止条約の下での民間施設が通常査察を受ける可能性は、驚くほど低い。査察対象施設が米国だけでも2万、世界全体では4万から6万あると推計されている。疑いようもなく、ある種のランダムな方法が採用されているため、これら全ての施設が通常査察の対象となるわけではない。しかしながら、民間商業活動への国際的な干渉の範囲は、前例がなく、企業と機密情報の保護という重要な問題が関係してくる。

　　Mar. 15, 1993, p. A6も参照。

76)　Speech by Ronald F. Lehman II, director of the U.S. Arms Control and Disarmament Agency, to the World Affairs Council, Riverside, Calif. Mar. 1, 1991, p. 4.

77)　たとえば、Robert M. Cook-Deegan, *Winds of Death: Iraq's Use of Poison Gas against Its Kurdish Population: Report of a Medical Mission to Turkish Kurdistan*（Somerville, Mass.: Physicians for Human Rights, 1989）を参照。report of the UN secretary general on investigations of UN experts: S/15834（1983）, S/16433（1984）, S/17911（1986）は、使用の証拠を提示している。; S/18852（1987）は、最初の文民の犠牲者について記している；S/19823（1988）は、最初の大規模攻撃について、S/20063（1988）は、イラク人兵士の疾患について言及している。これらの報告書のうちのどれも、特定の当事者に対する非難を評価するものではない。

秘密保護はまた、モントリオール議定書でも問題となっている。現行の取極では、事務局が個々の物質ごとの「消費量」データを公表している。消費量は「生産量に輸入量を加え、輸出量を差し引いた量」と定義されている[78]。生産量の数値を秘密に保つために、協定の当事国のみが秘密保護を守ることに合意した場合にのみ、他国の生産量、輸入量、輸出量の数値［計算の構成要素］にアクセスできる[79]。手続は厄介なものであり、科学的・学術的団体、NGO、その他の国際組織が、検証過程に参加することへの障害ともなっている。

気候変動枠組条約と生物多様性条約のような環境協定が広範な商業活動および過程を対象とし始めているため、秘密保護の問題は、数を増加させ、重要性を高めることが予想される。

8-3-2 コスト

冷戦期、それぞれの超大国は、自らの検証活動の費用を負担していた。その多くは、いずれにしても、インテリジェンスの要請によって正当化された。将来的には、国際検証システムは、関連する条約レジームの加盟国の費用を支払う意思、実際には、システムの運用のために費用を支払う産業国の意思により、制約されるだろう。これに加えて、先進国は、検証メカニズムを実施できない発展途上国に対する技術的、法律的、および行政的な支援のために費用を負担する必要があろう[80]。

---

78) モントリオール議定書第1条6項。

79) *Montreal Protocol Report of the First Meeting of the Parties*, Helsinki, UNEP, May 6, 1989.

80) *Report of the First Meeting of the Ad Hoc Group of Experts on the Reporting of Data*, MP-Doc no. UNEP/OzL.Pro/WG. 2/1/4（Dec. 7, 1990）. いったんこの査察能力が獲得されれば、実質的な条約義務の遵守に関する政府の能力も高められる。Richard E. Benedick, *Ozone Diplomacy*（Cambridge, Mass.: Harvard University Press, 1991）, pp. 157, 186-187（個別の研究を議論している）を参照。［ベネディック（小田切訳）『環境外交の攻防：オゾン層保護条約の誕生と展開』（工業調査会, 1999年）196頁, 229-230頁］。

8-3-3 信頼できる検証にかかる高いコスト

絶対的なコストと費用対効果の両方の問題は、検証システムの徹底性と干渉性の評価に関わるものである。関連する［予算］規模の感覚は、近年の軍備管理協定の下での初期の経験から得ることができる。米国会計検査院によると、INF査察について、米国には、装備、移動、人員も含む最初の4年間の運用の際に、およそ年1億500万ドルのコストがかかっている[81]。基準査察が完了した後に、年次支出は減少した。現地査察機関（On-site Inspection Agency: OSIA）は、年間の運用コストとして、軍事的業務のコストも含め、1993、1994、および1995米会計年度に2,900万ドル近くになると計算した[82]。1990年に、米国連邦議会予算局は、START Iの検証コストとして、年間で1億ドルないし2億9,000万ドル、初期コスト［訳注：検証開始後3年間のコスト］は、4億1,000万ドルから18億3,000万ドルになると推計していた。

OSIAによるその後の推計では、最も低い額が、1993会計年度で1億4,000万ドル、続く会計年度には、1億1,000万ドルに下がっている。OSIAが推計した新しい条約、即ち、START I、CFE、CWC、地下核実験禁止条約（Threshold Test Ban Treaty）、平和目的核爆発制限条約（Treaty on Peaceful Nuclear Explosion）の全てをまとめた初期コストは、およそ6億ドルから30億ドルであり、年間コストとしては、およそ3億5,000万ドルないしその倍近くかかるとされた[83]。これらのコストは、縮小する米国の軍事予算の文脈では驚くものではな

---

81) "Intermediate-Range Nuclear Forces Treaty Implementation," in *Report to the Chairman, Committee on Governmental Affairs*, U.S. Senate, Appendix 4, GAO/NSI-AD-91-262.

82) Office of Public Information, On-Site Inspection Agency, U.S. Department of Defense, Sept. 1994.

83) Congressional Budget Office, *U.S. Costs of Verification and Compliance under Pending Arms Treaties: Summary*, pp. xi, 41, 61; "Arms Control Funding Summary," chart prepared by OSD/Acquisition and received by authors. これらはOSIAに特有なコストと自国のインテリジェンス活動に関する追加的コストである。

いものの、その絶対的数値は大きい。

多国間協定についていえば、IAEA の保障措置に関する年間予算は、7,500万ドル前後である[84]。より干渉度の高いシステムを要求する考えは、イラクにおける UNSCOM の運用コストから導かれる。コストは、1991年 1 月から1994年 7 月の期間で、6,100万ドルかかった[85]。化学兵器禁止条約の検証システムは、まだ開発されていないが、300名以上の職員から成る組織が想定されており、その大多数が、査察と検証に関わる予定である[86]。

8-3-4　検証と監視における協調

SALT I、欧州における初期の信頼醸成措置[87]、とりわけ査察を含むレジーム［が確立されて］以降、検証と監視活動における協調は現実のものであった。INF や START I では、通告、受入規則、タイムテーブル、その他の詳細な要件が適用可能な検証議定書に特定され、査察活動をさらに円滑に行なうために、現場での調整が行なわれてきた[88]。OSIA における重要な展開の一つに、「曖昧な点に関係して説明を要求するための」議定書に基づく権利を明確化したことが挙げられる。INF 査察の初期段階から、査察団は、説明を求め、現地での解釈をめぐる紛争を解決しようと試みた。「曖昧な点」は、潜在的な違反を表す専門用語となり、潜在的な曖昧な点を記録し、さらには、写真に撮影することは、交渉によって、回避させられるべき行為となった[89]。検証の過程における

---

84) International Atomic Energy Agency, *The Agency's Programme and Budget for 1995 and 1996*（Vienna: IAEA, 1994）, p. 3.

85) Office of the Assistant Secretary for Public Affairs, U.S. Department of Defense, July 1994.

86) Conversation with Justin Smith, Chemical Weapons Convention, Sept. 1994.

87) Jonathan Dean, *Watershed in Europe: Dismantling the East-West Military Confrontation*（Lexington, Mass.: Lexington Books, 1987）.

88) Joseph P. Harahan, *On-Site Inspections under the INF Treaty: A History of the On-Site Inspection Agency and INF Treaty Implementation, 1988-1991*（Washington, D.C.: US-GPO, 1993）を参照。

89) Linda Netsch, "Fostering Compliance: The On-Site Inspection Experience," unpub-

このような協調の程度は、安心供与を強化し、レジーム全体の協調の雰囲気を創出してきた。

　これまで示してきたように、いくつかの検証が国際組織によってなされるという意味において、多国間レジームは本質的に協調を必要とする。この点について、様々な条約に奉仕するような統合された国際的な検証機関の潜在的実効性については、相当の議論が積み重ねられてきた[90]。だが、こうした考えは、とりわけ安全保障分野においては、問題がないわけではない。［統合されることによって］コストの削減が可能になるのは明白であるものの、高度な軍事的インテリジェンス技術を有する国は、インテリジェンス源および手法ならびにその移転を、潜在的敵国に晒すことについて懸念を抱いている。また、自国のインテリジェンス源の使用は、情報が提供国によって自らの目的のために改ざんされる可能性も提起する。IAEAの「特別査察」との関連で、自国のインテリジェンス機関により提供される情報の利用を認めることを確保する取り組みは、このような理由から抵抗を受けた[91]。そのような情報への依拠が、自国の目的や政策の追求のために集められたデータの慎重かつ中立的な評価に基づいていることを確保するために、IAEA事務局長は、事務局内に小規模なインテリジェンス評価ユニットを設立した[92]。

　それにもかかわらず、国のインテリジェンス活動は、IAEAだけでなく、その他の核不拡散レジームの検証活動においても役割を果たすと思われる。効果的なインテリジェス機関に必要な資源のレベルは（機密レベルは言うまでもなく）、国際レベルにおいて、全く同じようなものではない。IAEAとその他の

---

　　lished paper, 1992.
　90）　たとえば、UN Group of Qualified Government Experts, *Verification and the United Nations* (New York: United Nations, 1990); J. B. Poole ed., *Verification Report 1991: Yearbook on Arms Control and Environmental Agreements* (London: Vertic, 1992), p. 229を参照。
　91）　Interview with Dr. Hans Blix, Vienna, Jan. 22. 1992.
　92）　Brenda Fowler, "Atom Agency Seeks Stronger Safeguards System," *New York Times*, Deec. 7, 1991, p. A3.

核不拡散［問題を扱う］国際組織による自国インテリジェンス活動の利用における中立性および公平性の追跡記録は、より一般的な国際検証機関という考えを、今日、政治的に困難なものとしている懸念のいくつかを将来克服するのに役立つかもしれない。ある時点において、このようなアプローチの明白な相乗効果と重複回避は、慎重な検討に値するであろう。

　環境の協調的な監視は、あまり多くの問題を提起せず、実際には、既述のEMEPの活動のような分野の多くで進行中である。だが、協調がどの程度の国際化を意味しているかは、信頼性の要請が高い状況においては、引き続き争いのある問題である[93]。

8-3-5　検証の新たな方法と技術

　安全保障分野での検証にかかるコストが高いことから、費用対効果のある相対的に干渉度の高くない技術を研究する動機が生まれる。検証の研究開発についての公開された米国予算は冷戦後にあっても著しく低下してはおらず、実際にはおよそ3億1,500万ドルにのぼるとされている[94]。技術的な監視を取り巻く将来の状況は、冷戦期のそれとはかなり異なるものになるだろう。将来の状況

---

93)　James MacIntosh, "Likely Evolution of the Trends in Multilateral Verification over the Next 10 Years," in Graybeal et al., *Verification to the Year 2000*, pp. 32-34; John Simpson, "The Iraqi Nuclear Programme and the Future of the IAEA Safeguards System," in Poole and Guthrie, eds., *Verification Report* 1992, p. 253 を参照。同論文は次のように主張する。「ワシントンの多くの人々は、国連安全保障理事会特別委員会を常設化した組織が、NPTの問題解決機関として、IAEAの特別査察手続と情報収集のために1991年に事務局に設けられた小ユニットを迂回して行動するという協定に好意的である。主要な問題は、どのグループが、秘密の兵器計画に関する米国のインテリジェンス情報へのアクセスを与えられるべきか、である」。

94)　数値の出典は、公開された以下の1993会計年度の検証についての研究予算である。エネルギー省2億2,000万ドル、国防総省核兵器局6,750万ドル、国防原子力研究計画局2,650万ドル、軍備管理軍縮局100万ドルを大幅に下回る額。［これらのデータは］1993年8月11日、13日、および18日に、各省庁の予算・財政担当部局から直接得た。

が異なる秩序のものであるとはいえ、財政的制約は今にも増して厳しいものになるだろうし、技術的な課題は依然として高いままであるだろう。より簡単に隠蔽できる物質や兵器の拡散、通常戦力削減や同戦力の配置の変容に軍備管理問題の関心が移ってきているため、今後は、明らかな兵器導入や開発施設は比較的ささいな問題となりうる。地域安全保障への新たなアプローチについては、検証技術の革新が求められよう。「協調的安全保障」という概念は、純粋防御目的のため通常戦力を再配置すること、軍事への投資や支出を抑制すること、地域における透明性措置を広範囲に広げることといった予防措置を通じて、安心を供与する[95]。平和維持と平和強制の活動は、その活動の予算が現実的な要求に近づき始めた場合には、同じように検証と監視を要求してくるだろう。

最も有望な検証の新技術の中でも、地上および空中のセンサー、ならびに「タグ」が要求されている。これらは兵力の移動、戦車、その他の重車両、航空機の移動、化学構成ならびに放射物を探知するために使用される。地震記録のスペクトル分析は、車両の進行方向や速度だけでなく、車両の型までも特定できる域に近づいている[96]。これらの技術は、開発と洗練の様々な段階にある。初期段階での運用コストは、管理された地点で平均100万ドルかかり、これは通常の検証方法の人的コストと比べてさほど見劣りがしない[97]。問題の一つは、そのような装置が早期警戒を提供しうるとしても、不遵守の確固たる証拠を提供できないという点である。だが、これは［冷戦期の］過剰警戒の下では克服

---

95) Janne Nolan, ed., *Global Engagement: Cooperation and Security in the 21st Century* (Washington, D.C.: Brookings Institution, 1994).

96) Josef Klinger and Jiri Malek, "Seismic Methods for Verification," in Jurgen Altmann et al., eds., *Verification at Vienna: Monitoring of Reductions of Conventional Armed Forces* (Philadelphia: Gordon and Breach Science Publishers, 1992), pp. 188-195; Patricia M. Lewis, "Technological Aides for On-Site Inspections and Monitoring," in John Grin and Henry Van der Graaf, eds., *Unconventional Approaches to Conventional Arms Control Verification: An Exploratory Assessment* (New York: St. Martin's Press, 1990), pp. 226-234 を参照。

97) Lewis, *supra* note 96, pp. 203-222.

し難い障害だったかもしれないのに対して、予算の切迫期にあって、必要なトレード・オフであり、かつ、干渉性についての継続的な懸念となりうる。

　タグは条約が制限する品目を識別するために用いられる。これらの品目は、非常に洗練された電子機器からその中に内蔵される雲母片付エポキシ樹脂塗料まで多岐にわたる。タグは固有の印として品目それ自体の一定の特徴を利用しながら、添付され、または、「内蔵される」。タグ付けされていないどの品目も条約の制限を優に上回ってしまう。他の新技術として、赤外線やX線のスキャナーの現地展開を通じた遠隔からの探査が含まれる。イラクや北朝鮮では、IAEAは現地に固定した改ざん防止機能付きカメラによって継続的な監視を行なっている。改ざん防止機能の規格は、原子炉における物質収支に関する継続的なリアルタイムのデータを提供するために、従来から提案されてきた[98]。

　新たに登場し、改変された技術は高価で、それらの費用対効果はケース・バイ・ケースで検討されるべきである。だが、冷戦期の過剰警戒をこれらの新たな課題に持ち込む理由はほとんどない。

8-3-6　トレード・オフと代替案

　大国間の核の軍備管理協定に比して、「ただ乗り」のコストや危険性が非常に低い協定の場合、技術のコストが高ければ、協定の適切な遵守を確保する問題に対する代替的なアプローチに注目が集まるだろう。

　例えば、すべての核不拡散レジームは、イラクや北朝鮮によって示されたように、遺憾ながら欠陥のあることが判明した自国の輸出管理制度を通じた［大量破壊兵器関連］技術の［移転］拒否に過度に依存している[99]。だが、解決策は、単に規制を強化することではなく、汎用品目［民生から軍事に転用可能な品目］

---

98)　Alex DeVolpi, "Tags and Seals for Arms Control Verification," in Altmann et al.,eds., *Verification at Vienna*, pp. 242-254.
99)　John Simpson, "The Iraqi Nuclear Programme and the Future of the IAEA Safeguards System," in Poole and Guthrie, *Verification Report 1992*, p. 252; Scheinman, *supra* note 37, p. 4.

の最終用途保証という、より独創的な制度を構築することである。今日、こうした品目の買い手は、最終用途保証を提出することが求められているが、これを監視する取り組みは、ごくわずかしかない。売り手が最終用途保証を継続的に検証する国内法の下で、民事上、および刑事上の責任を負い、買い手が売買の条件として、この責任を遂行する継続的なアクセス権を売り手に与えるよう求められれば、動機と罰則は、許可された貿易から最大の利益を得るものに課されることとなる。この技術は単純なものではないが、多くの品目について、既存の［大量破壊兵器の技術移転を］拒否する制度に比べて、より実効的であるし、検証の公的なコストの一部を民間部門へ移行することもできる。化学兵器禁止条約は、最も危険な化学物質の完全な貿易禁止、前駆化学物質の貿易の段階的廃止、汎用化学物質の最終用途保証を組み合わせている[100]。

繰り返しになるが、IAEAは、加盟国間への完全な無差別的［中立的］立場を維持するために、6ヵ月毎に全ての保障措置対象施設に査察を行なう義務を負っていると考えている。結果として、保証措置予算のおよそ89％が、遵守についての現実の懸念がまったくない日本、ドイツ、カナダ、オランダ、ベルギー、スウェーデンでの査察に費やされた[101]。IAEA事務局長は、必ずしも疑義のある活動を含めることのない「特別査察」に大きく依存することによって、今日、予算を食い尽くしている「通常査察」の回数を減らすことができると考えている[102]。

---

100) CWC Annex II, Part VI. 当事国は、非当事国に対して表1剤化学物質を移譲することが禁止され、［条約の］発効から3年が経過した後、表2剤に分類される潜在的に危険な前駆物質および汎用化学物質の貿易もまた禁止される。最初の3年間は、表2剤化学物質の移譲のため最終用証明が求められている（Part VII C）。表3剤化学物質の移譲については、最終用途証明が恒久的に求められている（Part VIII C）。

101) Interview with Jon Jennekens, deputy director general for safeguards, IAEA, Vienna, Jan. 23 and 24, 1992.

102) Interview with Dr. Hans Blix, Vienna, Jan. 22, 1992; interview with Ambassador Rolf Ekeus, Vienna, Mar. 30, 1992.

STARTの義務を果たすコストは、核を保有するロシア連邦と旧ソ連の二つの共和国にとって主要な問題となっている。ナン・ルーガー法［訳注：1991年11月に成立した旧ソ連向けの核兵器解体支援法］の下で提供された資金を使用することは容易ではない。いずれにしても、米国の支援の現実的なレベルをそのコストが、優に超えてしまっているのである[103]。核拡散と不適切な貯蔵による環境悪化の両方を考えると、これらの［問題に対応すべく］遵守の作業が最優先課題となるのは当然であり、伝統的な検証は二の次とされる。同時に、核兵器廃棄に対する実際の米国の支援は、それ自体で、検証の機能を果たしている。ロシアやウクライナによって廃棄された核兵器からとれる高濃縮ウランを米国が購入するという提案は、支援と検証が補完的であることを示すいま一つの事例である[104]。

検証コストと遵守コストの間のトレード・オフは、また環境分野にもあらわれている。この分野における今日的な条約は、発展途上国による遵守を資金的・技術的に支援するためのレジームの法的義務を初めて認めている。モントリオール議定書は、「合意された遵守の増加費用」を賄う「オゾン基金」によって、この方法を先導した[105]。同様の取極は気候変動に関する国連枠組条約（United Nations Framework Convention on Climate Change: FCCC）や生物多様性条約（Biodiversity Treaty）の中にも見られる[106]。こうしたレジームは、国内レベルにおける私的アクターに対する執行を含むため、「増加費用」には、技術能力と訓練された人材の両方の点から監督、執行のための国内社会基盤［の整備］

---

103) ナン・ルーガー法の下で、1993年末までに9億ドルが約束され、1994年半ばまでに3億ドルが充てられていた。だが、国際的に誓約された240億ドルについては、実際の支出は緩やかなペースで進められた。Telephone interview with Laura Holgate, Office of the Assistant Secretary of Defense for International Security Affairs, Sept. 1994.

104) 国防総省広報局によれば、回転資金は、市場価格での高濃縮ウラン購入［代金］が充てられていた。

105) モントリオール議定書のロンドン改正第10条。

106) 気候変動枠組条約第4条3項、生物多様性条約第20条2項。

が含まれなければならない。また、国際的な規制合意が拡散しているため、遵守の全体的なコストは、おそらく加速度的に増加し続けるだろう。あまり豊かでない国々に遵守コストを補償するための基金の必要性は、今後、より高まるであろう。要するに、遵守を確保するための選択肢は、検証を通じるか、そのための金銭コストを支払うかの、どちらかとなるのである。

8-4 結論

　二超大国は、冷戦期に軍拡を抑制するために少ない数の軍備管理協定を有していただけなので、その検証プロセスを特徴づける細心の注意とこれに付随する高いコストを払うことができた。しかし、複合的かつ多国間の機会と脅威が存在する変容した今日の世界においては、過剰警戒的な検証の政策と手続は、居場所を失っている。新たな安全保障問題への備えや深刻な環境悪化への早急な対応には、大規模な資源を、検証や監視のために割りふることが必要となる。［だが、］究極的には、どんなに大掛かりに［資源の］提供がなされようと、規制対象となる全ての活動を完全に検証することはできない。どれほど検証計画が洗練されていようと、提供される情報についての不確実性や不一致があるだろう。冷戦期の軍備管理の経験と新たなタイプの規制型条約の遵守問題を注意深く考慮すると、レジームの透明性を確保する際には、検証の要素に、過度に重きを置くことに注意しなければならないことがわかる。

第9章
積極的管理の諸手段

9-1　能力構築と技術援助
9-2　紛　争　解　決
　9-2-1　公式の裁判による紛争解決
　9-2-2　非公式の紛争解決
　　9-2-2-1　安全保障および軍備管理に関する協定
　　9-2-2-2　その他の多国間条約機構
　9-2-3　条約規定の有権的解釈
　　9-2-3-1　国際通貨基金（IMF）
　　9-2-3-2　国際コーヒー機関（ICO）
　　9-2-3-3　軍備管理と安全保障
　　9-2-3-4　ガ　ッ　ト
　　9-2-3-5　その他の専門機関
　9-2-4　裁判への回帰？
　　9-2-4-1　国連海洋法条約（UNCLOS）
　　9-2-4-2　ガットおよび（新しい）WTO
　9-2-5　中間的な途：強制的な非拘束的調停手続
　　9-2-5-1　全欧安全保障協力会議（CSCE）
　　9-2-5-2　今日の環境条約
9-3　条約の適応
9-4　結　　　論

　本章は、能力開発、紛争解決、条約規範の適応・修正という積極的管理の三つの手段を検討する。我々の研究によれば、これらの手段は、複雑で厄介な条約義務の遵守をもたらすために有効であり、現に活用されている。これらは全体として、遵守過程の積極的管理戦略に関する三つの要素を包含している。現在利用されている状況では、まだ初歩的なものにとどまるものもあれば、十分に実現されていないものもあるとしても、これらは詳細な検討の価値があると考える。なぜなら、これらが洗練され、かつ包括的な管理戦略となり得るものの基本的構成要素だからである。

9-1　能力構築と技術援助

　技術援助は、多くの条約レジームの明示的または黙示的な目的の一つである。ほとんどの場合、それは、政治的機関が設定した財政上および広範な政策的制約の下で、事務局によって遂行されている[1]。世界保健機関（WHO）、国連食糧農業機関（FAO）、世界気象機関（WMO）といった機関では、技術援助の供与こそが、主たる計画となりうる。国際原子力機関（IAEA）は、その予算の半分を原子力エネルギーの平和的利用に向けた開発途上国（以下、途上国）への技術援助に充てている。

　国際通貨基金（IMF）の政策監視手続（サーベイランス）の主要な副産物は、締約国の財務省および中央銀行の技術的・専門的能力の強化であった。IMFの設立当初から30年間の大部分にわたり法律顧問を務めたジョセフ・ゴールド卿（Sir Joseph Gold）は、IMFの最も重要な成果の一つが、途上国における財務官僚の専門家としての質的向上であったと述べてきた。上記監視手続に関わる各国経済についての、スタッフの度重なる研究と報告を準備する中で、IMFスタッフと現地の官僚の相互のやり取りを通して、非公式な形でトレーニングは行われた。途上国の有望な若手経済専門家達が、先進経済国の、特に米国や英国の大学院教育を受けるために国際的な金融機関によって選抜され、そこでIMFの政策の根底にある主流派の経済思想を教育された。多くの場合、彼らは、自国の財務省に戻る前に数年間IMFスタッフとして勤務し、IMFの特徴のみならず仕事の考え方・やり方を学ぶ[2]。こうしたプログラムが、IMFの目標と哲学についての教化の要素を持つので、IMFの規範の遵守に対する効果を高

---

1)　検討した条約のうち、ほぼ3分の1の条約で、事務局の権限内での解釈または実施の助言の規定が含まれている。

2)　個人書簡と対談。Susan Strange, "IMF: Money Managers," in Robert Cox and Harold Jacobson et al., eds., *The Anatomy of Influence: Decision Making in International Organizations*（New Haven, Conn.: Yale University Press, 1974）, p. 296.

めることになる。

　技術援助の供与に明確な条件は付されていない場合であったとしても、国際機構に内在する条約の制約から当然、条約目的を遵守すべき強い圧力が生じてくる。しかし環境の分野において、技術援助は、条約義務の遵守を可能にする目的でますます明確に用いられている。1992年にリオの地球環境サミットで採択されたアジェンダ21の一つの章すべてが、「開発途上国における能力開発のための国のメカニズム及び国際協力」に充てられている[3]。ピーター・ハース（Peter Haas）は、その著 *Saving the Mediterranean* の中で、国連環境計画（UNEP）が、地中海行動計画（Med Plan）に参加している後発開発途上国の研究所へ、それらが完全に計画に参画できるようにするために、研究基金、機器、保守管理、トレーニングを注ぐような政策について述べている。実際、UNEPは、洗練されかつ効率的なフランスの施設との契約に集中させるよりも、それら［後発開発途上国］の研究所の能力向上を選択した[4]。

　モントリオール議定書（Montreal Protocol）は、能力開発が遵守プロセスの中心となることを公式に承認している。開発途上国は、規制条項の遵守までに10年の猶予期間を認められているものの、これらの国が技術的・財政的援助を受け入れないかぎり、いずれにせよ遵守は不可能であると条約自体が認めている。その［1987年採択のモントリオール議定書］第10条は、「締約国は……開発途上国の必要を特に考慮して、この議定書への参加及びこの議定書の実施を円滑にするための技術援助を促進することに協力する」と規定する。ロンドン改正を受けた議定書において、先進国の拠出によって、「(開発途上)締約国によるこの議定書に定める規制措置の実施を可能とするためにすべての合意された増加費用を賄うものとする」ことを目的としたモントリオール議定書の実施のための多数国間基金（多数国間基金, Multirateral Fund）が設けられた[5]。そ

---

3) 国連環境開発会議、アジェンダ21（ニューヨーク，1993年）第37章。
4) Peter M. Haas, *Saving the Mediterranean: The Politics of International Environmental Cooperation* (New York: Columbia University Press, 1990), pp. 79-81.
5) モントリオール議定書ロンドン改正（1990年）第10条。

れは技術援助を超えて、実際の開発計画の遵守のための増加費用を満たす基金にまで拡大されている。

ここで「合意された」費用というのは、多数国間基金の財政義務が無制限ではないということを意味する。加盟当初の3年間の予算は1.6億ドルで、中国とインドが［資金供与の約束を］遵守すれば追加して8,000万ドルと定められていた。基金は、途上国と先進国の交渉者の間の、錯綜したもろもろの妥協を反映した複雑な管理構造を持っている。基金は、（出資者の責任要求を充たすために）世界銀行が、［途上国の縁故要求を充たすための］UNEPと国連開発計画（UNDP）の支援を得て管理する。これら三つの「執行機関」は、議定書の7ヵ国の先進締約国と、7ヵ国の開発途上締約国［の二つのサブグループ］からなる執行委員会の監視を受けて活動する。委員会の議決は、［各サブグループ］それぞれの過半数で、かつ全体の3分の2以上の多数によってなされる。

財政支援の受給資格はプロジェクトごとではなく、包括的な国別の遵守計画の文脈においてのみ決定される[6]。計画の準備に関する技術援助は、執行機関が提供し、財政支援は多数国間基金から支給される。完成した計画は執行機関によって審査され、執行委員会によって承認される。この時点で、計画に含まれる個々のプロジェクトは、資金提供を受けられることになる[7]。執行委員会は50万ドルを超える全ての請求を承認し、それより少額の申請であるために却下された国は、執行委員会に申立てることができる。

執行委員会の議長は、1992年11月の締約国会合で次のように、熱のこもった

---

6) *Draft Report of the Third Meeting of the Executive Committee of the Interim Multilateral Fund for the Implementation of the Montreal Protocol*, Annex III, Art. II (2) (e), (f) and (g), UN Doc. UNEP/OzL.Pro/ExCom/3/18, May 6, 1991, p. 29. 国別計画の内容は、以下の通りである。1) 政府のそれぞれの役割を示し、また多数国間および二国間の機関を支援するための、議定書の実施戦略の声明、2) 投資、技術援助計画、投資前調査、その他必要とされる追加的政策分析に関する行動計画、3) それぞれの行動、および行動計画の見直しのタイムテーブル。

7) プログラム要件の採択より前に提出されたプロジェクトの提案は、採択後もそのまま採用された。

報告を行った。

　　当初いろいろと批判があった。しかし、先進国の代表も途上国の代表も共に手を携えて、全ての決定をコンセンサスで採択し、全てのメンバーの懸念事項を考慮した。批判が間違っていたことが証明されたわけである。今日までに、3万トンを超えるオゾン層破壊物質の段階的削減のための60のプロジェクトが承認された。これは、本議定書の当事国である途上国の全消費量の20％に相当する。……1992年の10月時点で39の国別計画の準備に資金を支給し、そのうち9件は、すでに最終計画まで承認された……
　　……この九つの承認されたプログラムは、全て規制対象物質の段階的削減を目標としており、ほとんどの参加国は、［先進国］締約国と同じスケジュールに従って段階的に削減する約束をしている。……中国の国別計画の承認によって、議定書の開発途上締約国における規制対象物質の、現在の消費量の半分以上を削減できるような戦略へと発展するだろう[8]。

議長が委員会運営を含め委員会で決定された内容を自画自賛しているという点を差し引いても、非常に実質的な成果がもたらされたのである。
　プロジェクトの実際の実施は、はるかに時間を要し、1994年12月までに完結したのは、1,037トンのフロンガスを削減することとなった17のプロジェクトに過ぎなかった。1993年11月のバンコクにおける締約国会合は、基金の2回目の3年間［資金の計画は1期3年間］に5.1億ドルの出資を許可したが、拠出国の先進国は、なかなかその義務を果たさなかった[9]。
　気候変動枠組条約（Framework Convention on Climate Change: FCCC）も生物多様性条約（Convention on Biological Diversity）にも、能力開発と遵守を目

---

8) 第4回締約国会合（コペンハーゲン会合）におけるマテオス（Mateos）多数国間基金執行委員会議長の報告から引用。UN Doc. UNEP/OzL.Pro. 4/15, pp. 6-7.
9) 以下を参照。Edward. A. Parson and Owen Grenne, "Implementation of Measures to Protect Stratospheric Ozone," *Environment* (Mar. 1995).

的とする同様の基金設立条項が含まれている[10]。両条約は、開発途上締約国の［条約に基づく］約束は、特に、先進締約国が、遵守のために合意された増加費用全てに見合うだけの資金を用意できるかにかかっていると謳っている[11]。これらの分野における資金の必要性は、オゾン層保護の分野よりもはるかに高い可能性がある。従って、資金供与のレベル、管理、および意思決定に関する議論はそれに応じて、より激しさを増す。気候変動枠組条約の場合、最初の3年間の試行的段階［パイロットフェーズ］では、世界銀行、UNDP および UNEP を実施機関として、地球環境ファシリティー（Global Enviromental Facility: GEF）を通じて資金供給される。この期間の GEF による資金供与は20億ドルとされ、気候変動および他の三つの環境分野に分配されることになっている。この仕組みは、複雑なガバナンス過程に委ねられる。評議会は、32ヵ国（先進国14、途上国16、市場経済移行国2 ［訳注：14の先進国が拠出国、その他18の国が受益国］）からなり、これらの国の多くは、幾つかの締約国の関心を代表している。委員会は、気候変動枠組条約の締約国会議の政策指針に従って、資金供与対象となるプロジェクトと計画に関する最終決定を行う。委員会は、資金拠出総額の少なくとも60％を代表する締約国の60％以上の多数決によって決定を行う（意思決定は、基本的にはコンセンサス方式（全会一致）で行うが、コンセンサスが得られない場合は、一国一票の基礎票と、拠出比例票のそれぞれ60％以上の獲得を要するダブルマジョリティ方式による）。そのため、数の上では劣る先進締約国に拒否権が与えられている[12]。1995年3月に開催された第一回締約国会議は、GEF の政策方針を採択した。それは、「開発途上締約国が引き受けた、条約に則った効果的な対応措置の実施を促進するような、計画策定・［国内］制度の強化・訓練・研究および教育を含む［開発途上

---

10) FCCC 第11条、生物多様性条約第20および第21条。

11) FCCC 第4条7項、生物多様性条約第20条4項。

12) GEF Instrument of Governance, *Instrument for the Establishment of the Restructured Global Environment Facility*, GEF Council Meeting, Washington, D.C., July 12-13, 1994, Doc. GEF/C.1/2.

国の〕能力開発といったものを可能にするような活動に」優先権をあたえるものであった[13]。この能力開発の問題は、第一回締約国会議に向けた準備委員会での主要な焦点であった。

9-2　紛争解決

　第一章で指摘したように条約義務の意味内容についての曖昧さ、あるいは国家の行動の実際の性質の曖昧さが、条約規範からの逸脱の重要な原因となり得るなら、遵守の管理には、これらの紛争に対処する何らかの方法が必要である。条約の交渉担当者は、条約の有効期間内には、そのような紛争が生じうることを承知しており、しばしばその解決に対処するための条項を設けている。今日の規制型条約の場合、このことはもはや日常茶飯事である[14]。国連憲章第33条は、国際法上認められている紛争を平和的に解決する標準的な手段が列挙されている。すなわち「交渉、審査、仲介、調停、仲裁裁判、司法的解決」である。これらの方法は、条約に規定されたものであれ、非公式に発達したものであれ、機能しているレジームを管理するための標準的なツール一式である。しかしそれぞれの方法の利点と欠点については見解が大きく分かれている。奇妙なことに、このような議論および紛争解決条項そのものは、しばしば条約の対象事項

---

13)　気候変動枠組条約に関する政府間交渉委員会第11会合（1995年2月6日から17日にニューヨークにて開催）の報告。Doc. A/AC.237/91/add.1, Mar. 8, 1995, p. 45.

14)　本研究の調査対象とした条約の過半数になんらかの紛争解決条項がみられる。ワシントン大学（University of Washington）の条約情報プロジェクト（The Treaty Information Project）は、1900年から1983年の間の44,000の条約をデータベース化している。この条約データを数量的に分析したライテル（Curtis Reithel）によれば、これらの条約のうち、明確な紛争解決条項を持つものは4分の1にすぎないという。彼によれば、紛争解決条項は相対的には、徐々に増加しており、国際組織こそが「紛争の平和的解決の先例の一般的な受容を推進し、紛争解決条項の挿入を条約の常識とする最たる進歩的勢力であった」。Curtis George Reithel, "Dispute Settlement in Treaties: A Quantitative Analysis," (Ph.D. diss., University of Washington, 1972), p. 169.

とは切り離されて、あたかもその第一義的目的が条約の遵守を確保することにではなく、むしろ条約の「法的」性格を証明することにあるかのように、異なった概念に応答しているようである。

ほとんどの国際紛争は、国内の紛争のほとんどがそうであるように、交渉によって非公式に解決される。それは、時には、紛争当事者のみに拠ることもあるが、しばしば何らかの形の仲介の助けを借りてなされる[15]。条約は通常、他の紛争解決メカニズムの利用の前提条件として紛争当事国間における協議と交渉を規定する[16]。交渉は、国連憲章第33条に列挙された紛争解決過程の最初の階段である。問題は、もし交渉が決裂したらどうなるかである。難しいのは、回避できたり法的強制力のない、そのため条約を弱体化させる切っ掛けとなる過程に、[条約遵守に]消極的な当事国を無理矢理関与させることなく、失敗すれば条約レジームを弱体化させかねない解釈または適用の問題を、実効的に達成する方法である。哲学的（ないし学問分野的）に分かれるのは、一方で公式の裁判過程を強く希求する立場と、他方で紛争は、より柔軟で、非拘束的で、仲介的な過程によって、よりよく解決されると考える立場である。

9-2-1　公式の裁判による紛争解決

過去100年の間に、国際法に共通に関心を寄せる人々の主要な目的は、公式の裁判、特に国際裁判所、または法的拘束力を持つ仲裁裁判へ付託される紛争の範囲と件数を拡大することであった。その目的は、ある意味では実現されたといえる。1920年に設立された常設国際司法裁判所（PCIJ）や、第二次大戦後にその後継となった国際司法裁判所（ICJ）は、世界のいかなる法システムにある構成員によっても認識可能な形で存在し、誰の目から見ても裁判所である。米国法曹協会の指導者でもあったエリュー・ルート（Elihu Root）の米国務長

---

15) 実際に裁判に付託された事件のうち90％以上が，審理に至る前に解決し、紛争の大半は公式の付託にすら至っていない。Herbert Kritzer, "Adjudication to Settlement: Shading in the Gray," *Judicature*, 70 (1986): 161.

16) 例として以下を参照。GATT 第22条及び第23条1項。

官時代における熱心な取組みの結果、二国間仲裁裁判条約のネットワークは先進工業国を結びつけている[17]。そして次第に、国際協定には、その文言の解釈をめぐる紛争を解決するために、ICJ や仲裁裁判への（通常は任意での）付託手続が規定されていった。しかし法律主義者の成功は、結論的には穴あきのものとなった。それらの紛争解決制度は、大部分の場面において作用せず、それらを定めた規定は死文化している。条約の遵守を管理するプロセスにおいて生じる紛争を調整する実際的な手段は、別の方法で達成されている。

　国際法研究者たちは、長い間、ICJ とその前身機関 ［PCIJ］ を国際システムにおける司法の最高位の存在として据えてきた。ICJ は、国連憲章に「国際連合の主要な司法機関」として規定されており[18]、今のところ ICJ は、訴訟事件の膨大化という問題を免れている世界で唯一の裁判所であるように思われる。設立からほぼ半世紀の間に、100件以下の事件しか判断を下していない。そして、その多くが管轄権を根拠に処理されてきた。

　ICJ の管轄権は、合意により生じ、強制でなく、また以下の２つの主要な規定を根拠としている。［一つは、］国際司法裁判所規程第36条２項に基づき、国家は一般に、裁判所の管轄権を受け入れることができる。約50の国［2017年８月現在72ヵ国］が管轄権の受け入れを行っているが、多かれ少なかれ、自国の安全保障または他の事項に関わる紛争を除外する留保を付している。安全保障理事会（Security Council）の常任理事国の中では、英国だけが当該宣言を行っている[19]。

---

17)　例として以下を参照。"Treaty between United States of America and Italy"（1928, entered into force January 20, 1931）, 46 Stat 2890, Treaty Series no. 831.

18)　国連憲章第92条。

19)　*International Court of Justice, Yearbook: 1991-1992*, no. 46 The Hague: ICJ, （1992）, pp. 73-111. 米州機構憲章（ボゴタ憲章）は、そもそも米州機構（OAS）締約国間の法的紛争を解決するための手段であるが、そのような紛争について、国際司法裁判所への普遍的な付託を定めている。この条項は、1986年に、ニカラグアがホンジュラスを提訴する際に初めて援用されたが、その後、闇の中に忘れ去られた。*Border and Transborder Armed Action*（*Nicaragua v. Honduras*）, *Jurisdiction and Admissibility,*

二つ目として、本章の目的に、より関わりが深い根拠は、「現行諸条約に特に規定するすべての事項」との規定である[20]。国際司法裁判所年鑑には、そのような裁判条項を含む1933年から1992年までの250以上の条約がリストアップされている[21]。それらの大部分は、裁判所への訴えに当事国の合意を要求している。しかし、残りの幾つかは、強制的な効力がある。ウィーン外交・領事関係条約（Vienna Convention Diplomatic Privileges and Immuni-ties）[22]におけるICJへの付託規定は、1980年のテヘラン事件における米国の提訴の根拠となった[23]。ニカラグア事件では、部分的にではあるが、米・ニカラグア間の友好通商航海条約（FCN）の管轄権条項が根拠とされている[24]。

ICJ Reports 1988, p. 69.
20) 国際司法裁判所規程第36条1項。
21) *International Court of Justice, Yearbook: 1991-1992*, pp. 111-128. 1945年以前に常設国際司法裁判所（PCIJ）に言及していた条約は、[PCIJをICJと読み替えて] ICJに自動的に適用されると理解されている。
22) ウィーン外交関係条約および選択議定書。
23) *United Nations Diplomatic and Consular Staff in Teheran*（*United States v. Iran*）, *ICJ Reports 1980*, p. 3.
24) *Military and Paramilitary Activities in and against Nicaragua*（*Nicaragua v. United States*）, *ICJ Reports 1986*, p. 14; 米・ニカラグア友好通商航海条約（U.S.-Nicaragua FCN Treaty）第24条。米国はこの種の友好通商航海条約を20件以上締結しているが、そのほとんどは第二次世界大戦後のものである。それらは、国際的な通商、投資および観光の基盤をなしている。それらは全て条約上の紛争について国際司法裁判所における義務的な裁判を規定している。David Scheffer, "Non-Judicial State Remedies and the Jurisdiction of the International Court of Justice," *Stanford Journal of International Law*, 27（1990）: 83. しかし、ICJの45年の歴史の中でこれらの条項が、援用されたのはわずか2件にすぎない。このうちニカラグア事件では、米国は管轄権の抗弁に失敗した。ELSI事件では、両当時国の特別合意によって裁判所に付託された。*Electronica Sicula S.p.A.*（*ELSI*）（*United States v. Iran*）, *ICJ Reports 1989*, p. 15. ICJへの紛争付託の特別条項を有する米国締結の条約のリストについては以下を参照。F. Morrison, "Treaties as a Source of Jurisdiction, Especially in U.S. Practice," in Lori Damrosch, ed., *The International Court of Justice at the Crossroads*（Dobbs Ferry, N.Y.: Transnational Publisher, 1987）, pp. 58-81.

全体的に見ると、条約上の裁判条項を根拠とした訴訟は、ほとんどないといえる。PCIJやICJは、それらの75年間の歴史全体においても、平均して年に約1件の争訟事件を裁判しているだけである。また、そのうちの半分は勧告的意見である。［PCIJの］初期の判決にはヴェルサイユ条約に関するものが多くあるが、それらの判決は、大部分が国際労働機関憲章から生じる技術的問題に対応したものであり[25]、また幾つかは、第一次大戦後の少数民族の権利を規定した条約に関するものである[26]。それら以外は、国連憲章を除いて、ICJで二度以上裁判の主題とされた条約はない。

国連の専門機関の多くは、その設立条約の解釈問題に関する紛争に対して、第一の手段としてか、もしくは当該機関の内部機関で解決に至らなかった場合に、ICJないし仲裁裁判所への付託を規定している。しかし1972年のある研究によると、これらの規定に基づいたICJへの付託はほとんどないばかりでなく、それに代わる司法手続もまた同様に利用されていないという。

国際労働機関（ILO）：

公式の紛争解決手続が、用いられたことはあまりない。PCIJに6件が付託され、ICJには付託されたことはない。ILO憲章第37条2項に規定する裁判所が設立されたことはない……ILO憲章第26条から第34条の規定する公式の手続が援用されたのは、わずか3件にすぎない[27]。

---

25) 例として以下を参照。"Nomination of the Netherlands Workers' Delegate to the Third Session of the International Labor Conference, Advisory Opinion No. 1 (July 31, 1922)," in Manley O. Hudson, ed., *World Court Reports*, vol. 1, (Washington, D.C.: Carnegie Endowment for International Peace, 1934), p. 113; "Competence of the International Labor Organization with Respect to Agricultural Labor, Advisory Opinion No. 2 (August 12, 1922)," in *ibid.*, p. 122.

26) 例として以下を参照。"German Settlers in Poland, Advisory Opinion No. 6 (September 10, 1923)," in *ibid.*, p. 207; "Exchange of Greek and Turkish Populations, Advisory Opinion No. 10, (February 21, 1925)," *ibid.*, p. 421.

27) J. F. MacMahon and Michael Akehurst, "Settlement of Disputes in Special Fields," in Sir Humphrey Waldock, ed., *International Disputes: The Legal Aspects* (London: Europa

国連教育科学文化機関（UNESCO，ユネスコ）：

　紛争解決のための公式の手続（ICJ と仲裁裁判）が使われることはまれである。その代わりに総会の法律委員会が、争いがあるか、あるいは曖昧な点について意見を表明する権限を与えられている[28]。

国際民間航空機関（ICAO）：

　現在までのところ、理事会の決定によって特別仲裁裁判所、ICJ、または国際民間航空条約（シカゴ条約）第85条の規定する仲裁手続が利用されたことはない……これまでのところ、同条約第84条に基づく理事会への紛争付託はないので、同条にもとづく理事会の決定がなされる機会はなかった。……現在まで、［個別の］航空協定に基づく ICAO 理事会への紛争付託もない[29]。

国連食糧農業機関（FAO）：

　国際司法裁判所や仲裁裁判に付託されたケースは一切ない。FAO 憲章それ自体や同憲章第16条の下で採択された条約の解釈に関する紛争は、通常、憲章法律事項委員会に付託される[30]。

政府間海事協議機関（IMCO，現在は国際海事機関（IMO））：

　（「法律問題」の国際司法裁判所への付託による解決を規定する）条項に基

　　Publications, 1972), pp. 211, 217. 同書で言及された「特別裁判所（special tribunal）」は、「条約の解釈に関する紛争又は疑義をすみやかに解決」するために ILO 憲章第37条で認められた。同第26条から34条は、ある締約国がそれらの条約を遵守していないという別の締約国からの苦情を処理する手続を定めている。

28)　*Ibid*., p. 221.

29)　*Ibid*., pp. 224-25. 二国間航空運航協定の多くは仲裁条項を有するが、それに基づいて提訴されたケースは、ほんのひとにぎりにすぎない。協定の例としてたとえば、"Air Services Agreement between the United States and the United Kingdom," Feb. 11, 1946, 60 Stat 1499（1946）．

30)　MacMahon and Akehurst, "Settlement of Disputes in Special Fields," *supra* note 27, p. 229.

づき、IMCO はこれまでに国際司法裁判所に勧告的意見を一件要請している。その他の紛争問題は、機関の総会または理事会によって処理されてきた[31]。

世界気象機関（WMO）：

　実際には、解釈に関する紛争や問題は、仲裁裁判によってではなく、総会によって判断されている[32]。

世界保健機関（WHO）：

　実際に、紛争はあまり発生しておらず、それらのいずれも国際司法裁判所に付託されていない[33]。

万国郵便連合（UPU）：

　UPU 憲章では、加盟国間の紛争は、「仲裁により解決する」ものと規定している[34]。この仲裁は、当事国がそれぞれ指名する2名と、それら2名によって選ばれるか、もしくはそれら2名による合意が得られない場合には、国際事務局（UPU 事務局, International Bureau）によって選出される3人目の仲裁裁判官で構成される伝統的な三者パネルによって行われる。UPU は、他の多くの専門機関とは異なり、ICJ への付託を規定する条項を置いていない。しかし、その実際の歴史は他の専門機関と似ている。UPU が設立された

---

31) *Ibid.*, p. 232. 政府間海事協議機関条約第56条は、解決できない「法律問題」は勧告的意見を要請するため国際司法裁判所に付託することを規定している。以下の1件の事件が付託されている。*Constitution of the Maritime Safety Committee of the Inter-Governmental Maritaime Consultative Organization, Advisory Opinion, ICJ Reports 1960*, p. 150. 裁判所は条約に基づき、リベリアとパナマは、自国に登録された排水トン数を理由に、安全委員会に選出される資格があると判断した。

32) MacMahon and Akehurst, "Settlement of Disputes in Special Fields," *supra* note 27, p. 232.

33) *Ibid.*, p. 233.

34) UPU 憲章第32条。

1874年以来仲裁に付されたケースは、30件に満たない[35]。

我々は、1972年以降の専門機関ごとの体系的検討は行っていないが、各専門機関の記録とICJの訴訟事件一覧を簡単に概観しただけでも、大きな変化は起こっていないことが確認できる[36]。

ICJへ持ち込まれる事件のほとんどが、文字通り政治的な性格を備えており、その中でもわずかではあるが、安全保障の機微な問題を直接的に扱ったり、または紛争の周縁部に安全保障問題が含まれる場合もある。これらの幾つかの事

---

35) MacMahon and Akehurst, "Settlement of Disputes in Special Fields," *supra* note 27, p. 230. 1972年から1990年の間に仲裁に付されたのはわずか1件である。*Report on the Work of the Union*（Bern: International Bureau of the Universal Postal Union, 1981）, p. 96（for the years 1965-1974, 1976-1983, 1985-1990, paragraphs on Inquiries, Opinions [On Matters in Dispute and Others] and Arbitration）.

36) 裁判所が特定の条約に基づく法の体系的な実質を発展させることに近づいた唯一の出来事は、国際連盟と国連信託統治制度によって、南アフリカを受任国として委任統治地域とされた南西アフリカ（現在のナミビア）の地位に関する問題であった。当該事件は、幾度かICJへ持ち込まれている。*International Status of South-West Africa, Advisory Opinion, ICJ Reports 1950*, p. 128.［1950年の勧告的意見の］後、さらに二つの勧告的意見が、特別投票権条項を支持し南西アフリカの報告と請求を処理するために国連総会によって決議された口頭審理手続を認めている。*South-West Africa: Voting Procedure, Advisory Opinion, ICJ Reports 1955*, p. 67; *Admissibility of Hearings of Petitioners by the Committee on South West Africa, Advisory Opinion, ICJ Reports 1956*, p. 23. *South West Africa*（*Ethiopia v. South Africa; Liberia v. South Africa*）, *Second Phase, ICJ Reports 1966*, p. 6 において、南アフリカは、原告のエチオピアとリベリアが原告適格を欠くことを抗弁として、委任状に基づく受任国の義務に反して事実上領土を併合したことを争ったが、裁判所は当該事件を棄却した。最終的に、国連総会が委任統治を終了させ、安保理が当該地域からの撤退を要求した後、裁判所は、勧告的意見において当該地域における南アフリカの継続的な居座り状態が違法であるとの意見を出した。しかし南アフリカは、当該裁定に従うことを拒み、当該意見の効果はあまり得られなかった。*Legal Consequences for States of the Continued Presence of South Africa in Namibia*（*South West Africa*）, *ICJ Reports 1971*, p. 16. 以下を参照。Henry Richardson, "Constitutive Questions in the Negotiations for Namibian Independence," *American Journal of International Law*, 78 (1984): 76.

件は、コルフ海峡事件や核実験事件のように[37]、条約レジームの射程の外の問題に関するものである。より最近では、ICJ はテヘラン事件やニカラグア事件のような、条約の解釈を含む、幾つかの高度に政治的な事件に判断を下している[38]。さらに1994年半ばの時点で、イラン航空機撃墜事件、ロッカビー上空での民間航空機爆破から起きたリビア対英米の事件（ロッカビー事件）、そしてジェノサイド条約に関するボスニア・ヘルツェゴビナ対ユーゴスラヴィア連邦共和国との事件（ジェノサイド条約適用事件）が係属中である[39]。

　これらの［政治的に］機微な事件について、裁判所が下した判断をどのように考えようとも、結論としては、当事者の双方にとって満足のいくものではなかった。それらの事件の多くで、被告は十分に裁判に参加しなかったし、またそれらの事件のほとんどで、被告は裁判所の判決を公然と無視した。ニカラグア事件の結果として、米国は、裁判所の強制管轄権に関する受諾宣言の終了を通告した。

---

37) コルフ海峡事件は、なんらかの条約に関する問題ではない。*Corfu Cannel* (*United Kingdom v. Albania*), *ICJ Reports 1949*, p. 4. フランスによる太平洋上の核実験に関する裁判（核実験事件）も同様になんらかの条約に関する問題ではなかった。*Nuclear Tests* (*Australia v. Fance; New Zealand v. France*), *ICJ Reports 1974*, p. 253.

38) *United States Diplomatic and Consular Staff in Tehran* (*United States v. Iran*), *ICJ Reports 1980*, p. 3; *Military and Paramilitary Activities in and against Nicaragua* (*Nicaragua. v. United States*), *ICJ Reports 1986*, p. 4. 米国および英国が、航空機事故に関してソ連や東欧諸国を提訴した冷戦期の一連のケースがあるが、被告とされたいずれの国も ICJ の管轄権を承認しなかった。たとえば、*Aerial Incident of 10 March 1953* (*United States v. Czechoslavakia*), *ICJ Reports 1956*, p. 6（order of March 14).

39) *Aerial Incident of 3 July 1988* (*Iran v. United States*), *ICJ Reports 1991*, p. 187; *Questions of Interpretation and Application of the 1971 Montreal Convention Arising from the Aerial Incident at Lockerbie* (*Libyan Arab Jamahiriya v. United Kingdom*), *Request for the Indication of Provisional Measures, ICJ Reports 1992*, p. 3; *Application Instituting Proceedings against Yugoslavia* (*Serbia and Montenegro*) *for Violating the Convention on the Prevention and Punishment of the Crime of Genocide* (*Bosnia and Herzegovina v. Yugoslavia [Serbia and Montenegro]*), *Application Filed March 20, 1993*, ICJ Communiqué no. 93/4（Mar. 22, 1993).

ブトロス・ガリ（Boutros-Ghali）国連事務総長が『平和への課題』（*Agenda for Peace*）の中で、「ICJ は紛争の平和的解決に向けていまだ十分に利用されていない」と述べ、国連憲章に基づき、国家間の紛争解決に ICJ の利用の拡大を促した。彼は勧告的意見の利用の拡大を提案し、加盟国に留保を取り下げて裁判所の一般的な強制管轄権を受け入れるように求めた。彼はそのような発展が「国連の平和創造への重要な貢献」となると述べた[40]。このことが、これまでいわれてきた多くの似たような［ICJ の活用］を推進する話題よりも影響を持つかどうか疑わしい。100年にわたる国際裁判の経験は、国際紛争解決手段、特に条約義務の遵守を確実にするための方法として、その適切性が相当に疑わしいことを示している。

　他の裁判形態のように、ICJ 裁判は時間や費用がかかり、複雑で柔軟性を欠く。また、リスクがあり予測し難いものでもある。米国の偉大な判事のラーニド・ハンド（Learned Hand）は、「病むこと、死ぬこと」を除けば自分は、何よりも裁判を恐れると述べている[41]。裁判手続は紛争の対立的・対審的側面を強調し、この点で国際紛争においては、国内紛争においてよりもうまく機能しない可能性がある。これらのデメリットは、米国のような法律主義の砦においてさえ、より最近ではヨーロッパにおいても、裁判に代わる紛争解決のフォーラムの活用増加につながっている。

　紛争の原因が何であれ、国家間の紛争は結局、主権の行使の問題であり常に［政治的に］機微な問題で、したがって勝者総取り方式の中で解決するのは難しいものである[42]。さらに国際紛争は誰が「勝者」になったとしても、当事国間の関係は続いていかなければならないという問題がある。ゆえにある程度、

---

40) Report of the Secretary General, General Assembly, 47th Sess. A/47/277S/24111, June 17, 1992.

41) Learned Hand, *Three Lectures on Legal Topics* (New York: Association of the Bar of the City of New York, 1926), p. 105.

42) Abram Chayes, "A Common Lawyer looks at International Law," *Harvard Law Review*, 78 (1965): 1396参照。

裁判の結果は両当事国にとって満足のいくものでなければならない。全体として見ると、ICJ の判決はこれまでよく遵守されてきた。しかし、ニカラグア事件のような注目されたものを含めいくつかの重要な事件において、被告は、裁判所の判決の受け入れを拒んでいる。このことは、ありふれた裁判リスクとしてあげられる。

裁判は、多国間条約の解釈または適用に対して、さらに適切ではないように思われる。そこで論争になるのは、当事者の一方が他方の当事者に対し不法を行ったのか、もしくは補償する義務を負うのかということよりもむしろ、レジームの条件や機能についてのことである。米国の複雑な国内訴訟の学徒たちは、仮に裁判所が、多数の当事者が関係し複雑で相互作用する一連の問題を処理することを求められたら、二当事者間・対審的モデルは役に立たず、実際に適用されないということを、この20年にわたって認識してきた。問題は、裁判所の判決一つで完全に処理されることはできず、もっと柔軟で、調停的なプロセスにおいて時間をかけて処理されなければならない[43]。国内法システムにおいても、これらの特徴から、「多中心的な」紛争は裁判には不向きであると主張している者もいるが[44]、その主張は国際分野ではさらに力を持つ。

おそらくこれらの理由で、米国は、頻繁に喧伝された法律尊重主義的な文化を有することでよく知られ、かつ国際裁判による解決の長所を美辞麗句的に主張していたにもかかわらず、主権を非アメリカ的な裁判フォーラムへ譲るという点で、態度を決めかねているというのが関の山となっている。キース・ハイゲート（Keith Highet）は以下のように述べている。

---

43) 以下を参照。Abram Chayes, "The Role of the Judge in Public Law Litigation," *Harvard Law Review*, 89 (1976): 1281.［シェイズ（柿嶋美子訳）「公共的訴訟における裁判官の役割」『アメリカ法』1978年No. 1, 1-51頁。］

44) 以下を参照。Lon L. Fuller, "The Forms and Limits of Adjudication," *Harvard Law Review*, 92 (1978): 353 ［L. L. フラー（大塚滋訳）「裁判の諸形態と限界（下）」『東海法学』20号（1998年），特に164-180頁］; Donald L. Horowitz, *The Courts and Social Policy* (Washington D.C.: Brookings Institution, 1977), pp. 255-298.

米国の主権と独立を（ICJ）へ委ねる考えは、これまで完全に受け入れられたことはない。この点で、米国の ICJ にした「約束」は、制限的なものであり幻想的である。米国が苦痛を感じた最初にして唯一の大きな転換［ニカラグア事件］……米国が、選択条項を受諾して以降［ニカラグア事件までの］ほぼ40年間――完全に2世代もの間――生じなかった転換の結果、深く根付いた「［主権を ICJ に委託することへの］内在的な［米国内部に存在する］ためらい」が、今再び顕在化した[45]。

その懐疑主義は、米国に限ったことではない。仲裁または司法機関に基づく紛争解決を規定した裁判条項があまり利用されていないということは、主権に関する懸念が、特に、問題となっている事件が政治的に機微である場合、［諸国間で］広く共有されていることを示唆している。ICJ は、確かに国際法システムにおいて重要な役割を担っており、国際法の一般原則を構成し宣言する点は、特に重要である[46]。しかし、ICJ やその他の拘束力のある紛争解決手段は、規制型条約レジーム内で繰り返し起こる紛争の解決手段として、適応力があるということを示していない。

---

45) Keith Highet, "Winning and Losing: The Commitment of the United States to the International Court—What Was It, What Is It, and Where Has It Gone?" *Transnational Law and Contemporary Problems*, 1 (1991): 157, 198. 事実、米国の憲法慣行上、拘束的な仲裁への付託合意は上院の特別な承認が必要とされている。

46) 鋭く二極対立した典型的な法律問題で、かつ当事国が解決に向かって準備している場合における国境紛争は、しばしば裁判的解決が成功している。たとえば以下を参照。*Temple of Preah Vihear (Cambodia v. Thailand), ICJ Reprots 1962*, p. 6; *Land, Island, and Maritime Frontier Dispute (El Salvador/Honduras: Nicaragua Intervening), ICJ Reports 1992*, p. 351. 同様に、ICJ は、海洋境界画定紛争を解決するための機構ともなっている。例えば以下を参照。*North Sea Continental Shelf Case (Federal Republic of Germany v. Denmark; Federal Republic of Germany v. Netherlands), ICJ Reports 1969*, p. 3; *Case concerning the Continental Shelf (Tunisia/Libyan Arab Jamahiriya), ICJ Reports 1984*, p. 18; *Case concerning Delimitation of the Maritime Boundary in the Gulf of Maine Area, ICJ Reports 1984*, p. 246; *Case concerning the Continental Shelf (Libyan Arab Jamahiriya/Malta), ICJ Reports 1985*, p. 13.

9-2-2 非公式の紛争解決

裁判と並ぶものが、多様な交渉・調停プロセスである。国際レジームの重要な役割は、これらのプロセスの促進と支援である。そしてこの役割を発揮することが、遵守を受け入れ可能なレベルにまで誘導するために、レジームを管理する主要な手段となる。

9-2-2-1 安全保障および軍備管理に関する協定

安全保障の［政治的に］機微な分野においてでさえ、諸国家は、制度化された交渉の価値と、多国間条約のケースにおいて、仮に完全に認められていないとしても、［レジーム内の］機関や補助機関による調停の重要な役割を認めてきている。冷戦期において、ソ連と米国は、紛争解決に関する影響力を第三者機関に移譲するつもりはなかった。しかし、第8章で述べたように、両国はSALT Iの下で、調整や紛争解決のための公式のフォーラムとして、常設協議委員会（Standing Consultative Commission: SCC）を創設した。1970年代半ばのデタントに向かった頃、SCCは曖昧な部分や争いのある状況を明確にすることに成功した。例えば、1973年に、米国はソ連の既存のICBM基地における活動を監視していた。その活動は、ソ連がSALT Iに違反して新しい発射台の建設を示しているのではないかと考えられていた。ソ連は、その施設が発射制御施設を増強したもので、支援情報やデータを提供するものだと説明していた。米国は衛星監視によって、ソ連のそれらの説明が［間違いないことを］確認した[47]。レーガン政権の初期の頃、SCCは増大する敵対関係を一般的に反映するだけではなく、対立を高める一因ともなった言葉の戦場とも化した。しかしその時でさえも、当事者はSCCで「ABM様式の実験」の意味の理解について話し合うことができた。そのような意味の理解は、通常の条約交渉では解決されてこなかった[48]。

---

47) *Compliance with SALT I Agreements, Bureau of Public Affairs*, Special Report no. 55 (Washington, D.C.: U.S. Department of State, July 1979).

レーガン政権の SCC に対する敵視はとても強かったので、1987年の中距離及び準中距離ミサイルの廃棄に関する条約（INF 全廃条約）において、[SCC と]同様の機能を果たすための、しかし完全に異なる類似の委員会である特別検証委員会（Special Verification Commission: SVC）が創設された[49]。ソ連崩壊後の政治情勢の変化や、またロシアが米国との協力関係の確立を模索していたので、SVC における実績は、初めから好調であり疑う余地はなかった。第8章で述べたように、実際には INF 全廃条約の解釈に関する遵守問題の大部分は、査察チームの代表者間にて現場で処理される。SVC は彼らが合意に達することができなかった場合に、一種の上訴機関として機能している。

多国間安全保障協定もまた、安全保障問題に関する主権の敏感性を尊重している。化学兵器禁止条約（Chemical Weapons Convention: CWC）は、条約の解釈または適用に関する紛争を当事者間の協議に付すか、「（この条約に規定する適当な内部機関に対し提起すること及び合意により国際司法裁判所規程に従って国際司法裁判所に付託することを含む）……当該関係当事者が選択する他の平和的手段」[50]に付託する。しかし当該条約は、[紛争解決を完全に当事者の手に任せてはいない。同条約第14条［3項］は、41ヵ国から成る執行理事会（Executive Council）に「執行理事会が適当と認める手段によって紛争の解決に貢献することができる」権限を与えている。さらに同条文には、締約国会議は自らが行うか、もしくは適切な補助機関を通して、紛争を検討しなければならないとも規定されている。締約国会議と執行理事会は、国連総会が許可することを条件として、勧告的意見を与えるよう ICJ に要請する権限を与えられて

---

48) Antonia Handler Chayes and Abram Chayes, "From Law Enforcement to Dispute Resolution: A New Approach to Arms Control Verification and Compliance," *International Security*, 14 (1990): 152-154.

49) INF 全廃条約第13条。

50) CWC 第14条2項。IAEA は、CWC より以前から同様の規定があり、IAEA 憲章の解釈に関する紛争または問題を ICJ へ付託することを規定している（IAEA 憲章第17条）。CWC においては、理事会には、深刻な不遵守行為があった場合、それを安保理に付託する権限を与えられている。

いる。但し、同手続は利用される可能性は低いだろう。

　さらに重要なことに、執行理事会はまた、「この条約の遵守について疑義を引き起こす問題又はあいまいと認められる関連する事項について懸念を引き起こす問題」を明確化することに関するプロセスを管理する責務を与えられている[51]。同条約第9条には、最終的にチャレンジ査察［抜き打ち査察］を要請する締約国の権利に帰結する情報交換や事実調査に関する詳細な枠組みと、その詳細な執行手続が規定されている[52]。この二つの密接に関連した責務から、執行理事会には遵守に関する紛争を、少なくとも［[条約の]]文言上で、管理する権限が与えられている。これらの仕組みは、あらゆる種類の調停の取り組みのためにあり、チャレンジ査察はそれら取組みを支えている[53]。「この条約の趣旨および目的に対する重大な障害が生ずる可能性のある場合」の最終的な手段は、締約国に「国際法に適合する」集団的な措置を締約国会議が勧告すること、もしくは「特に重大な場合」その事項を安全保障理事会へ付託することである[54]。

9-2-2-2　その他の多国間条約機構

　安全保障の文脈以外での多国間レジームにおける、類似の制度化されたプロ

---

51)　CWC 第9条2項。

52)　CWC 第9条8項から22項。査察制度の実効性の評価については以下を参照。Michael Krepon, "Verifying the Chemical Weapons Convention," *Arms Control Today*, 22, no. 8 (Oct. 1992): 19-24. さらに参照、Brad Roberts, ed., *The Chemical Weapons Convention: Implementation Issues*, Significant Issues Series, vol. 14, no. 13 (Washington, D.C.: Center for Strategic and International Studies, 1992).

53)　査察の過程で生じた紛争に向けて、4段階の解決アプローチがある。一、査察官は査察を受けた国と交渉を行うことができる。二、締約国が合意できないとき、紛争は技術事務局の局長へ付託される。その後、局長は当該国家と交渉する。三、紛争が解決困難な状態が継続しているとき、それは執行理事会に付託され締約国会議へ勧告が行われる。四、次に締約国会議はその問題を安全保障理事会へ付託することができる。CWC 第9条および第12条。

54)　CWC 第12条。

セスでは、条約事務局もしくは［紛争に］関与していない当事国が、調停の役割を果たすことができる。ICAOでの経験はその典型である。シカゴ条約は、その解釈または適用に関する意見の相違の判断を理事会へ委任している[55]。多くの二国間の航空交通協定もまた、ICAO理事会による紛争解決を規定している。33ヵ国［現在は36ヵ国］のメンバーからなる理事会は、司法的機能を発揮するには十分ではない機関なので、紛争解決の大勢を占める様式は、非公式の調停によるものとなっている。ICAOの第一人者であるトーマス・バーゲンソール（Thomas Buergenthal）は、「シカゴ条約の下で生じた紛争を処理する点で、ICAO理事会は、司法的手段よりもむしろ政治的・外交的手段による解決を支持する方策に従ってきた」と結論している[56]。時として、条約の条文の解釈をめぐる意見の相違は、この機構の常設の委員会である法律委員会に付託される[57]。

同様の調停的アプローチは、航空輸送協定に基づく訴えに対して利用されている。「理事会が担う主要な役割は、」通常は、「当事者に従前の状態（status quo ante）へ復させることによって、締約国の紛争の解決可能なフォーラムを提供することである」[58]。バーゲンソールは、「裁判手続の存在そのものは、締約国がこの手続に訴えることなく紛争を解決するよう促すことに貢献している」と考えている。しかし彼はこのように調停へ訴えることを嘆いていた。なぜならそれは、裁判と異なり「国家が［航空輸送協定の］条項を起草もしくは採択するときに、引用可能な体系的な判例法」を生み出さないからである[59]。

---

55) 国際民間航空条約第84条。
56) Thomas Buergenthal, *Law-Making in the International Civil Aviation Organization* (Syracuse, N.Y.: Syracuse University Press, 1969), p. 195.
57) MacMahon and Akehurst, "Settlement of Disputes in Special Fields," *supra* note 27, p. 224.
58) Buergenthal, *supra* note 56, pp. 162-166.
59) *Ibid.*, pp. 195-197. オーウェン・フィス（Owen Fiss）は、国内の代替的紛争解決の動きを批判している。以下を参照。Owen M. Fiss, "Against Settlement," *Yale Law Journal*, 93 (1984): 1073.

調停と仲介を利用する継続的な機会はまた、次節で議論される解釈作用と関連して生じる。

9-2-3　条約規定の有権的解釈

国際組織によって管理されるレジームにおいて、法律問題を含む紛争解決の、裁判に代わる好ましい方法は、国際組織内の指定機関［しばしば事務局や法律委員会であったりする］による有権的もしくは準有権的解釈である。これは、条約文言の意味をめぐる紛争の処理に対して争いの無い手段であるだけなく、紛争の予防に寄与し、場合によっては、当事者がレジームの目的に反する可能性のある行動を取る前に、潜在的な不遵守行為を除去しうるものである。国家が自ら提出した疑問に対する答えを無視することは、少ないだろう。その非対審的構造は、不一致や誤解を解消するのに役立つし、それらは当事者自身によるか、もしくは解釈機関の助けを借りるかのいずれかによって請求へとつながる。さらに解釈プロセスは、国内法システムでは裁判所または行政機関が適用する統一的な法規則の明確化、［形成に関する一連の作業］を提供する。究極的に、「解釈」は、目まぐるしく変わる環境に規範を適応させる方法となりうるのである。

本書巻末付録の条約一覧を見ても、そのうちの半分以上が非裁判的な条約解釈に関する何らかの規定を置いている。その［解釈］権限は、明確に与えられていない時でも黙示的に行使されることがある。体系的な考察ではないが、支配的な国際組織のいくつかの実行を考察して見ると、裁判と異なり、解釈プロセスが広範に利用されているように思う。より完全で、ランダムに抽出されたものではないサンプルを集めることに価値はあるだろう。しかし、ここでまとめられた様々な規制型条約レジームでの経験は、解釈権限が条約の履行に関する重要な管理ツールであり、より対審性の強い紛争解決構造による争いを回避するのに役立つかもしれないことを示している。

378

9-2-3-1　国際通貨基金(IMF)

解釈権限の最も広範囲に及ぶ利用は、IMF においてみられる。[1945年の]IMF 協定第18条（表題：「解釈」）は、「この協定の規定の解釈について加盟国と基金との間又は基金の加盟国相互の間に生ずる疑義は、理事会に提出して解決する」と規定している[60]。

この権限が行使された初期[の事例]は、ブレトンウッズ交渉で棚上げにされた根本的問題を解決することだった。ケインズ卿（Lord Keynes）を代表とする英国は、加盟国が無条件に自国割当額の最大限までを引き出す資格を持つべきだと主張した。[一方で、]資金の大部分を供給する米国は、その[引出]増額が加盟国の持続可能でない金融・財政政策によって浪費されないように、IMF は条件を課しうるべきであると主張した。この[米英の]不一致は、意図的に覆い隠されることとなった。つまり第5条は、加盟国が「この協定の規定に合致する支払……が現に必要であることを示す」ならば、「加盟国は」基金の資源を利用することが「できる」が、各年の割当額の25％までに限る[とされた]。IMF には、「その利益を保護する条件の下で」この制限を外す権限が与えられていた[61]。IMF が活動を開始したとき、予想通り、戦後の国際経済と IMF の加重投票制度の両方において米国支配を反映しつつも、理事[会]は、明確な解釈を用いることで米英の紛争を解決した。つまり、IMF 資源が利用されうる目的は、「経常収支赤字の財政的バランスに、一時的な援助を与えることである」[62]。「『示す（represents）』という文言は、『宣言する（declare）』こ

---

60) 理事会の決定に対する上訴は、総務会へ［付託の要求ができる］。IMF［1945年］協定第18条（b）。1969年に当該条文は、解釈に関する特別委員会を用意するために改正された。First Amendment to Articles of Agreement of the International Monetary Fund, Art. XVIII.

61) IMF 協定第5条。以下を参照。Gardner, *Sterling Dollar Diplomacy*, New Expanded edition（N. Y.: Columbia University Press, 1980）p. 113.［ガードナー（村野孝・加瀬正一訳）『国際通貨体制成立史・英米の抗争と協力』（上）（東洋経済新報社, 1973年）253-254頁。邦訳は原著1969年版のものだが該当箇所は1980年版と同一である］。

62) Pursuant to Decision no. 71-2, Sept. 26, 1946, in IMF, *Selected Decisions of the Execu-*

とを意味している……しかしIMFは、協定に合致する支払が現に必要であるとした宣言に正当に異議を唱えることができる[63]。マーシャルプラン（Marshall Plan）終了後、IMFが実際の融資業務を開始したとき、理事［会］は別の「解釈」によって「一時的な援助」の概念を、「期間は、3年から5年の上限内に収まらなくてはならない」とさらに詳細に示した。加盟国の［融資］引出請求に対するIMFの「姿勢」は、「加盟国が実施する政策が、そのような期間内に問題を克服するのに適切かどうかで決められる」[64]。

　一般化されたこの一連の解釈によって、IMFは加盟国とIMFスタッフによってよく理解されていたこともあり、国際金融協力、為替の安定、支払の多角的システム、また国際収支不均衡の調整の目的で、広範な声明を資金利用のための詳細な規則へと変えた。例えば、加盟国は［資金を］5年内に払い戻さなければならないことや、加盟国が引出可能となるには、加盟国は、自らの経済政策全般が5年内の返還を保証するものであることをIMFに納得させなければならない[65]。スタンドバイ取極の考案もまた、理事［会］の解釈決定の産物であり、実際にそれは、引出国の政策が意図した結果を達成しているのかどうかを年1回確認するための機会を提供している[66]。これらの解釈は、IMF資源利用の際の、「融資条件」のその後の仕組みの基礎を提供した。それらはIMF協定が1978年に改正されたときに統合された[67]。

　同様に、固定相場制を確立したブレトンウッズ体制が1972年に崩壊したとき、

---

　　　tive Directors and Selected Documents, 3rd issue (1965), p. 54.
63) Decision no. 284-4, Mar. 10, 1948, in *ibid.*, p. 19.
64) Decision no. 102-(52-11), Feb. 13, 1952, in *ibid.*, p. 21. 協定上の唯一の返済義務は、各加盟国の通貨準備が増加した会計年度に限られる。［1945年の］IMF協定第5条第7項。
65) 第10章で議論したように、この［引出請求をする加盟国財政の］評価は実際よりも厳しいようである。
66) Decision No. 155-(52/57), Oct. 1, 1952, in IMF, *Selected Decisions of the Executive Directors and Selected Documents*, 3rd issu (1965), p. 24.
67) IMF協定［1978年第二次改正］第5条。"Proposed Second Amendment to the IMF Agreement," *International Legal Materials,* 15 (1976): 546, 550-555.

変動相場制への移行は、一連の解釈決定によって達成され、1978年に［第二次］改正IMF協定の第4条に具体化された。［同条は、］IMFが、加盟国が協定に明記された金融の行動原則に従うことを確保するために、加盟国の金融政策の「確実な監視」（第4条3項（b））を実施をしなければならないことを要求している。［ここで］再び、理事［会］は、加盟国の財政実績の検討と評価の際に、これらの一般的な命令を継続的に適用するために、金融の行動規範へと変えた[68]。

したがって、IMFの責任に関する主要2分野（IMF資源の利用と金融政策）において、機能している規範は、協定に第一に見られるのではなく、第18条の権限に基づく理事［会］による解釈の中にあった。

9-2-3-2　国際コーヒー機関（ICO）

国際コーヒー機関もまた、その条約文言を解釈する権限を運営機関に明確に授けている。［1962年の］国際コーヒー協定第61条（表題：「紛争および苦情」）は、「この協定の解釈又は適用に関する紛争で交渉によって解決されないものは、当該紛争の当事者であるいずれかの加盟国の要請により、決定のため（国際コーヒー）理事会に付託される」[69]と定める。過半数の加盟国又はその票数の合計が総票数の三分の一以上となる加盟国は、理事会に対しその紛争問題について「諮問協議会（Advisory Panel）」の意見を求めることができる。「諮問協議会の意見及びその理由は、理事会に提出するものとし、理事会は、関連があるすべての情報を考慮した後、当該紛争について決定を行う」[70]。

---

68) 以下を参照。Decision no. 5392-(77/63), Apr. 29, 1977, *Selected Decisions and Documents of the IMF*, vol. 10 (1983), p. 10. さらに以下を参照。本書第10章における当該手続の議論全般。

69) 国際コーヒー協定（1962年）第61条。その後継の協定のすべてにおいて、実質的に同じ紛争解決条項が含まれている。

70) 前掲協定第61条第2項。諮問協議会は輸入国によって指名された2名、輸出国によって指名された2名、それら4名の指名協議委員によって匿名で選出された議長で構成される。［訳注：本注は第61条第2項からの引用とされているが、引用

第9章　積極的管理の諸手段　*381*

　1965年に、理事会は、協定の構造の根本的な変更を行うためにこの権限を行使している。コーヒー市場に参入したアフリカの新興独立国は、貿易を急拡大し、南アメリカの生産国の確立した支配的地位に対して、世界割当のより大きなシェアを受けるために、自らの割当増加を模索した。国際コーヒー協定は、需要と供給の不均衡に対処するために世界割当の調整を認めていたが、それは「各加盟国の基本輸出割当てに同一の百分率を乗ずることにより［訳注：割合は変えずに全体量を各国で等しい率で増減させることによって］」のみされるものとした[71]。ブラジルおよびラテンアメリカの主要な生産国と、アフリカ生産国との間の紛争により、1965年の理事会会議は行き詰った。そこから脱するために、理事会は、「選択的割当制度」が協定に一致するかどうかを検討する目的で、第61条に基づいて諮問協議会を招集した。諮問協議会は全会一致の報告書を、［それを待っていた］理事会へ提出し、選択的割当制度は、アフリカ輸出国が想定したような理事会の決議によって法的に採択されえず、協定の改定を必要とするとした意見を出した[72]。

　諮問協議会がその決定をして2週間も経たないうちに、理事会は決議第92号を採択した。その決議では、主にアフリカで生産されたコーヒー種の割当上限の特別「ウェーバー」の付与の権限を与えた[73]。その決定の結果、選択的割当制度は、期限または適用に制限のある制度ではあるが、確立されることとなった。1966年の会議では、理事会は決議第115号で「コーヒー供給の選択的調整制度」を採択した[74]。その採択内容は、複雑で新しい分類のものではあるが、それは事実上、諮問協議会の反対にもかかわらず、選択的割当制度が採択されたという内容となった。反対意見は少なく、実際にその決定は根底にある紛争

　　部分の内容は第61条第4項の部分。］
71)　前掲協定第35条第1項。
72)　*Report of the Advisory Panel on the Legality of a System for the Selective Adjustment of Quotas*, International Coffee Organization Doc. no. ICC-7-60（E）（1965）.
73)　*Resolution 92*, International Coffee Organization Doc. no. ICC-7-Res. 92（E）（1965）.
74)　International Coffee Organization, Doc. no. ICC-8-Res. 115（E）（1965）.

を十分に解決した。

　当事国は、法律専門家の諮問協議会から提出された反対意見があったにもかかわらず、解釈プロセスを通じて、条約の根本的義務を変更することができた。この顛末は、［諮問協議会の厳格な］裁判的方法論と［理事会の柔軟な］解釈方法論との間の著しい対比を見せている。諮問協議会は、それがどのような意味であれ、おそらく法的には正しかったのだろうがその判断は組織の継続的維持を脅かすものであった。実際にブラジル代表団がこのことを理解していたことや、また彼らが諮問協議会の手続に合意したと信じられる理由がある。つまり、彼らは、諮問協議会が選択的割当制度を法的に認めることを期待していた。だからこそブラジル代表団は、国内関係者の強い圧力を受けながらも、選択的割当制度の受け入れを承認できたのである。理事会は「選択的割当」という文言を避け、他の言葉で様々な特別割当を考え上げることで、すべての紛争当事国、特に最大生産国として合意が破綻すれば失う物も最も大きかったブラジルを満足させることができた。

9-2-3-3　軍備管理と安全保障

　SALT Ⅰにより設立されたSCCは、主として交渉の機関であったけれども、解釈機能も果たした[75]。超大国間の合意であるために、どの解釈も両国の交渉と合意に基づかなければならなかったし、そのことは行き詰まりの原因のようでもあった。にもかかわらず、SCCは時として両国の関係が敵対的な戦術に支配されていた時でさえも、いくつかの有権的な解釈を産み出すことができた。［解釈の］初期の例として、協定で禁止された兵器の撤去・解体の手続を作成したものがある。

　前述したように、最も重要な事例は、弾道弾迎撃ミサイル制限条約（ABM制限条約）第6条で禁止されている「ABM様式の実験」の意味の解釈であった。米国は、条約交渉の間、ソ連が地対空ミサイル（SAM）防衛システムに弾道

---

75)　ABM制限条約第13条に基づき、SCCは「合意した義務の遵守に関する問題、及び明確と考えられる関連状況を検討する」。

弾迎撃のミサイル能力を付加する改良を試みるかもしれないという懸念を持っていた。もしそれが実現するなら、これら広範囲に渡る多数の防空施設群により、条約で禁止されている対弾道弾（ABM）システムが、[ソ連]国内に広く展開されることになるだろうとされた。その改良はいずれにしろ飛行しているICBM［を標的にした］実験を必要としたものだった。ソ連によるICBM実験地域におけるSAMの合同運用や、ICBM再突入に合わせたSAMレーダーの実験演習は、米国の疑念を高めた。条約交渉において米国は、この演習を禁止する詳細な規定［の盛り込みの］達成を模索したが、ソ連は拒絶した。そこで米国は、[ABM制限条約が] 禁止演習と見なすSAMとICBMの合同運用演習の詳細を定めている、ABM制限条約に付け加えられた一方的声明において自らの立場を説明した[76]。その後、米国はソ連の演習の継続に気付き、条約違反だとしてこの問題をSCCに持ち込んだ。1978年に、長引いた交渉の後、[会議の]文書は機密のままではあるが、SCCは第6条で禁止された演習に関する一致した解釈を作出した。それは実質的に、その条約の中で[両国の] 交渉では得られなかった解釈を米国が得たことになった。しかしながら、それは、米国が[ソ連の] SAMレーダー追跡とミサイル実験の同時演習を監視し続けたことからも、[SAM]防空設備とICBM実験の同時演習に関する全ての問題を解決するものではなかった。1985年には、米ソ超大国の関係が最も対立していたときに、SCCはさらにその解釈を精緻化させ、問題解決へ近づけるような第二の解釈交渉を行った。これもまた機密とされた[77]。

　INF全廃条約ではSALT Iよりもさらに前進し、明らかにSVCに「条約の有効性と実効性を改善するために必要な措置に合意するために」権限を与えてい

---

76) ABM制限条約一方的声明B。さらに以下を参照。Sidney Graybeal and Patricia McFate, "Assessing Verfication and Compliance," and Abram Chayes and Antonia Handler Chayes, "Living Under a Treaty Regime," in Antonia Handler Chayes and Paul Doty, eds., *Defending Deterrence: Managing the ABM Treaty into the 21st Century* (Washington, D.C.: Pergamon-Brassey, 1989), pp. 179, 186; 207, respectively.

77) 前掲条約と声明。さらに以下を参照。Gloria Duffy et al., *Compliance and the Future of Arms Control* (Stanford, Calif.: Stanford University Press, 1988), pp. 35-37.

る[78]。これは、「非改正手続」として特徴付けられる[79]。この権限の付与は、「そのような措置は、条約の改正とみなされない」という規定で、査察に関する議定書と廃棄に関する議定書において繰り返し言及されている[80]。

1992年の時点で、六つの異なる非改正的解釈の交渉がなされ、INF全廃条約に従って実施された。最初の三つは比較的重要性の低いものではあるが、SVCの運用手続を確立させ、ボトキンスクとユタ州マグナ地区のミサイル施設の検証体制をつくった[81]。最も重要なものは、1989年12月21日に署名された合意覚書（MOA）である[82]。それは、INF全廃条約における不足部分を補うための手続の詳細を提供するだけでなく、いくつかの点で、査察・廃棄に関する議定書から離れたものでもあった。例えば、条約に規定された航空機の代わりに、新しい種類の査察の航空機を用いること［定めた］。これらの変更を採用するとき、MOAは明確に議定書の「有効性と実効性」の文言を引用している。1991年の春に、当事国はINF全廃条約履行手続に関するさらに二つの変更を組み入れるためにMOAを修正している[83]。

それ以来このアプローチは、広く利用されてきている。START Iは以下のように規定している。

　当事国は、条約の有効性と実効性を改善するために必要である追加的措置に合意することができる。当時国は、条約に基づく実質的権利と義務に影響

---

78) INF全廃条約第13条第1項（b）。
79) David A. Koplow, "When Is an Amendment Not an Amendment? Modification of Arms Control Agreements without the Senate," *University of Chicago Law Review*, 59（1992）: 1008-1009.
80) INF全廃条約査察に関する議定書第11条第4項、および廃棄に関する議定書第5条第2項。
81) 以下を参照。Koplow, *supra* note 79, p. 1012.
82) Memorandum of Agreement regarding the Implementation of the Verification Provisions of the Treaty between the United States of America and the Union of Soviet Socialist Republics on the Elimination of Their Intermediate-Range and Shorter-Range Missiles, Koplowから引用。*supra* note 79, p. 1013.
83) 以下を参照。*ibid*., p. 1015.

を及ぼさない範囲で、当該議定書に変更を加える必要がある場合、当事国が、当該条約第18条に規定されている条約改正の手続に訴えることなく、それらの変更の合意に達するために遵守および査察の合同委員会を利用することに合意する[84]。

同様の文言は、核実験に関する二つの条約（平和目的核爆発制限条約（PNE条約）と地下核実験制限条約（TTBT））の議定書に挿入されており[85]、また欧州通常戦力条約（CFE）においても見られる。［ただし、］これらの手続のいずれかを伴った実際的な経験はいまだにない[86]。

9-2-3-4 ガ ッ ト

矛盾する環境保護の条件を満たすための関税及び貿易に関する一般協定（GATT）の規定調整の論点が浮上がってくる最近まで、ガット理事会の解釈権限の問題は生じなかった。ジョン・ジャクソン（John Jackson）は、1947年GATT協定の第25条が締約国団に「この協定の規定であって、共同行動を伴うものを実施するため、ならびに一般にこの協定の運用を容易にし、及びその目的を助長するため、随時会合」を行う権限を与えているが、本条に基づき理事会が協定の規定を決定的に解釈する権限を持つと主張した[87]。世界貿易機関（WTO）設立協定は、閣僚会議と理事会［4分の3以上の多数による議決］に

---

84) START I, "Protocol on Inspections and Continuous Monitoring Activities," Art. XVIII, sec. 4. ディビッド・カプラ（David Koplow）によると、当該文言は逐語訳の形で、関連する条約文書において少なくとも7回見られるとしている。Koplow, *supra* note 79, pp. 1020-1021, n. 211. 表題にも示されているように、カプラの主要な関心は、大統領と上院との間の条約作成権限の憲法的な配分について、これらの規定が持つ影響である。

85) PNE条約検証に関する議定書、およびTTBT検証に関する議定書。

86) CFE条約第16条第5項。

87) 以下を参照。John H. Jackson, "World Trade Rules and Environmental Policies: Congruence or Conflict?" *Washington and Lee Law Review*, 49 (1992): 1227. この論文には、ガットの解釈権限に関するジャクソン教授による未公刊の覚書が含まれている。*ibid.*, pp. 1269-1275.

「この協定［1995年マラケシュ協定では「この協定及び多角的貿易協定」］の解釈を採択する排他的権限を」付与することによりその問題を解決している[88]。

より目立たない形の解釈は、紛争解決パネルの報告の採択を通して、ガット理事会により遂行される。理事会によって採択されるパネル報告は、法的には紛争当事国のみを拘束するものだが、その後のパネル手続において、より一般的に協定の解釈の資料としてかなりの先例的な重要性を持っている。これと他の解釈の形態とを区別するのは難しい[89]。本章後半で議論するが、WTOの拘束力のある紛争解決条項の下で、パネルの決定や特に上級委員会の決定は、判例法の発展と非常に類似するようになると思われる。

9-2-3-5　その他の専門機関

よく知られた国連の専門機関においても、解釈メカニズムの利用は広がっている。ILO理事会はこれまで、しばしば総会の決議や要請に答える形で解釈についての責任を負ってきた[90]。労働条約の増加に伴い、ILOは、労働条約の解釈について締約国に多くの意見を出してきた。「ILOが、非公式に（国際的な労働条約の）解釈に関する問題について国家に助言することは、現在よく確立されている。これまでのところ（1972年）、労働事務局は、そのような意見を150以上も出してきている」[91]。ILOは、そのような意見が公式の地位を持つわけではないが、実際上、それらはめったに問題にはならないと述べている。マクマホン（MacMahon）とエイクハースト（Akehurst）は、「紛争の形で具体化する前に、ILO理事会により潜在的紛争は予期され、疑いは解消された」と結論している[92]。

---

88) ウルグアイ・ラウンド協定案第9条第2項。同条は、この権限が「改正条項を損なわないように」行使されるべきであると注意喚起している。
89) Jackson, *supra* note 87, pp. 1272-1273.
90) MacMahon and Akehurst, *supra* note 27, p. 217.
91) *Ibid*., p. 212.
92) *Ibid*., pp. 212-213.

UPU において、上述したように、義務的な仲裁はめったに見られないが、UPU 憲章はまた、国際事務局が当事国の要請に基づき、紛争中の問題（もしくはその他の問題）について意見を表明することができると規定している[93]。1965年から1990年の期間において、仲裁に付託された紛争は2つのみだが、「紛争中の問題について」事務局の意見を求める9つの請求と、本格的な紛争になる前に、事務局が意見によって対処した44の「審査」があった[94]。

本章ですでに議論した専門機関の研究も同様である。UNESCO 総会の法律家委員会は、解釈に関して争いのある事項について意見を表明することができる[95]。FAO 憲章や諸条約に関する紛争と解釈問題は、通常、憲章法律事項委員会に付託される[96]。WHO においては、行政財政法律事項委員会（委員会 B）へ付託される[97]。WMO においては、通常、世界気象会議（World Meteorological Congress）によって処理されている[98]。

市民的および政治的権利に関する国際規約（自由権規約，International Convention on Civil and Political Rights）に基づいて組織された規約人権委員会は、政府代表ではない専門家で構成され、自由権規約第40条第4項により、「委員会の報告及び適当と認める一般的な性格を有する意見を締約国に送付」する権限を与えられている。その条文的根拠は十分ではないが、委員会は自由権規約の有権的な解釈をうち出す慣行を発展させ始めている。当初、[委員会の活動は]当事国に求められる報告［国家報告制度に基づく報告］の内容と手続を詳細にするものだったが、最近では自由権規約諸条約の義務の実質的な内容に取り組

---

93) UPU 憲章第113条［当該引用部分は、UPU 一般規則第132条第2項からのものと思われる。］

94) *Report of the Work of the Union*（Bern: International Bureau of the Universal Postal Union）for the years 1965-1974, 1976-1983, 1985-1990, paragraphs on "Inquiries," "Opinions（On Matters in Dispute and Others），" and "Arbitration".

95) MacMahon and Akehurst, *supra* note 27, p. 221.

96) *Ibid.*, p. 229.

97) *Ibid.*, p. 233.

98) *Ibid.*, p. 232.

んでいる[99]。

　第8章で述べたように、IAEAの「特別査察」実施権限の承認は、INFCIRC 153の関連規定（NPT締約国のセーフガードを管理する規則）の解釈の形で行われた。そしてそれは、その争点についての一般討論を理事会がまとめて、議長によって宣言された[100]。

　しばしば［条約規定で］見られるが、ほとんど利用されていないICJへの紛争の付託と異なり、解釈メカニズムは、当事国だけか、あるいは法律専門家からなる小委員会または常設の委員会で構成されているのかはともかく、意図されたように機能しているように思う。その決定は重要な役割を果たし、少なくとも、文字面だけの解釈を取り除く助けとなっている。それらは、レジームの変化する需要を満たすために、個々の不一致や、規範構造の詳細の両方を調整することで、条約遵守の継続的管理の一部となっている。

9-2-4　裁判への回帰？

　長く裁判への付託を避けてきた傾向と、より非公式のメカニズムへ訴える普遍的ともいえる慣行があるにもかかわらず、法的拘束、つまり司法形式の判断を頂点とした紛争解決の関心の復活の兆候がある。このことは単に、好き勝手に物事を考える国際法学者にだけあてはまるのかもしれないが、国際レジームの信頼性にますます依存が進む世界においては、国家やその市民もまた、交渉、または行き詰まりの結果、紛争を審判するなんらかのアドホックな仕組みがつくられるという希望に喜んで満足することはないかもしれない。いずれにしろ、過去10年、いくつかの重要で新しい規制型条約や、もしくは古い条約の適用が、本格的な裁判メカニズム、もしくはその他の形式の公正で強力な義務的第三者介入の形態であらわれてきている。

　99）　一般意見（GCs, The General Comments）。UN Doc. HRI/GEN/1, Sept, 4, 1992, pp. 1-34.
　100）　IAEA Doc. INFCIRC/153, May 1971, reprinted in *Internatioal Legal Materials*, 1 (1971): 855.

9-2-4-1　国連海洋法条約（UNCLOS）

　この傾向の初期の事例は、国連海洋法条約（United Nations Convention on the Law of the Sea, UNCLOS）の紛争解決の章［に見られる］。それは、1974年から1981年（第三次国連海洋法会議．UNCLOS III）まで交渉が行われ1994年に発効した。同条約は、多くの技術的・商業的関係だけでなく政治絡みの問題を含んでいて複雑である。特に、多くの規定では、沿岸国の管轄権をその隣接する海域まで拡張している。UNCLOS は、領海基線から200海里までの排他的経済水域（EEZ）や、国際海峡および群島水域の特別の制度を確立した。UNCLOS は、これらの海域における環境保護規制と科学調査、国際海峡と群島水域における航行のいくつかの点に関する複雑に絡んだ権限を沿岸国に与えている。これらの権限は、「合理的に」もしくは「一般的に受け入れられている国際的な慣行に適合して」行使されるという条件に従う。これらの文言は、伝統的な航海の権利と抵触する規制となる大きな可能性を残している。UNCLOS の紛争解決の章の起草者のルイス・ソーン（Louis Sohn）が述べているように、「公平な第三者型の裁判の合意がない中では、条約の解釈に関して、ひとつの国家の見解が、他の締約国の見解より優先することがないことは主権平等の原則の一つである。どの当事国も、自国の見解だけが正しいと主張しうるが、他の当事国も同じ主張をすることができる、したがって行き詰まりとなる」[101]。

　米国を代表とする海洋国家は、自国の［従来の］航海の権利を［新制度に基づく］沿岸国の一方的な決定に委ねることを好まず、沿岸国の新しい管轄権の行使に関する紛争について拘束力のある解決を条件としている当該条約を受け入れさせた。UNCLOS の紛争解決手続は、交渉グループ7（Negotiating Group 7）によってつくられた。ソーン教授は、その手続を「簡潔であると同時に複雑である」と述べた。「その簡潔性」について、彼は以下のように書いている。「それは、一般的に紛争当事国の意思が優先し、また当事国が、合意によって自らが望むいずれかの紛争解決［手続］を選択しうることを指導原理として条

101）　Louis B. Sohn, "Peaceful Settlement of Disputes in Ocean Conflicts: Does UNCLOS III Point the Way?" *Law and Contemporary Problems*, 46 (1983): 195.

約が受け入れている事実に起因している。当事国は、紛争解決手段に合意しないときに限り、より複雑な規定が適用される」[102]。柔軟性の点で見ると、当事国は、もし合意できるなら、拘束力を持つか否か、仲裁型か裁判型かという紛争解決手段の様々なメニューから、最も紛争を解決しうると自国が信じるフォーラムや手続を選ぶことができる。ただし、注目すべき例外があり、起草者は、もし［拘束力のない］紛争解決手段が奏功しなかったなら、紛争の拘束力ある決着を求めた。［ただし］この段階でさえ、当事国には選択の幅がある。当事国は、ICJ、地域的機関、もしくはハンブルクにある新しい常設の海洋法裁判所（ITLOS）を選択することができる。しかし、当事国がこれらのいずれにも合意できなかったとき、問題は、条約で規定されている手続に従って、拘束力のある仲裁へ持ち込まれる[103]。

ごくわずかの紛争類型には、この手続の多くが適用されない。EEZ内の海洋調査を含むいくつかの問題は、［その手続が］適用されないか、もしくは義務的だが、非拘束的な調停に従うかのどちらかである[104]。当事国は、海洋境界紛争の特定の類型を［義務的手続から］除外することができ、また国連安全保障理事会によって処理される事項のように、軍事活動には完全に適用されない[105]。レーガン大統領が条約を拒否する原因となった深海底の開発については、深海底裁判部［の創設］を含む、つぎはぎ的な手続がつくられた[106]。

UNCLOSの規定が広く使用されるのか、もしくは他の条約と同様に非公式

---

102) *Ibid.*, p. 196.
103) UNCLOS III, Annex VII.［訳注：本文の記述は交渉段階のもので、最終的な規定では、ITLOS、ICJ、付属書Ⅶによって組織される仲裁裁判所、付属書Ⅷに規定する特別仲裁裁判所となっている。］
104) UNCLOS 第297条、および Sohn, *supra* note 101, pp. 197-198.
105) Sohn, *ibid.*, p. 198; James K. Sebenius, *Negotiating the Law of the Sea* (Cambridge, Mass.: Harvard University Press, 1984), p. 128.
106) Sohn, *ibid.*, pp. 198-199. 深海底裁判部は、国家間、国家と国際海底機構、事業体、海底開発管理機構との間の紛争について管轄権を有する。事業体と私企業との間の契約上の紛争は商事仲裁が扱う。

の解決プロセスが一般に広がっていくのかは、今後の議論である。UNCLOSが発効するまでの10年間、米国は国際慣習法の問題として、紛争解決規定の恩恵なしで沿岸国が持つ新しい規制権限を受け入れていたことは意義深いものであろう[107]。

9-2-4-2　ガットおよび(新しい)WTO

すべての国際レジームのうちで、ガットは最も先進的で能動的な紛争解決システムを持っていた。1948年から1989年の間に、207の不服申立がこのシステムを通して処理された[108]。その紛争解決プロセスは、ゆるやかに順応していったために、不使用・不信の期間を経験している。ロバート・ヒュデック(Robert Hudec)は、ガット設立以降の40年とおおまかに対応する四つの時期を確認している。1950年に紛争解決手続の詳細が詰められたが、関与者は主に原協定の交渉をした外交官や貿易担当当局者の「ガットクラブ」のメンバーだったので、「パネル報告は、捉え所ない外交的曖昧さをもってなされ」、しばしばそれは「直感的な法を表すものとされている」と表現されている[109]。この時期に、53件の法的な不服申立がなされている。1960年代に、欧州経済共同体の出現と、40件を超える新しい開発途上国の加盟で公式の紛争解決活動は大きく減っていった。不服申立は七つのみで、そのうち六つは1963年以前に申立てられたものだった。ヒュデックは、この時期を「それらの新しい締約国と新しいアジェンダに適応させる必要がある法的・経済的調整を交渉によって処理しようとする間に、

---

107) Ronald Reagan, "Proclamation 5030—Exclusive Economic Zone of the United States of America," issued Mar. 10, 1983, *Public Papers of the Presidents of the United States* (Washington, D.C.: USGPO, 1984) p. 380. ソーン教授のいう「行き詰まり」が、少なくとも南アメリカ海域の航行について一般化している一定の形跡が存在する。

108) Robert E. Hudec, *Enforcing International Trade Law: The Evolution of the Modern GATT Legal System* (Salem, N.H.: Butterworth Legal Publishers, 1993). 同書の付録は全207件の申立を要約・分類・分析しており非常に有益である。以下の説明は同書11から14頁に基づく。

109) *Ibid.*

ガットが多かれ少なかれ、その法システムを停止した時期」と特徴づけた[110]。

　1970年代は、32件の新しい申立がなされて公式の紛争解決への回帰を示した。1979年に終結した多角的貿易交渉の東京ラウンドは、新しく改善された紛争解決手続を作成する予定だったが、それは、多少の明確化が行われたが、既存の慣行を文書にする程度の成功であった。一方で、東京ラウンドは、九つの実質的な規則を産み出した。その規範は、より大きくなったガットの締約国によって守られ、乳製品、民間航空機、そして牛肉の輸出入のような課題を処理している。これらの一つ一つは、より厳しくそしてより法律主義的な独自の紛争解決メカニズムを確立した。しかし、管轄権に関する異議申立てを受けて、手続は遅延する傾向にあった。1980年代は、それよりも以前の30年間の合計より多い115件の不服申立がなされ、ガットの法的な活動の最高潮の10年であった。しかし、ヒュデックが述べているように、「その法システムの着実に増加する野心は、結局、さらに多くの失敗をもたらした」[111]。

　WTOへ引き継がれたGATT第22条、第23条は、大まかにいえば、紛争解決手続を設計している。第22条は「この協定の運用に関」する協議の条件である。第23条の下では、協定の下で期待された利益が「無効にされ、もしくは侵害され」ていると認める締約国は、「その問題について満足しうる調整を行うため」に当事者とまず最初に協議しなければならない。解決が達成されなかったときは、締約国団は問題を調査し、適当な勧告を行うことができる。事態が「重大である」とき、原告に他の締約国に対し譲許その他の義務を停止を許可することができる。ガットの初期に、締約国団を補助する前提で紛争当事国以外の国から［選ばれ、］個人の資格で行動する3名あるいは5名の専門家からなるアドホックパネルに申立を提出するという慣行が成立した。こうしてパネルシステムはGATT固有の発展となった。それは、明確に授権されたものではないが、根底にある協定と一致していた。

　初めからパネル手続は、司法的な色彩を帯びていた。紛争当事国は、裁判所

---

110)　*Ibid.*

111)　*Ibid.*

で行うような書面で法的・事実的案件を提出し口頭陳述をする。パネルは、法的論点と勧告の理由を説明した書面報告書を発行する。それは次第に前例に依存してきている。しかし、公式の手続は裁判に関する多くの特徴を含んでいるけれども、最初の10年においては、パネルは当事者が解決に達するのを支援して仲介の機能を果たしていた[112]。

司法判断と異なり、パネル報告書は、締約国団に対する勧告であり、ガット理事会によって採択されるまで拘束力はない。理事会はコンセンサスによって運営されているので、勧告によって影響を受ける当事国が、パネル報告の採択をブロックする可能性があった。不服申立からパネル報告書の採択までの平均的な期間が、米国の国内裁判の標準ほど長期ではないけれども、しばしば政治的に最も問題となるケースのように、不可避的に非常に長期化するケースがあった。そしてこれは注目の的となった。

1960年代後半の一定期間を除いて、米国は、ガット手続のさらなる司法化を支持した。一方で、ヨーロッパ諸国は、伝統的に交渉と外交のアプローチを好んだ。米国は、紛争解決手続を厳しく運用するための、東京ラウンドでの取組みの先頭に立ったが、遅延や戦略的な引き延ばしは依然として問題であった。しかしながら1980年代の中頃までに、それまで主に被告であったヨーロッパ諸国は、これまでより頻繁に原告の役割を担い始める。彼らは紛争解決のタイムテーブルを早めるために、議事妨害の機会を取り除くための一連の追加の行動に加わっている[113]。しかし、ウルグアイ・ラウンドまで、利用できる大きな圧力によって、多くのケースで否認から遅延戦術で力を弱めることができたけれども、重要な点は不満を持つ当事者の一方が、パネル報告書の採択をブロックすることができるということに変わりはなかった[114]。

---

112) Robert E. Hudec, "GATT or GABB? The Future Design of the General Agreement on Tariff and Trade," *Yale Law Journal*, 80 (1971): 1299.
113) Hudec, *supra* note 108参照。
114) 高度に政治化された二つの決定のみが、付託から5年の間に、履行されないままとなっている。一つは、南アフリカの金貨売買について、カナダの差別的な州

ウルグアイ・ラウンドの紛争解決に係わる規則及び手続に関する了解(Understanding on Rules and Procedures Governing the Settlement of Disputes: DSU)は、これまでの制度を根本的に変えた。採択しないという逆のコンセンサスがないかぎり、パネルの報告は自動的には採択される。つまり今や、一票の反対票が、［パネル報告の］採択を妨げるのではなく、採択を確実なものにするのである［訳注：当該方式は、ネガティブコンセンサス方式と呼ばれる］。採択を確保する法律問題に関する訴えは、「専門知識により権威を有すると認められた」7名から成る上級委員会に持ち込むことがでる。敗訴当事者からの代償としての譲許の価値について争いがある場合、問題は義務的仲裁へと送られる。この了解は、厳格なタイムテーブルを設定しており、申立からパネル報告が出されるまで、9ヶ月を超えてはならず、または上級委員会へ申立がされる場合には12ヶ月を超えてはならない[115]。これらの手続は、1992年にWTO加盟国の合意によって暫定的に効力を発している。そして現在は、WTO憲章において具体化されている[116]。その効果は、WTO体制下の貿易紛争が、国際裁判所のような機関の、拘束力を持つ裁定に服すということである[117]。

　　　税に関するものである。しかし、カナダは理事会によるパネル報告書の採択を妨害したが、オンタリオ州は、パネル裁定後1ヶ月内に当該課税を止めた。以下を参照。Hudec, *supra* note 108. もう一つは、ニカラグアの砂糖輸出を禁止した米国の措置に対する裁定である。理事会は、この報告書を米国棄権のまま採択したが、米国はニカラグアの国内紛争の終結まで当該裁定を遵守することを拒絶した。*Ibid.*, pp. 512, 513, 518-520.

115)　ウルグアイ・ラウンド、紛争解決了解第20条。

116)　1992年協定の条文は以下を参照。"Understanding on Rules and Procedures Governing the Settlement of Disputes under Articles XXII and XXIII of the General Agreement on Tariffs and Trade", in GATT Secretariat, in *Draft Final Act Embodying the Results of the Uruguay Round of Multilateral Trade Negotiations*, Dec. 20, 1991, S. 1-S. 23, GATT Doc. MTN.TNC.W/FA, S.1-S.23（1991）. これらの条項についての議論は以下を参照。Miquel Montaña Mora, "A GATT with Teeth: Law Wins over Politics in the Resolution of International Trade Disputes," *Columbia Journal of Transnational Law*, 31 (1993): 141-159.

117)　Montaña I. Mora, "A GATT with Teeth," *ibid.*, p. 159.

GATT ではこのような状態であるが、米加自由貿易協定（Canadian-American Free Trade Agreement）は、アンチダンピングや相殺関税に関する国内の決定を検討するために、二国間パネルによって行われる拘束力を持つ裁定を定めた規定を採択した[118]。北米自由貿易協定（North American Free Trade Agreement: NAFTA）はそれを踏襲し、さらに環境・労働規制の［NAFTAの］補完協定に基づいた紛争の拘束力のある決定を可能にしている[119]。これらの新しい手続が、高度に政治的な貿易紛争を処理するのに十分なほど柔軟であるかどうかについては今後の進展が待たれる。

9-2-5　中間的な途：強制的な非拘束的調停手続

9-2-5-1　全欧安全保障協力会議（CSCE）

CSCE に紛争解決の公式の司法メカニズムを導入するために西ヨーロッパの法律家によってなされたたゆまない努力は、最終的に失敗に終わったが、しかしその後の将来的な発展の前触れとなりうる義務的な第三者介入について新しく焦点を当てるものとなった。

CSCE は、冷戦のデタントを背景にして、1975年に署名されたヘルシンキ最終議定書（Helsinki Final Act）に基づいて組織されていた。この議定書に法的拘束力はなかったが、当時のヨーロッパとソ連において、最も対立が見られる機微な問題の幾つか［特に人権と国境の不可侵］に対処する政治的取組みを伴った広範な平和共存の原則が述べられている[120]。15年後、ヨーロッパの様相が変

---

118)　米加自由貿易協定第19章。
119)　北米自由貿易協定。以下を参照。David S. Huntington, "Settling Disputes under the North American Free Trade Agreement," *Harvard International Law Journal*, 34 (1993): 407.
120)　Harold S. Russell, "The Helsinki Declaration: Brobdingnag or Lilliput?," *American Journal of International Law*, 70 (1976): 242. 全欧安全保障協力会議、およびその原則、活動、締約国について、簡単には以下を参照。"Fact Sheet: Conference on Security and Cooperation in Europe（CSCE），" U.S. *Department of State Dispatch*, vol. 3, no. 52, p. 915 (2), Dec. 28, 1992.

わった後、1990年11月の新しいヨーロッパのためのパリ憲章は、「起こりうる紛争の平和的解決に向けた適切なメカニズム」を提唱した。それは、「新しい協力の形態を模索することを」約され、「義務的な第三者関与」(但し、必ずしも裁判の形ではない) が望ましいと示された[121]。

ヨーロッパ諸国は、CSCE 締約国間の紛争を解決するために、拘束力を持つ司法裁判を頂点として、公式の義務的手続を規定するための継続的な運動を展開した。たとえばスイスは、全ての種類の紛争が公式のプロセスに付託されることを確実にすることを意図したかなり形式的な条約草案[122]を提出した。それは、裁判官の任期や年齢制限まで、いかにも時計の国らしい正確性で詳細に定められていた[123]。

米国は、スイスとは全く異なる態度を取った。国内紛争を解決するための柔軟で裁判に代わる紛争解決手続の利用の増加により影響されて、米国の目的は、第三者の助けなしには解決を交渉できない紛争当事者に対話の場を提供し、当

121) "Charter of Paris for a New Europe, Guidelines for the Future," (Paris, Nov. 21, 1990); "Security," par. 6 (London H.M.S.O., 1991).

122) "Draft by the Delegation of Switzerland of a Convention on a European System for the Peaceful Settlement of Disputes," CSCE/II/B/I. スイスの草案は、OAS の紛争解決条約で失敗に終わった1948年のボゴタ条約の例にならったものであった。マルタのヴァレッタでの専門家会合による、CSCE の紛争解決システム実現に向けての初期の試みについての一般的解説として、Michael Froman, "Trouble in Paradise or Brave New World: Making Malta Manageable," May 1, 1991, unpublished paper on file with the authors.

123) "Draft by the Delegation of Switzerland of a Convention on a European System for the Peaceful Settlement of Disputes," CSCE/II/B/I. CSCE の1989年ウィーン会議までには、紛争解決メカニズムの案は、ある程度縮小された。そして、「第三者の強制的介入」を検討するためにヴァレッタ会合に向けて新たな専門家委員会が立ち上げられた。"Concluding Document of the Vienna Meeting 1986 of the Participating States of the Conference on Security and Co-operation in Europe, Held on the Basis of the Provisions of the Final Act Relating to the Follow-up to the Conference, November 4, 1986-January 17, 1989," *International Legal Materials* 28, (1989): 527. "Annex I, the Agenda of the Valletta Meeting of Experts on Peaceful Settlement of Disputes," is at p. 549.

事者が交渉の場につく見込みが増すような紛争解決メカニズムを創設することであった[124]。ヨーロッパの法律家が、それぞれの段階で介入の増加の程度を定めた構造における正確性を模索していた一方で、米国の法律家は、義務的な第三者介入の簡素な原則をつくることによって［但し拘束するという条件は付けずに］、実際に機能する手続がアドホックに当事者によってつくられうると感じていた。

　1991年初頭、マルタのヴァレッタでの法律専門家による1ヵ月に渡る会議は、白熱し長引いた議論の末、ヨーロッパのアプローチを完全に退けたが、米国の案もまた採用しなかった。代わりに、1991年6月にベルリンで開かれた外相理事会の会議[125]で、CSCEによって採択された最終報告書は、当事者が紛争解決手続の合意に失敗したとき、いずれかの当事者は、当事者が紛争解決の適切な手続をみつけるのを支援するために、既定の名簿から選出した1人以上のメンバーからなるCSCE「紛争解決機構（Dispute Settlement Mechanism）」[126]の

---

124) "A Personal View of International Dispute Resolution: The CSCE Meeting of Experts on Peaceful Settlement of Disputes," address by Michael Young, then deputy legal advisor, U.S. Department of State, Apr. 30, 1991, to Harvard University Ford Foundation and Pew Charitable Trust Fellows. 米国政府は、国際平面における様々な第三者介入型［紛争解決］のいくつかの顕著な成功［最近では、複雑なナミビア事件の解決］によっても影響されていた。拘束的な手続、特に、ニカラグア事件における米国の受諾宣言の撤回の後で、米国が政治的と見なした問題に対してICJを利用することを避ける傾向は、公然ではなかった。

125) Conference on Security and Co-operation in Europe, "Summary of Conclusions of the Berlin Meeting of the Council, including Arrangements for Consultation in Emergency Situations and Peaceful Settlement of Disputes: Summary of Conclusions, June 21, 1991," reprinted in, *International Legal Materials,* 30, (1991): 1348, 1350. さらに、閣僚会議は紛争予防センター（Conflict Prevention Centre）をヴァレッタ紛争解決条項の第V部に規定された、CSCEの紛争解決の為の組織として指名した。*Ibid.*, p. 1355. 紛争予防センターは、1986年のCSCE閣僚会議の決定に従って1991年に設立された。

126) 1991年2月6日の草案において、交渉者たちは、紛争解決機関の名称を"CSCE Dispute Settlement [Unit] [Entity] [Committee] [Team] [Group] [Body]"と括弧書きで未決定のまま併記していた。紛争解決機関の名称を残した。最終的に、そ

設置を要求できることが定められた。それが失敗したとき、どの当事者も「当該機構に対して、紛争の実質についての一般的・具体的なコメントを出すことを請求でき」、「当事者が信義誠実に、また協力の精神に基づき検討する」[127]。2年後のストックホルム会議で、CSCEは、このパッケージを調停と裁判に関する条約とCSCE調停委員会の任意規定の形で完成させたとして公式化した。この条約は、それを批准した国の間で機能するにすぎない。フランス、ロシアを含む29の締約国がストックホルム会議で署名をした。米国と英国は署名しなかった。いずれにしろ、仲裁手続には、紛争当事国間の合意を要求している。調停委員会は、一方当事者がそれを要請したとき義務的に設置されるが、その［委員会の］意見に拘束力はない[128]。この新しいパッケージの最も厳格な要素は、調停指示の規定である。それは、「外相理事会もしくは高級実務者が、いずれか二つの参加国に、それらが合理的期間内に解決できなかった紛争の解決を支援するための調停を模索するように指示する」[129]。

この熱狂するほどの法的な運動と同時に、最近の記憶から見て、最も暴力的で残酷なヨーロッパの紛争が、旧ユーゴスラヴィアやいくつかのソ連の後継国家において発生していた。本章で前述した経験から予測されるように、CSCEの支援の下で発展した精巧な紛争解決機構が利用されていない。代わりに、CSCEは、最も深刻な政治的な紛争地域のいくつかに、仲裁の任務を負ったアドホックチームを送った。そして、1993年の少数民族高等弁務官（High Com-

---

 れは紛争解決機構として置き換えられた。

127) Conference on Security and Co-operation in Europe, "Report of the CSCE Meeting of Experts on Peaceful Settlement of Disputes, Sections VII, VIII and XI," *International Legal Materials*, 30（1991）: 382, 393-394. その手続は、紛争当事国によってのみ動かすことができる。どの締約国も高級実務者会議（Committee of Senior Officials）に紛争の関心を向けさせているけれども、紛争当事国だけでなくそれと関わりの無い締約国が、当該機構へ請求できるとする英国の提案は支持されなかった。

128) Conference on Security and Co-operation in Europe, "Decision on Peaceful Settlement of Disputes including the Convention on Conciliation and Arbitration within the CSCE（December 15, 1992），" *International Legal Materials*, 32（1993）: 551参照。

129) *Ibid.*, Annex 4, pp. 551, 570参照。

missioner on National Minorities）の創設が、少数者の人権問題を処理するための柔軟かつ、非公式のチャンネルを別途提供した。これらの措置は、コソボの「長期の任務」がほぼ1年で追い出された旧ユーゴスラヴィア以外では、一定の成功を収めた。形式的な法律主義は、受け入れ可能で効果的な紛争解決機構が、政治的に緊張した状況を処理するために設置されているという錯覚を作り出した。しかし、それが運用される段階になった際に必要だったのは、遵守と解釈問題を処理する、より柔軟で自発的な方法だった[130]。

9-2-5-2　今日の環境条約

過去10年の環境条約において、信頼にたる紛争解決に向けられた関心は、米国がCSCEに提言したような、非拘束的第三者仲介もしくは調停への義務的な付託へとつながった。オゾン層の保護のためのウィーン条約（Vienna Convention for the Protection of the Ozone Layer）は、［紛争当事国の］合意を欠くときに、当事者が「誠実に検討す」べき「最終的かつ勧告的な裁定を行」わなければならない調停委員会への義務的付託について定めている[131]。1991年のモントリオール議定書改正では、より発展した「不遵守手続」を付加した。この手続に基づいて、当事者の義務の履行に関する「留保」は、「友好的な解決を確保するために」事件を審理する5人の委員からなる履行委員会に持ち込まれる。履行委員会は締約国の会合へ報告し、締約国の会合は「事案の事情を考慮して、議定書を十分に履行するための措置を決定し及び要請する」ことができる[132]。

気候変動枠組条約は、実施に関する補助機関（Subsidiary Body on Implemen-

---

130) K. J. Holsti, "A 'Zone of Civility' in European Relations? The CSCE and Conflict Resolution," Appendix C, in Michael Bryant, *The CSCE and Future Security in Europe*, Canadian Institute for International Peace and Security, Woriking Paper no. 40, Mar. 1992参照。

131) オゾン層の保護のためのウィーン条約第11条5項。

132) モントリオール議定書ロンドン改正付属書Ⅲ。

tation）を有し、「この条約の実施に関する問題の解決のための多数国間の協議手続」の設定を認めている[133]。しかし当該条約は、直接に紛争解決のための義務的な調停について定めている。第14条は、任意で利用可能な紛争解決の選択肢［交渉又は当該紛争当事国が選択するその他の平和的手段］で始まり、「いずれかの紛争当事国が他の紛争当事国に対して紛争が存在する旨の通告を行った後12ヶ月以内にこれらの紛争当事国が……当該紛争を解決することができなかった場合には、当該紛争は、いずれかの紛争当事国の要請により調停に付される」と規定している[134]。第14条はまた、そのプロセスを始動させる基本的な手続を用意している。FCCCと同様にリオ会議で採択された生物多様性条約もまた、実質的に同一の紛争解決規定を持っている[135]。

　これらの手続において決定的な要素は、合意による解決に至らない場合、調停委員会が、勧告的な裁定を行うことを認められているということである。その裁定は、総じて何が適切な紛争の解決であるのかについてよく検討されていて、中立的で情報を精査した判断である。これらは決して拘束性を有さないものの、また、おそらく以前のGATTのパネル報告書よりも「法的」ではないけれども、この勧告的裁定は、交渉での立場を根本的に変化させ当事国に遵守するように大きな圧力をかける。これまでのところ、これらの新しい調停制度が利用された経験はなく、それらは、他の条約に根拠を置く紛争解決メカニズムに通常みられるように忘れられることになるかもしれない。しかし、ソーンが指摘するように、国家は、結局のところ、条約規定の意味や適用に関する本物の紛争が内在していることを知る必要があるかもしれない。司法裁判へ付託することに国家が過敏であることを考えると、義務的な調停は、より有効な手段であるかもしれない。

　以上の検討で最も興味深いことは、形式化された対審手続を伴わない、当事国や専門機関による条約解釈の偏在する［大部分が非公式に生じる］手続が有

133）　気候変動枠組条約第13条［及び第10条］。
134）　前掲条約第14条5項。
135）　生物多様性に関する条約第27条。

効であることである。非公式の手続があらわれる可能性が高いとしても、おそらく事前に紛争解決メカニズムに合意することがよりよい。しかし、そのメカニズムが、公的な法制度よりも柔軟性が際立ち有効であるなら、レジームを管理することはより簡単となる。

　1990年代を通した調停と紛争解決の米国内の経験は、豊かさと多様性を国際的なフォーラムへもたらしうる。

　調停者は、公式であろうと非公式であろうと、選択肢を発展させ内在する利益と価値を明らかにし代替的解決策を検討し、解決を台無しにするかもしれない態度にうまく対処し、そして当事者が共同利益を提供するような建設的な解決策に達するのを手助けすることができる。公式の裁判、それは国の安全保障や主権に影響する問題に対して、これまで解決策を提供できなかったものだが、それとは対照的に、国際紛争のアドホックな調停の記録は、特に国家の利害関係が大きいときは、柔軟で非拘束的な手続の支持者を後押しするのに十分に印象的である。

　我々は、司法的な紛争解決手段が無意味であると結論してるわけではない。強い規範的なコンセンサスがあり、そのためもっぱら法的な内容の、詳細に定められた救済手続があり、紛争対象が限定された明確に二国間紛争が次々生じるUNCLOSやガットのようなレジームでは、拘束力を持つ司法的解決が、当事者の要求を満たし当事者に受け入れ可能なものとなっている。しかしながら、ほとんどのケースにおいて、拘束力を持つ手続が利用されないのでそのような手続を課すための条約交渉者の努力は無駄になっている。

　同時に、制限的、技術的、直接的に「法的」ではない環境や経済の関係を規制する決定的に重要な条約にとって完全に融通性の高い調停手続は、予測可能な傾向の紛争を処理するには時間がかかり不確実で役に立たない。調停はまた、そのプロセスが合意に基づくものだとしても紛争解決の圧力を生み出す公の評価的な手続をともなっている。一般的に紛争当事者による主張の後で、中立の者が紛争の実体について意見を表明するとき、その手続は、実際はそうでなくとも司法的な性質を帯びる。そのような準司法的手続は、とりわけ現代生活

に不可欠な活動を調整する条約に役立つだろう。そこでは逸脱の動機が鈍り協力への誘因が高まる。

9-3　条約の適応

　条約レジームが長期間存続しレジームの基本目的に供し続ける場合、それは技術上の必然的な変化や実質的な問題の移り変わり、経済・社会・政治的な発展に適応可能でなければならない[136]。この適応の多くは、条約規範の作成・解釈の過程で達成される。しかし、時折、必要とされる変化は、解釈手続の受容可能な範囲を越えるほど大きく詳細にわたる場合がある。［条約遵守の］管理戦略は、これらの必要な変化を予見し達成するよう組み立てられなければならない。

　条約義務を変える伝統的な方法は、改正によるか議定書の追加によるかである。ほとんどすべての条約で修正手続の規定や、当事国による合意による変更を可能としている[137]。しかし改正手続は、一般に厄介なものである。そして、もちろんいかなる改正も国内法によって規定される手続に従い批准されなければならない。米国において、これは助言と同意を上院へ求めなければならないという政治的な落とし穴があることを意味している。そしてそれほど重大でないとしても、他国の議会政治においても同様の政治的な障害が存在する。ABM制限条約は、本来、それぞれの当事国が一定の数のミサイルを二つの施設で展開することができると定められていたが、1974年のモスクワサミットで署名された議定書によって、一つに減らされた。この議定書は比較的に簡単なものだが発効まで2年を要した。さらに、改正に批准しない当事国は、それに拘束されないため、多国間条約の当事国は、異なる義務に服している可能性がある。

---

136)　例えば以下を参照。Oran O. Young, *International Governance: Protecting the Environment in a Stateless Society*（Ithaca, N.Y.: Cornell University Press, 1994）, pp. 76-77.

137)　条約法に関するウィーン条約第39条から第41条。

これらの問題にもかかわらず、多くの規制型条約は、条約の義務を新しい需要に適応させるために改正もしくは議定書に大きく頼っている。国際電気通信連合（ITU）は、［当該条約の］文言が電機技術者以外の誰にも理解できないくらい専門技術的だが、条約によって周波数配分を行っている。環境分野においては、「枠組条約-議定書」形式がよく利用されている。はじめにつくられる条約は、しばしば科学調査やデータ交換における協力の制度の構築にとどまり、一般的な文言で作成される。科学的・政治的コンセンサスが増すにつれて、より詳細な規制型の「議定書」が続くことが想定されている。オゾン層保護のためのウィーン条約は、この形式の見本である。（ウィーン条約から）2年以内にモントリオール議定書がつくられ、2000年までにCFCSの段階的縮小を定めた。この期日は二度前倒しされ（1990年のロンドンと1992年のコペンハーゲン）、規制された物質の数は条約改正によって拡大された[138]。そして現在、大部分の規制物質の段階的廃止が1996年1月に予定されている。枠組条約-議定書方式は、長距離越境大気汚染条約（LRTAP）やバルセロナ条約においても、首尾よく利用されている。このような方式は、気候変動［枠組条約］や生物多様性［条約］においても採用された。但し、これらの枠組みが、初期の条約におけるように拘束力のある議定書によって補足されるかどうかを言うことはまだできない。

　この種の進化型の条約は、規制型レジームにおける適応と柔軟性の要請の一つの反応である。それは詳細な合意に必要なコンセンサスを欠いている場合に、一般原則を定める条約を発効させ協力制度を発足させることを可能にする。しかしながら、それは繰り返される交渉と議定書批准の重荷を避けられるものではない。これらの問題は、オゾンのケースにおいては深刻なものではなかった。なぜなら差し迫った危機感が強かったからである。

　そのような緊急性がない限り、そして特に「技術的」もしくは「行政的」変化がゆるく考えられる類型では、条約作成と改正の長く遅い道程は、適応の要

---

138) モントリオール議定書ロンドン改正付属書Ⅱ第1条(k)から(m)，モントリオール議定書コペンハーゲン改正付属書Ⅰ、Ⅱ、ⅢのG。

請に対して柔軟性に欠け全く反応しない可能性がある。このような目的を達成するために、条約作成者たちは公式の改正を模索することなしに、適応の問題を処理する方法を発展させてきた。しばしば運営組織は、条約の関心分野内における規則や規制をつくるために、国内の規制［権限を持つ］機関に見られる一種の規範作成の権限を与えられる。たとえば、ICAO理事会は、航空機の騒音や排出を含む安全と業務上の義務の全範囲にかかわる「国際標準及び勧告方式を採択」できる[139]。国際海事機関（IMO）の［理事会］も同様の権限を持っている。ITUは、特別に招集された産業グループにより作成された勧告を採択することによって、電気通信の技術的細目を設定している[140]。国際コーヒー協定やその他のほとんどの物品協定は、総会に割当の設定・調整の権限を与えている[141]。経済協力開発機構（OECD）は、離脱する緊急の理由がない限り、拘束力があり広範な経済活動の全てを規制する「勧告」や「ガイドライン」を採択している。［本章で］述べたように、軍備管理条約は、INF全廃条約の査察に関する議定書をはじめとして、当事者に協定の「維持と効果を改善する必要があるような措置、つまり条約の改正とみなすべきではないものに合意」することを許可する規定を含んでいる[142]。米国上院は、「技術的変化」にのみ当該規定が適用されると通知された[143]。

　同様の、そして頻繁に利用される工夫は、立法機関に付託することなく変えることのできる条約の付属書や付録に規制的な規定を置くことである。ワシントン条約（CITES）の付属書Ⅰにリストされている種の標本の取引は禁止され

---

139) 国際民間航空条約第54条1項 (1)。
140) 以下を参照。ITU条約第11条および第58条。
141) 以下を参照。国際コーヒー協定第18条および第28条から第54条。
142) INF全廃条約第11条セクション4。一般的には以下を参照。David A. Koplow, "When Is an Amendment Not an Amendment?: Modification of Arms Control Agreements without the Senate," *University of Chicago Law Review*, 59 (1992): 981.
143) U.S. Senate Committee on Armed Services, *NATO Defense and the INF Treaty: Hearings and Meetings before the Senate Committee on Armed Services, United States Senate*, Senate Hearing no. 100-493, pt. 4, 100th Cong., 2nd sess., 1988, pp. 410-411, 460-461.

ており、それより厳格でない規制が付属書Ⅱに列挙されている。いずれかの種は付属書に初めに記載され、その後、締約国の投票により別の付属書へ移される。危険や有害な活動を規制する多くの他の条約は、締約国の投票で変えることができる付属書を使って、厳しく規制された活動とより厳しくないコントロールを区別している[144]。国際捕鯨取締条約（ICRW）の捕鯨割当ても同じである。モントリオール議定書の当事国は、「いずれかの物質をこの議定書の付属書に追加し又は当該付属書から削除すること」を決定することができる。締約国はまた、これらの「（(i) の規定に基づいて追加し又は削除する）物質に適用すべき規制措置の仕組み、範囲および時期を決定する権限を与えられている」[145]。「運営上の又は技術的な性質の事項」と関係するCWCの化学物質についての付属書の変更もまた、締約国に与えられた権限内である[146]。

　これらの権限が行使される手続は様々である。ほとんど全てが、特定多数による投票で、通常は3分の2だが、捕鯨割当ての場合は4分の3の投票を要求している。CWCのようないくつかの条約は、当事国が反対しない限り、執行機関の勧告に基づいて変更に効力を生じさせることができる。多くの規定は、反対の当事国に決定からオプト・アウト［選択的に離脱］することを認めている。しかしながら、本書第5章で議論したように、オプト・アウトする権利とはしばしば幻想である。

　つまり、これらの委任された権限の分野内では、条約の機関は、実質上、立法権のようなものを行使している。それらは、事実上、条約の当事国に拘束力の効果がある多数決によって動いている。そしてしばしば、私的アクターやその活動に影響を及ぼす。

---

144)　例えば以下を参照。バーゼル条約付属書Ⅰ第18条2項および3項、第17条、およびⅡ第17条2項、3項および4項。
145)　モントリオール議定書第2条10項 (a)(ii)。
146)　CWC第14条4項および5項。

9-4 結　　論

　条約遵守を引き出すために利用されるいくつかの措置の検討は、遵守活動が大部分において、条約の義務の完全な実現に向けて動くために、協力的で、少なくとも反抗的ではない当事者の取り組みを支援し、組織することと関係することを証明している。技術援助、調査、情報と教育、そして能力開発は主要な措置である。明確な義務の性急なもしくは強制的な執行の取り組みは、この企図とはそぐわないし、逆効果だと当事者に見なされるだろう。これらを基に、これらの特徴は複雑な規制型レジームにおいて遵守問題の再考につながる。条約とそれに組み込まれたレジームは、禁止規範としてではなく問題領域を長期間管理するための措置と考えられるべきである。首尾一貫した戦略の中、この目的のために個々の遵守措置を組み合わせることは、次第に、組織的な検討と評価の手続の役割とみられるようになっている。次章はこの点について検討する。

第10章
政策評価およびアセスメント

10-1　国際労働機関
10-2　国際通貨基金
　10-2-1　為替政策の監視
　10-2-2　IMFの資金の活用
10-3　経済協力開発機構（OECD）
　10-3-1　自　由　化
　10-3-2　環　境　保　全
10-4　関税および貿易に関する一般協定
10-5　環　境　条　約
　10-5-1　長距離越境大気汚染
　10-5-2　気　候　変　動
　10-5-3　化　学　兵　器
10-6　結　　　論

　合理選択論に基づく「制度論的」なレジームの説明は、取引費用や不確実性を低減することで［国家間］協調を促進するというレジームの機能を強調する。この分野の先駆者であるロバート・コヘイン（Robert Keohane）によれば「国際レジームは、具体的な合意が容易に行なわれるように、法的責任様式を確立し、相対的に対称的［つまり、すべての参加者にほぼ等しく入手可能］な情報を提供し、そして交渉費用を調整するという機能を果たす」[1]。本書の大部分は、これまで、以上の理解を発展・精緻化することに費やしてきた。しかし、我々の見解では、これら［レジームの制度論的な研究］だけでは不十分である。制度論的な分析の背景にあるレジームの基本的観念は、変換システムのそれであり、個別国家の個別の交流を促進している。これまで観察されてきたレジーム

---

1) Robert Keohane, *After Hegemony, Cooperation and Discord in the World Political Economy* (Princeton, N. J.: Princeton University Press, 1984), p. 88 ［ロバート・コヘイン著（石黒馨・小林誠訳）『覇権後の国際政治経済学』（晃洋書房，1998年）100頁］参照。Oran O. Young, *International Governance: Protecting the Environment Politics in a Stateless Society* (Ithaca, N.Y.: Cornell University Press, 1994), pp. 1-3.

活動の多くは、この枠組みの中で説明されてきた。しかし、全てがこの枠組みで説明できるわけではない。加えて、これらは主としてレジームの形成と持続の説明に向けられている。これらは遵守の問題については多くを語らないのである。本書の見解では、こうした制度論の説明に欠けているのは、［国家の］選好を修正し、新たな選択肢を提供し、レジームの規範を一層遵守するよう当事国を説得し、全般的な目的［達成］へ向けたレジームの規範構造の発展を導くというレジームの積極的な役割である。

本章において、こうした積極的な機能を［レジームが］果たすために発展途上かつ大きな潜在性を有するプロセスについて説明する。このプロセスとは、進展が遅れている実行面を強化するという視点から条約義務に関連する各締約国の実行の体系的な評価およびアセスメントを行なうことである。評価およびアセスメント用のデータは、国家報告や他の利用可能なものを情報源とする。これらは、たとえば事務局やNGOの分析や学術研究などである。［国家の］履行に関する疑問が発生した場合、評価プロセスは、その［履行確保に］不足している部分や問題点を検証し、締約国とともに［不遵守］の理由を理解し、［遵守］の向上に向けたプログラムを作成する。その過程において前章でとりあげられた遵守の手段が必要に応じて展開される。主要な規範の適用可能性や内容に関する差異が解消されるのである。技術的支援と（時には）財政支援が提供される。

本書は、このプロセスの本質を［強制］執行型というよりは管理型と形容する。他の管理もしくは行政の場と同じように、そのアプローチは［不遵守国を］非難したり、これに敵対的であることを基調とするものではない。第一に、全ての締約国が共通の事業に取り組んでおり、プロセスの目的が各国およびシステム全体の遵守実績の向上にあることが受け入れられている。対話とアカウンタビリティのダイナミクスは重要である。各国は自らの実行を説明・正当化するに十分な機会を与えられる。不遵守の弁明は、改善および修正の手段を指し示すものでもある。当該国家は、指し示された方針に沿うよう行動することを約束せざるを得ない。長期間、評価プロセスが繰り返されるにつれて、これら

遵守向上の約束は次第に明確、詳細かつ測定可能な取り組みを含むようになる。

　制裁に比べて、これらの手続は強制力を有さないものの、加盟国に［条約］義務を遵守するよう強い圧力を行使するものである。これらは大部分において［手段として］説得に重きを置くが、徹底した説得（jawboning）の裏には少なからず力（muscle）が働いている場合がある。いくつかの事例では（とりわけ国際通貨基金が顕著な例であるが）、資金やその他の資源の支援に依存する国は、支援を得る権利が［不遵守によって］断たれる可能性を（それが僅かであるとしても）無視することはできない。しかし、こうした物理的な誘因がなくても、［不遵守状態の］暴露や［それによって］辱められるというおそれは国家に遵守行動を促す強力な誘因なのである。相互に依存し、相互につながっている世界で、信頼できるという評価は重要なのである。そして煎じ詰めるならば、国際社会の政策決定過程に参加し続ける能力（そして、それはとりもなおさず国際システムのメンバーたる地位でもあること）は、レジームの遵守手続を受け入れ、これと取り組むことについて国家が示した意思にある程度左右される。

　この［評価プロセス］の起源は、近代的［な意味で］規制を行なう国際機関の先駆けである、国際労働機関が設立されて間もない頃にまでさかのぼることができる。おそらく、この評価プロセスはIMFの活動の中で、現時点において最も洗練された形に達したといえる。しかし、世界貿易機関と環境分野で新たな有用性が見出されており、未だ発達途上にある。場合によっては、それは不遵守が疑われる出来事によって引き起こされた例外的な行為にすぎない。イタリア靴産業のトカゲ革やワニ革輸入に関するCITESによる検討はこのような事例の一つである[2]。しかしながら、評価およびアセスメント制度はアドホッ

---

2) CITES, "Italy: Recommendations of the Standing Committee," *Notification to the Parties*, no. 675, June 30, 1992. Alberta Sbragia and Philip Hildbrand, "The European Community: The Paradox of Weakness," in Harold Jacobson and Edith Brown Weiss, eds., *National Compliance with International Environmental Accords* (Social Science Research Council, forthcoming).［同名書の刊行は確認できなかった。同じ著者たちによる論

クなプロセスから次第に行政の常設的な手続、体系的な履行、遵守戦略の一部へと発展している。［違ういい方をするならば、］過去の個別行動の評価およびアセスメントから、将来的な構想・政策・計画を形成するものへの進展である。

　本書は、評価およびアセスメントプロセスの有効性について厳密な証明を提供するものではない。［この点については、］さらなる研究が待たれるという伝統的な呼びかけを逃げ口上としておこう。本書は、一般的な事例研究の形式をとり、まず数十年にわたり評価およびアセスメント政策を実施してきた三つのレジーム（ILO、IMF、経済協力開発機構）を検討する。［ここでは、］各事例における印象を素描することが、無条件ではないにせよ、有益であろう。ILOは報告義務については高い水準の遵守を達成しているが、各国にILO内において作成された規範を国内法化するよう促す、また採択したのちも、実際に動いている法（law in action）と紙に書かれている法（law on the books）とが一致するように促すなどの難しい課題に対してILOが成功しているかは曖昧である。IMFは、多くの場合IMF協定に示された通貨政策規範を遵守させることを達成してきた。しかし、主要な国際条約機構の中で唯一、実行を促すために莫大な資源を投下する。OECDの評価プロセスは、輸出信用から支払手段の自由化、環境政策までの幅広い分野についてOECDが長年行なってきた経済政策の調和において主要な手段であり続けている。しかし、OECDは実効的な協調の長い伝統を有し、政治・経済において同質な国家によって構成されている。これら三つのかなり広範な事例研究ののち、このプロセスが適用された近年のものとして関税および貿易に関する一般協定、環境条約での展開に目を向け、いくつかの一般的な結論を述べる。

　文 "The European Union and Compliance: A Story in the making" が同じ編者たちによる *Engaging Countries: Strengthneing Compliance with International Environmental Accords*（MIT Press, 1998）に掲載されている。］イタリアがCITES実施法を修正した後に常設委員会は勧告を取り下げた。"Italy: Suspension of the Recommendations of the Standing Committee," Notification to the Parties, no. 722, Feb. 19, 1993.

10-1 国際労働機関

　ILOにおける評価・アセスメントプロセスの基盤は第7章において検討された報告義務にある。同章において述べられたように、報告義務の遵守は、第二次大戦時を除き、毎年80%以上におよんだ。ILOはこれら報告を評価するための詳細な手続を設定し、当事国が義務を遵守できなかった場合への対応を見事に標準化した。

　このプロセスは、条約勧告適用専門家委員会（Committee of Experts on the Application of Conventions and Recommendations）（以下　専門家委員会）より始まる。同委員会の構成員は、労働法および実務において卓越した専門家であり、それぞれ自国の代表ではなく個人の資格において参加している[3]。専門家委員会は加盟国が送付した報告を詳細に審議する。不十分な報告や義務の不履行に対する「見解」を修正措置の提案と共に、当該国へ直接伝える。委員会自体に調査権限はないものの、各国に具体的な情報の提供を要請することができ、要請された国は、これに応じなければならない。委員会の報告形式は年を追って詳細なものとなっており、その見解はさらに的をしぼられ、救済措置の勧告はより具体的なものとなっている。［同委員会は］比較的控えめな勧告機関として始まったものの、現在では重大な「見解」を出し、政府の回答を承認し、これに対し反論またはコメントを付し、報告している政府に提案する[4]。通常では、委員会が条約義務の不遵守の事実を公にするまで2年の猶予期間が与えられる。これは、ILO事務局と委員会自身が当該政府と協働し、遵守へと導く時間を設けるためである。この猶予期間は、遵守へと引き戻す取り組みが功を奏しているようならば延長することもできる[5]。

---

3)　Ernst B. Haas, *Beyond the Nation-State: Functionalism and International Organization* (Stanford, Calif.: Stanford University Press, 1964), p. 254, n. 18参照。

4)　*Ibid*., p. 257; Walter Galenson, *The International Labor Organization: An American View* (Madison: University of Wisconsin Press, 1981), pp. 204-205も併せて参照。

専門家委員会は、ILO総会における政府代表、各加盟国の使用者および労働者をそれぞれ代表する代表より構成される条約勧告適用委員会（Conference Committee on the Applications of Conventions and Recommendations 以下、総会委員会）に年次報告する[6]。この報告は、ILO条約が適用されていない深刻なもしくは継続的な事例に関する国別の具体的な見解を記している。

　総会委員会は、専門家委員会によって報告された、より深刻な違反をとりあげ、［事例に］関与している国が委員会において自らの立場を弁護するような「審議」を行なう。委員会の最終的な制裁は不遵守国を国際労働総会へ提出する年次報告書において特殊なリスト（ブラックリスト）に記載することである。7種の違反事項がブラックリスト記載に値する。これら事項の多くは、報告書の不提出や委員会の審議への欠席に関係している。この中で唯一、実体的な事項は、条約義務の継続的な不履行である。継続的な不履行という観念には、強硬姿勢やILOの手続の意図的な軽視という要素が含まれており、この事由は滅多に活用されない。

　ある国が専門家委員会によって不遵守を報告され、総会委員会によってブラックリストに記載されるまで二つの段階が介在する。第一の段階として、当該国は「直接的な接触 direct contacts」すなわちILOスタッフが現地に赴き問題を処理することを要請することができる。第二の段階は、「スペシャル・パラグラフ special paragraph」に対象国を記載することによって違反国に方針を改めないかぎりブラックリストに記載される旨を通知することである。スペシャル・パラグラフは、義務から逸脱した国を遵守へと促す有用な手段となりつつある。通常、この手段はブラックリスト記載を回避するためのステップを明確に示す[7]。総会委員会での審議により、継続的な不遵守に基づいてスペシャ

---

5)　Haas, *Beyond the Nation-State, supra* note 3, p. 257.

6)　ILOは加盟国代表の三者構成という点において他の国際組織とは異なる。ILOにおいて政府代表は、独立した立場にある［とされる］労使代表と横並びである or 横並びの立場にある。Haas, *Beyond The Nation-State, supra* note 3, p. 251も併せて参照。

7)　Haas, *Beyond the Nation-State, supra* note 3, p. 267［「スペシャル・パラグラフ」］；

ル・パラグラフやブラックリストへの掲載回避を各国が望んでいることは明らかである。スペシャル・パラグラフは、反抗的な国家にとって長期的な留置所となっており、そこでは脱落者として切り捨てられるのではなく、ILO総会委員会において継続的な圧力の対象として扱われ続けることになる。1980年代においては、23ヵ国が（4回以上載った国はない）スペシャル・パラグラフに記載されたが、その中で最終的に継続的な不遵守によってブラックリストに記載されたのはイラン、グアテマラ、ソ連の3ヵ国だけであった[8]。すくなくとも表面上、総会委員会の評価手続は、司法手続の属性を多く有している。［すなわち］専門家委員会による一種の告訴により手続が始まり、告発された国は出廷し、自らを弁護する機会が与えられ、一種の制裁措置（それが単に評判を落とすというようなものであっても）の強制によって完結する。しかしながら、この手続が本質において司法的であると結論付けるのは間違いであろう。関与諸国との対話から専門委員会が実施する定期的な国別報告の広範な評価ののちに、初めて「告訴」は提起される。この少なくとも2年間におよぶ対話の中で大概の問題は議論もしくはスタッフによる支援によって解決される。深刻もしくは継続的な義務不履行の事例のみが総会委員会に報告される。審議の手続

International Labor Conference, Record of Proceedings, 60th sess. (1975), p. 675 [「直接的な接触」]

8) 1982年にポーランドはスペシャル・パラグラフに記載された。International Labor Conference, Record of Proceedings, 68th sess., (1982), sec. 31, p. 11参照。1983年から1986年にかけてポーランドは、総会委員会を欠席することで不履行のブラックリストに記載されることを回避した。自国に好ましくない報告の検討の場に出席・応答しないこと自体が自動的にブラックリストに相当する（ある意味、事由の中で最も非難されるべき）違反である。しかしこれにより、ポーランドは公の場において弁明するという恥辱を避けることができた。1980年代におけるスペシャル・パラグラフとブラックリスト記載の総数は全部で80以上であった。しかし、これらの多くは報告の義務を怠ったためであった。International Labor Conference, *Record of Proceedings*, 72d sess., (1986), sec. 31, p. 19, par. 106; ibid., 71st sess. (1985), sec. 30, p. 14, par. 100; ibid., 70th sess., (1984), sec. 35, p. 15, par. 95; ibid., 69th sess., (1983), sec. 31, p. 17, par. 98参照。

は、司法手続を示唆する言葉ではなく、慎重に「議論 discussions」と呼ばれている。総会委員会の2段階手続は、誤解、解釈の違い、実現可能性の問題の事例を取り除くための取り組みであり、国家の自主的な是正を促すためにある。継続的な是正の機会が提供されたにもかかわらず自らの行為を改めない国は、故意かつ意図的な違反者としてさらされる[9]。このような立場に自らをおこうとする国は稀であろう。

　遵守を保障するうえで、このプロセスがどれだけ有効であるか確信をもってはかることは容易ではない。加盟国が負う正式な義務は、ILO において起草された条約を批准するために、しかるべき国内当局に提出することのみである。例えば、米国は、ILO 条約172本のうち11本しか実際には批准していない。しかしながら、だからといって米国が何らかの義務に違反しているわけではない[10]。条約に批准した場合においてさえ、「履行」とは、まず対応する国内法の定立を求めるにすぎない。報告・評価活動は、実際の国家行為を網羅するものの、現場で実際に起こることは、より評価が困難なのである。先行研究の中には、報告プロセスには履行確保についてプラス効果があるという印象論的評価を下したものもある[11]。しかし、ILO が結社の自由やその関連人権事項などデリケートな問題に踏みこんでいる場合には、少なくとも米国においては、その評価はより控えめなものとなった。第3章において検討されたように、こうした評価の違いは、米国が1970年代中頃に ILO を一時的に脱退した状況を生んだ一因であった。しかしながら、これらのケースで問題となっている行為は関与している諸国のイデオロギー的志向に深く根ざしており、どの是正措置にお

---

9)　直接接触制度は「解釈の違いをなくし、これによる行き詰まりを避けるという観点から…特定の種類の逸脱を除外する」ために1968年に設けられた。International Labor Conference, *Record of Proceedings*, 60th sess. (1975), p. 675.

10)　統計は、1991年12月31日現在のもの。International Labor Conference, 79th sess., (1992), *Lists of Ratifications by Convention and by Country*, pp. xi［条約の総数］, 227, （米国の批准条約）。

11)　Galenson, *The International Labor Organization*, *supra* note 4, p. 206; Haas, *Beyond the Nation-State*, p. 268.

いても労働政策以上のものが含意されていた。それでもなお ILO は、このような行為と正面から取り組むための重要な討議の場の一つとなったのである。労働関係の「機能的」分野において、労働者、使用者、政府代表が評価手続に継続的に関与することは、ILO 憲章および諸条約が示した方向性へと諸国の労働慣行の発展を促すうえで、評価手続が重要であるという証拠を少なくともある程度示している。

10-2　国際通貨基金

　善きにせよ悪しきにせよ、IMF が設立されてから半世紀の間に、IMF 協定において規定され、詳細が指し示された金融行動規範に合致する財政金融政策を採用するために加盟国が大きく影響されてきたことに疑いはない。この期間を通じて IMF の途上国への影響力は高まり、先進国においても1970年代を通じてそれは認識されていた。現在では、IMF は同様の役割を東欧と旧ソ連において果たす態勢が整っている。レジーム論者による国際通貨レジームの有効性の説明の大部分は、IMF が裁量によって行なう奨励策・強制措置を強調する[12]。無論、IMF がこれらの措置をとる中で強力な道具（big stick）を有していることはいうまでもない。しかし、現実の実務においては、制裁措置は想定されているほど現実的ではない。［他の分野における］最終手段と同じ様に、資金源を断つという IMF の権限行使は容易なものではない。おそらく意外におもわれることは、スタンドバイ［取極を］決定する具体的な状況の中で基金が対話と説得の枠組に厳密に拘束され、困窮した被融資国が多くの自由を維持していることであろう。歴史と実務から見える基金の概観は、アメとムチを巧みに使いこなす IMF という通俗的なとらえかたとはかなり異なる。IMF は、第二次大戦後に、通貨政策面における国際協力を目的とする機構として設立さ

---

[12] Benjamin J. Cohen, "Balance of Payments Financing: Evolution of a Regime," in Stephen D. Krasner, ed., *International Regimes* (Ithaca, N.Y.: Cornell University Press, 1983), pp. 315, 332参照。

れた。各加盟国は、世界経済における自己の相対的規模を概ね反映するクォータ［出資割当額］に基づき財源プールに出資する。各加盟国は、収支上の困難に陥った場合に調整期間を乗り切るために財源プールから資金を引出すことができる[13]。原IMF協定第14条は、加盟国が「戦後の過渡期」において通貨の兌換性の義務から逸脱し、為替制限の存続を認めていた。制限撤廃が実現可能になった時点で直ちになされることを確保するために、協定は、「［このような］制限を維持している加盟国は、毎年、その制限の将来における存続について基金と協議しなければならない」としている[14]。1952年、マーシャル・プラン終了の後にIMFが実際に融資活動を始めた時に、IMFの資金の引き出しもしくはスタンドバイ取極（事実上の融資限度）の審議に関しても、将来の政策や計画についてIMFと協議するという同様の様式が採用された。1970年代には、ブレトンウッズにおいて考案された固定為替相場制は、「柔軟な」体制へと移行し、これに対し各加盟国の通貨政策に対してIMFが「厳密な監視（サーベイランス）」を行なうことになった[15]。同様の基本的な方法論は、3つの機能すなわち、為替制限維持国との14条協議、スタンドバイ取極等の審議における協議、変動相場制をとる国の監視、においても採用された。即ち、加盟国の官

---

13) 近年、国際通貨基金は、1970年代の石油価格上昇といった特定の問題を対処するために、または経済構造調整プログラムへ融資するために、幾分か条件を緩和した特別融資制度をいくつか設立した。これらの目的のために、同基金は自らの活動を加盟国が出資した枠内に制約せず、外部からの借り入れや資金も用いている。Peter B. Kenen, "The Use of IMF Credit," in Catherine Gwin and Richard E. Feinberg, eds., *The International Monetary Fund in a Multipolar World: Pulling Together*, (New Brunswick, N. J.: Transaction Books, 1989), pp. 69, 73-76参照。

14) この「戦後の過渡期」は長期にわたった。欧州諸国政府の多くは、1950年代後半まで（日本は、1964年まで）IMF協定の兌換性の義務を受け入れなかった。80ヵ国余りが現在も何らかの為替制限を維持しており、形の上では「過渡期」にある。このような現実に鑑み、1976年のIMF協定改正は、第14条の表題を「過渡期 Transitional Period」から「過渡的取極 Transitional Arrangements」とし、戦後との関係性を排除した。IMF協定第2次改正第14条参照。

15) IMF協定第2次改正第4条3項。

僚の助力を得たIMFスタッフが準備した、当該国の過去および将来的な通貨政策に関する報告に基づき、定期的に行なわれる、遵守実績の検討という方法論である。幾つかの加盟国は未だ「過渡期」にあるものの、第14条に基づく協議［手続］は二つある評価およびアセスメントのプロセスのいずれかに組み込まれている。

10-2-1 為替政策の監視

IMFは、各加盟国と定期的な協議（通例は18ヶ月に一度）と事態の進展により必要ならばIMF専務理事の要請による特別協議を実施することで「加盟国の為替相場政策の確実な監視」を実施する[16]。協定が課す実質的な義務はごく一般的である。即ち「秩序ある為替取極を確保し及び安定した為替相場制度を促進するため、IMF及び他の加盟国と協力すること」および「為替相場…を操作すること」をとりわけ回避することである[17]。この広範なマンデートに基づき、理事会および総務会が積み重ねた決定によって、許容可能な為替相場政策の基準が詳細となり、体系的な監視手続を定められたのである[18]。

手順の第一段階は、加盟国の全体的な経済状態、とりわけ通貨、国際収支面に重点を置いてIMFスタッフが作成する研究報告である。加盟国政府閣僚もこの報告書作成に協力する。これは、IMFスタッフによる加盟国首都への長期の出張、そして続いてワシントンのIMF本部での報告と補正というのが典型例である。加盟国を代表する理事が理事会において最終報告書を提出し、［理事会では、同報告書に関して］意見の他に批判そして政策変更のための提案な

---

16) *Ibid*.

17) *Ibid*., 第4条1項

18) International Monetary Fund, *Selected Decisions and Selected Documents of the International Monetary Fund*, vol. 17 (New York, 1992), pp. 7-25参照、。これら機関における投票制度は、加盟国の出資額に応じて票数が与えられる制度である。種々の重要な決定は圧倒的多数が必要である。決定の実施は、通常、正規な投票を行なわずにコンセンサス方式で行なわれる。たとえば、R.S. Eckaus, "How the IMF Lives with Its Conditionality," *Policy Sciences*, 19 (1986): 237, 243 参照。

どが話し合われる。専務理事は記録に残すために、ここでの討議を要約する。この要約は、口頭にて公表されるが、その文言は通常あらかじめ慎重に準備されている。

各国［の状況］に関する研究報告や理事会の議事録ないし要約が公表されることはないので、これらの内容や影響について正確な結論を導き出すことはできない。このプロセスの中に「強制的」な雰囲気はあまり見出せない。加盟国の金融および全体的な経済状況の進展について明確な構図を得ること、修正措置をとった場合に生じる問題を特定することに重点が置かれる。その方法論は、経済政策の技術的問題とされる事項の、専門家による分析、議論、そして説得である。同時に、IMFは専務理事の頻繁な見解表明その他によって政策監視プロセスに重きを置いていることを明確にしている[19]。IMFに引出請求をしなければならないかもしれない、もしくは他の金融市場への参入を認めてもらう必要性があり、ゆえにIMFの心証をよくしておきたい途上国にとって特に、これら［政策］評価に基づくIMFの勧告や提案を遵守するよう相当な圧力が加わる[20]。

---

19) たとえば、"A Conversation with Mr. de Larosière," *Finance and Development*, 19 (June 1982): 4-6; "The IMF's Role in a Changing World: A Conversation William B. Dale, Deputy Managing Director of the Fund," *Finance and Development*, 21 (Mar. 1984): 2-3参照。William C. Hood, "Surveillance over Exchange Rates," *Finance and Development*, 19 (Mar. 1992): 9-12; G. G. Johnson, "Enhancing the Effectiveness of Surveillance," *Finance and Development*, 22 (Dec. 1985): 2-6; Eduard Brau, "The Consultation Process of the Fund," *Finance and Development*, 18 (Dec. 1981): 13-16も併せて参照。

20) 1970年代中頃まで、IMF融資は先進国・途上国の双方になされた。Jacques J. Polak, "Strengthening the Role of the IMF in the International Monetary System," in Gwin and Feinberg, eds., *The International Monetary Fund in a Multipolar World*, supra note 13, pp. 45, 47-51参照。近年では、途上国が債務を繰り延べる重要な要素として、「強化された政策監視 enhanced surveillance」手続が登場した。"Chairman's Summing Up of the Discussion of the Role of the Fund in Assisting Members with Commercial Banks and Official Creditors," Executive Board Meeting 85/132, Sept. 4, 1985, in IMF, *Selected Decisions and Selected Documents*, vol. 17, p. 51参照。"Monitoring Proce-

第4条に基づく各国政策の監視の影響は、近年IMFが世銀と協働して軍事費を財務評価に組み込むという取り組みに表れている[21]。加盟国の軍事費について協議することは、安全保障と主権の観点からみて、これまでタブーとされてきた。1989年に、ミシェル・カムドシュ（Michel Camdessus）IMF専務理事は、公に途上国の経済発展と安定に軍事費がどのような影響を与えるかについて意見を述べ始めた。このキャンペーンは1991年までにさらに高まりをみせ[22]、同年10月のIMF年次総会での閉会演説で頂点に達した。この演説において、カムドシュ専務理事は「軍事支出に関して、私は、この問題をさらに慎重に研究するという我々の目的に対して寄せられた広範な支持に感銘を受けた。完全かつ正確な情報収集と、その経済的な影響の分析が最優先課題とされるべきである」と述べている[23]。慎重に仕立て上げられたIMFの用語で、これは明らか

---

dures in Venezuelan Restructuring Agreement," excerpts reprinted in *International Legal Materials*, 25（1986）: 477も併せて参照。通常の政策監視と同様に、基金は調査を実施し、経済政策パッケージを提供するが、「強化された政策監視ではより突っ込んだor厳格な調査＋提案がなされる。名目上、このプロセスは任意であるが、公的債権者や民間金融機関が債務の繰延べや新たな資金を提供する前にIMFのお墨付きを求めるのである。」Peter B. Kenen, *Financing, Adjustment, and the International Monetary Fund*, Studies in International Economics（Washington, D.C.: Brookings Institution, 1986）, pp. 52-53.［ケネン（桜井一郎訳）『現代国際金融システムとIMF』（同文館出版, 1989年）］参照。

21) 世銀とIMFは、定期的な任務への共同参加や財政・技術支援事業に関する見解の交換により緊密に協働する。World Bank, *The World Bank Annual Report 1991*（Washington, D.C., 1991）, p. 44. 世銀—IMF間の協働ガイドラインは1986年より存在する。最新のものは1989年3月版である。*ibid*, pp. 99-100参照。

22) Nicole Ball, *Pressing for Peace: Can Aid Induce Reform?* ODC Policy Essay no. 6（Washington, D.C., 1992）; p. 51 ibid., p. 76 n. 21（1991 examples）. Nicole Ball, "Levers for Plowshares: Using Aid to Encourage Military Reform," *Arms Control Today*, 22（Nov. 1992）: 12 n. 3, citing Paul Blustein, "World Bank, IMF to Press Defense Cuts," *Washington Post*, Oct. 18, 1991も併せて参照。同時期に世銀は、構造調整融資の決定において軍事費を考慮するキャンペーンを始めた。Nicole Ball, *Pressing for Peace*, p. 51. 及びBarber B. Conable, Jr., "Growth- Not Guns," *Washington Post*, Dec. 24, 1991, cited in Ball, "Levers for Plowshares," pp. 11, 17, n. 1も併せて参照。

に通貨政策の実行に関する既存の規範が変容しつつあることを提示していた。理事たちは4条協議の中に軍事支出の項目を加えるようスタッフに指示したのである。その時以来、軍事支出は、戦略／政治的問題であるとともに経済的問題と目されることとなった。軍事支出の政策決定は、財政政策と同列に扱われるようになる。軍事、金融、そして経済発展に関する優先事項の間でよりよいバランスがとれるように、これらのトレードオフは体系的に検討されることになる[24]。IMFは、これを第4条に基づく政策監視の範囲内にある「政策対話」であると主張し、軍事関連の条件を引出権に適用しないとした。しかし、この区別が維持されたとしても、[政策]対話は様々な方法で[国家]政策に影響をおよぼしうる。この中の第一は、能力構築への影響である。即ち、教育を通じて政府関係者がより良い軍事財政政策を望み、軍事支出に関して透明性を高めることで得られる利益を認識できるようにすることである。国内政治において軍が大きな役割を果たしている国では、「軍事費を予算の他の部分と同じように扱う重要性を話し合うこと自体が意味のある出来事である。たとえ総額でしか扱えなかったとしても、軍事支出の見直しは、融資する側にデータを提供するばかりでなく、[同じ]政府内でも他の省庁に軍事関連データを提供し、最終的には公にする第一歩なのである。」[25] 第二に、政府は一枚岩ではない。ほぼ全ての状況において遵守を促す勢力というものが存在する。この場合は、他の政策に優位性を見出す、あるいは単なる権力闘争から、軍事支出の削減に関心を持つ一般市民がこの勢力にあたる。政策評価およびアセスメントは、こうした勢力に自国軍に対して問題を提起する基盤を提供する。対外的な場におい

---

23) Board of Governors, 1991 Annual Meeting, Bangkok, Thailand, IMF Press Release no. 64, Oct. 17, 1991, quoted in Ball, *Pressing for Peace, supra* note 22, p. 32. 本箇所は、ニコール・ボールの分析に依っている。

24) *Ibid.*, p. 51. 1989年9月25日の世銀―IMF共催の年次例会でのバーバー・B・コナブルの発言を引用。

25) *Ibid.*, p. 52. 英国環境交渉官デビッド・フィスクは、国内政治過程において彼のような立場の人間に力を与えることこそが条約の最も重要な役割であると述べている。Interview with David Fisk, Bellagio, Italy, Jan. 28, 1992.

て軍事支出の程度について自らを弁護する必要性は、対内的な議論の場で彼らに力を与えることになる[26]。最後に、IMFは軍事費に直接取り組まないで、他の部門に的を絞り、軍隊に圧力をかけることができるのである[27]。1991年にIMFは、さらに踏込んでインドとパキスタンの軍事費削減と財政支援とをより直接的に関連付けた[28]。この新たな政策は、いくつかの国の軍事予算にある程度の影響を与えたように思われる。インドとパキスタンの他には、たとえば、ウガンダは1992年6月に大幅な軍事費削減を告知した。それまで同国の軍事費は国家予算の三分の一を占めていたが、［この告知は、］支援各機関が軍事支出を抑えるよう促した後の出来事であった[29]。

10-2-2　IMFの資金の活用

引出請求もしくは「スタンドバイ取極」として一般的に知られている[30]の手

---

26)　Kenen, *Financing, Adjustment, supra* note 20, p. 52 ［ケネン（桜井一郎訳）『現代国際金融システムとIMF』（同文館出版、1989年）91頁］参照。「政府は一枚岩ではないし、国際収支の問題を処理しなければならない政府職員は、その官僚的な戦いにつねに勝つとはかぎらないのである。実際には官僚［以下のtheyは官僚のことかと］は、経済政策の対外的な側面に関心を持つため、そしてまた、強力な政治的支持者を持っていないために、不利な立場に立たされている。IMFは、苦痛の多い政策手段を提案することに正当性を与えることによって、また妥協を求める圧力に対する官僚の抵抗力を高めることによって、政策決定プロセスにおける彼らを助けることができるのである。」Robert E. Hudec, *Enforcing International Trade Law: The Evolution of the Modern GATT Legal System* (Salem, N.H.: Butterworth Legal Publishers, 1993), p. 358:「常に国際制度側には国内政治の枠組みの中に味方がいる。…故に国際制度が国内政治に影響力を発揮する手段は、国内にいる味方の力になることなのである。」

27)　Ball, *Pressing for Peace, supra* note 22, p. 55 (同書において世銀はこの種の形態の先駆者とされている)。

28)　*Ibid*., pp. 56 (パキスタン、世銀との協調関係において), p. 57 (インド)。

29)　Ball, "Levers for Plowshares," *supra* note 22, pp. 11, 12参照。

30)　スタンドバイ取極において、加盟国は、一定期間は、当初の取極の文言の規定外の当該加盟国の経済状況は考慮する必要なく一定の融資枠が約束されている。多くのスタンドバイ取極は「フェーズ制（phasing）」を採用している。即ち、適用

続も、大筋において同様の状況がある。しかしながら、協議の中心となる要素は、請求国通貨政策の一般的評価ではなく、IMF が引出を承認する条件としての経済政策条の義務に関する IMF と加盟国との間の交渉にある[31]。「交渉は長期化することもあり、複数のスタッフ派遣、交渉国の代表と専門家の IMF 本部（ワシントン DC）出張、そして専務理事と加盟国蔵相もしくは政府首脳との間の直接交渉すら含むことがある。」[32]［前項との］もう一つの大きな違いがある。これら交渉された条件は、加盟国により執行されるが、しばしば具体的な定量的に示された金融・財政目標への取り組みが含まれる「政策趣意書（"letter of intent"）」に具体化されていることである[33]。すなわち、引出請求国

期間において特定の融資額を、特定の間隔で用意するというものである。各受取期で各加盟国は［課された］安定化プログラムに規定された実績基準を遵守したかどうかによって次回の融資が左右されることになる。仮にプログラムの政策目標が達成されていなかったならば、規定によって自動的に基金の融資が停止（もしくは「中断」）されることになる。Cohen, "Balance-of-Payments Financing," *supra* note 12, pp. 315, 322参照。

31) Kendall W. Stiles, "IMF Conditionality: Coercion or Compromise?" *World Development*, 18 (1990): 959, Kendall W. Stiles, "Bargaining with Bureaucrats: Debt Negotiations in the International Monetary Fund," *International Journal of Public Administration*, 9 (1987): 1; Andrew Crockett, "Issues in the Use of the Fund's Resources," *supra* note 12, *Finance and Development*, 19 (June 1982): 10, 11参照。 Cf. 世銀の構造調整事業に関しては Paul Moseley, *Conditionality as Bargaining Process: Structural Adjustment Lending, 1980-86*, Essays in International Finance no. 168 (Princeton, N. J.: Department of Economics, International Finance Section, Princeton University, Oct. 1987).

32) Eckhaus, "How the IMF Lives with Its Conditionality," *supra* note 18, pp. 237, 243. 著者は、「加盟国とスタッフが専務理事の承認を得て合意したあとにしか、専務理事は理事会に取極の承認を求めないこと」から、このプロセスにおいて IMF スタッフがある程度以上の自律性を有するのと主張する。彼によれば、専務理事が提示した合意を理事会が拒否したことはなく、専務理事の否決に対して加盟国が理事会に訴えたことはない。Ibid., pp. 243, 251 n. 16. 1982年メキシコ債務の繰り延べの文脈における交渉プロセスの詳細については、Joseph Kraft, *The Mexican Rescue* (New York: Group of Thirty, 1984) 参照。

33) Andrew Crockett, "Issues in the Use of Fund Resources," *Finance and Development*, 19 (June 1982): 10, 13-14参照。

の過去の実績は必然的に評価されるものの、この評価自体は概ね未来志向的なものである。

　政策監視プロセスでの各国［経済］の研究報告と同じように、政策趣意書は、（引出請求国が公にすることがあるものの）公式文書ではない[34]ので、その内容について正確に述べることは困難である。しかしながら、一般的には、特に公的部門の支出削減と助成金廃止を旨とする比較的正統派のデフレ政策を採用している[35]。分析と政策的処方の双方に対する経済学者と政治指導者たちの熱意が普遍でないことはいうまでもない。

　本書の目的のために［重要となる］問いは、これら政策が理にかなっているか否かではなく、政策趣意書における取極の履行をIMFが確保できるか否か、そしてどのように確保できるかというものである。この問いは、かなり単純なものであると思われる。IMFは、国際組織の中で本当にアメとムチを自由に使用することができる数少ない存在である。引出金は、分割で支払われ、加盟国がその必要性を認めるまでスタンドバイは即応状態（通常は、一年間）が維持された。合意された目標を加盟国が満たせなかった場合、IMFは推定するに取極を取り消すことができ、支払いを求められてもIMFの支払を拒否することができると考えられる。取消の脅威は債務国の関心を大いに集中させるはずである。

---

34) United Kingdom letter of intent in Abram Chayes, Thomas Ehrlich and Andreas Lowenfeld, *International Legal Process*, vol. 2 (Boston: Little Brown, 1968), pp. 776-779 参照。Eckaus, "How the IMF Lives with Its Conditionality," *supra* note 18, pp. 237, 239, 251 n. 18も併せて参照。

35) Henry S. Bienen and Mark Gersovitz, "Economic Stabilization, Conditionality, and Political Stability," *International Organization*, 39 (1985): 729, 736-737：「IMFは、国際収支赤字を生じさせる基本的な仕組みとして、政府予算赤字による財政の拡大をあげる。この分析に基づき、IMFは政府の財政赤字を削減することによって財政拡大に歯止めをかけることを指示する。交付金、公営企業の赤字、公務員の採用？、公共部門の人件費、政府の投資支出などを削減し、歳入に対して歳出を抑える必要がある。」他にたとえばEckaus, "How the IMF Lives with its Conditionality," pp. 237, 241。

実際には、問題はそう単純なものではない。ジェフリー・サックス（Jeffrey Sachs）の主張によれば、「基金のプログラムの遵守は、長い間あまり芳しくなかった……［そして］徐々に悪くなっているように思われた。」[36)] 引出国は、単純な意欲の喪失以外で、いくつもの理由による政策趣意書の条件を履行することができない場合がある。しばしば経済事象は、全く当事国の影響の外にある。輸出価格が下落するかもしれないし、必須輸入品（たとえば石油）の価格が急騰するかもしれない。官僚・行政の無能は、特有の理由である。そして、途上国の国内政治は、他の地域でもそうであるように、経済の緊縮措置に抵抗することで悪名高い。1970年代に IMF は、拡大信用供与（Extended Fund Facility: EFF）などの新たな取極を設定した。これらは、国際収支上のファイナンスを超えて、「「包括的」調整プログラムを採用する国家を支援するために設計されている。」[37)] これらプログラムは、本質的に履行に時間が必要であり、定量的測定が困難で、それゆえに評価しにくい。財務省の直接的な責任下にある中心的な経済手段（たとえば金利）は、農業政策・実務の変更よりも容易にコントロールしうる。［しかし、］政策的処方には議論の余地があり、実際に異議が唱えられており、そして IMF が常に条件の履行を要求するわけではない。

IMF 自体も欠点がないわけではない。交渉能力における当初の不均衡により、IMF は理論的、政治的もしくは内部の官僚的事情から、多くの場面において、引出国の経済的苦境に鑑みて非現実的だとわかっている条件を求める[38)]。これ

---

36) Jeffrey D. Sachs, "Strengthening IMF Programs in Highly Indebted Countries," in Gwin and Feinberg, eds., *The International Monetary Fund in a Multipolar World*, *supra* note 13, pp. 101, 107 (citations omitted).

37) Kenen, "The Use of IMF Credit," *supra* note 13, pp. 69, 75.

38) Stiles, "Bargaining with Bureaucrats," supra note 31, p. 1参照。C. David Finch, "Let the IMF Be the IMF," *International Economy*, 2, no. 1 (Jan./Feb. 1988も：129も併せて参照。基金における投票権の大部分を占める G7各国は、いかにこの処方箋の本質的価値が優れていようとも、この規律に応じることはないであろう。C. David Finch, "Conditional Finance for Industrial Countries," in Gwin and Feinberg, eds., *The International Monetary Fund in a Multipolar World*, *supra* note 13, p. 91.

が意味するところは、このようなプログラムにおいてなされた取極の完全な履行をIMFが厳格に要求することができないことである[39]。

結果として、引出国が取決を履行できなかった場合、続けて起こるのはIMFとの新たなやりとりであり、それは一般的に修正された目標と取極へと続く重要な交渉である[40]。「多くの国がIMFの課した条件の一部しか履行せず、長期にわたるIMF（と世銀）との交渉に入ることになる。これら国にはブラジル、メキシコ、ケニアが含まれる。」[41]債務国政府から政策反応を引き出すためのIMFの主な武器は、「徹底した説得（jawboning）」、すなわち討議、助言、影響そして説得である[42]。このやりとりの中でIMFは、引出やスタンドバイを取り消す場合もあるが、それは大抵形式的な手続にすぎない。1954年から1984年までの期間で、IMFは56件ものスタンドバイ取極を取り消すか、途上国との取極を延長させた。この総数のうち9件を除き、IMFは取り消しから1ヶ月のうちに新たな取極を交わした[43]。繰り返し行なわれる加盟国との交渉の中で、政策趣意書の条件は、加盟国の現実の政治力・経済力をより正確に反映し始める可能性がある。

入念になされたある調査結果によれば、「IMFのプログラムは、交渉されたように完全に履行されることは稀であり、不完全な履行に対する制裁もたいしたものではないので…緊縮政策を強制することについて債務国はもっと柔軟でありうるし、経済制限は政治家に対し通常思われているよりも拘束的でないの

---

39) Scott R. Sidell, *The IMF and Third-World Political Instability: Is There a Connection?* p. 6 (Basingstoke: Macmillan, 1988) 参照。

40) たとえば、Stiles, "IMF Conditionality: Coercion or Compromise," *supra* note 31, pp. 959, 963-965参照。Cf. Moseley, Conditionality as Bargaining Process, *supra* note 31.

41) Bienen and Gersovitz, "Economic Stabilization, Conditionality, and Political Stability," *supra* note 35, p. 729, 745.

42) "The IMF: Facing New Challenges: An Interview with Michel Camdessus, Managing Director of the International Monetary Fund," *Financing and Development*, 25 (June 1988): 2, 5.

43) Bienen and Gersovitz, "Economic Stabilization, Conditionality, and Political Stability," *supra* note 35, p. 747.

である。」[44]

　結局のところ、IMFの資金を活用する国は同機構の加盟国であり、IMFは一種の受託義務を感じているのである。IMFは、[遵守への]外圧をかけ続けることを試みるが、緊急事態に陥った国に対して単純に背を向けることができない。少なくとも、他の全ての可能性が尽くされたことが確認されてからでないと背を向けることができないのである[45]。だからピーター・ケネン（Peter B. Kenen）が指摘したように「IMFは一つのジレンマにおちいる。もしIMFが格別に巨額の債務を持つ加盟国を切り捨てるならば、IMFは信頼の危機の発生を早めることになるのである。もしIMFが問題の加盟国を切りすてることができず、あるいは、その国の政策の修正をあまりにもすぐに承認するならば、IMFはその承認印を押す機関としての権威を傷つけることになるであろう。」[46]

　ブラジル通貨危機は、この[ジレンマの]代表的事例である。1964年の軍事クーデター以後、ブラジル政府はスタンドバイ取極を申請し、承認され、[借入]可能額は変動したものの1972年まで毎年更新された[47]。ブラジルは、取極に対して1965年と再度1968年に2回しか反していない。しかしながら、他の年度においては、国際金融市場におけるブラジルの全体的な信用状態や他の公的資金提供機関、とりわけ米国国際開発庁（U.S. Agency for International Development: USAID）との関係において、スタンドバイ取極が利用可能であることは重要なのであった。

---

44)　*Ibid.*, p. 732.
45)　"Background Briefing by Senior Treasury Official, Department of the Treasury, Re: The Upcoming IMF-World Bank Meeting," Federal News Service, May 3, 1990参照。「諸国を単純に基金から完全に追放し、事態を好転させる選択肢のないままにしておくことは説得力のある解決法ではない。」
46)　Kenen, *Financing, Adjustment, supra* note 20. [ケネン（桜井一郎訳）『現代国際金融システムとIMF』（同文舘出版，1989年）]
47)　Jorge Marshall, José Luis Mardones, and Isabel Marshall, "IMF Conditionality: The Experiences of Argentina, Brazil and Chile," in John Williamson, ed., *IMF Conditionality* (Washington, D.C.: Institute for International Economics, 1983), pp. 275, 299-300.

スタンドバイ取極には、次の事項を含む政策趣意書を伴うのが通例である。すなわち、外国為替政策の制限、国際通貨準備目標、公的部門の赤字規模、金融緩和、対外負債額などである。早くも1965年にブラジルはこれら［政策］目標を達成することができず、同年、信用取引を維持するために一連の再交渉が行なわれた。それでもなお、IMFはスタンドバイ取極を毎年更新したのである[48]。1965年から1972年までの期間において、これら条件に対する全体的な遵守は「悪くない」と評されてきた[49]。しかしながら、財政・金融緩和は常に表示よりも高く、商業銀行の支払準備制度や中央銀行からの貸出しは一般的に条件を満たせず、他の方面における進展にはバラつきがあった。スタンドバイ取極が取り消されたのは1970年のただ1回である。

その月のうちに取極は更新されたものの、この事態より生じた政治的な「烙印 stigma」は、1983年3月までブラジル政府にIMFの資金を再び用いることを妨げた。1983年当時、ブラジルの通商債務繰り越しとの関連で新たに2年で42億もの特別引出権（SDR）のスタンドバイが認められた。同年5月になると、IMFはブラジルが赤字削減の取極を履行できなかったとして融資の2度目の賦払いを停止した。反対デモや深刻な暴動を引き起こした新たな緊縮政策にもかかわらず、引き続きブラジルは［政策］目標に達することができなかった。結果として、再交渉を経た政策趣意書と定期的な支払停止が1985年2月まで続いた。この時、3年予定のスタンドバイの2年が経過したところで、IMFは融資予定額の残る15億ドルの支払いを停止した[50]。

この協議プロセス全体の結果は、「許容可能な履行」として特徴づけることができるだろうか？ ジェフリー・サックス（Jeffrey Sachs）は、これに対し率直な答えを用意している。即ち「1988年になされたIMFの条件付融資の報告書も示しているように、1983年より遵守の程度は急激に落ちている。最新の数年間では、成果基準の三分の一未満の遵守まで落ちている。無論、IMFプロ

---

48) *Ibid.*, pp. 299-300.
49) *Ibid.*, p. 300.
50) Why Bankers Need Not Fear for Brazil," The Economist, Apr. 20, 1985, p. 85.

グラムを取り巻く秘密性を考えるならば、違反の重大性やその理由（たとえば、国内政策の失敗や外的ショック）を評価することは不可能である。」[51]

　ピーター・ケネン（Peter Kenen）は、これと異なる見解を提示する。「融資条件の有効性を測定することは、事実上は不可能である。この論争に参加している人たちは、政策手段が作用する仕方について合意を得ていないために、また、参加者たちは、IMF 加盟国の政府が IMF に政策上の確約をしなかったならば、諸国の政府はなにをしたであろうか、ということについて知り得ないために、融資条件をめぐる論争はなお続いてゆくであろう。」[52]

　IMF の活動に特別精通している、これら高名な経済学者 2 人の見解の相違は、見かけだけである。これらをよく検討したならば、実はそれぞれ若干異なる問いに対する見解である可能性を示唆している。サックスは、速度規制を遵守する例のように、客観的な解決が可能な問題に取り組んでいる。たとえば、政策趣意書にある定量的目標は満たしたか、といったものである。ケネンは、政策目標が達成されたかを問う。[即ち]、サックスは「遵守（compliance）」を論じ、ケネンは「実効性（effectiveness）」について論じているのである。

　にもかかわらず、より深いところで両者の評価の食い違いは未だ残っている。ケネンのアプローチは、目標・政策義務を遵守のオン・オフ［あるかないか的］判断の基礎として扱うことは、規範プロセスの性質と政策のおかれた文脈を誤解することを示唆する。サックス自身も、ある程度この点を認めており、不足が「国内政策の失敗」によるものか「外的ショック」によるものかによって政策の効果が異なるとしている。そして、不遵守の理由はこれだけではないだろう。

　この分析が示唆することは、引出とスタンドバイを運営する IMF の活動は、政策取決を管理する取り組みというよりは、本質的な履行努力取極を監視することで債務国の遵守実績を徐々にあげるための取り組みとして理解すべきこと

---

51) Sachs, "Strengthening IMF Programs in Highly Indebted Countries," *supra* note 36, p. 107.

52) Kenen, *Financing, Adjustment, supra* note 20, p. 47 ［ケネン（桜井一郎訳）84頁］

である。政策趣意書は、途上国の金融・経済政策と IMF が望ましいと考えるものとを一致させるための継続的な交渉のプロセスにおいて、継続的な圧力を発揮するツールである。継続的な協議は、長期間にわたる関係を構築し、明確な始まりや結末ぬきに、現在、優先課題に上がっている取引や問題に関する焦点を合わせる。IMF の優れた交渉能力は、継続的な協議において望ましいとされる政策の方向性にあることを請け合うことに役立つ。多くの途上国が国内で深刻な政治的抵抗に直面するとしてもそしてその代償を自国民が払うことになっても、デフレ・緊縮政策を採用してきたことは疑いない。

　資金が断たれることは、IMF と引出請求国との関係を協調的なものから対立的なものへと変容させる。起こりそうな結果としては、一定の期間にわたって IMF が当該国の政策に影響を及ぼせないような決裂である。IMF は、［資金を断つと］威嚇するような素振りをみせることはできるが、継続的な交渉にさらなる進展が少しでも望めるうちは、この手段に訴えることを真剣に検討することはありそうもない[53]。無論、ペルー、ザンビア、ブラジルのように IMF と

---

53) 強制措置をとることへの極端なまでの IMF の躊躇は、未払金に関する実行にみることができる。この場面において基金は、金融分野における規範に遵守を促す単なる規制者（regulator）としてのみ関与しているのではなく、債務不履行の状態に陥っている国と対峙する金融機関としても関与しているのである。他の金融機関と同じように、返済を強制させることができなければ基金自体の信用およびアクセスが危険にさらされるか危機に陥る可能性がある。規定方針は、「当該加盟国が基金に対して未払金があるかぎり」基金は、資金を利用したい旨の要請を検討しないとしている。International Monetary Fund, Executive Board Meeting EBM/84/54, pp. 37-38, *Selected Decisions and Selected Documents*, vol. 17, p. 165参照。基金からの締め出しは支払期限から3ヶ月後に有効となる。米国に代表される主要な出資国の圧力により、基金は滞納国に対し、18ヶ月の投票権の停止を最終手段とする段階的な措置を設定した。"Procedures for Dealing with Members with Overdue Financial Obligations to the Fund," Executive Board Meetings 89/100 and 89/101, July 27, 1989, *Selected Decisions and Selected Documents*, vol. 17, pp. 167, 170. 1985年から1991年までの間に10ヵ国が分担金滞納を理由として融資の資格がないことを通告された。International Monetary Fund, *IMF Annual Report* (New York, 1991), p. 67. どの国も投票権は停止されなかった。このうち3ヵ国が手続の第二段階である「非協調

決裂した国も最終的には和解しなければならなかった。IMF は、単にその巨額の資金へのアクセスをコントロールするだけでなく、通例として姉妹機関である世界銀行とも協働している。そのうえ1980年代には、地域開発銀行や二国間での援助国および民間金融機関も皆、IMF の例に倣っていた。つまり、条約義務の逸脱から復帰した国家にとってのあらゆる新たな資金源を IMF は実質的にコントロールしていたのである。それでもなお、放蕩息子が帰還した場合に、IMF は過去の罪にとらわれるのではなく未来がもたらす可能性を見通して迎えることを忘れなかった。

　IMF を批判する側は、同基金の通貨政策監視と条件付融資が少なくともパターナリズムに侵されていると強く主張する。そして、［加盟国への］処方箋がクライアントである途上国の全般的な経済状況の向上という意味で「正しい」か否かは、当然ながら非常に問題とされやすく、激しい論争が繰り広げられている点である。しかし、これら処方箋が米国を初めとする IMF 主要加盟国の要望と利益を反映しているとするならば、主要経済大国は IMF という手段を通じて大きな役割を果たし、同基金なしにはこのような結果を達成することができなかったであろうことは疑いない。主要経済国間の経済・通貨政策を調整する G 7 の概して成果のない活動実績は、より公的かつ構造化された組織およ

の宣言」を受けた。これら国の中には最貧国に属するものもあり、これらの国が完全に義務を全うすることを期待するのは非現実的であるという広範かつ黙示的な認識がある。こうしたことから、これら国が滞納金を納め、融資が再び可能となるように、基金は二国間援助や民間金融機関から貸付を組む手伝いをしてきた。"Excerpts from the Chairman's Summing Up at the Conclusion of the Discussion of Overdue Financial Obligations to the Fund Executive Board Meeting, 85/170," Nov. 25, 1987, *Selected Decisions and Selected Documents of the IMF*, vol. 17 (1992), pp. 165, 166. IMF からの新たな引出の最初のものはこれら暫定的な貸付を支払うことに充てられる。エコノミストの見解によれば「意味論的な細やかさを以て基金が問題となっている貸付についてなそうとしていることは、名前以外の全てを繰り越すことであるか名前を付け替えて債務を全て繰り越すことである。」"The IMF in Africa: When a Loan Is not a Loan," The *Economist*, Nov. 17, 1990, p. 109.

び手続が必要である証しである。そのうえ IMF 専務理事とスタッフは、その深い専門的知見、各国財相や中央銀行との緊密な関係、国家政策からの明白な独立性により、加盟国によって設定された幅広いガイドラインのなかで一定の自律した影響力を獲得したと多くが賛同するだろう。

結局、IMF が途上加盟国の政策にどの程度影響を与えることに成功したかということと、資金源の管理と政策対話での管理技術とが、どの程度関連しているかを示すことは容易ではない。しかし、IMF の視点からするならば、通説的な見解は、一般的に合意された通貨政策目標の達成を目的とした本質的に協調および合意に基づく取り組みである。

10-3　経済協力開発機構（OECD）

OECD は全て先進工業国によって構成される。1960年に経済政策を調整・調和させるために設立された[54]。通常の活動は、環境、開発支援、多国籍企業、輸出信用などの分野を扱う委員会を通じて行なわれる。各委員会は、自らの分野における特定の問題に関してガイドラインや規約を作成し、これらは最終的に OECD 理事会によって勧告ないし場合によっては拘束力を有する決定として公表される。委員会は、IMF のそれに近い政策評価手続を活用し、これらガイドラインや規約に対する［加盟国の］遵守および遵守実績を監督する。しかしながら、OECD は IMF とは異なり、その規範的意思決定を下支える資金源（bag of goodies）のようなものは持ち合わせていない。

10-3-1　自　由　化

OECD 初期において採用された資本移動自由化規約と貿易外取引に関する OECD 規約は、遵守実績を徐々に向上させるために、強制的な要素抜きで評価

---

54) OECD 条約。OECD はマーシャル・プランの受入機関である欧州経済協力機構（Organization for European Economic Cooperation: OEEC）の後継であり、様々な新手法が同機構で開発された。

手法を行使した明らかな事例である。規約は、金融取引の特定カテゴリにおける外国からの参入に対して制限を課すことを加盟国に禁じている。これらは拘束力を有する決定として採択されたが、他の条約同様、加盟国は「留保」を付すことで規約の特定条項［の効果］を排除するか、資本移動・貿易外取引委員会の審議対象とはなるがより一般的な「デロゲーション」条項を行使することもできる[55]。特定の国家が審議されるために選ばれる［この選択は］多くの場合、主として自由化分野での実際の遵守実績に基づき、アドホックに決定される。審査対象国は、自国の経済状況、既存の制限の正当化事由、規約上の義務に現在付している留保やデロゲーションを撤廃する計画などについてOECD事務局へ報告書を提出する。事務局は会合に先立って委員会のメンバーに報告書［に対する事務局の］分析を配布し、通例として委員会が評価対象国について審議が「望まれる可能性がある」事項を提示する。この事務局の意見書に対し、審議対象国は、自国の報告書に追加して補遺を提出することができる。年4回の審議会議は、数日間にわたって開催される。ここでもIMF同様に、プロセスは過去の遵守実績の評価として開始されるものの、議論は急速に未来に目を向ける。審議するうちに、対象国は、たいてい既存の留保に重大な撤回もしくは修正をほどこす、または、将来的にほどこすことを約束する。たとえば、トルコは1990年の審議のために用意した最初の報告書において、1986年に同国が規約に加入してから維持してきた45もの留保のうち25を撤廃ないし修正することを申し出た。事務局の分析が配布されたのちに追加された補遺において、トルコは以前のもの［最初の報告書に示した内容］を、24の留保の完全撤廃、

---

55) "Code of Liberalisation of Current Invisible Operations (Mar. 1992)," adopted Dec. 12, 1961, Council Act ［OECD/C (61)95］, and "Code of Liberalisation of Capital Movements" (Mar. 1992), adopted Dec. 12, 1961, Council Act ［OECD/C (61) 96］ 参照。以上は、年々改訂されている。通常、OECDは勧告を行なうが、全会一致で拘束力を有する決定も行なうこともできる（OECD条約第5条）。当初、留保を一旦撤回したならば、復活させることはできず、撤回に対して慎重な姿勢を各国に促すこととなった。1964年、加盟国が任意で留保を付す・撤回できる"B list"を設定する旨の改正を資本移動規約に行なった。

12の留保の修正にまで引き上げた。委員会での審議では、さらに二つの留保の撤回を追加することに合意した[56]。審議後、委員会は加盟国が自由化に向けて必要であると思われる追加的なステップについて理事会へ（事務局を経て）報告し、理事会は多くの場合、この報告を加盟国に対する正式な勧告に反映する[57]。

定期的に、既存の留保が実質的に排除された場合において、OECDは規約でカバーされるリストに新たなカテゴリを加えるが、それは大概新たな留保を招き、プロセス全体が再び繰り返される。このように目標が絶えず変動しているにもかかわらず、OECDは1964年から1990年の間に、規範の留保およびデロゲーションによってカバーされる事項の全体の中の割合が減少する一般的な傾向を示す図表を公表している[58]。

10-3-2 環境保全

1991年1月にOECD諸国の環境相は、新たに重要な取り組みとして加盟国の環境保全政策を評価するプログラムを打ち出した[59]。移行期を経て、同プロ

---

56) OECD Committee on Capital Movements and Invisible Transactions, *Turkey: First Examination of Reservations to the Code of Liberalization of Capital Movement*（Note by the Secretariat）, DAFFE/INV/90.3, Feb. 22, 1990, par. 24; OECD, Committee on Capital Movement and Invisible Transactions, *Turkey: Examination of Reservations to the Code of Liberalization of Capital Movement*（Note by the Secretariat）, Addendum 2 to DAFFE/INV/90.3, Mar. 27, 1990, 14-15; OECD Council, *Turkey: First Examination of Position Under the Code of Liberalization of Capital Movements*（Report by the Committee on Capital Movements and Invisible Transactions）, July 23, 1990, par. 4参照。

57) *Ibid.*

58) しかもこれは義務がより厳しくなっていく中でのことである。OECD, *Liberalization of Capital Movement and Financial Service in the OECD Area*（Paris, 1990）とりわけ図1を参照。

59) OECD Press Communiqué, "Environment Committee Meeting at Ministerial Level: An Environmental Strategy for the 1990s," Paris, Jan. 31, 1991, SG/PRESS（91）9, p. 8. この説明は、主として筆者が1994年1月に行なったOECD高官とのインタビューに基づく。

グラムは1993年11月に開始された。その1年後には、5ヵ国（アイスランド、ドイツ、ポルトガル、ノルウェー、日本）の審議が既に終わり、イタリアと英国が審議の途中にあった。審議は1年に4ヵ国から5ヵ国が想定され、4年から5年ごとに全ての加盟国が審議されることになる。環境政策評価の方法は、続いて加盟国の経済、農業、漁業およびエネルギー政策を、専門家が審議においてOCEDが用いる方法に従う。この手続は、まず審議する国が指名し、個人の資格からなる専門家や事務局が雇った外部のコンサルタント、幾人かの事務局幹部が構成するチームによる調査から始まる。調査事項は、あらかじめ被審議国によって合意されている。調査チームは、同国を訪問し、関係政府閣僚のほかに、環境NGOや組合代表、経済界の要人、研究者とも協議する。調査の最終報告書は、事務局が作成した30件から40件の提案の一覧表およびディスカッション・ペーパーと共に審議を行なうメンバーに配布される。会議において、被審議国の関係省庁全ての代表者が、専門家の前で、自らの政策を擁護・正当化するために出席する。［両者による］活発な議論は、賞賛と批判が入り混じるが、何回も繰り返すうちに批判の方が多くかつ鋭くなっていく傾向がある。ある国は、本国の官僚的・政治的対抗勢力に対して使うためにこの批判を求めた。

　全ての審議において主要な論題となるのが国際的な取極の遵守である。環境条約を批准できない事態、［環境条約を実施するためにとられた］立法・政策措置を履行する妥当性、条約上の個別の義務の具体的な違反、フォローアップの計画などが、議論の焦点となる。事務局と審議国からの質問やコメントは遵守実績の向上へとつながる約束を導き出す。

　OECD環境保全成果評価プログラム（OECD Environment Performance Review Program）を評価するのは時期尚早であろう。しかしながら、参加国はプログラムに大いに満足してきた。審査対象に立候補する国は多く、評価は任意であるにもかかわらず、事務局は離脱する国がでないと確信している。このプログラムの最初の1年が終わるまでに、3分の2以上の加盟国が評価の対象国として立候補した。

10-4 関税および貿易に関する一般協定

同胞たる経済機関による40年もの政策評価プロセスを観察する中で、GATTもこれに倣うことを決定した。貿易政策の通知および監視（surveillance）に関する東京ラウンドでの取極（commitments）の帰結として、GATT事務局は自ら各国の貿易制限のデータを収集・整理し始め、毎年『貿易システムの発展報告書（*Review of the Developments of the Trading System*）』として出版した[60]。1989年4月、ウルグアイ・ラウンドの中間報告において、同制度は、IMFやOECDの同様の手続を参考として貿易政策検討制度（Trade Policy Review Mechanism: TPRM）へと展開した[61]。この制度で理事会は、定期的に開催される特別会合において、多国間貿易システムにおける各加盟国の貿易政策および貿易慣行の影響を審議することになっている。各加盟国は6年毎に審査され、より重要な貿易国である加盟国は2年毎に審査される[62]。1993年半ば現在、33カ国（ECを1ヵ国として数える）が政策評価［の手続］を受けた。これらのうち米国、日本、EC、カナダは2回も評価を受けている[63]。TPRMは、ウルグアイ・ラウンド合意において、GATTにおいて発展した慣行を含めて正式に成文化された[64]。

OECD政策評価と同じように、TPRMも対象となる加盟国による全般的経

---

60) C/M/139（1989年3月26日の会合）およびC/M/169（1983年7月12日の会合）, cited in Hudec, *Enforcing International Trade Law*, supra note 26, p. 194, n. 20参照。

61) 貿易政策審査メカニズムは1989年4月に採択された。"Decision of Apr. 12, 1989, (L/6490), Functioning of the GATT System," in GATT, *Basic Instruments and Selected Documents*, 36th Supp. (Geneva, July 1990), p. 403参照。

62) "Country Reviews Launched," *GATT Focus*, no. 68 (Feb. 1990): 13参照。

63) "Trade Liberalization and Fiscal Discipline Transform Mexican Economy," GATT Press Release no. 1571 (GATT/1571), Apr. 8, 1993; *GATT Focus*, no. 99 (May-June 1993): 5, 6; *GATT Focus*, no. 100 (July 1993): 9参照。

64) WTO協定 TPRM。

済状況に関する報告書と貿易政策および貿易慣行の詳細な分析の提出から始まる。GATT 事務局は、これとは別に特定関心分野に焦点をおいた報告書を提出する[65]。これら二つの報告書は、1 日がかりの GATT 理事会特別会合の審議の基礎となる。理事会メンバーと加盟国の代表メンバーとの間で長時間かつ活発なやり取りが交わされた。議論は、GATT 上の義務の遵守という狭い話題に限定されなかった。確かに WTO 協定は政策評価が「これらの協定に基づく特定の義務の実施若しくは紛争解決手続の基礎となることを目的とするものではない」であるとしている。その機能は、「個々の加盟国の貿易政策および貿易慣行が多角的貿易体制の機能に及ぼす影響を審査すること」にある[66]。政策報告書は、必然的に将来にある程度目を向けることになり、各国も誠意を示すために、決して輝かしいとはいえない遵守実績による悪影響を軽減するために、そして厄介な現行の貿易慣行を最小限に抑えるために、将来的な遵守実績を重視する傾向がある。審議の中で、これら一般的に請け合われた事項は、具体的な取極や特定の改革の予定表へと変換される[67]。しかしながら、必然的に多くの

---

65) これら 2 本の報告書の概要は、ガットで協議される直前に同組織により公表された。たとえば、"GATT Trade Policy Review- Canada," *GATT Press Release* no. 1484 (GATT/1484), July 16, 1990 (including report by the GATT Secretariat — Summary Observations, pp. 2/3-11, and Canada's report, pp. 12/13-16) 参照。

66) WTO 協定附属書 3 , A (i) (ii)。

67) "Council Examines trade régimes of Uruguay and Korea," *GATT Focus*, no. 92 (Aug. 1992): 1, 2：「国内でいえば、公共部門の赤字は1993年までに削減されるはずであった」［ウルグアイに関して、ウルグアイの返答における文言］; *ibid.*, pp. 1-4参照。「1994年までに繊維製品、化学薬品および電化製品への関税は 8 ％へと削減される。」［韓国に関して、韓国の返答における文言］; "Trade Policies of Norway, Switzerland and Nigeria Reviewed," *GATT Focus*, no. 84 (Sept. 1991): 2, 3：「ノルウェーは、1993年 1 月までに［漁業および水産加工品業界における］あらゆる不公正な貿易措置を撤廃することを約束する。」; *ibid.*, p. 4:「ウルグアイ・ラウンドにおいて繊維および衣料品に関するスカンジナビアの立場は、これら製品の貿易を、遅くとも1999年12月31日までに、GATT の一般規定に則ったものにすることである」［ノルウェーに関して、ノルウェーの返答における文言］; "Council Reviews Trade Policies of the EC, Hungary and Indonesia," *GATT Focus*, no. 81 (May－June 1991): 2, 8:

やりとりは、GATT 規範の現行の貿易慣行への適用を中心に展開される。特定の慣行に関する理事会からの意見は、たびたび GATT 基準との整合性の問題を挙げている。そして［やりとりの中で］政策が協定と一致しているという主張があったならば、それは批判に対する同加盟国の防御の第一線なのである。

新たな協定［WTO 体制のことを指す］の中で審査は、全加盟国から構成される委員会である貿易政策検討機関（Trade Policy Review Body）によって行なわれる。各国の報告書、事務局の報告書、そして各会合の議事録は公表され、WTO 閣僚会議に提出される[68]。過去のこうした会議の要約が外交上の儀礼を守り、各国の遵守実績に何かしら賞賛されるべき事柄を見出していた。しかし、各要約の大部分は「懸念事項」、「いくつかの質問事項」もしくは「明確化が必要な事項」の見出しのもとに各国の貿易政策に対する不十分な側面に向けられた議論に費やされるようになっている[69]。

TPRM の有効性を判断するのは時期尚早であろう。しかしながら、同制度が GATT の伝統的な紛争解決手続を厳格化する広範な取り組みの後に設定されたことは重要である。審議は不定期であり、ILO の評価制度や IMF の政策監視に実効性を与える、政府高官と事務局との間の激しいやりとりは行なわれない。しかし、TPRM は、最低限、GATT 規範の観点から加盟国の全般的貿易政策を公に説明、批判および正当化する機会を提供しており、それは専門家および関心を有する同業者の少なくとも部分的には協働的な事業として行なわれている。ウルグアイ・ラウンドにおいて締結された附属協定に基づく活動の監

「1994年までに完全な通貨兌換性を達成すべきものとする」［ハンガリーに関して、ハンガリーの返答における文言］。

68) WTO 協定, TPRM, par. C (i), (vi), (vii).
69) たとえば "Council Examines Trade of Bangladesh and Canada," *GATT Focus*, no. 91 (July 1992): 7, "Concerns" (regarding Canada), and 5, "Praises and Concerns" (regarding Bangladesh); "Council Reviews Trade Regimes of Thailand and Chile," *GATT Focus*, no. 83 (Aug. 1991): 5, "Some Questions" (regarding Chile); "Trade Policies of Norway, Switzerland and Nigeria Reviewed," *GATT Focus*, no. 84 (Sept. 1991): 5, "Clarification" (regarding Switzerland) 参照。

視のために、加盟国が協定の多くに様々な審議委員会を設けたことからもわかるように、これまでの実績は良好であるといえる[70]。

10-5　環境条約

近年の環境条約は、政策評価メカニズムをレジーム管理の主たる装置を意識して採用することが増えている。同時に、多少の反動も発生しているが、これも政策評価メカニズムの有効性が認識されつつあることを反映している。

10-5-1　長距離越境大気汚染

当初の長距離越境大気汚染条約（Long-Range Transboundary Air Pollution: LRTAP）は、執行機関を通じた「硫黄化合物その他の主要な大気汚染物質の規制のための…政策および戦略」の情報の交換を求めている[71]。1985年の二酸化硫黄［物の排出削減に関する］議定書（ヘルシンキ議定書）においては、「硫黄化合物の排出削減の手段としての国家計画、政策および戦略を遅滞なく発展させ、…そのうえで執行機関に目標達成に向けての進捗状況と共にそれらについて報告する」ことが締約国に求められるよう条文が敷衍された[72]。報告義務は真摯に受け止められるものの、［提出された］報告書自体は体系的に評価されてはいない。マーク・レヴィ（Marc Levy）によれば、「これら［報告書］は、単純に順番に並べられて出版されているのである。どのような措置をとればレポートが具体的な議定書やより広い規範を遵守していることになるのかを明らかにする努力は何らなされていない。また、欠落している情報を補充したり、

---

70) たとえばウルグアイ・ラウンド、農業協定第17条〜18条、衛生と植物防疫のための措置協定（SPS協定）第38条［最終的には第12条］、セーフガード協定第36条［最終的には第13条］などを参照。
71) LRTAP 第 8 条 (g)。
72) *Ibid.*, 第 6 条。同条項とほぼ同じ内容が NOx 削減議定書第 7 条にも規定されている。

誤解を与える情報を修正したりする取り組みもない。実のところ、これら報告書に関して締約国に恥をかかせないように事務局側が意図的にそうしているのである。」[73] 各国の政策と戦略の主要な評価は4年毎に行なわれるが、その更新は毎年行なわれる。レヴィは、執行機関の会合において各国が自主的に自国の政策を釈明し、正当化した数々の例、さらには将来的な排出削減の目標を約束した例に言及している[74]。したがって［この条約の政策評価メカニズムの］実務は、［これまで］議論されてきた他の機構と一致するのである。それは対立を促すものではなく、特定の［条約義務］違反を特定したり、違反国を制裁することを目指すものでもない。代わりに報告書［制度］は、レジームの全体的な実効性を向上させるための協調行動を圧力として創出する問題解決様式をとる政策評価の基礎を構築するものである。

10-5-2　気候変動

気候変動枠組条約の報告および評価要件の発達と［そのための］交渉は、1995年中盤現在、帰結が今もってみえない複雑な話題である。とりわけ途上国にとって、この論点はあまりにもセンシティブなので、「報告」や「報告書」という用語は条約［の文言に］見出すことはできない。代わりに、締約国は、温室効果ガスの目録、温室効果ガスの排出削減、その他条約義務を履行するための政策・措置などを含む「情報の送付（communications）」が求められる[75]。

条約に［温室効果ガスの］排出削減義務は明示されていない。しかしながら、先進国は2000年までに排出を1990年の水準に戻す「ために」政策の採択に合意した[76]。同様に、先進工業国と開発途上国との間の「共通に有しているが差異

---

73) Marc A. Levy, "European Acid Rain: The Power of the Tote-Board Diplomacy," in Peter M. Haas, Robert O. Keohane, and Marc Levy, eds., *Institutions for the Earth: Sources of Effective International Environmental Protection* (Cambridge, Mass.: MIT Press, 1993), pp. 75, 91.
74) *Ibid.*, pp. 75, 90-91.
75) FCCC 第12条。
76) *Ibid.*, 第4条2項。

のある責任」[77]として条約において宣言されたものと一致する形で、先進工業諸国は開発途上国よりも厳格な政策および計画報告義務を負う。条約発効より6ヶ月後にあたる1994年9月21日に求められる、先進工業国側の情報の送付には温室効果ガスの目録の他に次の事項が含まれる。

(a) …約束を履行するために採用した政策及び措置の詳細

(b) …政策及び措置が、温室効果ガスの発生源による人為的な排出及び吸収源による除去に関して［この十年の終わりまでに］もたらす効果の具体的な見積り[78]

開発途上国は、「この条約を実施するために…締約国がとりまたはとろうとしている措置の概要」のみが求められる。また、先進工業国に求められる最初の情報の送付が自国について効力を生じた後6ヶ月以内であるのに対し、開発途上国は送付が自国について効力を生じた後3年以内でよい[79]。

条約は、個別国家ごとになされる徹底したレポート評価が予定されているかという点について意図的に曖昧にされている。これも［国際］コントロールの手段として報告およびアセスメント［制度］の有効性が認識されつつあるという証である[80]。気候変動枠組条約（FCCC）は、締約国会議（Conference of Par-

---

77) *Ibid*., 第3条1項。

78) *Ibid*., 第12条2項。先進諸国に適用可能な規定は、次の文献において予見されていた。Abram Chayes, "Managing the Transition to a Global Warming Regime, or What to Do 'til the Treaty Comes," in *Greenhouse Warming: Negotiating a Global Regime* (Washington, D.C.: World Resource Institute, 1991), p. 64 :「締約国は、(a) 指定された温室効果ガスの排出および (b) 条約に基づく義務を履行するための政策や計画に関する詳細な年次報告書を提出するよう求められるであろう。国家報告には、具体的な排出削減目標や行政・立法措置を視野においた約束が含まれるであろう。」

79) FCCC第12条5項。

80) Owen Greene, "International Environmental Regimes: Verification and Implementation Review," *Environmental Politics*, 2, no. 4 (Winter 1993): 165参照。「環境条約に関連する実効的な履行評価手続の発展に多くの政府が抵抗ないし無視してきた。一般的に国家やその他有力なアクターが共通して国際制度の実効性を制限することに関心があることは容易に理解されるであろう。」

ties: COP）が「この条約により利用が可能となる全ての情報に基づき、…条約の目的の達成に向けての進捗状況を評価すること」[81]との規定をおいた。

それでもなお、1995年春に予定されている第一回締約国会議の準備は、ある程度綿密な報告の評価が行なわれるということを前提に進められている。第9章において述べたように、地球環境ファシリティーには、途上国の報告能力に関する資金供与に関して優位性が与えられているとされる。また、資金供与は、COPに情報が送付されるであろう［温室効果ガスの］排出削減に関する広範なプログラムより派生するプロジェクトに対してのみあてられるという兆候がある。準備委員会は情報の送付の制度および内容に関して詳細なガイドラインを作成している。米国、オランダ、カナダの求めで、OECD事務局は、気候変動に関する政府間パネル（Intergovernmental Panel on Climate Change: IPCC）と協力して、情報の送付が完全、有意義かつ比較可能であるための技術的な基準を作成した。締約国会議は、1995年3月に開催された第一回会合においてOECD-IPCCが勧告した基準を採択した[82]。

10-5-3　化学兵器

化学兵器禁止条約（CWC）は、軍縮分野において、［政策評価メカニズムの］発展を反映している。求められる化学兵器の申告は、「自国が所有しもしくは占有する」化学兵器もしくは化学兵器生産施設の「廃棄のための全般的な計画」を含まなければならない[83]。各締約国は、化学兵器の廃棄のための詳細な計画を各年の廃棄期間の開始の遅くとも60日前[84]、化学兵器生産施設の廃棄のための詳細な計画を各施設の廃棄の開始の遅くとも180日前までに提出することと

---

81) FCCC第7条2項(e)。本条項と、「補助機関により提出される報告書を検討し、及び補助機関を指導すること」（第7条2項(j)）とを比較されたし。

82) FCCC, Conference of the Parties, 1st Sess., Berlin, June 6, 1995, the Berlin Mandate, Doc. no. ICCC/CP/1995/7/Add. 1, p. 4.

83) CWC第3条1(a)(v)、Annex on Implementation and Verification［実施及び検証に関する付属書］, Part IV (A)(6)。

84) *Ibid.*, 第4条(7)(a)。

なっている[85]。計画は、技術事務局、そして最終的には締約国によって評価・批評される。

10-6 結　　論

　政策評価およびアセスメントのプロセスは、これまでの章でとりあげてきた遵守のための措置および、全てに関する整合的な遵守の戦略と接合するための手段である。そのようなものとして、抗しがたいダイナミクスを有しており、紛争当事国を次第に詳細かつ包括的な対話に参与させ、遵守が不十分な領域を指摘するばかりでなく、将来において実行を向上させるための方策を発達させる。無論、条約の当事国は、対話主体の主たるものである。しかしながら、国家だけが唯一の対話主体ではない。政策評価およびアセスメントは、非国家主体に遵守プロセスへの主要な参加手段を提供する。実際に、実効性のあるものとするために評価プロセスは発展した形態において、NGOや国際組織の参加が欠かせない。本書の第11章、第12章は、これら主体の大きな役割の概観することにあてられる。

---

85)　*Ibid.*, 第 5 条（9）(a)。

第11章
非政府組織（NGO）

11-1 序
11-2 人　　権
　11-2-1　Civil Liberties Organization（CLO）
　　　　　—ナイジェリア『塀の向こう側』
　11-2-2　チリ—軍事政権下の人権侵害
　11-2-3　ヘルシンキ—ソ連の人権問題と
　　　　　ヘルシンキ最終議定書

11-3 環　　境
　11-3-1　国際海事機関（IMO）
　11-3-2　小島嶼国連合（AOSIS）
　11-3-3　野生動物保護
　　11-3-3-1　鯨　類
　　11-3-3-2　象
11-4 NGO の影響

11-1　序

　学者、公に影響のある人々が国家を中心に国際関係をとらえる見方に強くこだわってきたことを反映して、最初の10章は主に国家の役割やその活動を対象としてきた。しかし、国家は、不透明で単一な主体でもなく、国際レベルで唯一のアクターでもない。とりわけ、民主的な社会では、非政府組織［NGO］が、多くの条約レジームにおいて、大きな役割を有し、かつ、その役割を増大させている。これまでの章でも非政府組織の諸活動について論じてきたが、本章では、非政府組織の役割や影響力についてより幅広い視点から説明を行なう。
　NGO が国際問題に幅広く関与し始めたのは、第一次世界大戦後に国際的に検討すべき課題の中で経済社会問題が発生してからである[1]。約30年後の第二

---

1) 8つの欧州諸国が「この忌まわしき［奴隷］売買が地球上から取り除かれるべきことは適切である」と厳かに宣言した1815年のウィーン会議で、奴隷に対する国際的な取組みが認識された。C.K. Wesbster, ed., *British Diplomacy* 1813-1815（Lon-

次世界大戦終結時に、1,200ものNGOがサンフランシスコに集まり、国連憲章採択手続に参加した。国連憲章の内容を国際安全保障問題に限定するのではなく、経済、社会および文化問題に関する諸規定も国連憲章に盛りこむことを確保することが［サンフランシスコに集まった］NGOの主たる目的であった[2]。国連憲章に人権に関する諸規定を盛り込むことができたのはNGOの功績だと考えられている[3]。

　Strike against Nuclear Energy（SANE）やMothers Strike for Peaceのような軍備管理に関連するNGOが、第2次世界大戦後の最初の数十年は有名であった。そして、1980年代後半になってようやく核兵器禁止の動きが大きくなった。1966年に基本的人権に関する規約［自由権規約、社会権規約］が採択されると、人権分野のNGOが大幅に増加し、1993年現在、その数は約500近くまでになっている[4]。同様に、約400のNGOが、1972年にストックホルムで開催された国連人間環境会議に参加して以降、環境NGOが劇的に増加した[5]。そこで、環

---

　　don: Bell and Sons, 1921), p. 395.
　2)　Elizabeth V. Perkins, "Comparative Pressure Group Politics and International Relations: The Case of Non-Governmental Organizations at the United Nations"(Ph.D. diss., Texas Tech University, 1977), pp. 10-11.
　3)　See John Carey, *UN protection of Civil and Political Rights* (Syracuse, N.Y.: Syracuse University Press, 1970), p. 131; Lyman White, "Non-Governmental Organizations and their Relations with the United Nations," in Clyde Eagleton and Richard N. Swift, eds., *Annual Review of United Nations Affairs*, 1951 (New York: New York University Press, 1952), pp. 165, 171. 加えて、国連経済社会理事会［経社理］に「その権限内にある事項に関係のある民間団体と協議するために、適当な取極を行うことができる」ことを要求する［国連憲章］71条の導入にもNGOが貢献した。これらの取極の下では、協議の目的は「専門的な情報や助言の提供だけでなく、世論の重要部分を代表する組織（NGO）による見解の表明」となる。このように、［設立］当初から国連はNGOの活動における重要な政治的側面を認識していた。経社理に承認されたNGOは準公式の資格［協議資格］を付与され、経社理や下部機関の会合に出席する権利、書面により意見を表明する権利、利害関心事項に口頭により介入する権利を付与される。Perkins, *supra* note 2, pp. 10-11.
　4)　*Master List of Human Rights Organizations* (Cambridge, Mass.: Human Rights Internet, 1994).

境NGOは、政府間会議と同時に開催される［NGOを主体とした］フォーラムという仕組みを生み出した。［このような仕組みは、］今やあらゆる問題に関する国連会議の特徴であり、しばしば［多数国間］条約の締約国会議の特徴でもある。20年後にリオで開催された環境と開発に関する国連会議では、登録されたNGOの数は1,400にまで増加した[6]。20世紀末、国際NGOの数は数千に達した[7]。いうまでもなく、これらの中には、国際レベルで活動している多くの企業、学術団体や専門職業団体、貿易団体が含まれている。国際組織年鑑（The Yearbook of International Organizations）には、農業から自動車の技術にまで及ぶ120,00以上の国際NGOに関する99の活動領域が記載されている。大部分のNGOが米国に本拠地を置いているが、それ以外の国で設立される［NGOの］数も増加している[8]。

　本書が明らかにしようとしているレジーム管理に関するほぼ全ての戦略段階において、非政府組織（NGO）は並行的、補完的機能を果たす。NGOは、レジームで利用可能な独立した情報源、データ源である。NGOは、［条約］締約国の報告書を確認・検証することを手助けする。多くの事例において、NGOが締約国の実行に関する基本的な査定・評価を行ない、これが遵守過程の基点となる。NGOは、発展途上国が条約交渉や条約の運営に参加したり、報告義務や時には条約上の実体的義務を遵守できるように、技術的支援を提供してきた。NGOは、［国家とレジームの間の］介在的機能、［条約遵守の］促進的機能を果たしている。［国家による］条約の不遵守が存在する場合、NGOは、［条約の不遵守を］公にし、国家の評判を落とし、世論を動かすという点で鍵を握っ

---

5) Alexander Kiss and Dinah Shelton, *International Environmental Law*（New York: Transitional Publishers, 1991）, p. 38.

6) Peter Hass, Marc Levy, and Edward Parson, "Earth Summit: How Should We Judge UNCED's Success?" *Environment*, 34 (1992): pp. 28-31.

7) 約29,000［のNGO］が国際組織年鑑（1993-1994年版）（*The Yearbook of International Organizations 1993/1994*）: Volume 1, Organization Descriptions and Cross-References, 30th ed.（K. G. Saur: London: 1993）, p. 1698. に記載されている。

8) *Ibid.*, p. 1761.

ている。諸国家が国際組織に人員、資源を提供することにますます消極的になってきている昨今、NGO が、事実上、［条約の］遵守管理に必要な人員や資源を提供している（第12章を参照）。

　このような急増する NGO の存在は、理論的には政府の統制にさえ服さない体系の一要素である。NGO は、NGO 内部の独自のプロセスを通じて、独自の目的を定め、資金調達その他を行い、問題解決に取り組む。NGO は、［条約］締約国のビジョンと一致しようとしまいと遵守に関する独自のビジョンを持つ。NGO は、国内レベル、国際レベルにおいて、条約レジームの管理者を批判あるいは攻撃する自由を有している。それゆえ、NGO が、条約レジームを管理する公式な責任を有している国家、国際組織から常に高く評価されない場合があったとしても驚くべきことではない。

　NGO は、非常に多様である。NGO は、［NGO が本拠を置く］国の政府、外国政府、国際組織や広く公衆の中から［自身の活動の］ターゲットを選択する。［NGO の］目的は、ターゲットの遵守に関する政策を変更させることかもしれないし、［ターゲットに］他国あるいは国際組織に圧力をかけるよう仕向けることかもしれない。このような戦略は、同時に利用されることもある。米国における訴訟のような特定の手法に特化する傾向を持つ NGO もあるが、同じNGO が異なる問題に異なる取組みをするかもしれないし、一つの問題に対し様々な取組みを同時に行なうかもしれない。それぞれ NGO 独自の戦術や支持基盤を追求する多くの NGO が、特定の問題で連携することも、しばしばあろう。ターゲットとする支持層が如何なる者であろうと、［NGO の］戦術の範囲は、説得を利用した論争から、程度の差はあれ中立的な情報の提供にまでおよぶ。

　NGO は、独自の政策や活動を形成しようとする際、各国政府や国際組織に直接働きかけるが、国内の政治過程を通じても大きな影響力を行使する。民主政治の手続の中で、NGO の活動は、通常の利益団体による政治的駆け引きと同じであって、NGO が行使する影響力の発信源や媒介手段は他の私的集団［プライベート・アクター］のそれらとほぼ変わらない。他の私的集団と同様、NGO は、有権者やロビイストを動かし、立候補者を支持し、情報を発信し（こ

の場合、正確さに程度の差はあるものの)、訴訟を提起し、関心のある公衆を説得しようと試み、ジャーナリスト、学者や他のオピニオンリーダーに粘り強く自身の主張を訴える。NGO は、不足しがちな資金や人員を質的、持続的に補わなければならないが、民主的国家における市民社会で通常実施される活動を利用して、[国内]体系のあらゆるレベルにアクセスすることができる。しかし、本章で後に述べるように、非民主的国家においてでさえも、国内 NGO と国際 NGO の連携が進むことで国際協定の規則[の不遵守]に関して実施される「ネガティブ」キャンペーンが行なわれ、政府に大きな圧力をかけることができる。

　NGO の大多数は、規模、組織、目的、場所、人材[の配置]、財政的資源、メンバーの資格、戦略、活動期間といった多くの側面で異なるので、NGO の活動あるいは影響力を一般化するのは困難である。[NGO の活動、影響力に関する]体系的な学術研究は、実際には始まったばかりである。市民社会における他のプライベート・アクターと NGO を明確に区別する形で NGO を定義づけしようとする試みさえ、実際には、これまでうまくいっていない。一般に、NGO は、「利己的な」個人的利益[の追求]というよりも特定の公共的な政策問題で志を同じくする者が集まって形成される組織(通常は、非営利目的)と考えられている[9]。明らかに、企業、労働組合、業界団体のような他の民間分野のアクターもよく似たことを行なっている。

　これらの差異のために、本章では、近年、NGO の活躍がとりわけ目覚ましい人権分野と環境分野における事例を示すことに留める。これらの分野で重要な規範の遵守[の確保]は、常に NGO の優先課題であったが、NGO は、そのような目的に自身の活動を限定していない。NGO はまた、同じ戦略を用いて、実質的な政策に影響をおよぼそうとする。つまり、通常は[人権や環境の]保護レベルを向上させようとする。このように、遵守[の確保]だけを目的とす

---

9) パーキンス (Perkins) は、NGO が活動分野、目的、組織、規模という点で多様であることに留意しながら、NGO を「私的で、非営利で、自発的な組織」と簡単に定義づける。Perkins, *supra* note 2, p. 6.

る活動を選別することは困難だが、本章で示される事例は、既存の［条約による］規制の遵守確保に関わる NGO の影響力や方法を考える上で非常に示唆的である。

11-2　人　　　権

「人種、性、言語又は宗教による差別なく全ての者のために人権及び基本的自由を尊重するように助長奨励することについて、国際協力を達成すること」が、国連の目的の一つである[10]。新しく設立されたばかりであった国連は、すぐさまこの任務に取りかかり、国連人権委員会（議長：エレノア・ルーズベルト（Eleanor Roosevelt））を設立し、この委員会が作成した世界人権宣言が、国連総会で反対投票なく1948年に採択された。世界人権宣言は、当初は勧告的効力しかなく願望を表わすものと考えられていたが、国際人権法の目覚ましい発展の基礎となった。国際人権法には［今や］慣習国際法だけでなく、後に採択される数多くの人権条約も含まれる。その中心的な規範は、1966年に採択された市民的及び政治的権利に関する国際規約［自由権規約］と経済的、社会的及び文化的権利に関する国際規約［社会権規約］である。［自由権規約、社会権規約の］採択以降、人権条約の構造は、幾つかの個別条約（たとえば、人種差別禁止、拷問禁止、ジェノサイド禁止、女性の人権や子どもの権利保護に関する条約）、欧州、ラテンアメリカ、アフリカの地域的な［人権］条約、そして個別の国連総会決議やヘルシンキ最終議定書のような様々な非拘束的な宣言によって精緻化されてきた。NGO やそのメンバー達は、これらの規範の厳格な条件を超えた道徳的、政治的目的によって、［自身の活動を］動機づけるが、［人権］条約の網の目は、NGO やそのメンバー達の活動が組織されるための法的枠組みを提供する。

---

10)　国連憲章1条3項。

11-2-1　Civil Liberties Organization（CLO）
　　　　——ナイジェリア『塀の向こう側』

　一つの国家内で一つの組織が、国際規範の実施［または履行］に関して強い圧力を生み出すことが時折ある。1987年、二人のナイジェリア人弁護士が、罪状も裁判もなく長期間にわたって拘束されている一般犯罪による被拘禁者を弁護するために、人権擁護のための団体であるCLOを設立した。1年も経たないうちに、個人を弁護するというCLOの戦略は、まず、被拘禁者の集団を弁護する集団訴訟や国内の個々の刑務所［の状況］について公にする活動へと展開した[11]。それぞれの活動は、幾つかの公式な反応を引き出した。政府は、相当数の被拘禁者を釈放し、とりわけ劣悪な状態の刑務所を閉鎖した。1990年に政府は、ナイジェリア最高裁の前判事を座長とする刑務所改革に関する委員会を設立した[12]。

　最も影響を与えたCLOの活動は、ナイジェリアの刑務所の状態を包括的に取りまとめた『塀の向こう側（Behind the Wall）』という報告書を1992年に出版したことであった[13]。CLOの職員やボランティアは、国内56カ所の刑務所を訪問し事実調査を実施した。報告書は13章からなるが、各章は、国際人権諸条約の関連規定の引用から始まる。たとえば、「世界人権宣言」、「市民的及び政治的権利に関する国際規約［自由権規約］」、「被拘禁者取扱いのための国連標準最低規則（the UN Standard Minimum Rules for the Treatment of Prisoners）」、そして「あらゆる形態の抑留または拘禁の下にあるすべての者の保護のための諸

---

11) See Clement Nwankwo, "The Civil Liberties Organization and the Struggle for Human Rights and Democracy in Nigeria," in Larry Diamond, ed., *The Democratic Revolution: Struggles for Freedom and Pluralism in the Developing World* (New York: Freedom House, 1992).

12) Anselm Chidi Odinkalu and Osaze Lanre Ehonwa, *Behind the Wall: A Report on Prison Conditions in Nigeria and the Nigerian Prison System* (Surulere, Lagos: Civil Liberties Organization, 1991), p. 227.

13) *Ibid.*, p. 227.

原則（the Body of Principles for the Protection of All Persons under Any Form of Detention or Imprisonment）」である[14]。この報告書は、ナイジェリアのメディアで大きな耳目をひき、ナイジェリア政府の官僚や刑務所改革に関する委員会に回付された。

CLO は、『塀の向こう側』の出版直後に、5,300名の被拘禁者が恩赦を受けたと報告している[15]。刑務所関連の予算、刑務所の医務官の数、そして被拘禁者の給食手当全てが二倍以上になった。これらの数字は、自画自賛的な点を割り引いて受け止めなければいけないかもしれないが、内務大臣は、既に実施中の政策変更を記載し、ナイジェリアの裁判所改革に関する CLO による新しい調査を提案する表彰状を書いた。このような CLO の成功は、刑務所の状態［改善］に取り組み続ける幾つかの団体を含め、ナイジェリアの人権団体が他に数多く設立される契機となった。CLO の報告書が出版されるとすぐに、幾つかの国際的な人権 NGO がナイジェリアに関心を示すようになった。

11-2-2　チリ—軍事政権下の人権侵害

1973年9月、チリの正統政府が、最終的にはサルバドール・アジェンデ大統領（Salvatore Allende）の暗殺または自害に至った軍事クーデターによって打倒された。［クーデターの］後に始まった恐怖政治は、国際的な人権 NGO［の活動］を活性化させ、1971年に設けられた人権侵害をモニタリングする国連経済社会理事会の新しい手続が初めて適用されるケースとなった[16]。

1974年2月、通常はほとんど国連の人権活動を利用しないソ連とその同盟国が、チリによる人々の安全保護が国際人権文書の最も基本的な規定、即ち恣意

---

14)　「ハード」・ローと「ソフト」・ローを区別することなく依拠することが国際人権法分野における活動の特徴である。

15)　Olisa Agbakoba, "Some Operational Strategies of a Human Rights NGO at the National Level", referenced in letter from Anselm Chidi Odinkalu, CLO staff attorney, to Melissa Crow, Jan. 18, 1993.

16)　経済社会理事会決議153(XLVIII)(1970年5月27日)。差別防止少数者保護小委員会決議1(XXIV)(1971年8月13日)。

的な逮捕・拘留・拷問・強制失踪の禁止に違反しているとして、国連人権委員会に申立てをした。ソ連等による申立ては、クーデター後のチリの［人権］状況に関する情報を収集していたアムネスティ・インターナショナルや国際法律家委員会（International Commission of Jurists: ICJ）が主導し［他の］NGO によって提供された資料に主に基づいていた[17]。最初の手続は、国連人権委員会からチリ政府に「あらゆる形態の人権侵害の即時停止」や多数の著名な政治犯の釈放を要求する公電を送ることで終わった[18]。諸国家（多くの国家が決して自らは十分な人権保護を行なっているとはいえないのだが）によって構成された機関［国連人権委員会］が、1974年に他の国家［チリ］に、容易に「国内管轄事項」内とみなされ従って、国連が立ち入ることのできないとみなされるかもしれない特定の活動を直接要請したことは大きな変化であった。「国連人権委員会は、主権国家に、内政における態度の変更を要求するという（南アフリカの事例は別として）、国連がこれまで敢えてやってきたこと以上のことをやった。」[19]

　チリでの拷問、大量逮捕、殺人の報告は続いた。1974年夏、差別防止少数者保護小委員会が、チリの状況についてヒアリングを実施した。国際法律家委員

---

17)　クーデターから 1 週間以内にアムネスティ・インターナショナル事務局長マーティン・エンナルス（Martin Ennals）は、状況調査のためのチリ訪問をアムネスティ・インターナショナルに招請していたチリ外相と国連で会談した。カリフォルニア大学バークレー校法科大学院のフランク・ニューマン（Frank Newman）が率いる調査団は、暫定軍事政権のメンバーには会えなかったが、数名の政府当局者、指導的な弁護士、外交官や人権活動家にインタビューを行なった。1973年後半に公表されたアムネスティ・インターナショナルの最初の報告書は調査団［自身］が集めた証拠だけでなく、弁護士、組織、被拘禁者の家族から寄せられた他の情報にも依拠していた。1 月、チリ政府は公式に同報告書を拒否した。Amnesty International, *Chile: An Amnesty International Report*（London: Amnesty International Publications, 1974）. 著名な国際法学者や実務家からなる NGO である国際法律家委員会は世界全体の人権問題［とりわけ司法が関係する場合］を監視する。国際司法裁判所（International Court of Justice）と混同してはいけない。

18)　ECOSOR 56, Supp. 5, Sec. B., 1974, p. 56.

19)　Perkins, *supra* note 2, p. 221.

会の代表は、おそらく初めてだと思われるが、国連自身が［人権］状況を調査するという案を提起した。小委員会の報告は、この提案を支持し、あらゆる情報源、とりわけ NGO からの［人権］侵害に関する情報を募集した[20]。その結果、1975年2月に［開催された］次の国連人権委員会の会合では、加盟国への単なる情報提供者として活動するのではなく、初めて NGO は自身の名義で［会議に］出席することができた。幾つかの NGO は、チリに調査チームを派遣し、報告するための証拠を直接つかんでいた。36の NGO が人権委員会に文書を提出し、7つの NGO 代表が口頭で証言した。最終的に、人権委員会は、［現地の］状況を調査し、折り返し人権委員会と国連総会に報告をするための暫定的な作業委員会を設立することで、前例のない新たな段階へと進んだ[21]。チリは、当初、作業委員会に協力することに合意したが、土壇場になって作業委員会がチリに入国するための許可を撤回した。にもかかわらず、作業委員会は、NGO との接触や NGO によって提供される情報に主に依拠しながら自身の任務を遂行し続けた。NGO が、「作業委員会に非公式にあらゆる素材を提供し、作業委員会が NGO の情報に基づき公式の報告書を作成した。」[22]作業委員会の中間報告書は、「恒常的で著しい人権侵害」のためにチリを非難する国連総会決議へと結実した[23]。作業委員会の最終報告書の後、人権委員会は、再度、チリの［人権］侵害を厳しく非難し、秘密警察、国家情報局（Dirección de Inteligencia Nacional: DINA）を特に糾弾した。

　チリは、国連のあらゆるフォーラムで、ますます自己弁護的な姿勢を取るようになった。チリは、非難に対応する必要性を感じていた。そして、自己の行動を正当化し証拠を覆そうとしたが失敗に終わった。このような努力の過程で、

---

20) Doc. E/CN. 4/1160, pp. 53-54; Res. 8 (XXVII).
21) Perkins, *supra* note 2, p. 231; *Report of the Ad Hoc Working Group Established under Resolution8 (XXXI) of the Commission on Human Rights to Inquire into the Present Situation of Human Rights in Chile*, Feb. 4, 1976, Doc. E/CN. 4/1188.
22) Perkins, *supra* note 2, p. 231.
23) UN Doc. A/RES/3448 (XXX).

チリは、結局 NGO の非難に直接対応しなければならなかった。しかし、チリの対応は、納得のいくものではなく、国連のさらなる措置を阻止することに失敗した[24]。変化は、チリでもニューヨークでも起こっていた。1975年、クーデター後の暫定軍事政権は、伝えられるところによると、被拘禁者が拷問を受けていなかったことを証明するために、逮捕時と釈放時に全ての被拘禁者に対して健康診断を行なうことを義務づける法令を制定した。1976年初頭、人権の活動家は、[チリにおける]拷問が幾分か減少傾向にあることを確認し始めていた。前駐米チリ大使オルランド・レテリエル（Orlando Letelier）がワシントンで暗殺された後の1977年8月、DINA は解体された。戒厳令が解除された1978年、暫定軍事政権は、クーデター後に行なわれた犯罪について大赦を行ない、「新体制」への移行を発表した。1980年代、作業委員会に代わり、国連特別報告者が継続的で大規模な［人権］侵害について報告した。しかし、同報告者は、事態の改善がゆっくり進んでいることにも留意していた。最終的には、1988年に民主的な統治に回帰するか否かの国民投票（plebiscite）、憲法改正、自由選挙が実施された[25]。

これらの展開は、緩慢かつ途切れがちであった。多くの活動は基本的にうわべだけであった。例えば、国家情報局（DINA）は、[DINA と] 同じ多くの任務を実施する新しい国家情報センター（CNI）に取って代わられた。戒厳状態は、新たな反テロ法に取って代わられた。チリでの出来事は、[チリ] 単独で起きたことではなく、ラテンアメリカ全体や他の至る所で起きた民主的な政府への移行という広範な流れに呼応しながら起こったことである。いずれにせよ、[チ

---

24) チリ政府は、報告書の内容に意見表明することなく報告書を完全拒否するという公式な声明をした。1974年1月19日、最高裁判所所長は開会の辞でアムネスティ・インターナショナルを公式に非難した。Amnesty International, "Chile", p. 8; *Latin American Newsletters,* Jan. 25, 1974, p. 32.

25) Perkins, *supra* note 2, pp. 218-235; U.S. House Committee on Foreign Affairs, *International Protection of Human Rights, 1973: Hearings before the Subcommittee on International Organizations and Movements of the House Committee on Foreign Affairs,* 93rd Cong., 1st sess. (1973), p. 550.

リ］での変化の要因を人権分野のNGOの活動のみに求めることは、ほぼ不可能である。にもかかわらず、これら人権分野のNGOはチリ国内の勇敢なNGOと協働し、政権側の否定にもかかわらず、継続的に行なわれた人権侵害を立証するための資料を常に提供し続けた。そして、しばしば国連特別報告者の過度に楽観的な評価を修正した[26]。国連人権委員会、国連経済社会理事会、そして国連総会が［チリの］暫定軍事政権を強く継続的に非難するために［必要な］多くの証拠をNGOが提供し、今度はこれら国連機関が［軍事］政権に対する国家間の圧力を強めるための基盤となったことは明らかなようである。最終的に、チリの事例は、チリに関する先駆的な作業委員会の最初の報告書の発表直後にアルゼンチン、ウガンダ、そしてモザンビークを始めとする世界各地で行なわれた国連人権委員会の同様の活動の先例となった。

11-2-3　ヘルシンキ—ソ連の人権問題とヘルシンキ最終議定書

ソ連国内であっても、反体制派のグループは、特に1975年のヘルシンキ最終議定書の採択の後、国際人権規範を政府に対する圧力の基盤として援用した。フルシチョフ時代が終焉した1965年初頭、反体制派組織の幾つかは、国内法や国際法上の義務に反するソ連政府の公式な活動を体系的に評価した。1965年から1968年まで地下出版物として発行された *The Chronicle of Current Events* の奥付欄には世界人権宣言19条「意見及び表現の自由」が印字されていた[27]。同書は、

---

26)　*Chile: Human Rights and the Plebescite* (Washington, D.C.: An Americas Watch Report, 1988); U.S. House Committee on Foreign Affairs, *International Protection of Human Rights, 1973: Hearings before the Subcommittee on International Organizations and Movements,* p. 550, et seq.; Amnesty International, *Chile.*

27)　世界人権宣言は条約ではなく、1948年に採択された時には野心的な内容であるといわれていた。Bess Furman, "Human Rights Pact Hailed in Capital; Mrs Roosevelt Expains Plans for UN Covenant", *New York Times,* Mar. 5, 1948, p. 10. しかし、時の流れと共に、世界人権宣言［の内容］の多くが一般国際法に取り込まれ、その規定は法的拘束力を有すると解されている。ソ連は［採択に］棄権しているが、ソ連国内で反対がなかったことが重要である。

世界人権宣言の関連規定とソビエトの活動の説明を対置させる単純な構成であった。1970年にワレーリー・チャリーゼ（Valeri Chalidze）とアンドレイ・サハロフ（Andrei Sakharov）によって組織された人権委員会（The Human Rights Committee）は、「世界人権宣言のヒューマニズムに則った諸原則に導かれて活動する」と表明した[28]。サハロフが委員会を指導した時、彼のソ連最高会議への最初の請願は「世界人権宣言13条の趣旨（である自国内の居住選択の自由）に関する問題を扱う立法を要求することであった」。[29] 同委員会の出版物は、頻繁に世界人権宣言に言及し、それほどでもないにせよ、人権規約にも言及していた。

　ヘルシンキ最終議定書の採択とともに、人権保護状況に関してソ連の評判を低下させる組織的な取り組みが活発になり始めた。当初、反体制派は、デタントとヘルシンキ最終議定書に懐疑的に対応したが、すぐに彼らはソ連のヘルシンキ最終議定書への署名によりソ連政府に人権侵害について弁明させることが可能となることを認識した。ユーリ・オルロフ（Yuri Orlov）により設立された Moscow Helsinki Group が［政府に人権侵害を弁明させるための］活動を主導した。オルロフは、「ヘルシンキ最終議定書は［法的拘束力という点では］弱い文書であり、世界人権宣言よりも弱い文書である。しかし、（世界人権宣言）より重要な文書である。……ソ連政府が重要な文書であると言えば、事実上、重要な文書である。我々が協働するための重要な文書を与えるのはソ連政府自体である。」[30]

　ヘルシンキ最終議定書の条件に従い、署名を行った政府［または国家］は最

---

28) Human Rights Committee, "Statement of Purposes (1970)", reprinted in George Saunders, ed., Samizdat: *The Voice of the Soviet Opposition* (New York: Monad Press, distributed by Pathfinder Press, 1974), p. 39.

29) Andrei Sakharov, Memoris, trans. Richard Lourie (London: Hutchinson, 1990), p. 320. 後から振り返ると、サハロフの個人的な行動と［サハロフが設立した］人権委員会の指導者としての行動を区別することは難しいことを言及しておく。

30) Orlov as quoted in Joshua Rubenstein, *Soviet Dissidents: Their Struggle for Human Rights* (1980), pp. 249-250.

終議定書の条文を配布し周知させることが求められた［訳者注：ヘルシンキ最終議定書Ｅ４項。「この最終文書は、各参加国において公表される。各参加国は、これを可能なかぎり広い範囲に配布し、周知させる。」］。そして、デタントを進めるのに熱心であったレオニード・ブレジネフ書記局長（Leonid Brezhnev）は誓約を守った。その影響は予想を超えるものであった。「最終議定書の条文を新聞で読んだソ連市民は、人道に関する条項に衝撃を受けた。ソ連市民が、政府が遵守すべき人権分野のあらゆる国際法上の義務について知ったのは初めてのことであった。ソ連政府の官僚が請願者にとって不可欠な必要性を満たすことを拒否した事例に関して政府の官僚に請願をする場合、ヘルシンキ最終議定書に言及することは自然に生じた対応であった。」[31]

　Moscow Helsinki Group の目的は、ソ連政府に誓約を守らせることであった。同グループの戦術は、驚くほど法的であった。1975年から1982年の間にグループによって出された140の請願、異議、書簡や他の文書のうち、ヘルシンキ最終議定書に直接した言及した４つを除いて、多くのものは、ソ連が1973年に署名し1976年に発効していた人権規約も引用していた[32]。

　ヘルシンキ最終議定書そして、とりわけ同議定書が定めている定期的な審査が、初めて反体制派による組織的な支援活動の基礎となった。反体制派は、モスクワのインテリゲンチャ、外国の支持者（とりわけ、米国や西側諸国で急成長する人権団体）の枠を超えてソ連市民を活動の対象と位置づけていた。設立後の最初の38日で、Moscow Helsinki Group は、［ソ連国内の］人権侵害に関するおよそ2,000頁に及ぶ文書を35カ国の首脳に送付した[33]。

---

31) Ludmilla Alexeyeva, *Soviet Dissent: Contemporary Movements for National, Religious, and Human Rights*, trans. Carol Pearce and John Glad（Boston: Beacon Press, 1987）, p. 336.

32) Michael Rinzler, "Battling Authoritarianism through Treaty: Soviet Dissent and International Human Rights Regimes", *Harvard International Law Journal*, 35（Spring 1994）, pp. 461-498.

33) Paul Goldberg, *The Final Act: The Dramatic, Revealing Story of the Moscow Helsinki Watch Group*（New York: William Morrow, 1988）, p. 90.

ヘルシンキ最終議定書は、「会議の事後措置」という節を含む［ヘルシンキ最終議定書 E 節］。同節の 2 条は、「最終議定書の規定の履行及び会議の定める任務の遂行に関して十分な意見交換を実施するための定期的な会合」を要求している。この規定は、当時、重要視されておらず、実際、米国はこの規定に反対した。しかし、この規定は、「ヘルシンキプロセス」の梃子となった。第 1 回の検討会合は、最終議定書への署名から 2 年後の1977年にベオグラードで開催された。この会合は、1979年まで継続した。1980年にマドリッドで始まった第 2 回会合は1983年まで継続した。アンドリュー・モラフチーク（Andrew Moravcsik）によると、1980年代、「ヘルシンキ最終議定書の検討会合は欧州の外交舞台にとって恒常的な制度となった。」[34] Moscow Helsinki Group は、［ヘルシンキ最終議定書の］検討会合を積極的に活用した。1977年のベオグラード会合の際、同グループは、ソ連による最終議定書違反を詳述した26の文書を準備した。1980年のマドリッド会合では、［同グループが準備した文書の］総数は138まで増加した。それらの文書は、最終議定書の「人道およびその他の分野に関する協力」に対応するテーマに分類される[35]。自国政府によるヘルシンキ基準違反の実行をモニタリングすることを目的とする［Moscow Helsinki Group と］類似のグループが、ポーランドや他の東側諸国で誕生した。そのようなグループの活動の多くは、検討会合を対象としていた。憲章77というチェコスロバキアのグループの名称は、1977年が第一回検討会合の開催年であったことに一部由来する。Helsinki Watch、American Council for Soviet Jewry や伝統的な人権団体などを含む多くのアメリカの NGO が、ソ連政府や東側諸国政府に直接抗議をしたり、米国政府に圧力を掛けたりする形で、ソ連や東側諸国の NGO の活動を支援した。

---

34) Andrew Moravcsik, "Lessons from the European Human Rights Regime", in *Advancing Democracy and Human Rights in the Americas* (Washington, D.C.: Inter-American Dialogue, 1994), pp. 35-38.

35) Testimony of Ludmilla Alexeyeva, in Allan Wynn, ed., *The Fifth International Sakharov Hearings*, Proceedings, April 1985 (Andre Deutsch, 1986), p. 35.

ソ連における人権活動を研究するジョシュア・ルーベンスタイン（Joshua Rubenstein）によれば、「Moscow Helsinki Group の主たる戦略は、西側諸国で反響を起こすことであった。」[36] この点では、成功であった。ベオグラード検討会合で、人権問題でどこまで強い圧力を掛けるかについて米国は一枚岩ではなかった。欧州諸国は、中途半端な対応であった。上述の通り、伝統的な国際法あるいは外交慣行では、人権状況に関して他国政府を公式に非難することは容認されていなかった。なぜならば、他国の人権状況は「国内管轄事項」の側面であるからである。ヘルシンキ最終議定書の検討会合自体は、これら全て［他国の人権状況が国内管轄事項であること］を変える主要な発展の一つであった。1980年にマドリッドで始まった会合時、米国代表団を率いるマックス・カンペルマン（Max Kampelman）大使は、十分に動員された米国の人権団体から圧力を受けていた。このように米国とその同盟国は、ソ連と東側諸国の政策をほぼ継続的に容赦のない批判に晒し、その批判は会合が終了した1983年まで続いた。ヘルシンキ最終議定書に署名した35ヵ国は、マドリッド会合でソ連、東側諸国の（議定書）違反を公式に批判した。カンペルマン大使は、「歴史は1975年のヘルシンキ最終議定書が『道徳的な音叉』であり、平和への道のりの最も重要な一里塚であることを明らかにするであろう。最終議定書が一里塚以上の重要な意味を持つことが証明された。その卓越した点は、責任ある国際的な行動を判断するための基準として、35の主権国家が同意した西欧的な価値の一式を確立したことであった」[37] と信じていた。これ［ヘルシンキ最終議定書検討会合］にあまり直接的な関係を持たない他の多くの論者も［大使の考えに］同意を示している[38]。モラフチークは、「政府の評判を落とす過程は不遵守国政府

---

36) Rubenstein, *supra* note 30, p. 220.

37) Max M. Kampelman, *Entering New Worlds: The Memories of a Private Man in Public Life*（New York: Harper Collins Publishers, 1991), p. 275.

38) Thomas Buergenthal, ed., *Human Rights, International Law and the Helsinki Accord* (Montclair, N. J.：Allanheld, Osmun, 1977); Goldberg, T*he Final Act*; Ludmilla Alexayeva, "The Fate of the Helsinki Groups and Participants in the Helsinki Movement in the USSR", in Wynn, ed., *The Fifth International Sakharov Hearings*, pp. 33-35.

に反対する国内の運動を刺激する象徴的な環境を創出するかもしれない」と信じていた。しかもヘルシンキ最終議定書の場合、同議定書が、「焦点を与え、法的改革に関する法律用語、諸規定の基盤となるものを提供することで……鉄のカーテンの背後にある様々な国［ソ連、東側諸国］で劇的で予想外の影響力をおよぼした。」[39]［と、モラフチーク］は信じている。

　ヘルシンキ最終議定書の影響力に関する大袈裟な評価があるものの、ヘルシンキ最終議定書の検討会合とソ連による人権侵害が、最終的に西側諸国の冷戦戦略の主要な要素となったことは疑いのないことである。伝統的に人権活動に敵対的であった米国の外交政策エスタブリッシュメントにとって、このこと［冷戦々略であること］は幾分説得力のある理由となった。米国のNGOからの継続的な圧力による支援を受けたソ連の反体制派と彼らの組織の声がなかったとしても、このようなことが［従来の国際法上のタブーを覆し、他国の人権状況を公的に名指しで非難すること、あるいはこのようなことが生じた検討会合の一連の流れ］が生じただろうとは考えにくい。

11-3　環　　境

11-3-1　国際海事機関（IMO）

　不遵守国を暴露し、その評判を落とすためのNGOの介入は、ヘルシンキプロセスのように、常に長期間行なわれるとはかぎらない。1993年10月、ロシアは、数百トンもの低レベル放射性物質を日本海に投棄した[40]。ロンドン条約で禁じられていない程度の低い放射能レベルであったが、実際にはロシアの行為

---

39)　Andrew Moravcsik, "Explaining International Human Rights Regimes: Liberal Theory and Western Europe", *European Journal of International Relations*, 1, No. 2（1995, p. 174.

40)　David A. Sanger, "Nuclear Material Dumped off Japan", *New York Times*, Oct. 19, 1993, p. a1.

は当時行なわれていたモラトリアム［一時停止］に反する行為であった。ロシアの行為をグリーンピース・インターナショナルが明らかにしたが、この暴露が、ボリス・エリツィン（Boris Yeltsin）大統領の訪日後わずか数日のうちに行なわれたため、より一層決まりの悪いものとなった[41]。［グリーンピースによる］反対キャンペーンの結果、ロシアは既に発表していた2回目の投棄を中止した[42]。そして米国の提案に呼応して、1993年11月の国際海事機関の会合であらゆる放射性物質の海洋投棄を恒久的に禁止することが決定された[43]。

1972年のストックホルム人間環境会議を契機に、国際環境条約に基づく規制は、他の国際的な政策決定の諸側面と比べて、NGOにとってより一層透明性の高いものとなった。大きな影響力を有するNGOが主要な環境条約の交渉・起草過程に参加することで、条約機関の活動、条約締約国による条約上の義務の遵守、そしてレジーム全体の実効性を継続的に監視するモニタリング制度が自然と発展した[44]。

人権分野と同様に、［環境分野の場合も］一つのNGOまたはNGOの中の一人が国際組織の遵守政策に対して決定的な影響力を持つことが時折起こる。第7章で述べたように、海洋油濁汚染に関する規制違反に関する訴追や有罪判決に関する国際海事機関加盟国による報告は、国際海事機関の活動期間の最初の30年の間ではせいぜい散発的に行なわれただけであった[45]。不遵守は、課題としての優先順位が低い、組織内で関心がない、報告要件を実施していないとい

---

41) *Ibid.* グリーンピースの船舶はロシアのタンカーを追跡し、［低レベル放射性物質の］海洋への投棄を映像に収め、日本の報道機関を含め世界の報道機関が［映像を］利用できるよう映画化した。Craig R. Whitney, "Russia Halts Nuclear Waste Dumping in Sea", *New York Times*, Oct. 22, 1993, P. a9.

42) *Ibid.*

43) David E. Pitt, "Nations Back Ban on Atomic Dumping", *New York Times*, November 13, 1993, p. 7.

44) James Cameron and Ross Ramsay, "Participation by Non-Governmental Organizations in the World Trade Organization", *Global Environmental and Trade Study, Study* No. 1.

45) See Ronald B. Mitchell, *International Oil Pollution at Sea* (Cambridge, Mass.: MIT Press, 1994), pp. 130–135.

うような通常の問題から発生する。国際海事機関内で環境分野を代表する唯一の人物であり「地球の友」（Friends of the earth）のスタッフであったジェラード・ピート（Gerard Peet）は、国際海事機関でこれまで行なわれてきた報告に関して研究を行ない、報告［制度］の失敗とその問題が国際海事機関内で無視されてきたことについて明らかにした[46]。報告義務の問題は、国際海事機関の議題に反映され、［国際海事機関］事務局は、初めて［加盟国にとって］理解しやすく［または利用しやすい］報告書の形式を作成した。［報告義務に関する］遵守率は、飛躍的に向上し、報告義務遵守に関するNGOによる公表後、さらに改善された[47]。

11-3-2 小島嶼国連合（AOSIS）

NGOの活動が生み出したものの中で最も独特なものの一つは、気候変動に関する国際交渉に由来する小島嶼国連合（AOSIS）である。1980年代後半、気候変動の問題が国際環境問題の中でも主要課題になるにつれ、地球温暖化の結果、生じる海面上昇の可能性に対する小島嶼国の脆弱性は、重要な関心事項となった。国連環境計画（UNEP）が主催する幾つかの会合では、この問題に注目が集まり、科学的な情報が提供された[48]。1989年、フォード財団は、次回の

---

46) *Ibid.*, p. 134; Gerard Peet, *Operational Discharges from Ships: An Evaluation of the Application of the Discharge Provisions of the MARPOL Convention by its Contracting Parties* (Amsterdam: AID Environment, 1992).

47) Mitchell, *supra* note 45, pp. 132-136.

48) See, e.g., World Meteorological Organization, *Report of the International Conference on the Assessment of the Role of Carbon Dioxide and of other Greenhouse Gases in Climate Variations and Associated Impacts*, Villach, Austria, Oct. 9-15, 1985, WMO-No. 661, World Climate Programme; J. Pernetta and P. Hughes, *Implications of Expected Climate Changes in the South Pacific Region: An Overview*, UNEP Regional Seas Reports and Studies No. 128 (Nairobi: UNEP, 1990): South Pacific Regional Environment Programme (SPREP), *Report of the SPC/UNEP/ASPEI Intergovernmental Meeting on Climate Change and Sea Level Rise in the South Pacific*, South Pacific Commission, Noumean (1989).

気候変動に関する国際会議で小島嶼国に対して法的、戦術的な支援や調査面での支援を行うために、ロンドンにあり［わずか］二人の法律家しかいないCentre for International Environmental Law — CIEL —に助成を行なった。南太平洋・カリブ海の地域的な国際組織が CIEL を事前会合に招待した。そして、最終的に、カリブ諸国の環境大臣達は、CIEL に、「ジュネーブで開催される気候変動に関する2回目の国際会議、その後のフォローアップ会合でカリブ共同体（Caribbean Community Regional Group: CARICOM）の助言者」として行動するよう要請した[49]。

このような状況に基づき活動を開始し、小島嶼国の主要国との事前交渉に基づいて活動を進めながら、CIEL は、1989年にジュネーブで開催された気候変動に関する第2回目の国際会議に向けた小島嶼国連合の組織化を統括した。同連合は、島嶼国であり後発発展途上国である37ヵ国から成り、全ての主要海域を代表していた。CIEL の法律家達は、同連合の六つのポイントを示した政策文書を起草した。政策文書は、一般的に、気候変動問題に関する発展途上国の立場に共鳴するものであり、さらに、「気候変動の結果、国家の存亡が危機に晒されている国を含む小島嶼国や低地にある沿岸諸国（発展途上国でもある）を支援する必要性が認識され、保険を含む適切な財政的資源、制度」が要求された[50]。

CIEL の代表は、気候変動に関する交渉委員会に小島嶼国連合の助言者として同行し、グリーンピースに科学的問題に関する助言者として参加するよう要請した。CIEL とグリーンピースは、国際交渉委員会（International Negotiating Committee: INC）の全ての委員会の前に、小島嶼国連合の加盟国に広範なブリーフィングを行ない、そこで主要問題に関する背景報告書を示した。交渉委員会の開催中、CIEL は、小島嶼国連合が交渉の進展についていけるように、また

---

49) *Ministerial Declaration regarding Climate Change of the Caribbean*, Caribbean Environment Ministers, Jamaica, 1990.

50) Michael Wilford, "Law: Sea-Level Rise and Insurance", *Environment*, 35（May 1993）, p. 2

交渉における立場や戦略を一致させるために、毎日会合を開いた。小島嶼国連合各国の代表は、自国政府からのごく一般的な指示に基づいて行動していたため、交渉過程で生じる問題に対する同連合の実質的な立場は、このような毎日の会合で決められた。このような CIEL による集中的な活動の結果、小島嶼国連合の各国代表は関係問題について教育され、彼らの交渉能力は向上した。

　技術的側面に関して、CIEL は、第１回の交渉委員会で審議される条約案を準備した。そして、交渉が進展するにつれて、CIEL は、小島嶼国連合の各国代表が条約の交渉過程で用いる条文の改正案を起草した。CIEL の法律家達は、公式の交渉に参加できるように、いくつかの国の代表団に随行していた。いずれにしても、CIEL の法律家達は、小島嶼国連合に助言し行動を調整するために、絶えず［交渉が実施されている］会場にいた。最終的に、CIEL の要請で、小島嶼国連合は、国際交渉委員会の中で重要で公式的な役割を求めてキャンペーンを行ない、バヌアツのロバート・ヴァン・リーロップ（Robert Van Lierop）大使（小島嶼国連合議長）を国際交渉委員会内の二つの作業委員会のうちの一つの作業委員会の共同議長として選出させた。

　小島嶼国連合は、気候変動に関する条約の交渉に参加するために結成された。しかし、同連合は、条約の実施段階でも存続した。そして、CIEL（現在、Foundation for International Environmental and Development に改称）は、助言者としての活動を継続させた。小島嶼国連合のおよそ40ヵ国が、すぐに気候変動枠組条約に批准し、1994年３月の早期発効に貢献したとみなされた。同連合は、気候変動枠組条約の履行に関する準備作業段階に積極的に関与した。そして、1994年４～５月には、小島嶼国自身をテーマとする国連の会議が開かれた[51]。

　NGO が条約交渉から条約の履行にまで影響力を発揮した点は、化学兵器禁止条約によっても説明される。ジュネーブにある Quaker United Nations Center

---

51) "Small Island Nations Face Big Issues at Barbados Conference", *UN Chronicle*, June 1994, p. 66; Ian Williams, "Letter from Barbados", *New Statesman and Society*, May 13, 1994, p. 11.

は、同条約の交渉の最終段階で、公式会合で決着のつかなかった難問を議論するための非公式会合を開催し全般的な促進機能を果たした。米国の経済産業組合である化学製造業者協会（Chemical Manufacturers Association）は、検証要件の実行可能性を示すために、国家による試験的な査察を企画することを援助することで、非常に重要な支援を実施した。Harvard Sussex Project［それぞれの研究所の著名な化学分野の二人の教授が主導する］は、交渉過程で密接な業務上の関係を構築し、［各国の］代表団に技術的、政治的助言を与えた。条約の署名後に、条約の発効に向けて設けられた暫定技術事務局は、Harvard Sussex Projectに、他のNGOと協力し、条約署名国の条約履行を支援するためのハンドブックや他の教育的教材を準備するよう要請した。［それらガイドブック等の］テーマは、化学兵器禁止条約の歴史、背景、条約の主要規定の要約だけでなく、条約締約国が条約を遵守するために実施しなければならないだろう国内における法的、行政的な措置についてのガイドラインにまで及ぶ。

　1970年以降、交渉環境、［各国の］代表団とのラウンジでの接触、ブリーフィング文書の配布、論争点に関する提案、草案の提示、圧力行使、代表団との意見交換の促進という場面で重要な立場を占めるNGOの一群が活動しなかった主要な国際会議はほぼ存在しなかった。条約交渉中に行なわれた資源に関する誓約や構築された関係性は、通常、条約の履行過程でも引き継がれる。そして、NGOの同じ人物達が、事務局へのロビー活動を行ない、締約国会議に出席しているのが見受けられる。

11-3-3　野生動物保護

　NGOは、1980年代の動物種保護—鯨や象—に関する最も著名な二つのキャンペーンで駆動力の役割を果たした。米国の多くの地域で、Save the Whalesのバンパーステッカーが、環境保護運動全体の象徴となった。1976年に早くも、国際捕鯨委員会のニュージーランド委員が、「好むと好まざるとにかかわらず、鯨は、今や人類が責任を持って世界の資源を管理することに失敗したことの象

徴となっている」と主張した[52]。

　鯨も象も国際レジームに基づく保護下にある。国際捕鯨委員会は1946年にまで遡り、絶滅のおそれのある野生動植物の種の国際取引に関する条約はストックホルム国連人間環境会議開催の直後［にあたる］1973年に締結された[53]。両機関［IWC、CITES］は、自身の責任の範囲内で野生動植物の種に与えられるべき保護の基準に関する決定を定期的に行なう。［具体的に］IWC が割当量、捕鯨に関する他の規制［について決定し］、CITES が最も絶滅のおそれのある種の商業的取引について［決定する］。NGO による、これら両機関へのアプローチに関する戦術は、広範囲におよぶ。即ち、NGO は、国内の支持者と協働する草の根活動、高度なメディア戦略、各種の直接行動、国内・国際の両平面におけるロビー活動を駆使してきた。

11-3-3-1　鯨　類

　第4章で論述されたとおり、第二次世界大戦直後、国際捕鯨取締条約に基づく捕鯨規制は、多くの鯨、特に大型の鯨の著しい減少を食い止めることができず失敗した。捕鯨に関する完全なモラトリアムに関する考え方は、1972年のス

---

52)　Quoted in Sidney Holt, "Whale Mining and Whale Saving", *Marine Policy*, 9（July 1985), p. 199. ホルト（Holt）自身は次のように述べている。「鯨は、今まさに環境保護に関連する組織にとっての象徴になりかけている。『鯨を救うこと』は、非常に多くの人々にとって、環境破壊を阻止するための政治的力量［を測る］重要な基準である。」『上掲書』12頁。スタイナー・アンドレセン（Steinar Andresen）は、鯨［と象］が象徴となってきた幾つかの理由を示唆している。「鯨や象の純然たる大きさ、希少性、鯨などが非常に知的［な生物］であるという事実、これら全てが重要である。また、『問題の見かけ上の単純さ』、［あまり関心をひかない生物、たとえば魚類と比較して］数種類の小型の海洋哺乳類が非常に『可愛らしい』という事実のため、［大衆の関心が問題に向き］大衆を［環境保護運動へと］駆り立て、彼らを優れた資金調達者にする。」Steiner Andresen, "Science and Politics in the International Management of Whales", *Marine Policy*, 13（April 1989), p. 108.

53)　特定の鯨類が CITES の下で絶滅危惧種として保護され、同時に IWC によって設定された割当制度によっても保護されている。

トックホルム国連人間環境会議で初めて登場した。同会議で、NGOは、会議場の外でシロナガスクジラの形の巨大な風船を浮かべ、「一般論として地球上の生命の将来に関する高まる懸念を表明し、特に海洋生物（the living ocean）に関する懸念を表明した。」[54][国連人間環境会議と]同時開催されたNGOの会議からの大きな圧力を受けて、国連人間環境会議の公式会合は、完全なモラトリアムに関する勧告を採択した。1970年代、[捕鯨規制に関する]主たる舞台は米国であった。米国のNGOは、鯨の保護レジームの「実効性を弱めている」諸国に対する貿易制裁を許可するパックウッド＝マグナムソン修正法とペリー修正法（Packwood-Magnuson and Pelly Amendments）の制定を確保することができた[55]。米国政府は、期待されたほどには積極的に修正法に基づく制裁を実行しなかったが、1970年代中盤からずっと、モラトリアムの積極的な提唱者となった。

　国際捕鯨委員会は、1982年に最終的にモラトリアムについて決定した。その後、NGOは、個別に[条約の]不遵守国、[決定の]オプト・アウト[選択的適用除外]国を対象にし始めた[56]。1982年のバレンタインデーにボストンの日

---

54) Holt, *supra* note 52, p. 192. ホルトは、食糧農業機関（FAO）やセイシェル諸島のIWC派遣団の科学的アドバイザーとして活動する鯨類研究の中心的な生物学者（cetaceologist）であり、[捕鯨に関する]モラトリアム支持者の一人である。

55) 22USC.§1978（Pelly Amendment, 1971）; 16 USC.§1821（E）（2）（Packwood-Magnuson Amendment, 1979）. パックウッド＝マグナムソン修正法は、野生動物保護活動家の提案により制定された。R. Michael M'Gonigle, "The 'Economizing' of Ecology: Why Big, Rare Whales Still Die", *Ecology Law Quarterly,* 9（1980）, p. 201. 1972年の海洋哺乳類保護法は、既に全ての鯨製品の輸入を禁止していた。16 USC..§1361-1421. 議会での立法化に向けたロビー活動だけでなく、NGOは日本に制裁を課そうと訴訟を起こした[最終的にはうまくいかなかった]。See *Japan Whaling Association v. American Cetacean Society,* 478 US 221（1986）. See also James M. Zimmerman, "Baldridge/Murazumi Agreement: The Supreme Court Gives Credence to an Aberration in American Cetacean Society III", *Boston College Environmental Law Review,* 14（1987）, p. 257.

56) モラトリアムは、段階的導入期間を予定しており、それ故実際には1986年まで効力を有しなかった。

本総領事館に鯨型の風船が再登場した[57]。そして、1985年、グリーンピースの活動家達は、数百の風船を日本航空の事務所に送り込んだ[58]。1988年再び、日本語で「調査捕鯨は、科学の濫用である」と書かれた横断幕で覆われた鯨の模型が、出航準備をしていた日本の捕鯨船の出航を阻止するために用いられた[59]。1990年、グリーンピースは、アメリカ全土を回るキャンペーン中に使われた125フィート［約38メートル］のザトウクジラ、30フィート［約9メートル］のミンククジラの模型を最終的に日本へ送った。日本の環境保護団体は、「調査」捕鯨を阻止するための請願を支持して、7,000名以上の署名が表面に記されたミンククジラの模型を首相に送った[60]。米国のNGOは、不遵守国に対する制定法に基づく制裁実施を強く要求し続けた。消費者の不買運動も、常用される戦術であった。1980年、グリーンピースの後押しを受けて、ドイツのスーパーマーケット、アイスランドにあるNordsee Fish Company社、そしてニューイングランドの学区は、アイスランド産の海産物の契約を全て破棄した。1989年のアイスランド産の海産物の不買運動は、アイスランドの海産物の輸出量の推計5,000万ドルに相当した。［アイスランドの］水産大臣は、翌年、調査捕鯨を実施しないことを約束した[61]。ノルウェー産の海産物やノルウェーの船旅会社に対する主要な不買運動の結果、1992年、ノルウェー政府は、モラトリアムの1年ごとの更新維持を撤回した[62]。

---

57) "To Japan with Love", *Greenpeace Examiner*, Spring 1982, p. 20.
58) Vincent, "Money Changes Everything", *Greenpeace Examiner*, Apr.-June 1985, p. 19.
59) "Direct Action in Japan", *Greenpeace*, Mar.-Apr. 1988, p. 22.
60) "Whales to go", *Greenpeace*, Jan.-Feb. 1991, p. 20.
61) See "Boycott Update", *Greenpeace Examiner,* Winter 1980, p. 30; "Iceland's Whalers Feel the Heat", *Greenpeace Examiner,* Jan.-Feb. 1989, p. 18. しかし、IWCが1992年にモラトリアムを更新した時、アイスランドはIWCを脱退し捕鯨再開の意思を表明したため、勝利は束の間であった。第4章を参照のこと。
62) "Economic Sanctions Needed to Halt Norwegian Whaling, Environmentalists Say", *BNA Environmental Daily,* Nov. 19, 1992, p. 13. 日本、ノルウェー、アイスランドで、NGOは捕鯨国の生活様式の維持という論拠で［経済制裁に］反応した。Colin Nickerson, "A Call to Save the Whale Meat", *Boston Globe*, Feb. 4, 1993, p. 2.

グリーンピースは、冗談事ではすまされない形の直接行動にも取り組んだ。グリーンピースのメンバー達は、捕鯨船に積まれている銛に自分自身を鎖でくくりつけ、海上で捕鯨船の船員たちと対峙した[63]。1980年、レインボー・ウォリアー号から出発した小ボートが、スペインの捕鯨船と姿を現わした鯨の間に割って入り込むために捕鯨船を取り囲んだ[64]。1984年、グリーンピースのメンバーは、ソ連の捕鯨船に乗り込んだ。同様の行動は、1986年、ノルウェーの捕鯨船にも行なわれた[65]。シーシェパードと呼ばれる別のNGOは、捕鯨船を撃沈させるために、実際に［捕鯨船に］激突したり、電磁式の機雷を用いた[66]。これらの襲撃は、メディアを通じた［大衆に対する］インパクトを最大限に引き出すために、全て注意深く計画され、テレビニュースと緊密に連携していた[67]。

---

63) Hutchison, "Between the Harpoon and the Whaler", *Greenpeace Examiner, Summer* 1981, pp. 14-15; Plowden, "Peru Pressed to Retract Her IWC Objection", *Greenpeace Examiner, Winter* 1983, p. 12.

64) Long, "Campaign in Spain: Direct Action to Save the Whales, Direct Action to Save Our Ship", *Greenpeace Examiner,* Winter 1980, p. 18. レインボー・ウォリアー号は最終的にスペイン海軍に拿捕され、曳航された。

65) "Assault on the Whales: How Long Can They Endure So Wide a Chase?" *Greenpeace Examiner,* Jan.-Mar. 1985, p. 14; Busby, "Whaling at the Crossroads", *Greenpeace Examiner*, Oct. -Dec. 1986, p. 117.

66) Daniel Francis, *A History of World Whaling* (New York: Viking, 1990), pp. 235-237; Richard Ellis, *Men and Whales* (New York: Alfred A. Knopf, 1991), p. 451.

67) 1970年代、80年代全体を通じて、IWCの商業捕鯨に関する附表（commercial schedules）によって許可されない捕鯨が、条約非当事国、特定の決定の適用除外を宣言している国、科学的研究を口実に捕鯨をする国によって続けられた。グリーンピースは、1990年までに13,650頭の鯨が、これらの方法で殺されたと推定している。Greenpeace, "Outlaw Whalers", *1990 Report*, p. 1. しかし、ロナルド・ミッチェルは、加盟国はIWCの規則により大幅に［行動を］制約されており、非当事国さえ「世界の他の主要国によって合意された国際的な規則をいつまでも軽視し続けることはできない」と、結論づけた。Ronald B. Mitchell, "Membership, Compliance and Non-compliance in the International Convention for the Regulation of Whaling, 1946-Present", paper presented at the 17th Annual Whaling Symposium, Sharon, Mass.,

その後、国際自然保護連合（IUCN）、世界自然保護基金（WWF）やグリーンピースに主導された国際NGOは、国際フォーラムで最高潮に圧力を掛けた。国際捕鯨委員会に登場したNGOの数は、1965年の5団体から、1978年には24団体、1980年代には50団体以上に増えた。そして、NGOの海洋資源の管理との関連性は［伝統的な基準による］、かつてほど明確ではない[68]。さらに、NGOは、今や［会議場の］後方席でオブザーバーとして沈黙し続けていなければならないわけではなく、会議に直接参加することを容認されている。

これらのNGOは、国際捕鯨委員会の会合会場周辺の空気［または雰囲気］を変えることに貢献した。国際捕鯨委員会の会合は、もはや大衆やメディアの関心からかけ離れた技術的問題や難しい科学的問題を論じるだけの場ではない。非捕鯨国や環境保護団体［環境NGO］が、［国際捕鯨委員会の会合で取り上げられるべき］課題設定の役割を果たし、メディアに問題を取り挙げてもらうことは、NGOが商業捕鯨を阻止するための一手段であった[69]。

1978年以降、ますます、NGOは、既存の割当制度が依拠する管理制度に関する科学的根拠が不適切であることを示すことを企図した科学調査を委託し公表した[70]。NGOは、［国際捕鯨取締条約の］遵守に向けたより強力な取り組みの後押しを受け、最大持続生産量レジームの不適切性を示すために、［締約国による］既存の規制措置違反について調査した[71]。他の国際組織における会合

Oct. 1992, pp. 17-21.

68) Andresen, *supra* note 52, p. 109.

69) *Ibid*., pp. 108-109.

70) See International Union for the Conservation of Nature, "Position Statement on Whaling-1973", *IUCN Bulletin*, 4 (1973), p. 29; "IUCN's Statement to the International Whaling Commission", *IUCN Bulletin,* 8 (1977), p. 39; IUCN/World Wildlife Fund, "IUCN/WWF Statement on Whaling 1982", *IUCN Bulletin*, 13 (1982), p. 51; World Wildlife Fund, *WWF Yearbook*, 1980-81, p. 352. さらに、ムゴグニグル（M'Gognigle）は、直接的な［行動］またはメディアを通じた［間接的な行動で］政治的な圧力を掛ける点や［条約上の義務の］不遵守のケースに関心を向けさせる点でのNGOの役割を非常に強調する。M'Gognigle, *supra* note 55, pp. 195-202.

71) Navid, "Commission on Environmental Policy, Law and Administration（CEPLA）

と同様に、国際捕鯨委員会の会合でも、NGO は、[締約国の]代表団[とりわけ、専門家や職員の不足している発展途上国の代表団]に技術的、戦術的な支援を提供した。そして、代表団に配布するために ECO という日刊のニュースレターを発行した。米国では、NGO が、全ての国際捕鯨委員会の会合前に、国務省や司法省の代表と協議した。同様の会合は、英国、豪州でも行なわれた[72]。

しかし、捕鯨の事例では、NGO は、さらに踏み込んだ活動を実施したと思われる。国際捕鯨委員会では、4分の3の多数決により割当に関する決定が行なわれる。1960年代終わりまでは、国際捕鯨委員会は、捕鯨産業を有している約15ヵ国からなる「捕鯨国クラブ("whaler's club")」によって占められていた。当時、既存の加盟国の中には、捕鯨を禁止し始めた国もあった。また新たに[国際捕鯨取締条約に]加盟する国も登場し始めた。新規加盟国の中には、捕鯨活動が[国際捕鯨取締条約の]レジームに基づく規制を受けるために加盟するべきだと米国から圧力を受け加盟した捕鯨国もある。しかし、多くの新規加盟国は、非捕鯨国であった。NGO は、発展途上国(多くの国が捕鯨に直接的な利害を持たない)を勧誘するために、「加盟国増加運動」を開始した。運動の公

Investigates", *IUCN Bulletin,* 10 (1979), p. 89. グリーンピースは、IWC の遵守小委員会 (Infractions Committee) に、チリが船員名簿と加工肉が日本に送られることを示す積荷目録を搭載した違法な母船[訳者注:解体加工設備を有する大型工船]を運航していることを示す詳細な情報を提供した。5日後、IWC のチリ代表は、チリは全ての捕鯨を中止することを表明した。Frizell, "One Step Closer", Greenpeace Examiner, Summer 1981, p. 8. グリーンピースは、またスペインの割当違反に関する証拠を示した。『上掲書』。グリーンピースは、日本の台湾[IWC 非加盟国]との違法な鯨取引を暴露した。このような暴露により台湾の[違法な]捕鯨産業は操業停止となり、さらにグリーンピースによれば、このような暴露は「もはや違法捕鯨をしないことを宣言していた日本政府にとって大きな辱めとなった。」"Taiwan Stops Whaling", *Greenpeace Examiner,* Winter 1980, p. 4.

72) Bruce J. Stedman, "The International Whaling Commission and the Negotiation for a Global Moratorium on Whaling", in L. Susskind, E. Siskind, and J. W. Breslin, eds., *Nine Case Studies in International Environmental Negotiation* (Cambridge, Mass.: MIT-Harvard Public Disputes Program, May 1990).

然とした目的は、モラトリアムを決定するために必要な4分の3以上の多数派を確保することであった[73]。NGOは、一部の発展途上国の［国際捕鯨委員会の］年間の分担金や会議出席に必要な費用を肩代わりした。グリーンピースは、より一層踏み込んだ活動を実施したといわれている。つまり、グリーンピースは、［国に代わり条約］加盟に必要な書類を作成し提出したり、国際捕鯨委員会の会合でこれら「便宜的加盟国」の代表としてグリーンピースのスタッフをあてがった[74]。モラトリアム運動の主導国であったセイシェル諸島は、1979年に国際捕鯨委員会で初めて演説した時、「理由の如何に関わりなく、NGOに乗せられて国家的関心の具体的な裏付けのない主張をする国家として発言しているのではない」と主張しなければならなかった[75]。

一方、スタイナー・アンドレセン（Steinar Andresen）は以下のような事を指摘した。

政治的に、国際捕鯨委員会は、発展途上国の声が届いた場であった。とりわけ、捕鯨をしない発展途上国でも、捕鯨をしない先進国でも、鯨を「人類の共同遺産」とみなす傾向が徐々に強まった後……発展途上国にとっても、先進国にとっても、国際捕鯨委員会で自然保護側に立つことは、「環境保護派」としての顔を持つための「政治的コストの掛からない」手段でもあった。大部分の国は、鯨を保護することで経済的に失うものはなく、同時に、政治的に得るものもあった[76]。

---

73) Patricia Birnie, "The Role of Developing Countries in Nudging the International Whaling Commission from Regulating Whaling to Encouraging Nonconsumptive Uses of Whales", *Ecology Law Quarterly*, 12 (1985), pp. 961-962. J. Gulland, "The End of Whaling?" *New Scientist,* Oct. 29, 1988, p. 45; Jeremy Cherfas, The Hunting of the Whales (London: Bodley Head, 1988), p. 118.

74) Leslie Spencer, "The Not So Peaceful World of Greenpeace", *Forbes*, Nov. 11, 1991, p. 174.

75) Birnie, *supra* note 73, pp. 937-975.

76) Andresen, *supra* note 52, p. 109.

［NGOによる］加盟国増加運動は、1982年に英国ブライトンで開かれた会合で最高潮となった。1980年以降、16カ国（ほぼ全てが発展途上国）が新規加盟した。これら新規加盟国は、全ての商業捕鯨に関する10年間のモラトリアム（3年間の段階的導入期間後、1986年に開始）[77]を決定するために必要な4分の3以上の多数派を形成するうえで一役買った。グリーンピース所属の船舶 Cedarlea 号が、反対票を投じた国に対する警告として港に停泊していた[78]。

第5章で論述されたように、モラトリアム戦略が完全に有益だったかは明らかではない。1980年代、主要捕鯨国による捕鯨は継続した。そのほとんどは、［関連条文への］留保あるいは、「調査捕鯨」という解釈に基づき実施された。1992年に国際捕鯨委員会がモラトリアムを更新した時、アイスランドは国際捕鯨委員会を脱退し、ノルウェーは捕鯨を再開した。「捕鯨禁止（"no whaling"）」という原則と「最大持続生産量に基づく捕鯨（"sustained yield whaling"）」という原則のいずれが、捕鯨件数を減らすことになるのかという問題については結論がついていない。

11-3-3-2 象

象を保護するための15ヶ年キャンペーンの目的やタイミングは幾つかのNGOの影響を大きく受けていた。IUCN、WWFが他の幾つかのNGOと協力しながら、1976年のキャンペーンの開始から1989年の象牙取引の禁止というクライマックスまで主要な役割を果たしたようだ。類似したNGOによる戦術も登場した。1989年7月にケニア大統領ダニエル・アラップ・モイ（Daniel arap Moi）によって輸出が禁止された象牙12トンが公開の場で焼却されたように、

---

77) IWC Schedule, Feb. 1983, par. 10（e）. See Mitchell, *supra* note 67, p. 7.「環境保護派の諸国が、IWCに加盟し、割当しない方に賛成票を投じるように捕鯨にほぼ実質的な利益を有しない国々を説得することに成功したので、これらの割当しない方が、賛成多数で可決された。」

78) Chris Frizell, "Victory! IWC Votes Whaling Phaseout", *Greenpeace Examiner*, Summer 1982, p. 6.

メディアの注目を集めたいくつかの出来事があった[79]。消費者は象牙製品の不買を求められた。象牙の商業取引禁止を検討するために、絶滅のおそれのある野生動植物の種の国際取引に関する条約（CITES）の締約国会議がローザンヌで開催された際、会議場の中を象牙で仮装した子ども達が行進した日もあれば、象型の風船が会場で浮かぶなか、学校の生徒達が大挙して会場に入ってきた日もあった[80]。

　国際捕鯨委員会と異なり、CITES は広く開かれた組織であった。1994年には締約国数が100以上となった。むろん、全ての国が等しく種の保存に関心を持っているわけではなかった。「（条約附属書Ⅰに掲載された）絶滅のおそれのある種であって取引による影響を受けており又は受けることのあるもの」の標本の取引を CITES は規制する。（附属書Ⅱに掲載された）現在必ずしも絶滅のおそれのある種ではないが、その標本の取引を厳重に規制しなければ絶滅のおそれのある種となるおそれのある種の取引も規制する[81]。附属書Ⅰに掲載された種に関しては、商業取引は一般的に禁止される[82]。附属書Ⅱに掲載された標本に関しては、輸出国は、標本の輸出が当該標本に係る種の存続を脅かすこととならないことや、標本が動植物の保護に関する自国の法令に違反して入手されたものではないことを証明しなければならない[83]。締約国会議の3分の2多数決の議決で、種は附属書に掲載されるか、ある附属書から別の附属書への移動［附属書の改正］が行なわれるが、反対国は［議決から］90日以内に留保を

---

79)　Jane Perlez, "Kenya in Gesture, Burns Ivory Tusks", *New York Times*, July 19, 1989, p. A5, col. 1.

80)　Greg Neale, "Elephant Jamboree Nobody Will Forget", *Sunday Telegraph*, Oct. 15, 1989, p. 16.

81)　絶滅のおそれのある野生動植物の種の国際取引に関する条約2条1項、2項。「標本」は附属書に掲げられた植物とその派生物または動物とその派生物であって、容易に識別できるものと定義づけられる。同条約1条（b）。

82)　同条約3条3項（c）は、「輸入国の管理当局が、標本が主として商業目的のために使用されるものでない」と認められないかぎり、附属書Ⅰに掲げる種の標本の輸入は禁止される。

83)　同条約4条2項。

付すことによりオプト・アウト［選択的適用除外］することができる[84]。IUCN、WWF、CITES の関係性は、緊密かつ継続的である。相当な期間、IUCN は CITES の事務局の役割を果たした。また、IUCN が公表する「レッド・データ・ブック」が実際には CITES のデータベースの役割を果たしている[85]。CITES 事務局は、支持者との対話のための主要な手段として、WWF が発行する Traffic 誌に依存し続けている。

IUCN の種の保存員会は、状況の研究と行動計画立案のために1976年初めに象に関する部会を立ち上げた。1977年、アフリカ象が附属書 II に掲載された[86]。東アフリカに生息する象の減少が懸念されていたが、米国魚類野生生物局（U.S. Fish and Wildlife Service）による1982年から83年の調査では、減少の原因を生息地の減少に求めていた[87]。しかし、1980年代の終わりが近づくにつれ、問題の焦点は、［生息地の減少から］密猟へと移っていった。生息地の減少には効果がないが、密猟であれば取引規制という手段によって［状況を］改善する余地があると考えられた。1986年、CITES は輸出に関する割当制度を設けた[88]。しかし、WWF によって委託され EC の協力も得て行なわれたある研究は、東アフリカでの象の生息数は驚くべき速さで減少し続けていると指摘した[89]。作家イアン・ダグラス－ハミルトン（Ian Douglas-Hamilton）は、以下の

---

84) 同条約15条。本書第10章を参照のこと。

85) Simon Lyster, International Wildlife Law (Cambridge: Grotius Publications, 1985), p. 268.

86) See Michael J. Glennon, "Has International Law Failed the Elephant?" *American Journal of International Law*, 84 (1990), p. 12.

87) *U.S. Fish and Wildlife Service Report*, 1982-83. (Washington, D.C.: Department of the Interior, Fish and Wildlife Service). この期間、NGO、特に WWF はアフリカの野生動物保護機関の職員の訓練の実施や違法な象牙と合法な象牙を識別する印に関する研究への研究費助成を通じて規制計画を支援した。Lyster, *supra* note 85, p. 272; *World Wildlife Fund, WWF Yearbook 1980-81*.

88) 各輸出国は、割当を超える輸出を違法とし、附属書 II の手続下では認められないようにする立法・規制措置を実施することができる。

89) Ian Douglas-Hamilton, "Report", *Swara* (Journal published by the East African Wild-

ような自身の結論を頑に主張する。「干ばつ、人間生活の拡大は、象を殺さない。密猟が象を殺しているのだ。」[90] 他のNGOも［この考えに］同調した。そして、その報告書は大衆の注目を集めた[91]。

しかし、ダグラス-ハミルトンでさえ、象牙取引の全面禁止という考えには反対した。そして、NGOも彼の考えに同調した。「1988年春の時点で、アフリカでの［保護活動］の経験を有する科学者あるいは自然保護主義者の中に象の密猟を解決する手段として［象牙取引の］全面禁止を信奉している者を見つけることは困難であったであろう。」[92] 南アフリカ、ボツワナ、ジンバブエや他の南アフリカ諸国が、［象の］群れが生息できるようにする優れた保護計画を有していたので、状況は複雑であった。処分された動物の肉、皮革、牙から得られる収入は、保護計画を支えるために用いられていた。そして、密猟は僅かであった。1988年春に象牙購入に関して消費者の不買運動を呼びかけていたAfrican Wildlife Foundationでさえ、公式な取引禁止を支持していなかった。「外部者が、アフリカ［諸国］に対して、アフリカの天然資源に関して取るべき措置を述べるのは不遜であり不適切であると我々は感じている。」[93] 1989年2月になって、政府と象の保護分野で主要なNGOからなるアフリカ象連絡グループ (African Elephant Coordinating Group) は、［クロサイのケースで起こったように］取引の地下化を進めるだけであるので、取引の禁止は有益ではないだろうと結論づけた。［取引禁止の］代わりに、同グループは、生息している象の群れの

---

life Society). 彼の研究によると、非保護地域では1973年以降、［生息数が］78％減少し、全体で51％減少した。Ian Douglas-Hamilton, "Slaughter of Elephants Escalates", *Boston Globe,* Mar. 28, 1988, p. 33, col. 2.

90) *Ibid.*

91) *Ibid.*

92) Raymond Bonner, "Crying Wolf over Elephants: How the International Wildlife Community Got Stampeded into Banning Ivory", *New York Times Magazine,* Feb. 7, 1993, p. 16; Raymond Bonner, *At the Hand of Man: Peril and Hope for African's Wildlife* (New York: Knopf, 1993).

93) *Ibid.*, p. 16.

合理的な利用と管理を求める行動計画を支持した[94]。

6ヶ月後、状況が一変した。1989年6月1日、Wildlife Conservation International と WWF が象牙輸入に関して世界規模で即時禁止するよう求めた[95]。しかし、この分野で［WWF などとは］異なる考えを表明していた Friends of Animals のスポークスマンは、「WWF のリーダー達は、流行に飛びついた最後の人々である。……つまり、彼らは、世界が既に変わったことを見届けた後に、態度を急変させただけである。」数日後、米国と欧州共同体（EC）は、国家的な禁輸措置を課した[96]。7月、ケニアのダニエル・アラップ・モイ大統領は、象牙取引の全面禁止をケニアが支持していることの象徴として、300万ドル相当の象牙を焼却した(ワシントンのロビー会社によって主催されたイベント)[97]。レイモンド・ボナー（Raymond Bonner）は、「CITES での投票時に」「禁止措置に対して、公然と反対意見を主張する自然保護主義者を見つけるのは困難であった」と語る[98]。南アフリカ諸国は、[禁止措置に対して] 反対の立場をとり続けていたが、ローザンヌ会合での投票では、圧倒的多数をもってアフリカ象を付属書IIから付属書Iへ移すことが決せられた。

東アフリカでの状況の変化が、[禁止措置容認という] 変化を後押しするために引き合いに出された。ダグラス-ハミルトンが Ivory Trade Group（NGO の連合体）のために行なった新たな研究は、1979年以降、アフリカ象の半数が死

---

94) William K. Stevens, "Huge Conservation Effort Aims to Save Vanishing Architect of the Savanna", *New York Times*, Feb. 28, 1989, p. C1.

95) Philip Shabecoff, "Seeing Disaster, Groups Ask Ban on Ivory Imports", *New York Times*, June 2, 1989, p. A9. 両 NGO は、象牙取引を禁止する国際協定の［締結に向けた］将来の交渉が、現在生息する象の「すさまじい」殺戮を招くのではないかと懸念した。

96) *New York Times*, June 9, 1989, p. A24, quoted in Michael J. Glennon, "Has International Law Failed the Elephant?" *American Journal of International Law,* 84 （1990）, p. 16. 主要輸入国である日本や香港でさえ、象牙取引の大幅な制限を発表した。

97) Jane Perlez, "Kenya, in Gesture, Burns Ivory Tusks", *New York Times*, July 19, 1989, p. A5, col. 1.

98) Bornner, *supra* note 92, p. 18.

滅したことを示し、そして、「象牙取引を規制する全ての企てが無意味である」と、結論づけた[99]。英国の NGO である Environmental Investigation Agency が作成した違法な象牙取引に関するテレビレポートが、タンザニアによる取引禁止要請と同時期に放映された。ケニア、タンザニアのような東アフリカ諸国は、幅広く尊敬を受けているリーキー（Richard Leakey）という新しい野生動物保護部長にならって禁止措置を支持した[100]。

しかし、なぜ変化が起きたのかという問いに対するボナーの答えは簡潔であった――「大衆の感情と金」[101]［ということである。］彼の見解によれば、NGO が政策を促進し、寄付金集めと会員獲得の必要性が NGO を動かした［のである］。African Wildlife Foundation、International Wildlife Coalition や他の NGO は、彼らの広報がより一層明確に禁止措置という論調になるにつれて、彼らの募金収益と会員数が増加したことを確認した[102]。「我々は、象とクロサイに長年、全面的に依拠してきた。」と、南アフリカの Endangered Wildlife Trust のディレクターは語っている[103]。WWF 内の議論は、とりわけ熱狂的であった。スタッフの中でもアフリカの専門家、自然保護の専門家は、組織内で伝統的に維持されてきた持続可能な利用原則に固執することを支持しているが、組織内で大勢を占めた議論は「禁止措置を支持しなければ、…WWF の会員数に深刻的な影響をおよぼすであろう」というものであった[104]。このような主張をしているのはボナーただ一人だけではない。ローザンヌ会合での投票後、ガボン代表は、「象から得られる主な経済的な収益が、先進国における自然保護主義者の収入を生み出す力となるのだ」と苦々しそうに述べた[105]。

---

99) Glennon, *supra* note 86, p. 16.
100) *Ibid.*, p. 16.
101) Bonner, *supra* note 92, p. 18.
102) *Ibid.*, pp. 19-20.
103) *Ibid.*, p. 20. グリーンピースのデービッド・マックタガート（David McTaggert）からグリーンピース支援者への書簡と比較せよ。「グリーンピースは鯨保護によって養われてきた。」
104) *Ibid.*, p. 20.

しかし、取引禁止は成功であることが明らかとなった。日本は、モラトリアムに関する最終投票を棄権した。会合の最終日に、日本は、「国際共同体の中で圧倒的多数の人々が共有する感情を尊重し、日本は、留保を付さない」と表明した[106]。日本の外交官は同年初頭に「我々は鯨のような事態を招くことを望んでいない」と語っていた[107]。日本が留保を付した場合、日本が次回の CITES 会合のホスト国とならなかったであろうことは明らかであった[108]。幾分驚くべきことであったが、英国は、香港の［象牙の］在庫を処できるよう6ヶ月間だけ留保を付した。南アフリカ諸国も留保を付した。しかし南アフリカ諸国は、1992年会合で問題が再検討されるまで留保の効果を発効させないと表明した。1992年に禁止措置が更新された時、南アフリカ諸国は留保を撤回した[109]。密猟が減少していることや多くの象牙加工業に関わる職人が失業していることが調査によって示された。象牙の価格は、合法な取引市場でも非合法な取引市場でも下落した[110]。

---

105) World Wildlife Fund, *Traffic USA*, Mar. 1990.
106) "Tokyo Agrees to Join Ivory Imports Ban", *Boston Globe*, Oct. 21, 1989, p. 6, col. 3.
107) Phillip van Niekerk, "Dispute on Ivory Clouds Elephant's Future", *Boston Globe*, July 10, 1989, p. 1, col. 1.
108) "Tokyo Agrees to Join Ivory Imports Ban", *Boston Globe*, Oct. 21, 1989, p. 6, col. 3.
109) See Susan S. Lieberman, "1992 Amendments Strengthen Protection for Endangered and Threatened Wildlife and Plants", *Endangered Species Technical Bulletin*, 17, No. 1 (1993), p. 4.
110) Jane Perlez, "Ivory Trading Ban said to Force Factories to Shut", *New York Times*, May 22, 1990, p. A14; "US Ivory Market Collapses after Import Ban", *New York Times*, June 5, 1990, p. C2. 1993年後半、ニューヨーク・タイムズ誌に「虎を救おう。台湾をボイコットしよう。」という大見出しの全面広告が掲載され、一連の新しい運動が始まったよう思われる。*New York Times*, Oct. 31, 1993, sec. 4, p. 18. それより少し前だが、中国における犀や虎のパーツの取引禁止、0.5トン（65万ドル相当、中国向け）の虎の骨のインドでの没収（インドの NGO, Traffic India の提供する証拠による）に関しては以下を参照。Sheryl WuDunn, "Beijing Bans Trade in Rhino and Tiger Parts", *New York Times*, June 6, 1993, p. 19, col. 1.; "Bones of Some 20 Tigers Seized by Police in India", *New York Times*, Sept. 7, 1993, p. A11, col. 1.

11-4　NGO の影響

　[本章で取り上げた] 全ての事例で、NGO の活動は、多様であった。既存の規範遵守に関する規範や国家の政策の発展または策定は、その発展・策定要因が NGO の活動に大きく依る点を抜きにしては説明ができない。

　国際海事機関（IMO）の構成国は、長年、報告義務に特段注意を払うことなく順調に物事を進めていた。NGO「地球の友」代表であるジェラード・ピートが報告義務に関心を寄せるまでは。小島嶼国が自身だけで、なんとか気候変動に関する会合で連合を形成できたとしても、CIEL の存在がなければ小島嶼国は敗者となり、情報を十分に得ることができず、非効率な活動しかできなかったであろう。国益を中心とする伝統的な概念に基づいていたら、捕鯨の禁止や象牙取引の禁止に関する米国、英国、豪州や禁止を支持する他の西側諸国の立場を説明することは困難である。

　同様のことは人権分野に関する事例にもあてはまる。CLO 側からの働きかけがなくてもナイジェリアが自国の刑務所の状態を改善したであろうと推測することはできない。チリに対する国連でのキャンペーンは、人権保護団体の情熱と証拠によって活性化された。人権保護団体は、他国の人権侵害行為を追及するために、チリを対象に積み重ねられた組織上の先例を活用した。ソ連の NGO や米国の NGO によって活性化されるまで、米国はヘルシンキプロセスを活用することを控えていた。

　NGO の効果の良い側面は、国益や国家の政策を決定する国内政治の役割を説明するために、単一的な国家アクターモデルを拡大させることで説明し得る点である[111]。しかし、全てと言うわけではない。ある状況で、[選挙で] 票を得ているとか国内で何らかの政治権力を有しているとかに関係なく、首相の頭越しに [国家に] 公的に恥をかかせ、評判を貶めるよう圧力をかける手段をと

---

111)　Moravcsik, *supra* note 34, pp. 35-58.

ることができる。チリの事例では、主にNGOによって促された国連の公式な声明はともかくとして、暫定軍事政権は、強い経済的あるいは外交的な圧力を受けてはいなかったが、徐々に国際人権規範に従わざるを得なかった。実際、1980年代、米国は、国連総会や国連人権員会でチリを非難する決議に反対票を投じ、世界銀行ではチリに対する貸付に賛成票を投じていた。ナイジェリアは、自国の刑務所の状態のために、国内的、国際的に政治的危機に直面していたわけでは決してなかった。日本は、「捕鯨問題と同じ状況を招きたくない」という理由で、象牙取引の禁止を受け入れたため国内の支持者からの反発を受けた。

　国際組織自体はNGOとは不安定な関係にある。第12章で論じられるように、国家が政府間組織への実質的な支出を控える傾向がますます強くなっている。資源が不足したり情報を十分に入手できない場合、NGOによって補われることになる。最も重要な点は、NGOが、大方の場合において、大衆の意識向上に貢献しているということである。そして、この大衆の意識が国際レベルにおける国際組織の地位や重要性を決定づける。この様な点から、NGOは、国内の政治エスタブリッシュメントの中の少数支持派にとって有用な存在であるように、国際的な官僚の遵守戦略にとっても有用な存在である。同時に、NGOは、国際組織等で外交政策を担当する官僚や、国内の官僚組織で外交政策を担当する官僚に対して問題提起を行なうことができる。NGOの課題提案や提案のタイミングは国際組織の提案や提案のタイミングと一致することはほぼない。また、NGOの問題提案や提案のタイミングは、政府の機嫌を損なうことなく政府に影響を与えるという繊細さを要するタスクを複雑にする可能性がある。

　より客観的な視点からさえも、NGOの影響力が常に肯定的であるとは限らない。レジームを改良しようとするNGOの努力が裏目に出ることもある。国際捕鯨委員会をNGOによってコントロールされた投票によって「固める」ことは、捕鯨禁止という目的で必ず正当化できるわけではない。象の数を管理するための南部アフリカの持続可能な捕獲計画の必要性を凌駕するだけの正統性をもった理由が存在するかもしれないが、NGOの資金調達という必要性では、そのような理由とはならない。人権分野でさえ、白人中心、西側の、資金力が

豊富な、そしてリベラルなNGOによって優先すべき人権規範を決せられたり人権規範の内容を決せられることが、普遍的に認められているわけではない。環境保護分野や人権保護分野で、国家は、NGOを制御し始めた。中国や他のアジア諸国の強い要請で、1993年にウィーンで開催された世界人権会議の起草委員会からNGOは閉め出された。また、気候変動枠組条約（FCCC）でのNGOの参加に関する特権は、モントリオール議定書の場合よりも制限的であった[112]。

　このようなNGOに対する策略は、政策に影響をおよぼし条約規範の遵守を強制するNGOの力が増大していることの証左である。NGOが制御されたり、NGOの影響力が減退したりすることはありそうもない。人権問題や環境問題のような国際問題は、とりわけ、一般の人々の問題関心に非常に深く関わるので、［問題解決を］外交官の手に完全に委ねることはできない［のである。］。

---

112)　Alan Riding, "China Wins Fight on Rights Groups: Conference in Vienna Ejects Non-government Monitors from Key Committee", *New York Times*, June 17, 1993, at 15.

第12章
国際組織の活性化

12-1　序
12-2　政治的取引
12-3　官僚制度
　12-3-1　政策課題の管理
　12-3-2　アメとムチ
　12-3-3　官僚機構の連携
12-4　将来的な見通し

12-1　序

　前章までで、様々な国際レジームで条約上の義務遵守を促すために利用可能な手段について論じてきた。即ち、そのような手段とは、規範的枠組み、報告［制度］および透明性、検証［制度］、［政策］評価およびアセスメント、紛争解決そして解釈である。そして、これらの手段が、どの程度、一貫した遵守戦略と結びつけられているのか、そしてどのように結びつけられうるのかについて考察してきた。むろん、これらの一連の過程は、自発的に生じたり、作用することはない。これらの一連の過程の実効性は、それらが適用される［国際社会の］制度的背景・枠組みに強く依存することとなる。条約締約国は、一方的に行動をとることもあれば協調行動をとることもあるし、場合によっては歓迎されざる NGO の支援を利用することもある。このような中で条約締約国は、時折これらの手段を活性化させることができる。このような［遵守手段の行使に関する］制約が緩い分権的なモデルは、［国際社会における］政府組織や官僚組織の能力に対して強い猜疑心が存在する時代には魅力的である。ピーター・

ハース (Peter Haas)、ロバート・コヘイン (Robert Keohane)、マーク・レヴィ (Marc Levy) は、「［国際社会の］関心事項に注目を集めたり、協定の締結を促進したり、能力構築を行ったりする」国際組織の重要性を強調する一方で、そのために「巨大な行政官僚機構は必要ない」と読者を安心させるよう再確認している[1]。しかし、ILO、IMF、OECD、GATT のような最も優れた遵守戦略を兼ね備えたレジームが、潤沢な財源と十分な職員を擁し、十分に機能する国際組織によって運用されるということは偶然の一致ではない。

国際組織は、本書全体を通じて重要な意義を有している。第5章では、条約規範の発展に関する国際組織の役割について詳しい説明を行った。本章では、まず、国際組織が国内の意思決定に影響を与える経路と様式について考察する。国際組織は加盟国によって設立される存在と考えられているが、選挙で選出されるわけでもなく、［自前の］財源と強制力を持つわけでもない「顔の見えない国際公務員」[2]が、どのようにして条約上の義務を遵守させるために国際組織の加盟国の［意思］決定に影響をおよぼすことができるのだろうか？最後に、国際組織の能力の問題を再検討し、［国際社会の］主要な共通課題をめぐる協調的な規制に対する要求がますます高まっている国際システムで国際組織の能力が必要となるであろうと論じる。

すでに19世紀においても、ヨーロッパを中心に幾つかの多数国間の組織が存在した。しかし、「［国際社会の］組織化への動き」が決定的に始まったのは、第一次世界大戦後に国際連盟とその関連機構が設立されて以降である。その30年後、つまり第二次世界大戦の終結時から、組織化の動きは加速度的に進展し、

---

1) Peter Haas, Robert Keohane, and Marc S. Levy, eds. *Institutions for the Earth Sources of Effective International Environmental Protection* (Cambridge, Mass.: MIT Press, 1993), p. 409.
2) 「顔の見えない国際公務員」［という表現］は、Washington Post に掲載された Public Citizen (NGO) の意見広告（1992年12月14日付、P. A20）から引用した。Alexander M. Bickel, *The Least Dangerous Branch: The Supreme Court at the Bar of Politics* (New York: Bobbs-Merrill, 1962); see also *The Federalist Papers*, No. 78 (New York: New American Library, 1961), p. 490 (Hamilton).

国際連合とその関連機構、ブレトンウッズ機構、国際民間航空・海上輸送・電気通信・食糧・農業・健康・気象・労働・国際貿易分野を規律する国際組織が誕生した。今日、まさに多種多様な数百の国際組織が存在する[3]。

　国際組織は、通常、加盟国の代表からなる意思決定機関、実際に所在地を有する常設の事務局、独自のリソース、役割と権限関係が明確にされた職員を有している。このような官僚組織的な特徴を帯びることで、国際組織は［国際会議のような］加盟国の単なる集合体から区別される存在となり、加盟国から一定程度の自律性を確保することとなる[4]。国際的な義務の遵守確保に関係する国際組織の活動について論じるためには、官僚組織論と官僚行動論［の分析］に基づくべきである。国際組織はトップダウン方式で活動を展開するが、その際、NGOのような国内政治への現実的な参加者としてではなく国内の官僚機構との相互作用を通じて活動を展開する。国際組織の加盟国政府は、通常、条約関連事項の実施に関する責任を自国の官僚機構の中の適切な部署に割り当てる[5]。国際的な官僚組織と国内の官僚組織の関係性や相互作用は、遵守戦略の実施において重要な要素となる。本書では、二つの側面、すなわち政治的および官僚的側面に分けて、この要素の影響について検討する。

12-2　政治的取引

　国際組織は、政治的組織である。つまり、加盟国、加盟国の代表、そして［国

---

3) *The Yearbook of International Organizations 1993/1994*, vol. 1（New Providence, R.I.: K.G.Saur, 1994）. 普遍的国際組織と地域的国際組織を含み、サイバネティックスから社会問題にまでおよぶ5,000以上の政府間組織に関する一覧表。1698-1699頁、1752-1754頁をみよ。

4) Abram Chayes, *The Cuban Missile Crisis: International Crises and the Role of Law* (Lanham, Md.: University Press of America, 1987), pp. 70-71.

5) 外交問題への議会の関与という強い伝統がある米国のような国では、議会内の複数の委員会も条約に関連する問題に関する権限を有していたり割り振られるだろう。

際組織の]職員との間で繰り広げられる政治的対話の舞台である。全ての政治的活動と同様、このような政治的対話には説得(たとえば、規範・利益・政治的分析に対する要求)と権力が関係する。政治的対話には政治的取引という重要な要素も含まれ、取り決めに関して、参加者間で継続的にやりとりが交わされることとなる[6]。前章までで、管理戦略について論じてきたが、合意に基づく将来の行動に関する[参加者間の]関与を最終的に導くことになる、このような政治的取引過程として、管理戦略は部分的にはとらえることができる。国際組織が提供する条件・枠組みにより、このような取り決めの実現を確実に図ることができる。このような取り決めの結果、「[加盟国が行う]ごまかしと無責任な行動の[結果生じる]費用が上昇する」ことになるので、国際組織により、取り決めに対する信頼性が高まることになる」と、コヘインは論じている[7]。国際組織が提供する条件・枠組みで交わされた取決は、参加者にとって一目瞭然である。そのような取り決めは、時間をかけて取引された一連の支持、約束、利益供与の一部なのだから。リサ・マーティン(Lisa Martin)は、「国際組織によって形成される数々のイシュー・リンケージ[複数の争点を組み合わせること]」の重要性を強調する。即ち、「国際組織は、広範な問題にわたって国家に利益をもたらす。そして、このような利益は、加盟国が自らを国際組織が提供する条件・枠組みで交わされる義務に従う信頼される国家であると示すかどうかにかかっている[8]。」マーティンの功績は、制裁実施における協力を明らかにした点にあった。しかし、[条約]締約国が合意した国際組織の実質的な規制規範の遵守を促すためには、この[マーティン]のメカニズムがより確実に作用するにちがいない。

---

6) Oran O. Young, *International Governance: Protecting the Environment in a Stateless Society* (Ithaca, N.Y.: Cornell University Press, 1994), See Chap. 4-5.

7) Robert Keohane, *After Hegemony: Cooperation and Discord in the World Politics Economy* (Princeton, N.J.: Princeton University Press, 1984), p. 97. [ロバート・コヘイン(石黒馨・小林誠訳)『覇権後の国際政治経済学』(晃洋書店, 1998)110-111頁。]

8) Lisa Martin, "Credibility, Costs, and Institutions: Cooperation on Economic Sanctions", *World Politics*, 45, No. 3 (Apr. 1993), p. 418.

イシュー・リンケージについて、マーティンは、ログローリング［水面下の裏取引］を想定しているようだ。彼女がよく挙げる事例は、フォークランド紛争である。フォークランド紛争時、英国は、アルゼンチンに対する制裁への支持を欧州共同体(EC)から得るために、ECで議論されていた問題のうち［フォークランド紛争と］関係のない問題については譲歩した。しかし、国際組織では、他の政治的取引の場と同様、特定の問題に関する相互主義的な取引だけが、唯一の手段ではないし、最も重要な手段でさえない。国際組織のある加盟国が取決にしたがわない場合、その国家は信頼できるパートナーとしての［国家の］評判をある程度失うことになり、国際組織の活動から生じる利益を享受し続ける可能性を危うくする[9]。さらに、国際組織における過程を通じて、絶え間ない加盟国間の取引が生まれる。最も、個々の取引のほとんどは、政治的駆け引きという終わりのないゲームにおける切り札として役に立つわけではなく、たいして重要ではない。様々な［財政的］支援に関する決議や様々な重要度の決議への投票、手続問題、議事日程［の調整］、委員会・作業グループの構成、事務局［の設置］、そして不遵守という事態を正当化したり許容することさえ、全てが、ある意味、締約国に条約規範を遵守させる誘因あるいは不利益となりうるのである。

　コヘインは、このような「加盟国間の短期的取引」という概念を超えた議論を展開し、加盟国に義務を遵守させる誘因として、「継続的に充足されることで、全体としての国際社会に生じる利益の総体」を強調する。主権の新しいあり方に関する諸条件では、このような利益に対する関心がより高くなるであろう。なぜならば、特定の国際組織および国際社会全体での国家の態度は、常に［他の国家などから］注視されているからである。

　重視されるのは国家の評判だけでなく、国家を代表し行動する人々の評判も

---

9) See Michael Taylor, *Community, Anarchy and Liberty* (Cambridge: Cambridge University Press, 1982), pp. 28–29. See also the description of "even-up" strategies in Robert C. Ellickson, *Order without Law: How Neighbors Settle Disputes* (Cambridge, Mass.: Harvard University Press, 1991), pp. 225–229.

である。国際組織で繰り広げられる政治的取引は外交官によって展開される。むろん、外交官は、自国の立場や決定を説明する代理人として理解されることとなる。［それだけでなく］外交官が国家代表の資格で行動する場合でも、誠実であるとか、約束を守るとか、義務に従うよう自国政府に働きかけてくれる…といった外交官個人の評判は、職業上、重要な利点であり、おろそかにできない。［外交官としての］職業上の共感を抱いていても、規制型レジームを促進し向上させようと共に取組んでいる事情に精通した［他国の］熟練外交官達に向かって、自国政府が規制型レジーム上の幾つかの義務を遵守できないと説明するのは、骨が折れる作業であることに違いはない。米国が現状の対外援助に加えて資金提供しオゾン基金に貢献するという初期の取決を取り消したというメッセージをモントリオール議定書を交渉している最中に伝えることは、自身が過去にしなければならなかった行動の中で最も困難な行動であったと、リチャード・J・スミス大使（Richard J. Smith）は語っている[10]。むろん、このようにして外交官は給料を稼ぐが、「民間人と同じように政策立案者は、広く受容された行動規定に違反した時に生じる社会的不名誉に敏感である。つまり、彼らは、広く受容された諸規則を破った人に生じる羞恥心または社会的不名誉を回避したいという気持ちに動機づけられるのである。」[11]

12-3　官僚制度

官僚制度の研究者によれば、国際組織は、主に職員数や予算規模という形で

---

10)　［スミス大使と］著者との個人的な対話に基づく。Richard E. Benedick, *Ozone Diplomacy* (Cambridge, Mass.: Harvard University Press, 1991), pp. 158-161.［ベネディック（小田切力訳）『環境外交の攻防―オゾン層保護条約の誕生と展開』（工業調査会，1999年）198-201頁．］も参照。

11)　Oran R. Young, "The Effectiveness of International Institutions: Hard Cases and Critical Variables", in James Rosenau and Ernst-Otto Czempiel, eds., *Governance without Government: Order and Change in World Politics* (New York: Cambridge University Press, 1992), p. 177.

示される機構自体の利益を促進し、政策形成における機構の役割を拡大し、機構自体の権限や威信を高めるために活動する[12]。［生得的法主体である］加盟国とは異なり、国際組織は、その設立根拠を条約に置く［派生的な法］主体である。国際組織は、条約の遵守に関わっていると、少なくとも仮定される[13]。同様に、責任ある国内の官僚機構も条約の目的や政策、遵守に深く関与するであろうことが条約の交渉過程、適用過程から分かる[14]。また同時に、国内の官僚機構は、国内の利害や関係団体［または有権者、政権支持層］の圧力にも対応しなければならない。これら団体の中には、支持勢力や反対勢力もあるし、条約を優先課題としていないものもある。さらに、条約交渉や他の条約当事国との関係は、通常、所管官庁である外務省によって処理されるのだが、国内法レベルでの［条約の］実施に責任を有する官僚機構や立法機関が、対外政策形成に関わる場合もあれば、そうでない場合もある[15]。たとえば、米国では、軍備管理の問題は、国務省、国防総省、軍備管理・軍縮庁（Arms Control and Disarmament Agency）といった外交問題に関わる省庁によって所管される。

---

12) たとえば、Graham T. Allison, *The Essence of Decision: Explaining the Cuban Missile Crisis*,（Boston: Little, Brown, 1971), pp. 164-181, esp. p. 167.［(宮里政玄訳)『決定の本質―キューバ・ミサイル危機の分析―』（中央公論新社，1977年）193-194頁。同書はその後、1971年版を全面改定した新版が1999年に刊行されている。Graham T. Allison and Philip Zelikow, *Essence of Decision: Explaining the Cuban Missile Crisis Second edition*, Longman, 1999.（漆嶋稔訳）『決定の本質―キューバ・ミサイル危機の分析第2版　Ⅰ＆Ⅱ（日経BPクラシックス）』（日経BP社，2016年）第Ⅱ巻 231-269頁（政府内政治のパラダイム）。］
13) 実際、世界銀行は環境保護分野をはじめ一般的に自身の手続を遵守することを確保するためのオンブズマン制度としてインスペクション・パネルという精緻な内部審査制度を1993年に設けた。See IBRD Res. No. 93-10, Sept. 22, 1993を参照。Ibrahim Shihata, *The World Bank Inspection Panel*（New York: Oxford University Press, 1994).
14) Abram Chayes, "An Inquiry into the Workings of Arms Control Agreements", *Harvard Law Review*, 85（Mar. 1972), pp. 905, 919-945.
15) Harold Jacobsen and Edith Brown Weiss, eds., *National Compliance with International Environmental Accords*（Social Science Research Council, forthcoming).

貿易問題は、ホワイトハウス内の通商代表部、国際貿易委員会、商務省の所管である。環境条約の執行は、環境保護局に関する問題である。このように、条約交渉や条約実施に関する責任は複数の［政府］機関に分散している。米国やカナダのような連邦国家では、［連邦政府や州政府などの］複数の政府に分散する[16]。国内の様々な考慮要素を調整した結果生じる政策の方向性や複数からなる関連機関を条約遵守の方向へ変更させるために国際組織はどのように活動するのであろうか。

12-3-1　政策課題の管理

突き詰めれば、国際組織の事務局が機構の日常業務を管理することで［国内の官僚機構の］活動に影響をおよぼすことになる。本書で、［政策］評価・アセスメント過程における国際組織の事務局の役割については既に言及した。しかし、国際組織の日常業務は、政策を決定する様々な下部機関や作業グループの定期会合から成り立っていると見るのがより一般的であろう。期限を設定したり決定の機会を与えたりする点で、このような定期会合の国内レベルでの重要性をグレアム・アリソン（Graham Allison）とリチャード・ニュースタット（Richard Neustadt）は示している[17]。このような定期会合の内容は、当該組織の所掌権限または先行する会合や上位機関による指示・決定によって枠づけられる。このような広範な制約を受けつつ、強力な事務局は、政策課題、資料文書、［意思］決定［の内容］が記載されるであろう文書の第一次草案を準備する。このように、［国際組織の］官僚機構は、加盟国の議論や加盟国の決定の基礎

---

16) Kenneth Hanf, "Domesticating International Commitments: Linking National and International Decision-Making", in Arild Underdal, ed., *The International Politics of Environmental Management* (Norwood, Mass.: Kluwer Academic Publishers, 1995).［訳注：*The Politics of International Environmental Management* と思われる。］

17) Richard E. Neustadt, *Presidential Power and the Modern Presidents: The Politics of Leadership from Roosevelt to Reagan* (New York: The Free Press, 1990), pp. 130-131. Allison, *supra* note 12, p. 168; T. Allison, *Remaking Foreign Policy: The Organizational Connection* (New York: Basic Books, 1976).

となる情報の提供に多大な影響力を行使する。

　伝統的に、政策課題の管理は政策決定機関における力の源泉の一つである[18]。国際レベルで見ると、ムスタファ・トルバ（Mustapha Tolba）国連環境計画（UNEP）事務局長は、自身の機構が小規模の予算しか有さず公式の権限を有さないにもかかわらず、1970年代から80年代に環境条約定立に関する政策課題を定めることができた。とりわけ、地域的な海洋環境保護計画（これは後に補助機関や地中海・バルト海・カリブ海・他の海域に関する条約を生み出すことになるが）、オゾン層保護のためのウィーン条約とこれに付随する議定書、熱帯森林行動計画、有害廃棄物の移動に関するバーゼル条約、気候変動枠組条約は、その全てまたは一部分がトルバの主導的な取組みにより生み出されたものである[19]。

　イラクの核開発計画に関する情報開示が問題となった後、ハンス・ブリックス（Hans Blix）IAEA事務局長が保障措置制度を強化するためにとった行動は、政策課題の管理が条約の実施や遵守レベルで［いかに］影響力を有するかを示

---

18)　古典的研究としては、Kenneth J. Arrow: *Social Choice and Individual Values*（New York: Wiley and Sons, 1951), pp. 80-81がある［ケネス・J・アロー（長名寛明訳）『社会的選択と個人的評価』第7章　社会的厚生判断の基礎としての類似性（原著2版訳, 日本経済新聞社, 1977年, 126-129頁）（原著3版訳, 勁草書房, 2013年, 117-118頁）］。

19)　Peter M. Haas, "Banning Chlorofluorocarbons: Epistemic Community Efforts to Protect Atmospheric Ozone", in Peter M. Haas, ed., *Knowledge, Power, and International Policy Coordination, International Organization*, Vol. 46, No. 1（special issue, Winter 1992), p. 201.［この特集号は後に単行本化されている。Peter M. Haas, ed., *Knowledge, Power, and International Policy Coordination*（University of South Carolina Press, 1997.)］

　　トルバ［UNZP事務局長］が、自身の権限に基づいて多くの大気研究者を集めて開催された会議で交渉の主要論点となった科学的不確実性を明確化するために決定的な介入を行ったことについては同 p. 211を参照。Benedick, *supra* note 10, pp. 6-7, 71-77, 155-186［ベネディック（小田切訳）26-27, 101-106, 194-229頁］も参照。Oran Young, "Political Leadership and Regime Formation: On the Development of Institutions in International Society", *International Organizations*, 45, No. 3（Summer 1991), p. 293.

している。ブリックスは、保障措置制度を改善し強化するために一連の行動を理事会に提案した。ブリックスが提案した行動には、一定の条件下で未申告の核施設を「特別査察」することを許可するための保障措置協定の公式の解釈、特別査察の必要性を評価するために各国の諜報機関によって提供される情報の使用許可、核物質・施設の輸出入や国内生産に関する包括的な報告制度の導入に向けた最初の措置が含まれていた[20]。事務局長は、単に政策課題に特定の項目を盛り込むだけで、これらすべての議論の多い問題に対し、多くの国が明らかに避けたかったであろう一定の行動を強制することができた。国際組織の事務局が有する政策課題管理に関する権限に類似し、かつ組織化された例は、欧州委員会である。つまり、欧州共同体の加盟国政府が、自国議会から望ましい行動を確保する願望や能力を有さない場合でも、欧州委員会は指令案や規則案を提案することで、加盟国政府に適用範囲の広い経済関連の規則を採択するようせまることができる。これに対して、国際海事機関事務局が定期会合の政策課題の中で影響力の強い報告問題を課題として提起できなかった結果、加盟国が報告義務を無視することになったと、ロナルド・ミッチェル（Ronald Mitchell）は論じている[21]。

12-3-2　アメとムチ

国際組織の事務局は、国内レベルでの窓口となる国内の官僚機構と異なり、直接的に影響力を行使する手段のうち、懲罰的な制裁を課す権限を有していない。強制的な制裁は、規制型条約の中で規定されることはほとんどなく、行使されることはそれ以上に少ないということは既に示してきた。強制的な制裁が行使される場合、高度に政治的な問題となる。［そのため、制裁実施の］決定は、加盟国によって直接行なわれることになる。同様に、経済的なインセンティブを与える措置は国内の官僚機構が利用できる手段の中でも重要な役割を果たす

---

20) IAEA press release (February 26, 1992), PR92/12.
21) Ronald Mitchell, *International Oil Pollution at Sea: Environmental Policy and Treaty Compliance* (Cambridge, Mass.: MIT Press, 1994), pp. 140, 146.

が、十分な財政的な資源を使用することができる条約機構は少ない。この点、重要な例外の一つとなるのが、国際通貨基金（IMF）である。IMF は、二国間の援助プログラムすべてを合わせたものが実施するよりも多額の対外経済援助を実施する。IMF では、その資金を加盟国が利用する際に加盟国に課されるコンディショナリティーを交渉・再交渉する場合やコンディショナリティーが達成されたか否かを決定する場合に、専務理事と職員が、支配的でないにしても、主要な役割を果たす。

　［条約の］遵守のために、経済的な利益を与えるという手段（たとえば、報償）が利用可能である点で環境分野は新しい分野である。上述のとおり、モントリオール議定書ロンドン改正に基づき設けられたオゾン基金は、最初の3年間で2億4千万ドルに達し、次の3年間で5億1千万ドルにまで増加した[22]。気候変動枠組条約（FCCC）、生物多様性条約でも、遵守に関する増分費用に対処するために基金が設けられた。最も、総額は未だ確定していない[23]。これらの［環境］諸条約では、「発展途上国の締約国が協定に基づく義務を実効的に実施できる程度は、先進諸国が財政的な資源や技術移転に関する義務を実効的に実施するかに掛かっているのである。」[24]として、先進諸国の貢献義務が特に指摘された。しかし、多くの国際組織にとって、大抵の場合、技術支援だけが、機構が提供できる唯一の実質的な［条約遵守のための］誘因となる。しかし、このような技術支援さえも、緊縮財政や対外援助事業の縮小の悪影響を受けるのである。UNEP がオゾン層保護条約の策定交渉の際に実施したのと同じように、オゾン層保護条約の条約機関は、時折、会議に出席する発展途上国の代表団の費用を支援するために資金を提供する。

---

22) モントリオール議定書ロンドン改正第10条［モントリオール議定書の実施のための多数国間］基金は、国連環境基金（UNEP）と国連開発計画（UNDP）が助言機能を有する複雑な取極に基づいて、世界銀行が管理する。最終的な決定は、先進国と発展途上国が対等な立場で参加する締約国委員会に留保される。*Ibid*., Annex IV, Appendix IV, Terms of Reference for Interim Multilateral Fund.
23) 気候変動枠組条約4条3項。生物多様性条約20条2項。
24) 気候変動枠組条約4条7項。生物多様性条約20条4項も参照。

［アメもムチも一般的な手段になっていない］にもかかわらず、これらの国際組織は加盟国の政策に［アメとムチ以外の手段により］どうにかして影響を及ぼしている。なかでも顕著な例は、国際的な人口政策に関する世界保健機関（WHO）の活動である。入念な研究（1976年現在）により以下のように結論づけられた。つまり、「人口分野でWHOが進める特定の行動指針に、WHOの加盟国政府も科学的調査による経験主義的な知見も影響を及ぼしたことはない。むしろ、……この分野における重要なWHO決定のほとんどは、主にWHO事務局によってなされ、事務局内で一般化している組織的・専門的な価値観で判断されてきた。」[25]

当初、［人口政策の考え方の相違による］衝突やカトリック教徒の多い加盟諸国が脱退する可能性をなんとか回避するために、WHOの官僚達は、人口増加や家族計画は主に社会的・経済的事項であり、医学・公衆衛生の範囲外の事項であると主張した。しかし、国際的に人口増加への関心が集まる中、このような主張を維持することが難しくなった。WHOは、主張を変えたが、「組織化された保健活動における通常の予防・治療機能に影響を与えない形で、保健活動に」家族計画に関する活動を統合するよう求めた[26]。その結果、出生率を抑制するための数値目標［の設定］、集団断種計画、携帯端末を利用した家族計画サービスの配信のような、保健活動とは関係のない人口管理政策は推進されなかった。これらの政策の全ては、積極的な人口抑制策を支持する人々によって支えられていた。

1970年代に国連人口基金（UNFPA）が設立されたことで、WHOの担当範囲が脅かされた時、［WHO］事務局は、家族計画と保健活動の統合を［あくまで］保健部門の管理・監視下におくよう政府や国際社会を説得するために［各国の］

---

25) Jason L. Finkle, and Barbara B. Crane, "The World Health Organization and the Population Issue: Organizational Values in the United Nations", *Population and Development Review*, 2, no. 3 (Sept. -Dec. 1976), p. 368.

26) World Health Assembly Res. 19.43 (May 1966), Finkle and Crane, "The World Health Organization and the Population Issue" 375頁から引用。

保健省・医療グループ・NGO のような有力な WHO 支持者を動員した[27]。先に引用した研究の著者らは、以下のように政策決定過程を論じている。

　人口分野における WHO の諸政策を公式に決定したのは加盟国政府だが、WHO の官僚はこれらの政策を決定するうえで非常に大きな影響力を行使した。WHO の人口分野における任務を定式化する過程で、事務局は世界保健総会に提出する決議の起草過程に参加し、必要な補助資料を提供し、決議を支持するためのコンセンサス形成の動きに積極的に関与した。WHO の常勤職員の影響力は、各国の個別の状況に応じて WHO の政策を解釈・適用する際により顕著となった。WHO の官僚と彼らが助言を求めた専門家は家族計画のあらゆる側面を対象としたガイドライン（リーダーシップ、組織、訓練、評価を含む）を作成した。事務局の主たる目的は、各国の家族計画が［それぞれの］保健省の管轄内で管理されることを確実にすること、そして、家族政策に、より大きな自律性を付与する試みを（たとえそれが保健省内部の試みであっても）阻止することであった[28]。

12-3-3　官僚機構の連携

　国際組織と国内の官僚機構の相互浸透は、技術的援助や他の恩恵を受けたらお返しをするといった分かりやすい単純なものだけではなく、はるかに広範で捉えにくい。20年前、ジョセフ・ナイ（Joseph Nye）とロバート・コヘイン（Robert Keohane）は次のようなことを指摘していた。「同じ官僚達が何度も会っているうちに、彼らの間には、時折、同僚意識が芽生えてくる。そのような意識は、経済学、物理学、あるいは気象学のような同じ専門分野の構成員であることによっても強くなるかもしれない。……エリート官僚間の政府間関係を超えたネットワークが形成され、共通の利害［関係］、［共通の］職業的指向や個人的な友情関係により様々な政府の官僚同士が互いに結びつけられる。」[29] このよう

---

27)　*Ibid.*, pp. 381-384.
28)　*Ibid.*, p. 376.

な［各国政府の官僚による］頻繁な交流は、しばしば国際組織の支援の下でも行われ、国際組織の事務局がそのための便宜を提供している。つまり、事実上、これらの事務局の職員もこのネットワークの一員なのである。

　第二次世界大戦直後あるいは、その後約10年間の GATT における初期の経験が、このような［各国政府の官僚の政府間関係を超えた交流という］現象のよい例である。GATT の交渉は、結局頓挫する国際貿易機関（ITO）設立に関する広範な交渉の一環として行われ、交渉参加国の貿易担当の上級官僚によって担われた。GATT の初代事務局長となったエリック・ウィンダム・ホワイト（Eric Wyndham White）［原著の Wyndham Lewis は誤記であろう］が、交渉では中心的人物であった。彼のスタッフは少数であったが、そのほとんどは［交渉に］参加した官僚から集められた。加盟国が GATT の定期会合に派遣した代表団も交渉担当官中心になりがちであった。その結果は、国内の官僚と国際組織［この場合、GATT］の官僚双方からなる集団が GATT の成功に［向けて多大な努力を］傾注したことであった。このような［官僚］集団は、［協定の起草過程で］交渉担当官として自分達の意思を［協定内容に］具体化していたため協定の各規定の意味を熟知しており、このような官僚集団が文字通り、「解釈共同体になった」[30]。彼らは、GATT の政策理念や目標を共有していたが、GATT の発足は彼らのキャリアの中でも重要な職業上の経験の一つであったのだから、なおさらである。彼らは、GATT 精神の守護者であった。1960年代後半から1970年代に［加盟国による］GATT の遵守率が低下したが、その要因の一端を GATT 初期の官僚達から「GATT 設立時にはいなかった」若い後継者

---

29) Robert O. Keohane and Joseph S. Nye, "Transgovernmental Relations and International Organizations", *World Politics*, Vol. 27, No. 1 (Oct. 1974), pp. 45-46.

30) Stanley Fish, *Doing What Comes Naturally: Change, Rhetoric, and the Practice of Theory in Literary and Legal Studies* (Durham, N.C.: Duke University Press), pp. 141-142. See also Gerald Postema, "Protestant Interpretation and Social Practices", *Law and Philosophy*, 6 (1987), p. 283; Ronald Dworkin, *Law's Empire* (Cambridge, Mass.: Harvard University Press, 1986), pp. 46-55［ドゥウォーキン（小林公訳）『法の帝国』（未来社，1995年）81-93頁］。

への世代交代に求める論者もいた[31]。類似の経緯は第二次世界大戦後のILOデービッド・モース（David Morse）事務局長時代にも見られた。

　いくつかの国際組織では、上述のような「政府間関係を超えたエリート官僚同士のネットワーク」を意識的に生み出す動きが見られた。第10章で論じられたように、職業上の専門知識に精通し共感し合う各国の経済官僚が増加したことは、IMFの監視活動と融資業務の重要な副産物であった[32]。同様に、WHO事務局の主たる目的は、発展途上国で公衆衛生活動に携わる職員・行政官を増やすことであった。WHO事務局の活動は、「発展途上国における公衆衛生計画、公衆衛生に携わる人材の育成に関する諸問題や予防的な公衆衛生サービスと治療的な公衆衛生サービスの一体化・拡大」に焦点をあてていた。WHO事務局は、「他の公衆衛生に関する問題にも対処できるような人材や施設といった恒久的な「社会的基盤」が［成果として］……残る」諸活動を支援した[33]。上述した人口政策を形成する過程で、WHOと発展途上国の保健省との特別な関係性を保持することが、［WHO事務局にとっては］重要な目的だった。

　WHOにとって、この関係以上に重要な関係はない。発展途上国の保健担当行政官は、WHOの援助の主な顧客である。彼らは、WHOの計画と予算拡大のために動く主要な圧力団体を形成している。そして、彼らは、世界保健総会では自国政府を代表する。それゆえ、事務局は、WHOのリソースの拡大を奨励してくれる最も信頼できるパートナーを第三世界の保健省と認識している。……国内の保健省との連携は、［WHOにとって］重要な責務のままであるが、国内の保健省も自身にとって都合のよい責務とみなしている[34]。

---

31) Robert E. Hudec, *Enforcing International Trade Law: The Evolution of the Modern GATT Legal System*, (Salem, N.H.: Butterworth Legal Publishers, 1993), p. 11.
32) 個人的な書簡の交換と会話に基づく。Susan Strange, "IMF: Monetary Managers", in Robert Cox and Harold K. Jacobson, eds., *The Anatomy of Influence: Decision Making in International Organizations* (New Haven, Conn.: Yale University Press, 1974), p. 267.
33) Finkle and Crane, *supra* note 25, p. 378; see also p. 384.
34) *Ibid.*, pp. 384-385.

このような説明は、ほとんどでないにしても多くの発展した国際組織にもあてはまる。このような越境的な官僚同士のネットワークが、実際のところ国際組織の目的に支持を得るうえで必要な連携となっている。コヘインとナイは、このような連携を涵養する装置としての国際組織の役割を早々に認識していた。

　めったに言及されないが、世界政治における国際組織の重要な役割の一つとして、潜在的、黙示的な連携を、パートナー間の直接交流という特徴を有する明示的な連携へと発展させるために政府の下部機関が交流する場の提供がある。このようなある特定の政治的な錬金術により、国際組織は［パートナー間の］物理的な近接性、相互作用が生じうる政策課題、強い正統性を生み出す。非公式な議論は、国際組織の会議で自然発生的に行われる。そして、このような状況を踏まえると、自国政府の他の下部機関がこのような接触に反対することは困難となる[35]。

国際組織がこれらの「下部機関（所管事項の範囲内で責任を有する国内の官僚機構）」を中央政府の対外政策担当当局の管理や国際組織の任務遵守を阻止する可能性のある他の圧力から守る手助けを行うということが、少なくとも示唆される。逆もまた然りであって、GATTを利用することで、輸入に反対する国内的要請から外務省が守られる。国内の官僚機構が［政策に関して機関ごとに］異なる優先政策と重要政策を持つ小単位の機関に分割されているので、国際組織は、各国政府内や各国の政治過程で当該機関に抵抗する勢力に対抗し、自らの計画や優先政策を推進するための国内の連携相手を模索する機会を数多く与えられている。たとえば、ケンブリッジ大学で教育を受けた発展途上国の財務省内のエコノミスト達は、通貨政策に関するIMFの諸規範を支持する幹部集団を形成する。

　地中海計画についても同様である。ムスタファ・トルバとUNEP事務局は、「地域的な海洋学者との越境的な連携」を構築するために、UNEPの小規模の技術援助関連予算を利用した。そして海洋学者達は、UNEPの意向に沿う形で

---

35) Keohane and Nye, *supra* note 29, p. 51.

自国政府に助言を行った。地中海計画のモニタリングプロジェクトのための主要な研究所として後発発展途上国の施設を利用することで、トルバは海洋学者たちの忠誠心を、研究基金に協力的でない彼らの政府よりもUNEPに引きつけることができた[36]。その結果、国際レベルでは、対策を推進し個々の政府が初期に有していた関心よりも広い視点から海洋汚染を捉える包括的な複数の協定が作られ、国内レベルでは、地中海計画への支持、同議定書の実施への支持が高まった[37]。当然のことだが、遵守への圧力は、一般的に［各国の］環境省から生じる。これら［環境省］の多くは、UNEPの支援により強化されてきた官庁であり、UNEP寄りの科学者を職員として採用してきた[38]。

地中海計画に関する研究に基づき、ピーター・ハースは「知識共同体」という一般理論を提示し、環境分野における国家の政策調整について説明した。本書の目的とハースの論究の目的は異なるが、ハースのアプローチの関連部分は我々が進めてきた越境的な官僚同士の相互作用の分析を裏付ける。

ハースによれば、知識共同体とは、「特定の分野あるいは問題領域における一般に受け入れられた知識と能力を兼ね備えた専門家」、つまり「知識を共有する専門家のネットワーク」のことである[39]。少なくとも最初、ハースは、知

---

36) Peter M. Haas, *Saving the Mediterranean: The Politics of International Environmental Cooperation*（New York: Columbia University Press, 1990）, pp. 104-107, 217.
37) *Ibid*., pp. 216-218.
38) Peter M. Haas, "Do Regimes Matter? Epistemic Communities and Mediterranean Pollution Control", *International Organizations,* 43, No. 2（Summer 1989）, p. 388.
39) Peter M. Haas, "Introduction : Epistemic Communities and International Policy Coordination," in Haas ed., *Knowledge, Power, and International Policy Coordination*, pp. 2-3. ［知識共同体に関する］最近の理論の最も完全な説明は、*International Organization*誌の特集号（1992年冬号）に見出せる。初期の定式化では、［射程を］自然科学者の集団にかなり狭く限定していたが、［知識共同体に関する］概念は、経済学者、中央銀行関係者、戦略分析家の諸集団に徐々に拡大されてきた。実際には、構成員は必ずしも単一の学問領域に関する実務家とはかぎらない。寧ろ、共有された規範的かつ原則的な信念、因果関係に関して共有された概念、妥当性に関する共有された基準、そして共通の政策的企ての束によって、構成員は定義づけられる。

識共同体を政府の範囲外に置き、より厳密に言うと学界を中心に置いた。彼の理論の本質は、学界で進展したイノベーションや新しく生まれた観念がいかに政府の政策に影響をおよぼすかを説明することにある[40]。彼の解答は以下の通りである。知識共同体で共有された信念、政策的志向を実施するために、自身の権力的な地位を利用する政府高官あるいはアドバイザーによる「知識共同体の、統治機構への政治的な浸透」を通じて［知識共同体の新たな観念が政府の政策に影響を及ぼす][41]。

ハースの関心は国際レベルでの政策調整にあり、彼が関心を寄せる知識共同体は越境的なものである。政策の採用や実施を調整する際に基盤となる新しい観念の、国際システムを通じた拡散こそ彼の主たる関心事項である。このような新しい観念の拡散は、通常、科学的・学術的なチャンネルを通じて生じるが、公的・官僚的機関がしばしば重要な役割を果たす。

越境的な知識共同体という観念に影響を受けた政策決定者達を介して、この観念が他の諸国に拡散することで、この観念は国際組織あるいは様々な国家機関に定着するかもしれない。その結果、知識共同体は［システム］全体に浸透するような影響力を有することができる。知識共同体の拡散ネットワークが大きいがゆえに、越境的な知識共同体の影響力は、国内の知識共同体に比べ、持続性を有し強烈である[42]。

---

40) *Ibid.*, pp. 1-35, 27. Emanuel Adler and Peter Haas, "Conclusion: Epistemic Communities, World Order, and the Creation of a Reflective Research Program", in Haas, ed., *Knowledge, Power, and International Policy Coordination, Internationa Organization*, 46, No. 1 (Winter 1992), pp. 385-387 [制度的な学習の駆動力としての「知識共同体」].
41) 知識共同体は、共有された諸原則、原因に関する諸信念、それらの妥当性を測る基準、政策的志向という四つの面で通常の利益集団や官僚機構とは異なる。利益集団の構成員は共有された諸原則と利益を有するかもしれないが、共有された知識基盤あるいは原因に関する諸信念は有さない。一方、官僚は、同僚との間でこれらの共通の属性を全く共有しないかもしれない。Haas, *supra* note 39, pp. 18-20.
42) *Ibid.*, p. 17.

知識共同体が政策形成過程に徐々に浸透すると[43]、知識共同体が政策調整にどのような影響をおよぼすのかについての説明は、当然ながらそのほとんどが、政策を実施する官僚機構内の相互作用や官僚機構間の相互作用に加えて、NGOや政治的共同体におけるその他の同志と官僚機構との相互作用に関する話となる。官僚機構が単に官僚機構の壁の外［この場合、知識共同体］で生み出される観念を伝えるルートとしての役割以上の積極的な役割を果たすかもしれないことをハースは認識していた。［しかし］逆に、官僚達は自身の目的のために知識共同体を活用するかもしれない。たとえば、「自身の政策への支持を得るために国内的または国際的な連携を構築するという目的」を果たすためとか、「包括案を正当化する」ためである[44]。第二次世界大戦後の経済問題の収拾に関するケインズ学派の経済学者の影響を説明する際、経済学者達が「実際には政府の外で孤立しておらず、戦後の［復興］計画を開始するための米英の官僚達の取り組みがケインズ主義的な思考をふきこみ、専門家が機関内で一定の地位を得る」[45]と、ジョン・アイケンベリー（G. John Ikenberry）は強調する。我々のいい方では条約遵守にあたる政策実施の段階で、官僚［機構］の連携や実務が主要な役割を果たすこととなる。「知識共同体のメンバーが、特定の分野で当初は国益を特定するためよりも政策の選択肢を明確にするために助言を求められたとしても、一旦彼らの観念が吸収され体系化されてしまえば、その観念は制度的な慣行を通じて当該分野の国家政策に影響を行使し続けることになる。」[46]

---

43) Adler and Haas, *supra* note 40, p. 374.
44) *Ibid*., pp. 381, 382.
45) G. John Ikenberry, "A World Economy Restored: Expert Consensus and the Anglo-American Postwar Settlement," in Haas, ed., *Knowledge, Power, and International Policy Coordination*, p. 304.
46) Adler and Haas, *supra* note 40, p. 375.

12-4　将来的な見通し

　国際的な官僚機構の説明としては、前述の内容は過度に楽観的とみなされるかもしれない。1970年代、80年代を通じて、米国を筆頭として過度の負担を負った諸国は、国連の諸機関に大いに不満を抱くようになり、国際組織の事務局に厳しい財政規律と政策の制約を求めるようになった[47]。このような［諸国の国際組織に対する］新たな懐疑主義は、部分的には国際組織が一定程度、政策面での自律性を確保したことへの反応だったかもしれない。たとえば、第3章で論じたように、米国がユネスコから脱退したことは、［ユネスコの］「無駄の多い財政支出」への嫌悪感だけでなく、［ユネスコ］事務局長が米国や西側諸国が優先しようとした政策をなかなか受け入れなかったことへの嫌悪感も反映しているといえよう。より広義には、WHOに代表されるように、多くの国連の専門機関が発展途上国を主たる顧客とみなし、事務局が途上国の要求、利益を満たす傾向にあった。国際組織の［投票手続における］一国一票制やコンセンサス方式に基づく投票ルールの結果、事実上、普遍的な国際組織は、従来、［国際社会で］力を持つことに恵まれてこなかった諸国が自身の政策課題を強く主張できるフォーラムへと変化している。［国際組織に対する］政治的幻滅は、国際的な官僚機構の効率性や実効性を批判する学術研究によって確認された[48]。国際的な官僚機構も国内の官僚機構と同様、冷たく、課題が多すぎる特徴を示していると考えられたが、国際レベルでは政治的アカウンタビィリ

---

47)　"Reform Proposals Circulate during the 46th Assembly", *UN Chronicle*, 29 (Mar. 1992), pp. 9-11; Boutros Boutros-Ghali, "The Dues of Peace", *New Perspectives Quarterly*, 9 (Fall 1992): pp. 58-60; "Foundation Experts Outline Ways to Finance a More Effective UN", *UN Chronicle*, 30, (June 1993), p. 73; Frank Prial, " Low on Cash, UN Tightens Belt", *New York Times*, Aug. 29, 1993, p. 12 (1), col. 5.

48)　See Eugene Skolnikoff, *The International Imperatives of Technology: Technological Development and the International Political System* (Berkeley: Institute of International Studies, University of California, 1972)

ティーが低いため、一層そのような特徴が強いのかもしれない。

このような態度の変化は既存の機関の予算削減や1950年代、60年代風の伝統的なモデルに基づいて新しい機関を設立しようとすることへの激しい抵抗にも現れ続けている。1968年に設立されたIAEAは、このような傾向の典型例であるかもしれない[49]。[権限、資金などを]十分兼ね備えた国際組織への抵抗は、新しい[タイプで]複雑な条約が大幅に増加している環境分野でも見られる。国連環境計画は、ストックホルム国連人間環境会議時に設立された組織だが、「[国際]組織」としてではなく、「計画」として企図された。同計画は、低予算で小規模な主体と認識され、業務上の責任が付与された主体というよりも触媒機能、調整機能を有する主体として認識された。[UNEP設立]後に締結された環境諸条約でも、[条約履行に関する]業務を担う機関は、名目上だけでなく、実際の実行においても締約国会議である。各国の代表からなる特別委員会や作業グループが準備作業や事務的な業務の多くを実施する。環境諸条約に基づく新たな財政援助は、オゾン層保護基金と同様、国連開発計画とUNEPが支援し世界銀行が主導するコンソーシアムである地球環境ファシリティーによって運営されるようである[50]。最近の環境諸条約の事務局は、少数の職員から構成されており、政策を十分に主導するにはあまりにも小規模である。UNEPの最新の予算は、1992会計年度で6400億ドルであった。気候変動枠組条

---

49) 国連貿易開発会議（1964年設立）[原文ではcommissionとなっているが、文脈から判断するにUnited Nations Conference on Trade and Development ― UNCTAD ―のことと思われる]とUNDP（1965年設立）は、より古くからある国連の専門機関に、より類似しているが、両機関は発展途上国[のための]機関と見なされ、初期の機構[GATTなど]における西側諸国の支配とバランスを図る組織とされる。

50) Benedick, *supra* note 10, pp. 185-186.［ベネディック（小田切訳）228-229頁］Andrew Jordan, "Paying the Incremental Costs of Global Environmental Protection: The Evolving Role of GEF", *Environment*, 36 (July-Aug. 1994), pp. 13-18; David Fairman, "Report of the Independent Evaluation of the Global Environment Facility Pilot Phase", *Environment*, 36 (July-Aug. 1994), pp. 25-30. 地球環境ファシリティーは気候変動枠組み条約、生物多様性条約に基づき委託されるリソースの管理者となるであろうと想定される。

約事務局の1996年－97年会計年度の計画では、年間活動予算として1850億ドルが想定されている[51]。国際的な環境諸条約の履行を監視する包括的なユニット（umbrella unit）として1992年のリオ会議の後に誕生した持続可能な発展委員会も［UNEP］と同様の傾向を有し続けているようである。

このような国際組織の構造デザインは、既に「制度への加重負担」に関する懸念を生み出している[52]。締約国に徹底的かつ広範な参加を求める要求は、最も規模が大きく献身的な［国内の］対外政策機関のリソースにさえ負担をかける。ハース、コヘイン、レヴィが言及するスウェーデンの最近の調査では、180におよぶ異なる国際的な環境条約機構がスウェーデン政府の積極的な関与を要求していることが示されている[53]。気候変動に関する交渉や後の気候変動枠組条約の準備委員会の作業で、作業グループの数は二つに制限されるべきこと、会期と会期の間の会合を禁止すべきことを発展途上国は主張した。その理由は単純で、［これ以上の数や頻度の活動や会議に］必要な職員や資金を小国は有していないからである。しかし、むろん、新しい［国際］組織の構造デザインにおいて、組織のための業務活動や分析を提供することを求められているのはこのような作業グループや委員会である。作業グループや委員会による業務活動や分析がなければ、全体会議は機能しないであろう。だいたい2、3週間開催されるこれらの機構［環境諸条約の条約機構］の年次会合にあたる締約国会議が、最も緊急性を要する管理事項の検討だけを許可する。環境問題を担当する各国の外交官達の小規模集団が、全ての［環境］条約の下の重要な活動を担っている[54]。

環境分野、核不拡散分野や類似の分野に関する規制型レジームが直面する諸

---

51) UNEP, 1992 Annual Report of the Executive Director: Twenty Years after Stockholm, (Nairobi, 1993), pp. 137-140; Draft Decision on Agenda Item V (d) (iv), 気候変動枠組条約締約国会議第1会期, Doc. FCCC/CP/1995/L. 4, Apr. 4, 1995.

52) Haas, Keohane, and Levy, eds., *supra* note 1, pp. 421-423.

53) *Ibid*., p. 422.

54) See Weiss and Jacobson, *National Compliance with International Environmental Accords*.

課題は、政府間機関が今まで取り組んできた課題の中でも最も複雑で困難な課題の一つである。[国際的な]官僚機構に対する批判的な反応（あるいは過剰な反応）が修正されなければ、これらの諸課題が解決される見通しは低くなるであろう。全ての[国際]組織における官僚機構の本質的な責任は、[条約の]実施、遵守、執行である[55]。利用可能なリソースを削減すれば、遵守を向上させることはできないであろう。逆に、スタンレー・ホフマン（Stanley Hoffmann）は、10年以上前に、集団的な管理は「地域的な国際組織、[普遍的な]国際組織の強化を示唆している」と考えていた。いずれにせよ、ここに言う強化は、「確実に[国際組織の]リソースの増大や権限の強化を意味する[のである]。」[56]

官僚機構は一般的に非効率で実効性が低いとされるが、むしろ概して逆であろう。このような[官僚機構に関する]認識は、国際・国内レベル双方での、規制緩和による自由化、分権化への動き、そして「市場原理を用いた手段」の模索に力を与えた。しかし、これらのアプローチはそれ自体欠点を有しており、主要な国際的レジームやトランスナショナルなレジームが実効的に作用するためには、両方のアプローチを結合させる必要があることは明らかなようである。官僚機構の能力の問題はなくなりはしない。

集団的な管理に対する要求は急速に高まっている。冷戦期に押さえ込まれていた問題や[米・ソの]権力の二極化の一側面として規制されていた問題は、新たな切迫性を持つ問題としてその意義を有している。このような新たな要求への国際社会の対応は、散発的であまり進んでいない。しかし、貿易、武器の拡散、地球環境の保護のような幾つかの分野では、[新たに噴出した問題を集

---

55) Joel D. Aberbach, Robert D. Putnam, and Bert A. Rockman, *Bureaucrats and Politicians in Western Democracies* (Cambridge, Mass.: Harvard University Press, 1981), p. 46. [同書は]政策形成過程における官僚と政治家の役割を比較し対比している。

56) Stanley Hoffman, *Duties beyond Borders* (Syracuse, N.Y.: Syracuse University Press, 1981), p. 213. [スタンリー・ホフマン（最上敏樹訳）『国境を越える義務—節度ある国際政治を求めて』（三省堂，1985年）272頁。］

団的に管理することに対する新たな要求に関する］実質的な対応の輪郭が、新しい多数国間条約（これらは、本書の分析に有益なものを提供した）の中に現れ始めている。しかし、このような対応は、実質的に構想されたとしても、実効的な実施を伴わなければ、失敗に帰すであろう。複雑な規制型条約の実施に必要な政治的・社会的な相互作用の入り組んだネットワークを管理する強力かつ能動的で十分な能力を兼ね備えた［国際］組織こそ、［このような対応の］本質的な構成要素となろう。

　効率的かつ実効的で政治的な対応力を有する新しい国際組織のカタチを設定する国際共同体の能力を超えるべきではない。過去に設立された国際組織の幾つかは、必要な規模の任務を受け持つことができることを示していた。すべての国際組織を同じ手段・方策に画一化することはできないし、そのようにすべきではない。異なる国際組織は、異なる任務と機能を必要としている。しかし、成功している国際組織に共通する特徴は、国際組織が卓越した管理能力、職員と加盟国の広範で［政治的に］高度な関与を結合させていることである。最も顕著な事例は、国際金融分野の主要な国際組織である。IMF、世界銀行は、歴史的に、際だった管理能力、高度な専門能力を有する職員、そして加盟国で責任のある立場にある官僚の広範な関与を有してきた。IAEA も、色々な制約があるにもかかわらず、核不拡散分野での主要な政策アクターであり、歴史的に、傑出した事務局長、高度な専門能力を有する技術職員、国内の原子力畑の影響力のある官僚の継続的な関与を有してきた。

　このような傾向は、1993年1月に署名された化学兵器禁止条約の運用で想定される制度にも明白に見られる。［条約の］準備委員会は、数百人規模の職員と1億ドル規模の年間予算を有する実質的な化学戦防止機関［現在は化学兵器禁止機関：OPCW］の設立を計画している。このようなことは、単に国際社会が取り組む軍備管理問題の深刻さを反映したものであるが、おそらく実効的な国際レジームにとってこのような組織が必要であるという［国際社会の］新たな意識を示すものでもあろう。

　これまで、国際システムは、長期間、安全保障問題にのみ集中的に取り組ん

できたが、その後、第二次世界大戦の終結時に、急速な国際社会の組織化を経験した。このような［国際社会の組織化に向けた］努力は、決して失敗ではなかった。これらの国際組織は、今日も活動を続け重要な機能を果たしている。国際組織が存在せず、重要な機能を果たしていないとしたら、我々は国際組織を設立しなければならないだろう。国際社会が未だ対処しておらず規制を最も必要とする諸問題に関し遵守を管理する制度的な能力を涵養するために、今日も［第二次世界大戦終結時と］同等の努力が必要である。

付録：条約リスト

　この付録には、［本書が分析対象とした］条約とその他の国際文書が、公式の引用元および一般的に使用される呼称・略語とともに、以下の分類に従って収録されている。
・軍備管理・安全保障・防衛
・経済・貿易
・環境・天然資源
・その他の条約
　・国連・その他の専門機関
　・交通・通信
　・人権
　・外交関係
　・刑事関係・特別領域
　・教育・文化関係
　・西半球関係

　列挙されている条約には、公式の引用元を記載している（United States Treaty［UST］, International Legal Materials［ILM］, United Nations Treaty Series［UNTS］, Arms Control and Disarmament Agreements, 1982［ACAD］, other document source）。また、適宜、効力発生日が加えられている。

軍備管理・安全保障・防衛	
IEA条約	Agreement on International Energy Program, Including Establishing of the International Energy Agency
	Agreement on Notification of Launches of Intercontinental Ballistic Missiles and Submarine-Launched Ballistic Missiles
ヘルシンキ最終議定書	Conference for Security and Co-operation in Europe: Final Act
生物兵器禁止条約	Convention on the Prohibition of the Development, Production, and Stockpiling of Bacteriological and Toxin Weapons, and on Their Destruction
化学兵器禁止条約	Convention on the Prohibition of the Development, Production, Stockpiling and Use of Chemical Weapons and on Their Destruction
ケロッグ・ブリアン協定［不戦条約］	General Treaty Providing for the Renunciation of War
ジュネーブ議定書	Geneva Protocol for the Prohibition of the Use in War of Asphyxiating, Poisonous or Other Gases, and of Bacteriological Methods of Warfare
リオ協定	Inter-American Treaty of Reciprocal Assistance

国際エネルギー計画に関する協定（国際エネルギー機関設立協定含む）	27 UST 1685, 1974, 効力発生　1976年1月19日
大陸間弾道ミサイル及び潜水艦発射型弾道ミサイル発射通知に関する協定	27 ILM 1200, 1988, 効力発生　1988年5月31日
全欧安全保障協力会議：最終議定書	14 ILM 1292, 1975
細菌兵器（生物兵器）及び毒素兵器の開発、生産及び貯蔵の禁止並びに廃棄に関する条約	26 UST 583, 1972, 効力発生　1975年3月26日 ［原文4月10日は署名日］
化学兵器の開発、生産、貯蔵及び使用の禁止並びに廃棄に関する条約	32 ILM 800, 1993, 効力発生　1997年4月29日 ［原文93年1月13日は署名日］
戦争放棄に関する条約	46 Stat 2343, 1928, 効力発生　1929年7月24日
窒息性ガス、毒性ガスまたはこれらに類するガスおよび細菌学的手段の戦争における使用の禁止に関する議定書	26 UST 571, 1925
米州相互援助条約	21 UNTS 77, 1947, 効力発生　1948年3月12日 ［原文では12月3日となっているので修正］

	· Inter-American Treaty of Reciprocal Assistance Amendments, II Applications, Basic Instruments of the Organization of American States (Washington D.C.: General Secretariat, Organization of American States, 1981)
NATO 条約	North Atlantic Treaty
IAEA 憲章	Statue of the International Atomic Energy Agency
SALT I	Strategic Arms Limitation Talks
暫定協定	Interim Agreement between the USA and the USSR on Certain Measures with Respect to the Limitation of Strategic Offensive Arms, and Protocol
ABM 制限条約	Treaty between the USA and the USSR on the Limitation of Anti-Ballistic Missile Systems
	· Memorandum of Understanding Regarding the Establishment of a Standing Consultative Commission
	· Protocol Establishing and Approving Regulations Governing Procedures and Other Matters of the Standing Consultative Commission with Regulations
	· Protocol to the Treaty of May 26, 1972, on the Limitation of Anti-Ballistic Missile Systems
部分的核実験禁止条約	Treaty Banning Nuclear Weapons Tests in the Atomosphere, in Outer Space, and Under Water
START II	Treaty between the USA and the Russian Federation on General Reduction and Limitation of Strategic Offensive Arms
INF 全廃条約	Treaty between the USA and USSR on the Elimination of Their Intermediate-Range and Shorter-Range Missiles, with Memorandum of Understanding and Protocols
INF 査察議定書	· Agreement regarding Inspections Relating to the Treaty between the USA and the USSR on Elimination of Their Intermediate-Range and Short-Range Missiles
	· Memorandum of Understanding regarding Establishment of the Date Base for the Treaty between the USSR and the USA on Elimination of Their Intermediate-Range and Short-Range Missiles
SALT II	Treaty between the USA and the USSR on the Limitation of Strategic Offensive Arms
START I	Treaty between the USA and the USSR on the Reduction and Limitation of Strategic Offensive Arms
	· Protocol on Inspections and Continuous Monitoring
平和目的核爆発制限条約 (PNE 条約)	Treaty between the USA and the USSR on Underground Nuclear Explosions for Peaceful Purposes and Protocol

米州機構基本文書	
北大西洋条約	34 UNTS 243, 1949, 効力発生　1949年8月24日
国際原子力機関憲章	8 UST 1093, 1956, 効力発生　1957年7月29日
第一次戦略兵器制限交渉	
戦略攻撃兵器の制限に関する暫定協定	23 UST 3462, 1972, 効力発生　1972年10月3日
弾道弾迎撃ミサイル制限条約	23 UST 3435, 1972, 効力発生　1972年10月3日
常設協議委員会設置に関する了解覚書	24 UST 238, 1972, 効力発生　1972年12月21日
常設協議委員会議定書	24 UST 1124, 1973, 効力発生　1973年5月30日
付属議定書	27 UST 1645, 1974, 効力発生　1976年5月24日
大気圏内、宇宙空間及び水中における核兵器実験を禁止する条約	14 UST 1313, 1963, 効力発生　1963年10月10日
第二次戦略攻撃兵器の削減および制限に関する条約	UST Doc. 103-1, 199, 効力発生　1993年8月26日
中距離及び準中距離ミサイルの廃絶に関するアメリカ合衆国とソヴィエト社会主義共和国連邦との間の条約	27 ILM 90, 1987, 効力発生　1988年6月1日
査察に関する付属議定書	27 ILM 190, 1987, 効力発生　1988年6月1日
データベースの設定に関する付属了解覚書	27 ILM 98, 1988
第二次戦略攻撃兵器制限条約	18 ILM 1112, 1979
第一次戦略攻撃兵器の削減および制限に関する条約	ACDA, 効力発生　1992年10月1日
査察議定書	
平和目的の地下核爆発に関する条約	ACDA 173, 1976

地下核実験制限条約	Treaty between the USA and the USSR on the Limitation of Underground Nuclear Weapons Tests and Verification Protocol
	・Protocol to the Treaty of July 3, 1974, on the Limitation of Underground Nuclear Weapon Tests
トラテロルコ条約	Treaty for the Prohibition of Nuclear Weapons in Latin America
南太平洋非核地帯条約	Treaty for the Prohibition of Nuclear Weapons in the South Pacific
CFE	Treaty on Conventional Armed Forces in Europe
NPT	Treaty on the Non-Proliferation of Nuclear Weapons
海底軍事利用禁止条約	Treaty on the Prohibition of the Emplacement of Nuclear Weapons and Other Weapons of Mass Destruction on the Seabed and the Ocean Floor
経済・貿易	
アジア開銀設立協定	Agreement Establishing the Asian Development Bank
米州開発銀行設立協定	Agreement Establishing the Inter-American Development Bank
国際農業開発基金設立協定	Agreement Establishing the International Fund for Agricultural Development
IBRD協定	Articles of Agreement of the International Bank for Reconstruction and Dvelopment
IMF協定	Articles of Agreement of the International Monetary Fund
	・Second Amendment to the Articles of Agreement of the International Monetary Fund
	Amended Constitution of the International Rice Commission
OECD条約	Convention on the Organisation for Economic Co-operation and Development
第四次ロメ協定	Fourth African, Caribbean and Pacific Countries European Economic Community Convention
米加自由貿易協定	Free Trade Agreement between the United States of America and Canada
GATT	General Agreement on Tariffs and Trade
国際コーヒー協定（1983年）	International Coffee Agreement (1983)
ウルグアイラウンド最終文書	Multilateral Trade Negotiations: Final Act Embodying the Results of the Uruguay Round of Trade Negotiations
WTO協定	・Multilateral Agreement on Trade in Goods, Annex 1A

地下核兵器実験の制限に関する条約	ACDA 167, 1974, 効力発生　1990年12月11日
付属議定書	29 ILM 971, 1990, 効力発生　1990年12月11日
中南米核実験禁止条約	22 UST 762, 1967, 効力発生　1968年4月22日
南太平洋非核地帯条約	24 ILM 1442, 1985
欧州通常戦力条約	30 ILM 1, 1990, 効力発生　1992年11月9日
核兵器不拡散条約	21 UST 483, 1968, 効力発生　1970年3月5日
核兵器および他の大量破壊兵器の海底における設置の禁止に関する条約	23 UST 701, 1971, 効力発生　1972年5月18日
アジア開発銀行を設立する協定	17 UST 1418, 1965, 効力発生　1969年6月22日
米州開発銀行を設立する協定	10 UST 3029, 1959, 効力発生　1959年12月30日
国際農業開発基金を設立する協定	28 UST 8435, 1976, 効力発生　1977年11月30日
国際復興開発銀行協定	2 UNTS 134, 1945, 効力発生　1945年12月27日
国際通貨基金協定	2 UNTS 39, 1945, 効力発生　1945年12月27日
国際通貨基金協定の第二次改正	29 UST 2203, 効力発生　1978年4月1日 ［原文は略称だったため、正式名を入れた］
改正国際米穀委員会憲章	13 UST 2403, 1960, 効力発生　1961年11月23日
経済協力開発機構条約	12 UST 1728, 1960, 効力発生　1961年9月30日
	29 ILM 783, 1989, 効力発生　1990年3月1日 ［原文は Mar. 1, 1990］
アメリカ合衆国とカナダ間の自由貿易協定	27 ILM 281, 1988, 効力発生　1989年1月1日 USA を修正
関税及び貿易に関する一般協定	55 UNTS 194, 1947 ［効力発生日はなし］
千九百八十三年の国際コーヒー協定	Cmnd. 8810, 1982, 効力発生　1985年9月11日 ［原文には1983年との記載がない］
多角的貿易交渉：ウルグアイ・ラウンドの多角的貿易交渉の結果を収録する最終文書	33 ILM 1125, 1993, 効力発生　1995年1月1日
物品の貿易に関する多角的協定	33 ILM 1154

WTO協定	・Agreement Establishing the World Trade Organization
GATS	・General Agreement on Trade in Services, Annex 1B
TRIPS協定	・Agreement on Trade-Related Aspect of Intellectual Property Rights, Annex 1C
紛争解決了解	・Understanding on Rules and Procedures Governing the Settlement of Disputes, Annex 2
TPRM	・Trade Policy Review Mechanism, Annex 3
	・Plurilateral Trade Agreements, Annex 4
NAFTA	North American Free Trade Agreement
	・North American Agreement on Environmental Cooperation
	・North American Agreement on Labor Cooperation
	・Agreement concerning the Establishment of a Border Environment Cooperation Commission and a North American Development Bank
	International Wheat Agreement (1986)
環境・天然資源	
	Agreement for Cooperation in Dealing with Pollution of the North Sea by Oil
	Agreement for the Establishment of the Indo-Pacific Fisheries Council
北極熊協定	Agreement on the Conservation of Polar Bears
南極あざらし保存条約	Convention for the Conservation of Antarctic Seals
オスロ条約	Convention for the Prevention of Marine Pollution by Dumping from Ships and Aircraft
パリ条約	Convention for the Prevention of Marine Pollution from Land-Based Sources
	Convention for the Protection and Development of the Marine Environment of the Wider Caribbean Region, and Protocol (Concerning Cooperation in Combating Oil Spills in The Wider Caribbean Region)
バルセロナ条約／地中海保護条約	Convention for the Protection of the Mediterranean Sea against Pollution
	Protocol for the Prevention of Pollution of the Mediterranean Sea by Dumping from Ships and Aircraft

世界貿易機関を設立するマラケシュ協定	33 ILM 1144 ［原文では Multilateral となっているので修正 and Annexes を貿易政策検討制度にならって、Annex 1B と変更］
サービスの貿易に関する一般協定	33 ILM 1167
知的所有権の貿易関連の側面に関する協定	33 ILM 1197
紛争解決に係る規則及び手続に関する了解	33 ILM 1226
貿易政策検討制度	Geneva: GATT Secretariat, 1994
複数国間貿易協定	Geneva: GATT Secretariat, 1994
北米自由貿易協定	32 ILM 289, 1992, 効力発生　1994年1月1日
環境に関する補完協定	32 ILM 1480, 1993
労働に関する補完協定	32 ILM 1499, 1993
北米開発銀行の設立に関する協定	32 ILM 1545, 1993
国際小麦協定	19 UST 5499, 1986, 効力発生　1986年7月1日 ［効力発生が原文に1986年7月1日と記載されているので、国際小麦協定の方だと思われる］

油による北海の汚染に関する協力のための協定	704 UNTS 3, 1969, 効力発生　1969年8月9日
インド＝太平洋漁業理事会の設立に関する協定	120 UNITS 59, 1952, 効力発生　1948年11月9日 ［原著にある1961年は4回目の改正のもの］
北極熊の保存に関する協定	27 UST 3918, 1973, 効力発生　1976年5月26日
南極のあざらしの保存に関する条約	29 UST 441, 1972, 効力発生　1978年3月11日
船舶及び航空機からの投棄による海洋汚染の防止に関する条約	11 ILM 262, 1972, 効力発生　1974年4月7日
陸地汚染源による海洋汚染防止に関する条約	13 ILM 352, 1974, 効力発生　1978年5月6日
広域カリブ海の海洋環境の保護及び発展のための条約、並びに（広域カリブ海における油流出に対処するための協力に関する）議定書	Treaties and Other International Acts no. 11085, 1983, 効力発生　1986年10月11日 ［条約と議定書の発効日は同じ］
汚染に対する地中海の保護に関する条約	15 ILM 290, 1976, 効力発生　1978年2月12日
船舶及び航空機からの投棄による地中海汚染の防止に関する議定書	UNEP/GC. 16. Inf. 4, 1976, 効力発生　1978年2月12日

	Protocol concerning Co-operation in Combating Pollution of the Mediterranean Sea by Oil and Other Harmful Substances in Cases of Emergency
	Protocol for the Protection of the Mediterranean Sea against Pollution from Land-Based Sources
	Protocol on Specially Protected Areas
世界遺産条約	Convention for the Protection of World Cultural and Natural Heritage
原子力事故援助条約	Convention on Assistance in the Case of a Nuclear Accident or Radiological Emergency
生物多様性条約	Convention on Biological Diversity
原子力事故早期通報条約	Convention on Early Notification of a Nuclear Accident
CITES／ワシントン条約	Convention on International Trade in Endangered Species of Wild Fauna and Flora
LRTAP／長距離越境大気汚染条約	Convention on Long-Range Transboundary Air Pollution
EMEP議定書	Protocol on Long-Term Financing of the Co-operative Programme for Monitoring and Evaluation of the Long-Range Transmission of Air Pollutants in Europe
硫黄排出量削減議定書	Protocol on the Reduction of Sulphur Emissions or Their Transboundary Fluxes by at Least 30 Percent
NOX議定書／窒素酸化物議定書	Protocol concerning the Control of Emissions of Nitrogen Oxides or Their Transboundary Fluxes
VOX議定書／揮発性有機化合物議定書	Protocol concerning the Control of Emissions of Volatile Organic Compounds or Their Transboundary Fluxes
南極海洋生物資源保存条約	Convention on the Conservation of Antarctic Marine Living Resources
バーゼル条約	Convention on the Control of Transboundary Movement of Hazardous Wastes and Their Disposal
ロンドン条約	Convention on the Prevention of Marine Pollution by Dumping of Wastes and Other Matter
バルト海保護条約	Convention on the Protection of the Marine Environment of the Baltic Sea Area
ライン川化学汚染防止条約	Convention for the Protection of the Rhine against Chemical Pollution
	Convention on the Regulation of Antarctic Mineral Resource Activities
ラムサール条約	Convention on the Wetlands of International Importance Especially as Waterfowl Habitat

緊急時における油その他の有害物質による地中海の汚染に対処するための協力に関する議定書	UNEP/GC. 16. Inf. 4, 1976, 効力発生　1978年2月12日
陸地汚染源による地中海の汚染防止に関する議定書	UNEP/GC. 16. Inf. 4, 1980, 効力発生　1983年6月17日
特別保護区域に関する議定書	UNEP/GC. 16. Inf. 4, 1982［未発効、類似する別の議定書が1999年に発効している］
世界の文化遺産及び自然遺産の保護に関する条約	27 UST 37, 1971, 効力発生　1975年12月17日
原子力事故又は放射線緊急事態の場合における援助に関する条約	25 ILM 1377, 1986, 効力発生　1987年2月26日
生物の多様性に関する条約	31 ILM 818, 1992, 効力発生　1993年12月29日
原子力事故の早期通報に関する条約	25 ILM 1370, 1986, 効力発生　1986年10月27日
絶滅のおそれのある野生動植物の種の国際取引に関する条約	27 UST 1087, 1973, 効力発生　1975年7月1日
長距離越境大気汚染に関する条約	18 ILM 1442, 1979, 効力発生　1983年3月16日
欧州における大気汚染物質の長距離移動のモニタリング及び評価のための協力計画の長期資金調達に関する議定書	27 ILM 698, 1984, 効力発生　1988年1月28日
硫黄排出量又はその越境移動量の少なくとも30パーセントの削減に関する議定書	27 ILM 698, 1985, 効力発生　1987年9月2日
窒素酸化物又はその越境移動量の規制に関する議定書	ECE/EB. AIR/18m 1988, 効力発生　1991年2月15日
揮発性有機化合物又はその越境移動量の規制に関する議定書	31 ILM 568, 1991, 効力発生　1997年9月29日
南極の海洋生物資源の保存に関する条約	33 UST 3476, 1980, 効力発生　1982年4月7日
有害廃棄物の国境を越える移動及びその処分の規制に関する条約	28 ILM 649m 1989, 効力発生　1992年5月5日
廃棄物その他の物の投棄による海洋汚染の防止に関する条約	26 UST 2403, 1972, 効力発生　1975年8月30日
バルト海の海洋環境保護に関する条約	13 ILM 546, 1974, 効力発生　1980年5月3日
化学汚染からのライン川の保護のための条約	16 ILM 242, 1975, 効力発生　1979年2月1日
南極の鉱物資源活動の規制に関する条約	27 ILM 859, 1988［未発効、代わりに環境保護に関する南極条約議定書が1998年に発効している］
特に水鳥の生息地として国際的に重要な湿地に関する条約	996 UNTS 245, 1971, 効力発生　1975年12月21日

	Convention on Fishing and Conservation of Living Resources of the High Seas
気候変動枠組条約／FCCC	United Nations Framework Convention on Climate Change
IATTC	Convention for the Establishment of an Inter-American Tropical Tuna Commission
	International Convention for the Conservation of Atlantic Tuna
MARPOL（条約）	International Convention for the Prevention of Pollution from Ships
MARPOL条約78年議定書	Protocol of 1978 to the International Convention for Prevention of Pollution from Ships
OILPOL（条約）／油濁汚染防止条約	International Convention for the Prevention of Pollution of the Sea by Oil
	International Convention for the Protection of New Varieties of Plants
	International Plant Protection Convention
ICRW	International Convention for the Regulation of Whaling
油汚染損害民事責任条約	International Convention on Civil Liability for Oil Pollution Damage
	International Convention Relating to Intervention on the High Seas in Cases of Oil Pollution Casualties
ITTA	International Tropical Timber Agreement
リオ宣言	Rio Declaration on the Environment and Development
ストックホルム宣言／人間環境宣言	Stockholm Declaration of the United Nations Conference on the Human Environment
オゾン層保護条約	Vienna Convention for the Protection of the Ozone Layer
モントリオール議定書	Montreal Protocol on Substances That Deplete the Ozone Layer
（モントリオール議定書）ロンドン改正	・Amendment to the Montreal Protocol on Substances That Deplete the Ozone Layer
（モントリオール議定書）コペンハーゲン改正	・Amendment to the Montreal Protocol on Substances That Deplete the Ozone Layer
その他条約	
	Vienna Convention on the Law of Treaties

漁業及び公海の生物資源の保存に関する条約	17 UST 138，1958，効力発生　1966年3月20日［原著の条約名が不正確だったため修正した］
気候変動に関する国際連合枠組条約	31 ILM 849，1992，効力発生　1994年3月21日
全米熱帯まぐろ類委員会の設置に関する条約	1 UST 230，1949，効力発生　1950年3月3日
大西洋のまぐろ類の保存のための国際条約	20 UST 2887，1966，効力発生　1969年3月21日
船舶による汚染の防止のための国際条約	12 ILM 1319，1973，効力発生　1983年10月2日
船舶による汚染の防止のための国際条約に関する1978年の議定書	Cmnd. 5748，1978，効力発生　1983年10月2日
油による海水の汚濁の防止のための国際条約	12 UST 2989，1954，効力発生　1958年7月26日
植物の新品種の保護に関する国際条約	815 UNTS 108，1972，効力発生　1968年8月10日［原著にある1981年は2回目の改正の発効年］
国際植物防疫条約	23 UST 2767，2952，効力発生　1952年4月3日
国際捕鯨取締条約	161 UNTS 72，1946，効力発生　1948年11月10日
油による汚染損害についての民事責任に関する国際条約	9 ILM 45，1969，効力発生　1975年6月19日
油による汚染を伴う事故の場合における公海上の措置に関する国際条約	26 UST 765，1969，効力発生　1975年5月6日
国際熱帯木材協定	UNCTAD Doc. TD/Timber/11，1983，効力発生　1985年4月1日
環境と開発に関するリオ宣言	31 ILM 874，1992
国際連合人間環境会議のストックホルム宣言	11 ILM 1416，1972
オゾン層の保護のためのウィーン条約	26 ILM 1516，1985，効力発生　1988年9月22日
オゾン層を破壊する物質に関するモントリオール議定書	26 ILM 1541，効力発生　1989年1月1日
オゾン層を破壊する物質に関するモントリオール議定書の改正	30 ILM 537，1990，効力発生　1992年8月10日
オゾン層を破壊する物質に関するモントリオール議定書の改正	32 ILM 874，1992，効力発生　1994年6月14日
条約法に関するウィーン条約	1155 UNTS 331，1969，効力発生　1988年1月27日

		Vienna Convention on the Law of Treaties between States and International Organizations or between International Organizations
		Convention on the Recognition and Enforcement of Foreign Arbitral Awards
国連・専門機関		
	国連憲章	Charter of the United Nations
	FAO	Constitution of the Food and Agriculture Organization
	ILO	Constitution of the International Labour Organization
	UNESCO	Constitution of the United Nations Educational, Scientific and Cultural Organization
	UPU	Constitution of the Universal Postal Union
	WHO	Constitution of the World Health Organization
	WIPO	Convention Establishing the World Intellectual Property Organization
	ベルヌ条約	Convention for the Protection of Literary and Artistic Works
		・Universal Copyright Convention and Protocols and Revision
		・Universal Copyright Convention (Revised)
	WMO	Convention of the World Meteorological Organization
	ICAO（シカゴ条約）	Convention on International Civil Aviation
	IMCO	Convention of the Intergovernmental Maritime Consultative Organization
	ITU	International Telecommunications Convention and Optional Protocol
	［ICJ規程］	Statute of the International Court of Justice
交通・通信		
	INTELSAT	Agreement Relating to the International Telecommunications Satellite Organization
		Convention concerning Customs Facilities for Touring
		Convention for the Unification of Certain Rules Relating to International Transportation by Air
		Convention on Road Traffic
	INMARSAT	Convention on the International Maritime Satellite Organization

国と国際機関との間または国際機関相互の間の条約についての法に関するウィーン条約	8 ILM 679, 1969, 効力発生　1980年1月27日
外国仲裁判断の承認及び執行に関する条約	21 UST 2517, 1958, 効力発生　1959年6月7日

国際連合憲章	59 Stat 1031, 1945, 効力発生　1945年10月24日
国際連合食糧農業機関憲章	12 UST 980, 1945, 効力発生　1945年10月16日
国際労働機関憲章	49 Stat 2712, 1919
国際連合教育科学文化機関憲章	4 UNTS 275, 1945
万国郵便連合憲章	16 UST 1291, 1964, 効力発生　1966年1月1日
世界保健機関憲章	14 UNTS 185, 1946, 効力発生　1948年4月7日
世界知的所有権機関を設立する条約	21 UST 1749, 1967, 効力発生　1970年4月26日
文学的及び美術的著作物の保護に関するベルヌ条約	12 Martens (2d), 1886, 効力発生　1887年12月5日
万国著作権条約	6 UST 2731, 1952, 効力発生　1955年9月16日
1971年にパリで改正された万国著作権条約	25 UST 1341, 1971, 効力発生　1974年7月10日
世界気象機関条約	1 UST 281, 1947, 効力発生　1950年3月23日
国際民間航空条約	15 UNTS 295, 効力発生　1947年4月4日
政府間海事協議機関条約	9 UST 624, 効力発生　1958年3月17日
国際電気通信連合条約および選択議定書	28 UST 2495, 1973, 効力発生　1975年1月1日
国際司法裁判所規程	Treay Series 993, 効力発生　1945年10月24日

国際電気通信衛星機構に関する協定	23 UST 3813, 1971, 効力発生　1973年2月12日
観光旅行のための通関上の便宜供与に関する条約	8 UST 1293, 1954, 効力発生　1957年9月11日
国際航空運送についてのある規則の統一に関する条約	Treaty Series 876, 1933, 効力発生　1933年2月13日
道路交通条約	3 UST 3008, 1949, 効力発生　1952年3月26日
国際海事衛星機構に関する条約	31 UST 1, 1976, 効力発生　1979年7月16日

SOLAS 条約	Convention on the International Regulations for Preventing Collisions at Sea
	International Convention for the Safety of Life at Sea, 1948
	・International Convention for the Safety of Life at Sea, 1960
	・International Convention for the Safety of Life at Sea, 1974
国際満載喫水線条約	International Convention on Load Lines
	International Convention on Safety Containers
	International Regulations for Preventing Collisions at Sea
	Statute of World Tourism Organization
人権 [・人道]	
ヘルシンキ最終文書 (ヘルシンキ宣言)	Conference for Security and Co-operation in Europe: Final Act
	Constitution of the Intergovernmental Committee for Migration
欧州人権条約	Convention for the Protection of Human Rights and Fundamental Freedom
	General Act for the Repression of the African Slave Trade
ジュネーヴ第一条約 (傷病者保護条約)	Geneva Convention for the Amelioration of the Condition of the Wounded and the Stick in the Armed Forces in the Field
ジュネーヴ第二条約 (難船者保護条約)	Geneva Convention for the Amelioration of the Condition of the Wounded, Sick and Shipwrecked Members of Armed Forces at Sea
ジュネーヴ第三条約 (捕虜条約)	Geneva Convention relative to the Treatment of Prisoners of War
米州人権条約	Inter-American Convention on Human Rights
自由権規約	International Covenant on Civil and Political Rights
社会権規約	International Covenant on Economic, Social and Cultural Rights
奴隷条約	International Slavery Convention
	Supplementary Convention on the Abolition of Slavery, the Slave Trade, and Institutions and Practices Similar to Slavery
	Protocol Relating to the Status of Refugees
世界人権宣言	Universal Declaration of Human Rights

海上における衝突の予防のため国際規則に関する条約	2 UST 3459, 1972, 効力発生 1977年7月15日
海上における人命の安全のための国際条約（SOLAS条約），1948	3 UST 3451, 1948
海上における人命の安全のための国際条約（SOLAS条約），1960	16 UST 185, 1960
海上における人命の安全のための国際条約（SOLAS条約），1974	32 UST 47, 1974, 効力発生 1980年5月25日
満載喫水線に関する国際条約	18 UST 1857, 1966, 効力発生 1968年7月21日
安全なコンテナに関する国際条約	29 UST 3707, 1972, 効力発生 1957年9月11日
海上における衝突の予防のため国際規則	28 UST 3459, 1972, 効力発生 1977年7月15日
世界観光機関憲章	27 UST 2211, 1970, 効力発生 1975年1月2日
欧州安全保障最終会議：最終文書	14 ILM 1292, 1975
政府間移住機関憲章	6 UST 603, 1953, 効力発生 1954年11月30日
人権および基本的自由の保護のための条約	213 UNTS 221, 1950, 効力発生 1953年9月3日
ブラッセル奴隷禁止条約	27 Stat 886, 1890
戦地にある軍隊の傷者および病者の状態の改善に関するジュネーヴ条約	75 UNTS 31, 効力発生 1950年10月21日
海上にある軍隊の傷者、病者および難船者の状態の改善に関するジュネーヴ条約	75 UNTS 85, 1949, 効力発生 1950年10月21日
捕虜の待遇に関するジュネーヴ条約	75 UNTS 287, 1949, 効力発生 1950年10月21日
米州人権条約	8 ILM 679 (1969), 1969, 効力発生 1978年7月18日
市民的および政治的権利に関する国際規約	999 UNTS 171, 1966, 効力発生 1976年3月23日
経済的、社会的および文化的権利に関する国際規約	993 UNTS 3, 1966, 効力発生 1976年1月3日
奴隷条約	46 Stat 2153, 1926
奴隷制度、奴隷取引並びに奴隷制類似の制度及び慣行の廃止に関する補足条約	18 UNTS 3201, 1955, 効力発生 1957年4月30日
難民の地位に関する議定書	19 UST 6233, 1967, 効力発生 1967年10月4日
世界人権宣言（国際連合総会決議217(Ⅲ)）	GA Res. 217A (Ⅲ), UN GAOR, 3rd Sess. 71, UN Doc. A/810 (1948)

外交関係		
		Convention between the USA and Other American Republics on th Status of Aliens
		Convention concerning the Exchange of Official Publications and Government Documents between States
		Vienna Convention on Consular Relations
		・Optional Protocol to Vienna Convention on Consular Relations concerning the Compulsory Settlement of Disputes
		Vienna Convention on Diplomatic Relations
		・Optional Protocol to Vienna Convention on Diplomatic Relations concerning the Compulsory Settlement of Disputes
刑事関係		
		Convention for the Suppression of Unlawful Acts against the Safety of Civil Aviation
		Convention for the Suppression of Unlowful Seizure of Aircraft
		Convention on Offenses and Certain Other Acts Committed on Board Aircraft
		Convention on Psychotropic Substances
		Convention on the Prevention and Punishment of Crimes against Internationally Protected Persons, Including Diplomatic Agents
		Convention to Prevent and Punish Acts of Terrorism Taking the Form of Crimes against Persons and Related Extortion That Are of International Significance
		Single Convention on Narcotic Drugs
特別領域		
	南極条約	Antarctic Treaty
		・Protocol on Environmental Protection to the Antarctic Treaty
	ICES	Convention for the International Council for the Exploration of the Sea
	宇宙条約	Treaty of Principles Governing the Activities of States in the Exploration and Use of Outer Space, Including the Moon and Other Celestial Bodies
		・Agreement on the Rescue of Astronauts, the Return of Astronauts, and the Return of Objects Launched into Outer Space

アメリカ合衆国と米州諸国との間の外国人の地位に関する条約	Treaty Series 815, 1928, 効力発生　1929年8月29日
官公署出版物および政府文書の国家間における交換に関する条約	19 UST 4467, 1958, 効力発生　1961年5月30日
領事関係に関するウィーン条約	21 UST 77, 1963, 効力発生　1967年3月19日
・紛争の義務的解決に関する選択議定書（領事条約）	596 UNTS 487, 1963, 効力発生　1967年3月19日
外交関係に関するウィーン条約	23 UST 1728, 1961, 効力発生　1964年4月24日
・紛争の義務的解決に関する選択議定書（外交関係条約）	23 UST 3374, 1961, 効力発生　1964年4月24日

民間航空の安全に対する不法な行為の防止に関する条約	24 UST 564, 1971, 効力発生　1973年1月26日
航空機の不法な奪取の防止に関する条約	22 UST 1641, 1970, 効力発生　1971年10月14日
航空機内で行われた犯罪その他ある種の行為に関する条約	20 UST 2941, 1963, 効力発生　1969年12月4日
向精神薬に関する条約	32 UST 543, 1971, 効力発生　1976年8月16日
国際的に保護される者（外交官を含む。）に対する犯罪の防止及び処罰に関する条約	28 UST 1975, 1973, 効力発生　1977年2月20日
人身に対する罪及び関連する恐喝の形態をとる国際的な重要性を有するテロリズムの行為の防止及び処罰に関する条約	27 UST 3949, 1971, 効力発生　1973年10月16日
麻薬に関する単一条約	18 UST 1407, 1961, 効力発生　1964年12月13日

南極条約	12 UST 794, 1959, 効力発生　1961年6月23日
環境保護に関する南極条約議定書	30 ILM 1455, 1991
国際海洋探査委員会に関する条約	24 UST 1080, 1964, 効力発生　1968年7月22日
月その他の天体を含む宇宙空間の探査および利用における国家活動を律する原則に関する条約	18 UST 2410, 1967, 効力発生　1967年10月10日
宇宙飛行士の救助と帰還、および宇宙空間に打ち上げられた物体の返還に関する協定	10 UST 7570, 1968, 効力発生　1968年12月3日

		・Convention on International Liability for Damage Caused by Space Objects
		・Convention on Registration of Objects Launched into Outer Space
UNCLOS［海洋条約］		United Nations Convention on the Law of the Sea
教育・文化関係		
		Agreement on the Importation of Educational, Scientific, and Cultural Materials
		Convention for the Protection of Producers of Phonograms against Unauthorized Duplication
［世界遺産条約］		Convention for the Protection of World Cultural and Natural Heritage
		Patent Co-operation Treaty
		Statutes of the International Centre for the Study of the Preservation and Restoration of Cultural Property
西半球関係		
OAS		Charter of the Organization of American States
		Constitution of the Postal Union of the Americas and Spain

宇宙物体により引き起こされる損害についての国際的責任に関する条約	24 UST 2389, 1972, 効力発生	1972年9月1日
宇宙空間に打ち上げられた物体の登録に関する条約	28 UST 695, 1974, 効力発生	1976年9月15日
海洋法に関する国際連合条約	21 ILM 1261, 1982, 効力発生	1994年11月16日
教育的、科学的及び文化的資材の輸入に関する協定	17 UST 1835, 1950, 効力発生	1952年5月21日
許諾を得ないレコードの複製からのレコード製作者の保護に関する条約	25 UST 309, 1971, 効力発生	1973年4月18日
世界の文化遺産及び自然遺産の保護に関する条約	27 UST 37, 1971, 効力発生	1975年12月17日
特許協力条約	28 UST 7645, 1970, 効力発生	1978年1月24日
文化財の保存及び修復の研究のための国際センター規程	22 UST 19, 1956, 効力発生	1958年5月10日
米州機構憲章	119 UNTS 3, 1948, 効力発生	1951年12月13日
米西郵便連合憲章	23 UST 2924, 1971, 効力発生	1972年7月1日

索　引

＊頁数のあとの（　）は同頁の注であることを示す。

あ

アイケンベリー（G. John Ikenberry）　501
アイスランド　153-157, 174-176, 188, 272, 434, 467, 472
アイゼンハワー（Dwight Eisenhower）　70, 78
アイディード（Mohammed Farah Aidid）　94, 112, 113
アカウンタビリティー　216, 322
アクセルロッド（Robert Axelrod）　162, 182, 190, 191, 193, 194, 209, 268, 269
アクター　3, 9, 11, 14, 50, 52, 92, 114, 197, 207, 215, 233, 244, 246, 247, 270, 271, 277, 332, 339, 352, 405, 440, 443, 446, 447, 479, 506
アジェンデ（Salvatore Allende）　450
新しいヨーロッパのためのパリ憲章　396
アチソン（Dean Acheson）　69, 90
アパルトヘイト　82-85, 93, 121, 127, 129, 138
アフガニスタン　179
油による海水の汚濁防止に関する国際条約　334
アフリカ　44, 66, 82-91（アフリカにおける経済制裁）, 94, 115, 120, 123, 125-138（南アに対するメンバーシップ制裁）, 145, 157, 381, 448, 474-478（象）
アフリカーナー　138
アフリカ統一機構　129
アフリカ民族会議（ANC）　129
アムネスティ・インターナショナル　297, 451, 453

アメリカ　63, 65-89, 94, 98-100, 102, 105, 108, 110, 112-117, 120, 122, 123, 161-168, 170-190, 192-195, 198-200, 218, 250, 296, 324, 381, 457, 467, 511, 513, 525
アメリカ科学者連盟　298
アメリカ航空宇宙局　311
あらゆる形態の抑留または拘禁の下にあるすべての者の保護のための諸原則　449
アリスティド（Jean-Bertrand Aristide）　114
アリソン（Graham Allison）　490
アルゼンチン　40, 148, 336, 454, 487
アルバニア　139-141, 237, 238
アンゴラ　89, 91, 93, 316
安全保障理事会　63, 122, 126, 127, 143, 328, 329, 348, 363, 375, 390
アンドレセン（Steinar Andresen）　465, 471

い

威嚇　55, 60, 66, 76, 90, 100, 101, 108, 172, 173, 176, 181, 187, 213, 233, 236, 274, 429
イギリス　67, 75, 84-88, 98, 99, 102, 106, 108, 123, 198
意思決定　9, 80, 81, 207, 228, 245, 249, 259, 262, 275, 276, 360, 431, 484, 485
イスラエル　40, 143, 151-153, 156, 178, 327
イスラム教徒　105-109
イタリア　52, 64, 103, 114, 339, 409, 410, 434
イッシュー・リンケージ　486, 487

一方的な制裁　　　56, 60, 160, 198, 200
イラク　23, 32, 55, 66, 74, 76-79, 81, 92, 94,
　　　　96-101, 107, 120-122, 127, 152,
　　　　178, 196, 281, 295, 296, 299, 328,
　　　　346, 350, 491
イラン　　　　　　　　98, 169, 413
イラン・イラク戦争　　　　　343
インスペクション・パネル　　489(13)
インド　40, 67, 70, 78, 87, 120, 143, 166,
　　　　256, 261, 358, 421, 478, 515
インドネシア　　　　　　　127

う

ヴァンス（Cyrus Vance）　　　104
ヴァン・リーロップ（Robert Van Lierop）
　　　　　　　　　　　　　　463
ウィーン外交・領事関係条約　　364
ウィーン条約法条約　　18-20, 24, 30, 38,
　　　　　　　　161, 207, 211, 233
ウィルソン（Harold Wilson）　　87
ウェーバー（Max Weber）　　　214
ウガンダ　　　17, 135, 421, 454
ウルグアイ・ラウンド　26, 48, 172, 181,
　　　185, 187, 238, 393, 435-437, 513

え

エイクハースト（Michael Akehurst）　386
英国　44, 84, 88, 143, 239, 249, 251, 257,
　　　336, 337, 356, 363, 369, 378, 398,
　　　434, 470, 472, 477-479, 487
エクアドル　　　　　　　96, 148
エケウス（Rolfe Eckeus）　　　101
エチオピア　　　　　　　64, 368
エドワード・グレイ　　　　　22
エネルギー省　　　　　　14, 348

エリオット（Kimberly A Elliott）　168
エリクソン（Robert Ellickson）　20
エリツィン（Boris Yeltsin）　　460
エルサルバドル　　　　　　74, 93
エルスター（Jon Elster）　　　21
エンナルス（Martin Ennals）　　451

お

欧州安全保障協力会議（CSCE）　103, 308
欧州委員会　　　　　　　　492
欧州監視評価計画　　　　　35, 334
欧州共同体（EC）　103, 476, 487, 492
欧州通常戦力条約（CFE）　295, 325, 385
欧州の信頼醸成・軍縮に関する会議　266
オースティン（John Austin）　　59
オーストリア　　　　　　17, 103
オープン・スカイ条約　　　　　326
オシラク原子力施設　　　　　152
オストロム（Elinor Ostrom）　　20, 46,
　　　　　　　　　　　　267-270
オゾン層　16, 47, 260, 261, 273, 296, 298,
　　　　　　　　　340, 359, 360
オゾン層保護基金　　　　　286, 503
オゾン層保護（のためのウィーン）条約
　　　　16, 34, 223, 301, 344, 399, 403,
　　　　　　　488, 491, 493, 519
オゾン層を破壊する物質に関するモントリ
　オール議定書　　　　14, 32-35, 48,
　　　　　　　　　　　282, 519
オプト・アウト［選択的適用離脱・選択的
　適用除外］　　　173-175, 188, 236, 237,
　　　　　　　　　　405, 466, 474
オルソン（Mancur Olson）　246(2), 269, 270
オルロフ（Yuri Orlov）　　　　455

か

カーター（Jimmy Carter） 1, 39, 117, 152, 165, 166(16), 177, 179
会計検査院 282, 288-290, 306, 313, 345
海水の汚濁の防止のための国際条約 282, 519
開発途上国 261, 268, 272, 356, 357, 391, 439, 440
化学製造業者協会 464
化学兵器 37, 96, 97, 101, 240, 281, 302, 441, 509
化学兵器禁止機関 330, 506
化学兵器禁止条約 57, 240, 302, 303, 325, 330-332, 343, 346, 351, 374, 441, 463, 464, 506, 508
核供給国グループ 240
核実験事件 8, 369
核不拡散 23, 32, 47, 156, 166, 169, 178-180, 189, 195, 197, 256, 291, 326, 347, 348, 350, 504, 506
核兵器不拡散条約（NPT） 166, 178, 280
ガット 57, 220, 235, 238, 385, 386, 391-393, 401, 436
カナダ 72, 106, 116, 186, 199, 250, 351, 393, 394, 435, 441, 490
ガボン 477
カムドシュ（Michel Camdessus） 419
ガリ（Boutros-Ghali） 370
カリブ共同体（CARICOM） 462
環境と開発に関する国連会議 445
環境と開発に関するリオ宣言 304, 519
環境保護局 490
韓国 39, 55, 68-70, 80, 173, 174, 186, 329, 436
勧告的意見 85, 144, 365, 367, 368, 370, 374

関税及び貿易に関する一般協定（GATT）
→ガット もみよ 385
カンペルマン（Max Kampelman） 458
カンボジア 91, 93
管理モデル（managerial model） 10, 61
官僚 12, 13, 15, 18, 212, 214, 215, 230, 233, 241, 243, 254, 280, 290, 292, 293, 299, 300, 312, 356, 416, 421, 424, 434, 450, 456, 480, 483-485, 488-490, 492, 494-502, 505, 506

き

議会 15, 38, 70, 76, 83, 86, 89, 113, 122, 162-167, 169, 172, 177-179, 184, 193, 196, 197, 222, 323, 466, 485, 492
気候変動に関する国連枠組条約 352
気候変動に関する政府間パネル 16, 311, 441
気候変動に関する第2回目の国際会議 462
気候変動枠組条約（FCCC） 440, 481, 493
技術援助 356-358, 406
技術支援 32, 49, 286, 296, 419, 493
技術的支援 203, 408, 445
規制型条約 31, 55, 60, 93, 195, 200, 280, 282, 299, 301, 332, 333, 353, 361, 372, 377, 388, 403, 492, 506
規制型レジーム 8, 45, 61, 136, 332, 403, 406, 488, 504
北大西洋海産哺乳動物委員 154
北大西洋条約機構（NATO） 73
北朝鮮 23, 39, 53, 68-70, 80, 139, 280, 91, 296, 329, 350
キッシンジャー（Henry Kissinger） 176
議定書 14, 15, 32-36, 48, 49, 58, 90, 165, 220, 227, 235, 252-254, 260, 261, 265, 271, 282, 286, 287, 289, 293, 298, 299,

索引　533

301, 302, 313, 324, 325, 334, 336-340,
343, 344, 346, 352, 357-359, 364, 384,
385, 395, 399, 402-405, 438, 448,
454-459, 481, 488, 491, 493, 499, 509,
511, 513, 515, 517, 519, 521, 523, 525
規範（norm(s)）　3, 7, 9, 12, 19-21, 35, 37,
40, 41, 43, 45, 46, 50, 52, 55, 56,
59-61, 63, 90, 93, 117, 119, 126,
158, 159(1), 161, 185, 189, 197, 199,
200-203, 205-213, 215-226, 228-234,
238, 242, 243, 245, 246, 248, 253, 259,
260, 281(2), 355, 377, 380, 388, 392,
401, 406, 408, 420, 428, 431, 433,
438, 448, 449, 479, 486, 499(39)
規範（と安心供与）　259
――（と正当化）　119-123
――（の修正）　355
――（の正統性）　231-243
――（の定義）　20(25), 206-211,
――（法）　211-213, 215, 216
キューバ　22, 66-68, 71-74, 77-81, 96,
120, 122, 145, 147-149, 167, 250
旧ユーゴ　55, 66, 82, 94, 102, 105, 109,
110, 114, 149, 220, 398, 399
強化された政策監視　9, 257, 418, 419
強制手段を有する条約（treaties with
"teeth"）　394(116)(117)
強制モデル（enforcement model）　10, 53,
59, 61
協調　4, 7, 9, 10, 34, 45, 46, 51, 52, 56, 66,
75, 76, 119, 123, 127, 130, 160, 178,
181, 190-192, 194, 200, 213, 246-249,
251, 253, 254, 256-259, 261, 263, 265,
268-272, 301, 317, 321, 324-326,
332-335, 337, 346-349, 407, 410,
421, 429, 431, 439, 483, 484
漁業従事者保護法　164

く

グアテマラ　413
クウェート　23, 74-76, 94, 96, 97, 117, 285
クォータ　141, 416
クラーク（Robert C. Clark）　225
クラスノヤルスク・レーダー　28, 38, 53,
183
クラトクヴィル（Friedrich Kratochwil）
21, 218
グリーンピース　337, 460, 462, 467-472,
477
クリティカル・マス　43(86)
クリントン（Bill Clinton）　100
クルド人　97-99, 101, 121
グレナダ　74
クロアチア　102-105, 108, 150
軍事制裁　9, 63, 66, 92, 102, 117, 121, 123
軍備管理　1, 2, 14, 26, 37, 38, 47, 181-184,
191, 192, 194, 199, 264, 266, 269, 275,
276, 290, 291, 293, 295, 298, 302, 303,
307, 308, 315, 317-320, 322, 323, 325,
332, 336, 342, 345, 348-350, 353, 373,
382, 404, 444, 489, 506, 508
軍備管理・軍縮庁　489

け

経済協力開発機構（OECD）　298, 404, 431
経済社会理事会（ECOSOC）　130, 134,
139, 296, 444, 450, 454
経済制裁　9, 39, 55, 56, 63-67, 75, 82,
86-89, 91, 92, 94, 96, 97, 99, 101,
106, 108, 109, 116-123, 125, 128,
129, 156, 160-163, 167-169,
178, 181, 200, 225, 467

鯨類　　　153, 154, 173, 176, 236, 237, 273,
　　　　　　289, 465, 466
ケインズ（Lord John Maynard Keynes）
　　　　　　211, 501
ゲーム理論　172, 190, 195, 196, 207, 245,
　　　　　　249, 264, 273
ケニア　　　135, 236, 425, 472, 476, 477
ケネディ（David Kennedy）　　　　226
ケネディ（John F. Kennedy）　3, 71, 72,
　　　　　　81, 144
ケネディ（Robert Kennedy）　　22, 79
ケネン（Peter B. Kennen）　421, 426, 428
検証　29, 37, 46, 47, 71, 97, 100, 185, 202,
　　　　203, 223, 227, 230, 264, 265, 291,
　　　　293-298, 302, 303, 306, 315-327, 329,
　　　　331-335, 338, 339, 341-349, 351-353,
　　　　374, 384, 385, 408, 441, 445, 464, 483
検証技術手段　　　46, 265, 319, 320, 331

こ

合意は拘束する（pacta sunt servanda）
　　　　　　19, 207, 211, 212
豪州（オーストラリア）　　　　470, 479
構成員の地位に関する制裁　　　56, 125
公的支持を受ける輸出信用ガイドライン
　　　　　　307
効率性　　　　　　　　　　12, 216, 502
合理的選択（学派，理論）　　21, 209, 243
コーヒー理事会　　　　　　　　　　27
ゴールド（Sir Joseph Gold）　　　　356
ゴールドバーグ（Arthur Goldberg）　146
国際海運会議所　　　　　　　　　　311
国際海事機関（IMO）　366, 404, 459, 479
国際開発金融機関　　　　　　　　　177
国際海洋開発理事会　　　　　　　　310
国際学術連合会議　　　　　　　　　311

国際原子力機関（IAEA）97, 130, 135, 136,
　　　　　　227, 291, 356
国際コーヒー協定　27, 237, 300, 306, 380,
　　　　　　381, 404, 513
国際自然保護連合（IUCN）　　　　469
国際司法裁判所（ICJ）　85, 176, 198, 362
国際赤十字（ICRC）　　　　　　　　98
国際戦略研究所　　　　　　　　　　298
国際組織　　2, 8, 15, 42, 51, 66, 68, 72, 79,
　　　　83, 102, 118, 125, 126, 130, 138,
　　　　139, 151,155, 158, 165, 198, 201-203,
　　　　216, 225-230, 235, 237, 239, 241-243,
　　　　271, 290, 309, 326, 344, 347, 348,
　　　　361, 377, 412, 423, 442, 445, 446,
　　　　460, 462, 469, 480, 483-490,
　　　　492-498, 500, 502-507
国際通貨基金（IMF）　141, 201, 356, 378,
　　　　　　493
国際電気通信条約　　　　　　　　　250
国際電気通信連合（ITU）　130, 132, 403
国際熱帯木材協定　　　　　　289, 519
国際復興開発銀行　　　　　　141, 513
国際法　　2, 8, 9, 18-20, 22, 27-30, 41, 47,
　　　　51, 59, 60, 63, 77, 90(67), 118, 160, 205,
　　　　207, 211, 212, 215, 226, 228(72), 229,
　　　　230, 232, 233, 242, 243, 245, 362, 363,
　　　　372, 375, 454(27), 456, 458, 459
国際法委員会（ILC）　　　139, 161, 207
国際貿易委員会　　　　　　　163, 490
国際貿易機関（ITO）　　　　　　　496
国際貿易の対象となる化学物質についての
　　情報の交換に関するロンドン・ガイド
　　ライン　　　　　　　　　　　　305
国際法律家委員会（International
　　Commission of Jurists: ICJ）　　　451
国際捕鯨委員会（IWC）153, 173, 234, 236,
　　　　　　281, 336, 464-466, 469-472, 480

索　引　535

国際捕鯨統計局　　　　　　　　　310
国際捕鯨取締条約（ICRW）153, 156, 173,
　　　　　　174, 223, 289, 301, 336,
　　　　　　405, 465, 469, 470, 519
国際民間航空機関（ICAO）　　　　130
国際レジーム　7, 9, 49, 207, 238, 261,
　　　271, 373, 388, 391, 407, 465, 483, 506
国際連合　　　　　　　　363, 485, 521
国際連盟　　　　　　　64, 301, 368, 484
国際労働機関（ILO）　32, 130, 282, 365
国内の官僚組織　　　　　　　480, 485
国内法　10, 20, 26, 58, 89, 212, 215, 223,
　　　　233, 247, 261, 284, 301, 351, 371,
　　　　377, 402, 410, 414, 454, 489
国防省（米国）　　　　　　　　　　14
国民党　　　　　　　　138, 141, 143, 157
国務省（米国）　1, 14, 22, 72, 177, 184, 236,
　　　　　　　　　　　　　　297, 470, 489
国連　15-17, 22, 23, 32, 33, 48, 55-57, 60,
　　　63-65, 68-70, 72, 74-85, 87-100, 102,
　　　104-120, 122, 124-130, 133-141,
　　　143-153, 155-158, 161, 165, 208, 220,
　　　227, 229, 233-235, 251, 254, 257, 287,
　　　291, 292, 295-297, 305, 311-313, 324,
　　　328, 334, 343, 345, 348, 352, 355-358,
　　　361-363, 365, 366, 368, 370, 374, 386,
　　　389, 390, 443-445, 448-454, 461, 463,
　　　465, 466, 479, 480, 491, 493, 494, 502,
　　　　　　　　　　　　　503, 520, 535
国連アジア極東経済委員会（ECAFE）139
国連アフリカ経済委員会（ECA）130, 134,
　　　　　　　　　　　　　　130, 134, 366
国連経済社会理事会（ECOSOC）130, 237
国連憲章
　国連憲章第1条2項　220, 国連憲章第1
　　条3項　448,　国連憲章第2条4項
　　161, 208, 220, 国連憲章第2条7項　84,
　　98, 国連憲章第6章　126, 国連憲章第
　　7章　55, 64, 国連憲章第19条　144, 国
　　連憲章第25条　65, 国連憲章第33条
　　362, 国連憲章第39条　229, 国連憲章第
　　41条　65, 国連憲章第42条　65, 国連憲
　　章第43条　118, 国連憲章第50条　122,
　　国連憲章第51条　22, 72, 国連憲章第53
　　条　65, 国連憲章第71条　444, 国連憲章第
　　92条　363, 国連憲章第96条　144, 国連
　　憲章第103条　94
国連憲章採択手続　　　　　　　　444
国連事務総長　104, 111, 113, 234, 291, 292,
　　　　　　　　　　　　　　　313, 370
国連食糧農業機関（FAO）130, 133, 356,
　　　　　　　　　　　　　　　　　366
国連人権委員会　297, 448, 451, 452, 454
国連人口基金（UNFPA）　　　　　494
国連総会　16, 78, 79, 83, 85, 90, 120, 135,
　　　　　137, 144, 235, 237, 257, 311,
　　　　　368, 374, 448, 452, 454, 480
国連ソマリア活動（UNOSOM I）93, 94,
　　　　　　　　　　　　　　　　　111
国連特別委員会（UNSCOM）　97, 328
国連難民高等弁務官事務所（UNHCR）102
国連人間環境会議　　　444, 465, 466, 503
国連の人権活動　　　　　　　　　450
国連貿易開発会議　　　　　　　　503
国連保護軍（UNPROFOR I）　　93, 111
国家安全保障会議執行委員会（EXCOM）
　　　　　　　　　　　　　　　　　72
国家情報局（チリの）　　　　　　452

国連安全保障理事会（安保理）63, 148, 152
国連開発計画（UNDP）　　　227, 358, 493
国連海洋法条約（UNCLOS）　　235, 389
国連環境計画（UNEP）　16, 227, 254, 287,
　　　　　　　　　　　　334, 357, 461, 491
国連教育科学文化機関（UNESCO, ユネス

国家情報センター（CNI） 453
コヘイン（Robert Keohane） 160, 182, 407, 484, 495
米戦略防衛構想 38
コモン・ロー 207, 230
ゴルバチョフ（Mikhail Gorvachev） 267
コルフ海峡事件 369
コンセンサス 89, 91, 96, 145, 146, 186, 235-239, 334, 340, 343, 359, 360, 393, 394, 401, 403, 417, 495, 502
コンディショナリティー 493

さ

サイクス（Alan O. Sykes） 169
財政援助 117, 503
財務官僚 356
サウジアラビア 75
サックス（Jeffrey Sachs） 424, 427
サハロフ（Andrei Sakharov） 455
差別防止少数者保護小委員会 450, 451
サラエボ 108
酸性雨 251, 252, 254, 334
サンド（Peter Sand） 335
サンフランシスコ会議 126

し

シーア派 98, 100, 101, 121
シェリング（Thomas Schelling） 210, 249
自国一国でできる検証技術手段 320
持続可能な発展委員会 504
執行（enforcement） 1, 8, 9, 10(4), 36, 41(81), 42, 50, 55, 56, 59, 63, 72, 77, 91, 97, 117, 125, 146, 157, 167(18), 186, 197, 200, 205, 216, 255, 271, 280(1), 316, 332, 352, 358, 374, 375, 405, 406, 408, 422, 438, 490, 505
湿地に関する条約（ラムサール条約） 337
しっぺ返し（戦略） 182, 184, 190, 191, 194, 195, 199
市民的及び政治的権利に関する国際規約 448, 449
シャープビル事件 85
シャウアー（Frederick Schauer） 21
社会権規約 90, 292, 301, 444, 448, 523
社会的及び文化的権利に関する国際規約 448
ジャクソン（John Jackson） 385
ジャクソン決議 323
ジャン-クロード 114
自由権規約 90, 292, 301, 302, 387, 444, 448, 449, 522
囚人のジレンマ 190, 193, 262-264, 267, 268, 270, 273, 276
収用 162, 167, 169, 179, 180, 189, 193
主権→主権の新しいあり方，新しい主権 もみよ 主権 45, 48, 51, 52, 59, 87, 251, 371, 372, 374, 401, 419, 主権概念 303, 主権国家 218, 233, 主権の権利 127, 主権的平等 239, 241, 主権的独立国家 205, 主権の行使 370, 主権平等 389, 国家主権 279
主権の新しいあり方，新しい主権（New Sovereignty） 126, 158, 202, 218, 224, 225, 244, 487
遵守 1, 2, 4, 10-13, 18-20, 23, 24, 28-33, 35-37, 39-47, 49, 50, 52, 53, 55-61, 67, 99, 118, 121, 125-128, 132, 138, 144, 147, 149, 151, 156, 159, 162, 172, 173, 187, 189-191, 193, 196, 197, 200-213, 215, 216, 221-231, 235, 236, 242-250, 255, 256, 258-261, 263, 265, 266, 274-277, 279-282, 284-290, 292, 293,

索　引　537

295, 297, 301, 303, 305, 307-310, 312,
　　313, 315, 318, 321, 322, 325-327,
　　331-336, 338, 340-342, 344, 350-353,
　　355-363, 366, 370, 371, 373-375,
　　382, 385, 388, 394, 399, 400, 402,
　　406, 408-414, 417, 418, 420, 422, 424,
　　426-429, 431, 432, 434, 436-438,
　　442, 445-448, 456, 460, 461, 464, 466,
　　467, 469, 470, 479-481, 483-491,
　　493, 496, 498, 499, 501, 505, 507
遵守過程　　　　　202, 224, 244, 355, 445
遵守実績　　46, 272, 408, 417, 428, 431, 432,
　　　　　　　　　　　　　434, 436, 437
遵守戦略　　　202, 203, 410, 480, 483-485
少数民族高等弁務官（High Commissioner
　　on National Minorities）　　　　398
常設協議委員会（Standing Consultative
　　Commission: SCC）　　　　　　373
常設国際司法裁判所（PCIJ）　　362, 364
小島嶼国連合（AOSIS）　　　　　　461
商務省（米国）　　　　　　　　　14, 490
条約勧告適用委員会　　　　　　　　412
条約勧告適用専門家委員会　　　　　411
条約交渉　　13, 15, 18, 25, 34, 243, 373, 382,
　　　　　　383, 401, 445, 463, 464, 489, 490
条約レジーム　　　2, 3, 43, 44, 47, 128, 155,
　　　　　　156, 162, 169, 181, 201, 203, 231,
　　　　　　242, 250, 271, 272, 274, 279, 280,
　　　　　　282, 288, 313, 344, 356, 362, 369,
　　　　　　372, 377, 402, 443, 446
ジョンソン（Joseph L. Johnson）　　131
人権 NGO　　　　　　　　　　　　450
人権委員会　　292, 296, 297, 309, 387, 448,
　　　　　　　　　451, 452, 454, 455
人権分野の NGO　　　　　　　444, 454
信託統治理事会　　　　　　　　　　139
人道支援センター（UNHUCS）　　　 98

信任状委員会　　　　　　　　　137, 139
ジンバブエ　　　　　55, 67, 82, 236, 475
信頼・安全醸成措置（CSBM）　　　308
人類の共同遺産　　　　　　　　　　471

す

スイス　　　　　　　　　　　　　17, 396
スウェーデン　　　　　251, 252, 351, 504
スターリン（Joseph Stalin）　　　　 142
スタンドバイ取極　　379, 416, 421, 425-427
ストックホルム合意文書　　266, 267, 271
ストックホルム国際平和研究所（SIPRI）
　　　　　　　　　　　　　　　　　298
ストックホルム国連人間環境会議
　　　　　　　　　　　　　　　465, 503
ストックホルム宣言　　　　　　304, 519
ストックホルム人間環境会議　　　　460
スペイン　　　　　　　106, 173, 468, 470
スペシャル・パラグラフ　　　　412, 413
スミス（Ian Smith）　　　　　　　　　83
スミス（Richard J. Smith）　　　　　488
スリランカ　　　　　　　　　　　　179
スロヴェニア　　　　　　　102, 103, 105

せ

西欧同盟（WEU）　　　　　　　　　104
制裁→メンバーシップ制裁 もみよ　9, 10,
　　39, 42, 44, 50, 52, 53, 55-61, 63-124
　　（経済制裁），125-158（メンバーシッ
　　プ制裁），159-200（一方的制裁），201,
　　213, 229, 231, 238, 271, 274-277, 409,
　　412, 413, 415, 425, 439, 466, 467, 486,
　　487, 492
政策課題の管理　　　　　　　　490, 491
セイシェル諸島　　　　　　　　466, 471

政治的取引　　　　　　　　485-488
制度　　　1, 2, 13, 17, 27, 32, 46, 49, 51, 57,
　　　117, 123, 124, 142, 163, 185, 186, 196,
　　　197, 210, 222, 223, 226(67), 229, 247,
　　　279-313（報告制度）, 327, 330, 336,
　　　342, 343, 350, 351, 360, 363, 368, 373,
　　　375, 378, 381, 382, 387, 389, 394, 400,
　　　401, 403, 407-409, 414, 416, 417, 421,
　　　427, 435, 437, 439-441, 457, 460-462,
　　　465, 469, 474, 483, 488, 489, 491, 492,
　　　500, 501, 504, 506, 507, 515, 523
正当化（justification）　21, 24, 28, 36, 40, 50,
　　　53, 91(68), 98, 103, 178, 202, 216-224,
　　　226, 228, 231, 234, 241, 244, 344, 408,
　　　432, 434, 437, 439, 452, 480, 487, 501
正統性（legitimacy）　9, 10, 61, 78-80, 82,
　　　119, 161, 162, 198, 213(20),
　　　221, 231-243
政府間海事協議機関（IMCO）　309, 366
生物・化学兵器　　　　　　96, 97, 101
生物多様性条約　　　32, 313, 340, 344, 352,
　　　359, 360, 400, 493, 503, 516
生物兵器　　　295, 325, 342, 343, 509
世界気象機関（WMO）　130, 137, 311,
　　　356, 367
世界銀行　165, 227, 358, 360, 430, 480, 489,
　　　493, 503, 506
世界自然保護基金（WWF）　　　469
世界人権会議　　　　　　　　　　481
世界人権宣言　90, 448, 449, 454, 455, 522
世界貿易機関→WTO もみよ　　234, 385
世界保健機関→WHO もみよ　　130, 132,
　　　356, 367, 494
絶滅のおそれのある野生動植物の種の国際
　　　取引に関する条約（CITES）289, 473
セルビア　　　　　　　102-109, 121, 150
セン（Amartya Sen）　　　　　　　263

全欧安全保障協力会議（CSCE）　395
全体としての国際社会に生じる利益の総体
　　　487
船舶による汚染の防止のための国際条約
　　　282, 519
戦略兵器削減条約　　　　　　　26, 325
戦略防衛構想（SDI）　　　　　　184

そ

ソウェト蜂起　　　　　　　　86, 129
総会委員会　　　　　　　　　412-414
象牙取引　44, 236, 472, 475-477, 479, 480
相互主義（reciprocity）　　160, 190(84),
　　　191(86), 264, 265, 487
ソーン（Louis Sohn）　　　　　　　389
組織　　　1, 2, 8, 10, 12-15, 43, 50, 51, 66, 68,
　　　72, 77, 79, 83, 89, 98, 102, 109, 110,
　　　114, 118, 119, 125, 126, 129, 130, 132,
　　　133, 138, 139, 143, 147, 149-151, 155,
　　　157, 158, 165, 178, 198, 201-203, 212,
　　　214, 215, 225-230, 235, 237, 239, 242,
　　　243, 246, 254, 271, 290, 292, 293, 296,
　　　300, 303, 305, 309, 310, 312, 326, 344,
　　　346-348, 361, 377, 382, 387, 390, 395,
　　　397, 404, 406, 412, 423, 430, 436,
　　　442-449, 451, 454-456, 459, 460, 462,
　　　465, 469, 473, 477, 479, 480, 483-490,
　　　492-498, 500, 502-507
組織化傾向　　　　　　226, 484, 492, 507
ソマリア　　　55, 63, 66, 82, 92, 93, 95,
　　　110-114, 120, 229
ソ連　　　1, 14, 21, 23, 28, 30, 36-39, 68,
　　　70-73, 76, 84, 88, 98, 102, 120,
　　　138-147, 149, 157, 158, 173, 174, 179,
　　　182-184, 192, 195, 198, 222, 227, 234,
　　　237, 238, 264-267, 274, 281, 282, 294,

295, 299, 317, 319, 320, 322-324, 328, 336, 337, 342, 352, 369, 373, 374, 382, 383, 395, 398, 413, 415, 450, 451, 454-459, 468, 479

た

第一次戦略兵器制限交渉→SALT I もみよ　302
第一次戦略兵器制限条約　321
第三次国連海洋法会議（UNCLOS III）　15
対弾道弾（ABM）→ABM 制限条約 もみよ　383
第二次戦略兵器制限条約　321
台湾　39, 173, 470, 478
ダグラス-ハミルトン（Ian Douglas-Hamilton）　474-476
タンザニア　135, 477
弾道弾迎撃ミサイル制限条約（ABM 制限条約）　21, 264, 382, 511

ち

チェイニー（Richard Cheney）　75
チェコスロバキア　139-142, 152, 267, 457
チェチェン　267
地下核実験制限条約（TTBT）　385
地球環境ファシリティー（GEF）　227, 239, 360, 441, 503
地球サミット　304
地球の友（Friends of the earth）　283, 461, 479
知識共同体（epistemic community）　254, 499-501
地対空ミサイル（SAM）　382
地中海行動計画（Med Plan）　254, 255, 258, 334, 334(57), 357

チトー（Marshal Tito）　102
チャーニー（David Charny）　160
チャリーゼ（Valeri Chalidze）　455
中央アメリカ　91
中距離核戦力全廃条約（INF 全廃条約）　294
中国（中華人民共和国，PRC）　40, 64, 67, 80, 98, 101, 110, 125, 138-143, 157, 187, 195, 257, 261, 291, 358, 359, 478, 481
中国代表権問題　141
長距離越境大気汚染条約（LRTAP）　403
朝鮮戦争　63, 66, 68-70, 73-75, 77-81, 110, 117, 120, 122, 139
チリ　148, 173, 337, 443, 450-454, 470, 479, 480

つ

通商代表部　15, 164, 490
通常兵器移転登録制度　257
通商法301条（米国）　163, 164, 169, 170-173, 176, 179, 180, 185-188, 192-195, 197, 199
『つきあい方の科学』　182, 190, 196, 269
2レベルゲーム　15, 16, 43

て

ディーン（Jonathan Dean）　266
締約国会議　32, 44, 49, 203, 227, 287, 313, 333, 339, 360, 361, 374, 375, 440, 441, 445, 464, 473, 503, 504
テイラー（Michael Taylor）　273
デュヴァリエ「パパ・ドク」（Duvalier, "Papa Doc"）　114
テロリズム　162, 525

と

ドイツ　　　22, 32, 103, 105, 139, 252, 257,
　　　　　　337, 351, 434, 467
ドゥウォーキン（Ronald Dworkin）　3,
　　　　　　206(2), 212(16), 496(30)
東京ラウンド　　　　　　392, 393, 435
統合参謀本部　　　　　　　　　　14
透明性　　45-47（透明性の確保）, 49,
　　192(88), 230, 245-247, 249, 253（透明
　　性促進規範）, 258, 261-263, 266, 268,
　　271, 273-276, 279, 280, 293, 303, 313,
　　　　　315, 349, 353, 420, 460, 483
特別検証委員会（Special Verification
　　　Commission: SVC）　　　　　374
ドミニカ　　　　　　　　　66, 67, 91
トリンブル（Phillip Trimble）　　14
トルーマン（Harry S. Truman）　70, 81
トルコ　　　　　74, 98, 99, 150, 432
トルバ（Mustapha Tolba）　　　　491
奴隷条約　　　　　57, 301, 312, 522

な

ナイ（Joseph Nye）　　15, 25, 103, 104,
　　　　　　　　225(62), 224, 495, 498
ナイジェリア　　131, 449, 450, 479, 480
ナン（Sam Nunn）　　　　　117, 184
南極研究特別委員会　　　　　　311
南極条約　　227, 241, 259, 311, 336, 337,
　　　　　　　　　　　517, 524, 525
難民　　　98, 99, 102, 110, 111, 116, 523
ナン・ルーガー法　　　　　　　352

に

ニカラグア　　　　74, 198, 363, 364, 394
ニクソン（Richard Nixon）　29, 176, 177
ニッツェ（Paul Nitze）　　　　　319
日本　　29, 30, 44, 64, 68, 153, 154, 164, 173,
　　　174, 176, 188, 195, 199, 236, 272, 351,
　　　416, 434, 435, 459, 460, 466, 467, 470,
　　　　　　　　　　　476, 478, 480
ニュースタット（Richard Neustadt）　490
ニューマン（Frank Newman）　　451

ね

ネガティブコンセンサス　235(89), 394
熱帯森林行動計画　　　　　　　491
ネパール　　　　　　　　　　　17

の

能力構築　　　　　47, 49, 356, 420, 484
ノルウェー　153, 154, 174, 176, 188, 189,
　　　　　　251, 252, 272, 310, 434,
　　　　　　　　436, 467, 468, 472

は

バーゲンソール（Thomas Buergenthal）
　　　　　　　　　　　　　　376
ハース（Ernest Haas）　　　　　296
ハース（Peter Haas）　　254, 357, 484
バーゼル条約　　　57, 231, 283, 298, 305,
　　　　　　　　　　　405, 491, 516
パーソンズ（Talcott Parsons）　　209
ハーディン（Garret Hardin）　　　267
ハート（H. L. A. Hart）　19, 20, 204, 249

索引 541

ハード（Douglas Hurd） 78
バード修正法 89
パーリア国家 137
パール（Richard Perle） 182
バーレ（Siad Barre） 111
ハイゲート（Keith Highet） 371
ハイチ 55, 66, 82, 92, 94, 95, 114-118, 120, 121, 123, 127
ハイポリティクス 22, 156
ハウ（Jonathan Howe） 113
パウエル（Colin Powell） 117
パキスタン 40, 87, 111, 112, 178, 179, 421
パックウッド＝マグナムソン修正法 164, 466
発展途上国 241, 285-287, 305, 338, 340, 344, 352, 445, 462, 470-472, 493, 497-499, 502-504
発展途上国における公衆衛生計画 497
パットナム（Robert Putnam） 15, 52
パナマ 74, 123, 367
バヌアツ 17, 463
ハミルトン（Ian Douglas-Hamilton） 474
バルーク案 320
バルセロナ条約 35, 253, 254, 299, 301, 334, 335, 339, 403, 514
パレスチナ解放機構（PLO） 152
反アパルトヘイト包括法 83
ハンガリー 17, 139-141, 145, 267, 437
万国郵便連合 125, 130, 135, 250, 367, 521
ハンド（Learned Hand） 370
判例法 376, 386

ひ

ピート（Gerard Peet） 461
東中南部汎アフリカ自由運動（PAC） 129
ピカリング（Thomas Pickering） 97
飛行禁止空域 94, 99, 100, 107, 109
被拘禁者取扱いのための標準最低規則 449
非政府組織→NGO もみよ 43, 203, 279, 310, 443, 445
ヒッケンルーパー修正法 167, 179
ヒュデック（Robert Hudec） 56(1), 391, 392
評判（国，国家，政府，国家の代表者の） 202, 275, 299, 413, 445, 458, 459, 479, 487, 488

ふ

フェイズドアレー方式 28
フォークランド（／マルビナス）紛争 487
フォン・ベートマン・ホルヴェーク（Theobald von Bethman-Hollweg） 22
フォード（Gerald Ford） 176, 177
フォード財団 461
不拡散 23, 32, 47, 152, 156, 166, 169, 178-180, 189, 195, 197, 227, 240, 245, 256, 280, 291, 317, 326, 327, 332, 333, 341, 347, 348, 350, 504, 506, 513
武器禁輸 67, 68, 85, 86, 94, 104, 108, 109, 116, 129
不遵守 12, 18, 23, 24, 28, 39, 40, 44, 45, 50, 57, 60, 149, 191, 201, 202, 222(49), 224, 230, 246, 258, 261, 266, 272, 273, 274, 275, 280, 281, 281(2), 285, 285(11), 288, 292, 293, 312, 323, 335, 338, 340, 342, 349, 374(50), 377, 399, 408, 409, 411, 412, 413, 428, 445, 447, 458, 459, 460, 466, 467, 469(70), 487
不遵守手続 399
不遵守報告書 342(75)
フセイン（Saddam Hussein） 96, 97, 99, 101, 121

ブッシュ（George Bush）74-78, 79(35), 82, 100, 112, 115, 179, 240, 339
部分的核実験禁止条約　18, 26, 30, 221, 222, 302, 320, 510
ブラウン（Harold Brown）　318
ブラジル　40, 116, 120, 148, 381, 382, 425, 426, 427, 429
フランク（Thomas Franck）221, 231, 242
フランス　40, 84-88, 98, 99, 102, 104, 106, 108, 110, 122, 239, 257, 285, 337, 339, 357, 369, 398
ブリックス（Hans Blix）　491
ブリッグス（Herbert Briggs）　161
ブルガリア　88, 139, 140
フルシチョフ（Nikita Khrushchev）74, 78, 454
ブレジネフ（Leonid Brezhnev）　456
プレスラー（Pressler）修正法　179
ブレトンウッズ　140, 142, 378, 379, 416, 485
フロンガス　32, 34, 235, 286, 287, 289, 298, 302, 359
紛争解決　2, 4, 27, 43, 48, 92, 176, 185-188, 235, 355, 361, 361(14), 362, 363, 365, 366, 370, 372-374, 376, 376(59), 377, 380(69), 386, 388-395, 396(122)(123), 397(124)(125)(126), 398(126), 399, 400, 401, 436, 437, 483, 514

へ

ベイオフの構造　263
ベイカー（James Baker）　76
米加自由貿易協定　48, 395, 512
米国　2, 3, 8, 10, 14-17, 19-23, 26, 28, 29, 32, 36-39, 41, 42, 44, 47, 57, 58, 74, 79, 99, 128, 142-148, 150-154, 156, 157, 162, 171, 180, 204, 211, 212, 222, 223, 232, 234, 236, 238, 239, 250, 256, 257, 260, 264, 265, 274, 279, 291, 294, 295, 315, 317, 318, 320, 322-324, 326, 329, 330, 331, 336, 337, 342, 343, 345, 348, 352, 356, 364, 369, 370-374, 378, 382, 383, 389, 391, 393, 394, 396-399, 401, 402, 414, 429, 430, 435, 441, 445, 446, 456-460, 464, 466, 467, 470, 476, 479, 480, 485, 488-490, 502
米国会計検査院　282, 345
米国海洋哺乳類保護法　42
米国関税法　42
米国魚類野生生物局　474
米国軍備管理法　38
米国国際開発庁　426
米国内国歳入法　26
米国のNGO　459, 466, 467, 479
米州機構　22, 56, 63, 125, 147, 363, 511, 527
米州機構憲章　125, 363, 527
米州相互援助条約　65, 118, 509
『塀の向こう側（Behind the Wall）』　449
ベイヤード（Thomas O. Bayard）　170
平和維持活動（PKO）　81, 144, 146(75)
平和のための原子力イニシアティブ（計画）　256, 326
平和目的核爆発制限条約（PNE条約）345, 385
ベトナム戦争　82
ベネディック（Richard Benedick）14, 14(12), 58(6), 227(71), 239(96), 261(45)(46), 344(80), 491(19), 503(50)
ペリー修正法　164, 173, 174, 466
ペルー　72, 173, 429
ベルギー　22, 84, 351
ヘルシンキ最終議定書　36, 90, 165, 220,

索　引　543

395, 443, 448, 454-459, 509

ほ

放射性物質　　　　　　　　459, 460
報償　　　　　　　　　　　　　493
法令遵守　　　　　　　　　　　318
ホームズ（Oliver Wendell Holmes）　29
ポーランド　　　　　　　139-413, 457
北米自由貿易協定（NAFTA）　　48, 395
捕鯨　　42, 43, 153-157, 166, 169, 173-176,
　　　　179, 188, 189, 192, 197, 223, 234,
　　　　236, 237, 272, 273, 281, 289, 299,
　　　　301, 310, 312, 336, 342, 405,
　　　　464-473, 479, 480, 519
保障措置協定　32, 39, 40, 256, 291, 327, 492
保障措置制度　　　　　327, 330, 491, 492
ボスニア　　　93, 102-109, 120, 150, 229, 369
ホッブズ（Thomas Hobbes）　　59, 232,
　　　　233(81)
ボツワナ　　　　　　　　　　236, 475
ボナー（Raymond Bonner）　　　　476
ホフマン（Stanley Hoffman）　211, 213, 214,
　　　　214(23), 505
ボリビア　　　　　　　　　　　17, 148
ホルト（Sydney Holt）　　　　　465(52)
ポルトガル　　83, 84, 88, 121, 128, 134, 434
ホワイト（Eric Wyndham White）　　496
香港　　　　　　　　44, 143, 195, 476, 478
本人＝代理人関係（principal＝agent）　214

ま

マーシャル（Thurgood Marshall）　　176
マーシャルプラン　　　　　　　　379
マーストリヒト条約　　　　　　　233
マーティン（Lisa Martin）　177, 198, 486

マキャベリ（Niccolò Machiavelli）　214
マクナマラ（Robert McNamara）　　72
マクマホン（J. F. MacMahon）　　　386
マケドニア　　　　　　　　　102, 105
マッカーサー（General Douglas
　　　MacArthur）　　　　　　　　120
マンデラ（Nelson Mandela）　　82, 129

み

ミース（Edwin Meese）　　　　　　15
ミッチェル（Ronald Mitchell）　283, 309,
　　　　492
南アフリカ　　40, 55, 66, 82-91, 120, 121,
　　　　125-138, 143, 156-158, 191,
　　　　368, 393, 451, 475-478
ミロシェビッチ（Slobodan Milosevic）　109
民族浄化（エスニック・クレンジング）
　　　　102

む

ムスタファ・トルバ（Mustapha Tolba）491

め

メキシコ　　　120, 148, 175, 176, 195, 227,
　　　　422, 425
メッド計画→地中海行動計画　もみよ　334
メンバーシップ制裁　　60, 125-130, 136,
　　　　138, 143, 144, 146, 147,
　　　　149, 151, 155-158

も

モイ（Daniel Arap Moi）ケニア大統領
　　　　472, 476

毛沢東（Mao Tse-tung）　　　　　141
モーゲンソー（Hans J. Morgenthau）　217,
　　　　　　　　　　　　　　217(32)
モース（David Morse）　　　　　497
モガディシオ　　　94, 112-114, 116
モザンビーク　　　　83, 88, 89, 454
モラトリアム　　153-155, 173-175, 188,
　　　236, 289, 460, 465-467, 471, 472, 478
モラフチーク（Andrew Moravcsik）　457
モリヨン将軍（General Phillipe Morillon）
　　　　　　　　　　　　　　　107
モロトフ＝リッベントロップ協定　233
モンゴル　　　　　　　　　　　　38
モンテネグロ　　102, 104, 106, 121, 150
モントリオール議定書　14, 15, 32-35, 48,
　　　49, 58, 227, 235, 237, 260, 271, 282,
　　　86, 287, 289, 293, 298, 299, 302, 313,
　　　334, 338, 340, 344, 352, 357, 399,
　　　403, 405, 481, 488, 493, 519
モントリオール議定書の実施のための
　　　多数国間基金　　　　　　　357

や

野生動物保護　　　464, 466, 474, 477
ヤルタ協定　　　　　　　　　　233
ヤング（Oran Young）　2, 19(24), 226(67),
　　　　　　　　　　　　　243, 275

ゆ

有害廃棄物の移動に関するバーゼル条約
　　　　　　　　　　　　　　　491
ユーゴスラヴィア　　66, 70, 82, 92-94,
　　　102-106, 111, 127, 149,
　　　150, 369, 398, 399
輸出自主規制協定（VRA）　　　　30

ユネスコ　134, 141, 142, 151, 153, 366, 502

よ

ヨーロッパ監視評価計画　　　　252
ヨルダン　　　　　　　　　100, 122

ら

ライテル（Curtis Reithel）　　　361
ライン川化学汚染防止条約　298, 305, 334,
　　　　　　　　　　　　　　　517
ラスク（Dean Rusk）　　　　　　73
ラヌー湖事件仲裁判決　　　　　304

り

リーキー（Richard Leakey）　　477
リーロップ（Robert Van Lierop）　463
利益　　11-13, 15, 18, 20, 38, 39, 41, 42, 46,
　　　47, 52, 56, 60, 77, 81, 140, 141, 150,
　　　169, 180, 181, 189, 190, 192-194, 196,
　　　197, 201, 210, 213-216, 218, 219,
　　　224-226, 231, 232, 247, 262, 268,
　　　273-276, 295, 300, 318, 319, 326, 332,
　　　351, 378, 392, 401, 420, 430, 446, 447,
　　　472, 486, 487, 489, 493, 500, 502
リオ会議　　　　　　　　　400, 504
リオサミット　　　　　　　　　340
リオ条約　　　　　　　　　　　　65
リビア　　　　29, 66, 67, 122, 229, 369
リベリア　　　　　　66, 68, 367, 368
リンドブロム（Charles Lindblom）　41

る

ルイス（Wyndham Lewis）　　　496

索　引　545

ルーズベルト（Eleanor Roosevelt） *448*
ルート（Elihu Root） *362*
ルーベンスタイン（Joshua Rubenstein）*458*
ルーマニア　　　　　　*121, 140, 141*
ルワンダ　　　　　　　　　　　*122*
ルンゲ（Carlisle Runge）　　　　*259*

れ

冷戦　　*1, 8, 29, 37, 46, 47, 69, 70, 73, 76,*
　　　　77, 82, 84, 91-93, 96, 102, 110, 127,
　　　　128, 138, 139, 141, 143-145, 148, 150,
　　　　152, 156, 220, 240, 250, 259, 264, 265,
　　　　274, 315-317, 319, 320, 322, 324, 325,
　　　　326, 341, 344, 348-350, 353, 369, 373,
　　　　　　　　　　　　　395, 459, 505
レヴィ（Marc A. Levy）　　　　　*253*
レーガン（Ronald Reagan）　　　　*83*
レジーム　　　*2, 3, 7-9, 18, 24, 33, 34, 40,*
　　　　42-53, 61, 126-128, 136, 139, 142,
　　　　153, 155-157, 161-163, 166, 169, 172,
　　　　176, 178, 181, 187-190, 195, 201, 203,
　　　　204, 207, 208, 227, 230, 232, 235, 238,
　　　　242, 245-247, 250, 251, 261, 271-275,
　　　　279, 280, 282-284, 287, 288, 291, 296,
　　　　311, 313, 319, 332, 338, 344, 346, 347,
　　　　350, 352, 353, 356, 361, 362, 369,
　　　　371-373, 375, 377, 388, 391, 401-403,
　　　　406-410, 415, 438, 439, 443, 445,
　　　　446, 460, 465, 466, 469, 470,
　　　　480, 483, 484, 488, 504-506
レッド・データ・ブック　　　　　*474*
レテリエル（Orlando Letelier）　　*453*
連邦議会（米国）　　*70, 88, 162, 295, 318,*
　　　　　　　　　　　　　　　323, 345
連邦最高裁判所（米国）　*164, 166, 174*

ろ

ローデシア　*55, 66, 82-91, 120-123, 134,*
　　　　　　　　　　　　　　　　229
ロールズ（John Rawls）　　　　　*232*
ロシア（連邦）　　*30, 101, 107, 108, 110,*
　　　　120, 150, 188, 222, 257, 267,
　　　　281, 282, 291, 294, 321, 324,
　　　　342, 352, 374, 398, 459, 460
ロメ協定　　　　　　　*94, 115, 512*
ロンドン条約　　*253, 289, 290, 459, 516*

わ

ワイス（Thomas Weiss）　　　　　*110*
ワイントラウプ（Sidney Weintraub）　*167*
ワシントン条約→ CITES をみよ
ワシントン野生動植物取引規制条約
　→ CITES をみよ
ワルシャワ条約機構　　　　*143, 266*
湾岸戦争　　*63, 64, 66, 68, 74, 77-82, 91,*
　　　　92, 96, 101, 110, 114, 120,
　　　　122, 281, 295, 328

英字

A

ABM 制限条約　　*318, 321, 323, 382, 383,*
　　　　　　　　　　　　　　402, 510
African Wildlife Foundation　　*475, 477*

C

CDE　　　　　　　　　　　　　*266*
CFCS　　　　　　　　　　　　*403*

CFE 条約　　　　　325, 329, 342, 385
CIA　　　　　　　　　　　14, 291
CIEL（Centre for International
　　Environmental Law）　462, 463, 479
CITES　44, 57, 58, 235, 236, 289, 297, 298,
　　　　301, 305, 306, 310, 311, 404, 409,
　　　　410, 465, 473, 474, 476, 478, 516
Civil Liberties Organization（CLO）
　　　　　　　　　　　　　　443, 449
『Coercive Cooperation』（by L. Martivi）
　　　　　　　　　　81(43), 165(13), 198
COP　　　　　　　　　　　　441
CSBMs　　　　　　　　　265, 267
CSCE　　103, 150, 228, 308, 355, 395-399
CWC　　302, 303, 325, 330, 331, 345, 351,
　　　　　　　　　　374, 375, 405, 441

D

DINA　　　　　　　　　　452, 453

E

ECA　　　　　　　　125, 130, 134, 135
ECE　　　　　　　　　　　140, 517
『Economic Sanctions Reconsidered』（by
　　Schott et. al.）　　137(41), 168, 168(20)
ECOSOC　　　　　　　130, 134, 135
EMEP　　　252, 254, 334, 335, 348, 516
EPA　　　　　　　　　　　　　14

F

FAO　125, 130, 133, 134, 140, 142, 356, 366,
　　　　　　　　　　　　387, 466, 520
FCCC　33, 49, 272, 339, 352, 359, 360, 400,
　　　　　　439-441, 481, 493, 504, 518

Friends of Animals　　　　　　476

G

GATT　26, 29, 30, 41-43, 48, 56, 57, 140,
　　　　141, 162-164, 169, 171, 172, 176,
　　　　181, 185-188, 192, 194, 195, 198, 199,
　　　　207, 220, 222, 232, 235, 303, 306, 307,
　　　　362, 385, 391-395, 400, 421, 435-437,
　　　　　　484, 496-498, 503, 512, 515
GEF　　　　　　　　　　　360, 503

H

Harvard Sussex Project　　　　464

I

IAEA　　23, 32, 39, 97, 125, 127, 130,
　　　　135-137, 140, 151, 152, 156, 223, 256,
　　　　291, 296, 326-331, 346-348, 350, 351,
　　　　356, 374, 388, 491, 492, 503, 506, 510
ICAO　　125, 130, 135, 136, 250, 366, 376,
　　　　　　　　　　　　　　404, 520
ICBM　　　　　　　　　308, 373, 383
ICES　　　　　　　　　　310, 524
ICSU　　　　　　　　　　　　311
ILO　32, 35, 42, 46, 82, 125, 130-132, 138,
　　　140, 141, 151, 152, 279, 282, 284-286,
　　　288, 292, 293, 296, 299, 301, 309, 365,
　　　366, 386, 410-415, 437, 484, 497, 520
IMCO　　　　　　309, 366, 367, 520
IMF　33, 42, 127, 128, 141-143, 165, 201,
　　　222, 239, 257, 288, 298-300, 303, 309,
　　　355, 356, 378-380, 407, 409, 410,
　　　415-431（10章2節), 432, 435,
　　　437, 484, 493, 497, 498, 506, 512

IMO	255, 282-284, 290, 298, 309-311, 313, 334, 335, 366, 404, 443, 459, 479	NTM	46, 265, 269, 276, 320, 321, 326

O

INF 全廃条約	30, 294, 312, 319, 320, 324, 325, 329, 332, 342, 374, 383, 384, 404, 510
International Wildlife Coalition	477
IOS	336, 342
IPCC	16, 311, 312, 441
ITC	163, 164
ITU	125, 130, 132, 134, 140, 250, 251, 271, 403, 404, 520
IUCN	310, 469, 470, 472, 474

OAS	22, 56, 60, 63, 65, 67（キューバ危機）, 68, 73, 74, 77, 79, 80, 91, 94, 114-117（ハイチ）, 118, 121, 124, 147, 148, 363, 396, 526
OECD	252, 298, 303, 304, 307, 404, 407, 410, 431-435, 441, 484, 512
OILPOL	282-284, 289, 301, 334, 518
OMB	14

L

P

LRTAP	35, 42, 252-255, 258, 271, 289, 301, 403, 438, 516

PKO →平和維持活動 もみよ	81, 91, 104, 144, 146

M

S

MARPOL 条約	282-284, 287, 289, 290, 301, 311, 518
MDB	177, 178
Moscow Helsinki Group	455-458
Mothers Strike for Peace	444

SALT I	14, 29, 223, 234, 264, 294, 302, 307, 308, 318, 320-323, 346, 373, 382, 383, 510
SALT II	14, 183, 264, 294, 307, 308, 318, 321, 322, 510
SAM	382, 383
『Saving the Mediterranean』(by P. Haas)	254, 299, 335, 357, 499
SCAR	311
START	26, 30, 34, 184, 295, 307, 308, 325, 326, 329, 342, 345, 346, 352, 384, 385, 510
START I	184, 295, 307, 308, 325, 329, 342, 345, 346, 384, 385, 510
START II	325(25), 325(28), 510
Strike against Nuclear Energy (SANE)	444

N

NAFTA	48, 395, 514
NASA	14, 311
NGO	（第11章 非政府組織）443-481, （環境 NGO）283, 434, 444, 469, （国際 NGO）297, 445, 447, 469, （国内 NGO）447, （ソ連の NGO）479
NOAA	14
NOX 議定書	289, 516

U

UNDP　　　　　　　　　358, 360, 493, 503
UNEF II　　　　　　　　　　　　　　146
UNEP　　16, 32, 286, 287, 298, 299, 305, 311,
　　　　333, 334, 338, 339, 344, 357-360, 461,
　　　　491, 493, 498, 499, 503, 504, 515, 517
UNSCOM　　　　97, 100, 101, 121, 319, 328,
　　　　　　　　　　　　　　　　329, 346
UN Standard Minimum Rules for the
　　Treatment of Prisoners　　　　　449
UPU　　130, 135, 140, 142, 367, 387, 520
U.S. Fish and Wildlife Service　　　　474
USTR　　　　14, 15, 164, 172, 185, 192, 199

W

WHO →世界保健機関 もみよ　　130, 132,
　　　　　　133, 140, 141, 248, 356, 367,
　　　　　　387, 494, 495, 497, 502, 520
Wildlife Conservation International　　476
WMO　　16, 125, 127, 130, 137, 140, 311,
　　　　　　　　　356, 367, 387, 461, 520
WTO →世界貿易機関 もみよ　　187, 188,
　　　　　　235, 238, 303, 385, 386, 391, 392,
　　　　　　　　　394, 435-437, 512, 514
WWF　　　　297, 469, 472, 474, 476, 479

「国際法」学へのいざない―監訳者解説

I. 本書原著のタイトルは直訳すれば『新しい主権：規制型国際条約の遵守』とでもなろうが、本訳書のタイトルは、内容の推測のしやすさを考慮して、原著のメイン・タイトルと副題を逆転させ、さらにそれぞれ若干補って『国際法遵守の管理モデル―新しい主権のあり方』とした。国際法とあるところは、より原タイトルに忠実には「規制型条約」であるが、タイトルをシンプルにするために単に国際法とした。以下、まず本書の内容紹介を兼ねて、ここに含まれる三つのキーワードを説明しよう。

まず第1に「規制型」条約・国際法の意味するところについてである。規制型条約・国際法の規律対象となるのは、典型的には地球環境問題、国際貿易等の分野であって、多くは第二次大戦後に国際社会の共通関心問題として、国際法なかでも主として多数国間条約によって規律されるようになった新しい問題群である。ここで主として多数国間条約によってというのは、本書の出発点となったそもそもの材料が、著者たちが実務経験をもつ冷戦期の米ソの二国間の軍縮条約の経験にあるからであり、そのようなものも排除されているわけではないからである。それらの条約が保護・増進の対象とするのは、条約当事国の共通利益の場合もあれば、国際社会全体の共通利益の場合もある。ともあれ、それらの特徴は、対象である問題が、一度限りの条約作成とその遵守で対処しきれるものではなく、継続的に広く国際社会が見守り、対処の試みを進展させていかなくてはならないというところにある。

こうした諸問題は、具体的な共通利益・共通目的を確認し、それを関係する国際社会全体として達成するための仕組みを要請する。別のいい方をすれば、それらは長期的にその問題への対処を管理するレジームを必要とする。それに応えようとするのが、規制型条約（regulatory agreements）である。それは伝統的な国際法が構造的特徴としては二国間の相互主義的関係の規律にとどまる「私法」の性格に近いものであったとすれば、一定の公的な目標の達成のため

に種々の規制を行う「行政法」的特徴を備えているといいうるものである。規制型国際法は、おおむね、特定の共通利益の増進を目的として承認して設置され、長期にわたる協力を各国に求めるような、複雑な経済的、政治的および社会的問題に対処するための多国間の条約である。発効した条約が静的かつ不変であり続けることはなく、長く持続するためには、様々な状況の変化に適応できなくてはならないのが、この種の条約の特徴である。したがって、以下のような特徴を加えた多数国間条約体制という複雑な構造をもつことが多い。基本条約の締結に加え、それにもとづきそれを補足する条約や了解が作成され、締約国会議などの条約機関あるいは国際機関が設置され、それらが決議等の作成を通じて運営にあたるというダイナミックな規律の仕組みである。

第2に遵守の「管理モデル」(managerial model) である。これは、条約・国際法がなぜ守られるかについて、従来支配的であった遵守のenforcement modelと対比される説明概念である。enforcement modelは「執行モデル」と表記されることが多いが、本書の文脈と問題意識においては、むしろ「強制的執行モデル」ないし端的に「強制モデル」といった方が直感的にわかりやすいであろう。本書によれば、それは、義務違反を抑制し義務の遵守を達成するために、経済制裁や軍事制裁に代表される強制力を行使するというものであり、「刑法モデル」とも称されているこの考え方は、国際関係の研究者や、政治家の間ではかなり一般的な考え方であった、とされる。

本書は、その考え方の射程の狭さを批判する。経済制裁や軍事制裁という意味での強制が実際になされたケースは非常にまれで例外的であり、執行のために常用するにはあまりにもコストが高くつく。また、その効果も多くの場合不確かである。強制モデルでは、不遵守の原因を、意図的な、悪意にもとづく逸脱や不服従と考えるため、遵守するよう強制する政策をとるのであるが、管理モデルの理解では、不遵守の原因は多くの場合別にあり、そうした場合に単に既存の規範を強制するやり方は有効でないとする。

本書が提唱する「管理モデル」では、不遵守の主たる原因は、意図的な、悪意にもとづく逸脱や不服従ではなく、むしろ基本的には、解釈の余地を多分に

残す条約の文言の不明確性、締約国の技術的、行政的、財政的能力不足、さらに、規制型条約が求める社会・経済の変化には時間を要することなどに問題があると理解する。これらの問題に直接対処するためには、力によって強制するのではなく「透明性確保」「紛争処理」「能力構築」といった手法が有効であり、その意味で管理可能なものであるというのである。管理モデルの特徴をもつ遵守管理手段には、「透明性」を確保するための「報告」、「情報収集」、「検証」、「監視」、文言の不明確性・曖昧性について権威的な解釈機関によって決着をつける「紛争処理」の仕組み、条約上の義務を実施する能力を形成するための「技術支援（いわゆるキャパシティ・ビルディング）」、関係国との対話により遵守を目指す「政策の検討及び評価」などがある。

こうした、各種の条約レジームに見いだされる、多様な、一見バラバラな要素は、総体として、論議による説得の過程を有機的に構成するものということができる。それは、関係国と、条約機関、およびNGOを含む広汎な国際社会の公衆との間の対話と説得の、やむことのない繰り返しにより遵守を促す相互作用的な議論実践のプロセスなのである。管理モデルの特徴は、国際社会全体または条約締約国全体の共通利益にかかわる国際法規則の遵守を、条約締約国全体で集合的かつ非強制的手段によって実現しようとするところにある。

第3に、「The New Sovereignty 新しい主権」という、原タイトルの、簡潔であるだけにどういう意味なのか、様々に読み手の想像力を刺激する表現について。その意味するところは、本書によればおおむね以下のようにまとめることができよう。従来、国際関係における「主権」（伝統的な主権、ここでの対比でいえば、いわば古い主権（概念）といえよう）は、国家が自らの望むように、すなわちいかなる上位の存在からの法的制限をも排して行動するような、完全な自律性を意味していた。しかし今日では、いかなる強大な国家であっても国際経済・政治システムの他の参加者（国家以外の主体も含む）の支援と協力がなければ、自らの主要な目的、すなわち安全保障、経済的繁栄、自国民の適度な快適性などを達成することはできない。国際的な相互依存という、もはやあまりにもあたりまえになった状況の中で、主要な多数国間条約体制への参加は

決定的に重要である。広汎かつ豊かな国際システムの文脈から離れ、孤立することは、国家がもっている経済成長および政治的影響力の可能性が実現しないことを意味する。

　以上のような理解からすれば、新たな世界における主権（New Sovereignty）とは、かつてのように主権のもつ権限の強力さを強調して定義されるものではない。それは結局のところ、国際社会の正当な構成員として国家が存在している、そのような「地位」のことである（第1章）。ここで国際社会とは、とりわけ、国際協定が織りなす複雑な網の目のことである。国家はその中におかれ、国内的にも国際的にも、NGOその他非国家主体も含めた多くの他者の目があり、一回限りではない現在及び将来にわたる関係性があり、他の分野・レジームの諸問題への関連性もあり、そのいずれも無視することが出来ない。国家行動への疑義が発せられたなら、国家は、個別事情によってではなく、筋の通った根拠に基づいて説得力のある正当化を行なわなくてはならない。こうして、今日の国際社会の状況において、多くの国家が自らの主権を実現し、示すことが出来る唯一の方法は、国際システムを規制し秩序化する様々なレジームに参加することであり、そのような「状況・条件」こそが「新しい主権」なのである（第5章）。こうした本書の理解をくんで、本訳書では、「The New Sovereignty」に「新しい主権のあり方」という訳語を与えた。本書の著者たちは、今回の日本語版へのことばにもあるように、このような主権の変容、新しい主権のあり方が、まぎれもない事実であるという認識から出発しており、この点については議論があり得よう。しかし、仮にそれが規範的な要請をも含むものだとしても、様々な遵守確保の工夫の背景にある基本的な感覚の理解として、一定程度の説得力をもつことは否定できないであろう。

　以上を全体としてまとめるならば、本書は、国際法の遵守に関して、今日の国際システムのなかでは強制モデルがいかに射程の狭いものであるかを実例でもって示し、日常的な遵守確保に関して管理モデルが実際にどのように機能しているか、そしていかにしてこれを更に効果的にできるか、について実に豊富な実例をもって論じ、「遵守の管理モデル」の体系化を試みるのである。いま

から振り返ってみれば、原著が著された1995年は、GATT が WTO に生まれ変わったことをはじめ、まさに「管理モデル」を指し示すといえるような様々な変化が堆積し、そのようなものとして「発見」されるのを待っていた時期ともいえそうである。

Ⅱ. **本書の意義**については、少なくとも以下の点を指摘できると思われる。第１に、国際法の遵守・実効性の担保について、国際関係論や一般の認識においていまだに根強い「強制力が必須である」という考え方（強制モデル）に対して、一定の条件のもとでは、それらは管理可能な問題であり、強制とは異なる遵守確保の様々な手法や工夫によってこそ達成できるという異なる考え方（管理モデル）を明確に打ち出した点である。このことは、国際法の機能とそのメカニズムの理解についての発想を豊かにする効果をもった。管理モデルの主張をひとつの大きなきっかけに、その後、国際関係における規範の遵守・機能をめぐる国際関係論と国際法学との間のインター・ディシプリナリーな研究がさかんになったことも指摘できよう。たとえば、とりわけ WTO の発足を契機としたいわゆる国際関係の「法化（Legalization）現象」をめぐる議論などはその初期の代表的なものである。また、遵守のために行われる「実施（Implementation）」概念が研究のひとつの焦点になったのもこの一環として位置づけてよいだろう。

第２に、多数国間条約を中核にする各種のレジームで新たにこころみられている、様々な制度的工夫に対して、多数国間条約の制度設計上の一定の整理軸・理解軸を提供し、さらにはあらたな研究への道筋を開いた点も大きい。たとえば、それらのこころみが、伝統的な二国間の「紛争解決」ではなく、より大きな「遵守問題」の一環であるという整理軸をいち早く提供し、それらの性質理解を助け、またより意識的な制度設計、体系的理解にむけての視点を提供したことである。今日では、たとえば WTO の紛争解決制度が、従来型の「紛争解決」の機能だけではなく、「遵守確保」の機能も果たすものであるという理解は一般化してきている（例えば、福永後掲2013）が、本書はいち早くそのような変

化を明確にとらえている。本書のもとになった講座の名称が「核兵器管理における法、ドクトリン、政治」から冷戦後、「国際協定にもとづく紛争解決」に変更され、さらに、この紛争解決が、裁判だけでなく、裁判に代わる代替的紛争解決（ADR）まで含めて広くとらえたとしても、「遵守問題のごく一部にすぎない」と認識されるようになった、というくだり（本書序文）はこの間の認識の変化を記録していて興味深い。

Ⅲ. 最後に、本訳書をきっかけに国際法の遵守研究に関心をもたれた日本語版読者のために、邦語文献を中心に若干の**関連文献の案内**をしておきたい。まず、論争の俯瞰として、この問題の検討が最も盛んな米国における国際関係論（IR, International Relations）の遵守研究を中心に、この問題の研究史の展開を書評論文の形で紹介するものとして内記香子「（書評論文）遵守研究の展開—「国際法の遵守」への国際関係論からのアプローチ」『国際法外交雑誌』109巻1号 pp. 82-93.（2010年）が参考になる。チェイズ夫妻の本書も「管理型——執行型」論争として紹介されている。また「管理モデル」に早くから注目し、特に国際環境法研究の観点からその可能性や問題点を追及してきたものとして、遠井による一連の研究がある。遠井朗子「（紹介）A. Chayes & A. H. Chayes, The New Sovereignty, 1995」『国際法外交雑誌』96巻3号 pp. 229-232.（1997年）は原著の紹介、同「多数国間条約の遵守：領域横断的研究の可能性」『阪大法学』49巻2号 pp. 125-184（1999年）、同「多数国間環境保護条約の実効性——「政策過程としての法」試論」『阪大法学』57巻1号 pp. 17-46（2007年）など。本書の成果も取り込みつつ早い段階で「履行確保の多様化」という視点から深い理論的洞察を試みたものとして小森光夫「国際公法秩序における履行確保の多様化と実効性」同『一般国際法秩序の変容』（信山社，2015年）pp. 171-202（初出『国際法外交雑誌』97巻3号（1998年）pp. 1-42）がある。

また、その後「管理モデル」の方向性にそった実証的研究もいくつかみられるようになってきている。国際法学者によるものとして阿部達也『大量破壊兵器の国際法：国家と国際監視機関の協働を通じた現代的国際法実現プロセス』

(東信堂，2011年)、川瀬剛志・荒木一郎(編)『WTO紛争解決手続における履行制度』(三省堂，2005年)(一部IRからのものも含む)、福永有夏『国際経済協定の遵守確保と紛争処理』(有斐閣，2013年)などがある。福永の本書第Ⅰ部は国際法の遵守論の一般的検討になっており、議論の全般的俯瞰としても参考になる。遵守のための条約の国内実施という側面に焦点をあてる『論究ジュリスト07：特集：環境条約の国内実施』(ジュリスト増刊，有斐閣，2013年)もここにあげておこう。

　なお、チェイズ夫妻の「管理モデル」論とかなり共通性を有するアプローチとして、欧州系の国際法学の一部に伝統的にある国際コントロール論がある(森田章夫『国際コントロールの理論と実行』(東京大学出版会，2000年)、小寺彰『WTO体制の法構造』(東京大学出版会，2000年)特に第4章、教科書だが、酒井・寺谷・西村・濱本『国際法』(有斐閣，2011年)の4編3章「国際コントロール」(酒井啓亘執筆)参照)。管理モデルがアメリカ的な実践的な志向性が強いのに対し、こちらはどちらかといえば体系的位置づけの理論志向性が強い印象がある。

　国際法学の側からする国際法規範の遵守研究は、最近ではいくつかの点でさらに深化した問題を提示している。それらは、「何のための遵守か」(単に規範と国家行動の一致という意味での遵守を求めるのでは不十分で、そもそもある規範を設定した目的をいかに実現するか、制度の実効性の観点からの問題設定)、「何を遵守するのか・どのような義務を遵守するのか。その場合の遵守とは何を意味するのか」(遵守論は、基本的に明確で具体的な義務を暗黙裡に想定しているが、その義務が「協力義務」であったり、さらにはもっと一般的にソフト・ローの性質をもつ場合には、そもそもそのような想定は単純には成立せず、その場合の遵守とは何か)など、鋭い問題提起の蓄積がある。大沼保昭「国際社会における法と政治——国際法学の「実定法主義」と国際政治学の「現実主義」の呪縛を超えて」国際法学会(編)『国際社会の法と政治(日本と国際法の100年第1巻)』(三省堂，2001年) pp. 1-34、奥脇直也「なぜ国際法に従うか？—国際法学の新たな課題」『学術の動向』2005年7月号 pp. 54-60、奥脇

直也「協力義務の遵守について―「協力の国際法」の新たな展開―」江藤淳一（編）『国際法学の諸相（村瀬信也先生古稀記念）』（信山社，2015年）pp. 5-46、齋藤民徒「国際法と国際規範――「ソフト・ロー」をめぐる学際研究の現状と課題」『社會科学研究』54巻5号 pp. 41-80（2003年）などがそうである。法解釈学を主軸とした法学としての国際法研究を国際「法学」（Study "of" International Law）、国際法についてのより広い社会科学的研究を「国際法」学（Study "about" International Law）と区別するとすれば、これらの研究はまた、濃淡はあるが、国際法が「法」としてどこまで独自の機能を果たしているのか、果たしうるのかという、「国際法」学ではなく国際「法学」的観点（それは究極的には、法「独自の」論理と機能へのこだわり、といってもよいかもしれないが）を強く意識する点で、国際法（ないしより広く規範）をめぐるIR的研究と国際法学とのインターディシプリナリーな共同作業のかかえる難しさをも提示するものとなっている。

　このほか、遵守問題に特化しているわけではないが、この問題をさらに広く考える際に有用と思われる文献として、以下もあげておく。まずは、多数国間条約についての連載シリーズ、森肇志ほか「展開講座（連載）国際条約の世界」『法学教室』421号（2015年10月）〜444号（2017年9月）であるが、そのうち特に、伊藤一頼「国際条約体制に正統性はあるのか」『法学教室』444号、玉田大「紛争解決と履行確保」『法学教室』441号、森肇志「国際条約のダイナミズム―多数国間条約体制の意義を中心に」『法学教室』430号（いずれも2017年）。国際行政法については、現代の古典として、代表的論文をまとめた、山本草二（森田・兼原（編））『国際行政法の存立基盤』（有斐閣，2016年）。グローバルな行政法的諸問題について、浅野有紀・原田大樹・藤谷武史・横溝大（編）『グローバル化と公法・私法関係の再編』（弘文堂，2015年）、宮野洋一「グローバル行政法論の登場――その背景と課題」（横田洋三・宮野洋一（編）『グローバルガバナンスと国連の将来』（中央大学出版部, 2008年）所収）。内記香子「（書評論文）増加する「指標」とグローバル・ガバナンス」『国際政治』188号 pp. 118-128（2017年）、『論究ジュリスト23・特集グローバルな公共空間と法』（2017

年）などが参考になろう。

　IRの側からの、国際法の機能・生態理解にとって示唆的な最近の研究としては、西谷真規子（編著）『国際規範はどう実現されるか―複合化するグローバル・ガバナンスの動態―』（ミネルヴァ書房, 2017年）（遵守との関連では特に第2部）や、大矢根聡（編）『コンストラクティヴィズムの国際関係論』（有斐閣, 2013年）、同「国際規範の法化・順守連鎖の逆説」『国際法外交雑誌』112巻3号 pp. 28-51（2013年）、規範ライフサイクル論を兵器使用規制規範に適用した、足立研幾『国際政治と規範：国際社会の発展と兵器使用をめぐる規範の変容』（有信堂, 2015年）などがある。管理モデルへの、教科書的なまとまった言及としてはおそらく最初のものとおもわれる鈴木基史『グローバル・ガバナンス論講義』（東京大学出版会, 2017年）は、国際貿易と政策調整の文脈で、「執行モデル」と「管理モデル」を国際関係学の「道具箱」の中身のひとつとして紹介している。近刊の、グローバル・ガバナンス学会による『グローバル・ガバナンス学Ⅰ・Ⅱ』（法律文化社, 2018年）も参考になりそうだ。森大輔『ゲーム理論で読み解く国際法：国際慣習法の機能』（勁草書房, 2010年）もここであげておく。なお、原著は、IRにおいて先行して展開されていたレジーム論をひとつの示唆として書かれているが、レジーム論についてのまとまった文献として、山本吉宣『国際レジームとガバナンス』（有斐閣, 2008年）もあげておこう。

　最後に、さらにすすんで英語文献の世界に手を伸ばそうという場合の格好の道案内として、Dunnof, J. L. & Pollack, M. A.（eds.）, *Interdisciplinary Perspectives on International Law and International Relations: The State of the Art*（Cambridge University Press, 2013）をあげておく。特にPart Vの各論文末にあげられている参考文献一覧をみると、実に様々な分野の条約についての多様な研究蓄積があることが知られ興味深い。

　より新しいところでは、McInerney, Thomas S., *Strategic Treaty Management: Practice and Implications*（Cambridge Univ. Pr., 2015）が、戦略的条約管理という視点から、より最近の展開について俯瞰している。また、Ranganathan, Surabhi, *Strategically Created Treaty Conflicts and the Politics of International Law*

(Cambridge Univ. Pr., 2014) は、海洋法（深海底開発）、常設国際刑事裁判所（ICC 第98条）、原子力協定（米印原子力協力協定）を素材に条約の抵触の管理について論じている。

　歴史的な業績にも言及しておくと、国際法に関する社会科学的研究の重要性を「パターン・構造・主体（unit）」「国際社会発展」「機能・義務・義務および相互主義」「国際法規範」「国際手続と機関（agent）」「規律問題」「人道問題・経済問題」といった項目で整理し、解説・検討した Wesley L. Gould and Michael Barkun, *International Law and the Social Sciences* (Princeton, N. J.: Princeton University Press, 1970) と、そのベースになったであろう諸文献の600ページを超える解説目録である Wesley L. Gould and Michael Barkun, *Social Science Literature: A Bibliography for International Law* (Princeton, N. J.: Princeton University Press, 1972) が、かってアメリカ国際法学会のプロジェクトとしてまとめられた。その内容を最近のあらたな研究と比較すると、この間の研究の進展をうかがえて興味深いものがあると共に、依然として示唆に富むものとして記憶にとどめておきたい。Bilder, R. B., *Managing the Risks of International Agreement* (The University of Wisconsin Pr., 1981) は、早い段階で、国際条約のリスクにどう対処するかという観点から、管理モデルにも通じるような内容をもった、条約の制度設計のためのさまざまな工夫について論じていた。この後1990年代半ばまでの関連文献のレビューとして Raymond, Gregory A., "Problems and Prospects in the Study of International Norms", *Mershon International Studies Review: Supplement to the International Studies Quarterly*) (1997) vol. 41 Supplement 2, pp. 205-245. が参考になる。

　願わくは、国際法の遵守、実効性確保といったテーマが国際法のテキストレベルで、ひとつの章としてまとまって説明されることが常態化し、国際法の機能についての一般の理解が今後深まることを期待したい。本邦訳がそのためのささやかなきっかけとなれば幸いである。

2018年1月

宮野　洋一（みやの　ひろかず）

監訳者・訳者紹介

監訳者

宮野 洋一（*Hirokazu MIYANO*）　日本語版へのことば，第Ⅱ部序，5 章
中央大学法学部教授
専門分野：国際法学，紛争解決学，グローバル・ジャスティス論
主要業績：共著・国際法学会（編）『紛争の解決（日本と国際法の100年第 9 巻）』（三省堂，2001年）；共編著・横田洋三＝宮野洋一（編）『グローバルガバナンスと国連の将来』（中央大学出版部，2008年）；共著・村瀬信也＝鶴岡公二（編）『変革期の国際法委員会』（信山社，2011年）；共著・柳原正治＝森川幸一＝兼原敦子（編）『プラクティス国際法講義（第 3 版）』（信山社，2017年）；「国際法学の思考様式としての法の調停モデル」『法学新報』第95巻 1・2 号（1988年）；共訳書に，ウォルツァー『正しい戦争と不正な戦争』（風行社，2008年）；リースマン＆ベーカー『国家の非公然活動と国際法』（中央大学出版部，2001年）；ヒュデック『ガットと途上国』（信山社，1992年）；リースマン「国際事件分析（インシデント，スタディ）―国際法認識の新たな方法」『法学新報』第99巻 1・2 号（1992年）ほか。

訳者　（第一次訳担当章順）

竹内 雅俊（*Masatoshi TAKEUCHI*）　序文，1 章，第Ⅰ部序，3 章，6 章，10章
東洋学園大学グローバル・コミュニケーション学部専任講師
専門分野：国際法，国際関係論
主要業績：「国際法学における学際研究の現状と課題」『総合政策研究』創立15周年記念特別号（2009年）；「いわゆる「米国国際法」言説と「文明の基準」論に関する一考察」『法学新報』第116巻 3・4 号（2009年）；「「民主主義国による連盟」論と国際法に関する一考察」『高崎経済大学論集』第52巻 3 号（2009年）；「国際法学における「文明の基準」論の移入」『文京学院大学外国語学部紀要』第14号（2015年）；「国際法と国際関係論」アプローチの素描」『法学新報』第123巻 7 号（2017年）

兼頭 ゆみ子（*Yumiko KANETO*）　2 章，4 章，7 章
中央大学法学部兼任講師
専門分野：国際法，EU 法，国際環境法
主要業績：「国際法における景観概念の近年の発展―文化多様性を支える包括的な概念として―」北村泰三・西海真樹（編著）『文化多様性と国際法―人権と開発を視点として』（中央大学出版部，2017年）；「河川保護条約と EU 水枠組指令：規範の階層化か新たな関係性の発現か」『法学新報』第120巻 9・10号（2014年）；「環境条約と EU 環境法政策の関係―多様な規範の作用の類型化による検討―」（中央大学2013年度博士学位論文）；「オーフス条約の EC 諸機関への適用に関する考察」『法学新報』第116巻 3・4 号（2009年）；〔共訳〕ベルトラン・マチュー『フランスの事後的違憲審査制』（日本評論社，2015年）

志田 淳二郎（*Junjiro SHIDA*）　8 章
中央大学大学院法学研究科博士課程後期課程，中央大学法学部助教
専門分野：米国外交論，国際関係論，安全保障論
主要業績："Seeking Strategic Stability: The US Approach to Mobile ICBMs at the End of the Cold War", *The Annual Bulletin of the Institute of Policy and Cultural Studies*, No. 20, (August 2017); "Japan's Realism and Liberalism: Myanmar, the United States, and Regional Peace in Southeast Asia", *Sasakawa USA Forum*, No. 6 (March 2017);「『欧州国家』アメリカの自画像：冷戦終結期の米欧関係と G・H・W・ブッシュ外交の基調」『アメリカ研究』51号（2017年）；「ジョージ・H・W・ブッシュ政権の在欧米軍削減決定」『法学新報』第123巻 7 号（2017年）；

「冷戦終結期の米ソ・核政策の転換：『知識共同体』論からの分析」国際法学会第1回小田滋賞・奨励賞受賞論文（2014年）

臼井　秀二朗（*Shujiro USUI*）　9章
中央大学大学院法学研究科博士課程後期課程，中央大学法学部通信教育課程インストラクター
専門分野：国際法，国際金融と法，金融政策論
主要業績：「大陸棚境界画定紛争の処理の実態における経済的要素の考慮のあり方─国際判例と交渉事例の比較から─」『中央大学大学院研究年報・法学研究科篇』第47号（2018年）；「（書評）Claus D. Zimmermann, "*A Contemporary Concept of Monetary Sovereignty*", (Oxford UP, 2013)」（準備中）

雨野　統（*Nori AMENO*）　11章，12章
中央大学法学部兼任講師，麗澤大学外国語学部非常勤講師
専門分野：国際法，国際組織法，国際行政法
主要業績：「武力紛争解決における地域的機関と国連の関係─ ECOWAS『軍事監視団』に対する安全保障理事会の統制を中心として─」日本国際連合学会（編）『市民社会と国連』（『国連研究』第6号）（2005年）；「国連平和維持活動等の「法構造」─国連平和維持活動と派遣国の国内法」『中央大学大学院研究年報・法学研究科篇』第35号（2005年）；「国連暫定統治機構の『規則』の法的性格に関する一考察─ UNMIK『規則』および UNTAET『規則』を素材に─」秋月弘子・中谷和弘・西海真樹（編）『人類の道しるべとしての国際法─平和，自由，繁栄をめざして─』（横田洋三先生古稀記念論文集）（国際書院，2011年）；「冷戦後の国連平和維持活動の『武力紛争下の文民保護』任務規定の変遷─安保理決議の分析を中心に─」『麗澤大学紀要』第99巻（2016年）；「国際機構の『業務法』の可能性─国連暫定統治機構の『規則』を題材に─」（中央大学2009年度博士学位論文）

国際法遵守の管理モデル
新しい主権のありかた
日本比較法研究所翻訳叢書（79）

2018年3月30日　初版第1刷発行

監訳者　宮　野　洋　一
発行者　間　島　進　吾

発行所　中央大学出版部
〒192-0393
東京都八王子市東中野742-1
電話042(674)2351・FAX042(674)2354
http://www2.chuo-u.ac.jp/up/

©2018　宮野洋一　　ISBN978-4-8057-0380-9　　電算印刷株式会社

本書の無断複写は，著作権法上での例外を除き，禁じられています。
複写される場合は，その都度，当発行所の許諾を得てください。

日本比較法研究所翻訳叢書

0	杉山直治郎訳	仏蘭西法諺	B6判 (品切)
1	F・H・ローソン 小堀憲助他訳	イギリス法の合理性	A5判 1200円
2	B・N・カドーゾ 守屋善輝訳	法の成長	B5判 (品切)
3	B・N・カドーゾ 守屋善輝訳	司法過程の性質	B6判 (品切)
4	B・N・カドーゾ 守屋善輝訳	法律学上の矛盾対立	B6判 700円
5	P・ヴィノグラドフ 矢田一男他訳	中世ヨーロッパにおけるローマ法	A5判 (品切)
6	R・E・メガリ 金子文六他訳	イギリスの弁護士・裁判官	A5判 1200円
7	K・ラーレンツ 神田博司他訳	行為基礎と契約の履行	A5判 (品切)
8	F・H・ローソン 小堀憲助他訳	英米法とヨーロッパ大陸法	A5判 (品切)
9	I・ジュニングス 柳沢義男他訳	イギリス地方行政法原理	A5判 (品切)
10	守屋善輝編	英米法諺	B6判 3000円
11	G・ボーリー他 新井正男他訳	〔新版〕消費者保護	A5判 2800円
12	A・Z・ヤマニー 真田芳憲訳	イスラーム法と現代の諸問題	B6判 900円
13	ワインスタイン 小島武司編訳	裁判所規則制定過程の改革	A5判 1500円
14	カペレッティ編 小島武司編訳	裁判・紛争処理の比較研究(上)	A5判 2200円
15	カペレッティ 小島武司他訳	手続保障の比較法的研究	A5判 1600円
16	J・M・ホールデン 高窪利一監訳	英国流通証券法史論	A5判 4500円
17	ゴールドシュティン 渥美東洋監修	控えめな裁判所	A5判 1200円

日本比較法研究所翻訳叢書

18	カペレッティ編／小島武司編訳	裁判・紛争処理の比較研究（下）	A5判 2600円
19	ドゥロブニク他編／真田芳憲他訳	法社会学と比較法	A5判 3000円
20	カペレッティ編／小島・谷口編訳	正義へのアクセスと福祉国家	A5判 4500円
21	P・アーレンス編／小島武司編訳	西独民事訴訟法の現在	A5判 2900円
22	D・ヘーンリッヒ編／桑田三郎編訳	西ドイツ比較法学の諸問題	A5判 4800円
23	ペーター・ギレス編／小島武司編訳	西独訴訟制度の課題	A5判 4200円
24	M・アサド／真田芳憲訳	イスラームの国家と統治の原則	A5判 1942円
25	A・M・プラット／藤本・河合訳	児童救済運動	A5判 2427円
26	M・ローゼンバーグ／小島・大村編訳	民事司法の展望	A5判 2233円
27	B・グロスフェルト／山内惟介訳	国際企業法の諸相	A5判 4000円
28	H・U・エーリヒゼン／中西又三編訳	西ドイツにおける自治団体	A5判 (品切)
29	P・シュロッサー／小島武司編訳	国際民事訴訟の法理	A5判 (品切)
30	P・シュロッサー他／小島武司編訳	各国仲裁の法とプラクティス	A5判 1500円
31	P・シュロッサー／小島武司編訳	国際仲裁の法理	A5判 1400円
32	張晋藩／真田芳憲監修	中国法制史（上）	A5判 (品切)
33	W・M・フライエンフェルス／田村五郎編訳	ドイツ現代家族法	A5判 (品切)
34	K・F・クロイツァー／山内惟介監訳	国際私法・比較法論集	A5判 3500円
35	張晋藩／真田芳憲監修	中国法制史（下）	A5判 3900円

日本比較法研究所翻訳叢書

36	G・レジェ他　山野目章夫他訳	フランス私法講演集	A5判 1500円
37	G・C・ハザード他　小島武司編訳	民事司法の国際動向	A5判 1800円
38	オトー・ザンドロック　丸山秀平編訳	国際契約法の諸問題	A5判 1400円
39	E・シャーマン　大村雅彦編訳	ADRと民事訴訟	A5判 1300円
40	ルイ・ファボルー他　植野妙実子編訳	フランス公法講演集	A5判 3000円
41	S・ウォーカー　藤本哲也監訳	民衆司法―アメリカ刑事司法の歴史	A5判 4000円
42	ウルリッヒ・フーバー他　吉田豊・勢子訳	ドイツ不法行為法論文集	A5判 7300円
43	スティーヴン・L・ペパー　住吉博編訳	道徳を超えたところにある法律家の役割	A5判 4000円
44	W・マイケル・リースマン他　宮野洋一他訳	国家の非公然活動と国際法	A5判 3600円
45	ハインツ・D・アスマン　丸山秀平編訳	ドイツ資本市場法の諸問題	A5判 1900円
46	デイヴィド・ルーバン　住吉博編訳	法律家倫理と良き判断力	A5判 6000円
47	D・H・ショイニング　石川敏行監訳	ヨーロッパ法への道	A5判 3000円
48	ヴェルナー・F・エプケ　山内惟介編訳	経済統合・国際企業法・法の調整	A5判 2700円
49	トビアス・ヘルムス　野沢・遠藤訳	生物学的出自と親子法	A5判 3700円
50	ハインリッヒ・デルナー　野沢・山内編訳	ドイツ民法・国際私法論集	A5判 2300円
51	フリッツ・シュルツ　眞田芳憲・森光訳	ローマ法の原理	A5判 (品切)
52	シュテファン・カーデルバッハ　山内惟介編訳	国際法・ヨーロッパ公法の現状と課題	A5判 1900円
53	ペーター・ギレス　小島武司編	民事司法システムの将来	A5判 2600円

日本比較法研究所翻訳叢書

54	インゴ・ゼンガー 古積・山内編訳	ドイツ・ヨーロッパ民事法の今日的諸問題	A5判 2400円
55	ディルク・エーラース 山内・石川・工藤編訳	ヨーロッパ・ドイツ行政法の諸問題	A5判 2500円
56	コルデュラ・シュトゥンプ 楢崎・山内編訳	変革期ドイツ私法の基盤的枠組み	A5判 3200円
57	ルードルフ・V・イェーリング 眞田・矢澤訳	法学における冗談と真面目	A5判 5400円
58	ハロルド・J・バーマン 宮島直機訳	法と革命 II	A5判 7500円
59	ロバート・J・ケリー 藤本哲也監訳	アメリカ合衆国における組織犯罪百科事典	A5判 7400円
60	ハロルド・J・バーマン 宮島直機訳	法と革命 I	A5判 8800円
61	ハンス・D・ヤラス 松原光宏編	現代ドイツ・ヨーロッパ基本権論	A5判 2500円
62	ヘルムート・ハインリッヒス他 森勇監訳	ユダヤ出自のドイツ法律家	A5判 13000円
63	ヴィンフリート・ハッセマー 堀内捷三監訳	刑罰はなぜ必要か 最終弁論	A5判 3400円
64	ウィリアム・M・サリバン他 柏木昇他訳	アメリカの法曹教育	A5判 3600円
65	インゴ・ゼンガー 山内・鈴木編訳	ドイツ・ヨーロッパ・国際経済法論集	A5判 2400円
66	マジード・ハッドゥーリー 眞田芳憲訳	イスラーム国際法 シャイバーニーのスィヤル	A5判 5900円
67	ルドルフ・シュトラインツ 新井誠訳	ドイツ法秩序の欧州化	A5判 4400円
68	ソーニャ・ロートエルメル 只木誠監訳	承諾、拒否権、共同決定	A5判 4800円
69	ペーター・ヘーベルレ 畑尻・土屋編訳	多元主義における憲法裁判	A5判 5200円
70	マルティン・シャウアー 奥田安弘編訳	中東欧地域における私法の根源と近年の変革	A5判 2400円
71	ペーター・ゴットバルト 二羽和彦編訳	ドイツ・ヨーロッパ民事手続法の現在	A5判 2500円

日本比較法研究所翻訳叢書

72	ケネス・R・ファインバーグ 伊藤壽英訳	大惨事後の経済的困窮と公正な補償	A5判 2600円
73	ルイ・ファヴォル― 植野妙実子監訳	法にとらわれる政治	A5判 2300円
74	ペートラ・ポールマン 山内惟介編訳	ドイツ・ヨーロッパ保険法・競争法の新展開	A5判 2100円
75	トーマス・ヴュルテンベルガー 畑尻剛編訳	国家と憲法の正統化について	A5判 5100円
76	ディルク・エーラース 松原光宏編訳	教会・基本権・公経済法	A5判 3400円
77	ディートリッヒ・ムルスヴィーク 畑尻剛編訳	基本権・環境法・国際法	A5判 6400円
78	ジェームズ・C・ハウエル他 中野目善則訳	証拠に基づく少年司法制度構築のための手引き	A5判 3700円

＊価格は本体価格です。別途消費税が必要です。